나 홀로 **볼링**

나 홀로 볼링

사 회 적 커 뮤 니 티의 붕 괴와 소 생

BOWLING ALONE

로버트 D. 퍼트넘 지음
정승현 옮김

페이퍼로드
paperroad

차례

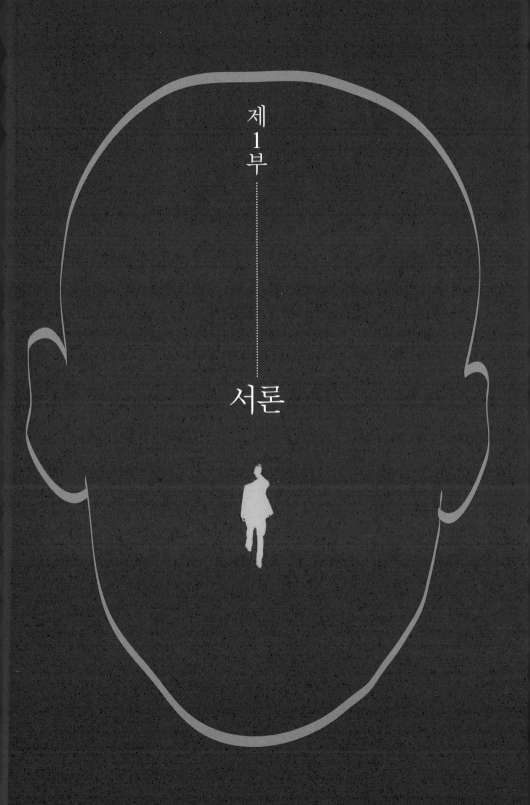

제
1
부

서론

미국 사회의 변화

1. 공동체의 쇠퇴

　펜실베이니아 주 글렌벨리의 '브리지게임 클럽'에는 1990년까지
만 해도 반세기 전이나 마찬가지로 40여 명 정도의 회원들이 정기
적으로 모여 게임을 즐겼지만, 언제 왜 이 모임이 깨졌는지 정확하
게 알고 있는 회원은 이제 한 명도 남아 있지 않다. 아칸소 주 리틀
록의 사회봉사 단체 '서토마Sertoma 클럽'은 더 참담하다. 청각장애인
을 위한 봉사활동을 계획하는 매주 점심 모임에 1980년대 중반만
해도 거의 50명 정도가 꾸준히 참석했으나, 10년이 지난 후에는 겨
우 7명의 열성 회원만 계속 참여하고 있는 실정이다.

　1918년 이래 시민권 운동을 치열하게 전개해왔던 '전국 유색인
권익 신장 기구NAACP'의 버지니아 주 로어노크 지부는 1990년대 들

어서며 회원 수가 2천 5백 명에서 불과 수백 명으로 대폭 줄어들었다. 1998년 11월에는 회장 선거라는 뜨거운 관심사에도 불구하고 고작 57명의 투표권 보유 회원만 참여했을 뿐이다. 시의회 의원 캐롤 스웨인은 쓸쓸한 얼굴로 이렇게 말했다. "요즘 사람들은 무언가 갑자기 나타나서 자신을 깨물기 전까지는 그냥 앉아서 편안히 지내려고 해요."

일리노이 주 시카고 교외의 블루칼라 노동자 거주 지역인 버윈에 있는 '해외 전쟁 참전 전우회VFW' 2378 지부는 이 지역 참전 용사들이 모여 웃고 떠들면서 지내던 '제집처럼 편안한' 곳이었다. 아울러 이웃 노동계급에게는 일종의 컨트리클럽 구실도 해서 결혼식이나 동창회 장소로 널리 활용되었다. 그러나 회원 수가 계속 줄어들어 1999년에는 전국 전우회에 회비를 납부하기도 버거울 지경이 되었다. 베트남 전쟁을 비롯하여 해외에서 벌어진 여러 전쟁에 참전했던 퇴역 군인들이 이 지역에 많이 살고 있는데도 형편이 이 지경이다. VFW의 전국 회원 관리 이사 톰 키셀은 "요즘 젊은이들은 통 가입하려고 하지 않아요" 하면서 속내를 털어놓았다.

텍사스 주 댈러스의 '자선연맹'은 50년 동안 매주 금요일에 모여 헌 옷을 꿰매고 뜨개질을 하여 불우이웃을 도왔지만 1999년 4월 30일 마지막 모임을 가졌다. 회원의 평균 연령이 80세로 치솟았는데도 신입 회원은 2년 전에 한 명이 마지막으로 가입했다. 회장 팻 딜벡은 "가라앉는 배에 타고 있는 기분이에요" 하면서 쓸쓸하게 말했다. 정확히 3일 후 북서쪽으로 1천 2백 마일 떨어진 워싱턴 D.C.의 바사Vassar 여자 대학교 동창회는 제51회, 그리고 마지막 연례年例 서적 판매 행사를 개최했다. 1999년 행사에서는 더 많은 학생에게 장학금을 지급하고자 10만 권 이상의 책을 팔겠다는 목표를 세웠지만, 공동 의장 앨릭스 마이어슨은 프로그램을 운영하는 자원봉사자들의 연령이 "60대, 70대, 80대예요. 이분들이 하나둘씩 사망하고 있는데도 달리 맡을 사람들이 없어요" 하면서 중단 이유를 설명했다.

1999년 가을에 문을 연 보스턴 북부의 튜크스베리 고등학교는 개교 기념 시가행진 밴드를 위해 새로 구입한 40벌의 빳빳한 진보라빛 유니폼을 창고에 그대로 묵혔다. 단 4명의 학생만이 시가행진을 신청했기 때문이다. 이 학교 밴드부 지휘자 로저 휘틀리지는 20년 전에는 학교마다 밴드부원이 80명이 넘었지만 그 후 참가자가 계속 줄어들었다고 회상했다. 어쨌든 20세기의 마지막 수십 년 동안 미국 전역의 수도 없이 많은 지역사회 단체들이 모두 내리막길을 걷기 시작했다.

나이 많은 회원들이 사망과 함께 자연 탈퇴되면서 생긴 일이 아니다. 회원이 갑자기 줄어들 정도로 단시일 내에 사망자가 늘지는 않았다. 과거와 달리 신입회원들이 새롭게 충원되지 못하면서 요즘의 지역사회 단체들은 더 이상 활력을 회복하지 못하고 있는 것이다. 단체 지도부는 어리둥절했다. 한동안 지도부는 자신들이 직면한 문제가 그 지역의 특수성 때문이거나, 아니면 적어도 자기 단체에만 벌어진 일이라고 생각해서, 개혁 방안을 찾고자 외부에 연구를 의뢰하기도 했다. 도무지 종잡을 수 없는 일이었다. 회원 명부상의 회원 수는 물론 단체의 활동 범위도 그동안 계속 증가해왔기 때문이었다.

실제로 1960년대 미국 전역의 지역사회 단체들은 회원과 활동 범위가 크게 늘어나면서 영광스러운 새 시대의 문턱에 서 있는 듯했다. 대공황으로 인해 시민 활동이 가뭄을 겪었던 시기를 제외하면, 부지런한 시민운동가들이 밭을 갈고 교육과 생활 수준의 향상이 물을 주면서 지역 단체의 활동은 매년 성장을 거듭했다. 각 단체의 연례 보고서마다 회원 수는 계속 늘고 있었다. 불과 십여 년 전에 비해 교회에 참석하는 미국인의 숫자가 크게 늘어나면서 교회는 사람들로 꽉꽉 찼다. 아마도 미국 역사의 그 어느 시기보다도 이 시기에 교회 다니는 사람이 가장 많았을 것이다.

게다가 미국인은 시간이 남아도는 듯했다. 1958년 시카고 대학에 새로 설립된 '여가 연구 센터'의 후원을 받아 진행된 한 연구는 "미국 사회가 직면하고 있는 가장 위험스러운 현상은 여가의 위협"이라고 고민을 할 지경이었다. 소련이 핵폭탄을 쏘아올릴지 모른다고 걱정하던 시절에 참으로 놀랍도록 한가한 생각이었다. 《라이프》지 역시 여가 시간이라는 새로운 도전에 대해 똑같이 경고를 던졌다. 1964년 2월호의 표제는 "넘쳐나는 여가 시간에 직면한 미국인"이었다. "앞으로의 과제 : 인생을 편안하게 즐기는 방법."

> 사실상 인류는 자신이 원하는 그 어떤 세상이라도 창조할 수 있는 지식과 도구를 처음으로 손에 넣었다. 〔……〕 이 나라의 프로테스탄트 윤리에도 불구하고, 이 메시지가 미국의 일부 사람들에게 이해되기 시작했다는 여러 조짐들이 보인다. 〔……〕 미국인들은 볼링 리그나 정원 가꾸기 클럽으로 몰려들고 있을 뿐 아니라, 지역의 도로와 쓰레기 수거 환경을 개선하고 공무원이 그 이름에 걸맞게 행동하는지 감시하는 셀 수도 없이 많은 위원회에 이웃들과 함께 모이는 데 만족하고 있다.

시민정신에 투철한 제2차 세계대전 세대는 자신들의 선두주자 존 F. 케네디가 대통령 취임사에서 선언했듯, 미국의 최고 공직뿐 아니라 전국의 도시와 타운[1]에서도 지도력의 횃불을 높이 들었다. 수십

---

1) 시(city), 군(county), 읍 혹은 면(town)으로 번역하는 것이 일반적인데, county와 town은 꼭 이런 의미에 맞는 것은 아니다. 이 책에서는 카운티, 타운이라는 명칭을 그대로 사용하고자 한다(옮긴이).

가지 연구를 검토하고 그 결과를 요약한 1959년의 논문에서 정치학자 로버트 레인Robert E. Lane은 "일반 인구 대비對比 정치 운동가의 비율은 물론, 남성 인구 대비 남성 정치 운동가의 비율도 지난 50년 동안 일반적으로 상승했다"고 지적했다. 1960년대가 막을 내리는 1969년 사회학자 다니엘 벨Daniel Bell과 버지니아 헬드Virginia Held는 이렇게 발표했다. "미국에는 지금 그 어느 때보다 더 많은 참여가 이루어지고 있다…… 자신의 개인적·정치적 관심사를 표현하는 데 적극적인 관심을 갖고 있는 사람들에게는 더욱 많은 기회가 펼쳐지고 있다."

가장 단순한 정치적 행위인 투표조차도 날이 갈수록 일상화되고 있었다. 여성에게 투표권이 부여된 1920년부터 1960년 선거까지 대통령 선거의 투표자 수는 4년마다 1.6퍼센트의 비율로 상승했다. 어느 저명한 정치학자도 나중에 지적했지만, 이 비율을 그대로 연장하여 건국 2백 주년이 되는 1976년에는 투표율이 거의 70퍼센트가 될 것이라고 전망한다 해도 전혀 지나쳐 보이지 않았다. 그러나 그 후 투표율은 계속 떨어져 1976년 대통령 선거의 투표율은 53퍼센트에 그쳤다.

1965년까지는 미국의 고질병이라고 할 수 있는 공직자에 대한 불신도 수그러들고 있는 듯했다. 갤럽 여론조사원들은 자신의 자녀가 "평생 직업으로 정치에 진출"하기를 바라는 미국인의 숫자가 10년 전에 비해 거의 두 배로 늘었음을 발견했다. 이 조사에서 정치에 대한 존경도는 36퍼센트를 차지하는 데 불과했지만, 이렇게 높은 비율은 그 이전에도 그 이후에도 없었다. 더욱 놀라운 사실은 자신의 이웃을 신뢰하는 미국인의 숫자가 늘었다는 것이다. 예를 들어 "대부분의 사람들은 신뢰할 수 있다"에 동의하는 사람의 비율은 제2차 세계대전 기간과 그 이후에도 이미 66퍼센트라는 높은 수치를 보였지만 계속 상승해서 1964년에는 77퍼센트로 정점에 달했다.

그러나 50년대와 60년대는 특히 인종, 성별, 사회 계급, 성적性的 지향 때문에 주변부로 몰린 사람들에게는 '황금시대'가 아니었다. 법적으로는 인종, 사회적으로는 성별에 따른 분리가 그 시대의 규범이었으며, 비록 감소하고는 있었다고 하더라도 여성과 소수 인종에 대한 차별과 탄압은 여전히 높았다. 레이첼 카슨이 이제 겨우 환경 파괴 문제를 밝히기 시작했고, 베티 프리던은 아직 여성에 대한 편견을 해체하지 못하던 때였다.[2] 전국 규모의 미디어들은 농촌의 지독한 빈곤을 아직도 파헤치지 못하고 있었다. 공중보건의 표준 척도인 영아 사망률은 1960년 신생아 1천 명당 26명이었지만, 흑인의 경우는 1천 명당 44명이었다. 이는 20세기 말 전체 영아 사망률 예상치의 4배에 달했다.

사실상 《라이프》에서 다루었던 미국인은 이성애자straight, 백인, 기독교인, 수입이 넉넉한 사람, (최소한 공공 영역에서는) 남성이었다. 사회개혁가들은 이러한 사태를 개선하고자 전력을 쏟았다. 그렇지만 미국에서 지역사회의 일상 업무에 이처럼 적극적으로 참여하고, 사회 구성원들 사이에서 정체성과 호혜성reciprocity의 공감대가 이렇게 높았던 적은 이 시기 말고는 없었다. 그래서 사회적 약자에 대한

2) 레이첼 카슨(Rachel Carson, 1907~1964). 생물학을 전공하여 연방 공무원을 지냈다. 1962년 발표한 『침묵의 봄(*Silent Spring*)』은 농약 사용에 따른 환경 파괴를 생생하게 고발한 이 분야의 선구적 업적이다. 농약의 사용으로 결국에는 봄이 와도 숲은 말라버리고 새들의 노랫소리는 들리지 않는 상황을 묘사한 이 책을 통해 환경오염의 위험을 정면으로 고발했다.

베티 프리던(Betty Friedan, 1921~2006). 미디어, 광고주, 학자, 사회 전체가 공모하여 여성을 아내나 어머니의 역할에 한정하며 신비로운 존재로 조작함으로써 결국에는 여성을 영원히 성적 억압의 굴레에 가두어둔다는 『여성의 신비(*Feminine Mystique*)』를 1963년 출간하여 제2차 세계대전 후 미국 페미니즘 운동의 방향을 제시한 여성학자. 공정한 승진, 임금, 휴가의 기회에서 남녀 평등, 그리고 임신중절을 실현하기 위해 1966년 NOW(America's National Organization for Woman, 전국여성 기구)를 설립하고 초대 회장에 취임했다(옮긴이).

미국의 잘못도 광범위한 시민적 동원을 통해 해결할 수 있다는 전망은 무척 밝게 보였다.

베이비붐 세대[3] 중 제일 일찍 태어난 아이들이 대학에 진학함에 따라, 앞으로는 젊은 세대들 사이에서 시민적 활력이 싹틀 것이라는 반가운 조짐이 나타났다. 수많은 연구들은 시민 생활의 참여를 예측하게 해주는 최고의 지표는 교육임을 확인해주었으며, 당시 대학은 미국 역사에서 가장 크게 팽창하고 있었다. 또한 교육은 관용과 사회적 참여를 확대시키는 열쇠로 보였다. 남부의 흑인 청년들이 시작한 민권 투쟁이 가속화되는 것을 지켜보면서 수치심과 자극을 동시에 받았던 북부의 백인 대학생들은 50년대의 침묵에서 깨어나기 시작했다. 이 새로운 세대가 1960년대 민권 투쟁에 유입되는 현상을 묘사하면서 사회학자 더글라스 매카덤Douglas McAdam은 자신의 책 『자유의 여름Freedom Summer』에서 그들의 자신감을 이렇게 강조한다.

우리는 '할 수 있다는' 자신감에 넘치는 사람들이었으며, 우리가 마음먹은 일은 무엇이든지 성취했다. 우리는 대공황을 이겨냈고, 제2차 세계대전에서는 독재의 물결을 되돌려놓았으며, 전쟁 후에는 유럽을 재건설했다. 〔……〕 자유의 여름[4]은 미국 전후 세대의 특권을 누리는

---

3) 제2차 세계대전 후 출생률이 급증하면서 태어난 세대. 이 책에서는 대략 1945~1964년 정도에 출생한 세대를 가리킨다. 성 해방, 반전 운동, 히피 문화, 여성해방을 실현하며 주류 사회에 도전했던 반항의 세대이다. 그 이후 1965~1980년 정도에 출생한 세대를 X세대라고 한다(옮긴이).
4) 자유의 여름(Freedom Summer). 1963년 6월에서 8월까지 미시시피 주 흑인들의 유권자 등록을 추진하기 위해 펼쳐진 민권 운동. '미시시피 여름 프로젝트'라는 이름으로도 알려진 이 운동에는 주로 북부에서 온 1천 명 이상의 젊은 백인, 대학생, 전문 직업인, 성직자들이 합류했다. 처음에는 유권자 등록 운동으로 시작했지만 점차 보건, 위생, 교육 등 인종 차별 전반의 문제로 확대되었다(옮긴이).

구성원들이 자신의 능력과 중요성을 과장되게 인식하던 당시의 흐름에 부합하는 대담한 시도였다.

베이비붐 세대라는 말은 미국의 인구가 예외적으로 젊어졌다는 사실을 의미하지만, 일반적으로 시민적 활동에 적극적으로 참여하는 시기는 중년 이후이다. 따라서 단기적으로 본다면 미국의 두터운 청년 인구가 실질적으로는 시민사회의 분출을 억제하는 경향이 있었다. 그러나 미국의 인구 피라미드 아랫부분이 불룩하게 팽창되었다는 사실은 지역사회 단체의 미래에 좋은 조짐이 되기도 했다. 이 세대가 성장해 시민적 활동에 가장 활발한 '참여' 연령이 되는 1980년대가 되면 회원 등록이 넘쳐날 것이라는 기대감을 가질 수 있었기 때문이다.

그러는 동안 토론회마다 '참여 민주주의'에 관한 목소리가 넘쳐흘렀고, '모든 권력을 국민에게'라는 참여 민주주의의 구호는 공공 업무에 앞으로 더욱 광범위한 참여가 이루어질 것이라는 조짐으로 보였다. 당시 미국의 가장 예리한 사회평론가 중의 한 명이었던 제임스 윌슨James Q. Wilson은 1968년 이렇게 예측했다. "참여 민주주의는 줄곧 미국 중산 계급과 상류층의 (슬로건까지는 아니더라도) 정치 스타일이었다. 앞으로는 보다 많은 사람들이 이 계급으로 상승함에 따라 더욱 광범위한 스타일이 될 것이다." 미국 역사의 그 어느 때보다도 시민 활동의 미래는 밝게 빛나고 있었다.

2. 사회적 자본

그 이후 미국이라는 공동체의 시민 생활과 사회생활에 무슨 일이 벌어졌는지 추적하는 작업이 이 책의 주제이다. 최근 사회과학자들은 '사회적 자본social capital'이라는 개념을 통해 미국 사회의 성격 변화를 분석하는 틀을 만들었다. 개인적 생산성을 향상시키는 도구와 훈련이라는 의미의 물리적 자본과 인적human 자본에 비유해서 설명하자면, 사회적 자본 이론의 핵심은 사회적 네트워크가 중요한 가치를 갖고 있다는 생각이다. 스크루드라이버(물리적 자본) 혹은 대학 교육(인적 자본)이 (개인적, 집단적) 생산성을 모두 향상시킬 수 있듯, 사회적 접촉 역시 개인과 집단의 생산성에 영향을 미친다는 것이다.

물리적 자본이 물리적 사물, 인적 자본이 개인의 특성을 가리키듯, 사회적 자본이란 개인들 사이의 연계connections, 그리고 이로부터 발생하는 사회적 네트워크, 호혜성reciprocity과 신뢰의 규범을 가리키는 말이다. 이런 의미에서 사회적 자본은 몇몇 사람들이 '시민적 품성civic virtue'이라고 부르던 것과 밀접하게 관련되어 있다. 시민적 품성은 호혜적 사회관계의 촘촘한 네트워크 속에 자리 잡고 있을 때 가장 강력한 힘을 발휘한다는 사실에 '사회적 자본'은 주목한다. 바로 이것이 단순한 시민적 품성과 사회적 자본의 차이점이다. 시민으로서의 품성은 풍부하게 갖추고 있지만 서로 연결되지 못한 고립적 개인들로 이루어진 사회는 사회적 자본이 풍부하다고 보기 어려운 것이다.

사회적 자본이라는 용어는 20세기 동안 각자 독립적 맥락에서 최소한 여섯 차례 고안되었던 것으로 밝혀졌다. 매 경우 이 용어는 우리의 삶이 사회적 유대에 의해 보다 풍부해진다는 사실을 지적했다. 이 개념을 처음 사용한 사람은 세상과 담을 쌓은 공론가空論家가 아니라 1890년대에서 1920년대, 즉 미국 역사에서 '진보의 시대Progressive Era'라고 부르던 시기에 사회개혁가로서 적극적 활동을 펼쳤던 리다 하니판Lyda J. Hanifan이었다. 당시 그는 웨스트버지니아 주에서 임명한 농촌학교 감독관 직책을 맡고 있었다. 성공적인 학교 교육과 운영을 위해서는 지역 공동체의 적극적 참여가 중요하다는 사실을 강조하던 하니판은 1916년의 글에서 그 이유를 '사회적 자본'이라는 개념을 고안해 설명했다. 하니판에게 사회적 자본은 다음과 같다.

사람들의 일상생활에서 가장 중요하게 여기는 유형有形의 실체, 예를 들면 사회 단위를 구성하는 개인과 가족들 사이의 호의, 동료애, 동정심, 사회적 교섭 같은 것을 말한다. [……] 개인들은 홀로 고립되면 사회적으로 속수무책이다. [……] 한 사람이 자신의 이웃과 접촉하고, 이 사람들이 또 다른 이웃들과 접촉하는 식으로 계속 확대하면 사회적 자본이 축적될 것이다. 이렇게 형성된 사회적 자본으로 인해 개인의 사회적 욕구는 즉각 충족될 수 있으며, 공동체 전체의 생활 조건을 실질적으로 향상시키기에 충분한 사회적 잠재력을 갖게 될 수도 있다. 전체로서의 공동체는 모든 부분들의 협조로 인해 이익을 누릴 것이고, 개인은 자신의 사회적 접촉이 만들어내는 울타리 안에서 자기 이웃들의 도움, 동정, 동료애가 주는 장점을 찾아낼 것이다.[5]

하니판의 설명은 사회적 자본에 관한 그 이후의 해석에서 나타나

5) Lyda Judson Hanifan, "The Rural School Community Center," *Annals of the American Academy of Political and Social Science* 67(1916), pp. 130~38. 인용문은 130쪽. 실용적 개혁자이기도 하지만 하니판은 콧대 높은 사업가와 경제학자들에게 사회적 자산의 생산적 중요성을 인식하도록 자극하기 위해 '자본'이라는 말을 의식적으로 동원하였다. 사회적 자본이라는 생각을 소개한 후 그는 이렇게 말한다. "일부 농촌 지역에는 그러한 사회적 자본이 대단히 부족하다는 사실은 여기서 다시 말할 필요도 없을 것이다. 지금 시점에서 중요한 문제는 이렇다. 이런 상황을 어떻게 개선할 수 있는가? 이 글은 웨스트버지니아 농촌 공동체가 1년 만에 사회적 자본을 발전시키고, 자신이 처한 지적·도덕적·경제적·문화적 상황의 개선에 이 자본을 실제로 어떻게 사용했는지 그 방식을 설명하려고 한다."

제1부 _ 서론

는 사실상 모든 중요한 요소들을 전부 포함하고 있었는데도, 이 새로운 개념은 다른 사회평론가들의 주목을 전혀 받지 못하고 흔적도 없이 사라졌다. 그러나 밀물과 썰물이 흐르고 모래가 드러나면서 가라앉은 보물이 다시 발견되듯, 이 개념 또한 1950년대 캐나다 사회학자에 의해 독자적으로 재발견되었다. 벼락부자가 되어 교외의 고급 주택가로 이주한 사람들이 그 지역 단체의 회원으로 가입하는 현상을 규명하는 데 그는 이 개념을 사용했다.

1960년대에는 현대 거대 도시에서 이웃 간의 친밀한 유대 관계를 높이 평가한 도시 신개발주의자urbanist 제인 제이콥스Jane Jacobs가, 70년대에는 노예 제도가 남긴 사회적 유산을 분석하는 연구에서 경제학자 글렌 로우리Glenn Loury가 각각 재발굴해냈다. 80년대에는 사회적 네트워크 속에 담겨 있는 사회·경제적 자원을 강조하기 위해 프랑스 사회학자 피에르 부르디외Pierre Bourdieu와 독일 경제학자 에케하르트 슐리히트Ekkehart Schlicht가 이 개념을 다시 끌어냈다. 마침내 1980년대 말 사회학자 제임스 콜먼James S. Coleman은 (하니판이 최초에 사용했던 의미 그대로) 교육과 사회 환경의 밀접한 관련성을 부각시키는 데 이 개념을 동원하면서 지식사회에 확고하게 정착시켰다.

저마다 독자적으로 이 용어를 동원하여 설명하려 했던 여러 사례에서도 잘 나타나 있지만, 사회적 자본은 개인적 측면과 집단적 측면, 즉 사적 측면과 공적 측면의 두 얼굴을 갖고 있다. 첫째, 개인들은 자기 스스로의 이익에 보탬이 되는 연결 관계를 형성한다. 야심에 차서 뭔가 그럴듯한 직장을 찾는 사람들이 널리 이용하는 전략 중의 하나가 '연결망 구축'이다. 우리들 대부분은 무엇을 배우고 알아서가 아니라 누구를 알기 때문에, 즉 인적 자본이 아니라 사회적 자본 때문에 직업을 얻는다. 경제사회학자 롤랜드 버트Roland Burt는 명함으로 가득 찬 파일을 갖고 있는 중역들이 보다 빠른 승진 기회를 누리고 있음을 보여준 적이 있다. 친구들 사이의 관계를 다루는 사회학자 클로드 피셔Claude S. Fischer는 이렇게 지적했다. "사회적 네트워크는 우리의 모든 삶에서 중요하다. 직장을 구하는 데도 요긴한 경우가 종종 있지만, 도움을 받고 우정을 나누며 때로는 슬픔과 고민을 털어놓을 수 있는 누군가를 찾는 데 훨씬 요긴하다."

개인적 영향력과 우정이 사회적 자본의 전부라면, 약삭빠른 사람들은 그런 관계를 만들거나 손에 넣는 데 딱 알맞은 정도의 시간과 에너지만 투자할 것이라고 조심스럽게 예측해볼 수 있다. 그런데 사회적 자본은 공동체의 보다 넓은 범위에 영향을 미칠 수 있는 '외부 효과externality', 즉 의도하지 않은 효과도 가질 수 있다. 따라서 접촉 기회를 만드는 사람들에게 사회적 연계의 모든 비용과 혜택이 저절로 따라붙지는 않는다. 사회 자체의 연계는 낮으면서 개인들의 연계는 잘 이루어질 수 있다. 또 사회적으로도, 개인도 모두 높은 정도의 연계를 유지하는 경우도 있다.[6]

이 책 후반부에서 살펴보겠지만, 전자는 후자에 비해 생산성이 높지 못하다. 개인적으로는 연계가 형편없는 사람이라도 연계가 잘된 공동체 속에 사는 경우에는, 그 사회가 누리는 풍부한 혜택을 일정 부분 얻을 수 있다. 옆집에 무슨 일이 일어났는지 주시하는 이웃들 때문에 우리 동네의 범죄율이 낮다면, 내가 대부분의 시간을 돌아다니는 데 보내느라 집을 비우고 길에서 이웃을 만나도 인사조차 하지 않아도 혜택은 같이 보는 셈이다.

---

6) 나는 초기의 글에서는 사회적 자본으로 얻는 개인적 이득은 거의 배제하고 사회적 자본의 공적 차원만 다루었다. Robert Putnam, "The Prosperous Community : Social Capital and Public Affairs," *The American Prospect* 13(1993), pp. 35~42. 지금 논의하는 내용은 이 글에 기반을 두고 있다. 집합적 차원은 거의 배제하고 개인적 이득에만 초점을 맞춘 문헌들을 검토한 글은 다음을 참조할 것. Alejandro Portes, "Social Capital : Its Origins and Applications in Modern Sociology," *Annual Review of Sociology* 22(1998), pp. 1~24.

따라서 사회적 자본은 '개인적 이익private good'인 동시에 '공적인 이익public good'이다. 사회적 자본에 대한 투자로부터 생긴 이득은 구경꾼에게도 일부 돌아가는 경우가 있는가 하면, 어떤 이득은 투자자의 직접 이익으로 되돌아가기도 한다. 예를 들어 로터리클럽이나 라이온스클럽 같은 봉사 단체들은 장학금을 모으고 질병과 싸우는 데 지역의 에너지를 동원하는 동시에, 회원들에게는 사교와 사업상의 접촉 기회를 제공함으로써 개인적으로도 좋은 결과를 가져다준다.

사회적 연계는 또한 처세술에서도 중요하다. 네트워크는 (그 용어의 정의상) 상호 의무를 포함하고 있다. 단순한 '접촉'으로서의 네트워크는 중요하지 않다. 지역 공동체 참여의 네트워크는 호혜성의 견고한 규범을 길러준다. "당신 (혹은 아마도 그 외의 다른 어느 누구가) 앞으로 호의에 보답할 것이라고 예측하면서 나는 지금 당신을 위해 이 일을 하겠습니다" 하는 규범을 말한다.

경제학자 로버트 프랭크Robert Frank는 나와 개인적으로 만난 자리에서 "사회적 자본은 톰 월프Tom Wolfe의 소설 『허영의 모닥불The Bonfire of the Vanities』에 나오는 '호의 은행favor bank'과 비슷하다"고 지적했다. 그러나 호혜성에 가장 간단명료한 정의를 내린 사람은 소설가도 경제학자도 아니라 뉴욕 양키즈의 감독이었던 요기 베라Yogi Berra였다. "네가 다른 사람의 장례식에 가지 않으면, 다른 사람들도 네 장례식에 절대 안 와."

호혜성이 **한정적**specific으로 이루어지는 경우도 있다. "네가 내게 저걸 해주면 나도 네게 이걸 해주지" 하는 식이다. 그러나 **포괄적** generalized 호혜성이 한층 더 가치 있다. "네게 그 어떤 특정한 보답을 받으리라는 기대는 전혀 하지 않고 이걸 해주겠다. 어느 누군가 앞으로 내게 무언가 해줄 것이라고 자신 있게 예측하면서 말이야" 하는 식이다. "남에게서 대접을 받고자 하는 대로 너희도 남을 대접하라"는 성경의 황금률은 나름대로 일반적 호혜성의 원칙을 잘 표현하고 있다.

연례 기금 모집 행사의 홍보용 티셔츠에 "우리의 아침식사 모임에 오십시오. 우리는 여러분의 화재 현장에 달려갑니다"라는 문구를 적은 오리건 주 골든비치의 의용소방대도 유익한 사례이다. 소방대원들은 마치 "우리는 한정적 호혜성의 규범에 따라 행동합니다"라고 말하는 듯하지만, 구경꾼들은 소방대의 행사에 가지 않더라도 불이 나면 달려올 것이라는 포괄적 호혜성의 근본 규범을 알고 있기 때문에 티셔츠의 문구를 보고 그저 웃을 뿐이다. 낯선 사람의 친절에 의지해서 살던 『욕망이라는 이름의 전차』의 여주인공 블랑쉬 뒤부아 역시 포괄적 호혜성에 의지하고 있었던 것이다.

포괄적 호혜성의 특징을 갖는 사회는 불신 사회보다 훨씬 능률적이다. 화폐의 사용이 물물교환보다 능률적이라는 사실과 같은 이치이다. 우리가 매번 교환할 때마다 그 자리에서 가격 균형을 맞출 필요가 없다면 훨씬 더 많은 것을 이룰 수 있다. 신뢰성은 사회생활의 윤활유 역할을 한다. 다양한 부류의 사람들 사이에 상호작용이 빈번하게 이루어지면 포괄적 호혜성의 규범이 형성되는 경향이 있다. 시민적 참여civic engagement와 사회적 자본은 행위의 상호 의무와 책임을 내포하고 있다. 하니판과 그 후계자들이 인식했듯, 사회적 네트워크와 호혜성의 규범은 서로 이득을 얻기 위한 협력을 촉진시킬 수 있다.

경제적 · 정치적 거래가 사회적 상호작용의 촘촘한 네트워크 속에서 이루어지면 기회주의적 처신과 부정행위를 할 동기가 줄어든다. 모조품이 난무할 가능성이 극단적으로 큰 다이아몬드 거래가 인종적으로 동질적인 폐쇄 집단 사이에 집중된 것은 바로 이런 이유에서이다. 사회적 유대가 촘촘하면 그 안에서 소문도 무성하게 생기지만, 좋은 평판을 갈고 닦을 여러 귀중한 방법들도 수월하게 마련된다. 바로 이것이 복잡한 대규모 사회에서도 신뢰가 구축될 수 있는 핵심적 토대에 해당한다.

물리적 자본은 하나의 '사물'이 아니며, 종류가 다른 물리적 자본을 서로 교체해서 쓸 수는 없다. 달걀 거품기와 항공모함은 미국 경제의 분류법에 따르면 모두 물리적 자본에 속하지만, 거품기는 국가 방위를 위해 별로 쓸모가 없으며 항공모함은 여러분의 아침식사 오믈렛에 그다지 도움이 되지 않는다. 이와 유사하게 사회적 자본, 즉 사회적 네트워크, 그리고 이와 관련된 호혜성의 규범은 다양한 용도를 갖고 있으며, 그에 따라 형태와 크기 역시 매우 다양하다. 여러분의 가족과 친족을 합친 확대가족, 교회의 주일학교, 통근열차에서 포커를 하는 단골 회원들, 대학 기숙사 룸메이트, 회원으로 가입한 시민단체, 인터넷 채팅 그룹, 주소록에 적혀 있는 직업 관련 인물들의 네트워크, 이 모두가 사회적 자본의 한 형태이다.

'사회적 자본'은 개념상 사촌 격에 해당하는 '공동체'와 마찬가지로 포근하고 따스한 느낌을 준다. 하지만 도시사회학자 사비에르 브릭스Xavier de Souza Briggs는 사회적 자본의 해석에는 현실의 달콤한 면만을 부각하는 경향이 숨어 있다는 사실을 인식하라고 적절한 경고를 내린다. 곧 네트워크, 이와 결부된 호혜성의 규범은 일반적으로 네트워크 안에 있는 사람들에게는 좋지만, 사회적 자본의 외부 효과는 절대로 항상 긍정적이지만은 않다. 예를 들자면, 1995년 백인 극우주의자 티모시 맥베이Timotyh McVeigh에게 시한폭탄을 실은 자동차로 오클라호마시티의 연방건물을 폭파할 수 있도록 해준 것도 사회적 자본이었다. 호혜성의 규범으로 뭉친 맥베이의 친구 네트워크는 그 혼자서는 할 수 없던 일을 가능하게 해주었다.[7]

마찬가지로 도시 갱단, 님비NIMBY 운동, 파워엘리트 역시 넓은 시각에서 보자면 반사회적이지만 자기들에게는 유리한 목적을 달성하기 위해 사회적 자본을 이용하는 경우가 종종 있다. 이처럼 폐쇄적이고 반사회적인 지역사회 단체들이 자신의 반사회적 결과를 감추는 데 사회적 자본은 수사학적으로 아주 유용하다. KKKKu Klax Klan단이 제안한 '고속도로 청소 구역 담당' 계획을 플로리다 주민들이 반대했을 때, 이 단체의 우두머리는 이렇게 맞섰다. "우리도 라이온스클럽이나 엘크 협회와 마찬가지야. 우리도 공동체에 참여하기를 원해."[8]

간단히 말해 사회적 자본 역시 다른 모든 형태의 자본과 마찬가지로 악의적이고 반사회적인 의도를 지향할 수 있다[9](맥베이는 자신

---

7) *U.S. News & World Report*(August 4, 1997), p. 18. Fareed Zakaria, "Bigger Than the Family, Smaller Than the Sate," *New York Times Book Reviews*(August 13, 1995), p. 1. 이들은 맥베이와 그 동료 음모자들이 볼링장에서 저녁 시간을 함께 보냈음을 지적하고 이렇게 결론 내렸다. "맥베이가 볼링장에 혼자 갔으면 우리들에게는 훨씬 좋았을 것이다." 어떤 컬트 집단이나 소규모 단체에게는 사회적 자본이 내부적으로 부정적 결과를 만들 수 있지만, 그보다는 외부적으로 부정적 결과를 만드는 것이 훨씬 더 일반적이다.

8) 고속도로 청소 구역 담당(adopt a highway). 고속도로 주변에 많은 쓰레기가 날아다니고, 그 청소에 예산이 소비되는 현상을 개선하기 위해 주민이나 시민단체가 일정 구역을 맡아 청소하자는 제안. 1980년대 시작된 이 제안은 상당한 호응을 받아 여러 주로 확산되었는데, 미주리 주 세인트루이스에서 KKK단이 한 구역을 맡음으로써 문제가 생겼다. 부정적 이미지를 극복하고 공동체 생활에 참여하겠다는 발상이었지만 주민들은 그들의 참여를 강력하게 비난하고 'KKK단 담당 구역'이라는 푯말을 뽑아버렸다. 결국 치열한 논쟁과 몸싸움이 벌어졌는데, 미주리 주 교통국은 KKK단이 이 계획에 따른 의무를 제대로 이행하지 못했다는 이유를 들어 담당 구역을 박탈했고, 인종 차별 집단들이 끼어들지 못하게 참여 요건을 강화했다. 이 문제는 연방대법원까지 올라가 대법원은 KKK단의 인종 차별을 이유로 시민 참여에 제한을 가하는 행위는 수정헌법 제1조 위반이라는 판결을 내렸다. 2000년 11월 주민들은 KKK단이 맡았던 구역을 로자 팍스(Rosa Parks) 고속도로로 이름을 바꾸었다. 로자 팍스는 1955년 앨라배마 주에서 흑인 칸으로 가라는 버스 운전사의 요구를 거부하다가 강제 하차당한 후 시 당국과 싸움에 나섰고, 그 후 전국적인 흑인 민권 운동을 촉발시킨 전설적인 '평범한' 여성의 이름이다(옮긴이).

9) 나는 사회적 자본이 반사회적 결과를 가져올 수도 있다는 점을 먼저 출간한 책에서는 간과했다. *Making Democracy Work: Civic Traditions in Modern Italy*(Princeton, N.J.: Princeton University Press, 1993). 그러나 같은 해 출간된 "The Prosperous Community"에서는 그 가능성을 분명히 인정했다.

의 목표를 성취하는 데 폭탄을 장착한 트럭 같은 물리적 자본, 그리고 폭탄 제조 전문가 같은 인적 자본에도 의지했다). 따라서 어떻게 하면 상부상조, 협조, 신뢰, 제도적 효율성 같은 사회적 자본의 긍정적 결과를 극대화하고, 파벌주의, 인종주의, 부패 같은 부정적 결과를 최소화할 수 있는가를 따지는 일이 중요하다. 이를 위해 학자들은 사회적 자본의 여러 가지 형태를 구분하는 작업을 시작해왔다.

어떤 형태의 사회적 자본은 반복적이고, 집중적이며, 여러 갈래의 네트워크에 싸여 있다. 매주 금요일 퇴근해서 한잔 마시고 일요일에는 예배 시간에 서로 만나는 철강 노동자 집단이 이런 종류에 속한다. 반면 어떤 것들은 우연적이고 한 갈래로 이루어진 익명 네트워크에 싸여 있다. 슈퍼마켓 계산대에서 한 달에 여러 번 만나지만 알 듯 말 듯한 얼굴이 여기에 속한다. 학부모 – 교사 협의회Parent-Teacher Association, PTA 같은 유형의 사회적 자본은 법인 서류를 갖춘 공식 단체로서 명문화된 회칙이 있고 정기적 회합을 가지며 전국 연맹과 연결되어 있다. 반면 그날 농구장에서 만난 사람들과 팀을 짜서 펼치는 경기 같은 것은 보다 비공식적인 사회적 자본에 속한다. 또한 구급차 자원봉사 단체 같은 사회적 자본의 형태는 명백히 공적인 목표를 지향하지만, 브리지클럽은 회원들의 개인적 즐거움을 위해 존재한다. 그리고 앞에서 언급한 로터리클럽 등은 공익과 개인 이익 양쪽으로 기여한다.

사회적 자본의 유형을 구분하는 다양한 차원의 기준 중에서 아마 가장 중요한 것은 '**연계**bridging' 혹은 포괄적inclusive 유형과 '**결속**bonding' 혹은 배타적exclusive 유형의 구분이다. 그렇게 하기로 선택했건 혹은 필요성 때문에 그랬건, 몇몇 형태의 사회적 자본은 내부 지향적이며 네트워크의 배타적 정체성과 단체의 동질성을 강화하는 경향이 있다. 결속형 사회적 자본의 예로는 같은 인종에게만 자선과 구호 사업을 벌이는 단체, 교회에 기반을 둔 여성들의 독서회, 멋진 컨트리클럽 등이 있다. 회원에게만 혜택을 주는 것이다. 한편 외부 지향적이며 다양한 사회적 계층을 망라하는 사람들이 모인 네트워크도 있다. 연계형 사회적 자본의 예로는 민권 운동, 많은 청년 봉사 단체, 초교파적 종교 단체 등을 들 수 있다.

결속형 사회적 자본은 개별적 호혜성을 강화하고 연대성을 동원하는 데 좋다. 예컨대 인종 집단에서의 촘촘한 네트워크는 공동체 구성원들 중 형편이 어려운 사람들에게 아주 중요한 사회적·심리적 후원을 제공하는 동시에 그 지역의 사업가에게는 창업 자금과 시장 그리고 신뢰할 만한 노동력을 확보해준다. 이와 대조적으로 결속형 네트워크는 회원과 외부 자원의 연계, 그리고 정보 확산에 보다 유용한 기능을 한다.

경제사회학자 마크 그래노비터Mark Granovetter는 직장 혹은 정치적 후원자를 찾을 때, 나와는 다른 영역 속에서 활동하는 막연히 아는 사람과 나를 연계해주는 '약한' 유대가, 사회학적 활동 영역이 나와 매우 비슷한 친척이나 친한 친구들과 나를 연계해주는 '강한' 유대보다 실제로 더 효과적이라는 점을 밝혀주었다. 브릭스가 지적하듯 결속형 사회적 자본은 '당장 무엇을 손에 넣는 데' 좋은 반면, 연계형 사회적 자본은 '앞으로 나아가는 데' 아주 중요하다.

또한 연계형 사회적 자본은 광범위한 정체성과 호혜성을 만들어낼 수 있는 반면, 결속형 사회적 자본은 우리의 자아를 한층 더 좁게 만든다. 1829년 고래잡이로 한창 붐비던 매사추세츠 주의 항구 도시 뉴베드포드의 문화 강좌 창립 모임에서 회장 토머스 그린은 이 중요한 통찰력을 멋들어지게 표현했다.

서로 배우고 다시 가르침을 받기 위해 〔……〕 사회의 모든 신분,

계급, 지위에 속하는 사람들이 여기 모였습니다. 우리가 이러한 목표를 실현하면서 하나로 섞여 있는 동안 서로를 보다 긴밀하게 아는 법을 배울 것입니다. 서로에 대해 전혀 몰라서, 아니면 제대로 알지 못해 생긴 많은 편견들을 없앨 것입니다. 〔……〕 우리가 서로 나누어져 있는 정당이나 분파 안에서는 많은 면에서 우리가 형제라고 간주하지 않는 사람은 배제하고 자기 형제만을 사랑하는 것을 배우는 경우가 종종 있습니다. 〔……〕 우리는 서로를 보다 잘 아는 법을 배워왔기 때문에, 서로에 대해 보다 호의적인 감정을 갖고 (문화 강좌를 떠나) 우리의 집과 난롯가로 돌아갈 수 있을 것입니다.

결속형 사회적 자본은 일종의 사회학적 강력접착제 역할을 하고, 연계형 사회적 자본은 사회학적 윤활유 역할을 한다. 자기 집단에 대한 강력한 충성심을 창출함으로써 결속형 사회적 자본은 집단 외부에 대해서는 강한 적대감을 만들어낼 수도 있다. 뉴베드포드의 토머스 그린과 그 이웃들도 알고 있었듯, 바로 이런 이유에서 결속형 사회적 자본은 부정적인 외부 효과를 나타내는 경우가 훨씬 흔할 것이라고 예측할 수도 있다. 그렇지만 많은 경우 결속형과 연계형 사회적 자본은 모두 엄청나게 긍정적인 사회적 효과를 발휘할 수 있다.

많은 집단들은 어떤 사회적 차원에 따라 구성원들을 결속하는 동시에, 다양한 구성원들을 서로 연계시키고 있다. 예를 들면 흑인 교회에는 같은 인종과 종교에 속하는 사람들만 모이지만 그들끼리의 계급 차이는 초월하고 있다. 가톨릭 우애 단체 '콜럼버스의 기사단 Knights of Columbus'은 남자 가톨릭교도라는 성별과 종교에 따라 회원을 제한하지만 서로 다른 여러 인종 공동체들 사이의 분열과 대립을 극복하기 위해 창립되었다. 인터넷 채팅 그룹은 지역, 성별, 연령, 종교 등을 모두 초월하여 회원을 연계시키지만, 교육과 이데올로기 면에서는 고도로 동질적이다. 결국 결속과 연계는 사회적 네트워크를 깔끔하게 나눌 수 있는 '이것 아니면 저것'의 범주가 아니라, 우리가 다양한 형태의 사회적 자본을 비교할 수 있는 '정도의 차이'에 해당하는 차원이다.

이러한 여러 형태의 사회적 자본이 시대를 거치며 어떻게 변화했는지 측정하는 작업은 분명히 소중한 연구일 것이다. 그러나 지구 온난화를 연구하는 과학자들과 마찬가지로, 장기적으로 측정된 신뢰할 만한 자료가 없다. 그렇다고 한숨만 쉴 수는 없는 일. 지금 입수할 수 있는 불완전한 자료를 갖고 일을 진행할 수밖에 없다. 시간적 변화는 고사하고 어느 특정 시점에서의 미국의 사회적 네트워크에 대한 심층적 연구조차 지금으로서는 존재하지 않는다. 전국에 걸친 사회적 자본을 신뢰성 있고 포괄적으로 다루면서 '연계'와 '결속'을 깔끔하게 분류해주는 연구는 아직 찾지 못했다.

미국의 최근 사회적 경향을 경험적으로 분석하는 이 책에서, 내 본래 의도보다는 연계와 결속의 구분이 별로 눈에 띄게 나타나지 않을 것이다. 그렇지만 우리는 연계형과 결속형 사회적 자본은 서로 바꿔 쓸 수 있는 개념이 아니라는 사실을 염두에 두고, 이 개념적 차이를 꼭 기억하면서 앞으로 이 책을 읽어가야 한다.

3. 현실과 향수

어떤 면에서 '사회적 자본'은 미국 지식인 사회의 오래된 논쟁을 새로운 언어로 표현한 것이다. 미국에서 정치적 영향력을 행사했던 유명 인사들은 개인주의를 압도적으로 높이 찬양했지만, 공동체는 이러한 경향에 맞서 끊임없이 반기를 들어왔던 것이다. 낡은 규범과 관습으로 사람을 속박하는 화석화된 공동체로부터의 해방은 미국 문화에서 되풀이해서 나타나는 명예로운 주제이다.

17세기 영국의 종교적 속박에서 벗어나 미국으로 이주한 청교도의 유명한 이야기, 19세기 에머슨(『자립』), 소로(『시민 불복종』), 휘트먼(『나의 노래』) 등이 내세운 개인주의 찬가, 20세기에 오면 순응주의에 맞서는 일반 시민의 투쟁을 찬양한 셔우드 앤더슨Sherwood Anderson의 소설 『와인스버그, 오하이오Winesburg, Ohio』, 최근에는 클린트 이스트우드의 영화까지 개인의 독립과 자유는 미국 문화의 기본 주제이다.

미국 공동체주의자의 수호성인이라 할 수 있는 알렉시스 토크빌Alexis de Tocqueville조차 『미국의 민주주의Democracy in America』에서 개인주의가 갖는 독특한 민주적 가치를 이렇게 인정했다. "개인주의는 성숙하고 평온한 감정으로서 시민 각자를 동료 무리로부터 분리시켜 가족과 친구들의 동아리 속으로 물러나게 해준다. 시민들은 이렇게 자기의 취향에 맞게 형성된 작은 사회로 물러나고 대규모 사회는 스스로 알아서 돌보도록 즐겁게 맡겨버린다."

미국의 국가적인 신화는 개인적 영웅의 역할을 과대평가하는 반면 집합적 노력의 중요성은 과소평가하는 경우가 종종 있다. 예컨대 미국 독립전쟁이 시작된 그날 밤의 이야기를 흥미진진하게 설명한 역사가 데이비드 피셔David H. Fisher의 책은 미들섹스 마을에는 주민 네트워크가 있었기 때문에 영국군이 몰려온다고 알려준 폴 리비어Paul Revere의 경고가 성공을 거두었음을 우리에게 알려준다. 잘 조직된 지역 민병대가 없는 지역은 아무리 그 주민들이 애국심에 불탔어도 미국 독립을 위한 최초의 전쟁이 벌어졌던 렉싱턴과 콩코드의 전투에 참여하지 않았다. 그럼에도 개인의 영웅적 행동과 자수성가를 강조하는 강건한 개인주의의 신화는 여전히 미국인의 심금을 강하게 울리고 있다.

'공동체'의 확산과 쇠퇴를 둘러싼 논쟁들은 최소한 두 세기에 걸쳐 끊이지 않고 진행되어왔다. 쇠락과 멸망의 이야기를 의미하는 포스트모더니즘의 용어인 '내리막 내러티브declensionist narratives'는 우리의 지성사에서 장구한 족보를 갖고 있다. 우리는 겉만 번지르르한 현재와 꿈만 같은 과거의 황금시대를 대조하려는 유혹에서 영원히 벗어날 수 없는가 보다. 물론 과거를 미화하며 그리워하는 일방적 편애는 미국만의 풍토는 아니다. 사회학자 배리 웰먼Barry Wellman이 지적하듯,

> 인간이 자기가 살던 동굴을 대담하게 벗어난 이래 학자들은 공동체에 미치는 사회 변화의 영향을 걱정해왔다고 보아도 좋을 것이다. 〔……〕 (지난) 두 세기 동안 선구적인 사회평론가들은 산업혁명과 결부된 대규모 사회 변화가 공동체의 구조와 작동에 어떤 방식으로 영향을 끼쳤는지에 대한 그야말로 수지맞는 연구에 매달렸다. 〔……〕 대규모 사회 변화의 결과에 대한 긍정적 평가와 부정적 평가는 20세기에 들어서도 이어지고 있다. 분석가들은 세상이 정말 과거의 유대감을 잃고 산산이 분열되었는지 지금도 계속 묻고 있다.

20세기가 저무는 시점에 오면 미국의 보통 사람들도 시민적 불쾌감을 공유하였다. 우리는 미국의 경제적 전망을 만족스럽게 쳐다보았는데, 전례 없이 오랜 성장기가 지속되었다는 사실을 감안하면 충분히 납득할 만했다. 그러나 과연 우리가 도덕적 혹은 문화적으로 올바른 길을 가고 있는지에 대해서는 그 정도로 확신하지 못했다. 베이비붐 세대를 대상으로 한 1987년의 면접 조사에서는 응답

자의 53퍼센트가 '높은 사회정치적 의식을 갖고 공동체에서 다른 사람들을 열심히 돕는 시민'이라는 면에서는 자신들의 부모 세대가 더 훌륭했다고 대답했던 반면, 자기 세대가 더 낫다고 생각한 응답자는 21퍼센트에 불과했다. 무려 77퍼센트의 응답자들이 미국은 '공동체 활동의 저조한 참여' 때문에 더 나빠졌다고 했다.

1992년에는 미국 실제 취업 노동자의 4분의 3이 '공동체의 붕괴'를 이야기하면서 '이기심'이 미국의 '심각한' 혹은 '극히 심각한' 문제점이라고 응답했다. 1996년에는 '일반 미국인의 정직성과 성실성'이 향상되고 있다고 대답한 사람은 전 미국인의 8퍼센트에 불과했다. 미국인의 신뢰도가 떨어지고 있다고 생각하는 사람이 50퍼센트를 차지했다는 사실과 한번 비교해보라. 지난 10년 동안 시민으로서 미국인의 관심과 참여가 떨어졌다고 대답한 사람은 무려 80퍼센트였지만, 그 반대의 긍정적 대답을 한 사람은 12퍼센트에 불과했다.

1999년의 여러 조사에서도 미국인의 3분의 2가 미국인의 시민적 삶은 최근 몇 년 동안 쇠퇴해왔으며, 지금보다는 자신들이 성장하던 시기에 사회적·도덕적 가치가 더 높았고, 미국 사회는 공동체보다는 개인에 더 초점을 두고 있다고 대답했다. 또한 80퍼센트 이상의 응답자가 개인에게 보다 많은 부담을 주더라도 공동체를 더 강조해야만 한다고 대답했다. 공동체의 유대가 쇠퇴하고 있다는 미국인의 우려는 잘못이거나 지나친 과장일 수도 있다. 그러나 우리 동료 시민들의 여론을 합당하게 존중한다면, 일련의 여론조사는 우리가 이 문제를 보다 철저하게 탐구해야 할 것을 시사한다.

나는 미국 역사를 통해 공동체의 유대가 지속적으로 줄어들었다는 식의 주장에 동의하지 않는다는 점을 여기서 강조하고 싶다. 지난 1백 년 동안에도 그러지 않았다. 오히려 미국 역사를 주의 깊게 검토하면 시민적 참여의 역사는 상승과 쇠퇴의 교차, 즉 **일방적 하락**

이 아니라 붕괴 **그리고** 회복의 이야기로 이루어져 있다. 이 책의 시작 부분에서 이미 암시했듯 우리가 생생하게 기억하는 범위 내에서 살펴본다면 미국에서 공동체의 유대는 약해진 것이 아니라 강해지고 있었으며, 지난 수십 년에 걸친 하락 추세를 되돌릴 수 있는 힘을 우리가 갖고 있다는 사실을 결론에서 제시하고자 한다.

그럼에도 불구하고 내 주장은 적어도 표면적으로는 쇠퇴와 몰락의 길을 추적하는 전통을 따르는 관계로, 옛날이 좋았다는 식으로 단순히 과거를 동경하는 태도를 피하는 것이 중요하다. 이 책의 주제가 내 본뜻을 벗어나 자기기만에 빠질 수 있기 때문에 연구 방법을 투명하게 밝혀야 한다.

21세기로 들어서는 우리의 공동체 삶은 1950년대와 60년대 미국 공동체의 현실과 실제로 그렇게 큰 차이를 보이는가? 과거의 향수를 막는 한 가지 방법은 하나씩 꼼꼼히 따져보는 것이다. 요즘의 클럽 모임에는 과거에 비해 정말 사람이 오지 않는가, 아니면 그렇게 보이는 것인가? 우리는 부모 세대보다 정말 이웃을 잘 모르고 지내고 있는가? 아니면 이웃집 바비큐 파티를 회상하는 어린 시절의 기억이 황금빛으로 그려낸 추억에 물들어 있어 그런 것인가? 요즘은 친구들끼리 모여 포커를 하는 경우가 드문가, 아니면 나이 들면서 포커가 재미없어져서 그런 것인가?

볼링 클럽에 가입해서 서로 즐기던 시절은 이미 사라졌다고 치자. 소프트볼과 축구도 그런가? 낯선 사람은 예전에 비해 믿을 수 없는가? 베이비붐 세대와 X세대는 정말 공동체 생활의 참여도가 떨어지는가? 따지고 보면 우리 앞의 세대는 사회·정치 문제에 '침묵을 지킨다'고 한때 비난받았던 사람들이다. 아마 요즘의 젊은 세대는 앞 세대보다 참여가 떨어진다고 할 수도 있다. 그러나 그들은 새로운 방식으로 참여하고 있을지도 모른다. 이 책은 이용 가능한 최선의 자료들을 동원하여 앞으로 이런 문제들을 추적하고자 한다.

4. 이 책의 구성

변화하는 사회 환경을 추적하는 연구가 직면하는 과제는 지구온난화를 측정하는 기상학자가 당면한 과제와 어떤 면에서는 유사하다. 우리는 과거 역사에서 어떤 종류의 증거를 끌어내야 가장 이상적인 연구 결과를 얻을 수 있을지 알고 있다. 그러나 시간의 화살이라는 물리학의 법칙은 제아무리 잘 계획된 연구라도 과거로 거슬러 올라가 자료를 모아 진행할 수 없음을 알려준다. 따라서 요즘 사회가 부모 세대의 사회와 다른지 아니면 비슷한지 조사하려면, 우리가 지금 손에 넣을 수 있는 모든 자료를 동원해 유추해야만 하지만, 결국은 불완전하다는 한계를 벗어날 수는 없다.

범지구적인 기후 변동을 평가하려는 고古기상학자들에게 가장 효과적인 전략은 다양한 종류의 증거들 사이에서 삼각측량법을 동원하는 것이다. 극지방의 얼음에서 검출되는 꽃가루의 총 숫자, 남서쪽 나무의 나이테 두께, 영국 해군성의 기상 관측 기록부가 모두 비슷한 방향을 지시한다면, 증거의 끈이 한 갈래인 경우보다는 지구온난화의 추론은 강력해진다. 아주 비슷한 이유에서 신중한 언론인은 '두 개의 취재원' 규칙을 준수한다. 즉 최소한 두 개의 독립적인 취재원에서 확인되지 않으면 절대로 기사를 쓰지 않는 것이다.

이 책에서 나도 같은 규칙을 따르려고 한다. 이 책에서의 거의 모든 중요한 일반화는 하나 이상의 독립된 자료군群에 의거하여 작성했으며, 신뢰할 만한 자료들이 서로 다른 결과를 알려주는 곳에서는 어떤 점에서 어긋나는지 같이 적어놓았다. 내가 주장하고 싶은 논리는 있지만, 법정의 모든 관리들과 마찬가지로 무죄를 증명하거나 유죄를 입증하기 위해 내가 발견한 모든 관련 증거들을 제시해야 할 직업상의 의무를 갖고 있다. 엄청난 증거 자료들로 책이 넘쳐나는 일을 피하기 위해, 여러 연구들 중에서 내 주장을 확증하는 대표적인 증거를 각주에 밝혀두었다. 논리와 사실의 확실한 입증을 요구하는 회의적인 독자들은 각주와 본문을 함께 검토하는 편이 좋다.

나는 미국 사회생활의 연속성과 변화에 관해 가능한 한 넓고 다양한 범위의 증거를 모으고자 노력하였다. 내가 믿고 있는 그대로 그 변화가 광범위하고 깊다면, 사회의 여러 다른 부분에서도 그렇게 나타나야 하기 때문에, 그물을 넓게 던졌다. 물론 사회 변화는 기후 변화와 마찬가지로 필연적으로 불균등하다. 삶은 하나의 차원으로 이루어지지 않는다. 모든 것이 같은 속도와 같은 방향으로 변화하는 모습을 발견하기를 예상해서는 안 된다. 기본적인 흐름은 일정한 방향을 향하고 있다고 하더라도, 그 속에서 나타나는 여러 변칙 사례들은 지금 진행되고 있는 현상에 대한 중요한 실마리를 포함하고 있을 수도 있다.

미국 사회는 우리가 발을 딛고 사는 대륙과 마찬가지로 방대하고 다양한 형태를 취하고 있으며, 우리의 시민적 참여 역시 역사적으로 그 규모와 형태가 다르다. 우리들 중 상당수는 지금도 이웃들과 함께 집 안의 허드렛일을 거드는가 하면, 보다 많은 사람들은 학교 교실에 인터넷을 설치하려고 열심히 뛰어다닌다. 우리들 중 몇몇은 하원의원에 출마하고, 또 몇몇은 자조self-help 단체[10]에 합류한다. 몇

---

10) 자신들이 처한 문제점을 비슷한 처지에 있는 사람들끼리 모여 스스로 해결하려는 단체. 알코올, 도박, 흡연, 포르노 중독 등 개인적인 문제에서 시작해서 당뇨병, 암, AIDS 등 질병에 이르기까지 다양한 성격의 단체들이 있다. 이 책에서는 '자조' 단체라는 용어로 통일한다(옮긴이).

몇은 지역 변호사회를 들락거리며 사람들과 어울리고, 또 몇몇은 동네 술집에서 어울린다. 하루에 한 번 교회에 가서 예배를 보는 사람이 있는가 하면, 아는 사람들에게 일 년에 한 번 연하장 보내는 행사를 잊지 않으려고 애쓰는 사람들도 있다. 우리의 사회적 자본의 형태, 즉 우리가 친구·이웃·낯선 사람들과 연계하는 방식은 이렇게도 다양하다.

따라서 사회적 자본과 시민적 참여의 변화 경향을 검토하는 작업은 이 복잡한 사회의 광범위한 여러 부문을 망라할 수밖에 없다. 2장은 가장 공적인 영역인 정치와 공공 업무에서 미국인의 참여도 변화를 도표로 나타내면서 시작한다. 3, 4, 5장은 우리 공동체의 제도들을 다룬다. 클럽과 지역사회 단체, 종교 단체, 그리고 노동조합이나 전문직 단체 같은 직업 관련 조직들이 그 대상이다.

6장은 미국인들을 연계시키는 셀 수 없이 많은 일상적informal 유대, 즉 카드놀이 모임과 볼링 리그, 술집에서 어울리는 패거리와 스포츠 클럽, 피크닉과 파티 등을 다룬다. 7장과 8장은 각각 신뢰와 이타심, 그리고 자선·자원봉사·정직성·호혜성의 변화 패턴을 검토한다. 마지막 9장에서는 전반적인 연계성의 하락과 명백히 어긋나는 세 개의 반대 사례, 곧 소규모 단체, 사회 운동, 인터넷으로 돌아간다.

각 장에서 우리는 일정한 추세, 역방향의 추세, 소용돌이에 마주치게 될 것이지만, 그 가운데서도 20세기 미국 사회 전체를 휩쓸었던 공통적이며 강력한 흐름을 찾을 수 있을 것이다. 그 기본 주제는 단순하다. 즉 20세기의 최초 3분의 2 동안은 미국인들을 자기 공동체의 생활에 진지하게 참여하도록 만든 강력한 흐름이 있었던 반면, 수십 년 전 아무 경고도 없이 조용히 이 흐름이 역전되어 미국인은 반대 방향의 거센 물살에 휩쓸리게 되었다는 것이다. 애초에 이런 사실을 알아채지도 못했던 우리들은 20세기의 마지막 3분의 1 동안 우리 서로와 공동체로부터 멀리 떨어져 단절되어갔다.

미국 사회의 모든 측면에 미친 이 물결의 영향, 그 원인과 결과, 이 흐름을 되돌리기 위해 할 수 있는 일을 검토하는 작업이 3, 4, 5부의 주제이다. 3부는 이러한 흐름이 생긴 이유를 설명할 수 있는 광범위한 요인들을 검토한다. 과도한 노동 시간, 교외 지역으로의 주거지 확장, 복지국가, 여성혁명, 인종주의, 텔레비전, 잦은 이사, 이혼율의 증가 등 많은 요소들을 점검할 것이다. 이러한 요소들 중 일부는 사회적 자본의 쇠퇴에 중요한 영향력을 전혀 행사하지 못했다는 사실이 밝혀지겠지만, 이 문제에 관해 지극히 중요한 3, 4개의 요소들은 식별할 수 있게 될 것이다.

3부가 사회적 자본의 쇠퇴 '원인'을 묻는다면, 4부는 그 '결과'를 묻는다. 사회적 자본은 우리 삶의 서로 다른 많은 측면에 깊은 영향을 미치며, 심지어 그 영향력을 계량화할 수 있을 정도라는 사실을 알게 될 것이다. 사회적 자본이 쇠퇴하면 그 영향력은 시민들 사이의 따스하고 정겨운 감정이 사라지고 공동체의 자부심이 흔들리는 정도에 그치지 않는다. 공동체의 유대가 헐거워지면 우리의 학교와 이웃 간의 관계도 제대로 작동하지 않으며, 우리의 경제, 우리의 민주주의, 심지어 우리의 건강과 행복조차 사회적 자본이 적절하게 쌓여 있느냐에 따라 달라진다는 사실을 보여주는 확실한 증거 자료를 검토할 것이다.

이러한 현상에 대해 꼭 필요하지만 별로 즐겁지 않은 진단을 마치고, 마지막 5부는 이 현상을 치유할 수 있는 가능한 방법을 찾아보는 보다 낙관적인 과제를 다룬다. 한 세기 전에도 미국인들은 지금 우리가 다루는 것과 놀라울 정도로 유사한 사회 · 정치적 문제들에 직면해 있었음을 먼저 지적하려고 한다. 우리 선조들의 대응 방법 속에서 우리는 많은 것을 배울 수 있다. 우리가 당면한 시민적 참여의 쇠퇴 추세를 되돌릴 수 있는 방법도 물론 거기에 포함되어 있는 중요한 사항이다. 이 책은 우리 시대의 질병에 대해 그 어떤 단순한 해결책도 제시하지 않는다. 21세기에 미국의 시민적 참여와 사회적 연계를 회복할 수 있는 방법에 관해 국가적으로 깊이 생각하고 그 해결 방안을 실험할 수 있는 시간을 이끌어내려는 (아마 거기에 공헌하려는) 것이 이 책 마지막 장의 의도이다.

1997년 10월 29일 이전까지 존 램버트와 앤디 보쉬마는 미시간 주 입시란티의 볼링장에서 동네 볼링 리그를 통해서만 서로 아는 사이에 불과했다. 미시간 대학 병원의 직원으로 근무하다가 은퇴한 64세의 램버트는 신장 이식수술 대기자 명단에 이름을 올려놓고 3년째 기다리고 있었다. 우연히 램버트의 딱한 처지를 들은 33세의 회계사 보쉬마는 그를 찾아가 자기 신장 한쪽을 기증하겠다고 했다. 누구도 예상치 못했던 일이었다.

"다른 사람들은 그렇지 않았는데 앤디는 내게서 무언가를 보았답니다"라고 램버트는 말했다. "우리가 병원에 있었을 때 앤디가 이렇게 말하더군요. '존 나는 정말 당신이 좋고 깊은 존경심을 품고 있어요. 나는 이런 일이 다시 생겨도 망설이지 않을 거예요.' 그 말을 듣고는 눈물이 나서 목이 메었답니다." 보쉬마도 그때의 감정으로 돌아가 이렇게 말했다. "분명히 나는 램버트와 친척 같은 기분이 들었어요. 나는 전에도 그의 건강을 걱정했지만, 이제는 정말 그를 격려하고 있는 셈이죠." 이 감동적인 이야기는 듣기만 해도 마음이 훈훈해진다. 그러나 그 지역의 『안아버 신문』에 실린 사진을 보면 두 사람은 직업과 세대만 다른 것이 아니었다. 보쉬마는 백인, 램버트는 흑인이다. 그들이 함께 모여 볼링을 쳤다는 사실이 세대와 인종의 차이를 뛰어넘게 했던 것이다. 이런 작은 방식으로, 그리고 대규모로 미국인들은 서로서로 다시 연계를 맺을 필요가 있다. 바로 이것이 이 책이 전하는 간단명료한 주장이다.

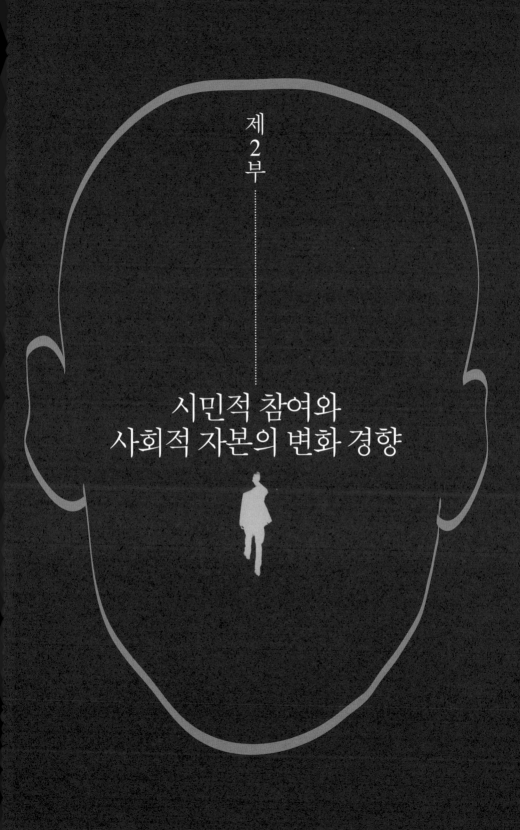

제 2 부

시민적 참여와
사회적 자본의 변화 경향

제
2
장

정치 참여

1. 투표

미국인이 정치와 정부에 관여하는 방식은 지난 30년 동안 그 성격이 크게 변했다. 지역 공동체와 우리를 연결하는 방식에서 이 부분만 유일하게 변했다는 말은 물론 아니다. 또한 가장 극적이고 명확하게 변화가 드러나는 사례는 더더욱 아니다. 그렇지만 가장 널리 논의되는 부분이기 때문에, 여기서 시작하는 것이 좋겠다.

선거만 제외하면, 미국인의 정치 참여 비율은 다른 민주주의 국가들에 비해 월등히 좋은 편이다. 미국인은 자신의 의견을 표현하고 권리를 행사할 수 있는 다양한 통로를 갖고 있다. 지역 공무원 및 국가 공무원과의 접촉, 정당을 비롯한 여러 정치 단체를 위해 일하기, 이웃과의 정치 토론, 정치 집회 참석, 선거 운동 참여, 지지하는 정당이나 후보의 배지 달기, 청원서 작성, 라디오 대담 프로에서 발언하기 등등 셀 수도 없이 많다. 모든 사람이 이 모든 일을 다 하는 것은 아니지만, 다른 많은 선진 민주주의 국가의 시민들보다 미국인들은 이런 방식의 활동에 적극적이다.

미국인은 매번 선거 때마다 대부분의 민주국가보다 투표장에 나타나는 유권자의 수가 계속 줄어든다는 소리를 듣는다. 우리의 투표율은 바닥을 긴다. 겨우 스위스를 앞지르지만, 민주주의가 확립된 22개 국가보다는 밑이다.[1] 그렇지만 투표소를 벗어나면 미국인들은 정치적으로 아주 적극적이다. 잠깐, 여기서 우리의 관심사는 '다른 나라들과 비교해서 우리가 잘하고 있는가?'의 문제가 아니라 '우리의 과거와 비교할 때 요즘 잘하고 있는가?'의 문제이다. 이 질문에 대한 답은 그다지 반갑지 않다.

민주적 시민으로서의 가장 평범한 행위, 즉 투표에서 시작하기로 하자. 1960년 미국 유권자의 62.8퍼센트가 케네디와 닉슨 중 한 명을 선택하기 위해 투표소로 갔다. 그 후 수십 년이 지나며 투표율은 계속 떨어져 빌 클린턴, 밥 돌, 로스 페로의 세 후보가 나선 1996년 대통령 선거에서는 48.9퍼센트의 투표율을 기록해 20세기 들어 거의 최저 수준을 나타냈다. 대통령 선거의 참여 숫자는 지난 36년 동안 대강 4분의 1이 줄어든 셈이다. 상하원의원과 주지사만 선거하는 중간선거off-year election와 지방자치 선거 역시 대략 이 정도의 규모로 하락했다.

---

1) 1970년대 중반 미국인들은 영국, 독일, 오스트리아, 네덜란드의 시민들보다 정치적 운동에 2배 더 적극적이었을 가능성이 높다. Samuel H. Barnes, Max Kaase, et. al., *Political Action : Mass Participation in Five Western Democracies*(Beverly Hills, Calif. : Sage, 1979), pp. 541~42. 거의 20년 후 미국은 청원서 서명 횟수에서는 40개 민주국가들 중에서 3위, 친구와 정치 토론 횟수는 20위를 차지했다. Russell Dalton, *Citizen Politics : Public Opinion and Political Parties in Advanced Western Democracies*, 2nd ed.(Chatham, N.J. : Chatham House, 1996), p. 74.

투표율이 감소하고 있다는 사실은 이렇게 널리 확인되고 있지만, 여러 가지 이유에서 그런 통계만으로는 미국인의 선거 참여 열성이 실질적으로 하락되었다는 사실을 제대로 설명하지 못한다. 미국인들은 투표하기에 앞서 먼저 유권자 등록을 해야 한다. 20세기 대부분 기간 동안 귀찮은 유권자 등록 때문에 미국인의 투표 참여는 방해를 받았다. 통상적 설명은 다른 민주주의 국가들에 비해 투표 참여율이 낮은 이유가 바로 유권자 등록이라는 방해물 때문이라고 지적한다.

그러나 지난 40년에 걸쳐 미국에서의 유권자 등록 조건은 크게 완화되었다. 새로운 유권자의 수를 늘리기 위해 전국적으로 총 1억 달러 이상을 들여 도입한 '면허증 등록motor vote' 제도는 이런 경향을 가장 잘 드러내주는 한 가지 사례에 불과하다. 운전면허증 취득이나 갱신과 동시에 유권자 등록을 하는 방식으로 개정했는데도, 가장 널리 지적되는 투표의 방해물이 실질적으로 줄어들었는데도, 투표 참여자는 계속 감소해온 것이다. 장애물은 낮아졌어도 그것을 뛰어넘는 미국인의 숫자는 줄어들고 있다.

두 번째 요소는 더욱 중요하다. 미국 역사의 대부분의 기간 동안 남부 주민의 상당수, 특히 흑인은 선거권이 없었다. 현재와 과거의 투표율을 정확하게 비교하기 위해, 〈그림 1〉은 공화국 미국의 기틀이 실질적으로 마련된 1820년 이후 남부와 그 밖의 주에서 대통령 선거 투표율의 변화를 나누어 분류했다.

19세기 말부터 20세기 중반까지 남부의 사실상 거의 모든 흑인에게는(여기에는 가난한 백인들도 포함된다) 인두세poll tax 미납, 문맹 테스트 불합격, 사기와 폭력의 전과 등등을 이유로 내세워 투표권이 주어지지 않았다. 1890년대 짐 크로우[2] 법으로 남부 흑인의 투표권이 박탈되며 남부의 유권자 수는 대폭 줄었고, 그 이후 70년 동안

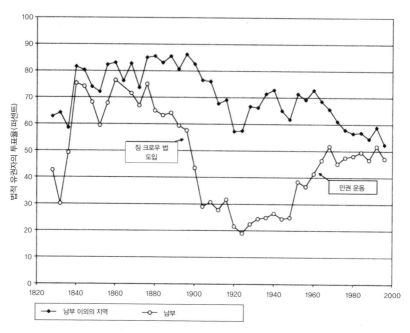

그림 1 _ 대통령 선거의 지역별 투표 경향(1828~1996)

전국 평균 투표율을 인위적으로 낮추었다. 대부분의 표준적인 투표

---

2) Jim Crow. 미국은 인종 차별로 악명 높았지만 미국 헌법 어느 곳에도 그것을 인정
하는 조항은 없다. 오히려 '모든 인간은 평등하게 태어나……' 하는 식으로 보편적
인권을 인정하고 있다. 주(州)와 지방자치의 법을 통해 남북전쟁 이후 해방된 흑인들
을 사회·정치적으로 차별·격리·분리하려는 일련의 법을 통틀어 짐 크로우 법이라
고 부른다. 이 명칭의 유래에 대해서는 여러 주장이 있지만, 1830년대 흑인을 풍자한
만화에서 춤추고 노래하는 흑인을 '짐 크로우'라고 불렸던 데서 나왔다는 설명이 보
편적이다. 흑인의 대명사쯤 되는 셈이다. 이 법은 1896년 플레시 대 퍼거슨(Plessy
v. Ferguson) 사건에서 연방법원이 루이지애나 주의 흑백 기차칸 분리가 인간 평등
의 원리에 어긋나지 않는다고 인정해줌으로써 공식적으로 인정받았다. 이 법의 지지
자들이 주장한 원칙이 바로 '분리하되 평등하다(separate but equal)'는 논리였다.
그 후 학교, 식당, 대중교통, 화장실의 흑백 분리에서부터 시작하여 참정권 박탈에
이르기까지 광범위한 차별이 합법적으로 이루어졌다. 이 법이 공식적으로 폐기된 것
은 1954년 흑백 분리 학교의 위헌 판결, 1964년 시민권법과 1965년 참정권법을 통해
서였다. 이 법 아래 제일 고통 받은 사람들은 흑인이었지만, 아메리카 원주민, 히스
패닉도 남부에서 똑같은 대접을 받았다(옮긴이).

제2부 _ 시민적 참여와 사회적 자본의 변화 경향

율 측정은 투표권을 박탈당한 사람과 투표 불참자를 하나로 섞었기 때문에, 20세기의 최초 3분의 2 동안 자유롭게 투표권을 행사할 수 있는 사람들 사이에서 투표율의 실질적인 변화를 제대로 보여주지 못한다.

민권 운동이 1960년대에 전개되고 흑인, 소수 민족의 선거권을 보장한 '참정권법Voting Rights Act'이 1965년에 제정되며, 새롭게 선거권을 얻은 남부의 수백 만 남녀가 20세기 들어 최초로 투표권을 행사할 수 있게 되었다. 이 새로운 유권자들의 유입은 그 외의 미국 유권자들 사이에서는 투표율이 하락했다는 사실을 부분적으로 가려주는 효과가 있었다. 실제로 미국 전체의 투표 참가 인구는 남부 흑인들이 유권자 대열에 합류함으로써 크게 늘어났는데, 이로 인해 본래부터 투표권을 갖고 있던 사람들 중 불참자가 날이 갈수록 늘고 있었다는 사실이 감춰졌다.

남부를 제외하면 1960년 이후 선거 참여는 계속 하락하고 있는데, 이 하락 추세는 미국 역사상 가장 오랫동안 이어져오고 있다. 그리고 1996년과 1998년 선거의 투표율은 거의 두 세기 동안 실시된 그 어떤 대통령 선거와 중간선거에 비해서도 실질적으로 낮았다.[3] 남부에서조차 1996년의 투표 참여자는 (1896년에서 1964년까지 투표권 박탈의 시기를 제외하고) 164년 만에 거의 최저에 달했다. 간단하게 말

---

3) 번행에 따르면 남북전쟁 당시 남군에 속하지 않았던 주에서는 1998년 대통령 선거의 투표율이 1818년 이후 제일 낮았다. Walter Dean Burnham, "The Turnout Problem," in *Elections American Style*, ed., A. James Reichley(Washington D.C. : Brookings Institution Press, 1987). 20세기 초반 북부의 투표율 하락은 유권자 등록 요건의 강화 같은 정치적 개혁이 투표 참여의 장애물을 만들었던 탓이다. 반면 1960년 이후의 하락은 높은 투표율에 유리한 환경에서 일어났다. 1896년 이후 30년 동안 투표율 하락은 1920년 여성 참정권 도입으로 더 낮아졌는데, 그다음 두 차례 선거의 투표율까지 일시적으로 떨어뜨렸다. 1971년 투표 연령은 18세로 낮아졌지만 지난 40년 동안 투표율의 전반적 하락에 미친 영향은 미미하다.

해 지난 몇 년만큼 미국 시민들이 자기 마음 내키는 대로 투표권을 표기한 적이 거의 두 세기 동안 달리 없었다는 뜻이다.

이들 불참자는 누구이며, 무슨 이유에서 참여하지 않고 있는가? 많은 설명들이 제시되었다. 정부에 대한 불신감 확대, 정당의 유권자 동원 능력 하락, 사회적 유대의 쇠퇴, 정당 소속감 약화 등등 수많은 요소가 그 원인으로 꼽혔다. 그러나 개별 선거마다 증가와 감소는 있었지만, 장기적 관점에서 본 투표율의 실질적 감소 원인은 뉴딜과 제2차 세계대전 기간 동안 출생한 세대 혹은 그 이전 세대로 구성된 유권자들이 점차 사라지고 그 이후에 출생한 세대들이 유권자를 구성하게 되었기 때문이다.

세대의 변화는 우리의 이야기에서 중요한 주제가 될 것이기 때문에 여기서 사회 변화와 세대 변화가 어떻게 서로 연결되는지 간략하게 살펴보는 일이 필요하다. 단순하게 설명하자면, 랩 음악의 발생에서 신문의 쇠퇴에 이르는 모든 사회 변화는 두 개의 매우 다른 과정이 결합함으로써 만들어진다.

첫 번째 종류의 사회 변화는 많은 사람들이 동시에 한 가지 방향으로 취향과 습관을 바꿈으로써 생긴다. 이런 종류의 사회 변화는 급속하게 생겨날 수 있으며 또 그만큼 빠르게 반대 방향으로 선회할 수도 있다. 1990년대에 실제로 그랬듯 미국의 많은 젊은층과 노년층이 SUV 자동차에 빠져든다면, 자동차 시장은 신속하게 변할 수 있다. 그리고 또 그만큼 빠르게 취향이 바뀌고 시장도 변할 수 있는 것이다. 사회학자들은 이런 유형의 변화를 동일 특성을 가진 인구 집단, 즉 '코호트 내intracohort'의 변화라고 부르는데, 각각의 세대 코호트 내에서 그 변화를 포착할 수 있기 때문이다.

두 번째 종류의 사회 변화는 보다 느리게 이루어지고, 포착하기 어려우며, 되돌리기도 어렵다. 세대마다 취향이나 습관이 다르다면,

출생과 사망의 사회적 생리학은 결국 사회를 바꾸어놓을 것이다. **개인은 하나도 변하지 않았다고 하더라도 말이다.** 지난 수십 년 동안 미국의 성 윤리는 상당히 바뀌었는데, 바로 이런 종류의 변화에 해당한다.

성性 도덕에 관해 자신의 생각을 바꾼 성인은 상대적으로 적었으며 실제로 성인들 대부분은 더욱 보수적이 되었다. 그러나 전체를 놓고 보면 예컨대 혼전 성관계에 대한 미국인의 태도는 지난 수십 년에 걸쳐 근본적으로 자유분방해졌다. 엄격한 가치관을 가진 세대는 점차 사라지고 보다 느슨한 규범을 가진 세대가 그 자리를 채웠기 때문이다. 사회학자들은 이런 종류의 변화를 '코호트 사이intercohort'의 변화라고 부르는데, 서로 다른 연령 집단들을 모두 살펴보아야만 그 변화를 발견할 수 있기 때문이다. 이러한 세대별 변화의 리듬은 느리게 진행되며 그만큼 되돌리기가 거의 불가능하다.[4]

대부분의 사회 변동은 개인적 과정과 세대적 과정을 모두 포함한다. 전화나 인터넷 같은 새로운 기술의 사용은 두 과정이 혼합된 사례이다. 기술 혁신이 소개되면 많은 사람들이 새 전화나 웹 브라우저를 구입하려고 한다. 개인들이 저마다 과거의 습관에서 벗어나 자신의 행동을 바꾸기 때문에, 새 제품의 초기 판매가 성장하는 데 영향을 미치는 요소들 중 세대의 변화 때문이라고 할 만한 것들은

---

4) 세 번째 변화 과정, 즉 생명주기(life cycle)의 변화는 전체 변화를 감추거나 다르게 보이도록 한다. 인구의 연령 구조가 바뀌지 않는 한 순수한 생명주기는 전혀 사회 변화를 일으키지 못한다. 어린이는 부모가 밟았던 주기를 단순히 답습하기 때문이다. 20세기 후반부 동안 미국 인구의 연령 구조의 변화는 정치적·사회적 참여의 전반적 변화와 **정반대의** 경향을 보였다. 즉 베이비붐 세대 때문에 참여의 정점 연령에 도달한 인구의 비율은 **감소하고** 있었는데도 참여는 **증가했으며**(1945~1964), 베이비붐 세대가 성숙함에 따라 참여의 정점에 도달한 인구의 비율이 **증가하고** 있었는데도 참여는 **감소했다.** 즉 생명주기 요소를 보다 직접적으로 고려해도 내가 지적한 참여 경향은 실제로 더 확대된다.

사실상 전혀 없다. 그러나 변화는 젊은 세대에게 수월하고, 초기에 나타난 성장의 추진력은 나이 든 세대의 몸에 밴 습관에 의해 둔화된다.

많은 중년 미국인들은 장거리 전화 요금이 많이 내린 뒤에도 부모들이 장거리 전화하기를 얼마나 싫어했는지 지금도 기억하고 있다. 이런 종류의 사회 변동에는 세대 차이가 가장 중요한 역할을 한다. 지난 수십 년 사이에 편지 쓰는 일이 크게 줄어든 것은 개인들이 습관을 바꿔서가 아니다. 멀리 떨어진 친구와 친척에게 편지로 연락하는 습관이 몸에 밴 세대가 전화기를 드는 데 보다 익숙해진 젊은 세대로 바뀌었기 때문이다.

코호트 내의 변화와 코호트 사이의 변화를 구분하는 것은 지난 30년 동안 미국 투표율의 변화를 이해하는 데 대단히 중요하다. 투표율 감소를 개인의 행동이나 습관이 변화된 탓으로 돌리기는 사실상 어렵다. 실제로는 세대별 차이에서 생겼다. 베이비붐 세대와 그 자녀 세대는 사회적 지위, 연령, 정치적 관심의 정도에 관계없이 그들의 부모와 조부모 세대보다 투표 참여도가 계속 떨어졌다. 베이비붐 세대와 그 자녀들이 차지하는 유권자의 비율이 전국적으로 계속 커짐에 따라 평균 투표율은 돌이킬 수 없게 하락세로 나아간 것이다.

앞으로 우리가 보겠지만 시민적 참여에서 이 세대별 격차는 오늘날 미국의 지역 공동체마다 일반적인 현상이다. 투표 참여를 독려하려는 (자동차 면허 유권자 등록 같은) 모든 노력을 좌절시키고, 대통령 선거뿐 아니라 주state와 각 지역의 지방자치 선거, 심지어는 채권 발행의 승인을 위한 투표에 이르기까지 모든 면에 영향을 끼치면서 이 경향이 불가항력적으로 지속되고 있는 이유 중의 하나가 여기에 있다. 후보자 개인의 인기도 혹은 쟁점의 관심도와 관계없이, 표를 모으려는 각 선거 운동원들은 제일 젊은 유권자들을 우선

타깃으로 삼아야 한다. 죽음의 신이 미국 유권자 중 정치적으로 가장 참여도가 높았던 세대를 매년 사정없이 데리고 가기 때문이다.

투표는 가장 일반적인 형태의 정치적 활동이며 민주주의의 가장 근본 원칙인 평등을 구체화하고 있다. 투표하지 않는다고 해서 정치 공동체로부터 탈퇴하는 것은 아니다. 그러나 투표는 광산의 카나리아처럼 보다 광범위한 사회 변동을 대신 측정할 수 있는 유용한 척도이다. 인구학적으로 서로 일치하는 투표 참여자와 불참자를 비교하면, 참여자들이 정치에 보다 관심을 갖고, 불우이웃 돕기에 나서고, 자원봉사 활동에 참여하고, 배심원으로서 출석하고, 지역 학교의 운영위원회 모임에 참가하고, 공공의 문제를 놓고 벌어지는 시위에 참여하고, 지역 공동체의 업무에 동료 시민들과 잘 협조할 가능성이 높다. 투표가 시민의 공공 업무 참여를 촉진시키는지 아니면 그 역이 옳은지는 분명하게 말할 수 없다 해도, 최근의 몇몇 조사를 보면 투표 행위 그 자체가 자원봉사를 비롯해 훌륭한 시민으로서 그 밖의 여러 행동을 촉진시킨다고 시사한다. 그렇다면 투표율이 25퍼센트 혹은 그 이상으로 떨어졌다는 것은 미국 민주주의에 결코 작은 문제가 아니다.

다른 한편, 몇몇 중요한 측면에서 투표는 정치 참여의 전형적 행동양식은 아니다. 미국 정치에서 여러 형태의 정치 참여를 총망라한 연구 결과에 근거하여 정치학자 시드니 버바Sidney Verba와 그 동료들은 이렇게 결론 내렸다. "시민의 정치 참여가 오직 선거를 통해서만 이루어진다는 생각은 잘못이고 오해이다. 투표 외의 여러 정치적 행위에 참여한 사람과 비교해보면, 투표 참여자들의 배후 동기에 자리 잡고 있는 만족도, 그리고 문제에 대한 관심도 역시 저마다 다르다는 점을 알 수 있다. 〔……〕 투표는 독특하다."[5]

투표 참여율의 하락은 공동체 생활로부터 광범위한 이탈 현상을 가장 생생하게 보여주는 징후에 불과하다. 비유하자면 열이 신체의 부조화를 알려주는 신호이듯, 선거 불참 역시 그 자체가 질병이라기보다는 우리의 정치가 안고 있는 보다 깊은 문제점을 드러내주는 신호로서 한층 더 중요한 역할을 한다. 시민으로서의 참여를 회피하는 미국인의 숫자가 나날이 늘어나고 있는 곳은 투표소만이 아니라는 말이다.

2. 공공 업무에 대한 관심

공공 업무에 대한 관심과 정치적 지식은 보다 적극적인 형태의 참여를 위해 결정적으로 중요한 전제조건이다. 만일 여러분이 경기 규칙도 누가 뛰는지도 모르고, 경기 결과에 신경도 안 쓴다면, 스스로 경기에 뛰어들 가능성은 별로 높지 않다. 고무적이게도 20세기 말의 시점에서 미국인은 어떤 정당이 하원에서 다수당이며 자신의 상원의원이 누구인지 50년 전의 조부모들만큼이나 잘 알고 있는 듯하다. 다른 한편 우리들은 조부모 세대보다 교육을 훨씬 많이 받았다. 시민적 참여에 필요한 지식은 정규 교육을 많이 받을수록 높아진다는 사실을 감안하면, 그 지식이 교육 수준의 향상만큼 늘어나지 않았다는 점은 놀라운 일이다. 오늘날의 평균적인 대학 졸업생은 1940년대의 평균적인 고등학교 졸업생보다 공공 업무에 대해 아는 바가 더 적다.

1974년부터 1998년까지 대략 한 달마다 로퍼Roper[6] 조사원은 미국

5) Sidney Verba, Kay Lehman and Henry E. Brady, *Voice and Equality:Civic Voluntarism in American Politics*(Cambridge, Mass. : Harvard University Press, 1995), pp. 23~24.

인에게 이렇게 물어보았다. "당신은 최근의 국내 사건, 국제정치에서 일어나는 사건에 대해 어느 정도의 관심을 갖고 있습니까? 대단히 많은 관심, 약간의 관심, 혹은 별 관심이 없다 중에서 응답해주십시오." 당대의 사건에 대한 대중의 관심은 뉴스가 무엇이냐에 따라 올라가고 내려가기 때문에, 이런 식으로 공공 업무의 관심도를 측정한 도표는 고장 난 지진계가 남긴 들쭉날쭉한 톱니바퀴 자국과 비슷하다.

그러나 이렇게 일관성 없는 기록을 들여다보아도, 당대의 사건에 대한 대중의 관심의 물결은 지난 25년 동안 조금씩 줄어들면서 거의 20퍼센트 정도가 빠져나갔다. 이와 유사하게 매년 한 번씩 실시해서 장기간의 자료를 축적한 조사 결과를 보아도 사람들의 정치적 관심은 계속 줄어들어 1975년과 1999년 사이 5분의 1 정도 감소했음을 알려준다.[7] 스캔들과 전쟁은 여전히 우리의 관심을 끌 수 있지만, 일반적으로 말해서 25년 전에 비해 공공 업무에 관심을 갖고

6) Roper Center for Public Opinion Research라는 이름의 사회 조사 전문 기관. 1936년부터 지금까지 약 1만 5천 건의 조사를 실시했는데 1972년부터 지금까지 계속되고 있는 '전국 사회 조사(General Social Survey, GSS)' '전국 출구 조사(National Exit Polls)', 그리고 로퍼 사회 · 정치 경향 조사(Roper Social and Political Trends, 1973 ~1994)가 특히 유명하다. 이 책에서 간단하게 '로퍼 조사'라고 하면 일명 로퍼 리포트(Roper Reports)라고도 하는 제일 마지막 것을 의미하며, 그 외의 조사는 이름을 따로 표기했다(옮긴이).

7) 활동의 빈도수가 크게 차이가 나기 때문에, 책 전체를 통해 나는 감소의 절대적 크기보다 감소율을 일반적으로 강조한다. 즉 어떤 활동에 참여한 인구가 50퍼센트에서 40퍼센트로 줄었다는 것, 그리고 5퍼센트에서 4퍼센트로 줄었다는 것은 모두 5분의 1 혹은 20퍼센트의 하락을 의미한다. 우리의 표본은 대개 매우 크기 때문에 작은 절대적 차이도 통계적으로 아주 유의미하다. 로퍼 조사에서는 현재 벌어지고 있는 사건에 "상당히 관심을 갖고 있다"고 표현한 공중은 1974년 약 50퍼센트에서 1998년 38퍼센트로 장기적으로 일관된 하락세를 나타내고 있다. DDB 니덤(Needham) 조사에서는 "나는 정치에 관심을 갖고 있다"고 동의한 비율은 1975~1976년 52퍼센트에서 1998~1999년 42퍼센트로 감소했다. 로퍼가 실시한 (사회 · 정치 경향 조사가 아닌) 또 다른 조사를 보면 '지난 주' 정치에 관해 토론했다고 대답한 미국인의 수는 1980년 51퍼센트에서 1996년 28퍼센트로 꾸준하게 하락해왔다.

있는 미국인들의 숫자는 훨씬 적다고 할 수 있다.

더욱 우려되는 현상은 정치적 지식과 관심에서 세대 간 격차가 크다는 사실이다. 이 현상은 투표율 감소와 연결되어 있다. 투표율의 감소와 마찬가지로 정치와 당대의 사건에 대한 관심이 점진적으로 줄어든 것은 공공 업무에 상대적으로 관심을 갖고 있던 나이 든 세대가 사라지고, 상대적으로 관심이 없는 젊은 세대가 그 자리를 차지했기 때문이다.

물론 젊은 세대나 나이 든 세대를 막론하고 공공 업무에 관한 호기심은 그날그날의 톱뉴스에 따라 계속 출렁출렁 춤추지만, 뉴스와 정치에 열중했던 나이 든 세대들이 무대에서 사라짐에 따라 관심의 기본적인 수준은 점점 줄어들고 있다. 관심의 쇠퇴가 전국적이라기보다는 세대 차이 때문이라는 사실은 공공 업무가 객관적으로 봤을 때 따분한 주제여서 관심이 멀어졌을 뿐이라는 주장을 반박한다.

베이비붐 이후의 세대, 즉 1964년 이후에 출생해서 1980년대와 90년대에 성인이 된 남녀는 정보의 확산에도 불구하고 공공 업무에 관한 지식은 실질적으로 줄어들었다. 예를 들어 1980년대와 90년대 국회의원 선거 운동이 한창일 때조차 이 젊은이들 중에서 어떤 정당이 하원의 다수당인지 아는 사람은 앞 세대의 약 3분의 2 수준이었다.

오늘날 정치적 지식에서의 세대 격차는 젊은 사람들은 나이 든 사람보다 아는 것이 적다는 어떤 일반적인 경향을 반영하는 현상이 아니다. 이것은 최근에 생긴 현상이다. 1940년대 가장 초기의 여론조사에서 1970년대 중반의 여론조사까지의 결과를 보면 젊은이들은 기성세대만큼이나 정치적 지식을 갖추고 있었다. 그러나 이제는 그렇지 않다.

정치뿐 아니라 비행기 추락, 테러리즘, 금융 뉴스까지 여러 부문에 걸친 뉴스와 정보의 격차는 베이비붐 세대에서 1970년대에 처음 시작하여 X세대의 등장과 더불어 눈에 띄게 커졌다. 1965년에는 35세 이하의 3분의 2가 일간신문을 구독했지만 1990년에는 3분의 1로 떨어졌다. 역시 35세 이하에서 텔레비전 뉴스 시청률은 52퍼센트에서 41퍼센트로 줄었다. 지금 30대 이하의 젊은이들은 연장자들보다 뉴스에 별로 신경 쓰지 않으며 최근의 사건에 대해서도 아는 바가 별로 없다. 물론 20년 혹은 30년 전 그 나이 또래에 비해서도 역시 정치적 지식이 떨어진다.

3. 정당 관련 활동

결국 지난 20년 혹은 30년 동안 미국에서 투표율은 4분의 1, 공공 업무에 대한 관심은 5분의 1이 줄었다. 그렇다고 정치적 관심을 측정할 수 있는 모든 분야에서 그렇다는 말은 아니다. 30년 혹은 40년 전이나 다름없이 지금도 미국인은 국회의원과 대통령 선거에 관심을 갖고 있는 듯 보인다. 1990년대 대통령, 국회의원 선거에는 1950년대와 60년대에서 그랬듯 많은 사람들이 '정치에 관해 이야기를 나누고' 다른 사람들에게 어떻게 투표할 것인지 설득하려고 애썼다.

그러나 이 표면적인 안정성 속에는 커져가는 세대 격차가 숨어 있었다. 오늘날 나이 든 세대는 40년 전 자신의 선배 세대보다 선거 운동에 약간 **더** 관심을 갖고 있는 반면, 요즘 젊은이들은 1950년대와 1960년대의 같은 또래 젊은이들보다 관심이 **덜**하다. 시민적 참여에서의 이러한 세대 격차가 지속되면 미래에는 정치 참여가 더욱 낮아질 것이다.

정치 문제에 대한 관심과 투표 행위는 정치 참여의 형태들 중 상대적으로 부담이 별로 없는 편에 속한다. 엄격히 말해 실제로 이 둘은 사회적 자본의 형태가 전혀 아니다. 혼자서도 얼마든지 가능하기 때문이다. 우리가 지금까지 보았듯 조사 자료들은 특히 운동장 끝에 있는 젊은 세대들이 관중석에서 빠져나가고 있음을 밝혀주었다. 하지만 대부분의 팬들은 아직도 자리를 지키고 앉아 스타플레이어들의 이상한 행동을 지켜보면서 서로 떠들고 갈채를 보낸다. 그렇다면 자발적으로 정당을 위해 일하고, 전단지를 벽에 붙이며, 선거 운동 집회에 참여하는 풀뿌리 검투사들은 어떻게 되었을까? 자신의 지지 정당을 위해 뛰어다니는 참여는 어떻게 변했는가?

긍정적 측면에서 본다면 정당 조직 자체는 전국 수준과 지역 수준에서 모두 전과 다름없이 튼튼하다고 주장할 수도 있다. 지난 30년에서 40년 동안 정당 조직들은 규모가 더 커지고, 풍부한 재정을 갖춘, 전문적 조직으로 성장하였다. 1950년대 말에서 70년대 말까지의 대통령선거에서는 공화당, 민주당 중 하나 혹은 둘과 접촉했다고 응답한 유권자가 계속 증가했다. 1980년에서 1992년에는 슬럼프를 겪었지만, 예상 득표를 끌어 모으려는 각 정당의 활동이 꽃을 활짝 피움에 따라, 정당의 활력을 측정하는 이 척도는 1996년에는 사상 최고치에 도달했다.

정당의 재정 역시 1970년대와 80년대에 급속도로 치솟았다. 예를 들면 1976년과 1986년 사이 인플레이션 비율을 제하고도 민주당의 자금 유입은 2배, 공화당은 4배로 상승했다. 보다 풍부한 자금은 보다 많은 직원, 여론조사, 광고, 보다 충실한 후보자 충원과 훈련, 지역사회에 대한 봉사활동의 확대를 의미했다. 정당 관련 정치 조직은 물론이고 정당과 무관한 정치 조직도 유급有給 정규 직원이 늘어나면서 지난 20년 동안 폭발적으로 증가했다.

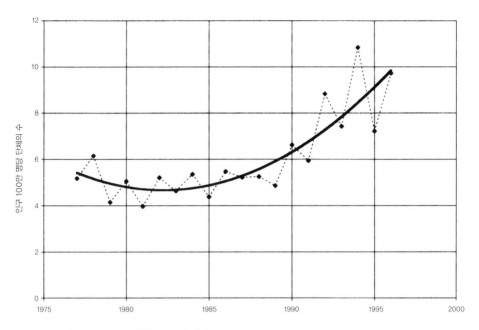

그림 2 _ 유급 정규 직원을 둔 정치 단체, 1977~1996

　조직의 확장이라는 기준에서 보면 1980년 이후 선거마다 신기록을 수립했으며, 성장의 추세는 누가 보아도 확실하게 가속이 붙는 듯했다. 이 정치 '산업'의 성장 추세를 기록한 도표를 보면 마치 실리콘밸리의 성장과 유사한 거의 폭등세가 나타난다(〈그림 2〉 참조). 미국에서 정치 사업이 이보다 건강했던 적은 결코 없었다. 아니면 그렇게 보였을 것이다.

　그러나 정치 시장에서 '소비자'의 입장에서 보자면 이 활기 넘치는 그림 속에는 이상야릇한 패러디가 숨어 있었다. 정당 소속감party identification, 즉 자기가 응원하는 팀에 대한 유권자의 열성적 지지 비율은 1960년경에는 75퍼센트였다가 1990년대 후반에는 65퍼센트 아래로 떨어졌다. 1980년대 후반에는 부분적 회복세를 보였지만 다시 20세기 말에 가면 정당의 '브랜드 충성도'는 1950년대와 60년대 초기의 수준 훨씬 아래에 머물러 있다.

보다 심각한 것은, 이러한 형태의 정치 참여는 보다 젊은 코호트에서 상당히 낮게 나타난다는 사실이다. 나이 들고 정당 충성도가 보다 높은 세대가 유권자 대열에서 이탈하고 그 자리를 젊은 무당파 세대가 차지함에 따라 정당에 대한 애착은 계속 내려갈 것이다. 여기서도 죽음의 신은 조용히 움직이고 있기 때문에 정치적 참여와 개입의 정도는 앞으로 더 낮아지게 된다.

정당 소속감 외에도, 풀뿌리 수준에서 선거 운동 집회에 참석하거나 정당을 위해 자원봉사에 나서는 사람들 역시 지난 30년 동안 그 숫자가 급격히 줄어들었다. 1950년에서 60년대까지는 선거 운동 기간 동안 정당을 위해 가정 방문, 우편물 발송 등등의 일에 나선 미국인들의 숫자는 계속 늘어났다. 그러나 1968년 이후 그런 형태의 정치적 참여는 급격히 줄어들어 1996년 대통령 선거에서는 사상 최저 수준에 도달했다.

정치 집회와 선거 유세 참여 역시 지난 반세기 동안 비슷한 궤적을 따라갔다. 1950년대부터 60년대까지는 높았다가, 70년대에는 불안정한 등락세를 보였고, 80년대부터는 일반적 하락세를 나타내고 있다(〈그림 3〉은 이 경향을 도표로 나타냈다). 간단히 말해 정당 자체는 그 어느 때보다도 재정이 풍부해지고 전문 직원들의 수도 늘었지만, 정당 관련 정치 활동에 참여하는 미국인은 나날이 줄어들고 있는 것이다.

그렇다면 정당의 입장에서 보는 조직의 건강, 그리고 유권자 측에서 보는 조직의 쇠퇴라는 두 개의 서로 어긋나는 그림을 어떻게 조화시킬 수 있는가? 이 역설에 대한 한 가지 실마리는 가장 최근 선거에서 당을 **위해 일했다**는 응답자에 대한, 같은 선거에서 정당의 **운동원과 접촉한 적이 있다**는 응답자의 비율을 알아보는 것이다. 20세기

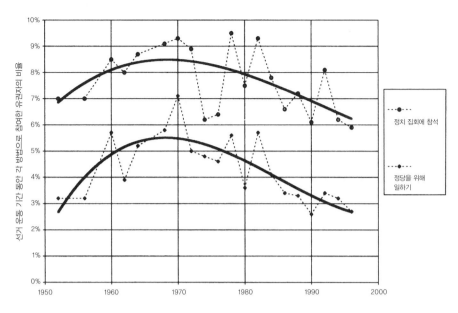

그림 3 _ 시민의 선거 운동 참여, 1952~1996

의 마지막 30년에는 유권자와 직접 접촉한 숫자는 가속화 추세를 보였지만 정당 일꾼의 숫자는 계속 줄어들고 있다. 1968년에는 둘이 같았지만 1996년에 오면 이 비율은 2.5배로 높아진다. 즉 정당 일꾼은 2.5배로 줄어들었으면서도 유권자와의 접촉 빈도는 그대로인 것이다.

언뜻 보면 누구나 이렇게 번성하는 정치 산업의 '생산성'이 향상된 데 감탄을 금치 못할 것이다. 각 '정당 노동자'는 보다 많은 '접촉'을 생산하고 있는 듯 보인다. 그러나 실제로 이 경향은 미국에서 정치의 전문화와 상업화를 보여주는 증거이다. 유권자가 응답한 '접촉'은 이웃에 사는 정당 일꾼의 방문이었을 가능성은 희박하고 정당에서 걸려온 익명의 전화 통화였을 가능성이 훨씬 높다. 헌신적인 당 지지자의 자원봉사 협조가 정당 활동에서 차지하는 몫은 크게 줄어들었다. 능률적인 대규모 마케팅을 겨냥한 숙련된 (그리고 비싼) 테크닉이 날이 갈수록 정당 활동의 큰 몫을 차지하고 있다.

이 경향은 정당 조직을 재정적으로 후원할 수 있는 통로를 마련하기 위해 설립된 기업의 정치활동위원회political action committees, PACs, 그리고 직접 우편물DM 발송을 통한 기금 모집의 폭발적 성장과 나란히 진행되고 있다. 대통령 후보 지명과 선거 운동에 사용된 자금은 1964년 3천 5백만 달러에서 1996년에는 7억 달러로 상승했는데 불변 가격으로 따지면 거의 5배에 달한다. 반면 같은 기간 동안 시민의 정당 활동 참여는 절반 이상이 떨어졌다. 대규모 마케팅을 위한 자금으로서 화폐자본이 정치의 법정통화 역할을 하면서 풀뿌리 시민 네트워크인 사회적 자본의 자리를 꾸준히 대신해왔다. 이것이 정치 산업의 핵심이다.

가만히 생각해보면 정당의 조직은 활력에 넘치는 반면 유권자의 참여는 줄어드는 대조적 현상은 충분히 이해할 수 있다. 정당의 '소비자'가 정치에서 등을 돌리고 있기 때문에 정당은 유권자, 일꾼, 자금 기부자의 환심을 사려고 더 열심히 일하고 더 많은 비용을 써야 하는 것이다. 그리고 이런 일을 하려면 (월급을 받는) 조직의 하부구조가 필요하다. 공중the public은 정치에 애착을 덜 가지는데도 조직으로서의 정당, 그리고 정권 경쟁에서 승리하려는 정치 조직으로서의 정당은 보다 강력하게 되었다. 우리가 정치를 산업으로 본다면 이렇게 새로운 '노동 절약 생산성'의 향상을 반갑게 맞이할 수 있겠지만, 정치를 민주적 심의의 과정으로 본다면 사람들이 여기서 떠나는 현상은 정치 활동의 핵심이 사라짐을 의미한다.

돈이 시간을 대신함에 따라 정치 참여 역시 날이 갈수록 수표책에 기반을 두고 있다. 1967년과 1987년 사이 정치 단체의 회원 수는 절반으로 줄었지만, 정치적 운동에 재정적으로 공헌하는 시민의 수는 거의 두 배로 늘었다. 정치학자 시드니 버바와 그 동료들은 "정치의 전문화와 전국 규모화는 시민의 역할을 헌신적 활동가에서 수표책을 꺼내고 편지나 받는 사람으로 재규정해오고 있다"고 결론 내렸다. 그리고 "지난 수십 년 동안 정치 참여의 궤적에 무슨 수수께끼가 있었는지는 몰라도 1970년대 후반부터 80년대 말까지 정치에 기부하는 돈의 액수가 증가한 것은 누가 보아도 명백하다"고 지적했다.

지금도 정치 운동장에는 여전히 많은 팬들이 몰려 있을지 모른다. 그러나 그들이 보는 게임은 이미 아마추어들의 경기는 아니고 세미프로 경기조차 여기 끼지 못한다. 관중들의 눈에 익숙해진 능수능란한 프로들의 게임이 과연 비싼 입장료를 치르고까지 볼 만한 가치가 있느냐는 문제는 별개의 사항이다.

4. 지역 공동체 수준의 정치

지금까지 우리는 정치 참여를 정당 활동과 선거 운동이라는 중요하면서도 제한된 측면에서만 살펴보았다. 그렇지만 대부분 미국인에게 국회의원이나 대통령 등 국가적 규모의 선거는 그들의 시간과 관심사의 작은 부분을 차지할 뿐이다. 국가적 규모 이외의 분야, 특히 지역 수준에서의 정치 참여 경향은 어떻게 변했을까? 최근까지 우리는 지역 공동체의 업무에서 미국인의 참여가 장기적으로 어떤 경향을 갖고 변화했는지 포착할 수 있을 만큼 체계적으로 정리된 자료를 갖고 있지 못했다. 그러나 그 깊이와 상세함에서 지금까지 어느 조사보다도 뛰어난 자료들을 최근에 찾아냈다. 그 덕택으로 우리는 시민 활동을 매우 자세하게 추적할 수 있게 되었다.

1973년부터 1994년까지 사회 조사 전문기관 로퍼에서는 수많은 미국인들에게 12개의 시민 활동을 적은 간단한 목록을 제시했다. 여기에는 청원서petition 서명, 공공 집회 참여, 정당을 위한 봉사, 공직 출마 등등의 항목이 있었다. "이 항목들 중 작년에 당신이 하신 일은, 만일 하셨다면, 어떤 것입니까?" 하고 조사원들이 질문했다. 활동들 중 일부는 상대적으로 많은 사람이 참가했다.

20년에 걸친 자료를 검토하면 해마다 미국인 3명 중 1명이 청원서에 서명했고, 6명 중 1명은 타운이나 학교의 업무를 논의하는 공공 회의에 참석해왔던 것으로 나타났다. 반면 아주 참석률이 저조한 항목들도 있다. 예를 들면 1년 동안 미국인 1백 명 중 1명도 채 안 되는 사람이 공직에 출마했던 것이다. 총 40만 명 이상의 인터뷰는 20년 이상에 걸쳐 미국인의 시민 활동에 관해 상세한 통계를 수집함으로써 비교할 수 없이 풍부한 기초 자료를 제공해주고 있다.

이 기간 동안 시민 참여와 정치 참여의 패턴은 어떻게 변했는가? 대답은 간단하다. **청원서 서명 같은 가장 흔한 일에서부터 공직 출마처럼 가장 드문 일까지, 로퍼 조사에서 측정한 거의 모든 형태의 지역 공동체 참여는 그 빈도수가 크게 떨어졌다.** 지금 미국인들은 모든 분야의 시민 활동에서 20년 전보다 실질적으로 덜 참여하고 있다.

먼저 정당 관련 활동과 선거 운동의 경향에 관한 새 자료를 보자(〈그림 4〉). 우수리를 떼고 말하면, 1990년대 들어와 정당을 위해 일하는 미국인 혹은 정치 집회나 연설에 참여하는 미국인은 1970년에 비해 대략 절반으로 줄었다. 불과 20년 전만 해도 선거 운동은 수천만 미국인들이 국가적 관심사에 적극적으로 참여할 수 있는 기회였다. 운동은 그저 우리가 구경하는 것이 아니라 직접 뛰어들어 하는 것이다. 이제 거의 모든 미국인에게 선거 운동은 자기 주변에서 일어나는 시끌벅적한 일, 조용한 일상생활에 소음이나 만들어내는 귀찮은 일, 텔레비전 화면에 스쳐 지나가는 이미지가 되었다. 놀

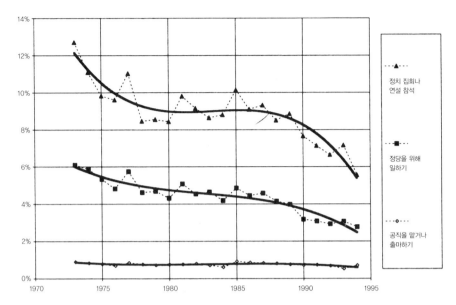

정치 집회나 연설 참석

정당을 위해 일하기

공직을 맡거나 출마하기

그림 4 _ 시민적 참여 경향 I : 정당 관련 활동

랍게도 이 선거 운동 참여의 감소 비율(약 50퍼센트)은 투표율 감소 (25퍼센트) 자체보다 훨씬 크다.

새로운 자료에는 정치 참여 중 상당한 부담을 요하는 항목, 즉 실제로 공직에 출마하거나 공직을 맡는 항목도 포함되어 있다. 처음부터 여기에는 상대적으로 아주 적은 사람들만이 참여했기 때문에 이 부분은 사회적 현미경의 역할을 한다. 로퍼 조사 자료를 보면 정치 참여 중 가장 적극적 형태에 속하는 이 분야 역시 희미하게 꺼져 가고 있음을 발견할 수 있다.

지난 20년 동안 학교 운영위원회에서부터 시·카운티·타운 의회에 이르기까지 미국 정치 단위의 모든 수준에서 공직에 직접 참여하겠다는 사람들의 숫자는 어느 해를 보아도 대략 15퍼센트 줄어들었다. 이러한 감소의 결과 미국인들은 매년 자신이 선택할 수 있는 후보자들을 25만 명씩 잃고 있다. 이들 잠재적인 풀뿌리 지도자들

을 잃음으로써, 우리가 집단적으로 어떤 대가를 치러야 할지 알기
는 불가능하다. 이들의 재능과 창의성이 발휘되지 못할 뿐 아니라
현재 공직 담당자에게 경쟁의 압력을 행사할 수 있는 기회가 사라
졌다는 측면에서도 우리는 손실을 입고 있다. 이것이 손실이 아니
라는 주장은 믿기 어렵다.

최근의 미국인들이 정당 정치에 대한 기대를 포기했다는 사실은
아마 그리 놀랄 뉴스도 아닐 것이다. 무소속 대통령 후보로 나섰던
백만장자 로스 페로Ross Perot가 정당 불신 바람에 힘입어 전국적인
인물로 떠올랐던 1992년 이전에도 정당에 대한 불신은 전문가들에
게는 상식과도 같았다. 그렇다면 지역사회의 회합에 참석하고, 지역
사회 단체에서 일하고, '보다 좋은 정부'를 만들고자 하는 지역 공
동체의 참여 활동은 어떻게 되었을까?

여기서도 새로운 자료는 놀라운 결과를 보여준다. 모든 형태의 지
역 공동체 생활의 참여 역시 정당 관련 참여와 선거 참여만큼이나
빠르게 줄어들었다(관련된 자료는 〈그림 5〉에 요약되어 있다). 변화 패
턴은 크게 보아 선거 활동과 비슷하다. 70년대 말에 침체를 겪다가,
80년대 초에는 별 변화가 없고, 80년대 말에서 90년대 초로 접어드
는 시기에는 잠시 늘어났다가 계속 감소 추세를 보이고 있다.

1973년에서 1994년 사이 그 전년도에 시·카운티·타운의 공공
회의나 학교 업무의 모임에 단 한 번이라도 참여한 사람의 숫자는
모두 40퍼센트가 감소했다. 같은 기간 동안 지역사회의 단체나 클
럽에—아무 단체나 클럽이라도 좋다—운영위원 혹은 임원으로 봉
사했던 사람들 역시 똑같이 40퍼센트 줄었다. 이 20년 동안 '보다
좋은 정부를 만들고자 하는 시민 단체'의 회원 숫자 또한 3분의 1이
줄었다.

나와 상관없는 사람들이 먼 나라에서 벌이는 전쟁으로부터 아무

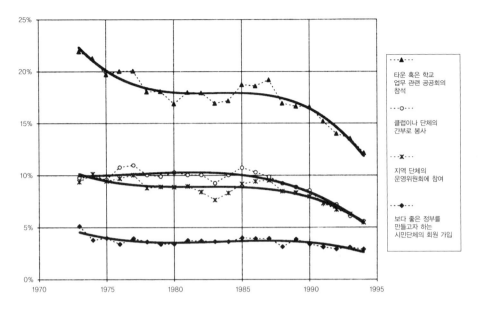

그림 5 _ 시민적 참여 경향 II : 지역 공동체 참여

감정 없이 보도되는 사상자의 숫자는 그 전쟁에 담겨 있는 의미를 전달하지 못한다. 마찬가지로 이러한 숫자들은 미국의 지역 공동체 생활에 참여하는 사람들이 10명에 1명꼴로 죽었다는 사실을 제대로 알려주지 못한다. 1퍼센트 포인트 감소는 공동체 생활의 어느 부분에 참여하는 미국인들의 숫자가 해마다 우수리를 떼고 2백만 명씩 줄어들었다는 것을 뜻한다. 결국 이 숫자가 의미하는 것은 미국인이 오늘날까지 70년대 중반에 그들이 지역 공동체의 업무에 참여했던 방식을 유지했다면, 지금보다 지역사회의 업무에 관한 공공회의 참여는 1천 6백만, 운영위원회 참여는 8백만, 보다 좋은 정부를 만들고자 하는 시민단체를 조직하는 남녀 회원들은 3백만 명 늘었을 거라는 사실이다.

이 조사 자료들이 참여 여부를 물은 단체는 지역사회의 **모든** 단체를 망라한 것이었다. 그 지역에만 있는 정원 가꾸기 클럽 혹은 전국적으로 활동하는 국제자선단체 '슈라이너스Shriners'의 지부支部 같은 '구식' 단체뿐 아니라, 환경운동 위원회나 낙태 반대 운동처럼 최신 유행을 타고 새롭게 뜨는 단체들 역시 지부의 참여율이 줄어들었다. 또한 사람들에게 전년도에 시 · 카운티 · 타운의 공공회의나 학교 업무 관련 회의 중 **어느 하나라도** 참여한 적이 있었느냐고 물어보았다. 기획위원회의 재미없는 회의뿐 아니라 고등학교에서 콘돔을 나눠주는 데 대한 격렬한 항의 혹은 보도블록 연석緣石 재활용에 관한 토론에 이르기까지 모든 모임을 망라한 것이었다. 풀뿌리 민주주의를 구성하는 일상적인 토론과 심의에 참여하는 사람은 해가 갈수록 줄어들었다. 사실상 1970년대 중반부터 90년대 중반 사이 미국을 떠받치는 시민적 하부구조는 3분의 1 이상이 사라졌다.

5. 협력과 표출

마지막으로 로퍼 조사는 청원서 서명, 국회의원에게 편지 보내기, 신문 · 잡지의 편집진에 기사나 편지 쓰기, 연설 등 다양한 형태의 공적 표현public expression에 나타난 변화 경향을 알려주고 있다. 여기서도 지난 20년 동안 이러한 유형의 행동은 하나같이 줄어들었다는 똑같은 결과가 나왔다(〈그림 6〉 참조).

이러한 사실은 청원서 서명의 경우에 가장 눈에 띄는데, 로퍼 조사에서 측정된 여러 형태의 정치적 활동들 중 일상생활에서 일반 시민들이 가장 흔하게 하는 일이기 때문이다. 국회의원에게 편지 보내는 항목 역시 쇠퇴 경향이 분명하다. 두 사례 모두 앞의 10년 동안은 완만한 변화를 보이다가 그 후 10년에 걸쳐 꾸준하게 하락

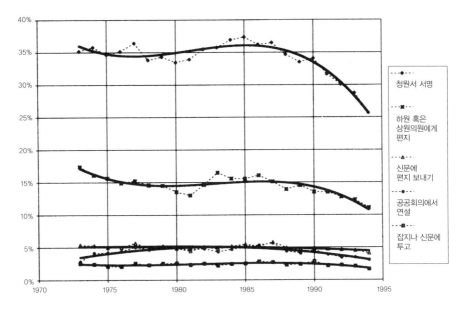

그림 6 _ 시민적 참여 경향 Ⅲ : 공적 표현

세를 걷고 있다. 전년도에 잡지나 신문의 편집진에게 원고를 보내
거나 편지를 썼다고 응답한 사람, 혹은 공공회의에서 연설을 했다
고 응답한 사람들은 인구의 아주 적은 부분을 차지한다. 여기서도
전반적 경향은 하락세이기는 하지만, 이 정도의 변화 폭으로는 확
실한 경향을 단정 짓기 어렵다.

　로퍼 자료를 통해 추적해본 미국인의 정치 참여의 변화는 모든
참여 형태마다 동일한 결과를 보이지는 않았다. 예컨대 공공회의나
정치 집회의 참여 같은 항목은 지난 20년 동안 하락세가 다소간 꾸
준히 진행되었지만, 청원서 서명 같은 항목은 그 감소 추세가 후반
기 10년에 집중되어 있다. 또한 임원을 비롯한 간부직 출마, 혹은
잡지나 신문에 투고하거나 편지 쓰기의 경우는 아주 완만하게 감소
했다. 12개의 항목 전체를 평가하면 1985년 이후 하락세가 가속화
되었던 것으로 보인다. 전체를 통틀어 보면 1973~1974년과 1983

~1984년 사이에는 평균 10퍼센트의 감소율을, 1983~1984년과 1993~1994년 사이에는 평균 24퍼센트의 감소율을 보였다.

이러한 시민 활동 중 어느 한 군데에도 전혀 참여하지 않은 공중 the public은 지난 20년 동안 거의 3분의 1이 늘었다. 1973년까지는 대부분의 미국인들이 이러한 형태의 시민 활동 중 매년 최소한 하나에는 참여했다. 1994년이 되자 **대부분의 미국인은 그 어떤 활동에도 관여하지 않게 되었다.** 1990년대 중반 지역 공동체의 업무에 참여하고 있는 미국 성인의 숫자는 20년 전의 비율이 그대로 유지됐을 경우에 비해 3천 2백만 명이나 줄어들었다.

참여율의 감소 폭에 따라 12개의 활동을 배열하면 이러한 공동체적 삶의 상실이 어떤 의미를 내포하고 있는지를 파악하기 위한 보다 훌륭한 실마리를 얻을 수 있다(〈표 1〉 참조). 놀랍게도 가장 눈에 띄게 줄어든 항목들은 지역 공동체 수준에서 단체 활동과 관련된 참여 형태이다. 상위 6개 항목의 참여를 묘사하는 단어를 보라. '봉사하다' '일하다' '참석하다'의 단어는 이 활동들이 다른 사람들과의 협조 속에서 이루어지는 것임을 반영하고 있다. 이 각각의 활동들은 공동체의 다른 사람들 역시 행동에 나설 경우에만 실행될 수 있다. 역으로 감소 폭이 제일 작은 하위 6개 항목은 대부분 개인으로서 자기 혼자 할 수 있는 행위이다. 이 항목들을 표현하는 가장 공통된 단어가 '쓰다'라는 사실에서 알 수 있듯 실제로 대부분의 이런 활동에는 연필이나 키보드만 있으면 된다.

다른 말로 하자면 내 활동이 다른 사람의 행동에 의존하고 있을수록 내가 참여하지 않을 가능성은 커진다. 내가 사는 곳의 모든 사람들이 시민 활동에 참여하지 않는다고 해도, 여전히 나는 지역 국회의원에게 편지를 쓸 수 있고, 국회의원 후보로 출마할 수도 있다. 반대로 만일 내가 위원회의 유일한 회원이라면, 그것은 이미 '위원

표 1 _ 정치 참여와 지역 공동체 참여의 경향

	상대적 변화 1973~74년에서 1993~94년
클럽이나 단체의 간부로 봉사	−42%
정당을 위해 일하기	−42%
지역사회 단체의 위원회 위원으로 봉사	−39%
타운이나 학교 업무에 관한 공공회의 참석	−35%
정치 집회나 정치 연설에 참석	−34%
이 12개의 활동 중 최소 하나의 항목에 참여	−25%
공공회의에서 연설	−24%
하원 혹은 상원의원에게 편지 보내기	−23%
청원서 서명	−22%
'보다 좋은 정부'를 만들고자 하는 시민단체의 회원	−19%
정치적 직위의 보유 혹은 출마	−16%
신문사에 편지 보내기	−14%
잡지나 신문에 기고문 보내기	−10%

출전: 로퍼 사회·정치 경향 조사, 1973~1994

회'가 아니다. 채권 발행 문제를 둘러싼 회의에 아무도 오지 않는다면, 설사 내가 참석한다고 해도 이미 '회의'가 아니다. 물론 나 자신도 역시 빠질 수도 있다는 것을 잘 알고 있으면서 말이다. 곧 시민적 참여의 여러 형태들 중 감소 폭이 가장 큰 부분은 협력 문제coordination problem와 무임승차에 가장 취약한 곳, 즉 시민을 **'하나로 모으는'** 활동, 사회적 자본을 가장 분명하게 구체적으로 표현하는 활동들이다.

여기서 정치적으로 중요한 한 가지 결과가 나온다. 위원회에서의 봉사 같은 '협력' 형태의 행동은 편지 쓰기 같은 '표현적' 형태의 행동보다 감소 폭이 크다는 사실이다. 협력하려면 (최소) 두 명이 필요하지만, 스스로를 표현하는 데는 혼자서도 족하다. 협력 형태의 정치 참여는 광범위한 공공 관심사에 관련되며, 표현적 형태는 보다 개별적이고 협소하게 규정된 관심사에 관련된다.

모든 정치 시스템은 불만을 표출하는 시간과 차이점을 해소하는 시간의 균형을 유지할 필요가 있다. 그런데 지난 20년에 걸쳐 미국의 지역 공동체에서 시민 참여 패턴의 변화는 보다 대규모 사회에서 이 균형을 무너뜨렸다. 즉 불만의 표출과 그 불만을 주장하는 연합들의 결집 사이의 균형을 무너뜨리고 불만 표현 쪽으로 기울어지게 했다. 협력이 자기표현에 비해 빨리 감소하는 불균등 변화 패턴은 당대의 정치적 담론이 단일 쟁점을 시끄럽게 떠들고 예의를 상실하도록 부추겼다고 보아도 좋을 것이다.

이러한 참여의 감소는 열성 활동가로부터 게으름뱅이에 이르기까지 모든 스펙트럼에 걸쳐 나타났다. 12개의 항목 중 **아무 곳에도** 관여하지 않는 부류의 공중은 이 기간 동안 (1973년 46퍼센트에서 1994년 66퍼센트로) 3분의 1 이상 늘어났지만, 최소한 3개 이상의 활동에 관여한 적극적 시민 활동가의 무리는 (20퍼센트에서 11퍼센트로) 거의 절반으로 줄었다. 더구나 이 경향은 남자와 여자, 흑인과 백인, 대도시, 교외, 농촌 지역, 남동부, 남부, 중서부, 서부, 상층 계급과 하층 계급 등등 인구의 모든 부분과 전국 각지에 걸쳐 일관되게 나타난다.

절대적 크기로 보면 교육 수준이 높은 사람들 사이에서 감소율이 가장 크다. 대학 교육을 받은 사람들 사이에서는 공공회의 참석률이 34퍼센트에서 18퍼센트로 거의 절반 정도 떨어졌다. 반면 저학력자들은 처음부터 참여도가 낮았기 때문에, 그들의 참여는 상대적 크기에서 더 심하게 떨어졌다. 공공회의 참석률은 고등학교 졸업자의 경우 20퍼센트에서 8퍼센트로, 초등학교 졸업자들은 7퍼센트에서 3퍼센트로 줄었다. 곧 지난 수십 년 사이 온갖 계층의 미국인들의 공동체 참여도는 심각하게 훼손되었던 것이다.

6. 요약

　정치 참여의 변화 경향에 대해 우리가 배운 사실들을 요약해보자. 긍정적 측면에서 보면 오늘날의 미국인은 우리의 부모와 조부모 세대만큼 시민으로서의 자격 테스트에 좋은 점수를 받고 있다. 그렇다고 자축하는 분위기는 삼가야 하겠지만, 지금 세대가 부모와 조부모 세대에 비해 공식 교육을 평균 4년 더 이수한 것은 사실이다. 또한 선거철이 오면 부모와 조부모 세대만큼 우리들 역시 정치에 관해 이야기하고 선거 운동에 관심을 표명한다.

　그러나 다른 측면에서 보면 1960년대 중반 이후 미국인의 교육 수준은 빠르게 상승했는데도, 공직에 출마하거나 국회의원에게 편지 보내기 혹은 잡지·신문에 편지나 원고 보내기 등의 방법으로 자신의 의견을 공개적으로 표현하는 행동은 10~15퍼센트 줄었다. 정치와 공공 업무에 대한 관심도는 15~20퍼센트 감소, 투표율은 약 25퍼센트 감소, 정당 관련 혹은 정당과 관련 없는 공공 집회 참석은 대략 35퍼센트 감소, 정당 정치의 관여도에서는 40퍼센트 감소, 모든 종류의 정치 단체 혹은 시민단체에의 참여는 40퍼센트가 감소했다. 결국 우리는 공공 업무에 대한 지식은 잘 갖추고 있는 관객이면서도, 실제로 경기에 참여하는 사람들은 날이 갈수록 줄어들고 있다.

　이 모든 현상을 공중의 정치적 소외감 증대와 모든 종류의 정치 활동에 대한 신뢰성 하락의 자연적 귀결이라고 볼 수 있을까? 우리가 지금까지 살펴본 경향은 그 어느 때보다 많은 미국인들이 정치에서 '쫓겨나고' '외면당하고' 있다는 사실을 반영하는 데 지나지 않는다고도 할 수 있다. 지난 30년 동안 모든 종류의 정치적 불만이 버섯구름처럼 번졌다.

1960년대 중반의 미국인은 자신들의 정치 제도가 시민의 여론과 소망을 잘 반영하며 호의적이라고 놀라울 정도로 확신하고 있었다. "나 같은 사람은 정부에 별로 발언권이 없다" "정부 관리들은 나 같은 사람의 생각에 신경 쓰지 않는다"에 동의한 사람은 4명 중 1명에 불과했다. 반면 우리는 "워싱턴에 있는 정부가 항상 혹은 대체로 옳은 일을 한다고 **믿을 수 있다**는 데 4명 중 3명이 동의했다. 당시 사람들이 어리석게 착각하고 있었는지의 여부는 제쳐두고라도 1960년 대의 미국인은 정치의 효율성을 느끼고 있었다.

그런 생각은 이제 골동품이 되었거나 유치하게 보이는 것이 요즘 세상이다. 그러한 생각에 찬반을 표시한 사람들의 비율은 사실상 모든 경우에서 지난 30년 동안 역전되어왔다. 1990년대가 되면 미국인의 4명 중 3명은 정부가 대체로 옳은 일을 한다고 믿지 **않는다.** 한 가지 사례만 비교해도 이 사실이 명확하게 이해될 것이다.

1966년 4월 베트남 전쟁 반대 시위와 인종 폭동이 벌어지던 클리블랜드, 시카고, 애틀랜타에서 66퍼센트의 미국인은 "국가를 운영하는 사람들은 당신에게 무슨 일이 벌어져도 별로 신경 쓰지 않는다"는 생각을 **거부했다.** 두 세대 이상에 걸쳐 가장 긴 평화와 번영의 시기가 지속되던 1997년 12월 57퍼센트의 미국인들이 같은 생각에 **동의했다.** 오늘날의 냉소적인 견해가 60년대 초의 지나친 낙천주의적 견해보다 정확할 수도 있고 그렇지 않을 수도 있다. 그러나 이러한 생각들은 정치 참여를 동원하고 유지하는 데 필요한 정치적 신뢰를 무너뜨린다.

사회에 오히려 역기능을 하는 정치의 추악함에 염증을 내고, 스스로 뛰어들게 만드는 대규모의 집단적 프로젝트도 없기 때문에, 우리들은 에너지의 방향을 전통적인 정치의 영역에서부터 보다 덜 공식적formal이며, 보다 임의적이며, 보다 효과적인 쪽으로 돌려놓았다.

공공 업무에 더 이상 참여하지 않는 경향이 모든 분야에 걸쳐 일관되게 나타나고 있는가? 이 문제는 다음 장에서 시민의 단체 활동 참여와 사회 참여를 살펴봄으로써 확인될 수 있을 것이다.

단체 활동

미국인들은 연령에 상관없이, 인생의 어느 지위에서건, 모든 성향의 사람들이 늘 단체를 조직하고 있다. 여기에는 모든 사람들이 참여하는 상업 단체와 산업 단체뿐 아니라, 수없이 많은 다른 유형의 조직들도 포함된다. 종교 단체, 도덕 단체, 중요한 목적 또는 하찮은 목적을 가진 단체, 목표가 매우 포괄적인 단체와 매우 제한된 단체, 거대한 규모의 단체와 아주 작은 단체까지 〔……〕 내 생각에는 미국에서 지적·도덕적 단체들보다 더 주목을 끌 만한 것은 없다.

—알렉시스 토크빌, 『미국의 민주주의』

1. 단체 참여의 허와 실

이 문장은 19세기 초반 미국을 방문해 날카로운 통찰력을 갖고 미국의 정치와 사회를 분석했던 프랑스인 토크빌이 남긴 글이다. 이 부분은 미국 사회 속에서 지금까지도 계속 남아 있는 중요한 사실을 포착하고 있기 때문에 사회과학자들에게 자주 인용되고 있다. 170년 전이나 지금이나 미국인은 세계 그 어떤 나라의 시민들보다 자발적 결사체voluntary association에 활발하게 참여하는 것 같다. 북유럽의 작은 나라 몇몇 정도만이 참여 활동 면에서 우리보다 상위 랭킹에 속한다.[1]

단체를 조직하는 미국인의 창의성은 무궁무진하게 펼쳐진다. 『세계연감』에는 '아론 버 협회Aaron Burr Society'에서부터 '미국 시온주의 기구Zionist Organization of America'까지 그래도 미국 안에서 꽤나 이름 있는 단체들이 알파벳 순서로 2천 380개가 수록되어 있다. 이 목록을 대충 살펴보노라면 '영양antelope 대연합' '엘비스 프레슬리 버닝 러브 팬클럽' '폴란드 퇴역 군인 미국 협회' '남부 애팔래치아 덜시머dulcimer 협회' '무법자와 보안관의 역사를 연구하는 전국 협회'처럼 그 이름만으로도 흥미진진한 단체들이 속속 눈에 띈다.

이런 단체들 중 몇몇은 이름 내기 좋아하는 사람들이 모여서 만든 것에 불과할 수도 있다. 그러나 미국 지역 공동체에 관한 지난 수십 년 동안의 조사 자료들은 풀뿌리 수준에서 단체 활동의 활력이 넘쳐

---

1) 1981년 갤럽 조사는 자발적 결사체의 회원 가입 빈도수에서 12개의 산업화된 민주주의 국가 중 미국을 1위로 올렸다. 1991년 '세계 가치 조사(World Value Survey)'는 35개 국가 중 스웨덴, 아이슬란드, 네덜란드 다음으로 미국을 노르웨이와 동률 4위로 올렸다. Verba, Schlozman, and Brady, *Voice and Equality*, p. 80. 그리고 Robert D. Putnam, "Bowling Alone : America's Declining Social Capital," *Journal of Democracy*(January 1995), pp. 65~78 참조.

나고 있음을 계속 보여주었다. 요즘도 많은 미국인들은 PTA 같은 교육 혹은 학교 운영 단체, 취미 단체, 노동조합이나 전문직 단체 같은 직업 관련 단체, (교회 외의) 종교 단체, 청년 단체, 봉사 단체, 우애 단체, 동네 단체, 주택 소유자 단체, 그 밖의 자선 단체 등에 적극적으로 관여하고 있다. 일반적으로 말하자면 이처럼 활발한 단체 활동은 최소한 1950년대 이후 미국인들의 변함없는 특징이다.

공식formal 단체에 공식 회원으로 가입하는 것은 사회적 자본의 단지 한 측면에 불과하지만, 대개 공동체 참여 활동의 유용한 지표로서 간주된다. 자신이 거주하는 공동체에서 단체를 조직하고 활발하게 참여하는 미국인들의 동향을 보여주는 단체 관련 자료와 사회 조사들에서 우리는 무엇을 배울 수 있는가? 넓게 본다면 미국의 자발적 결사체는 세 개의 범주로 나눌 수 있다. 즉 지역 공동체에 기반을 둔 단체, 교회에 기반을 둔 단체, 직업에 기반을 둔 단체가 그것이다. 먼저 지역 공동체에 기반을 둔 가장 다양한 단체들, 그러니까 그 모든 사회 단체, 시민단체, 취미 단체에서 시작하기로 하자.

자료를 살펴보면 지난 30년 동안 자발적 결사체는 숫자상으로 인상적인 증가를 나타내고 있다. 『단체 백과사전Encyclopedia of Associations』에 등록된 전국 규모의 비영리 조직의 숫자는 1968년에서 1997년 사이 1만 299개에서 2만 2천 901개로 2배 이상 늘었다. 같은 기간 동안 인구 역시 늘었다는 사실을 감안하더라도 인구 1인당 전국 규모 조직의 숫자는 지난 30년 동안 거의 70퍼센트 상승했다(〈그림 7〉).

이런 사실에 크게 고무된 한 평론가는 미국의 정치와 사회에 '참여 혁명'이 일어났다고, 성급한 진단을 내리기도 했다. 미국인의 단체 참여 활동이 급속하게 성장했다는 사실에 대한 깊은 인상은

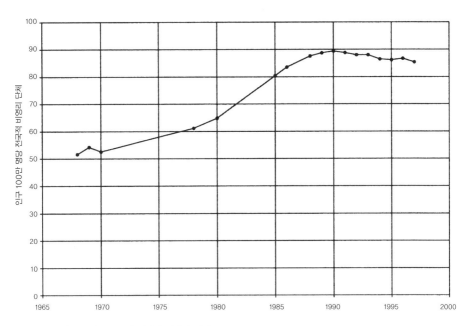

그림 7 _ 전국 규모의 비영리 단체의 성장, 1968~1997

1960년대 이후 워싱턴에 등록된 이익집단의 폭발적 성장을 지적하는 최근의 여러 연구 결과들로도 보강된다. 그러나 그 의미는 유보적으로 해석해야 한다. 이 최근의 연구들은 시민의 범주를 대신해서 단체가 점점 더 전면에 나서 적극적으로 활동하고 자기주장을 펴고 있음(혹은 그렇다고 내세우고 있음)을 보여준다.

〈그림 7〉에 그 성장세가 기록된 셀 수 없이 많은 비영리 단체들 중 실제로 대규모 회원을 보유한 조직은 상대적으로 소수에 불과하다. '동물 영양 상태 연구위원회' '유니폼 착용 운전자의 교통사고 통계 전국회의' '전국 슬래그Slag 협회' 같은 많은 단체들은 개인 회원이 전혀 없다. 미국의 자발적 결사체를 면밀히 검토한 데이비드 스미스David Horton Smith는 1988년 『단체 백과사전』에 수록된 단체의 경우 겨우 절반 정도가 실제로 개인 회원들을 보유하고 있음을 발

견했다. 1988년 『단체 백과사전』에 수록된 전국 규모의 단체의 경우 회원 수의 중앙값median은 1천 명에 불과했다.[2]

1962년의 『단체 백과사전』에는 이와 비교해볼 수 있는 조사 결과가 수록되어 있는데, 중앙값이 대략 1만 명 정도의 크기였다. 다른 말로 하자면 지난 사반세기 동안 자발적 결사체의 수는 3배로 늘었지만 평균 회원 수는 전체적으로 대략 10분의 1 규모로 줄었다는 것이다. 단체의 수는 많아졌으나 그 규모는 대부분 축소되었다. 1960년대와 90년대 사이 단체의 폭발적 증가는 풀뿌리 참여의 성장이 아니라 단체 명칭만 잔뜩 늘어났음을 의미한다.

또 하나의 현상은 전국 규모 단체의 본부가 지리적으로 밀집되어 있다는 사실이다. 여러 지역에 지부를 두고 실제로 풀뿌리 활동을 벌이며 개인 회원들을 보유하고 있는 단체들의 본부를 보자. 텍사스 주 어빙(보이스카우트), 코네티컷 주 뉴헤이븐(콜럼버스의 기사단), 인디애나 주 인디애나폴리스(재향군인회 '아메리칸 레전American Legion', 사회봉사단체 '키와니스Kiwanis'), 앨라배마 주 버밍햄(키비탄Civitan), 오클라호마 주 털사(청년 상공회의소), 일리노이 주 오크브룩(라이온스 클럽), 미주리 주 세인트루이스(옵티미스트Optimists), 메릴랜드 주 볼티모어(NAACP), 미주리 주 캔자스시티(해외참전용사회, 캠프파이어 소년소녀회), 조지아 주 애틀랜타(소년소녀 클럽), 심지어 뉴욕에도 있다(하다샤Hadassah, '익명의 알코올 중독자회AA'). 이 오래되고 신망 있는 단체들은 자기 회원들이 밀집한 주요 지역 근처에 본부를 두고 있는 것이다.

---

2) David Horton Smith, "National Nonprofit, Voluntary Associations : Some Partners," *Nonprofit and Voluntary Sector Quarterly* 21(Spring 1992), pp. 81~94. 나는 『단체 백과사전』의 1956, 68, 78, 88, 98년 판에서 회원을 보유하고 있는 200개 단체들을 임의 표본 추출해서 비교한 결과 스미스의 지적이 옳음을 입증했다. 단체당 평균 회원은 1956년 11만 1천 명에서 1998년 1만 3천 명으로 줄었다.

그러나 현재 미국에서 가장 규모가 크고 가장 빠르게 성장하는 단체 중의 하나인 '미국 퇴직자 협회American Association of Retired Persons, AARP'의 본부는 회원들이 제일 많이 살고 있는 플로리다, 캘리포니아, 애리조나가 아니라 수도 워싱턴의 E가Street와 6번가의 교차 지점에 있다. 국회의사당에서 걸어서 몇 분이면 닿는 곳이다. 전국 규모의 단체들 중 요즘 한창 뜨고 있는 대부분의 신생 단체들의 본부는 워싱턴의 14번가와 K가의 교차로에서 열 블록 이내에 있다.

'어린이 보호기금' '공동의 대의Common Cause' '전국 여성 기구NOW' '전국 야생동식물 연맹' '그린피스' '지구의 친구들' '전국 게이 및 레즈비언 기동타격대' '역사 유적 보호를 위한 내셔널 트러스트' '야생지역 보호회' '생명의 권리를 위한 전국 위원회' '인구 성장 제로' 등의 단체가 모두 그렇다. '새롭게 떠오르는 단체'들은 워싱턴이라는 온실 안에 살고 있는 것이다.[3] 급속히 늘어나고 있는 신생 단체들은 지역에 뿌리를 두고 회원 중심으로 움직이는 조직이 아니라 전문 인력들이 배치되어 자신들의 주장과 이익을 선전하는 조직이다. 새 단체들은 풀뿌리 단위에서 개별 회원들 '사이의' 정기적 접촉의 장을 마련하는 것이 아니라, 전국적인 정치 토론에 자신의 정책 견해를 표출하는 데 활동의 초점을 둔다.

이 새로운 단체들이 일반 시민들의 재정 지원에 의존하며 시민을 충직하게 대변하는 경우도 종종 있겠지만, 실제로 살펴보면 교회, 독서회, 우애 단체처럼 시민 회원으로 구성되어 있지 않다. 사회적 자본을 창출하는 공식 단체들의 한 가지 독특한 특징은 회원들이

---

3) 샐리스베리의 연구에 따르면 1971년에는 모든 전국적인 비영리 단체의 19퍼센트가 본부를 워싱턴에 두고 있었고, 1981년에는 29퍼센트였다. Robert Salisbury, "Interest Representation : The Dominance of Institutions," *American Political Science Review* 78(March 1984), pp. 64~76.

서로 만날 수 있는 지역 지부를 두고 있다는 점이다. 1970년대 초반 공공 이익을 지향하는 83개의 단체들을 보자. 여기에는 '책임지는 농업'에서 '인구 성장 제로'까지, '미국 시민 자유 연맹' '공동의 대의'부터 '자유 로비Freedom Lobby' '자유를 위한 청년 미국인'까지 전국 수준에서 활동하는 거의 모든 단체들이 포함되어 있다.

그런데 그중 3분의 2는 지역 지부가 하나도 없었다. 나머지 12퍼센트는 전국적으로 25개가 넘지 않는 지부를 두고 있었다. 그러니까 2개 주에 지부가 하나꼴로 있었다는 말이다. 83개 단체 중에서 9개 단체만이 전국적으로 1백 개 정도의 지부를 갖고 있었다. 각 지역 지부에 기반을 두고 활동하는 전형적인 '구식' 시민단체에 속하는 로터리클럽이 미국 전역에 7천 개의 지부를 두고 있다는 사실과 비교해보라. 다른 말로 하자면 **로터리클럽 단 하나만 해도 83개의 공익 지향 단체들의 지부를 전부 합친 것보다 거의 2배 정도의 지부를 갖고 있다.**

1985년 전국 205개의 '시민단체' 조사도 같은 결론을 확인시켜주었다. 개인 회원이 가입해서 회비를 내는 지부를 두고 있는 단체는 그들 중 3분의 1 이하였다. 또한 최근에 설립된 시민단체들일수록 지역 지부에 기반을 두는 경우가 **적은** 것 같다. 결국 1965년 이후에 설립된 모든 시민단체들의 경우 간신히 4개 중의 1개가 개인 회원들이 가입한 지부를 두고 있을 뿐이다. 이 단체들은 회원에게 우편물을 발송하는 조직이다. 여기서 회원의 본질적 뜻은 그 대의명분을 지지해서 본부 사무실에 돈을 기부하는 사람을 가리킨다. 신생 단체들에게 회원 자격이란 모임에 참석하는 것이 아니라 수표에 사인하려고 펜을 드는 것을 말한다.

대규모 회원을 거느린 이 신생 단체들은 정치적 중요성이 분명히 확대되고 있다. 그중에서 가장 극적인 사례는 '미국 퇴직자 협회'일 것이다. 1960년에는 정식 회원이 40만 명이었으나 1990년대에 오면 무려 3천 3백만 명으로 성장한다. 그러나 이 단체에서 높은 자리를 차지하는 데는 1년에 단 몇 초만 수고하면 된다. 수표에 사인하려면 그 정도는 걸릴 테니까. '퇴직자 협회'는 정치적으로 상당한 영향력을 발휘하지만 회원들의 에너지를 거의 요구하지 않으며 회원들의 사회적 자본에도 기여하는 바가 거의 없다. 회원의 10퍼센트 이하가 지역의 지부에 소속되어 있는데, 이 단체의 직원의 말을 빌리면 회원 숫자가 최고로 증가하던 기간에도 단체의 풀뿌리 활동은 겨우 숨이나 쉴 정도였다는 것이다.

이런 단체들은 회원들이 서로 만나 얼굴을 맞대는 구식의 단체들보다는 통신판매 회사와 많은 점에서 닮았다. 실제로 신생 단체들 중 몇몇은 상업 활동에 그 뿌리를 두고 있다. 예를 들면 '퇴직자 협회'도 본래는 통신판매 보험회사로 설립되었다. 이와 유사하게 자동차에 관련된 종합 서비스를 제공하는 '미국 자동차협회'도 회원을 보유하고 있는 단체이기는 하지만 기본적으로는 요금을 받고 서비스를 제공하는 상업 조직이다.

이 단체들을 전국 규모에서 운영하는 사람들은 워싱턴에서 제일 무서운 로비스트에 속한다. 단체의 어마어마한 우편물 발송 주소록이 주는 존재감이 그 공포의 일부이다. 역설적으로 정부와 단체에 관여하는 시민의 참여는 감소되어왔는데 정부에 대한 단체의 관여는 폭발적으로 늘어났다. 물론 시민의 정치적 대변자로서의 역할은 자발적 결사체에게 새로운 역할이 아니다. 미국 역사에서 가장 활기찬 활동을 펼쳤던 자발적 결사체의 사례들 중에는 19세기 초반의 노예제 폐지 운동과 금주 운동이 있다. 이들 역시 시민의 정치적 대변자로 자임했다. 지금은 워싱턴의 14번가와 K가 주위에 본부를 둔 선전 단체들이 국가 수준의 정치에서 시민을 정치적으로 대변하는 (일부 최악도 포함해서) 최고의 활동을 펼치고 있다.

그러나 사회적 연계라는 측면에서 본다면 새로운 단체들은 고전적인 '2차 단체secondary association'와 상당히 달라 새로운 이름을 고안할 필요가 있을 정도이다. '3차 단체tertiary association' 정도로 하면 좋을 것 같다.[4] 이 단체의 회원들 중 압도적 다수에게는 회원으로서의 유일한 행동이 회비 납부용 수표에 사인하기, 본부에서 보내주는 소식지나 가끔씩 읽는 정도일 뿐이다. 이런 단체의 모임에 참석하는 회원들은 날이 갈수록 줄어들고 있으며, 많은 단체들은 아예 모임도 마련하지 않는다. 그리고 대부분의 회원들은 일부러 다른 회원들을 만나려는 수고를 안 하는 것 같다.

'전국 야생 동식물 보호 연맹'이나 '전국 총기협회National Rifle Association' 같은 단체에 속한 회원들의 유대감은 정원 가꾸기 클럽이나 교회의 교우회 회원들보다는 동부 끝과 서부 끝에 뚝 떨어져 살고 있는 뉴욕 양키즈 팬들 사이의 유대감과 비슷할 것이다. 그들은 같은 이익을 공유하고 있지만 서로의 존재에 대해서는 모르고 있다. 그들은 공통의 상징, 공통의 지도자, 혹은 (어쩌면) 공통의 이상에 대한 결속력을 보여주지만 회원 간의 결속력은 **없다**.

워싱턴에 근거를 둔 새로운 단체들은 규모가 크고 성장을 거듭하며 강력한 힘을 발휘하기는 하지만, 그들의 활동상은 미국의 지역 공동체에서 이루어지는 사회적 연계성과 시민적 참여의 수준을 판단할 만한 믿음직스러운 길라잡이는 아니다. 여러 사례들을 살펴보면 이 사실을 분명히 알 수 있다.

『단체 백과사전』을 보면 저마다 성격과 명칭이 다른 퇴역 군인 단

---

4) 사회학자들은 '1차 단체(primary association)'를 가까운 친구나 가족처럼 그 사람과 가장 직접적인 연관성을 갖는 집단을 가리키는 용어로, '2차 단체(secondary association)'는 교회, 노동조합, 지역사회 단체처럼 덜 직접적인 연관성을 갖는 집단을 가리키는 용어로 사용한다.

체의 수는 1980년에서 1997년까지 세 배로 늘었다. 최소한 단체의 숫자로만 측정했을 때 같은 기간 동안 단일 부문에서는 가장 놀라운 성장세를 보여주고 있다. 그러나 같은 기간 동안 전국 규모의 퇴역 군인 단체들의 회원 비율을 세심하게 살펴보면 이들 단체의 남녀 회원 수는 10퍼센트 **하락**했음을 알 수 있다. 생존해 있는 퇴역 군인의 숫자가 이 18년 동안 9퍼센트 줄었기 때문에 이러한 하락세는 놀라운 일은 아니다. 퇴역 군인을 대변한다고 자처하는 단체들의 폭발적 성장은 퇴역 군인들의 참여율 하락과 일치하고 있었던 것이다. 이와 비슷하게 1980년에서 1997년 사이 『단체 백과사전』에 수록된 노동조합의 숫자는 4퍼센트 늘었다. 그러나 조합에 소속된 피고용자의 숫자는 35퍼센트 이상 줄었다. 단체가 많아졌다는 것이 회원 수가 늘었다는 것을 뜻하지는 않는다.

2. 회원 등록 비율의 변화

자발적 결사체들 중 지난 수십 년 사이에 괄목할 만한 성장세를 보여준 부문이 환경 단체이다. 그중에서도 가장 역동적인 여러 단체들의 성장을 추적하면서 우리는 급속한 성장세가 여러 기간에 걸쳐 나타났음을 지적했다. 이것은 풀뿌리의 관심과 참여가 환경 문제 쪽으로 크게 이동한 현상을 반영한 것으로 보인다. 또한 보다 면밀한 검토를 통해 우편물 발송 '회원'은 시민의 참여를 측정하는 데 별로 도움이 되지 않는다는 사실도 알 수 있었다. 예컨대 '환경보호기금'의 회원은 1988년 10만에서 1995년에는 30만 명으로 3배나 늘었다. 그러나 이 단체의 간부는 이러한 폭발적 증가는 '보다 훌륭한 마케팅 노력'의 결과라고 말한다. 이 노력에는 기부금을 접수한 후에 선물을 보내는 방법에서 비회원에게 공짜 선물을 준 다음 기부금을 요청하는 방법으로의 전환도 포함되어 있다.

그린피스는 미국 최대의 환경 단체가 되었는데 1990년 최전성기에는 전국 규모 환경 단체 회원의 3분의 1 이상을 차지할 정도였다. 이 역시 지나칠 정도로 공격적인 직접 우편물 발송 프로그램의 결과였다. 그 시점에서 그린피스 지도부는 수천 톤의 우편물 쓰레기를 쏟아내는 자신의 미래를 걱정하며 직접 우편물 발송을 통한 회원 가입 권유를 일시적으로 줄였다. 그러자 그 즉시 회원들이 줄어들기 시작하면서 1998년이 되자 그린피스 회원은 무려 85퍼센트가 줄었다.

전국 규모의 자발적 결사체의 변화 경향을 숫자상으로만 파악하면 사회적 자본의 경향을 제대로 파악하지 못한다. 특히 회원이 실질적으로 참여할 수 있는 지역 지부의 구조를 결여한 단체의 경우에 그렇다. 지역 공동체에 기반을 둔 활동에 회원들이 실제로 참여하는 지부를 갖고 있는 전국 단체의 경우는 어떤 결과를 보여주는가? 20세기 전체에 걸쳐 그러한 단체들은 그 성격과 지향의 차이를 막론하고 회원 등록에서는 놀라울 정도로 유사한 패턴을 나타낸다. 이 패턴은 〈그림 8〉에 요약되어 있다.

〈그림 8〉은 지역의 지부에 기반을 둔 32개의 다양한 전국 규모 단체의 회원 등록 비율이 20세기를 통틀어 어떤 변화를 보였는지 기록한 것이다. 여기에는 유대인 문화교육 촉진협회인 '브네이 브리스B'nai B'rith'와 가톨릭 우애 단체 '콜럼버스의 기사단'에서부터 사회봉사 단체 '엘크 협회'과 '학부모 – 교사 협의회PTA'까지 포함되어 있다. 각각의 경우 우리는 각 단체가 자신의 회원 대상으로 삼은 인구 중에서 어느 정도를 회원으로 가입시켰는가의 기준에 따라 회원 등록 비율을 계산했다. 예를 들면 '4H 클럽'의 경우 모든 농촌 청년

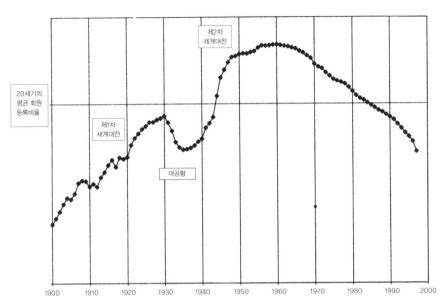

그림 8 _ 지부에 기반을 둔 32개 전국 규모 단체의 평균 회원 등록 비율, 1900~1997

중 얼마나 가입했는지, 여성 시온주의자 단체인 '하다샤Hadassah'의 경우 모든 유대인 여성 중 얼마나 가입했는지 따져보아 회원 등록 비율을 계산한 것이다. 이런 방법을 다른 단체들에게도 모두 적용하였다. 도표에 나타난 전반적인 경향 속에서는 20세기를 통해 미국 지역 공동체의 단체 활동에 나타난 일련의 극히 중요한 사실들이 담겨 있다.

지부에 기반을 둔 이러한 단체에 참여하는 미국인의 숫자는 20세기 대부분 동안 늘어났다. 물론 미국 인구 역시 늘어나고 있었지만, 우리의 분석에서 회원 등록 비율이란 각 단체가 회원 대상으로 삼은 인구 중에서 실제로 가입한 사람의 비율을 말하기 때문에 인플레이션 요소는 배제되어 있다. 따라서 이 표에 나타난 장기간의 상승 곡선은 보다 많은 여성들이 여성 단체에 가입했고, 보다 많은 농촌 거주민들이 '농민공제조합Grange'에 가입했으며, 보다 많은 청년들은 스카우트에 가입했고, 보다 많은 유대인은 '하다샤'와 '브네이 브리스'에 가입했으며, 보다 많은 남자들이 봉사 단체에 가입했다는 사실을 반영하고 있다. 이 일관된 성장에서 한 가지 중요한 요소는 아마 교육 수준의 지속적 향상일 것인데, 전체적으로 보면 회원 비율의 증가는 교육 수준 향상을 앞지른다. 1900년에서 1930년까지 해를 거듭할수록 미국은 토크빌이 묘사했던 그림과 맞아떨어지는 듯 보였다.

이러한 시민 참여의 일관된 상승 곡선을 역전시킨 1930년대의 급격한 하락세는 미국의 지역 공동체에 불어 닥쳤던 대공황의 상처를 증언하고 있다. 여기에 수집된 표본들 중 성인을 회원 대상으로 하는 단체들은 사실상 모두 회원의 감소라는 그 시기의 상처를 안고 있다. 몇몇 경우는 일시적 정체를 겪었을 뿐 그 이후에는 계속 성장했으나, 다른 단체들의 경우 회원 감소는 무척이나 심각했다. 예를 들어 '여성 유권자 연맹'의 회원은 1930년에서 1935년 사이 절반으로 줄었는데, 사회봉사와 자선을 주목적으로 하는 '엘크 협회' '무스 클럽' '콜럼버스의 기사단' 역시 마찬가지였다. 이 시기는 심각한 경제 불황이 시민적 참여에 미치는 영향을 확실하게 나타내주는데, 11장에 가서 이 문제를 다룰 것이다.

그러나 이 손실의 대부분은 1940년대 초반이 되자 보충되었다. 제2차 세계대전은 애국심과 집단적 유대를 방대하게 분출시켰다. 전쟁이 끝나자 사람들은 그 에너지를 공동체 생활에 쏟아 넣었다. 1945년 이후 20년은 미국 역사에서 시민들의 공동체 참여가 가장 활발하게 진행되던 시기 중의 하나였다. 이 32개 단체들이 회원 대상으로 삼은 인구 집단들에 대한 '시정 점유율'은 하늘 높은 줄 모르고 치솟았다. 인구도 늘어나고 있었기 때문에 이 성장세는 더욱 극적이었다. 시민적 활력의 이 폭발적 성장은 32개 단체들을 사실상 모두 포괄했다. '농민공제조합'이나 '엘크 협회'(1960년대에 대략 창립 1백 주년) 같은 '구식' 단체뿐 아니라 '라이온스클럽'과 '여성 유권자 연맹'(1960년대에 대략 창립 60주년) 같은 상대적으로 젊은 봉사단체들까지 회원 비율은 나날이 증가했다.

그런데 1950년대 말이 되자 공동체 참여의 이 불길은 수그러들기 시작했다. 물론 회원의 절대 수는 한동안 계속 증가했지만 1960년대 말과 70년대 초가 되면 회원 증가는 인구 성장률 아래로 떨어지기 시작했다. 새로운 회원 명단을 발표하는 지루한 연례행사가 계속되는 데 익숙해 있던 단체의 임원들은 처음에는 자기 단체들이 인구 성장률과 보조를 맞추며 하향세를 걷고 있다는 사실을 눈치 채지 못했다. 이 하락세가 깊어지면서 회원의 절대 수도 줄어들기 시작하더니 다음에는 갑자기 뚝 떨어졌다. 제2차 세계대전 후 이 단체들이 누렸던 거대한 회원 비율은 20세기가 막을 내리는 시점에 오면 모두 없어졌다. 즉 제2차 세계대전 후의 증가분은 모두 사라진 것이다.[5]

이 모든 단체들을 망라하여 평균적으로 보자면 회원 비율은 1957년에 안정세를 유지하기 시작하다가 1960년대 초반에 정점에 달했고, 1969년까지는 지속적인 하락의 시기가 시작되었다. 평균적으로 보아 회원 비율은 1940~1945년과 절정기 사이에는 2배 이상을 기록했고, 절정기와 1997년 사이에는 절반 약간 아래로 내려앉았다. 그러나 이 평균은 여러 단체들의 경험 속에 있는 몇 가지 중요한 차이를 숨기고

---

5) 미국의 시민적 생활은 남북전쟁이 끝난 1865년 이후, 제1차 세계대전이 끝난 1918년 이후에도 빠르게 성장했다. 그 기간 동안 심각한 경제적 침체도 겪었지만, 이 두개의 붐은 상당히 오래 지속되었다. 반면 1960년 후에 시작된 침체는 경제 호황의 시기에도 여전히 계속되고 있다. 즉 1960년 이후의 하락을 제2차 세계대전 후 비정상적으로 늘어난 시민적 생활이 다시 제자리를 찾아가는 현상으로 보아서는 안 된다는 뜻이다.

있다. 예를 들면 대공황의 영향은 단체에 따라 다르게 나타났다. '프리메이슨' 계열 단체들과 '하다샤' 같은 성인 단체들은 대공황으로 인해 회원 비율이 대거 줄어들었지만 4H, 보이스카우트, 걸스카우트 같은 청년 단체들은 경기불황의 영향을 받지 않은 것으로 보인다.

제2차 세계대전 후 회원 비율의 선풍적 상승은 사실상 모든 단체들이 누렸지만 '농민공제조합'과 '여성 클럽 총연맹'에게 좋은 시절은 1950년대 중반이 되면 끝난다. 반면 로터리클럽과 옵티미스트 같은 단체들은 1980년대 중반까지도 높은 비율이 별 변화 없이 그대로 유지되었다. NAACP 회원은 제2차 세계대전 기간 동안 급격하게 떨어지더니 1950년대 초반에는 붕괴되었다가 1960년대 초반에는 최고 수준을 다시 회복했고, 그러고는 부진의 늪에 빠져 1970년대부터 계속 침체를 걷고 있다. 단체들마다 이렇게 다양한 경험은 각 단체의 지도력의 성공과 실패, 단체의 끈질긴 생존력, 전략적 실수, 사회생활과 정치의 변화가 회원 비율 하락의 이면에 복합적으로 얽혀 있음을 상기시켜준다.

PTA는 여기에 맞는 유용한 사례이다. 20세기 중반 각 지역의 PTA는 지역 공동체 단체 중에서 사람들이 가장 흔하게 참여하는 단체 중의 하나였다. 예컨대 지역 공동체에 기반을 둔 단체의 회원들을 조사한 1960년대 초반 풀뿌리 수준에서의 연구는 PTA의 회원 수가 그 어떤 비종교 단체보다 많다는 사실을 발견했다. 네브래스카 주의 경우 성인 6명당 1명 이상이 그 지역 PTA 회원이라고 보고했다. 베이비붐 기간 내내 PTA 회원의 절대 수가 상대적으로 높았다는 사실은 물론 전혀 놀랄 일이 아니다. 부모의 수가 늘어났으니 PTA 회원 수도 늘어난 것이다.

보다 놀라운 사실은 1910년 이 단체의 창설 이후 어지러울 정도의 상승세가 거의 멈추지 않고 지속되면서 1945년과 1960년 사이

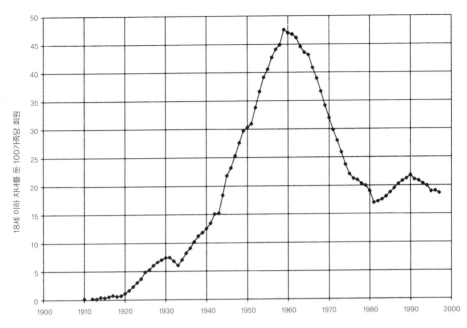

그림 9 _ PTA의 성장과 하락, 1910~1997

에 PTA에 가입한 부모들의 전국 **백분율**이 2배 이상 늘었다는 사실
이다. 1960년까지 25년 동안 자녀를 둔 전체 미국 가족 중 매년 1.6
퍼센트가 PTA 회원 명부에 새롭게 추가되었다. 1년에 40만 가족
이상이 가입했다는 말이다. 해가 갈수록 더욱 많은 부모들이 이런
식으로 자녀 교육에 참여하게 되었다.

　60년 동안이나 이어진 단체의 성장세는 1960년이 되자 갑자기 멈
추었다. 〈그림 9〉를 보자. 계속 이어지는 가파른 하향세는 20년이
지나서야 풀이 꺾였으나 PTA 회원 비율은 1943년 수준으로 돌아가
제2차 세계대전 후의 증가분을 모조리 까먹었다. 1980년대의 일시
적 상승은 90년대 말이 되면서 대부분 사라졌다. 1960년 이후 25년
동안 자녀를 둔 모든 미국 가족의 1.2퍼센트가 매년 PTA 회원에서
탈퇴했다. 수전 크로포드Susan Crawford와 페기 레비트Peggy Levitt는

PTA에 관한 최근의 가장 뛰어난 연구에서 이렇게 결론 내렸다.

> 1960년대 초반 18세 이하의 자녀를 둔 1백 가족당 거의 50가족이
> 회원으로 가입했었지만, 1980년대 초반에는 18세 이하의 자녀를 둔 1백
> 가족당 20가족 이하로 회원이 줄어들었다. 1980년대와 1990년대 초
> 반에는 참여율이 다소 높아졌지만 이 단체는 1950년대 말과 1960년대
> 초 전성기의 회원 비율을 결코 되찾지 못했다(단체는 최근 다시 하락
> 세를 겪고 있다). 1990년에서 1997년 사이 PTA는 50만 회원을 잃었
> 다. 18세 이하의 자녀를 둔 가족의 숫자는 2백만 이상이 늘었고 공립
> 학교의 등록 학생은 5백만 이상이 늘어났음에도 그렇다.

대공황 시기, 그리고 제2차 세계대전 중에도 단 1년이라는 아주
짧은 기간 동안만 정체를 겪었을 뿐 20세기가 시작되고 60년 동안
거의 기하급수적으로 쉴 새 없는 증가세를 보인 PTA의 폭발적 성
장은, 미국 역사에서 가장 인상적인 성공을 거둔 단체가 남긴 자랑
스러운 전설 중의 하나이다. 결국 미국 가족의 거의 절반을 회원으
로 포섭할 정도의 이 성공담은 자기 자식의 교육에 어떤 방식으로
든 관여하고 싶은 수백만 부모에게 이러한 형태의 연계성이 호소력
을 갖고 있었다는 의심할 바 없는 사실 덕택이었다. 요즘 같은 냉소
주의의 시대에는 학부모들이 모여 쿠키와 사이다를 먹으며 한가로
운 이야기를 나누는 광경을 비웃기 쉽겠지만, PTA의 성공담은 어린
이가 중심이 된 실질적이고 구체적인 형태의 공동체 생활에 참여하
려는 미국인의 열의를 보여준다.

그렇다면 20세기의 마지막 3분의 1 기간에서 나타난 PTA의 몰락
은 과거의 성장만큼이나 경이로운 일이 아닐 수 없다. 이 극적인 침
몰을 무엇으로 설명할 수 있을까? PTA의 회원 비율 하락 중 일부

분은 착각에 의해 빚어진 것이다. 각 지역의 학교 운영 및 봉사 단체의(이런 단체들이 모두 전국 PTA에 가맹한 것은 아니다) 학부모 참여는 PTA 가맹 단체의 회원처럼 급속하게 하락하지는 않았다.

첫째, 학내의 정치 문제와 전국 본부에 납부하는 회비를 둘러싼 불화가 꼬리를 물었던 1970년대에는 몇몇 지역의 교사 – 학부모 단체가 전국 PTA에서 탈퇴하여 경쟁 단체에 가입하거나 완전히 독립적인 별개의 단체로 남았다. 그 결과 각 지역에서 사라진 많은 PTA들이 그 지역에서 PTO로 다시 등장했다. 이 단체는 전국 PTA에 가입하지 않은 학부모P – 교사T 단체O이다. 그러나 새롭게 등장한 이 독자적인 지역 단체들도 그 후 차례로 사라졌다. 게다가 1960년대 흑인 학교와 백인 학교의 분리 폐지를 둘러싼 격렬한 다툼으로 인해 남부의 여러 주에서는 전국 PTA로부터의 대규모 탈퇴 사태가 일어났다.

PTA 측에서 본다면 이런 사태는 손실이겠지만, 그렇다고 남부의 학부모들이 지역 학교의 운영과 봉사에 참여하는 단체에 발길을 끊었다고는 말할 수 없을 것이다. 그렇지만 이러한 개별적인 손실과 이득을 모두 종합해서 살펴보아도, 모든 종류의 학부모 – 교사 학교 운영 단체에 학부모가 참여한 비율이 1960년 이후 수십 년간 실질적으로 하락했다는 것은 분명하다. 그렇다고 요즘의 많은 미국인이 아이들 교육에 덜 관여한다는 사실을 인정하려고 1950년대의 PTA 모임을 낭만적으로 그릴 필요까지는 없다.

물론 끈질긴 탐정처럼 회원 비율의 변동을 추적하면 그 이면에 숨어 있는 재미있으면서도 미묘한 뒷이야기를 밝혀낼 수 있을 것이다. 그렇지만 이렇게 다양한 단체들을 관통하는 공통된 특징은 1960년대의 급속한 성장, 갑자기 닥친 정체 상태, 그리고 그 뒤를 이은 급격한 하락이라는 현상이다. 이것은 미국의 지역 공동체에서 시민의 참여가 변화하고 있다는 사실을 알려주는 수많은 증거의 모자이크에서 나타나는 중요한 사실이다. 물론 각 단체의 성장과 쇠퇴의 이면에는 저마다 다른 사연들이 있었다. 그러나 그 모든 것들을 상세히 탐구한 이후에도 우리는 그 구성원, 연령, 지도력에서 천차만별인 이 각각의 단체들이 20세기의 마지막 25년에 거의 동시에 거친 파도를 만났다는 놀라운 인상을 받지 않을 수 없다.

3. 적극적 참여 활동의 쇠퇴

그렇지만 두 개의 중요한 측면에서 각 단체의 회원 숫자는 미국인의 자발적 결사체 참여 경향을 알려주는 길라잡이로서는 불확실하다. 첫째, 공동체 참여의 일반적 수준과 전혀 관계없이 개별 단체의 인기도는 늘었다 줄었다 할 수 있다. 우리의 역사적 분석이 서로 다른 유형의 단체들을 최대한 총망라했다고 하더라도, 보다 역동적인 단체들이 이 분석에서 빠졌을 수도 있는 것이다. 만일 그렇다면 우리가 지금까지 추적했던 쇠퇴의 추세는 지역 공동체에 기반을 둔 모든 단체가 아니라 그중에서도 '구식' 단체들에만 해당할 수도 있다. 사회학자 톰 스미스Tom Smith가 지적했듯 "궁극적으로 단체의 회원이 **전체적으로** 증가(혹은 감소)해오고 있는지 알고 싶다면, 회원 **전체를** 연구해야만 한다."

둘째, 형식적인 '회원증 소지' 회원들을 연구 대상으로 삼으면 지역 공동체 활동에 나타난 실제 현상을 정확하게 포착하지 못할 수도 있다. 공식적으로는 지역 공동체의 6개 단체 정도에 '소속한' 사람이지만 실제로는 단 하나도 제대로 참여하지 않을 수도 있는 것이다. 사회적 자본과 시민적 참여의 관점에서 진짜 중요한 것은 공식 회원 가입뿐 아니라 적극적이고 열심히 참여하는 회원이다. 이 두 가지 문제를 다루려면 단체에 관한 공식적인 기록에서 사회 조사 쪽으로 방향을 돌려야 한다. 사회 조사는 사람들이 소속한 모든 종류의 단체를 포괄하여 실질적 참여와 형식적 회원 가입을 구분할 수 있도록 해준다.

1950년대 초기와 70년대 초기 사이에 실시된 전국 규모의 여러 사회 조사는 모든 종류의 단체에서 일관되고 지속적인 성장이 이루 어졌음을 밝혀주었다. 그러나 몇몇 학자들은 조사 문항의 구성이나 용어 선택의 변화가 이 결론의 신뢰성을 무너뜨릴 수도 있다는 의 문을 제기해왔다. 즉 사회적 시간의 경과라는 카메라를 통해 보는 우리의 접근법에서 각 시대를 포착하는 렌즈에 미묘한 변화가 생겼 다면 어떻게 되는 것인가? 그렇다면 우리 눈앞에 연속적으로 쭉 펼 쳐지는 이미지가 희미해져 결국 1950년대와 60년대의 경향 변화를 확신할 수 없는 것은 아닌가?

그런데 1957년 미시간 대학의 조사팀은 '국립 정신건강 연구소' 의 의뢰를 받아 꼼꼼하게 전국 조사를 실시했다. 그리고 이 조사에 참여했던 연구원 중 한 명이 이끄는 연구팀이 두 개의 조사가 가능 한 최대로 동일하도록 세심한 주의를 기울여 1976년에 같은 작업을 한 번 더 했다. 첫 번째 조사는 제2차 세계대전 후 시민 참여가 절 정에 도달하기 대략 10년 전에 실시했고, 두 번째 조사는 절정 이후 대략 10년이 지나 실시한 것이었다.

미시간 대학 – 국립 정신건강 연구소의 합동 조사는 이 격동의 두 10년에 걸쳐 미국인의 생활 경험은 상당히 안정성을 유지했음을 발 견했다. 그러나 여기서 나온 중요한 사실 중의 하나는 "사회 구조 속에 통합되는 미국인의 숫자가 줄어들고 있다"는 것이었다. 이 두 10년 동안 친구 및 친척과의 개인적인 사귐은 약 10퍼센트 감소했고, 단체의 회원 가입은 16퍼센트 감소했으며, (바로 다음에 이 문제를 다루겠지만) 교회 참석은 20퍼센트 감소했다. 보다 세밀하게 검토하면 이 조사들은 PTA 같은 시민단체, 노동조합, 교회 관련 단체, 우애 단체 및 퇴역 군인 단체, 청년 단체, 자선 단체, 그리고 '그 밖'으로 분류되는 모든 단체에서 회원이 상당히 줄었음을 알려준다. 따라서 현재 우리가 이용할 수 있는 최선의 조사 자료들은 일반 미국인들 사이에서 자발적 결사체의 회원은 1950년대 중반에서 70년대 중반 사이 완만하게 감소했음을 입증해준다.

1970년대 중반 이후의 조사 자료들은 아주 풍부하고, 따라서 그이후 25년의 경향에 관한 우리의 판단은 내용이 더 충실하고 신뢰성이 풍부할 수 있다. 세 개의 주요 조사 자료들이 관련 정보를 보유하고 있다. 로퍼의 전국 사회 조사GSS, 사회 · 정치 경향 조사, DDB 니덤 생활 스타일DDB Needham Life Style 조사 자료들이 그것이다.[6]

20세기의 마지막 25년 동안 단체의 회원은 일반적으로 어떻게 변했는가? 저마다 유형이 다른 수많은 단체들에서 미국인의 공식 회원의 변화 경향을 가장 포괄적으로 측정한 자료는 GSS이다. 이 자료에서 간단한 대답을 끌어내자면, 적어도 교육 수준의 향상을 무시한다면 서로 다른 많은 단체들에서 공식 회원은 그렇게 많이 변화하지 않았다는 것이다. 최소한 하나의 단체에 공식적으로 회원 가입을 했다고 주장하는 공중the public의 비율은 약간 떨어졌지만, 1970년대 중반에는 75퍼센트 약간 못 되던 것에서 1990년대 초반에는 70퍼센트 약간 못 미치는 수준으로 떨어졌다는 사실을 감안하

---

6) 로퍼 연구소는 2장에서 소개했다. DDB 니덤(Needham)은 다국적 광고 마케팅 회사이다. 미국 국내에서는 기업 의뢰를 받아, 혹은 독자적으로 소비자의 기호 및 생활 형태의 변화 등 기업의 마케팅에 유용하게 이용힐 수 있는 분야를 조사한다. 앞으로는 DDB 조사로 요약한다(옮긴이).

면 변화의 경향이 그렇게 두드러지지는 않다.

　교회 관련 단체, 노동조합, 우애 단체, 퇴역 군인 단체들에서도 회원 가입은 감소했으나, 전문직·인종·봉사·취미·학교 친목회를 비롯한 그 밖의 단체들에는 가입이 늘어나 감소분은 대부분 상쇄되었다. 유일하게 실질적 증가를 기록한 부분은 전문직 단체인데, 나중에 살펴보겠지만 이것은 전문직 그 자체의 상승세와 겨우 보조를 같이하는 수준이었다. 이 시기 교육 수준의 향상을 고려한다면, 즉 전통적으로 사람들을 시민의 공공생활로 끌어들였던 업무 능력과 관심사를 갖게 된 미국인이 오늘날 더욱 늘었다는 가정 아래 본다면, 전반적 하락세는 한층 더 눈에 띈다. 예를 들어 대학 졸업자 중 단체의 회원 참여는 약 30퍼센트 떨어진 반면, 고등학교 중퇴자 사이에서는 대체로 같은 수준을 유지하고 있다. 그렇지만 단체의 공식 회원의 순net 하락은 그다지 두드러지게 나타나지 않는다.

　그렇지만 단체에 이름을 올린 단순한 공식 회원이 아니라 보다 적극적인 참여 방식에 관한 증거를 살펴보면 이 모호한 결론은 근본적으로 다르게 나온다. 단체의 간부나 위원회의 위원으로서의 봉사활동은 단체의 적극적 회원들 사이에서는 매우 흔한 현상이다. 1987년에는 모든 단체 회원의 61퍼센트가 한 번쯤은 위원회 위원으로 봉사했고, 46퍼센트는 간부로 봉사했던 경험을 갖고 있었다. 성인 인구의 대략 절반에 해당하는 자칭 '적극적' 회원 중에서는 73퍼센트가 위원회 위원으로 봉사했던 적이 있었고, 58퍼센트는 간부로 봉사했던 경험을 갖고 있었다. 그리고 21퍼센트만이 이 둘 중 어떤 일에도 참여하지 않았다. 간단하게 말하자면 미국의 대부분의 자발적 결사체에서 적극적 회원들의 압도적 다수가 조만간 그 단체에서 어떤 지도적 역할을 맡도록 유도되고 있다는 뜻이다.

　이 예상에 들어맞는 미국인의 숫자는 지난 수십 년 동안 어떻게

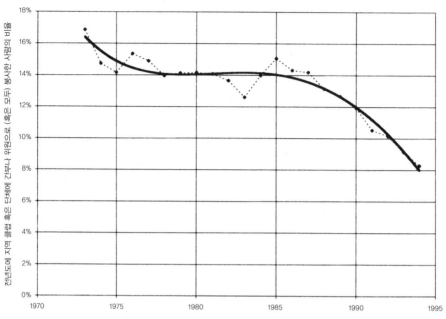

그림 10 _ 적극적인 단체 활동 참여, 1973~1994

변했을까? 1973년에서 1994년 사이 '구식' 우애 단체에서부터 새롭게 등장한 인간관계 개선을 위한 집단 감수성 훈련 그룹encounter group에 이르기까지 **모든** 종류의 지역 단체에서 **한 번이라도** 지도적 역할을 맡았던 남성과 여성의 숫자는 50퍼센트 이상이 떨어져나갔다. 〈그림 10〉은 인구 중에서 지역의 간부나 위원회 위원으로서 공동체 생활에 적극적으로 관여했던 사람들의 비율이 어떻게 변화했는가를 요약하였다. 이 우울한 경향은 1985년 이후 가속화되기 시작했다. 1985년과 1994년의 10년 사이 미국에서 지역 공동체의 단체에 적극적으로 관여하는 사람은 45퍼센트가 줄었다. 이런 측정에 따르면 미국의 시민 참여 하부구조의 최소한 거의 절반이 불과 10년 사이에 사라진 것이다.

영화감독 우디 앨런이 재치 있게 표현했듯 인생의 80퍼센트는 얼

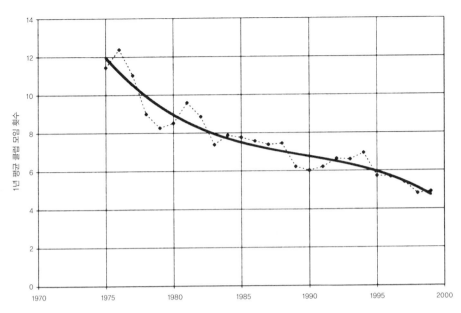

그림 11 _ 클럽 모임 참석의 감소, 1975~1999

굴을 내미는 것이다. 시민적 참여에 대해서도 똑같이 말할 수 있겠다. '얼굴 내밀기'는 미국 지역 공동체의 단체 활동의 경향을 측정할 수 있는 유용한 기회를 제공한다. 1975년에서 1999년까지 25년에 걸쳐 매년 실시한 DDB 조사는 87만 명 이상의 미국인에게 이렇게 물어보았다. "귀하께서는 작년에 몇 번이나 클럽의 모임에 참석했습니까?" 〈그림 11〉은 이러한 형태의 시민적 참여가 20세기의 마지막 25년 동안 계속 줄어들었음을 보여준다.

1975~1976년 미국의 남성과 여성은 1년 평균 12회, 기본적으로 월 1회 클럽 모임을 가졌다. 1999년이 되면 이 수치는 58퍼센트 줄어 1년 5회 참석으로 바뀌었다. 1975~1976년에도 모든 미국인의 64퍼센트는 전년도에 최소 1회 클럽 모임에 참석했다. 1999년이 되면 그 숫자는 38퍼센트로 떨어진다. 간단히 말해 1970년대 중반에

는 전체 미국인의 거의 3분의 2가 클럽 모임에 참석했으나, 1990년대 말이 되면 전체 미국인의 거의 3분의 2가 **전혀** 참석하지 않는다. 다른 나라와 비교를 하자면 그래도 미국은 많이 참여하는 편에 속하지만, 우리 자신의 가까운 과거와 비교하면 우리는 참여하지 않고 있다. '참여'라는 말이 최소한 단체에 이름이나 올리는 것 이상을 의미한다면 말이다.

따라서 두 조사 자료들은 20세기의 마지막 수십 년 동안 지역사회의 모든 클럽과 단체에서 적극적 참여가 절반 이상 줄었음을 시사한다. 이 추산은 전혀 예상치 못한 증거 자료와도 놀라울 정도로 일관성을 갖는다. 1965년에서 1995년 사이 10년마다 한 번씩 미국인 중에서 표본을 추출하여 자신이 임의로 '기록 날짜'를 선택하고, 그날 시간을 어떻게 보냈는지 분 단위로 '시간 일기'에 기록해줄 것을 요청했다. 이 일련의 일기를 통해 우리는 1965년에서 1995년 사이 30년 동안 평균적인 미국인의 시간 사용법이 점진적으로 어떻게 변화했는지 재구성할 수 있다.

시간 일기 프로젝트를 지휘한 존 로빈슨John Robinson의 말대로 넓게 보아서 미국인의 시간 배분은 이 기간 동안 극적으로 변화하지는 않았다. 예를 들어 30년 동안 여전히 미국인은 하루 평균 정확히 8시간 잠을 잤다. 그러나 몇몇 중요한 예외가 있다. 과거에 비해 TV 시청에 소비하는 시간이 늘었고, 집안일과 아이들 돌보기에는 시간을 덜 쓴다. 시간 일기를 기록한 날에서 단체의 활동에 할애된 시간이 차지하는 부분은 상대적으로 적은 편이다. 아무리 열렬한 독서 모임이나 봉사단체도 보통 일주일 아니면 한 달에 한 번 모이지 매일 모이지는 않기 때문이다. 그렇지만 미국인이 지역 공동체의 단체에 쏟은 시간이 이 기간 동안 지속적으로 하락해왔음을 일기는 분명히 보여준다.

한 달 평균 소비 시간을 보면, (곧 살펴볼 종교 관련 단체를 빼고) 단체 활동에 미국인의 평균 투자 시간은 1965년에는 월 3.7시간, 1975년 2.9시간, 1985년과 1995년에는 2.3시간으로 줄었다. 1965년의 어느 평균적인 하루 미국인의 7퍼센트가 지역사회 단체의 활동에 시간을 보냈다. 1995년이 되면 이 수치는 모든 미국인의 3퍼센트로 떨어진다. 이러한 수치는 1960년에는 모든 미국인 중 거의 절반이 매주 어느 정도의 시간을 클럽과 지역사회 단체에 투자했음을 시사한다. 그러나 1990년대에는 4분의 1 이하로 떨어졌다. 시간 일기의 자료를 세밀히 분석하면 이 모든 하락의 원인이 세대교체라는 사실을 시사한다. 어떤 세대를 막론하고 그 구성원들이 단체의 활동에 투자하는 시간은 전과 다름없이 늘 같지만, 세대가 젊어질수록 투자 시간이 적어지고 있다.

이 기간 동안 교육 수준이 급속히 상승했음을 감안한다면 적극적인 단체 활동(간부나 지도부의 참여, 회의 출석, 참여 시간 등등)이 모든 면에서 하락했다는 사실은 더욱 극적이다. 새롭게 늘어난 대학 졸업자의 경우 1년 평균 클럽 모임의 참석 횟수는 (연 13회에서 6회로) 55퍼센트 줄었고, 고등학교 졸업자의 경우는 (연 10회에서 4회로) 60퍼센트 줄었으며, 지금은 그 수가 계속 줄고 있는 고등학교 졸업 이하의 경우는 (1년 9회에서 2회로) 73퍼센트 줄었다.

클럽 모임 참석과 단체 활동의 감소는 절대적 크기로 보자면 모든 교육 수준과 사회적 수준에서 대략 비슷하게 나타났다. 그러나 교육을 덜 받은 사람들은 애초부터 지역 공동체의 단체에 덜 참여하기 때문에, 교육 수준과 사회적 수준이 낮은 쪽에서 상대적 하락폭이 더 크게 눈에 띈다. 시간 일기 자료에서도 비슷한 패턴이 나타난다. 모든 교육 수준에서 감소 추세가 나타나지만, 이 경우는 교육 수준이 높은 쪽에서 약간 더 크다. 다른 말로 하자면, 전통적으로 지역 공동체의 참여를 촉진시킨 능력과 사회적 자원을 이제는 훨씬 더 많은 미국인이 보유하게 되었다는 사실 때문에, 공동체의 참여에서 나타난 총 감소세가 다소간 감추어져왔던 것이다.

주식시장도 그렇지만 공동체 생활 역시 과거의 실적은 미래의 실적을 전혀 보장하지 못한다. 따라서 지난 수십 년 동안의 경향이 앞으로 수십 년의 경향을 그대로 반영할 것이라는 가정은 위험하다. 그럼에도 불구하고 〈그림 11〉에 나타난 하락 경향이 사반세기 이상 거의 흔들림 없이 지속되어왔다는 사실을 감안하면, 그리고 만일 현재의 하락 비율이 앞으로도 지속된다면, 20년 이내에 미국에는 클럽들이 사라지고 말 것이다. 그러한 지역사회 단체들이 수백 년 동안 미국 공동체 생활의 특징을 구성해오고 있었음을 감안한다면, 멸종 위기 종species 목록의 상위 순번에 그것들이 올라 있다는 현실은 참으로 주목할 만한 일이 아닐 수 없다.

여기서 내가 지적한 단체의 쇠퇴는 전혀 다른 4개의 자료들로 뽑아낸 것이다. 이 자료들의 표본추출 기법, 조사 기관, 조사 문항은 모두 다르지만 각각의 조사는 수만 명의 인터뷰를 토대로 작성하였으며, 하나로 종합하면 단체 활동에서 나타난 모든 종류의 변화를 알아낼 수 있다. 이 조사들은 지역 공동체 단체에의 적극적 참여가 20세기의 마지막 수십 년 동안 절반 이상으로 뚝 떨어졌다는 추산에 아주 밀접하게 일치하고 있다. 서남쪽 나이테의 굵기, 북극의 얼음 핵ice core, 영국 해군의 기상 기록이 같은 비율로 지구온난화를 모두 확증해주듯, 서로 다른 자료들이 한 방향의 경향을 공통적으로 지적해주고 있다는 사실은 충격적이면서도 매우 시사적이다.

미국인들이 단체 활동에 부여하는 우선순위가 변했음을 보여주는 또 다른 '결정적' 증거가 있다. 우리가 여가에 지출하는 돈 중 난체의 회비로 내는 액수가 어떻게 변했는지 미국 상무부가 지난 70년 동안 추적한 자료를 통해 측정할 수 있다. 1929년에는 여가와 오락을 위해 소비자가 지출한 1달러당 6센트가 클럽 및 우애 단체의 회비로 돌아갔다. 1950년대는 텔레비전이 본격적으로 보급되며 TV 역시 전국적으로 폭발적인 판매고를 보이던 시절이었다. 이때는 1달러당 4센트로 떨어졌지만, 50년대 말이 되자 다시 5센트로 올라갔다. 우리의 증거에서 반복적으로 나타나는 1950~60년대의 시민적 참여의 붐과 일치하는 현상이다. 그러나 20세기의 마지막 30년 동안 이 액수는 3센트로 떨어졌다. 따라서 1997년에 오면 미국인이 단체의 참여에 부여하는 우선순위는 제2차 세계대전 이후 최고의 수준을 누리던 1958년과 비교하면 40퍼센트나 하락했다.

4. 요약

지금까지의 내용을 요약해보자. 단체에 관련된 기록들은 20세기의 처음 3분의 2 동안은, 대공황 시기는 예외이지만, 시민이 모여 활동하는 모든 종류의 단체에 미국인의 참여가 지속적으로 상승했음을 보여준다. 반면 마지막 3분의 1 동안은 실제로는 회원들이 전혀 만나지 않는 완전히 새로운 형태의 '3차' 단체들이 창설되면서 우편물 발송 회원들만 꾸준하게 늘어났다. 이와 동시에 서로 만나서 얼굴을 맞대는 단체에의 적극적 참여는 뚝 떨어졌는데, 단체 관련 기록, 사회 조사 자료, 시간 일기, 소비자 지출 등 모든 면을 살펴보아도 같은 결론이 나왔다.

물론 개별적인 예외 사례, 세상을 휩쓰는 바람과 물결을 이기고 계속 순조롭게 항해하는 특정 단체들도 있었다. 그러나 전체적인 그림은 지역 공동체의 단체에서 회원의 감소 현상이었다. 20세기의 마지막 3분의 1 동안 단체의 공식 회원은 전체적으로 대략 10~20퍼센트 정도 줄어들었다. 더욱 중요한 사실은 클럽을 비롯한 그 외의 자발적 결사체에서 적극적 참여는 불과 몇 십 년 안에 놀라운 속도로 붕괴했다는 점이다. 대부분의 참여 지표에서 나타난 하락세보다 더 큰 폭으로 급락했던 것이다.

많은 미국인은 스스로 다양한 단체의 '회원'이라고 여전히 주장하지만 대부분의 미국인은 지역 공동체의 단체에 더 이상 많은 시간을 할애하지 않는다. 미국인들은 위원회 활동을 그만두었고, 간부로 봉사하지도 않으며, 회의에 참석하지도 않는다. 과거에 시민의 참여를 촉진시켰던 능력, 자원, 관심을 교육 수준의 향상으로 인해 그 어느 때보다 더 많은 사람들이 갖추게 되었는데도 불구하고 이 모든 사태가 벌어졌던 것이다.

미국인의 공식적인 사회 단체에의 참여 경향에 관해 그 어떤 확실한 결론을 내리기에 앞서 종교와 직업의 세계에서 나타난 변화도 고려해야 한다. 과거에도 그랬지만 지금도 종교는 미국 시민사회의 극히 중요한 부문이며, 많은 미국인의 삶에서 일work은 더욱더 중요한 위치를 차지하고 있다. 따라서 이 두 부문의 변화 경향은 우리의 사회적 자본의 총액에 중요한 영향을 미칠 것이다.

제
4
장

종교적 참여

1. 종교와 시민적 참여

교회를 비롯한 여러 종교 단체들은 미국 시민사회에서 독특한 중요성을 갖고 있다. 미국은 현대 세계에서 가장 종교에 충실한 나라 중의 하나이다. 세이무어 립셋Seymour Martin Lipset은 이렇게 말할 정도이다. "아일랜드나 폴란드 같은 몇몇 농업 국가를 제외하고 미국은 전 세계 기독교 국가 중에서 가장 신을 믿고, 종교에 충실하며, 근본주의적이고, 종교적으로는 전통적인 국가"인 동시에 "그 어느 사회보다 〔……〕 신흥 종교가 더 많이 태어나고 있는 〔……〕 종교적으로 가장 생산성이 풍부한 곳이다."

지난 수세기 동안 미국의 교회[1]는 믿을 수 없을 정도로 견고한 사회 제도로 존재해왔다. 토크빌 역시 미국인의 신앙심에 대해 길게 논평을 했다. 종교사학자 필립 해먼드Phillip E. Hammond는 "미국의 건국 이후 기독교 교회나 유대인 교회에 참석하는 미국인의 비율은 계속 높아졌으며 이 경향은 1950년대 내내 이어졌다"고 지적했다. 우리들 대부분은 식민지 시절의 주민들이 신앙심 깊은 사람들이라고 생각하는 경우가 많지만, 미국에서 종교의식儀式의 역사를 체계적으로 연구한 학자에 따르면 사회에서 공식적으로 인정받고 있는 종교를 충실히 따르는 사람들의 비율은 1776년 17퍼센트에서 1980년 62퍼센트로 **상승**했다.

반면 브룩스 홀리필드E. Brooks Holifield 같은 학자는 교회 '신도'의 의미는 시간이 지남에 따라 의미가 덜 엄격해졌으며, "17세기 이후부터 20세기 내내 종교 집회 참여 비율은 상대적으로 일정하게 유지되어왔던 것 같다. 지난 3백 년의 대부분 기간 동안 인구의 35퍼센트에서 40퍼센트까지가 종교 집회에 어느 정도 규칙적으로 참여해온 것으로 보인다"고 결론 내렸다. 두 사람의 설명에서 공통적으로 드러나는 신앙의 이러한 탄력성은 (다른 대부분의 서구 선진국들과 달리) 미국의 종교는 다원성을 유지하고 계속 발전해왔으며, 타성에 젖은 습관으로 변질될 수 있는 하나의 국교가 아니라 변화무쌍한 일련의 신앙 부흥과 부활 운동 속에 표현되기 때문이다.

사람들이 함께 모여 예배를 올리는 신앙 공동체는 미국에서 단일 부문으로는 사회적 자본의 가장 중요한 보고寶庫라는 사실은 거의 틀림없다. 보스턴의 도체스터 템플 침례교회의 공동 담임목사 크레이그 맥뮬런Craig McMullen은 이렇게 말한다. "교회는 사람들입니다. 교회는 건물이 아닙니다. 제도라고 보아서도 안 됩니다. 그것은 한

---

1) 여기서 나는 교회를 이슬람 사원, 불교 사원, 유대 교회 등 특정 종교에 관계없이 모든 종교 제도를 가리키는 용어로 사용한다. 논의를 단순하게 만들기 위해서이다.

사람과 그 옆의 사람들 사이의 관계를 말합니다."

어림잡아서 말하자면 우리가 입수한 자료들은 미국에서 모든 단체의 회원 중 거의 절반이 교회와 관련 있으며, 개인 차원에서 이루어지는 모든 자선 행위의 절반이 그 성격에서 종교적이고, 모든 자원봉사 활동의 절반이 종교와 관계를 갖고 이루어진다. 그렇다면 우리가 어떻게 종교에 참여하고 있는가의 문제는 미국의 사회적 자본에 매우 중요하다는 결론이 나온다.

종교 제도는 전통적인 예배를 훨씬 뛰어넘어 광범위한 사회적 활동을 직접적으로 후원한다. 1990년 10월 14일 뉴욕 리버사이드 교회의 주간 일정표에 기록된 목록을 보자. 기본 업무인 개신교 예배, 사회복지 사업 훈련 강좌, AIDS 각성 프로그램, 생태계 대책 본부, 중국인 기독교 신자 친목회, 약물 중독 퇴치회, 리버사이드 기업인과 전문직 여성 클럽, 중동中東의 위기 연구 시리즈, 알코올 중독 퇴치를 위한 성인들의 모임, 성인과 10대를 위한 무술 강좌까지 다양한 자리를 마련하고 있다.

1991년 1월 캘리포니아 가든글로브에 있는 복음주의 개신교 크리스털 교회의 주간 일정표에는 이런 모임들이 기록되어 있었다. 시장에서의 여성, 강박적 행동 극복회, 경력을 쌓는 사람들을 위한 워크숍, 여성을 위한 스트레칭과 산책 시간, 암 정복자들, 적극적인 독신 기독교인 모임, 익명의 도박꾼들, 사랑이 지나친 여성들의 모임, 익명의 과식자들, (중학생을 위한) 금요일 밤의 라이브 무대. 가든글로브의 크리스털 교회 복합건물은 수영장, 헬스클럽, 사우나, 터키 식 증기 목욕실을 갖춘 가족 센터와 식당까지 완비하고 있다. 요즘 새로 지은 초대형 교회에 대해 세세하게 잘 알지는 못하지만, 그중 최소한 하나는 7층짜리 레크리에이션 센터에 볼링장까지 갖추고 미용, 모델 교육, 케이크 장식 등의 교육까지 사회적 활동의 범위를 넓히고 있다.

교회는 시민 활동에 갖추어야 할 기술, 시민적 규범, 지역 공동체의 관심사, 시민 충원에 중요한 인큐베이터를 제공한다. 종교적으로 적극적인 남성과 여성은 연설하는 법, 회의 주재 방법, 의견 불일치 조율 방법, 그리고 행정적 책임을 떠맡는 법을 배운다. 이들은 또한 지역 공동체의 그 밖의 활동에 자신들을 충원할 가능성이 있는 다른 사람들을 돌봐준다. 부분적으로는 이런 이유 때문에 교회에 다니는 사람들은 교회 밖의 각종 비종교적 단체에 참여하고, 다른 곳에서도 투표하고 정치적으로 참여하며, 보다 깊은 일상적인 사회적 유대 관계를 유지할 가능성이 훨씬 높다.

종교가 자신에게 매우 중요하다고 말하는 사람들과 규칙적인 예배 참석자는 다른 사람들보다 훨씬 자주 친구를 방문하고, 손님을 집에 초청하며, 클럽의 모임에 참석하고, 스포츠 클럽에 가입할 가능성이 훨씬 높다. 뿐만 아니라 전문직 단체나 학회學會, 학교 봉사 단체, 청년 단체, 취미나 정원 가꾸기 클럽, 문학·예술·토론·스터디 그룹, 학교 친목회와 여성 친교 단체, 농민 단체, 정치 단체, 같은 나라 출신들끼리 모인 단체, 기타 각종 단체에 가입할 가능성이 훨씬 더 높다.[2] 취미 단체, 전문직 단체, 퇴역 군인 단체, 자조 단체, 스포츠 클럽, 봉사 단체 등 22개의 서로 다른 자발적 결사체들을 조사한 자료가 있다. 이 자료를 보면 예컨대 투표, 배심원 참석, 지역 공동체 사업, 이웃과 대화 나누기, 자선사업의 기부 같은 다른 형태의 시민 참여와 가장 밀접하게 연결된 요소는 종교 단체의 소속 여부였다.

2) 전국 사회 조사(GSS)와 DDB 조사의 자료를 토대로 소득, 교육 수준, 정규직 근무 여부, 성별, 결혼 여부, 자녀 유무, 도시/농촌 거주, 연령, 인종을 통제한 후 살펴본 분석이다. 활발한 단체 활동과 신앙의 관계는 이미 1950년대에도 지적되었다.

종교는 그 외 대부분의 시민적 참여와 강력한 상관관계를 갖는다는 점에서 교육과 쌍벽을 이룬다.[3] 실제로 보아도 그렇다. 간단하게 말하자면 종교에 관련된 사람들은 알고 지내는 사람이 무척 많은 것 같다. 속 내용을 밝히지 않은 채, 사람들에게 그날 하루 동안 서로 얼굴을 마주하고 대화를 나누었던 모든 개인들을 열거해달라고 요청한 조사가 있었다. 여기서 한 사람이 하루에 접촉하는 사람들의 숫자가 얼마나 되는지 가장 강력하게 예측할 수 있는 지표는 종교 단체의 소속 여부였다. 규칙적인 교회 참석자는 그렇지 않은 사람보다 하루에 40퍼센트 더 많은 사람들과 접촉했다. 그렇지만 이 연구는 교회 참석 그 자체가 사회적 접속을 '생산'한다고 결정적으로 입증할 수는 없다. 아마 교회 참석과 사회적 접속 사이의 인과관계의 화살은 쌍방향으로 진행될 것이다. 그러나 종교를 갖고 있는 사람들이 대단히 적극적인 사회적 자본가임은 분명하다.

종교와의 관련성은 특히 자원봉사 활동과 자선 행위의 강력한 지표이다. 교회 신도의 약 75~80퍼센트가 자선 행사에 기부하고, 비신도의 경우는 55~60퍼센트가 한다. 교회 신도의 50~60퍼센트가 자원봉사 활동에 나서는 반면, 그렇지 않은 사람들은 30~35퍼센트에 그친다. 물론 부분적으로 이것은 교회 자체가 기금과 자원봉사자를 필요로 하는 일들을 펼치기 때문이지만, 종교를 갖고 있는 사람들은 자기 교회 신도가 아닌 사람들에게도 시간과 돈을 더 잘 제공하는 것 같다. 종교적 명분을 내세운 활동을 배제한 경우에도, 자선 행위와 자원봉사 활동 모두에서 누가 가장 활발하게 참여하는지

---

3) DDB 조사에서는 교회 참석, 그리고 "종교는 내 삶에서 매우 중요하다는" 데 대한 동의가 오히려 교육보다 클럽 참석, 자원봉사, 친구 방문, 집에서의 손님 대접을 예측하게 해주는 가장 강력한 지표였다. 로퍼 조사의 경우 시민적 참여의 거의 모든 항목에서 지난 주 교회에 갔던 사람과 그렇지 않은 사람의 차이는 고등학교 졸업자와 대학교 졸업자의 차이 정도에 해당했다.

알려주는 가장 강력한 예측 지표 중의 하나는 종교 단체와의 적극적 관련성이다.

부분적으로 보자면, 종교와 이타주의는 서로 연결되어 종교적 가치의 힘을 구체적으로 실현한다. 꼼꼼한 종교 연구가 케네스 왈드 Kenneth Wald는 『미국의 종교와 정치Religion and Politics in the United States』에서 이렇게 지적한다. "종교적 이상은 헌신과 동기 부여의 잠재적인 강력한 원천"이기 때문에 "자신이 어떤 신성한 힘에 의해 움직여진다고 스스로 믿을 때 인간은 엄청난 희생을 쏟아 부을 것이다."

물론 자원봉사와 자선 활동을 설명하는 데는 종교적 믿음 그 자체가 중요하지만, 종교 공동체 속에 구체화된 사회적 유대 또한 최소한 그에 못지않게 중요하다. 교회 사람들의 선행에는 신앙뿐 아니라 사회적 연계도 원인으로 작용하기 때문이다. 다시 한 번 말하지만 관련 자료들은 교회에 다닌다는 사실 자체가 관대하고 여유로운 마음을 만들어낼 수 있느냐는 모든 의구심을 일소하지는 못한다. 그러나 종교적 참여가 우리 형제와 자매의 곤궁한 형편에 보다 큰 관심을 갖도록 해준다는 것은 분명하다.

교회는 사회복지를 제공하는 중요한 제도로서 계속 존재해왔고 지금도 여전히 그렇다. 미국의 종교 공동체들은 사회복지에 대략 연간 150억~2백억 달러를 지출한다. 1998년에는 전국적으로 모든 종교 단체의 거의 60퍼센트가(단체의 규모가 클수록 비율이 더 높다) 사회복지, 지역 공동체 발전, 좋은 동네 만들기 프로젝트에 기여한다고 보고했다. 교회의 모든 신도 중 33퍼센트는 가난한 사람에게 음식 제공 프로그램을 후원하고, 18퍼센트는 집 없는 사람들에게 집을 지어주는 '해비타트Habitat for Humanity' 같은 주택 프로젝트를 후원한다.

'성지 보호를 위한 동반자Partners for Sacred Places'는 도시의 나이 든 신자들 중 압도적 다수(93퍼센트)가 어려운 사람에게 식사 봉사, 자조 단체, 레크리에이션 프로그램 같은 공동체 봉사활동을 제공하며, 이 프로그램의 수혜자들 중 80퍼센트는 교회 신도가 아니라는 사실을 발견했다. 흑인 교회들은 '보스턴 10-포인트 연합'처럼 피폐해진 내부 도시4의 공동체를 재건설하려는 최근의 노력에서 특히 두드러지는 역할을 계속해오고 있다. 미국에서 풀뿌리 공동체 조직화 작업의 가장 성공적인 모델로 널리 인정받고 있는 '산업 지역 사회사업단Industrial Area Foundation'은 제도적으로 지역 교구와 신도들에게 뿌리를 두고 있다.

교회는 미국 역사를 통해 19세기의 노예 폐지 운동과 금주 운동에서부터 20세기의 민권 운동, 그리고 낙태에 반대하는 '생명권 보호' 운동에 이르기까지 사회적으로 강력한 영향을 미쳤던 광범위한 사회 운동에 조직적·철학적 토대를 제공해왔다. 1950년대와 60년대 민권 운동을 탁월하게 분석한 연구자 중의 한 사람인 앨던 모리스Aldon D. Morris는 자신의 저서 『민권 운동의 기원The Origins of the Civil Rights Movement : Black Communities Organizing for Change』에서 이렇게 말한다.

흑인 교회는 현대의 민권 운동에 제도적 중심으로 기능했다. 〔……〕 교회는 이 운동에 조직화된 대중이라는 토대, 자신을 둘러싼 백인 사회로부터 경제적으로 상당히 독립성을 누리고 사람과 자원을 운영하는 기술에 숙달된 목회자들, 저항 운동에 기금을 대는 제도화

---

4) 내부 도시(inner-city). 중산층은 교외로 빠져나가고 흑인, 히스패닉 등 가난한 소수 인종이 주로 거주하는 대도시의 내부 지역을 의미한다. 일종의 도시 빈민가로 보아도 좋다. '달동네' '빈민가' 등 다른 용어도 있지만 이곳은 높은 언덕이 아니며(높은 동네에는 부자들이 산다), 도시 빈민가라고 일괄적으로 부르기에는 이들이 처한 대도시 내부라는 상황이 희석된다. 어색한 느낌은 있지만 내부 도시라는 용어를 사용하겠다(옮긴이).

된 재정적 토대, 대중이 전술과 전략의 계획을 짜고 투쟁에 스스로를 집단적으로 헌신했던 만남의 장소를 제공했다.

신앙에 토대를 둔 단체들은 특히 미국 흑인 공동체에서 시민적 참여와 사회적 자본에 핵심 역할을 한다. 교회는 미국 흑인 사회에서 가장 오래되고 활기찬 사회 제도이다. 특히 역사적으로 억압받아온 그들에게는 교회가 전통적으로 흑인이 통제하는 유일한 제도였기 때문이다. 모든 사회 계층에서 흑인은 다른 미국인들보다 종교적 의무를 잘 지킨다. 흑인의 종교 전통은 독특하게도 종교와 공동체 업무의 혼합을 장려하며 시민의 적극적 참여 의지를 북돋운다. 민권 투쟁 기간 중에도 그랬지만 그 이후에도 계속 흑인들 사이에서 교회 참석은 시민적 참여와 강력하게 결부되어 있다. 이것은 부분적으로는 흑인들이 시민 참여의 기술을 행사할 수 있는 독특한 기회를 교회가 제공하기 때문이다. 종교사회학자 에릭 링컨C. Eric Lincoln은 이렇게 지적한다.

흑인 교회는 그 순수한 종교적 기능을 넘어, 종교적 기능 면에서는 예나 지금이나 비판적이었지만, 역사적으로 문화회관, 음악당, 공회당, 사회복지센터, 정치 아카데미, 재정 제도의 역할을 해왔다. 교회는 미국 흑인에게는 우리 문화의 어머니, 우리 자유의 챔피언, 우리 문명의 증거였으며 지금도 계속 그렇다.

요약하자면 종교적 참여는 시민적 참여의 핵심 차원이다. 따라서 시민적 참여의 경향은 종교적 참여의 패턴 변화와 밀접하게 결부되어 있다.

2. 종교적 참여의 패턴 변화

개인적 신앙을 척도로 측정하자면 미국인의 종교적 헌신은 지난 반세기 동안 상대적으로 안정성을 유지해왔다. 미국인의 삶이 점점 세속화되고 있음을 지적하는 여러 대중적 논평을 바탕으로 우리가 짐작하는 것보다는 상당히 높은 수준이다. 사실상 모든 미국인들은 자신이 신을 믿는다고 말하며, 넷 중 셋은 영혼의 불멸성을 믿는다고 한다. 이런 믿음이 지난 반세기 동안 흔들렸는지 입증해줄 수 있는 증거는 전혀 없다.

갤럽을 비롯한 여러 조사 기관은 지난 수십 년 동안 "종교가 (사람의) 삶에서 얼마나 중요한가?"라는 질문을 반복적으로 던졌다.[5] 종합적 응답은 이 신앙심의 기준에서 약간 하락이 있었다는 정도의 시사를 던져줄 뿐이다. 그러나 미국 종교사학의 지도적 인물 중의 한 명인 시카고 대학의 마틴 마티Martin Marty 교수는 "종교적 충동이 개인의 마음이나 영혼을 넘는 그 이상의 것에 뿌리내리지 못하면, 그 충동이 장기적으로 공공 영역에서 영향력을 발휘하는 경우가 드물다"고 지적했다. 그렇다면 이 조사 자료들이 종교적 믿음뿐 아니라 종교 제도에의 참여에 관해 말해주는 내용은 무엇인가?

종교적 행위의 변화 경향은 오랫동안 전문가들 사이에서 뜨거운

---

5) 갤럽 조사에 따르면 "종교는 내 삶에서 매우 중요하다"고 대답한 미국인은 1952년 75퍼센트에서 1978년 52퍼센트로 떨어졌다가, 1999년에는 60퍼센트로 다소 회복했다. DDB 조사에서 "종교는 내 삶에서 매우 중요하다"는 데 '확실하게' 혹은 '대체로' 동의한 사람은 1981년 57퍼센트에서 1999년 50퍼센트로 줄었다. 반면 '프린스턴 신앙 지표'는 다른 결과를 보여준다. 신의 존재에 대한 믿음, 종교적 선호도, 신이 오늘날의 문제에 대답해줄 수 있다는 믿음, 교회 신도, 조직화된 종교에 대한 신뢰, 성직자는 정직하다는 느낌, 종교가 자신의 삶에서 중요하다는 생각, 교회 참석 등의 넓은 항목에 걸쳐 신앙심을 측정한 이 조사는 1961년부터 1994년까지 미국인의 신앙심이 꾸준히 줄어들어 전체적으로는 커다란 하락 폭을 나타냈음을 보여준다.

논쟁을 불러일으키고 있다. 사회가 현대화될수록 더욱 세속화된다는 사회학의 고전적인 세속화 이론은 서유럽의 경험에는 적절히 잘 들어맞는다. 그러나 1950년대와 60년대에도 많은 관찰자들은 과연 이 이론이 미국의 현실에 맞는지 의구심을 표시했다. 최근에는 전문 학자들이 미국에서 종교의 활기가 지속적으로 유지되고 있음을 '재발견'했으며, 20세기 말에 오자 미국의 지도적인 종교사학자 로버트 우드나우Robert Wuthnow는 "학자들은 세속화의 이야기에 이제 싫증이 났다. 그들은 교회에 좋은 것만 이야기함으로써 자신의 충동질로 돈을 벌었다"고 지적했다. 종교의 운명에 관한 이 유사종교적 갈등 때문에, 지난 반세기 이상 종교 제도에의 참여 경향을 둘러싼 서로 엇갈리는 증거들을 세심하게 비교해서 평가하는 것이 중요하다.

'세속화' 논쟁의 양측은 교회 신도 가입률이 1950년대에 가장 높았을 것이라는 데, 그리고 60년대와 70년대에는 주식시장 권위자가 완만한 '시장 조정'이라 부를 만한 변화를 겪었다는 데 (즉 종교적 의무의 준수에서 하락세가 나타났다는 데) 동의했다. 20세기의 마지막 사반세기에 나타난 경향에 대해서는 서로 의견이 엇갈리는데, 그 이유의 일부는 입수 가능한 자료의 신뢰도에 대한 불확실성 때문이다.

특정 종파의 신도 숫자도 논쟁의 여지가 많다. 종파마다 자기 신도를 규정하는 기준의 엄격성이 다르고, 신도 숫자가 최신 자료로 보완되는 경우는 아주 불규칙적이며, 자체 보고서는 부풀려져 있고, 모든 교회가 정확한 기록을 보유하거나 보고하는 것은 아니기 때문이다. 사회 조사 자료들은 이런 결점에서 벗어나고 있지만, 일반적으로는 교회 측의 기록보다 높은 신도 숫자들을 적고 있다. 아마 신앙을 잃은 사람들이 여전히 스스로를 장로교도, 유대교도, 가톨릭교도로 규정했기 때문인 것 같다.

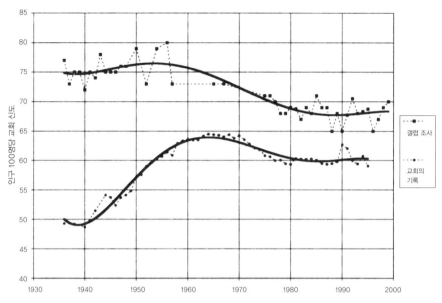

그림 12 _ 교회 신도, 1936~1999 : 교회의 기록과 사회 조사 자료

그렇지만 이러한 애매한 점에도 불구하고 〈그림 12〉에서 보듯 조사 자료와 교회 측 기록은 1930년부터 약 1960년까지 교회 신도의 증가, 그 직후의 안정기, 그리고 1960년대와 90년대 사이에는 교회 신도가 대략 10퍼센트 줄어들 정도로 장기적으로 완만한 하락세가 있었다는 점에서는 대략 일관성을 갖고 있다. '아무 종교도 갖고 있지 않다'고 스스로 규정한 미국인의 비율은 1967년 2퍼센트에서 1990년대 11퍼센트로 일관되게 뚜렷이 상승했다.

그러나 일반 단체의 경우와 마찬가지로 종교적 참여의 경향을 제대로 평가하려면 공식적으로 소속된 신도를 넘어 실질적 참여를 따져보아야 한다. 지난 반세기의 대부분 기간이 포함되어 있는 5개의 개별 조사 자료들은 이 50년 동안 어떤 주week이건 미국인의 40~45퍼센트가 종교 예배에 참석했다고 주장했다는 데 의견이 일치했다. 가장 일찍 실시된 조사를 보면 1950년대에서 60년대까지는 교

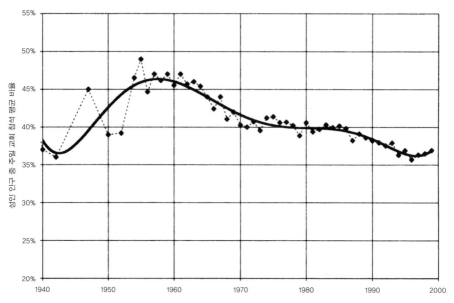

그림 13 _ 교회 참석의 경향, 1940~1999

회 참석률이 15~20퍼센트 뚜렷이 상승했고, 그 이후부터 70년대 초기까지는 그 정도 크기로 감소했다. 5개의 조사 자료들은 1975년 이후의 경향에 대해서는 약간씩 다르게 평가하고 있는데, 지난 25년 동안 참석률은 대략 10~12퍼센트 정도 완만하지만 분명하게 떨어졌다는 것이 가장 신뢰할 만한 조감도이다. 하락세는 이 시기의 후반부, 즉 1980년대 중반에서 90년대 중반까지 보다 두드러지게 나타났다.

이 경향들을 하나로 모아 장기적 변화 추세를 알아보기 위해, 20세기 후반에 걸친 이 다섯 개의 조사 자료들로부터 증거들을 종합하여 〈그림 13〉을 작성하였다. 이 자료들은 제2차 세계대전 후 첫 10년에는 교회 참석률이 급격하게 상승했지만, 1950년대 후반과 90년대 후반 사이에는 약 3분의 1이 감소했으며, 총 감소의 절반은 60년대에 이루어졌다는 사실을 시사하는 데에는 일치한다.

제2부 _ 시민적 참여와 사회적 자본의 변화 경향

최근 몇몇 회의적 사회학자들은 사회 조사 자료들이 시사하듯 미국인이 과연 정말로 종교적 의무를 잘 지켰는지 의문을 제기하기 시작했다. 교회 좌석에 앉은 교인의 수를 일일이 세서 조사의 응답과 세심하게 비교했더니 미국인 중 많은 사람이 지난 주 예배에 참석했는지 여부를 '잘못 기억하고' 있다는 결론이 나왔다. 실제 교회 참석보다 거의 50퍼센트 정도 부풀려져 있다고 추산한다. 일부 학자들은 부풀린 보고의 비율은 한 세대 전보다 지금이 더 높다고 믿는데, 만일 그렇다면 사회 조사 자료는 교회의 실제 참석률의 감소를 과소평가했을지도 모른다.

예배 그 자체뿐 아니라 주일학교, 성경 스터디그룹, '교회 간친회' 같은 곳에서 이루어지는 사회생활에 미국인의 참여 역시 최소한 교회 신도와 예배 참석 신도의 감소만큼 빠르게 감소한 것으로 보인다. 1950년대에는 미국인 4명당 약 1명이 교회 신도 여부와 관계없이 이러한 교회 관련 단체에 회원으로 가입했다고 대답했다. 이와 비교해볼 수 있는 조사 자료는 1980년대 말과 90년대가 되면서 이 수치가 8명당 1명으로 절반이나 감소했다고 보고한다.

1958년과 1976년 사이 개인 행동의 변화를 알아보기 위해 미시간 대학-국립 정신건강 연구소가 주의 깊게 통제하여 조사한 결과 교회 관련 단체들의 회원이 50퍼센트 감소했음을 발견했다. 전국 사회 조사GSS는 1974년과 1996년 사이 교회 관련 단체들의 회원이 최소 20퍼센트 줄었다고 보고한다. 교회의 공식 예배와는 별도로 종교 제도 속에서 이루어지는 사회생활에 미국인의 참여는 1960년대 이후에는 대략 3분의 1, 그리고 50년대 이후에는 절반 이상 하락해 왔다.

이 결과는 미국인들 중 일부를 표본추출하여 작성한 1965, 1975, 1985, 1995년 네 차례의 시간 일기에서 나온 결과와도 완전히 일치한다. 1995년의 미국인은 1965년에 비해 3분의 2 정도의 시간을 (예배와 종교 관련 사회 활동 모두를 포함해서) 종교에 할애한다. 1965년에는 1주일당 1시간 37분이었으나 1995년에는 1시간 7분으로 계속 떨어져온 것이다. 설교가 갈수록 짧아져서가 아니다. 종교에 조금이라도 시간을 할애하는 인구 중에서 거의 절반이 없어졌기 때문이다.

요약하자면, 지난 30년에서 40년 동안 자기가 교회 신도라고 주장하는 미국인은 10퍼센트 줄었으며, 예배를 비롯한 종교 활동에 실제로 참여 혹은 관여한 경우는 약 25～50퍼센트 감소했다. 제2차 세계대전 이후 종교적 참여의 붐은 사실상 대부분 사라져버린 것이다. 20세기의 첫 30년에서 1960년대까지는 상승, 그리고 1960년대부터 90년대까지 하락이라는 종교적 참여의 광범위한 역사적 패턴은 우리가 앞에서 지적한 지역 공동체에 기반을 둔 비종교적 단체의 참여, 그리고 정치 참여의 패턴과 상당한 정도로 같다.

더구나 이 세 경우 모두에서 보다 많은 수고를 요하는 참여 형태, 예를 들면 회원 명부에 이름을 올린 공식 회원이 아니라 직접 참여하고 뛰어다니는 적극적 참여의 경우 하락 폭은 한층 크게 나타난다. 종교 단체와 비종교 단체라는 미국 시민 생활의 고전적 제도들은 사실상 '그 속이 텅 비게' 되었다. 밖에서 보자면 제도 체계는 실제로 아무런 손상도 받지 않고 그대로 유지된 듯이 보인다. 신앙 고백의 경우 약간 감소했고, 공식 신도가 조금 줄어드는 등 약간의 하락세는 있지만 제도 자체에는 큰 변화가 없는 것 같다. 그러나 보다 면밀히 살펴보면 이러한 쇠퇴는 우리의 시민적 토대의 철골 기둥을 다 갉아먹었다.

정치 참여와 지역 공동체 단체의 참여에 나타난 많은 변화들과 마찬가지로 종교적 참여의 쇠퇴 역시 상당 부분은 세대 차이 때문이다. 그 어떤 미국인의 코호트도 시간이 지나면서 종교적 의무에 대만하게 되었다고는 보이지 않지만, 보다 최근의 세대들은 부모들보다 종교적 의무에 별로 충실하지 않다. 느리지만 누구도 거부할 수 없는 한 세대에서 다음 세대로의 교체는 점진적으로 그러나 필연적으로 종교 활동에 대한 우리의 참여도를 전체적으로 낮추어왔다.

종교적 행동의 변화 경향에 대한 평가는 사람들마다 개인적 신념에 따라 어느 한쪽 입장을 강력하게 고수하기 때문에 필연적으로 논쟁을 불러일으킨다. 그러나 신앙심에는 '생명주기' 패턴이라는 잘 알려진 특별한 복합성이 있다. 일반적으로 말하자면, 결혼과 아이의 출생은 사람들을 교회 활동에 보다 적극적으로 참여하도록 고무한다. 또한 중년이 되고 나이가 들수록 (아마 자신의 죽음을 더 의식해서 그렇겠지만) 젊은이들보다는 종교에 더욱 이끌리는 것 같다.

장기적 변화의 의미를 보다 심도 깊게 포착하려면, 시대는 서로 다르지만 연령대가 같은 사람들의 종교적 참여의 비율이 어떻게 다른지 서로 비교해야 한다. 오늘날의 젊은이들이 과거 그 나이 또래의 사람들보다 덜 종교적이라고 해도, 나이가 들면서 점차 종교에 보다 많이 관여할 가능성이 있다. 그렇지만 과거의 자기 또래들처럼 할 수는 없기 때문에, 결국 사회의 종교적 참여의 총 수준은 시간이 지나면서 하락하는 경향을 보일 것이다. 로퍼 조사와 전국 사회 조사를 토대로 한 나의 분석에 따르면 1970년대에서 90년대 사이 60세 이하 중에서 교회 참석률은 약 10~20퍼센트 떨어졌다. 반면 60세 이상에서는 약간 상승했다. 1930년대 혹은 그 이전에 출생한 최고령 세대의 종교적 참여는 소폭 상승했지만, 이것으로는 자식과 손자들이 종교에서 멀어지며 생긴 틈새를 메우기에는 충분치 못하다.

이 패턴은 특히 베이비붐 세대의 종교적 습관에 적용된다. 그들이 20대가 되었을 때(1960년대와 70년대), 베이비붐 세대는 앞 세대들의

20대 시절보다 종교 제도에 더 냉담했다. 베이비붐 세대가 결혼하고, 아이를 낳고, 사회적으로 안정적인 삶을 누리게 되자, 그들 부모 세대가 그랬듯 조직화된 종교에 보다 적극적으로 참여하는 경향을 보였다. 그러나 애초부터 종교적 참여의 수준이 상당히 낮은 상태에서 교회로 향하는 이 '생명주기'를 시작하였으며 그 틈을 결코 메우지 못했다. 40대와 50대가 된 지금 이 세대는 (우리가 예상할 수 있듯) 과거 그들 자신의 모습보다는 종교적이지만, 한 세대 전의 중년 인구보다는 종교적으로 참여도가 떨어진 채 남아 있다. 사회학자 웨이드 루프는 종교적 전통 속에서 양육된 모든 베이비붐 세대의 3분의 2가 종교에서 떨어져나갔으며, 그중 절반 이하 정도가 다시 돌아왔다고 추산한다. 따라서 보다 종교적인 부모 세대가 사라짐에 따라 종교적 참여의 평균 수준은 계속 하락한다.

웨이드 루프Wade Clark Roof와 윌리엄 매킨니William McKinney는 공저 『미국의 주류 종교American Mainline Religion』에서 이 시대 미국인의 종교적 행동을 이렇게 요약한다.

> 젊고 교육을 잘 받은 중산층 청년들 중 상당수가 [……] 60년대 후반과 70년대에 교회로부터 이탈하였다. [……] 그중 일부는 새로운 종교 운동에 합류했고 [……] 다른 사람들은 다양한 정신적 치료와 규율을 통한 개인적 각성을 찾았지만, 대부분은 조직화된 종교에서 그냥 모두 '떨어져나갔다'. [……] (그 결과로 나타난 것은) 종교 공동체를 지지함으로써 생기는 강한 애착심을 느끼지 못하는 고도로 개인화된 종교적 심리의 경향이었다. 1960년대 이후 사람들을 이 방향으로 이끈 주된 추동력은 보다 큰 개인적 만족과 이상적 자아를 추구하고자 하는 욕구였다. [……] 이러한 개인주의의 기후 속에서 종교는 점점 '개인화'되거나privatized 혹은 개인적 영역에 고정되게 되었다.

개인화된 종교도 도덕적으로 강한 효과를 발휘하고 심리적으로 만족감을 줄 수 있겠지만 사회적 자본을 형성하지는 못한다. 상당히 많은 사람들이 이 교파 저 교파를 찾아 '순례'하고 있는데, 이들이 여전히 '종교적'일지는 몰라도, 특정한 신도 공동체에 대한 몰입은 찾아보기 어렵다. 지난 수십 년 사이에 초월적 명상 단체에서부터 '거룩한 달의 통합교회' 같은 단체에 이르기까지 다양한 컬트 집단들이 대중의 주목을 받으며 화려하게 등장했지만, 세밀한 연구들을 통해 이러한 운동들 중 그 어느 것도 수천 명 이상의 회원을 지속적으로 보유하지 못했음이 밝혀졌다. 미국 성인 인구 2억 명 중 극소수를 차지하는 숫자이다.

종교 쪽으로 마음이 기운 사람들에게조차 "개인화된 종교는 공동체의 유지에 대해서는 전혀 아는 바가 없고, 대개는 제도화된 종교들과는 무관하게 독립적으로 존재한다. 그것은 신도의 삶과 개인적 방향에 대해서는 의미를 제공할 수 있겠지만, 이때의 믿음이란 공유된 신앙이 아니며, 따라서 종교 단체와 공동체에 대한 강한 참여를 불어넣을 것 같지는 않다. 〔……〕 이 사람들을 아마 '신도'라고 할 수는 있지만 종교 단체에 '소속된' 사람은 아니다"라고 루프는 지적한다.

나는 여기서 개인화된 종교는 도덕적 혹은 신학적으로 시원치 않다거나, 과거로부터 내려온 종교적 전통이 본질적으로 더 우월하다는 주장을 하려는 것이 아니다. 오히려 여러 종교들 사이에서 자기 스스로 결정을 내려 어떤 것을 믿을지 선택하는 종교 자유시장의 신봉자 스티븐 워너R. Stephen Warner처럼 "종교를 바꾸는 사람들이 도덕적으로 진지하다는 상당한 증거가 있다"고 본다. 그렇지만 루프와 매킨니에게 들은 바로는 "종교 바꾸기 게임에서 제일 많이 따는 '승자'는 계속 늘어나는 아무 종교도 믿지 않기로 한 사람들이다."

매사추세츠, 노스캐롤라이나, 오하이오, 캘리포니아의 교회 신도들의 조사를 토대로 필립 해먼드는 『종교와 개인적 자율성Religion and Personal Autonomy』에서 이런 사실을 들려준다. "1960년대와 70년대의 사회혁명은 그 후 우리가 '개인적 자율성'이라고 부르게 될 현상을 크게 확대시킴으로써 (교회의 집단적 역할과 개인적 역할) 사이의 균형을 급속도로 바꾸어놓았다. 개인적 자율성은 신도 활동의 참여만 감소시킨 것이 아니라 (……) 그 참여의 의미까지도 변화시켰다."

신도 생활의 적극적 참여는 그 사람이 보다 넓은 사회적 환경과 연계되어 있는 정도에 따라 크게 달라진다. 즉 신도 · 이웃 · 직장에서 친구를 갖고 있는가, 밀접하게 결합된 개인적 네트워크의 한 부분 속에 그 사람이 끼어 있느냐에 따라 달라지는 것이다. 그렇지만 5장과 6장에서 보겠지만 종교에 토대를 둔 사회적 참여를 지탱해주는 철골 기둥 자체가 최근 수십 년 동안 약해졌다. 핵심은 이렇다. 많은 베이비붐 세대에게 개인화된 종교는 자율적인 도덕적 판단의 훌륭한 표현이지만, 그들의 삶에서 제도화된 종교는 부모 세대보다 중요한 역할을 하지 못한다.

3. 새로운 종교적 열기와 사회적 자본

소위 X세대의 종교적 지향은 종교적 참여의 장기적이고 점진적인 하락세가 아직 끝나지 않았음을 시사한다. 30년 이상 미국 전역의 대학 신입생들은 고등학교 3학년 시절 자신의 학교 성적, 관심 직업, 인생 목표, 사회 활동 등등 여러 내용을 묻는 표준적인 설문조사에 응답해왔다. 베이비붐 세대가 대학에 입학한 1968년의 조사에는 그중 9퍼센트가 예배에 '전혀' 참석하지 않는다고 대답했다. 이 세대의 자녀가 대학에 입학하여 똑같은 조사에 응답한 1990년대 말이 되면 조직화된 종교와의 완전한 단절을 의미하는 이 항목의 수치는 두 배에 달하는 18퍼센트로 올라갔다. 이와 유사한 질문이지만, 선호하는 종교가 '전혀 없다'고 공언한 대학 신입생은 1966년 7퍼센트에서 1997년 14퍼센트로 두 배 상승했다. 매년 실시하는 일련의 매우 엄밀한 사회 조사 역시 매주 예배에 참석한다는 고등학생이 1970년대 말 40퍼센트에서 1990년대 초에는 32퍼센트로 줄었음을 밝혀냈다.

나는 지난 30년에 걸쳐 미국인의 종교적 참여에 나타난 경향을 총괄적으로 일반화했지만, 최소한 두 개의 측면에서 지나치게 과장되었다. 첫째, 내가 지금까지 묘사해온 경향에 미국 사회의 모든 사람이 똑같은 영향을 받은 것은 아니라는 점이다. 미국인의 한 집단은 신앙에 기반을 둔 공동체에 적극적으로 참여하기를 포기하는 쪽으로 나아갔지만, 또 다른 집단은 전과 다름없이 충실하게 참여하고 있다. 조직화된 종교와 완전히 연결을 끊은 집단의 크기는 증가해왔지만, 열심히 참여하는 집단 역시 상대적으로 안정세를 유지해오고 있다. 즉 종교적 탈퇴는 종교적 참여가 몸에 밴 사람이 아니라 보통 수준으로 하는 사람들 사이에서 나타난 것이었다.

그 결과 미국은 헌신적으로 종교에 몰입하는 사람과 전혀 교회에 가지 않는 사람이라는 두 집단으로 선명하게 나누어지고 있는 중이다(일부 독자들은 진지한 신자와 전혀 관여하지 않는 사람은 늘어난 반면 중간 수준의 참여자는 줄어든 정치의 변화 경향과 유사한 현상을 여기서도 읽을 수 있을 것이다). 바로 이것이 최근 많이 논의되는 '문화 전쟁culture wars'의 밑바탕을 이루는 사회학적 토대이다. 이 양극화를 과장해서는 안 되지만, 종교적 이탈이 북부(특히 북동부)에서 두드러지고, 종교적 근본주의자가 많은 남부의 경우 제일 적다는 어떤 증거가 있기 때문에 여기에는 종교적 차원도 포함될 수 있다.

둘째, 변화의 방향과 폭은 교파에 따라 매우 다르게 나타났다. 개신교와 유대교는 신도 수의 측면에서는 시장 점유율이 떨어져왔던 반면 가톨릭을 비롯한 다른 종교들은 늘어나고 있다. 제2차 세계대전 이후 미국 인구에서 개신교가 차지하는 비율은 10년당 약 3퍼센트 포인트에서 4퍼센트 포인트씩 떨어져 전체적으로 4분의 1이 줄었다. 반면 유대교의 비율은 10년당 0.5퍼센트 포인트씩 떨어져 전체적으로 약 8분의 1 감소했다. 대조적으로 미국 인구에서 가톨릭의 점유율은 10년당 1퍼센트 포인트에서 1.5퍼센트 포인트씩 상승하여 전체적으로 약 4분의 1 늘었지만, '무종교'는 10년당 약 2퍼센트 포인트씩 상승하여 약 4배로 늘어났다. 자신이 개신교도라고 하는 미국 인구는 20세기의 마지막 3분의 1 동안 12퍼센트 포인트에서 15퍼센트 포인트 (혹은 거의 5분의 1) 줄었는데, 미국 역사에서 아마 가장 큰 폭으로 하락했던 시기일 것이다.

이렇게 다양한 성장세는 가톨릭의 경우 남미의 이민 인구, 다른 종교의 경우는 아시아 이민 인구의 영향을 어느 정도 받았다. 예를 들면 몇몇 자료들은 중남미 출신이 현재 미국 가톨릭 신자의 4분의 1을 차지한다고 추산한다. 이들의 가입은 가톨릭교회가 이민자들을 보다 광범위한 미국 사회와 연결시키는 중요한 역할을 다시 하고 있으며, 그런 점에서 사회적 자본의 형성에 지속적으로 공헌하고 있음을 의미한다. 그러나 이들의 새로운 유입은 미국 출생자들의 교회 참여가 어느 정도로 떨어지고 있는지 부분적으로 감추고 있다.

종교적 참여의 변화는 개신교라는 광범위한 범주 속에서도 교파마다 아주 다르게 나타나고 있다. 지난 40년 동안 주류 교파들(감리교, 장로교, 미국 성공회, 루터교, 회중파교회, 미국 침례교 등등)은 '시장 점유율'을 상당히 잃었지만, 복음주의적이면서 근본주의적인 집단들(남부침례교, 오순절교회, 성결교, 하나님의 성회, 그리스도 하나님의 교회, 여호와의 증인, 모르몬교, 기타 독립 교파들)은 계속 성장세를 보이고 있다. 후자의 경우 요즘 와서 이 성장세는 전만 못하고 지금은 겨우 인구 성장률과 보조를 같이하는 정도이다. 복음주의 교회에 속한 모든 교파의 신도들은 1960년 이후 25년 동안 약 3분의 1 정도 늘었지만, 개신교 전체를 놓고 보면 이들의 성장으로도 주류 교파의 손실을 만회하지 못했다. 여기서 나타난 한 가지 결과는 종교적 참여의 성장이 종교적 스펙트럼의 양 끝, 즉 가장 정통적인 교파와 가장 세속적인 교파에서 나타났던 반면, 그 중간은 붕괴되었다는 것이다.[6]

교회 참석에 관한 자료는 이야기가 좀 다르다. 스스로를 가톨릭이라고 규정한 사람들의 숫자는 지속적으로 증가했지만, 예배 참석의 기준으로 볼 때 전통적으로 높았던 가톨릭의 계율 준수는 꾸준하게 떨어졌다. 개신교 신도들은 줄어들고 있지만 매주 예배 참석 비율은 그래도 상당히 유지되는 편이다. 개신교 신도들은 꾸준히 줄어들었지만 보다 복음주의적인 교회의 신도는 늘어났다는 것이 그 부분적 원인이다. 그러나 지금은 스스로를 개신교도라고 규정하는 사람들의 수가 점점 적어졌기 때문에, 결국 개신교 예배에 참석하는 미국 인구는 지난 30년에서 40년 동안 크게 감소했다. 다른 말로 하자면 보다 많은 가톨릭 신자들은 단순한 이름뿐인 신도가 되고 있으며, 개신교와 유대교에서는 스스로의 종교를 완전히 버리는 사람이 꾸준히 늘어나 이제는 대규모가 되었다.

---

6) 여기서 복음주의와 근본주의는 한 사람의 개인적 구원자('부활 경험')로서 예수의 존재, 글자 그대로 성경의 엄격한 해석, 신의 말씀을 세계에 전해야 하는 기독교 신자의 의무를 강조하는 교회들을 가리키는 말이다. 엄밀한 개념적 정의를 갖고 사용하는 말이 아니며, 복음주의나 근본주의라 해도 그들 사이에는 신학적·사회적·정치적 차이가 상당히 크다.

흑인이 백인보다는 종교적 의무를 잘 지킴에도 불구하고, 이러한 하락세는 흑인에게도 똑같이 적용된다. 1970년대 중반과 90년대 중반 사이 교회 참석 신도의 감소는 백인이나 흑인이나 거의 같았으며, 교회 관련 단체에서 회원 감소는 흑인들 사이에서 조금 더 높게 나타났다. 또한 흑인이나 백인이나 개신교 주류 교파에서 하락 폭이 상대적으로 더 컸고, 복음주의 교회는 상승세를 보여왔다.

복음주의적 종교의 부활은 20세기 후반 미국인의 종교 생활에서 가장 두드러진 특징으로 보아도 좋을 듯하다. 교회사학자 로저 핑크Roger Fink와 로드니 스타크Rodney Stark가 『미국의 교회The Churching of America』에서 주장했듯 이러한 발전상은 미국의 종교 역사에서 낯익은 드라마가 가장 최근에 다시 재방송되고 있는 것이다. 종교 계율에 보다 충실하고 보다 종파적이며 덜 '세속화된' 종교 운동이 보다 세속적이며 입지를 확실히 다져놓은 주류 교파들을 능가하는 드라마 말이다. 19세기 중반에는 감리교가 미국 성공회에 대해 그랬고, 지금은 근본주의 교파들이 감리교에 도전해오고 있다.

또 다른 측면에서 보자면 이러한 변화는 종교를 소생시키고 새로운 복음주의 교회 내부에 활기찬 사회적 자본을 창출한다. 지난 수십 년 동안 활력에 넘치는 종교 공동체를 만들어낸 복음주의 교회의 업적은 종교관과 교파의 차이를 넘어 많은 종교 지도자들에게 큰 칭송을 받았다. 미국 역사에서 사회적 자본 형성의 매우 중요한 많은 사례들이 종교적 부흥 속에 뿌리를 두고 진행되어왔다는 사실을 감안한다면, 우리는 또 다른 절정기의 꼭짓점에 있는지도 모른다.

그러나 루프가 지적했듯 "보수적인 종교적 에너지는 종교적 전통 **내부**에서 신앙의 회복이라는 방향으로, 그리고 주류 문화 내부에서 이미 나누어져 있는 기존의 종교 영역과 생활방식의 영역을 재확인시키는 방향으로 흘러갔다. 〔……〕 싱장하고 있는 개신교 계열 교회와 유대인 교회는 대개 그 성격에서 배타적이며, 신도와 비신도 사이의 사회적·종교적 경계를 갈라놓을 수 있다." 역사적으로 주류 개신교 교파의 신도들은 교회 밖의 보다 넓은 시민 공동체에서 과도할 정도의 리더십을 보였으며, 복음주의 교회들과 가톨릭교회는 교회를 중심으로 하는 활동에 강조점을 두었다. 종교에 대해 가장 날카롭고 우호적인 연구자 중의 한 명인 우드나우 역시 미국 역사의 큰 굽이를 개관하면서 "20세기 전반에 걸쳐 주류 개신교 교회들은 진보적인 사회 개혁 프로그램에 참여했던 반면 복음주의 교회는 개인의 신앙심에 더 초점을 맞추었다"고 지적했다.

개인적으로나 교회 전체로나 복음주의 교회 신도들은 자기 종교 공동체 안에서의 활동에 보다 더 많이 참여하는 반면 교회 밖의 넓은 공동체에는 덜 관여하는 것 같다. 그들은 주류 개신교도에 비해 교회에 규칙적으로 잘 참석하며, 자선 활동에서도 훨씬 관대하고(복음주의자는 가구소득의 평균 2.8퍼센트, 주류 개신교도들은 1.6퍼센트 기부), 주일학교와 성경학교에도 더 규칙적으로 참석하며, 같은 교회 안에서 친한 친구들도 더 많이 사귄다. 조지 마스덴George Marsden에 따르면 "근본주의 교회들은 중도-자유주의적 개신교 교회보다 자기 신도들에게 엄청나게 결속력이 강한 공동체를 제공한다. 〔……〕 (그 공동체들은) 미국에서 가장 응집력이 강한 비인종적 공동체들의 일부이다."

그렇지만 복음주의 교회 신도의 사회적 자본은 교회 밖의 넓은 공동체보다는 교회 내부에 투자된다. 이들의 경우 교회 참석은 지역 공동체 단체의 회원 가입과 상관관계가 **없다**. 물론 이러한 일반화에 해당되지 않는 예외적인 사례들이 복음주의 교회에도 있다. 예컨대 재소자들을 지역 공동체에 복귀시키기 위해 교파와 인종을 초월하여 전국 6백 개 교도소에 활동하는 '찰스 콜슨의 교도소 선교회'처럼 널리 칭찬받는 단체도 있다. 그러나 대부분 복음주의 교회 신도의 자원봉사 활동은 주일학교 교사, 합창단 찬송 활동, 예배 안 내요원 등 교회 자체의 신앙 생활을 후원하는 데 머물지, 다른 신앙 을 가진 신도들처럼 교회 밖 공동체로 확장되지 않는다.

오늘날의 주류 개신교도와 가톨릭교도들은 교회 밖 공동체에서의 자원봉사 활동에 보다 많이 참여하는 것 같다. 주류 개신교도의 교 회 참석은 교회 내에서의 종교적 자원봉사보다는 세속적인 자원봉 사 활동과 더 밀접히 연결되어 있다. 가톨릭 신도들의 경우는 이보 다 조금 떨어진다. 복음주의 교회나 주류 개신교 교회에서나 종교 적 참여자들은 단체 운영과 대중 연설처럼 시민 활동으로 전환될 수 있는 기술을 배우기는 마찬가지이지만, 그 기술을 교회 밖 지역 공동체로 확장시키는 데는 주류 개신교의 신도들이 더 앞장선 것 같다. 우드나우는 이렇게 결론 내린다. "주류 개신교회들은 신도들 에게 보다 넓은 지역 공동체에의 시민적 참여를 장려하지만, 복음 주의 교회들은 외관상으로는 그렇지 않은 듯하다."

이와 유사한 대조적 현상은 교회 자체에서도 나타난다. 스스로를 보수적이라고 규정한 교회들은, '생명권 보호 운동'처럼 두드러지는 예외는 있지만, 자유주의 혹은 중도적 교회보다 사회 밖으로 뻗치 는 봉사활동이나 대외활동을 덜 제공하는 것 같다(우리는 9장에서 복 음주의 교회의 정치 참여를 보다 면밀히 검토할 것이다). 마찬가지로 민 권 운동 기간 동안 주류 흑인 교회의 신도들은 시민적 참여와 정正 의 상관관계를 보였지만, 흑인 근본주의 종파의 신도들은 역逆의 상

---

7) nagative/positive correlation. 두 변수 간의 상관관계를 측정할 때 쓰는 용어이다. 예를 들어 교육 수준이 높을수록 투표율이 높다면, 이 경우는 정(+)의 상관관계가 성립된다. 반면 교육 수준이 높을수록 투표율이 낮다면, 역(-)의 상관관계가 성립된 다. 방향을 가리키는 용어이지 긍정/부정과는 관계가 없다(옮긴이).

관관계를 보였다.[7] 복음주의 교회가 성장하고 주류 기독교 종파가 쇠퇴하고 있다는 사실은 시민적 참여와 '연계형' 사회적 자본의 형성을 위한 토대로서 이제 종교의 효율성이 떨어지고 있다는 뜻이다. 우드나우는 이 문제의 핵심을 이렇게 표현한다.

> 종교는 그 신도들에게 신을 경배하고, 가족과 시간을 보내며, 종교적 전통 속에 깊이 새겨 있는 도덕적 교훈을 배우도록 고무함으로써 시민사회에 유익한 영향을 끼칠 수 있을 것 같다. 그러나 그것이 종교가 하는 유일한 역할이라면 사회에 대한 종교의 영향은 줄어들 것 같이 보인다. 토크빌이 자발적 결사체에서 관심을 가졌던 것은 〔……〕 지역 공동체와 행정구역의 틀을 넘어 서로 다른 인종적 배경과 직업을 가진 사람들을 결속시키면서 인구의 많은 부문을 연결시키는 능력이었다.

몇몇 예외가 있지만 복음주의적 종교가 현재 미국 사회에서 아직 행사하지 못하고 있는 부분은 바로 그와 같은 광범위한 시민적 역할이다.

4. 요약

미국의 사회적 자본을 기록한 장부에서 종교 항목에 관해 지금까지 우리가 배웠던 것을 요약해보자. 첫째, 전통적으로 그랬지만 오늘날에도 종교는 지역 공동체의 생명과 건강의 중요한 원천이다. 신앙에 바탕을 둔 단체들은 시민적 삶에 직간접으로 봉사한다. 신도들에게는 사회적 지원을, 교회 밖의 넓은 공동체에게는 사회봉사를 베푸는 일은 직접적 봉사에 속한다. 그리고 시민적 참여의 기술을 배양하고, 도덕적 가치를 가르치며, 이타주의를 장려하고, 교회 사람들 사이에서 시민 활동에 참여할 수 있는 사람들을 길러내는 것은 간접 봉사에 속한다.

둘째, 20세기에 나타난 종교적 참여의 장기적 변동은 일반적인 시민 생활의 변화 경향을 반영하고 있다. 즉 20세기의 처음 60년 동안, 특히 제2차 세계대전 후 20년 동안 꽃을 피우다가 그다음 30년 혹은 40년에 걸쳐 시들어지는 경향이 그것이다. 신도들의 헌신을 요구하는 교파에 끌리는 소수의 인구가 여전히 있기는 하지만, 일반적인 시민 활동과 마찬가지로 노력과 수고가 필요한 참여 형태일수록 하락의 폭도 컸다. 또한 정치와 사회에서도 일반적으로 나타났던 현상이지만 종교의 이탈은 세대교체와 관련된 것으로 나타났다. 대부분 보다 젊은 세대들은(여기서 '젊은'이라는 말에는 베이비붐 세대가 포함되어 있다) 종교적 사회 활동과 세속적 사회 활동에 그 나이 때의 앞 세대보다 모두 덜 참여하고 있다.

셋째, 이 시기 동안 미국인의 종교 생활은 보다 역동적이며 신도들의 신앙적 헌신을 요구하는 교파들이 떠올라 다소 온건한 전통적 교파들의 자리를 대신 차지하는 역사적으로 낯익은 드라마를 재연출했다. 그러나 적어도 지금까지는, 새로운 교파들의 공동체 건설 노력은 외부가 아니라 내부를 지향하고 있어 미국 사회적 자본의 주식시장에 미치는 유익한 역할은 미진하다. 간단하게 말해 21세기가 시작되면서 우리들은 30년 혹은 40년 전의 미국인에 비해 교회에 덜 참석하고 있으며, 우리가 다니는 교회는 바깥세상에 덜 관여하고 있다. 종교 생활의 경향은 세속 공동체에서 사회적 연계의 불길한 하락 현상을 막아주기보다는 강화하고 있는 것이다.

제
5
장

직장에서의 연계

1. 노동조합

직업 관련 단체는 전통적으로 두 가지 시각에서 파악되었다. 경제적 측면에서는, 노동조합과 전문직 단체들은 개별 산업의 노동자 혹은 전문직 종사자들이 작당해서 경쟁자를 누르고 수입을 올리려는 독점 카르텔, 현대판 길드로 가끔 비판을 받았다. 그러나 사회학적 측면에서 이 단체들은 사회적 연대성을 만들어내는 중요한 장소이며, 상부상조와 전문 기술 공유의 메커니즘으로 평가받는다. 물론 근본적으로 이 두 개의 이미지는 상호 보완적이다. 조합원들 사이의 경제적 협력에는 연대성이 핵심적인 전제조건이기 때문이다. 교사조합 혹은 변호사협회가 챙긴 경제적 실리를 한탄하는 사람들조차 그들이 대표하는 사회적 자본은 인정할 것이다.

그림 14 _ 미국의 노동조합 가입률, 1900~1998

　노동조합, 사업 단체, 전문직 단체들은 모두 전통적으로 미국에서 가장 흔한 형태의 시민적 연계성 중의 하나였다. 우리의 사회적 자본의 장부에서 이들은 중요한 항목을 차지한다. 〈그림 14〉는 20세기 미국에서 노동조합원 비율의 변화 경향을 요약하고 있다. 역사적으로 윤곽을 그리면 이런 식의 그림이 나오지만, 그 세부 사항은 단체협상에서 노동자에게 유리한 영향을 미쳤던 제1차, 2차 세계대전과 뉴딜 같은 미국 노동의 특정한 역사와 결부되어 있다.

　전쟁이 노동조합원의 증가와 연관되어 있다는 사실은 미국 역사 전체를 통해서 확인될 뿐 아니라 다른 나라에서도 확인된다. 그러나 전체적인 패턴은 우리가 살펴보았던 지역 공동체에 기반을 둔 단체와 종교 단체의 변화 패턴을 떠올리게 한다. 20세기 처음 3분의 1 동안은 완만한 성장, 대공황과 제2차 세계대전을 지나고 급속한 성장, 1950년대부터 60년대로 이어지는 시기에는 높은 수준에서의 안정, 그리고 마지막 3분의 1 동안 지속적이고 급격한 하락.

오랫동안 노동조합은 미국 근로 남성들 사이에서 단체에 가입할 수 있는 가장 흔한 기회 중의 하나를 마련해주었으며(근로 여성들에게는 좀 덜했다), 최근 몇 십 년까지도 어느 정도는 그런 상태를 유지하고 있다.[1] 그러나 노동조합원의 비율은 40년 이상이나 계속 하락해오고 있으며 1975년 이후에는 가파른 하락세를 그리고 있다. 노동조합원의 비율이 정점에 달했던 1950년대에는 미국의 노동력 중 조합에 가입한 부분은 32.5퍼센트였지만 그 후 계속 떨어져 14.1퍼센트가 되었다. 지금 현재로서는 뉴딜의 사회복지 정책과 연관되어 나타난 노동조합원의 폭발적 성장은 사실상 거의 모두 사라졌다.

게다가 조합의 활동 방식도 느슨해졌다. 대체로 조합은 이제 협상 전문가를 내세워 자기 대신 경영진과 맞서게 하는 단체로 보이지 사회 운동으로 인식되지는 않는다. 조합 역시 다른 자발적 결사체들과 마찬가지로 소수 간부의 지배, 무관심, 부패로 물들었던 경우가 종종 있었지만, 역사적으로 조합은 사회적 자본, 즉 호혜성의 네트워크를 창조하는 동시에 거기에 의존하여 활동을 펼쳐왔다. 노조원들의 끈끈한 유대는 이제 나이 든 사람의 희미한 기억 속에나 남아 있다.

그런데 노조 가입률의 하락은 후기산업사회로 들어간 미국 경제

---

1) 1953년 전국 조사에서는 응답자의 23퍼센트가 노동조합에 소속되어 있었으며, 자발적 결사체의 가입 중에서는 노조가 단일 유형으로서는 가장 일반적이었다. 물론 노조 회원은 그 외의 자발적 결사체의 회원보다는 단순하게 명목적일 가능성이 높다. 사용자가 노동자를 고용할 때는 자유이지만, 일단 채용되면 반드시 노조에 가입해야 하며, 노조에서 탈퇴·제명된 사람은 회사가 해고해야만 한다는 규약을 갖고 있는 유니언 숍(union shop)에서 일부 회원들은 전혀 자발적으로 가입하지는 않았다는 것이 그 부분적 이유이다. 반면 1987년이라는 비교적 최근에 실시된 '전국 사회 조사(GSS)'는 모든 조합원의 거의 절반(46퍼센트)이 자신들은 노조의 일에 적극적으로 관여한다고 대답했다.

의 구조 변화를 자연스럽게 반영하는 현상은 아닌가? 많은 사람들은 단체교섭이 "1950년대 노조의 요새였던 주로 제조업 분야의 남자, 육체노동자, 생산직에 알맞은 것이지, 탈산업 경제의 새로운 노동력의 전위대를 이루는 여성, 화이트칼라, 지식노동자들의 관심은 거의 불러일으키지 못한다"고 지적했다. 탈산업 경제에 주목한다면 경제학자들이 '구조적 변화'라고 부르는 모든 요소들, 즉 제조업의 쇠퇴, 굴뚝 공장이 늘어선 북동부로부터 노조가 없는 캘리포니아의 새로운 산업 지대로 상업과 일자리의 이동, 교육 수준의 향상, 시간제 고용 등으로 노조 가입이 필연적으로 줄어들 수밖에 없는 원인을 그럴듯하게 설명할 수도 있을 것 같다.

그렇지만 미국이 산업 경제에서 서비스 경제로 변했다고 엄밀하게 말할 수 있는 시기는 20세기의 마지막 25년에나 해당한다. 그리고 이 모든 구조적 변화들을 다 합쳐도 노조원의 총 감소 중 겨우 절반 정도나 설명할 수 있다. 곧 조합에 가입한 노동자의 수는 개별 직종과 산업 내에서도 지난 40년 동안 대단히 크게 하락해왔다는 말이다. 1953년에서 1997년 사이 노조원 비율은 제조업에서 62퍼센트, 광업 79퍼센트, 건설업 78퍼센트, 운송업 60퍼센트, 서비스 부문에서 40퍼센트 줄었다.

이 썰물에 일시적으로나마 저항하고 있는 유일한 부분은 1962년에서 1979년 사이 노조 가입이 크게 늘어난 행정부의 직원들이었다. 정부 조직에서 일하는 직원들의 단체협상의 토대가 되는 법 제도가 케네디 행정부 시절에 바뀜으로써 나타난 현상이다. 그러나 지난 20년 동안 공공 부문의 노조 가입률은 정체 상태를 계속 유지해오고 있다. 노조원 감소의 주원인을 노동자들이 블루칼라에서 화이트칼라로 바뀐 데서 찾을 수 없다는 말이다.

노동경제학자들은 노조 가입이 줄어든 원인을 1982년 항공관제사의 파업 기간 동안 레이건 행정부가 도입한 반反파업 정책, 악의에 찬 사용자들의 저항, 무기력한 노조의 전략 등등 다양한 각도에서 찾아왔다. 이 설명들은 저마다 어느 정도 일리가 있지만, 많은 토론에도 불구하고 이 각각의 요소들이 노조 가입률의 감소에 미치는 상대적 비중에 대해서는 전문가들 사이에 아직 아무런 합의도 이루어지지 않았다.

나는 각 요인들을 하나씩 검토하지 않겠다. 그런데 이 주제를 포괄적으로 연구했던 한 사람은 흥미롭게도 이런 결론을 내놓았다. "1977년과 1991년 사이 노조 가입의 전반적인 하락은 자신들을 대표해주기를 바라는 노동자 측의 수요가 하락한 탓으로 보인다." 노조에 가입하기 원하는 노동자의 수가 줄었기 때문에 노조원의 수가 적어졌다는 말이다.

그렇다면 이 '수요'의 감소가 조합의 과도한 영향력, 과잉 요구, 부패 등에 대한 대중의 염증을 반영한 것일까? 이런 설명이 그럴듯하게 들어맞던 시절도 있었다. 그러나 노조의 힘에 대한 대중의 분노는 20년 이상에 걸쳐 꾸준히 줄어들었는데도, 노조 가입률은 계속 떨어지고 있다. 대중의 분노는 노조의 힘이 불러일으킨 결과일 수는 있겠지만, 노조 가입률의 지속적 하락의 원인은 아니다. 노조 가입을 둘러싼 문제는 '조합'에 대한 회의라기보다는 '노조원'에 대한 회의일지도 모른다. 노동경제학자 피터 페스틸로Peter Pestillo는 20년 전에 이미 앞날을 내다보고 있었다. "젊은 노동자들은 주로 자기 생각만 한다. 우리는 자기만 중요하게 여기는 개인숭배를 경험하고 있는데, 노동은 단결의 혜택을 설교하는 행진곡을 연주하고 있다."

2. 전문직 단체

언뜻 보면 전문직 단체의 최근 역사는 일반 노조와는 전혀 다른 것 같다. 전문직 단체와 (노조와는 별개의) 기타 경제 단체에 소속된 미국인의 비율은 지난 40년 동안 2배로 늘었다. 1950년대와 60년대의 조사들은 그러한 단체의 가입 인구를 약 8~10퍼센트로 보고했는데, 1980년대와 1990년대에 오면 거의 모든 조사들은 이 수치를 16~20퍼센트로 보고한다. 미국인 중 전문직 단체와 학회의 가입률은 1974년 13퍼센트에서 1994년 18퍼센트로 늘었는데, 불과 20년 동안 거의 50퍼센트 상승한 것이다.

전문직 단체의 급속한 성장이 주는 깊은 인상은 주요 전국 전문직 단체의 회원 등록으로도 확인되는 것 같다. '미국 의사회'의 총 회원은 1945년 12만 6천 42명, 1965년 20만 1천 955명, 1995년 29만 6천 637명으로 늘어났다. '미국 건축사협회'는 크기는 작지만 그 성장세는 만만치 않다. 1950년 8천 5백 명, 1970년 2만 3천 3백 명, 1997년 4만 7천 271명으로 성장했다. '미국 기계공학회'는 1945년 1만 9천 688명, 1968년 5만 3천 810명으로 거의 3배 늘었고, 그다음 30년 동안 다시 2배로 늘어 1997년에는 10만 7천 383명의 회원을 보유하고 있다.

'미국 전기전자공학회'는 1963년 11만 1천 610명에서 1997년 24만 2천 8백 명으로 회원이 2배 이상 늘었다. '미국 변호사회'의 성장은 깜짝 놀랄 정도이다. 회원은 1945년 3만 4천 134명에서 1965년 11만 8천 916명으로 3배 증가했고, 1991년에는 35만 7천 933명으로 다시 3배 늘었다. 대부분의 주요 전문직 단체들에서도 같은 현상이 벌어졌다. 토크빌이 보았던 에너지가 20세기 후반 드디어 미국의 이곳에서 솟구쳐 오르는 것을 발견하는 듯하다.

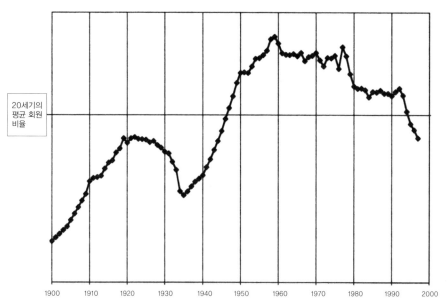

그림 15 _ 8개의 전국 규모 전문직 단체의 평균 회원 가입률, 1900~1997

　　그러나 이 결론을 내리기에 앞서, 앞에서도 그랬지만, 각 단체의 회원 자격을 갖는 구성원의 크기가 어떻게 변했는지 살펴보아야 한다. 같은 기간 동안 각 전문직 단체의 회원 자격을 갖춘 사람들도 엄청나게 늘었기 때문이다. "미국 변호사회의 회원 수는 얼마나 되는가?" 하는 질문이 아니라, "미국의 변호사 수와 비교해서 미국 변호사회의 회원은 얼마나 되는가?" 하는 질문을 제기하는 것이 올바른 방법이다. 그랬을 경우 정말로, 전문직 구성원들 **중에서** 전문직 단체의 회원 가입률 변화는 우리가 지금껏 보았던 사례들과 놀라울 정도로 비슷하게 나타난다.

　　20세기의 처음 3분의 2 기간 동안 관련 전문단체에 소속한 현직 의사, 변호사, 건축사, 회계사, 치과 의사의 비율은 대공황이라는 낯익은 쇠퇴기를 제외하고는 꾸준하고도 뚜렷하게 상승했다(〈그림 15〉는 20세기의 거의 모든 기간 동안 8개 주요 전문직 단체의 회원 가입률 평균을 보여준다). 가장 큰 특징은 20세기 초 약 5~10퍼센트에 머물던 비율이 1960년대에는 50~90퍼센트로 약 10배 상승했다는 사실이다. 우리가 앞서 살폈던 지역 공동체에 기반을 둔 단체와 종교 단체의 경우도 그랬지만, 놀랍게도 이곳 역시 8개의 단체 모두 1940년대와 60년대 사이에 회원 가입률의 폭발적 증가 추세를 보여준다. 일반적으로 말하자면, 1945년에서 1965년 사이 전문직 단체의 회원 가입률은 약 2배 늘었는데, 우리가 앞에서 보았던 지역 공동체 단체의 경우와 성장률이 대략 같다.

그런 다음 제2차 세계대전 이후 회원 가입률의 상승세가 갑자기 느려지고, 멈추었다가, 하락하는 현상이 거의 모든 단체들에게서 나타난다. 제일 먼저 정점에 도달했다가 하락을 시작한 단체는 1959년의 '미국 의사회'였고, '미국 치과 의사회'와 '미국 변호사회'는 1970년에 그런 현상을 맞았으며, '미국 공인회계사회'는 1993년에 제일 늦게 맞이했다. 미국에서 등록된 간호사의 수는 1977년 1백만에서 1998년 2백만 명으로 2배 늘었지만, '미국 간호사회'의 회원은 19만에서 17만 5천 명으로 감소했다. 모든 등록 간호사 중에서 '미국 간호사회'의 '시장 점유율'은 1977년 18퍼센트에서 1998년 9퍼센트로 정확하게 절반이 줄었다.

'미국 기계공학회'의 경우 제2차 세계대전 후의 상승세는 1950년대에 근본적으로 막을 내렸고, 이 단체의 시장 점유율은 대공황 이전의 최고 수준을 다시는 되찾지 못했다. '미국 전기전자공학회'는 전기공학회와 전자공학회라는 기존의 두 단체들이 합병해서 1963년 발족했다. 두 단체는 1963년 이전 20년 동안은 저마다 매우 빠른 성장세를 보였으나, 합병으로 새 출발을 하자 시장 점유율이 줄어들기 시작했다.

전국적으로 전문직업인의 수가 워낙 크게 늘어났다는 사실 때문에 1970년대 이후 회원 가입률의 하락은 그 실체가 드러나지 않고 있었다. 그물에 걸리는 고기의 비율은 줄었지만, 물고기가 워낙 많았기 때문에 어획고는 좋았다. 예컨대 '미국 건축사협회'의 회원 수는 1970년에서 1997년 사이 2배 늘었지만, 협회에 가입한 건축사의 비율은 이 기간 동안 41퍼센트에서 28퍼센트로 떨어졌다. '미국 전기전자공학회'는 쭉쭉 뻗어나가는 전자 산업 덕분에 회원 수는 1963년과 1997년 사이 2배로 늘었지만, 그 '시장 점유율'은 51퍼센트에서 37퍼센트로 떨어졌다.

점차 각 단체의 간부와 지도부는 회원 가입률이 줄어든다는 사실을 인식하기 시작했는데, 자기 단체의 가입 대상 회원들은 계속 늘어나고 있는데도 가입률은 상대적으로 하락했고, 그러다가 결국 절대적 하락으로 바뀌었다. 따라서 '키와니스' '여성 유권자 연맹', PTA 등의 지도부가 자기 단체의 회원 가입률 하락 추세를 되돌려 놓을 방법을 놓고 골치를 앓기 시작했을 때처럼 '미국 의사회' '미국 간호사회' '미국 변호사회' 등의 지도부 역시 회원 감소의 원인이 무엇인지 토론하기 시작했다.[2]

각 단체마다 비슷한 용의자들이 수사선상에 떠올랐다. 과도한 회비, 구태의연한 프로그램, 경쟁 관계에 있는 지역 단체 혹은 보다 세분화된 전문직 단체 등이 그 원인으로 지목되었다. 한 가지 공통된 의견은 자기 단체의 기반을 이루는 전문직의 규모가 커지고 복잡해지면서 회원들이 스스로의 관심 분야와 정체성을 보다 세분화시킨다는 것이었다. 예를 들면 의학 일반에서부터 '주산기周産期 마

---

2) 회원 감소에 직면하여 많은 단체들은 관련 분야의 학생, 노동자, 실습생 등을 '회원 가입'의 새로운 범주로 추가했다. 이런 방법은 분모(그 직업에 고용된 사람)의 크기에는 전혀 변화가 없으면서 '시장 점유'를 차지하는 분자의 크기만 늘려놓았다. 그래서 〈그림 15〉는 1970년대 이후의 침체를 낮게 잡고 있다.

취학perinatal anesthesiology'으로, 법률 일반에서 '뉴욕시 지적 소유권 변호사회' 등으로 관심 분야와 정체성을 옮긴다는 것이다. 나는 여기서 이런 해석을 완전히 배제할 수는 없지만, 우리가 실시했던 최초의 탐침 조사는 그런 생각과 일치하지 않는다. 예컨대 '미국 외과학회' '미국 마취학회' 등 더 세분화된 전문직 단체 역시 최근 수십 년 동안 회원 가입의 정체 심지어는 하락을 겪어왔기 때문이다.[3]

이렇게 전문직 단체에 소속된 미국인의 절대 숫자는 지난 30년 동안 크게 늘어났으며, 그런 의미에서 이 부문은 지금까지 우리가 보았던 회원 숫자의 감소라는 일반적 패턴의 유일한 예외라고 할 수 있겠다. 그러나 회원의 명백한 증가를 보이던 기간을 들여다보면, 20세기의 처음 3분의 2 동안은 회원 가입률의 상승, 그리고 갑작스러운 정체, 그다음 마지막 3분의 1 동안 하락이라는 동일한 성장 패턴이 나타나기 때문에, 오히려 이 규칙을 입증해주는 예외라고 할 수 있다(노동조합과 전문직 단체의 회원들이 과연 지역 지부에서 적극적 활동을 펼치고 있는가 하는 낯익은 문제는 여기서 다루지 않겠다).

3. 직장

따라서 피고용인의 공식적 단체라는 형태 속에서의 사회적 자본은 우리가 앞 장에서 살펴보았던 정치적·시민적·종교적 단체의 하락을 상쇄할 정도로 성장하지 못했다. 그러나 거주지에 기반을 둔 네트워크와 직장에 기반을 둔 네트워크 사이에 미묘한 변화가

---

3) '미국 외과학회'에 소속된 모든 외과 의사의 비율은 1975년 62퍼센트, 1996년 64퍼센트였다. '미국 마취학회'에 소속한 모든 마취 의사의 비율은 1970년 72퍼센트에서 1996년 65퍼센트로 떨어졌다.

발생했다. 거주 지역 중심의 공동체에서 직업 관련 공동체로 중요성이 이동한 것이다. 오늘날은 한 세대 전보다 훨씬 많은 사람들이 집 밖에서 일하고 있기 때문에 우리의 시민적 토론, 우리의 공동체 유대 역시 집보다는 직장에서 더 많이 이루어지고 친구도 여기서 많이 사귄다.

사회학자 앨런 월프Alan Wolfe는 1995～1996년 전국을 돌며 교외에 거주하는 중산 계급 수백 명과 이야기를 나누면서 이러한 가설을 지지해주는 사람들의 이름을 구체적으로 열거했다. "요즘 사람들은 자기 사회적 연계의 약 90퍼센트를 직장에서 찾고 있어요" 하는 조지아 주 콥 카운티의 제레미 툴, "내 생각에는 사람들의 생활이 직장을 중심으로 돌아가고 있어요. 친구도 직장에서 사귀지요, 공동체 봉사활동도 직장을 통해서 해요"라고 말하는 오클라호마 주 샌드스 피링스의 다이애나 해밀턴. 그리고 매사추세츠 주 브루클린의 엘리자베스 타일러는 이렇게 덧붙였다. "저는 직장 공동체에 소속되었다는 느낌이 훨씬 강해요. 〔……〕 제가 일하는 산업 분야에서 내 회사 공동체, 내 사무실 공동체에 속한다는 그런 기분 말이죠."

어떤 의미에서는 그런 경향은 별로 놀라운 일이 아닐 수도 있다. 산업혁명 자체가 일하는 장소를 거주 장소에서 분리해내는 과정의 시작이었으며, 우리는 집 밖의 공장과 사무실에서 더욱더 많은 시간을 보내고 있다. 20세기 말에 오면서 미국의 노동 인구는 그 어느 때보다 많아졌다. 1950년에는 59퍼센트였으나 1997년에는 67퍼센트에 달했다. 전문직 종사자와 블루칼라 노동자들은 모두 직장에서 긴 시간을 보내기는 마찬가지이다. 동료들과 점심, 저녁을 같이 먹고, 같이 여행하고, 일찍 출근해서 늦게까지 일하는 것이다. 게다가 사람들은 더 자주 이혼하고, 늦게 결혼하며(그나마 결혼이라도 한다면), 혼자 사는 사람의 숫자는 전례를 찾을 수 없을 정도로 훨씬 많아졌다.

이런 상황에서 직장은 많은 외로운 영혼에게는 따뜻한 난로가 된다. 배우자와 아이들과 함께 사는 소수의 미국인에게조차 직장은 결혼, 자식, 집안일의 스트레스로부터 벗어나는 피신처로서의 역할이 더 커지고 있다고 사회학자 알리 호치스차일드Arlie R. Hochschild는 주장한다. 마리아 포치Maria Poarch 같은 사려 깊은 관찰자는 자신의 박사학위 논문에서 이런 가설을 세웠다. "보다 많은 미국인들이 '직장'에서 더 많은 시간을 보냄에 따라, 직장일은 점차 1차원적 활동으로서의 성격은 줄어들고 사적(가족) 생활과 공적(정치적·사회적) 생활을 모두 포괄하는 활동과 관심의 영역으로서의 성격이 커진다."

직장의 업무량뿐 아니라 성격도 변했다는 사실은 직장이 우리의 사회적 상호작용의 더 큰 몫을 차지할 수 있다는 뜻일지도 모른다. 혼자서 하루 종일 밭을 갈았던 농부는 일을 끝낸 후 교회 친교회나 지역 농민공제조합의 모임을 반갑게 맞이할 수 있었겠지만, 대규모의 복잡한 조직체에서 일하는 오늘날의 많은 미국인들은 저녁에 또다른 직장 모임에 참석한다. 더구나 1980년대와 90년대에는 '종합적 품질관리' '품질관리 서클' '팀 만들기'의 열풍이 기업 경영에 밀어닥쳤다. 『직장에서 의미 찾기』『모든 곳에서 공동체 만들기』『소명召命으로서의 기업』 등의 제목을 단 책들은 경영진에게 "기업 내부에 공동체의 느낌, 그리고 인간의 존엄성에 대한 존중의 분위기를 확립할 것"을 촉구했다.

많은 기업들이 그런 생각을 실천에 옮겼다. 1992년 한 조사는 모든 중견 기업의 55퍼센트가 (대다수 핵심 직원의 41퍼센트가 참여한) 이런 팀을 갖고 있으며, 41퍼센트는 '품질관리 서클'을 두고 있음을 발견했다. 사무실 디자인 전문의 건축가들은 직원들이 모여 정을 나눌 수 있는 '친교 장소' '대화 장소' '친목회'라는 이름이 붙은 공간을 만들면서 직장을 직원들의 연대감을 높일 수 있는 장소로 꾸미기 시작했다. 사회학자 호치스차일드는 이렇게 결론 내린다. "기업에 널리 스며든 이 새로운 경영 기법들은 직장을 단순한 작업장에서 공식 조직이기는 하지만 정이 우러나오는 일종의 개인적인 세계로 전환시키는 데 기여해오고 있다."

이렇게 현대의 직장은 동료들끼리 규칙적인 협조 관계가 이루어지도록 장려한다. 이런 점을 놓고 보면 직장이 사회적 자본의 형성에 이상적인 조건을 갖추었다고 볼 수도 있다. 많은 사람들은 직장에서 돈독한 우정을 쌓고, 동료 직원들 사이에서 공동체의 감정을 느끼며, 일에 대해서는 상부상조와 호혜성의 규범을 누린다. '가족과 직장 연구소'에서 실시한 1990년대의 여러 조사에 따르면 10명의 직원 중 9명이 "나는 매일 함께 일하는 사람들과 같이 있고 싶다" "정말 나는 함께 일하는 사람들의 일부라는 소속감을 느낀다"는 데 동의하고 있다.

우정과 후원의 네트워크에 관한 여러 연구들은 모든 근로자의 약 절반이 직장에서 최소한 하나의 아주 가까운 개인적 유대 관계를 맺고 있음을 발견했다. 사람들에게 어떤 날을 지정해주고 그날 하루 있었던 모든 대화를 누구와 나누었는지 꼽아보라는 1997년의 조사를 보면 대화의 절반 이상이 직장에서 이루어졌다는 결과가 나왔다. 성인 근로자들만 따로 뽑을 경우 하루 대화의 3분의 2 이상이 직장에서 이루어진다. 우리들 중 많은 사람이 직장에서 친밀한 개인적 연계를 맺고 있는 것은 확실하다. 보다 넓은 사회적 관점에서 보자면, 직장에 기반을 둔 연계에는 추가적 혜택이 있다. 직장은 그 어느 사회적 환경보다도 인종적으로, 심지어는 정치적으로도 훨씬 다양하다는 점이다.

그렇지만 현재 미국에서 사회적 자본의 중심지가 지역 공동체에서 직장으로 옮겨갔다는 결론을 내리기 전에 한 가지 추가 요소를 고려할 필요가 있다. 첫째, 지난 수십 년 동안 직장에서의 교제와 사회 활동이 아무리 일상적으로 흔해졌다고 해도, 그것이 실제로 **증가했다는 증거에 대해서는 전혀 아는 바가 없다.** 사실 이 책에서 검토한 모든 영역의 사회적 · 지역 공동체적 연계 중에서 직장에 기반을 둔 연계의 성격을 자세히 밝혀줄 체계적이고 장기적인 증거는 가장 발견하기 어려운 것으로 나타났다. 우리들 중 많은 사람이 직장에서 친구를 갖고 있지만, 과연 우리의 부모 세대보다 친구를 잘 사귀는지는 불분명하다(조금 뒤에 다룰 간접적 증거들은 정반대 경향을 시사하고 있다).

둘째, 직장에서 사회적 연계는 잔에 반쯤 남은 물을 보듯 긍정과 부정의 양 방향에서 평가할 수 있다. 개인적 네트워크에 관한 대부분의 연구는 직장 동료가 친구들 중 10퍼센트 이하를 차지한다고 간주한다. 직장에서의 유대는 격식을 차리지 않고 즐겁기는 하지만 그렇게 친밀하지는 않고 서로를 따스하게 깊이 격려하지 않는다. 가장 세심한 연구를 보면, 사람들에게 제일 친한 친구 10명의 이름을 적어보라고 요청할 경우 모든 정규직 근로자들 중 동료 직원의 이름을 한 명이라도 적은 사람은 절반 이하로 나타났다. 평균적으로 이웃들이 동료 직원보다 명단에 더 많이 오르는 것으로 나타났다.

또 '중요한 일'이 닥치면 누구와 상의하느냐는 질문에 대해 모든 정규직 근로자 중 동료 직원을 단 한 명이라도 적은 사람은 절반 이하였다. 간단하게 말하자면, 집 밖에서 일하는 우리들 대부분은 직장 동료들 중에서 친구를 두고 있지만, 친밀한 개인적 유대의 대부분을 직장에서 맺고 있는 사람은 아주 소수에 불과하다. 미국의 가장 중요한 개인적 네트워크는 직장을 중심으로 이루어지지 **않는다**

는 말이다.

셋째, 지난 10년 혹은 20년 동안 미국의 직장에서 나타난 여러 가지 중요한 경향은 직장 내의 사회적 유대를 상당히 훼손시켜오고 있다. 서류가 없어도 평생고용을 보장하며 많은 미국인의 직장 생활을 규제하던 묵시적인 고용 계약은 1980년대와 90년대 내내 '적정 규모 유지' '조직 개편' 등을 비롯한 경제적 구조조정으로 그 성격이 바뀌었다. 80년대의 정리해고와 고용 불안정은 주로 경기불황 때문이었지만, 경기가 한창 좋았던 90년대에도 구조조정은 경영의 일반적 지침으로 자리 잡게 되었다.

실제로 한 연구를 보면 1993~1994년 한창 호황 국면에서조차 모든 기업의 거의 절반이 정리해고를 단행했다. 각 회사 노동 인력의 평균 10퍼센트에 해당하는 큰 규모의 해고였다. 예전의 고용 계약은 서류로 작성하지 않았다. 그럴 필요가 없었다. 그럼에도 그것은 피고용자 – 경영 관계의 핵심적인 조직 원리였고 모든 사람들이 그렇게 받아들였다. 제2차 세계대전 참전 용사가 IBM에 입사하려고 면접을 보았을 때 회사는 먼저 아내와 상의하라고 권유했다. "일단 당신이 입사하면 평생 동안 회사 가족의 일원이 되기" 때문이었다.

그로부터 반세기 후 치열해진 세계시장의 경쟁, 정보기술의 향상, 단기적 투자 회수에 대한 집중, 새로운 경영 기법이 하나로 합쳐져 모든 일자리를 '불확실'하게 만들었다. 아마 가장 확실한 증거는 이 것으로 충분하겠다. 1980년대 가장 빠르게 성장한 산업의 하나는 '재취업' 컨설팅 서비스였다. 이 회사들의 총 수입은 1980년에는 3억 5천만 달러였지만 1989년에는 35억 달러의 비명을 질렀다. 경영학자 피터 카펠리Peter Capelli는 10년 이상에 걸쳐 특히 화이트칼라 근로자들 중에서 고용 관행의 변화를 연구하고 그 결과를 『직장에서의 뉴딜New Deal at Work』이라는 저서에서 이렇게 요약했다. "승진을 예측할 수 있고 안정된 월급을 받던 튼튼한 평생 직업의 옛날 고용 체계는 끝났다."

이러한 변화는 근로자의 불안감을 높이게 했지만 여기서도 좋은 점과 나쁜 점은 공존하기 마련이다. 직원들에게 주어진 보다 높은 자율성, 완화된 위계질서, 연공서열과 충성심보다는 업적과 성취에 따른 보수 체계는 많은 기업과 그 직원들에게는 좋은 현상이었다. 회사의 사기와 직원의 열성도가 크게 떨어지던 시기에 실시한 조사를 보아도, 예나 마찬가지로 기업의 생산성은 계속 상승세를 나타내고 있었던 경우가 종종 있었다. 여기서 나는 이러한 변화가 초래한 경제적 결과를 따지는 것이 아니라, 그것이 직장에서의 신뢰와 사회적 연계성에 어떤 영향을 미쳤는지 평가하고자 한다.[4] 이 기준에서 본다면 대차대조표는 적자이다.

구조조정을 겪고 있던 기업에서(그중에는 구조조정에 완전히 성공한 기업도 있고 그렇지 못한 기업도 있었다) 화이트칼라 노동자와의 수많은 인터뷰를 통해, 찰스 헥셔Charles Heckscher는 사회적 계약이 변함으로써 나타난 가장 흔한 반응은 '고개 숙이고 딴 데 쳐다보지 않기', 즉 자기 일에만 더욱 좁게 몰두하는 것이었다고 지적했다. 용케 살아남은 근로자들조차 소위 '생존자의 충격'을 경험하는 경우도 종종 있었다.

새로운 시스템 아래서 개인에게 주어지는 자율성과 보다 큰 기회를 즐겁게 누리는 직원들도 있었지만, 잘 나가는 기업에서조차 대

---

4) 1993년 노동자의 63퍼센트는 10년 전보다 직원들의 회사에 대한 충성도가 떨어졌다고 대답했고, 22퍼센트만 직원들의 충성도가 높아졌다고 대답했다. 이것은 양켈로비치 조사를 기초로 작성한 호튼과 라이드의 주장이다. Thomas R. Horton and Peter C. Reid, *Beyond the Trust Gap : Forging a New Partnership Between Managers and Their Employees*(Homewood, Ill. : Business One Irwin, 1991). 반면 카펠리는 구조조정이 직원의 헌신도에 손상을 입히는 반면 생산성을 향상시키는 경우가 종종 있다고 지적한다.

제2부 _ 시민적 참여와 사회적 자본의 변화 경향

부분의 중간관리직들은 이구동성으로 이렇게 말했다. "우리는 여기서 전부 혼자입니다. 엄청나게 스트레스를 받아요." 또 다른 사람은 이렇게 말했다. "회사의 조직 개편은 모든 레벨에서 사람들이 맺고 있던 관계의 네트워크를 부숴버렸답니다." 동료들과의 관계는 옛날 이야기가 되고 있다. "동료끼리 서로 의지하기보다는 대부분은 뿔뿔이 흩어져 더욱 고립되고 있으며, 누가 상관하지 말고 혼자 놔두기를 바라고 있습니다."[5]

바뀐 고용 계약은 직장에서의 사회적 자본 형성뿐 아니라 보다 폭넓은 공동체에 대한 참여에도 역시 좋지 않은 영향을 미치고 있다. 카펠리는 이렇게 지적한다.

현재 미국 사회의 많은 부분은 예측 가능한 경력 향상, 임금의 꾸준한 증가로 그 특징이 규정되는 안정된 고용 관계 위에 토대를 두고 세워졌다. 내 집을 갖고, 자녀를 대학에 보내며, 공동체와의 유대 관계를 통해서 안정감을 찾는 등, 직장 밖에서의 삶의 질은 고용에 대한 위협과 불확실성을 제거함으로써 향상되어왔던 것이다.

이 모든 것은 고용 환경의 변화와 함께 무너지는 경향을 보이고 있다.

여전히 직장은 자원봉사자를 충원하는 중요한 토대로 남아 있으며, 기업 간부의 압도적 다수(92퍼센트)는 직원들에게 지역 공동체의 봉사활동에 참여하도록 권장한다고 말한다. 그러나 자원봉사자

---

5) Charles Heckscher, *White Collar Blues : Management Loyalties in an Age of Corporate Restructuring*(New York : Basic Books, 1995). 인용문은 pp. 6, 12, 49, 73. 몇몇 기업에서 헥서는 새로운 형태의 제한적인 공동체를 발견했다. "내가 여기 있는 동안은 최선을 다하겠다. 그러나 우리들 중 어느 누구도 이것을 장기적 관계로 간주하지 않는다"는 것이다.

에 대한 가장 포괄적인 전국 조사를 보면, 직장에서 참여한 사람들이 차지하는 부분은 1991년 15퍼센트에서 1999년 12퍼센트로 줄었다. 물론 기업을 비롯한 직장에 토대를 둔 자원봉사자들은 좋은 의도를 갖고 있다. 그러나 최소한 지금까지의 추세를 보자면 직장은 교회를 비롯한 여러 시민단체보다는 자원봉사자 충원의 네트워크로서의 중요성은 훨씬 떨어진 상태로 머물러 있다. 직장에 기반을 둔 자원봉사 활동을 증대시키려는 최근의 노력이 사회적 자원봉사 활동의 총 수준에 가시적인 영향을 끼쳤는지는 7장에서 분명히 밝혀질 것이다.

4. 고용 불안과 사회적 자본

미국의 모든 피고용인이 묵시적인 고용 계약의 변화로부터 영향을 받은 것은 아니었다. 중간관리직을 최근에 강타한 고용 불안정을 블루칼라 노동자들은 오래전부터 겪어왔다. 그렇지만 지난 30년 동안 미국의 모든 노동 인구는 교육 수준에 관계없이 고용 불안정에 시달려오고 있었다. 우리들 중 같은 직업에 근무하는 사람의 수는 날이 갈수록 줄어들고 있다. 한 회사에서조차 장기 근속자는 찾기 어렵다. 사실상 고용 불안정은 일반적으로 블루칼라 노동자들에게서 높게 나타나지만, 화이트칼라 사이에서도 증가 추세가 빨라졌다.

그런데 노동 인구에서 화이트칼라가 차지하는 부분이 나날이 늘어났고, 바로 이들이 전통적으로 시민 생활에 누구보다도 커다란 기여를 해왔기 때문에 문제의 심각성이 발생한다. 이러한 '고용 불안' 경향은 과거에 보다 안정된 일자리를 갖고 있던 남성들에게 집중되어있는데, 여성은 남성보다 고용 보장이 훨씬 낮은 상태로 계속 남아 있다. 일차적으로 여성은 노동시장에 들어왔다가 다시 빠져나갈 가능성이 더 높기 때문이다. 게다가 날이 갈수록 우리의 소득은 우리가 최근에 거둔 성과에 따라 결정되지 이 직업에서 얼마나 오래 일했느냐는 고려 사항이 되지 않고 있다. 경제학자들이 '정년 급료the returns to tenure'라고 부르는 것(즉 장기 근속에 따른 임금과 급료의 혜택)은 계속 줄어들고 있다. 좋은 성과를 거두어야 월급도 오르고 고용 안정도 보장되는 현실이 만들어낸 한 가지 결과는, 단순한 암시일지라도, 동료들 사이의 치열한 경쟁이다. 여러분이 생계를 놓고 팀 동료와 은밀히 경쟁하고 있을 때 팀워크가 그렇게 우호적으로 느껴질 리는 없다.

또한 컨설턴트 같은 '독립 계약자independent contractors', 임시 교사 같은 '호출 노동자on-call workers', 시간제 근무, 임시 직원 등등의 '임시직' 혹은 '비정규직'이 미국의 노동력 중에서 차지하는 비율이 놀라울 정도로 높아졌을 뿐 아니라 계속 늘어나고 있다. 여기에 관련된 가장 뛰어난 최근의 연구는 모든 미국 노동자의 거의 30퍼센트가 이 넓은 범주에 들어가는데, 그중에서 절반은 시간제 근무, 또 다른 4분의 1은 독립 계약자라는 사실을 암시하고 있다. 시간제 근무와 임시직은 모두 증가하고 있는 것으로 나타난다. 예를 들자면 소프트웨어 프로그래머, 경영 컨설턴트, 노동과 집안일을 병행하려는 맞벌이 부모 등은 스스로 선택해서 이 불안정한 일자리에 종사하고 있으며, 개인적으로나 금전적으로나 상당한 만족을 얻고 있다. 그러나 고위직 컨설턴트 이외에는, 대부분의 비정규직 근로자들은 안정된 정규직 고용을 선호한다고 대답한다.[6]

---

6) 이 책에서 정규직은 영어의 full-time work, 시간제는 part-time work, 임시직은 temporary work을 각각 의미한다. 시간제는 계약조건에 따라 정규직일수도 임시직일수도 있으나 기본적으로 근무 시간이 짧고, 그래서 월급도 적다(옮긴이).

우리의 연구에서 보다 중요한 것은 직장에서의 이 **모든** 구조적 변화, 즉 더 짧아진 고용 기간, 임시직과 시간제 근무뿐 아니라 독립 계약직의 증가 현상은 직장에 기반을 둔 사회적 유대를 방해한다는 사실이다. 모든 독립 계약자의 4분의 3은 늘 자리를 함께할 수 있는 직장 동료가 전혀 없다. 시간제 노동자는 정규직 노동자에 비해 3분의 2 정도의 친구를 직장에서 가질 뿐이다. 고용 불안정과 더불어 직장에서의 우정 또한 줄어든다. 자발적으로 일자리를 바꾸는 경우에서도 마찬가지이다.

사회적 자본에 대한 성공적 투자에는 시간과 지속적 노력이 들기 때문에 고용 관계의 패턴 변화로 인해 생긴 이러한 결과들 중 놀랄 사실은 전혀 없다. 자기가 선택해서 그랬건 강요받아 그랬건 나그네는 대개 둥지를 틀지 않는 법이다. 이런 현실이 내포하는 의미는 분명하다. 모든 미국 근로자의 거의 3분의 1은 지속적인 사회적 연계의 형성을 방해하는 일자리를 갖고 있으며, 그 비율은 점점 늘어나고 있다는 것이다.[7]

요약하자면, 현재 미국인의 직장 생활에서 몇몇 특징, 즉 늘어난 근무 시간, 팀워크의 강조는 직장에서 일상적인 사회적 자본을 양성하는 것처럼 보일 수도 있지만, 인력 감축, 개별 기업에 대한 유대감의 쇠퇴, 임시직의 증가 등의 특징은 정반대의 경향을 가리키고 있다. 또 하나의 잠재적으로 중요한 요소, 즉 이메일로 대표되는 사무 기술의 변화가 미친 영향은 이 시점에서는 체계적으로 평가하기가 무척 어렵다. 컴퓨터로 매개되는 커뮤니케이션의 일반적 효과는 9장에서 다룰 것이다.

---

7) 1986년 GSS 자료에 따르면 자신의 가장 가까운 친구를 동료 직원으로 꼽은 시간제 노동자는 정규직에 비해 3분의 2 정도였다.

지금까지 지적했듯 시민적 업무를 둘러싼 직장 내의 토론 혹은 동료 직원들 사이에 형성되는 친근한 우정이 장기적으로 어떤 경향을 갖고 변화했는지 입증해줄 단단한 증거들은 외견상 존재하지 않는다. 그러나 직업 만족도에 대한 조사들 속에는 보다 약한 형태의 간접 증거를 찾을 수 있다. 많은 연구들은 동료 직원들과의 사회적 연계는 직업 만족의 강력한 지표, 어떤 사람은 가장 강력한 단일 지표라고까지 말한다. 직장에 친구가 있는 사람은 직장에서 만족도가 높다는 말이다. 최근 몇 십 년 동안 직장에서의 사회적 자본이 크게 상승해왔다면, 아마 그것은 업무에 대한 보다 만족스러운 느낌으로 표출될 것이다. 최소한 고용 양식의 변화로 인해 소득과 고용에 나타난 좋지 않은 영향을 통제한다면 그런 결과를 찾을 수 있을 것이다.

1955년, 그리고 1990년대에 또 한 번 갤럽 조사원들은 일하는 미국인들에게 이렇게 물어보았다. "당신은 직장 업무를 수행할 때, 혹은 직장 업무가 아닌 다른 일을 할 때, 이 중에서 언제 더 즐겁습니까?" 1955년에는 모든 근로자의 44퍼센트가 직장 업무를 수행할 때 더 즐겁다고 대답한 반면, 1999년이 되면 겨우 3분의 1(16퍼센트)이 그렇게 느끼고 있었다. 로퍼 조사를 보면 자기 업무에 '전적으로 만족하는' 미국인의 비율은 1970년대 중반에는 46퍼센트였으나 1992년에는 36퍼센트이다. 이렇게 만족도가 떨어진 원인의 일부는 고용 안정성과 개인 소득에 대한 불안에서 찾을 수 있다.

그러나 소득 불안정을 통제해도, '전국 사회 조사GSS'는 1972년에서 1998년 사이 직업 만족도는 장기적으로 완만하게(전체적으로 약 10퍼센트) 하락해왔음을 보여준다. 최근의 조사들은 직원 4명당 1명이 업무에 대한 만성적 분노를 갖고 있음을 시사해주며, 많은 연구자들은 직장에서의 공격성과 무례한 행동이 증가일로에 있다고 믿는다.[8] 모든 조사 자료들이 같은 방향을 가리키고 있는 것은 아니다. 그러나 증거들을 비교해보면, 물질적 불안정과는 별도로 미국의 근로자들은 한 세대 전보다 직장에서 만족도가 전혀 높지 않으며, 아마 덜 만족하고 있다는 쪽으로 기울고 있다. 이러한 증거는 직장이 미국의 사회적 유대와 공동체로서의 일체감의 새로운 중심지가 되어왔다는 가설과 들어맞기 어렵다.

여기서 우리의 판단은 신중해야 한다. 이 책에서 다루는 대부분의 다른 사회성sociability의 영역들과는 달리, 이 특수한 부문에서 우리는 어떤 확실한 결론을 내릴 정도로 결정적 증거를 갖고 있지 못하다. 5부에서 분명히 밝히겠지만, 현재 미국에서 시민적 불참civic disen-gagement의 문제에 대한 모든 해결책은 반드시 우리의 직장 생활, 공동체 생활, 사회생활을 보다 잘 통합할 수 있는 방안을 포함해야 한다는 것이 내 생각이다. 그렇지만 미국 공동체의 새로운 광장으로 부각되고 있는 직장에 관해 회의적인 지적을 마지막으로 덧붙이는 것이 필요하다.

5. 요약

결국 '일'이라는 단어에는 기본적으로 물질적 목적을 충족시키기 위해 사용하는 시간과 노력이라는 의미가 들어 있다. 사회적 목적의 충족이 아니다. 일에 기반을 둔 네트워크는 보다 본질적인 어떤

---

8) 1972~1998년 GSS 자료를 통해 내가 실시한 직업 만족도 분석은 이렇다. 자신의 재정 상황에 완전히 만족하는 노동자들 중에서는 약 61~65퍼센트, 자신의 재정에 어느 정도 만족하는 노동자들 중에서는 약 43~48퍼센트, 재정에 불만을 느끼는 노동자들은 약 30~36퍼센트가 직업에 만족했다. 이 기간 동안 직장에서 무례한 행동과 공격성이 늘어났음을 입증할 확실한 증거는 전혀 찾지 못했지만, 대부분의 미국인들은 늘어났다고 믿는다.

목표를 위한 수단으로서 이용되는 경우가 종종 있다. 따라서 공동체의 목적 혹은 사회적 목적을 실현하는 장소로서 직장이 갖는 가치는 다소 떨어진다. 사회학자 앨런 월프는 이렇게 지적한다.

> 우리는 벌고 쓰는 고도로 세속적인 활동을 촉진하기 위해 그러한 유대를 형성하기 때문에, 직장에서 발전된 유대 관계는 대개 수단적인 성격을 띠게 된다. 사업 기회를 얻기 위해 보다 많은 부탁을 하고, 경력을 향상시키며, 보다 많은 물건을 팔거나, 아니면 스스로의 인기를 과시하기 위해 우리는 사람들을 이용하고, 사람들은 우리를 이용한다. [……] 이런 사실을 감안할 때, 직장에서 형성된 새로운 유대가 이웃과의 시민적 유대의 하락을 상쇄하고 있는 중이라면, 수단적 성격을 갖고 있는 전자가 후자를 결코 올바르게 대신할 수 없다는 결론이 나온다.

더구나 직장에 있을 때 우리의 시간은 우리 자신의 것이 아니라 고용주의 것이다. 우리는 일을 해서 월급을 받는 것이지 사회적 자본을 형성한다고 받지는 않는다. 그리고 고용주는 이 둘 사이에 선을 그을 권리를 갖고 있다. 법원의 결정은 고용주에게 직장 내의 커뮤니케이션을 감시하고 통제할 광범위한 재량권을 주었다. 전자통신을 쉽게 도청하는 기술 덕분에 감시는 실제로도 급속하게 늘고 있다. 각 고용주는 직원들의 발언 내용뿐 아니라 정치적 견해나 활동을 빌미로 해고시킬 수 있다.

'미국 경영자협회'가 실시한 1999년 조사를 보면 고용주의 3분의 2가 직원들의 음성통신, 이메일, 전화통화를 기록하고, 컴퓨터 파일을 점검하거나 행동을 비디오테이프에 기록한다. 이러한 감시는 날이 갈수록 일상화되고 있는 중이다. 좀 부드럽게 말하자면, 공공 업무의 심의와 개인적 유대의 형성에 핵심 요소인 언론과 사생활의 자유가 직장 내에서 불안정하다. 직장이 사회적 연대의 형성에서 이웃 혹은 마을 광장과 같은 역할을 하려면 공공 법률과 개인적 관행의 실질적 개혁이 필요할 것이다.

오늘날 우리 대부분은 누구에게 고용되어 대부분의 시간을 다른 사람들과 함께 일하며 보낸다. 바로 그런 근본적 의미에서 작업장은 사람들이 서로 연계를 맺는 자연스러운 장소이다. 그러나 관련 자료들을 비교 검토한 결과, 미국의 사회적 자본은 사라진 것이 아니라 직장으로 자리를 옮겼을 뿐이라는 희망 섞인 가설과 반대의 이야기가 나온다. 21세기가 시작하는 시점에서 미국인은 부모 세대보다 우리의 직장 동료와 함께 공식적 단체에 덜 가입할 것임은 확실하다. 직장에서 활발한 사회성을 기를 수 있는 새로운 요소들이 있는 반면, 시민적 생활과 개인적 행복에 중요한 탄탄하면서도 유연하고 광범위한 유형의 사회적 유대를 저해하는 새로운 요소들 역시 똑같이 나타나고 있다. 한 가지 더 부연하자면, 미국의 성인 3명 중 고용되지 못한 1명에게 직장이란 아예 존재하지도 않는다. 직장은 우리의 쇠약해진 시민사회의 구세주가 아니다.

제
6
장

일상생활에서의 사회적 연계

1. 마허macher와 쉬무저schmoozer

지금까지 대체로 우리는 미국인이 정당, 시민단체, 교회, 노동조합 등을 통해 자신의 공동체와 연계하는 공식적formal 경로를 살펴보았다. 그러나 일상생활에서 우리가 자주 겪는 일은 친구들과 어울리기이다. 예를 들자면 퇴근 후 동료들과 한잔 마시기, 늘 어울리는 패거리들과 저녁식사하면서 커피 마시기, 매주 화요일마다 포커하기, 옆집 사람과 남의 소문 수군거리기, 친구들과 함께 텔레비전 보기, 무더운 여름 저녁의 바비큐 파티, 서점에서 개최하는 독서 모임에 참여하기, 매일 똑같은 코스에서 만나는 낯익은 조깅 동호인들과 간단하게 인사 나누기 등등이 모두 이런 일들이다. 돼지저금통에 쌓이는 동전들처럼 이런 아주 작은 투자가 모여 사회적 자본이

라는 목돈을 만드는 것이다.[1]

유대인 언어에는, 공식적 단체에 많은 시간을 투자하는 사람에게 남녀를 막론하고 마허macher라는 용어를 사용하는 경우가 종종 있다. 공동체에서 어떤 일이 실제로 일궈지도록 만들어내는 사람이라는 뜻이다. 이와 대조적으로 비공식적이고 개인적인 대화와 친교에 많은 시간을 보내는 사람은 쉬무저schmoozer라고 부른다. 이 구분법은 미국 사회생활의 중요한 실상을 그대로 비춰준다. 마허는 시사 문제에 관심을 갖고, 클럽 모임과 교회에 참석하며, 자원봉사 활동에 나서고, 자선 행사에 기부하며, 지역 공동체의 프로젝트를 위해 일하고, 모임에서 발언하며, 정치에 관심을 갖고, 헌혈 · 신문 구독 · 지역 모임의 참석에서도 더 적극적이다.

통계적으로 본다면, 이 중 어느 하나라도 실제로 할 경우 나머지 일도 같이할 가능성이 높아진다. 지역 공동체 프로젝트에 참여해서 일하는 사람들은 교회 참석자일 가능성이 높고, 신문 구독자는 자원봉사자일 가능성이 높고, 정치에 관심을 갖는 사람은 클럽 활동에 참여할 가능성이 높고, 헌혈하는 사람은 모임에 참석할 가능성이 높다는 말이다. 마허는 자기 공동체에서 다방면에 걸친 훌륭한 시민이다.

쉬무저도 적극적 사회 활동을 한다. 그러나 마허와 달리 그들의 참여는 단체를 중심으로 보다 분명한 목표를 지향하는 면은 덜한

---

1) 실험사회심리학자들은 가장 하찮은 사회적 상호작용조차 호혜성에 강력한 영향을 미칠 수 있음을 밝혀주는 놀라운 증거들을 계속 보여주고 있다. '낯선 사람' 역할을 맡은 사람이 이를 전혀 모르는 피험자에게 복도에서 간단히 뭐라고 부탁해보는 실험이 있다. 이때 피험자는 '낯선 사람'에 대해 전혀 모르는 경우보다는 그 사람이 뇌졸중을 앓고 있는 듯하다는 말을 옆에서 우연히 들었을 때 훨씬 더 기꺼이 도움을 베푼다는 것이다. 다음의 책을 참고하면 좋다. Bibb Latané and John M. Darley, *The Unresponsive Bystander : Why Doesn't He Help?*(Englewood Clffs, N.J. : Prentice Hall, 1970), pp. 107~109.

대신 자연발생적이며 탄력적이다. 그들은 저녁식사 모임, 친구들과 어울리기, 카드놀이, 술집을 비롯한 야간 업소 찾아가기, 바비큐 파티, 친척 방문, 각종 기념일에 카드 보내기를 잘한다. 여기서도 이중 어느 하나라도 하는 사람이 다른 일을 할 가능성이 훨씬 높다. 영국 시인 알렉산더 포프Alexander Pope의 적절한 표현대로 이 모든 것들은 '영혼의 순환the flow of soul'을 수반한다.

두 유형의 사회적 참여는 어느 정도 서로 겹친다. 메이저리그 급의 마허는 세계적 수준의 쉬무저이며 그 역도 마찬가지이다. 일부 사회적 환경, 예컨대 브리지클럽이나 사회봉사 단체 '슈라이너스Shriners' 등은 공식적 영역과 일상적informal 영역 사이의 회색 지대에 속한다. 그렇지만 경험적 측면에서 보면 공식적 영역과 일상적 영역은 크게 구분된다. 많은 사람들은 한쪽 영역에는 적극적이지만 다른 영역에서는 별로 그렇지 않다. 아예 어느 쪽에서도 활동하지 않는 사람들도 있다. 그들은 지역 공동체의 업무에도 참여하지 않으며, 친구와 지인들과 많은 시간을 보내지도 않는다.

마허와 쉬무저의 구분, 즉 공식적인 사회적 연계와 일상적인 사회적 연계의 구분은 사회적 지위, 생명주기, 공동체 애착에서의 차이를 반영한다. 마허는 보다 교육 수준이 높고 소득이 높은 사람에서 많이 나타나는 경향이 있지만, 일상적인 사회적 참여는 모든 수준의 사회 계층에서 흔하게 이루어지고 있다. 지역 공동체의 공식적 관여는 젊은 시절에는 상대적으로 적고, 중년기에 들어서면 정점에 달하다가, 은퇴와 더불어 줄어든다. 일상적인 사회적 관여는 정반대의 생명주기를 따른다. 청년기에 정점에 달했다가, 가족과 지역 공동체에 대한 의무감이 가중됨에 따라 죽 하락세를 걷다가, 은퇴하고 배우자가 죽어 독신 생활을 하면서부터는 다시 높아진다.

독신자들은 일상적인 사회적 참여에 보다 많은 시간과 에너지를 사용한다. 남자나 여자나 결혼은 지역 공동체의 공식적 단체에서 또는 가족과 함께 보내는 시간을 늘리고, 친구들과 어울리는 시간은 줄인다. 아이가 생기면 일상적인 사회적 연계는 계속 줄어들지만, 지역 공동체의 공식적 참여는 늘어난다. 비율로 보면 마허는 자기 집 소유자와 그 지역의 붙박이들에게서, 쉬무저는 세 들어 살고 자주 이사하는 사람들에게 훨씬 많이 나타난다. '정착한다'는 말은 무엇보다도 일상적 유대가 공식적 유대로 바뀌고, 친구들과 어울리기보다는 지역 공동체 업무의 참여가 늘어난다는 뜻이다.

역사적으로 볼 때 (종교 생활에 관여하는 사람들을 제외하면) 마허는 남성의 비율이 훨씬 높은 경향이 있지만, 여성이 임금 노동시장에 진입하면서 참여가 늘어난 사실을 감안하면, 성별이 아니라 고용이 지역 공동체의 공식적 참여의 일차적 요소임이 입증되고 있다. 일상적인 사회적 연계는 혼인 상태 및 직업에 관계없이 여자들 사이에서 훨씬 빈번하다.

결혼을 했건 독신이건, 직장이 있건 없건, 여성은 남성보다 가족과 친구에게 장거리 전화를 10~20퍼센트 더 걸며, 개인적인 편지는 4배 더 쓰고, 축하 카드와 선물은 거의 3배 더 많이 보낸다. 여성은 친구와 함께 보내는 시간도 더 많다. 그러나 여성도 정규직에 취업하면 남녀 친구들과 지낼 시간이 줄어들기 때문에 이런 성별 차이도 흐려진다. 친구 및 친척과의 왕래는 사회적으로 계속 여성의 일로 규정되고 있다.[2] (미국에만 그런 것은 아니지만) 여성은 사춘기에서조차, 예컨대 자원봉사 활동을 함으로써 다른 사람들의 복지에 관심과 책임감을 더 표출하는 경향이 있다.

---

2) 결혼하면 여성이 카드를 보내는 횟수는 두 배로 늘지만 남성의 경우는 절반으로 줄어든다. 이 사회학적 '발견'은 대부분 부부에게는 전혀 뉴스가 아닐 것이다.

1990년대 들어 미국의 소년 소녀들은 컴퓨터를 거의 똑같이 사용했지만, 소년들은 게임에 소녀들은 이메일을 주고받는 데 더 많이 사용하는 경향을 보여주었다. 사회학자 클로드 피셔는 이렇게 결론 내렸다. "사회적 접촉의 기회가 여성에게 보다 적다는 사실을 고려할 때 심리적 구성, 사회 구조, 어린 시절의 경험, 문화 규범 등 무슨 이유에서이건 여성이 남성보다 사회적으로 능숙하고 붙임성이 있다." 곧 남성보다 여성이 더 열심히 뛰는 사회적 자본가이다.

마허와 쉬무저는 우리 사회의 곳곳에서 볼 수 있다. 팜스프링스의 유명 골프장에 모이는 사업가는 마허이고, 동부 애팔래치아 지역의 공동체 단체에서 복지수당으로 생활하는 젊은 미혼모는 쉬무저이다. 미국에서 카드게임을 가장 많이 하는 사람은 대평원 지대Great Plains의 노동계급 가정주부들이다. 철학자들이 엄숙한 목소리로 '시민적 참여'와 '민주적 심의'를 이야기할 때면, 으레 우리는 사회 참여의 보다 고차적인 형태로서 지역 공동체의 단체와 공공 생활을 떠올리게 된다. 그러나 일상생활에서는 우정을 비롯한 일상적인 사교 활동 역시 대단히 중요한 사회적 후원을 제공한다. 물론 일상적 연계는 클럽, 정치 단체, 노조, 교회의 참여처럼 시민적 참여의 기술을 쌓아올리지는 못하지만, 사회적 네트워크를 지탱하는 데 매우 중요하다. 따라서 미국의 사회적 자본의 명세서에서 우리는 일상적 연계의 변화 경향에 특별히 주목해야 할 필요가 있다.

2. 우정과 가족

미국에서는 친구와 지인의 방문이 가장 중요한 사회적 관행의 하나로 오랫동안 자리 잡아왔다. 역사학자 카렌 핸슨Karen V. Hansen은

19세기 초 뉴잉글랜드가 '사회성이 넘치던 시기'였음을 이렇게 보여주었다.

> 방문의 형태는 사교 목적에서부터 공동체 차원의 공동 작업에 이르기까지 다양했다. 방문은 오후 다과회, 일상적인 일요일 가정 방문, 단풍나무 설탕시럽 파티와 사이다 맛보기에 참석(한 후) 앞으로의 나들이를 위해 집에 머물렀다가 출산을 돕고, 초상집에 조의를 표하며, 킬트quilt 모임에 참석하고, 집과 창고를 만드는 공동 작업까지 여러 형태로 이루어졌다. 방문은 잠시 집에 들르거나 아니면 찾아가 '불러내는' 방식에서부터 한가한 오후를 통째로 지내거나 아예 한 달이나 머무는 경우까지도 있었다. 방문객들이 밤새 머무는 때도 자주 있었다. 이동하기 어려운 경우도 있었다. 특히 겨울에는 도보, 말, 짐마차, 합승용 마차, 기차를 이용해 방문하기가 어려웠지만 이웃이나 친척과의 접촉을 매우 가치 있는 일로 여기는 방문객들을 가로막지는 못했다. 실제로 이들이 자신의 공동체를 세운 것은 방문을 통해서였다.

초기의 일부 사회학자들은 이렇게 두터운 일상적인 사회적 연계가 익명의 도시에 이식되지 못할 것이라고, 즉 도시화는 우정과 이웃사촌을 모두 없앨 것이라고 생각했다. 그러나 가장 인구가 밀집한 도시 환경에서도 주민들을 연결하는 사회적 끈은 꾸준하게 재생되었음을 경험이 입증해준다. 물론 사회적 연계의 밀도는 도시에서 낮다. 로스앤젤레스의 평균적인 시민은 센트럴 밸리Central Valley의 농촌 마을들보다는 알고 지내는 이웃이 적을 것이며, 로스앤젤레스의 친구들은 넓은 도시 속에서 서로 멀리 떨어져 살 것이다.

그러나 20세기의 도시화는 우정에 치명적 독소가 아니다. 도시 환경은 하나의 밀접하게 통합된 공동체를 떠받치는 것이 아니라 느슨하게 연결된 여러 공동체의 모자이크를 떠받친다. 잦은 이사, 이혼, 더 작아진 가족은 특히 고학력자들 사이에서는 친족 유대의 상대적 중요성을 감소시켰지만, 현대의 거대 도시에서 우정은 더 중요해지는 것 같다. 왕년의 인기 드라마 「내 사랑 루시」 「모두가 한 가족」에서부터 최근의 인기 시트콤 「치어스」 「사인펠드」 「프렌즈」에 이르기까지 대중문화의 추세는 일상적인 사회적 유대의 중요성을 한껏 치켜세운다.

우리의 뉴잉글랜드 조상들처럼 현대의 미국인들도 남을 찾아가는 데 많은 시간을 할애한다. 1980년대와 90년대 로퍼 사회 조사는 다섯 차례에 걸쳐 미국인에게 이런 질문을 던졌다. "지난 한 주 동안, 당신은 기분 전환 삼아 몇 번이나 외출했는지 말해줄 수 있겠습니까? 극장, 친구 방문, 운동경기, 저녁식사 혹은 그 외의 아무것이나 좋습니다." 미국인 중 거의 3분의 2가 지난 한 주 동안 최소 한 번은 외출했다고 대답했는데, 저녁 먹으러, 그냥 만나러, 카드놀이하려고 친구를 방문했다고 대답한 사람은 그중 절반에 달했다. 야간 외출의 그 밖의 행선지로는 4퍼센트가 음악 콘서트, 11퍼센트는 운동경기, 17퍼센트는 술집, 디스코클럽, 혹은 그 밖의 대중오락 장소를 꼽았다. 대도시에서부터 아주 작은 마을에 이르기까지 미국 전체를 놓고 보면 집에서 친구들과 저녁을 함께 보내는 것이 극장이나 운동경기에 가는 것보다 5배에서 10배 더 흔하다.

1986년과 1990년 사이의 여러 사회 조사들 역시 현재 미국에는 쉬무저가 마허보다 더 많다는 사실을 보여주었다(〈그림 16〉은 가장 빈도수가 높은 사회 활동을 중심으로 이 조사 결과들을 요약한 것이다). 전체 미국인의 4분의 1 약간 더 되는 사람들이 지난 한 달 동안 클럽이나 시민단체의 모임에 최소 한 번 참석했으며, 교회에 관련된 사회 활동에 참여한 사람은 3분의 1 약간 더 되었다. 시민의식에

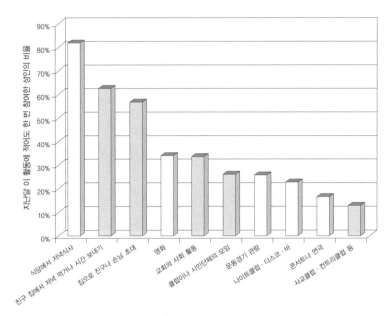

그림 16 _ 미국 성인의 사회적 활동과 여가 활동(1986~1990)

충실한 이런 모임에 그 정도의 사람들이 참여한다는 것은 정말 고
무적인 현상이다. 같은 기간 동안 전체 미국인의 절반 이상이 저녁
시간을 자기 집에서 친구들과 보냈으며, 거의 3분의 2는 친구 집을
찾아갔다.[3]

이런저런 방식으로 전체 미국인의 4분의 3이 적어도 그 달 중에
한 번은 친구들과 집에서 어울렸으며, 그런 저녁이 전국 평균으로
보면 한 달에 세 번이었다. 이와 유사한 결과를 1965년과 1995년의
시간 일기 자료에서도 볼 수 있다. 평균적인 미국인은 (종교 단체는
포함하지 않고) 1주일 평균 30분을 단체 활동에 할애한 반면, 친구

---

3) 집에서 손님 대접하기와 남의 집 찾아가기의 불균형은 대부분 파티에서 손님들이 주
인보다 훨씬 많아서 그렇다.

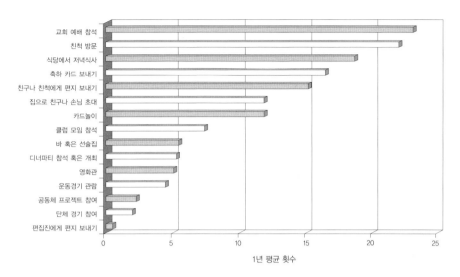

그림 17 _ 공식적 · 일상적 사회 활동의 빈도, 1975∼1998

방문에는 1주일 평균 3시간 이상을 사용했다.

　우리 일상에서 이루어지는 광범위한 사회적 연계의 사례들을 뽑아낸 〈그림 17〉을 보면 다음과 같이 추산할 수 있다. 20세기의 마지막 25년 동안 미국인은 평균 거의 2주에 한 번 교회 예배에 참석하고 친척을 방문했다. 3주에 한 번 외식하고, 누군가에게 축하 카드를 보냈으며, 친구나 친척에게 편지를 썼다. 카드놀이, 집에서 손님이나 친구 대접은 한 달에 한 번 정도, 클럽 모임에 참여하고 술집에서 한잔 마시는 것은 두 달에 한 번, 저녁식사 파티를 열거나 참석하기, 영화 관람, 운동경기 관람은 대략 두세 달에 한 번, 지역 공동체의 프로젝트에서 일하거나 팀을 짜서 운동 시합하는 것은 1년에 두 번, 편집진에게 편지 쓰기는 2년에 한 번으로 나왔다.

　최근 수십 년 동안 평균적인 미국인은 시민적으로나 사회적으로나 전혀 고립되지 않았다. 다만 시민(혹은 마허)보다는 친구(혹은 쉬무저)로 서로 연계되었음을 보여준다. 단체의 공식 모임 참석보다 친구들과 어울리는 횟수는 2배, 지역 공동체의 프로젝트에 참여해서 일하는 것보다 술집에 가는 횟수는 3배, 친구에게 축하 카드 보내는 횟수는 편집진에 편지 보내기보다 35배 많다.

물론 현실에는 '평균적'인 사람은 전혀 없다. 어떤 사람들은 계속해서 사교 모임에 참석하고 눈에 보이는 모든 단체에 가입하는 반면, 또 어떤 사람들은 멀리 떨어져 있다. 거의 모든 사람은 특정 유형의 활동에 '전문가'이다. 우리들 중 일부는 매주 부모에게 편지 쓰고, 또 일부는 영화광이며, 몇몇은 시민의식에 충실한 모임에 아주 많이 참석한다.

전문화의 극단적 사례를 들자면 이렇다. 성인 인구의 3백분의 1은 한 달에 최소 한 번 편집진에 편지를 쓰는데, 미국의 모든 편집진에게 보내는 모든 편지의 약 20퍼센트가 이 극소수에서 나온다. 그렇지만 우리의 친구 및 이웃과 편안하게 유대 관계를 맺는 방식은 상당히 넓게 퍼져 있다. 할리우드에서 우리를 아무리 낚아채려고 해도 영화 관람보다는 카드놀이 횟수가 2배 이상 더 많다. 요약하자면 미국인은 서로 유대 관계를 맺고 있다는 좋은 소식이 들려온다고 할 수 있다.

나쁜 소식은 그렇게 어울리는 횟수가 매년 줄어들고 있다는 점이다. 20세기의 마지막 25년 동안에 일어난 변화를 보여주는 놀라운 자료들을 몇 개 살펴보자. 1970년대 중반에서 말까지 DDB 자료를 보면, 평균적인 미국인이 집에서 친구나 손님을 대접하는 횟수는 연 14회에서 15회였다. 1990년대 말이 되면 이 수치는 8회로 떨어지는데 불과 20년 사이에 45퍼센트나 하락한 것이다. DDB와 별도로 실시된 로퍼 조사를 보아도 같은 결과를 확인할 수 있다. 친구를 만나러 외출하거나 친구를 집에 부르는 것은 1970년대 중반부터 90년대 중반까지 하락했다(상세한 추세는 〈그림 18〉을 보라).

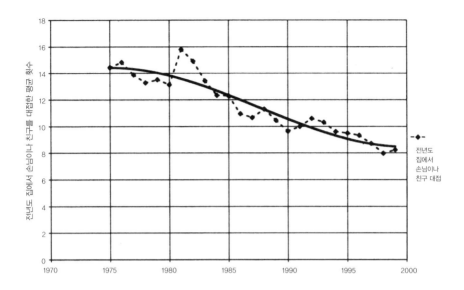

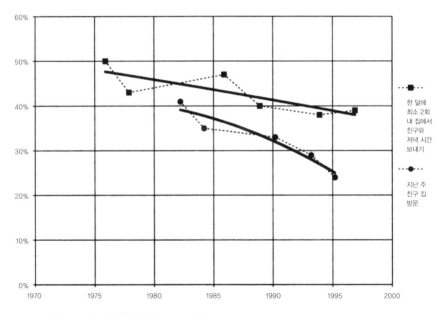

그림 18 _ 사교적 방문의 감소, 1975~1999

'양켈로비치'[4]에서 실시한 또 다른 자료를 보면, 1985~1986년과 1998~1999년 사이 평균적인 미국인이 자진해서 새 친구를 사귀려는 태도는 거의 3분의 1 감소했다. 친구 방문은 이제 사회적 자본의 멸종 위기 품목에 올라와 있다. **지난** 사반세기에 걸쳐 보여준 일관된 하락세가 같은 속도로 21세기의 사반세기 동안에도 **지속**된다면, 집에서 친구들과 어울리는 미국의 수세기에 걸친 풍습은 한 세대 안에 완전히 사라질지 모른다. 물론 미국인의 삶에서 많은 요소들이 다음 25년 동안 분명히 변할 것이기 때문에 그런 결과의 예측은 터무니없는 짓일 것이다. 그러나 지난 25년 동안 사교적 방문은 엄청난 정도의 하락세를 나타내고 있다.

요즘은 맞벌이 부부 시대라 시간 조정이 어렵다는 사실을 염두에 두고, 친구들끼리 서로 집을 방문하고 저녁식사를 같이하는 풍습의 쇠퇴는 착각일 뿐이라고 반박할 사람도 있을 것이다. 글쎄, 아마 요즘은 친구와 외식을 많이 하기 때문에 식사를 하며 환담을 나누는 장소가 가정의 식탁에서 식당으로 옮겨갔을 뿐 여전히 사회적 자본의 투자는 똑같이 이루어진다고 볼 수도 있겠다. 그러나 이런 일반적 생각과 달리 실제로 (혼자 혹은 다른 사람들과 함께하는) 외식은 지난 수십 년 동안 아주 조금 상승했을 뿐이다.[5] 이걸 두고 상승이라

---

4) Yanklelovich Partner. 기업 마케팅에 도움을 줄 수 있도록 소비자의 행동과 선호도를 주로 조사하는 전문 기관. 앞으로는 '양켈로비치 조사'로 표기한다(옮긴이).
5) DDB 조사에 따르면 레스토랑에서의 저녁식사는 기혼자의 경우 1975~1976년에는 연 18회, 1998~1999년에는 22회로 상승했다. 독신자의 경우 1985~1986년 연 19회에서 1998~1999년 18회로 줄었다. '전국 레스토랑 연합'은 '상업적으로 준비된 저녁식사'는 주 1.2회(1981, 1985, 1991년), 1.3회(1996년)였다고 보고한다. 그런데 '상업적으로 준비된 저녁식사' 중에서 제일 급속하게 성장한 부분은 포장해서 가지고 나가는 것이었다. 결국 레스토랑에서의 저녁식사는 줄어들고 있었다. 이 두 자료는 지난 몇 십 년 사이 외식 부분에서 유일하게 의미 있는 상승은 아침식사였음을 시사하고 있다. 가정 밖에서의 음식과 음료에 지출하는 1인당 액수는 지난 30년 동안 아주 미미하게 상승했다. (1997년의 달러 가격으로 환산하여) 1967년에는 476달러, 1997년에는 499달러였다.

고 할 수 있을는지 모르겠지만.

　또한 친구들과 외출할 것인지 아니면 집에서 지낼 것인지의 선택에 직면하면, 집에서 보내겠다는 미국인의 비율은 2 대 1 이상으로 나오는데, 이 비율은 현재 떨어지는 것이 아니라 올라가고 있다.[6] 따라서 친구들과 즐거운 시간을 보내는 풍습이 집 밖에서 진행되는 것이 아니라 완전히 사라지고 있는 것으로 보인다. 피크닉 같은 일상적인 행락 역시 멸종의 길을 걷는 것으로 보인다. 인구 1인당 피크닉 횟수는 1975년과 1999년 사이 거의 60퍼센트나 감소했다.[7] 미국인은 20년 혹은 30년 전에 비해 친구들과 어울려 식사하는 데 시간을 훨씬 덜 쓰고 있다.

　더욱 놀라운 것은 같은 경향을 집에서도 찾아볼 수 있다는 사실이다. 〈그림 19〉는 가족 유대 관계를 형성하는 전통적으로 중요한 방식 중의 하나, 즉 온 가족 저녁식사가 지난 20년 동안 극적으로 변화했음을 알려준다. '우리 온 가족은 대개 저녁식사를 함께한다'는 물음에 '확실하게 그렇다'고 대답한 미국의 기혼자들은 지난 20년에 걸쳐 50퍼센트에서 34퍼센트로 3분의 1 하락했다. 역으로 '우리 온 가족은 대개 저녁식사를 함께한다'는 물음에 동의하지 않은 사람, 곧 그것이 일상적 관행이 결코 아니라고 대답한 사람의 비율은 같은 기간 동안 (16퍼센트에서 27퍼센트로) 절반 상승했다. 저녁식사를 함께하는 습관을 갖고 있는 가족과 제각각 저녁식사를 하는 습

---

6) 로퍼 조사는 1986년과 1994년 사이 세 차례에 걸쳐 같은 질문을 던졌다. 62퍼센트는 "내 집에서 친구들과 같이 어울리겠다"고 한 반면, 31퍼센트는 "친구들과 같이 레스토랑, 바, 아니면 클럽에 가겠다"고 했다. 이 기간 동안 친구들과 외출하겠다는 사람은 34퍼센트에서 28퍼센트로 내려갔고, 친구들과 함께 시간 보내는 데 전혀 관심 없다는 사람은 2퍼센트에서 6퍼센트로 올라갔다. 집에 있으려는 이러한 경향은 실제로 로퍼 조사에서 측정된 거의 모든 여가 활동에 공통적으로 나타나는 현상이다.
7) DDB 조사에 의하면 미국 성인들의 연 평균 피크닉 횟수는 1975년에는 4.9회, 1999년에는 2.0회였다.

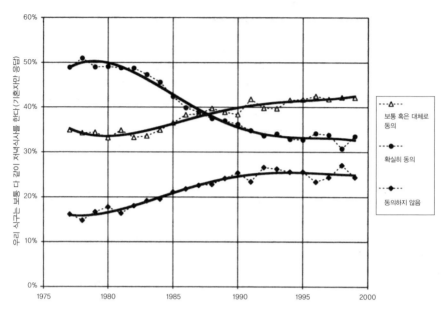

그림 19 _ 점점 뜸해진 온 가족의 저녁식사, 1977~1999

관을 갖고 있는 비율은 1977~1978년에는 3 대 1이었지만, 1998~
1999년에는 2 대 1로 나타났다. 온 가족이 함께 저녁식사를 하는
경향 역시 크게 줄고 있는 것이다.

이 자료도 놀랍지만 더 중요한 사실이 있다. 이 자료는 기혼 부부
의 행태만 언급하고 있기 때문에 미국인의 저녁식사 습관에 나타난
실제 변화를 반영하지 못하고 있다. 혼자 사는 (그래서 식사도 혼자
하는) 성인의 비율이 같은 기간 동안 약 2배로 늘어났다는 사실은
고려되어 있지 않다. 저녁식사는 거의 모든 사회에서 가족 공동의
경험과 유대를 나누는 장소로 매우 오랫동안 존재해왔다. 미국의
경우 한 세대가 지나는 동안 이 풍습이 눈에 띄게 사라졌다는 사실
은 우리의 사회적 유대 관계가 얼마나 빨리 변화해오고 있는지 보
여주는 놀랄 만한 증거이다.

식사 시간 외에도, 가족이 함께하는 모든 형태의 모임은 20세기의 마지막 사반세기 동안 더욱 뜸해지고 있다. 8세에서 17세까지의 자녀를 둔 가족에 관한 로퍼 조사의 자료를 보면, 가족과 함께 휴가는 53퍼센트에서 38퍼센트, TV 시청은 54퍼센트에서 41퍼센트, 종교 예배 참석은 38퍼센트에서 31퍼센트, '그냥 앉아서 이야기하기'는 53퍼센트에서 43퍼센트로 줄었다. 이 수치들을 가족 유대가 급속하게 해체되는 증거로 읽지 않을 수는 없다.

그러면 시트콤 「치어스」에 나오는 광경, 즉 '모든 사람이 서로의 이름을 아는' 동네 술집에서 일상적인 사회적 유대를 나누는 그림은 실생활에서 어떻게 진행되고 있을까? 이것 역시 옛날이야기가 되고 있는 중이다. 세 개의 사회 조사 연구소에서 1970년대 중반부터 90년대 후반까지 각각 조사한 일련의 자료들도 이런 결론을 입증하고 있다. 즉 기혼과 미혼을 통틀어 미국인이 바, 나이트클럽, 디스코클럽, 선술집 등의 업소에 가는 횟수는 지난 10년 혹은 20년 동안 40~50퍼센트 감소했다. 기혼자이건 독신자이건 미국인은 저녁때 집에 머물러 있으며, 「치어스」는 옛날이야기가 되고 있다.

좋은 음식과 음료는 좋은 사교의 동반자인 경우가 종종 있기 때문에, 20세기의 마지막 25년 동안 미국에서 다양한 종류의 요식업체 숫자의 변화 경향을 보면 놀랍고도 시사적인 결과를 얻을 수 있다(〈그림 20〉 참조). 1970년에서 1988년 사이 인구 10만 명당 고급 식당의 숫자는 4분의 1 줄었으며, 간단한 식사를 제공하는 작은 식당luncheonette과 바는 절반으로 줄었다. 그러는 동안 현대 사회의 '개인 주유소'라고 하는 패스트푸드 업소의 숫자는 인구 1인당 2배로 늘었다. 대화의 기회라는 측면에서 보자면 전통적인 요식업소의 감소는 새로이 유행하는 커피 바, 예를 들면 동네 토론 그룹들의 모임을 개최하는 미니아폴리스의 카푸치노 바 같은 업소들이 많이 생김

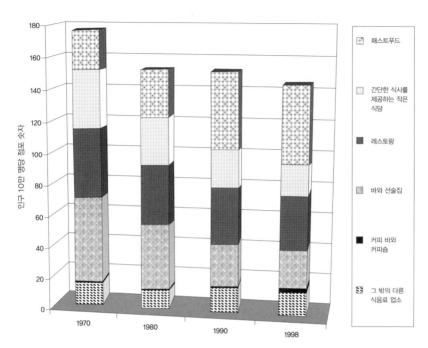

그림 20 _ 패스트푸드에 밀려나는 바, 레스토랑, 작은 식당, 1970~1998

으로써 어느 정도는 상쇄되어왔다. 그러나 〈그림 20〉이 보여주듯 그러한 업소의 증가를 계산에 넣어도 요식업소의 총 숫자가 줄어든 것은 확실하다.

동네 술집이나 카페의 '단골손님들'과 달리, 맥도날드에서 짜증내며 줄서 기다리는 손님들 중 여러분의 이름을 알 사람은 거의 없을 것이며, 모른다고 신경조차 쓰지 않을 것이다. 이 냉정한 숫자는 사회평론가 레이 올덴버그Ray Oldenburg가 '매우 좋은 장소'라고 부른 곳, 즉 '하루를 보내기'에 알맞은 장소들이 점차 사라지고 있음을 입증해준다. 잠시 앉아서 이야기를 나누기보다는 한입 먹으면서 그대로 나가는 쪽을 선택하는 미국인이 실제로 계속 늘어나고 있다.

3. 카드게임

우리의 여가 시간 사용에서 가장 의미심장한 변화는 카드게임의 운명이다. 1940년 미국 24개 도시의 주민들에 관한 조사는 카드가 미국에서 제일 인기 있는 사회적 오락임을 입증했다. 이 조사에 따르면 미국 가정의 87퍼센트가 카드 한 벌을 갖고 있었는데 당시 라디오 보유 가정은 83퍼센트, 전화 보유 가정은 36퍼센트였다. 20세기 전반기 동안 **매년** 평균적으로 14세 이상 미국인 2명에 한 벌꼴로 카드가 팔렸다. 놀랍게도 카드 판매의 추세 역시 우리가 앞에서 본 공식적인 시민 참여의 경향을 거의 정확하게 따른다. 20세기의 처음 30년 동안 꾸준한 성장, 대공황 시기의 정체, 제2차 세계대전 직후의 폭발적 성장 말이다(〈그림 21〉 참조).

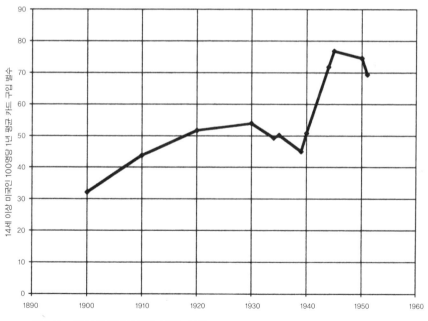

그림 21 _ 미국 카드게임의 성장, 1900~1951

포커와 진러미gin rummy가 가장 대중적이었지만, 1950년대에 오면서 폭발적 인기를 끌게 된 것은 4명이 하는 브리지게임이었다. 가장 줄여 잡은 자료를 보아도 1958년까지 미국 전체 성인의 거의 3분의 1에 해당하는 3천 5백만 명이 브리지게임을 했다. 남녀 불문하고 헤아릴 수 없이 많은 미국인들이 정기 모임을 갖는 카드 클럽에 가입했다. 사회적 참여에 관한 가장 초기의 과학적 조사 중의 하나는 1961년 (적어도 네브래스카 주에서는) 성인 5명당 1명이 정기적인 4인조 카드게임의 멤버였다고 밝혀준다. 1960년대와 70년대의 학생회관과 기숙사에서는 수많은 대학생들이 셀 수도 없는 밤을 이 끝날 것 같아 보이지 않는 브리지게임을 하며 보냈다.

브리지게임을 비롯한 그 밖의 카드게임에 그렇게 몰두했던 일차적 원인은 당시에는 그것이 상당히 괜찮은 사회적 소일거리였기 때문이다. 남녀 차별이 지금보다 엄한 세상에서 '혼합복식' 클럽은 남녀 모두에게 일상적으로 모일 수 있는 가장 중요한 장소 중의 하나였다. 게임에 대한 이야기는 불쾌감을 유발할 수 있기 때문에, 다른 화제를 놓고 이야기를 주고받으면서 해야 한다는 것이 일반적 규칙이었다. '심각한' 브리지게임 선수들은 입을 꾹 다물고 쳤지만, 대부분의 참가자들에게는 일주일 혹은 한 달에 한 번 만나는 브리지게임 모임이 친구와 이웃과 더불어 일상적인 사회적 유대를 맺을 수 있는 귀중한 기회를 제공하였다. 주로 개인적인 일들이 대화 주제였지만 때때로 정치를 포함하는 보다 넓은 관심사로 화제 범위가 넓어지기도 했다.

1970년대 중반에 들어서도 전체 미국 성인의 거의 40퍼센트가 한 달에 최소한 한 번 카드를 쳤으며, 한 달에 한 번 영화관에 가는 사람들과 비교하면 그 수는 4 대 1의 비율로 훨씬 높았다. 그러나 1981년에서 1999년 사이 미국 성인들의 카드게임 평균 횟수는 연

16회에서 8회로 뚝 떨어졌다. 1999년에도 카드 치는 사람과 영화관 가는 사람의 비율은 4 대 3으로 여전히 카드 쪽이 높았지만, 그 격차는 빠르게 좁혀지고 있었다. 이렇게 꾸준한 감소 추세가 그대로 진행되면 카드 치는 사람들은 20년이 채 못 되어 완전히 사라지고 말 것이다.

6세기 이상의 역사를 자랑하는 데다가, 선풍적 인기를 끈 지 불과 수십 년밖에 안 되는 이 사회적 풍습은 갑자기 찾아온 극적인 몰락을 맞고 있다. 여전히 각종 카드게임을 하는 미국 성인의 수는 매년 총 5억 명에 달하지만, 1년에 2천 5백만 명의 비율로 줄어들고 있는 중이다. 카드게임 10회당 한 번씩만 지역 공동체의 문제가 화제에 오른다고 보수적으로 잡더라도 공동체 업무에 대한 '미시적 심의'는 20년 전보다 매년 5천만 번씩 줄어들고 있다는 뜻이다.

(사회적 유대와 아무 관계도 없는 소수의 중독자를 제외하면) 실제로 카드놀이는 필연적으로 사회적 활동이기 때문에, 그 쇠퇴는 카드게임 그 자체의 몰락을 가속화시키게 될 것이다. 여러분이 사회적으로 접촉하는 사람들 중 그 누구도 카드를 치지 않는다면 게임을 배우려고 수고할 필요는 전혀 없다. 멸종 위기 동식물의 숫자가 갑자기 줄어드는 경우가 종종 있듯, 카드놀이 역시 통계 자료의 추세보다 멸종 속도가 더 빨라지는 것 같이 보인다. 카드게임을 하는 사람들의 수는 카드게임 그 자체가 유지되지 못할 정도로 급속하게 줄어들고 있다.

1999년 '미국 브리지게임 총연맹' 회원의 평균 연령은 64세였는데 그 후 계속 연령이 높아지고 있다. 이것은 젊은 세대일수록 카드게임을 하지 않는다는 뜻이다. 카드게임의 쇠퇴는 베이비붐 세대와 그 자녀들에게 집중되어 있다. 모든 종류의 카드게임이 그나마 늘어나고 있는 곳은 은퇴자들이 거주하는 지역 공동체인데, 멸종 위기 동식물이 종종 오래 버티는 고립된 생태 환경이 사회학적으로 재현된 곳이 바로 여기라고 보면 된다.[8] 1990년대의 대학생에게 '브리지게임'이라는 말은 그들 부모 세대에게 '휘스트whist'라는 4인 카드게임만큼이나 구닥다리로 들린다.

물론 컴퓨터게임과 비디오게임에서부터 카지노 도박에 이르는 모든 것이 카드게임을 대신해서 등장했다. 카드나 마찬가지로 이런 소일거리도 친교의 기회를 제공할 수는 있다. 그러나 카드게임과 달리 이것들은 본질적으로 혼자 하는 게임이다. 인터넷 브리지게임에 대한 내 자신의 비공식적 관찰을 토대로 결론을 내리자면, 전자공학에 기반을 둔 참가자들은 게임 그 자체에만 완전히 몰두할 뿐 전통적인 카드게임과 달리 약간의 사회적 대화조차 없다. 마이크로소프트 사가 제공하는 카드게임의 광신도들조차 그룹을 짜서 게임하는 경우는 거의 없다.

요즘 전국적으로 퍼져나가는 새로운 초대형 카지노에 방문한 적이 있는 사람이라면 슬롯머신에 목숨을 걸고 아무 말 없이 매달려 있는 외로운 '손님'들이 그 넓은 공간을 메우고 있는 섬뜩한 기억을 누구라도 갖고 있을 것이다(〈그림 22〉는 지난 25년 동안 카드게임, 카지노 출입, 비디오게임, 영화 관람의 경향을 도표로 나타냈다). 브리지게임, 포커, 진러미, 커내스터canasta 등의 카드게임과 같은 정도의 사회적 유대 관계를 형성할 수 있는 여가 활동은 없다.

눈에 잘 띄지는 않지만 사회적 유대 관계를 측정하는 또 하나의 중요한 지표는 축하 카드를 보내는 풍습이다. 지난 10년 혹은 20년

---

8) DDB 조사를 토대로 내가 분석한 바에 의하면 1981년과 1998년 사이 카드 치기는 60세 이상에서는 36퍼센트 줄었고, 60세 미만에서는 48퍼센트 줄었다. 1970년대 중반에는 젊은 사람들이 나이 든 세대보다 더 많이 카드를 쳤지만, 1990년대에 오면 이 패턴은 역전된다.

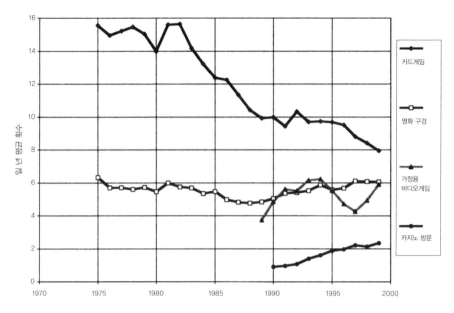

그림 22 _ 카드게임과 그 외의 여가 활동, 1975~1999

사이에 기혼자와 독신자를 통틀어서 축하 카드 보내기는 약 15~20
퍼센트 하락했다(이 하락 추세는 인터넷과 이메일의 시대가 찾아오기 최
소 10년 전에 이미 시작됐다. 따라서 사람들이 축하를 보내는 풍습이 현실
공간에서 사이버공간으로 바뀌었다는 사실보다 더 깊은 의미를 함축하고
있다). 사람들은 나이가 들면서, 특히 혼자 사는 경우에 더 많은 축
하 카드를 보낸다. 그래서 카드 판매도 나이 든 미국인 사이에서 크
게 높아져왔다. 그런데 모든 연령대의 미국인을 보아도 한 세대 전
자기 나이 때의 사람들보다 축하 카드를 적게 보내고 있다. 여기서
도 우리는 현재 미국에서 사회적 관습이 변화하게 된 근본 원인이
세대 차이라는 증거를 보고 있다.

　친구들에 대해서는 이 정도에서 그치자. 이웃과는 어떤가? 1974년
에서 1998년 사이 '전국 사회 조사'는 미국인에게 1년에 몇 번이나

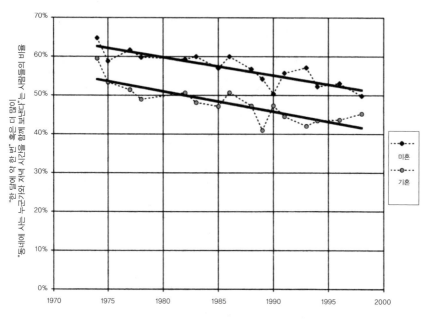

그림 23 _ 이웃과의 사교 감소, 1974~1998

"이웃에 사는 누군가와 저녁에 사교 모임을 가졌는지" 물어보았다. 대답은 기혼자들의 경우 약 30회에서 약 20회로, 독신자들의 경우 약 50회에서 약 35회로 약 3분의 1이 줄었다(〈그림 23〉 참조). 여기 저기 흩어진 여러 자료들을 통해서 보면 이 하락세는 이미 20년 전에 시작됐으며, 우리들이 1950년대 중반에 누리던 이웃과의 친근한 유대는 1990년대에 들어 절반 이하로 그 결속력이 떨어졌음을 알 수 있다.[9] 평균적인 미국인은 여전히 2주에 한 번 이웃들과 교제 활동을 하지만, 친구의 경우와 마찬가지로, 한 세대 전에 비해 눈에

9) 미시간 대학-국립 정신건강 연구소의 연구는 1주일에 최소 1회 친구와 친척들과 "모임을 갖는다"는 미국 성인의 비율은 1957년 65퍼센트에서 1976년 58퍼센트로 줄어 통계적으로 유의미한 감소를 보였다. 1주일에 최소 1회 동네 사람들과 "모임을 갖는다"는 디트로이트 지역 주민들은 1955년 44퍼센트, 1959년 32퍼센트, 1971년 24퍼센트로 줄었다.

띄게 뜸해졌다.

4. 동네, 이웃

최근 '동네 단체'[10]들이 상당한 주목을 끌고 있으며 몇몇 관찰자들은 이런 단체들이 예전보다 훨씬 많아졌다고 주장한다. 최근의 한 가지 조사는 성인 8명 중 1명이 동네 단체, 지역사회 단체, 자기 집 소유자들의 단체, 구역 단위의 클럽과 관여하고 있음을 보여준다. 그러나 이와 비슷한 단체들은 이미 수십 년 전에도 흔하게 있었다. 1960년대 《라이프》지는 "셀 수도 없이 많은 동네 위원회 속에서 자신의 군거群居 욕구를 만족시키고 있는" 미국인에게 찬사를 보냈다는 사실을 기억해보라. 도시사회학자 배렛 리Barrett A. Lee와 그 동료들은 이렇게 지적한다.

> 동네 단체들에 관한 사회과학 문헌이 최근 크게 늘어났다는 사실은 이 단체들이 도시에 새롭게 등장한 현상이라는 의미를 함축하고 있다. 그러나 약간의 수고만으로도 이런 인상이 잘못된 것임을 충분히 밝혀낼 것이다. [……] 동네 단체들은 19세기 거의 말엽에 처음 등장했으며 대공황 이전까지 대부분의 대도시에 잘 조직되어 있었다.

보스턴에서 시애틀까지 미국 주요 도시에서 이루어지는 이웃 간의 생활에 관한 장기적 연구들은 이런 사실을 보여준다. 즉 20세기

10) neighborhood association. 말 그대로 자신이 사는 동네의 개선, 발전, 범죄 예방, 친목 등을 목적으로 주민이나 집 소유자들이 조직한 단체. 지역사회 단체보다는 활동 범위와 구성원이 좁아서 별도로 분류한다(옮긴이).

말에는 동네 단체들이 **정치적** 목적에 동원되는 경우도 이따금 있었지만, 거리 축제, 아마추어 연극, 소풍, 간단한 식사 모임, 춤 등 동네 수준의 단체에서 이루어지는 **사회**생활은 20세기 전반기에 훨씬 활발했으며 후반기에는 쇠퇴하고 있다는 것이다.

'이웃 지켜주기neighborhood watch' 단체는 지난 20년 동안 동네마다 결성될 정도로 늘어났으며, 범죄를 줄이는 데 직접적 영향을 주는 경우가 종종 있었다. 전국 12개 도시에 걸친 1988년의 법무부 조사는 범죄로부터 스스로를 보호하기 위해 이웃 지켜주기 모임에 주민의 11퍼센트가 참석했으며(그 전해에는 6퍼센트), 14퍼센트는 집에 무기를 보관하고, 15퍼센트는 집 지키는 개를 기르며, 41퍼센트는 보조 자물쇠를 설치했다고 보고했다. 간단하게 말해 우리는 범죄 예방을 위해 사회적 자본보다는 총, 개, 자물쇠에 더 많이 투자하고 있는 것이다.

아마 부분적으로는 이런 이유 때문에, 보다 포괄적인 성격을 가진 동네 단체 속에 확고하게 뿌리내리지 못하면 이웃 지켜주기 프로그램은 거의 항상 처음의 열기가 사라진 후 참여도가 곧 시들해진다. 이웃 지켜주기 단체들이 그동안 동네마다 상당히 많이 조직되었을 수도 있다. 그러나 아무리 그 수가 많아도, 전통적으로 이웃들 사이에 형성되었다가 점점 자취를 감추고 있는 사회적 자본을 대신하기에는 약하다. 천연 잔디가 자라지 못하는 곳에 궁여지책으로 깔아놓는 사회학적 인조 잔디일 뿐이다.

공식적인 사회적 참여에서도 그랬지만, 지금까지 우리가 살펴본 일상적인 사회적 참여의 투자 감소라는 전체적인 그림 또한 지난 30년 동안 미국인의 시간 사용 자료로도 완전하게 입증된다. '시간 일기'를 기록한 그날 (친구 집 방문하기, 파티 참석, 바에서 어울리기, 사적인 대화 등등의) 일상적 교제에 조금이라도 시간을 사용한 미국인

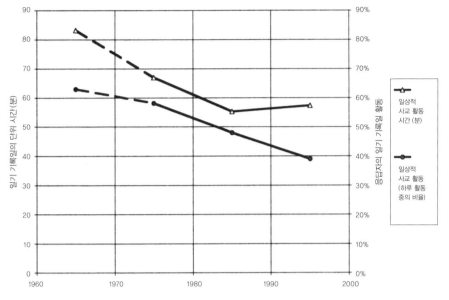

그림 24 _ 시간 일기 자료에 나타난 일상적인 사교 활동, 1965~1995

의 비율은 1965년 약 65퍼센트에서 1995년 39퍼센트로 꾸준히 떨어졌다. 그러한 활동에 할애한 평균 시간 역시 1965년 85분에서 1995년 57분으로 줄었다(〈그림 24〉 참조). 20세기 말의 우리는 30년 전보다 일상적 교제에 3분의 2 정도의 시간만 사용한다.

우리의 시간 배분 방식에서 나타난 놀라운 변화, 즉 보다 넓은 공동체에 할애하는 시간은 줄이고 우리 자신과 직계 가족으로 돌리는 변화는 1992년과 1999년 사이 'NPD 그룹'[11]이 매년 3천 명의 성인에게 24시간 동안의 활동을 30분 단위로 기록해달라고 요청한 2만 4천 개의 시간 일기 조사에서도 입증된다. 1990년대 전체를 볼 때

11) 생산 회사와 도매업자에게 소비자와 소매상의 구매 행태에 관한 정보를 제공하는 다국적 시장조사 전문 회사. 이 회사의 자료는 소매상이나 소비자에게 일기를 주고 하루의 활동이나 구매품에 관해 상세한 목록을 작성하게 했다는 점에서 유명하다. 지금은 NPD Group Inc.이지만 본래 이름은 National Purchase Diary였다(옮긴이).

평균적인 미국인은 어린이나 애완동물 돌보는 데—아마 베이비붐 세대의 자녀, 즉 에코 베이비baby echo들이 최근 급성장해서 그럴 것이다—사용하는 시간은 15퍼센트 늘었고, 개인적인 미용 관리, 오락, 취침, 운동, 본인의 출퇴근이나 아이들 등하교 운전에 사용하는 시간은 각각 5~7퍼센트 정도 늘었다. 이 자료에 따르면 가장 크게 변한 부분은 친구들과의 왕래 및 예배로 나타났는데, 이 둘은 각각 20퍼센트 이상 하락했다.

앞에서도 지적했지만 일상적인 사회적 유대 관계의 밀도는 사회적 범주들에 따라 어느 정도 다르게 나타난다. 남자보다는 여자, 중년보다는 젊은이와 정년퇴직자들 사이에서 높다는 식으로 말이다. 그런데 이러한 범주들에 따라 일상적인 사회적 유대의 **수준**은 다르다고 해도, 그 **경향**(즉 하락 경향)은 사회의 모든 부분에서 아주 유사하게 나타난다. 남자와 여자, 모든 연령 범주, 모든 사회 계급, 대도시와 교외 지역과 소도시를 비롯한 전국의 모든 지역, 기혼자와 독신자들 사이에서 한결같이 하락세를 보이고 있다. 간단히 말해 일상적인 사회적 유대는 미국 사회의 모든 부분에서 계속 내리막길을 걸어왔다.

우리는 앞에서 하나의 역설을 지적했다. 공동체에 대한 공식적 참여가 확대될 것이라고 예측하게 해주는 가장 강력한 지표 중의 하나인 교육 수준이 지난 20년 동안 급속히 향상했는데도, 실제로 참여는 뚝 떨어졌다는 역설 말이다. 여기서 우리는 그나마 높은 교육 수준이 받쳐주지 못했다면, 공식적 참여는 훨씬 빠르게 하락할 수도 있었다는 암시를 얻는다. 일상적인 사회적 참여에서도 비슷한 역설이 나타난다.

아이가 없는 사람들과 독신자들 사이에서 개인적인 사교 활동이 더 높은데, 이 사람들의 숫자는 지난 20년 동안 크게 늘어났다. 다른 사정이 동일하다면, 이 경향은 우리가 지금까지 보았던 사실과는 반대로 일상적인 사회적 상호작용을 **증가**시켜야 했다. 전통적인 가족 생활은 날이 갈수록 줄어들고 있기 때문에, 「치어스」나 「프렌즈」처럼 친구들이 매일 모이는 광경이 공식적인 시민단체나 디너파티의 자리를 대신하여 실생활에 재현될 것이라고 예측할 수 있다.

그러나 우리는 그런 모습은 늘어나지 않고 공식적인 사회적 참여만 줄어드는 현상을 목격해왔다. 결국 현재 미국에는 일상적인 사회적 참여의 비율을 한층 강력하게 누르는 그 무엇이 틀림없이 있다는 암시를 받게 된다.

5. 스포츠 활동

우리는 과거에 비해 친구와 이웃들과 보내는 시간을 훨씬 덜 쓰고 있다. 그렇다면 그 대신 미국인은 사회적 자본의 형성에 관련된 어떤 일을 하고 있는 것일까? 여가 활동의 흔한 형태 중의 하나는 스포츠 활동이다. 각종 스포츠 활동에 참여한 미국인을 조사하면 사회적 자본의 경향에 대해 어떤 사실을 알아낼 수 있을까? 미국인은 사회적 만남의 장소를 카드 테이블이나 동네 바에서 소프트볼 운동장이나 운동 강습exercise class으로 옮겼을까?

몇몇 증거는 스포츠 클럽이 지난 20년 동안 미국인의 생활에서 약간 더 보편적이 되었음을 보여준다. 전국 사회 조사GSS에 따르면 스포츠 클럽 회원은 1974~1975년 19퍼센트에서 1993~1994년 21퍼센트로 늘어났다. 그런데 많은 조사 자료들은 대부분 스포츠의 참여율이 최근 10여 년 동안 실제로 떨어졌다는 다소 놀라운 결과를 내놓았다. 인구가 늘어나고 있었기 때문에 몇몇 경우에는 총 참여자의 숫자도 늘어났지만, 인구 비율을 따지면 다음의 모든 스포츠 종목에서는 지난 10년 혹은 20년 동안 참여자가 10~20퍼센트 하락했다. 소프트볼, 테니스(와 탁구를 비롯한 모든 라켓 게임), 배구, 미식축구, 자전거 타기, (활강, 크로스컨트리, 수상) 스키, 사냥, 낚시, 캠핑, 카누, 조깅, 수영 등에서 모두 하락한 것이다. 예를 들어 '전국 스포츠용품 연합' '스포츠용품 생산자 협회' 'DDB' '전국 건강 통계 센터'에서 실시한 장기적인 조사 자료들은 소프트볼의 참여는 1980년대 중반에서 90년대 후반 사이 전국적으로 약 3분의 1이 줄었다는 데 모두 동의하고 있다.

몇몇 새로운 스포츠가 유행하게 되었다. 젊은이와 몸이 날렵한 사람들 사이에서는 인라인스케이트와 스노보드가, 보다 건강에 조심하는 사람들 사이에서는 건강 걷기와 체육관 활동이, 정년퇴직한 나이 든 시민들 사이에서는 골프가 유행한 것이다. 그러나 이 새로운 스포츠들은 대부분이 전통적인 체육 활동들처럼 '사회적'이지 않다. 실제로 지난 10년간 스포츠 관련 용품의 판매에서 가장 극적인 성장세를 보인 부문은 러닝머신이나 체력 단련 장비였다.

더구나 걷기를 제외하면, 이들 중 어느 종목도 쇠퇴하고 있는 전통 스포츠만큼 동호인들을 많이 끌어 모으지 못한다. 단체 경기 중에서는 축구와 농구가 상승하고 있지만 소프트볼, 야구, 배구, 미식축구 같은 다른 모든 주요 단체 경기의 동반 하락세를 상쇄하기에는 불충분하다. 전체적으로 보면 스포츠 참여는 지난 십 년 정도에 완만하지만 확실하게 하락하였으며, 이 하락세는 특히 단체 경기와 여럿이 모여 벌이는 경기에 영향을 미쳤다.

이러한 스포츠 활동의 감소는 미국 인구가 나이 들었기 때문에 생긴 현상이 아니다. 정반대로 젊은이들 사이에서 제일 크게 감소했고, 보다 나이 든 미국인들 사이에서는 운동 열기가 실제로 늘어나고 있다. 20세 정도의 미국인 사이에서는 운동 강습의 평균 참여 횟수가 1980년대 중반에는 연 8회였으나 1998년에는 3회로 절반 이상 줄었다. 반면 같은 기간 동안 60세 이상의 미국인들 사이에서는 2회에서 4회로 2배 증가했다. 헬스클럽 이용과 수영 역시 젊은 층에서는 줄어들고 노년층에서는 보합 혹은 성장이라는 똑같은 세대 격차를 보여준다.

신체적 이유 때문에 (건강 걷기를 제외하면) 스포츠 활동은 나이가 들면서 감소하기 마련이지만, 생명주기 패턴에 따른 스포츠 활동의 변화 역시 우리가 앞에서 지적한 사회적 · 정치적 참여의 여러 형태들과 동일한 세대 특성을 보인다. 즉 베이비붐 세대와 X세대에게서는 줄어들고 그 부모와 조부모 세대에서 늘어나는 것이다. 보다 나이 든 세대에서는 여가 활동이 늘어나고 젊은 세대에서는 줄어드는 이 쌍둥이 경향이 실제로는 1960년대 초반부터 이미 진행되어오고 있었다고 믿을 만한 이유가 있다.

우리의 주요 관심사는 아니지만, 지난 수십 년 동안 대부분의 청소년 스포츠 활동 참여율은 계속 정체 혹은 하락세를 겪었던 같다. 청소년 축구 열풍이 대단하게 불었던 1980년대가 지나면 이 최신 유행 스포츠의 참여조차 90년대에는 줄어든다. 동시에 대부분의 주요 스포츠들은 최근 청소년 참여율이 심각하게 감소해 어려움을 겪고 있다.

이 일반적 현상에 중요한 하나의 예외는 학교에 기반을 둔 여성 스포츠 활동의 참여가 늘었다는 사실이다. 부분적으로 이것은 연방 정부의 보조금을 받는 체육 프로그램은 여성에게 평등한 참여 기회를 제공해야 한다는 남녀평등교육법Title IX의 영향 때문이었다. 그러나 이 중요한 조치도 미국 청소년의 공식적 · 일상적 스포츠 활동 참여율의 전반적 하락 현상을 메우지는 못했다. '에코 베이비 세대'

때문에 많은 청소년 스포츠 활동의 참여자는 절대 수치 면에서 늘었지만, 우리의 이야기에서 중요한 사실은 참여율이 계속 떨어지고 있다는 점이다.

피트니스는 1970년대보다는 90년대에 더 많이 인기를 끌었고 헬스클럽은 요즘 크게 유행하고 있다. 이 경향이 다른 형태의 사회적 유대의 하락 부분을 상쇄할 수 있을까? 경험적 증거는 그렇지 않다고 시사한다. 첫째, (걷기를 뺀) 모든 피트니스 활동을 다 합쳐도 카드놀이나 디너파티 같은 평범한 일상 활동보다 전체적인 보급률이 떨어진다. 1990년대에 카드놀이의 인기가 급락하고 헬스클럽이 일대 선풍을 일으켰지만, 헬스클럽을 정기적으로 찾는 사람보다 카드게임을 정기적으로 하는 사람이 3배나 더 많다.

독신자, 20대, 대학 졸업자들 중에서 카드게임보다 헬스클럽을 찾는 사람이 더 많고, 요즘 매스미디어는 열심히 운동하는 사람들을 집중적으로 비추지만 실제로 미국의 성인 15명당 겨우 1명이 그런 인구 범주에 속한다. (아무 말 없이 모니터만 쳐다보며 운동하는 대신 서로 이야기를 나누면서) 설령 헬스클럽이 비공식적인 사회적 유대에 무한한 기회를 제공한다고 하더라도, 헬스클럽의 증가는 전통적 형태의 일상적 유대 관계가 붕괴되면서 생긴 손실을 메우지 못한다.

둘째, 에어로빅 강습, 운동 강습, 헬스클럽을 다니고 조깅을 하는 평균적인 미국인의 수는 1980년대와 90년대에 늘어나지 않았다. 이 기간 동안 헬스클럽은 증가했지만 조깅과 운동 강습에 참여하는 사람의 수는 줄어들어 결국 제자리였다(〈그림 25〉 참조). '운동으로 1마일(약 1.5킬로미터) 이상 걷기'처럼 별로 유행을 타지 않는 활동이 다른 모든 형태의 운동을 다 합친 것보다 훨씬 일반적인데, 실제로 걷기 운동은 지난 10년 동안 약 3분의 1이 증가했다. 그러나 걷기 (그리고 골프)의 늘어난 인기는 전적으로 나이 든 미국인들 사이에

그림 25 _ 피트니스 활동의 정체(걷기 제외)

일어난 피트니스 붐 때문이다. 사회적 연계의 전국적 하락에 가장 저항해왔던 바로 그 집단 말이다.

우리가 살펴본 체육 활동의 경향, 즉 전국적 하락세, 젊은 성인들 사이에서 더 빠른 하락세, 노인들 사이에서 가장 적은 (혹은 전혀 하락하지 않는) 하락세는 최근 수십 년 사이에 미국을 휩쓸고 있는 '비만 전염병'이라는 파트너를 만들어냈다. 비만 역시 전국적으로 상승하고 있는데, 젊은 성인들 사이에서 훨씬 빨리 진행되는 반면 노인들 사이에서 가장 적게 나타나고 있다. 피트니스는 미국 사회 곳곳에서 나타난 사회적 자본의 침식을 상쇄하는 영역이 되지 못했다.

주요 스포츠들 중에서 거의 유일하게 볼링만이 최근에도 변함없는 인기를 유지하고 있다. 볼링은 승부를 다투는 스포츠 중 미국에서 가장 인기 있는 종목이다. 볼링 치는 사람들의 숫자는 조깅, 골프, 소프트볼 하는 사람들보다 2 대 1, (아이들을 포함해서) 축구를 즐기는 사람들에 비해 3 대 1, 테니스나 스키 애호가들보다는 4 대 1의 비율로 더 많다. 볼링은 시대에 '뒤떨어진' 이미지를 주지만, 1996년의 경우 20대조차 인라인스케이트장보다는 볼링장을 40퍼센트 더 자주 찾았다. 보다 최근에는 더 많은 젊은이들이 '코스믹 볼링' 혹은 '로큰롤 볼링'이라고 부르는 하이테크 볼링 기술에 푹 빠져 있다고 한다.

또한 다른 모든 주요 스포츠의 참여자는 청년, 중상 계층, 아니면 중상 계층의 청년 식으로 어떤 특정 층에 상당히 집중되어 있다. 반면 헬스클럽, 자전거, 조깅, 스포츠 체조, 수영, 테니스, 골프, 소프트볼을 비롯한 모든 주요 스포츠와 달리 볼링은 남자와 여자, 기혼자와 미혼자, 노동계급과 중간 계급, 청년과 노인 등 모든 집단의 미국인 사이에 골고루 퍼져 있다.

인구 성장을 감안하면 그 어느 때보다 많은 사람들이 볼링을 치고 있지만, 팀에 가입해서 서로 어울려 치는 **리그** 볼링은 지난 10년 혹은 15년 동안 곤두박질 쳤다. 1980년에서 1993년 사이 미국의 총 볼링 인구는 10퍼센트 늘었지만, 리그 볼링은 40퍼센트 이상 줄어들었다. 〈그림 26〉은 미국에서 리그 볼링의 장기적 경향을 보여주는데, 우리가 지금까지 살펴보았던 다른 형태의 사회적 자본에서 나타난 경향과 정확하게 맞아떨어진다. (대공황과 제2차 세계대전 기간을 제외하고) 20세기 초에는 완만하지만 꾸준한 성장, 1945년과 1965년 사이의 폭발적 성장, 1970년대 말까지 침체, 그리고 20세기의 마지막 20년 동안 수직 하락이라는 경향 말이다. 1960년대의 절정기에는 전체 미국 남성의 8퍼센트, 전체 미국 여성의 거의 5퍼센트가 볼링 팀의 회원이었다. 그러나 〈그림 26〉의 예측이 보여주듯,

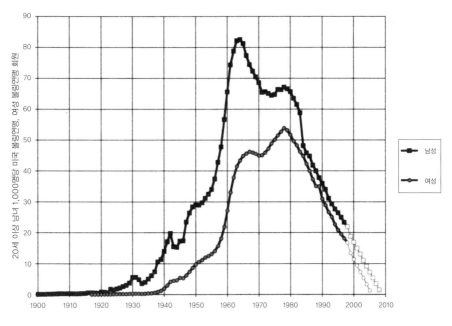

그림 26 _ 리그 볼링의 성장과 몰락

리그 볼링의 지속적 하락세가 앞으로 15년 동안 이 추세로 계속되면, 2010년이 되기 전에 리그 볼링은 완전히 사라질 것이다.

그까짓 볼링이라고 생각하지 마시기를. '미국 볼링연맹'에 따르면 1996년의 어느 날 9천 1백만 명의 미국인이 볼링을 쳤는데, 이 수치는 **1998년 국회의원 선거에서 투표한 사람들보다 25퍼센트 이상 더 많았다**는 점을 지적해야겠다. 1980년대 리그 볼링의 추락 이후에도 미국 성인의 2퍼센트에서 3퍼센트는 팀에 소속해서 정기적으로 볼링을 치고 있다. 물론 우리가 보았듯 이 수치는 빠르게 감소하고 있는 중이다.

리그 볼링의 쇠퇴는 볼링장 주인의 생계를 위협한다. 미국에서 가장 큰 볼링장 체인의 한 지점 주인의 말을 빌리면, 리그 볼링에 가입한 사람들은 혼자서 볼링 치는 사람보다 피자와 맥주를 3배 더 사 먹는다고 한다. 볼링장에서 돈은 공과 신발 판매가 아니라 피자와 맥주 판매에서 생긴다. 보다 넓은 사회적 측면에서 보면 중요한 것은 피자와 맥주를 놓고 이루어지는 사회적 상호작용, 때로는 정치와 지역 공동체의 공공 업무에 관한 대화가 오가는 사회적 상호작용이다. 혼자서 볼링 치는 사람들에게는 이것이 없다. 미국인의 눈에는 볼링이 투표를 이겼다고 보일지 모르겠지만, 볼링 팀 역시 사라져가는 사회적 자본의 또 다른 형태임을 보여주고 있다.

6. 참여에서 구경으로

엄밀하게 말하자면, 팀에 들어가지 않고 혼자서 볼링 치는 현상을 묘사한 '나 홀로 볼링'이라는 이 책 제목은 표현을 멋지게 하려고 붙인 경우에나 타당하다. 동네 볼링장을 찾은 눈썰미 있는 방문객들이라면 혼자서 볼링 치는 사람들보다 편짜서 치는 사람들이 많다는 것을 누구라도 확인할 수 있기 때문이다. 그런 비공식적 모임이 내가 일상적인 사회적 유대라고 부르는 것을 의미한다면, 최근에도 볼링 참여가 꾸준히 유지되고 있다는 사실은 일상적 유대의 하락이라는 일반적 경향에 대한 사실상 예외가 된다. 그러나 리그 볼링은 다양한 부류의 사람들에게 정기적 참여를 요구함으로써 지속적인 사회적 자본의 한 형태를 만들어낸다. 볼링장에서 우연히 만난 사람들끼리 편을 짜서 치는 게임은 도저히 이런 면에서 상대가 못 된다.

불과 몇 십 년 전에 비해 미국인들은 실제로 스포츠를 **하는 데**는 시간을 덜 할애하고 있지만 **보는 데**는 더 많은 돈과 시간을 쓰고 있다. 스포츠 관람은 급속한 증가세를 거듭하고 있다. 프로 선수들의

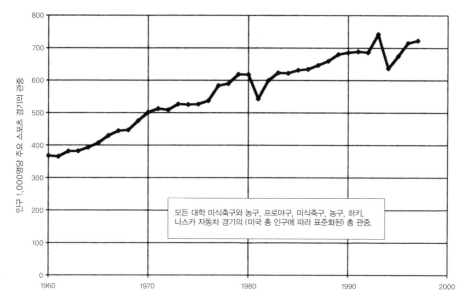

그림 27 _ 스포츠 관객의 성장, 1960~1997

연봉이 엄청나게 증가한 것은 이 때문이다. 스포츠 관람의 증가는 부분적으로는 우리의 TV 시청 습관을 반영하지만, 실제 운동장 입장객에도 반영되어 있다. 인구 성장과 발을 맞추어 주요 스포츠 경기의 관람객은 1960년대 이후 거의 2배로 늘었다.

각 종목의 인기도는 그 시즌이 얼마나 흥미진진했는가에 따라, 그리고 노동 – 경영 관계의 부침에 따라 바뀌어왔지만, 사실상 모든 주요 스포츠에서 지난 40년 동안 인구당 입장객 수는 상승세를 기록해오고 있다. 야구, 농구, 미식축구, 아이스하키, 나스카NASCAR 자동차 경주 등 프로 스포츠뿐 아니라 대학 미식축구와 농구도 입장객이 크게 늘었다. 〈그림 27〉은 이 경향을 요약하고 있다. 우리가 지금까지 검토한 자료들과 달리 마침내 상승세를 보여주는 경향이 나온 것이다. 앉아서 구경하는 수동적인 관객에게서 말이다.

이러한 스포츠 관객의 증가는 사회적 자본의 관점에서 보면 손실은 아니다. 금요일 밤의 고등학교 미식축구 경기를 친구와 함께 운동장에서 구경하는 일도 포커 테이블에 둘러앉는 것만큼이나 공동체에 생산적 기여를 할 수 있을 것이다. 게다가 적어도 이긴 팀의 팬들에게는 공통의 목표를 향한 공통의 열정이 어떤 소속감을 일으킬 수도 있다. 월드시리즈 우승에 한이 맺힌 보스턴 레드삭스의 팬들은 잘 알겠지만, 공통의 적대감조차도 공동체를 일궈낼 수 있다. 그러나 적극적 참여와 수동적 관람 사이에서 균형추는 후자 쪽으로 변하고 있으며, 우리가 앞에서 지적한 정치 영역의 변화 경향을 스포츠 자체에서도 찾을 수 있는 것이다. 정치와 마찬가지로 미식축구에서도 경기를 관람하는 것과 팀을 짜서 직접 경기를 치르는 것은 전혀 다른 일이다.

구경꾼은 늘어나고 실제 참여자는 줄어드는 이 현상은 미국인의 삶의 다른 측면에서도 나타난다. 대중문화와 고급문화 모두에서 관객의 성장은 인구 성장과 보조를 같이하거나 혹은 그보다 더 많이 늘었다. 각종 조사 자료들은 인구당 미술관, 팝 콘서트, 록 콘서트, 영화 관객의 수는 꾸준히 유지되거나 혹은 증가했음을 시사한다. 1986년에서 1998년 사이 교회 참석은 10퍼센트 줄었지만 박물관 입장은 10퍼센트 늘었다. 집에서 손님을 접대하는 일은 25퍼센트 줄었지만 영화 관람은 25퍼센트 늘었다. 클럽 회의 참석은 3분의 1 줄었지만, 팝/록 콘서트 관객은 3분의 1 늘었다.

반면 문화를 (단순히 소비하는 것이 아니라) 직접 '즐기기'는 다방면에서 측정해보아도 계속 줄어들고 있다. 동네 밴드, 여럿이 모여 재즈 연주하기, 단순히 피아노 연주자 주위에 모여 앉기 등의 사례를 보자. 이 모두는 한때 지역 공동체의 모임과 사회적 참여의 고전적 사례였다. 지난 25년 동안 해마다 실시한 조사를 보면 악기를 연주한 평균 횟수는 1976년의 경우 1년에 거의 6회였으나 1999년에는 간신히 3회를 채울 정도로 뚝 떨어졌다. 악기를 조금이나마 연주할 줄 아는 미국인의 비율은 이 기간 동안 (30퍼센트에서 20퍼센트로) 꼭 3분의 1 감소했으며, 최근 세대에서는 음악 레슨을 받는 사람도 줄어들고 있다.

'전국 악기 판매 협회'에서 위촉 받아 실시한 조사에 따르면, 악기를 연주할 줄 아는 사람이 한 명이라도 있는 가정의 비율은 1978년 51퍼센트에서 1997년 38퍼센트로 꾸준하게 떨어졌다. 확실히 우리는 음악을 **듣는** 취미를 잃어버리지는 않았다. 스포츠를 구경하는 취향 역시 잃지 않았다. 그러나 직접 연주하고 뛰는 사람들은 날이 갈수록 줄어들고 있다.

아리스토텔레스가 인간은 타고난 정치적 동물이라고 관찰했을 때 그는 분명히 일상적인 사회적 연계는 생각하지 않았을 것이다. 그렇지만 우리의 자료들은 대부분 미국인이 헤아릴 수 없을 정도로 다양한 방법으로 동료들과 일상적인 유대를 맺고 있음을 시사한다. 인간 본성은 현실에 그대로 나타나기 마련이며 우리가 앞으로 고독한 수행자가 될 것 같지는 않다. 인간은 어떻든 서로 어울리면서 사는 존재이다.

다른 한편 우리의 자료는 지난 수십 년 동안 친구 및 이웃과의 정기적 접촉이 매우 광범위한 분야에 걸쳐 놀라울 정도로 줄어들었음을 보여준다. 우리는 지금 식사하면서 대화를 나누는 데, 친구들과 서로 왕래하는 데, 허물없는 사회적 상호작용을 북돋워주는 여가 활동에 참여하는 데는 시간을 덜 할애하고 있다. 구경하는 데는(그 중 일부는 다른 사람들과 같이 한다는 점은 인정하겠다) 시간을 더 쓰고, 직접 나서서 하는 데는 덜 쓰고 있다.

요약하자면, 우리는 공식적인 시민 활동뿐 아니라 일상적인 유대를 맺는 일에도 덜 참여하고 있다. 사회적 교제로부터 조용히 물러나는 이 현상이 공통의 과제를 놓고 서로 협력하고 옆 사람을 배려하는 우리의 성향에 어떤 영향을 미쳤을까? 다음 두 개의 장에서 우리가 다룰 문제이다.

이타심, 자원봉사, 자선심

1. 이타심

다른 사람을 기꺼이 도우려는 마음을 뜻하는 이타심, 자원봉사, 자선은 사회적 자본의 가장 중요한 척도라고까지 말하는 사람이 있다. 그렇지만 사회철학자 존 듀이John Dewey는 '함께 일하기'와 '남을 위해 일하기'를 적절하게 구분했다. 로드아일랜드 주 프로비던스의 긴밀하게 짜여 있는 유대인 동네에서 최근 일어난 변화를 보면 이 구분의 탁월한 장점이 드러난다.

유대인의 전통 축제인 부림절Purim 행사에서 이 동네 유대인들은 종교적 계율에 따라 서로의 집을 방문하고 과일과 과자를 선물하는 풍습을 전통적으로 지켜왔다. 이것을 '미쉬로아크 마노트Mishloach Manot'라고 부른다. 그러나 최근 들어 이 풍습은 시간의 압박, 가족

휴가 등 여러 요인 때문에 지키기 어렵게 되었다. 그래서 요즘은 부림절이 다가오면 주민들은 이웃집에서 이런 내용을 적은 쪽지를 받는 경우가 많다.

부림절 기간 동안 우리 식구들은 뉴욕에 있을 것입니다. 우리 가족은 올해 미쉬로아크 마노트의 계율을 지키기 어려울 것 같습니다. 올해는 문 앞에 그 어떤 선물도 두지 마시기를 부탁드립니다. 다람쥐, 개, 고양이, 토끼가 먹어치울 것입니다. 선물을 보내드리지 못하는 대신 우리 가족은 당신 이름으로 유대인 신학대학에 기부금을 보냈습니다.

이 편지에 담긴 따뜻한 인정은 훌륭하다. 그렇지만 이 공동체 내의 결속을 강화했던 것은 서로의 집을 방문하는 전통적인 관습이었다. 봉투 안의 수표는 아무리 액수가 많아도 방문과 같은 효과를 가질 수는 없다. 사회적 자본은 사회적 연계의 네트워크, 즉 **함께** 일하기를 가리킨다. 다른 사람을 **위해** 일하는 것은 칭찬받아 마땅하기는 하지만 사회적 자본의 정의定義의 일부는 아니다.

하지만 경험적 사실에 입각해서 보면 사회적 네트워크는 좋은 행동에 사람을 서로 끌어들이는 채널을 제공한다. 또한 사회적 네트워크는 다른 사람의 복지를 배려하도록 고무하는 호혜성의 규범을 길러낸다. 따라서 우리가 곧 살펴보겠지만 시민적 참여에 적극적인 사람은 자원봉사, 자선사업 기부, 그리고 자연발생적인 '도움'에도 적극적으로 나설 것이라는 예측이 가능하다. 실제로 현재 미국에서는 공식적·일상적인 사회적 네트워크에 속한 사람들이 사회적으로 고립된 사람들보다는 좋은 명분을 가진 일에 시간과 돈을 쓰는 듯하다. 이런 이유에서 이타심(그리고 다음 장에서 다룰 정직성)은 사회적 자본을 진단할 수 있는 중요한 징후이다. 따라서 사회적 자본의 경향을 평가하는 그 어떤 작업이라도 자원봉사, 자선, 이타심의 경향을 함께 검토해야 한다.

남을 돕는 데 시간과 돈을 쓰는 것은 미국 사회에서 오랜 역사를 자랑하는 훌륭한 전통이다. 자선 행위와 자원봉사는 다른 나라의 시민에 비해 미국인 사이에서는 약 2배 정도 널리 퍼져 있다. 미국의 경험을 보면 몇 세기 동안 자원봉사와 자선 행위는 주로 종교적인 사회 환경 속에서 이루어져왔다. 다른 사람에 대한 배려는 줄곧 미국의 종교의 핵심 교리였다. 19세기 말에 오면 새로운 주제가 이타심의 근본 원리에서 가장 눈에 띄게 부각되었다. 곧 어려운 사람을 돕는 것은 시민으로서 우리 의무의 일부분이라는 생각이었다. 남북전쟁 이후 급속한 경제 성장기에 등장한 백만장자 중의 한 명인 앤드류 카네기는 1889년 「부의 복음Gospel of Wealth」이라는 글에서 부는 그 소유자가 공동체의 선을 위해 사용해야 하는 신성한 신탁이라고 했다.

20세기 들어와서는 자선과 자원봉사가 보다 조직화되고 전문화되었다. 현대적인 자선사업은 20세기로 전환할 무렵 시작되었는데, 산업혁명이 만들어낸 새로운 부의 축적도 중요하지만 일반 미국인의 재정적 기부를 촉진시키는 새로운 방법이 고안되면서 그 흐름이 이어졌다. 오늘날 '유나이티드 웨이United Way'[1]의 선구자 격인 '사회복지 모금회', 공동체 기금 등의 설립, 기금 모집과 자원봉사 운영의 점진적 전문화가 이루어졌던 것이다. '사회복지 모금회'의 수는 1920년 전국적으로 39개였지만 1950년에는 1천 318개로 늘어나,

---

1) United Way of America. 전국 1천 2백 개 이상의 지부를 둔 미국 최대 사회복지 모금 단체(옮긴이).

미국 인구의 57퍼센트를 포괄하고 있었다. 여전히 교회가 자원봉사와 자선을 베푸는 가장 중요한 단일 장소였지만 이타심을 조직화하는 새로운 제도, 즉 각종 재단, 기업, 지역 공동체 조직들이 여기에 합류했다.

앞에서 우리가 그 성장과 쇠퇴를 살펴보았던 시민단체들 중 많은 곳, 즉 걸스카우트, 보이스카우트, 적십자사, (로터리, 키와니스, 라이온스) 클럽, PTA 등등도 자원봉사 에너지를 동원하는 데 적극적이었다. 새로운 필요와 이상주의의 변화에 발맞춰 집단적 이타심의 새로운 조직들이 20세기 내내 계속 등장하였다. 1930년대의 '소아마비 구제 모금 운동', 1950년대 '월드비전', 집 없는 사람들에게 집을 지어주는 단체인 1970년대의 '해비타트Habitat for Humanity', 1990년대의 '미국을 위한 교육Teach for America' 등은 모두 그러한 사례들이다. 1989년과 1994년 사이 미국에서 공공 자선 기관의 수는 미국의 인구 증가율보다 거의 6배나 빠르게 늘어났으며, 1996년에는 (교회 빼고) 65만 4천 186개의 공공 자선 단체가 미국에 등록했다.

미국인은 관대한 국민이다. 우리들 중 거의 절반이 교회나 병원처럼 조직화된 환경 속에서의 자원봉사, 이웃집 아기 봐주기 같은 일상적인 도움을 포함해서 어떤 종류가 됐든 자원봉사 활동을 한다고 자처한다. 널리 인용되는 한 추산에 따르면 1995년 미국인 중 9천 3백만 명이 총 2백억 시간의 자원봉사 활동을 펼쳤다. 아울러 미국인은 좋은 명분을 가진 일에 엄청난 액수의 돈을 기부한다. 1997년에는 미국의 개인, 기업, 재단이 자선사업에 1천 430억 5천만 달러를 보냈는데, 그중 4분의 3(약 1천 90억 달러)은 생존해 있는 개인들이 기부한 것이었다.

1992년 미국인은 150만 갤런(약 567만 리터)을 헌혈했으며, 헌혈자의 압도적 다수가 자신의 주요 행동 동기는 단순히 "다른 사람을 돕고 싶어서"였다고 말했다. 1989년에는 미국인의 74퍼센트가 돈을 기부했으며(종교 단체와 정치 단체에 보낸 기부금은 넣지 않았다), 35퍼센트는 자원봉사 활동을 했고, 23퍼센트는 헌혈을 했다고 이야기했다. 우리는 토크빌의 관찰이 나온 지 한 세기 반 이상이 지난 지금 그가 보았던 그 모습 그대로 살고 있는 듯하다. 그는 『미국의 민주주의』에서 이렇게 보았다.

> 미국인들은 자기 생활의 거의 모든 행동을 올바르게 이해된 자기 이익의 원칙에 따라 설명하기를 즐긴다. 이 원칙은 계몽된 자기 사랑self-love이 어떻게 해서 서로 상부상조하도록 개인을 끊임없이 추동하고 국가의 선을 위해 개인의 시간과 재산을 기꺼이 할애하게 하는지 설명하는 데 커다란 만족을 부여한다.

일상생활의 압박 속에서 살고 있는 우리에게는 시간과 돈의 기부가 관대함의 대안적 경로처럼 보일 때가 종종 있다. 시간이 없는 사람은 돈을, 돈이 없는 사람은 시간을 쪼갠다는 것이다. 그러나 일반적으로 말하자면 자원봉사와 자선 행위는 대체재가 아니라 보완재이다. 우리들 중 일부는 시간과 돈을 모두 쏟는 반면, 다른 사람들은 둘 다 전혀 쓰지 않는다. 1995년 자원봉사자는 그렇지 않은 사람보다 가구소득에서 차지하는 비율로 2배에서 3배 더 자선사업에 기부했다. 역으로 말하자면 모든 재정 기부자의 63퍼센트가 자원봉사자이며, 재정 기부를 전혀 하지 않은 사람들 중 17퍼센트만이 자원봉사 활동을 했다. 자원봉사 활동은 자선 행위의 가장 강력한 예측 지표이며, 그 역도 마찬가지이다. 이와 유사하게, 적극적으로 헌혈하는 사람들은 비헌혈자보다 자원봉사 시간도 더 많고 자선 행위에도 더 많이 참여하는 듯 보인다. 이타적 행위들은 함께 움직이는 경향이 있다.

우리들 중 노력과 돈을 제일 관대하게 쓰는 사람은 누구일까? 놀랍지도 않겠지만 잘살고 교육 수준이 높은 사람, 즉 개인적·금융적 자원을 보다 많이 보유한 사람들이 자원봉사 활동, 기부금, 헌혈에 더 적극적인 것으로 보인다. 다른 여러 지표들을 통제한 후에 살펴보아도, 교육은 거의 모든 형태의 이타적 행동을 예측하게 해주는 가장 강력한 지표 중의 하나이다. 예컨대 작년에 대학 졸업자는 고등학교 졸업 혹은 그 이하의 학력자에 비해 자원봉사에 더 많이 참가했거나(71퍼센트 대 36퍼센트) 헌혈을 했다(13~18퍼센트 대 6~10퍼센트). 다른 한편 물질적 자원은 이타심의 가장 중요한 예측 지표가 아니다. 실제로 가난한 사람들은 상대적으로 교회 활동에 적극 참여하기 때문에 소득에서 차지하는 비율로 보아서는 부자와 같은 규모의 액수를 기부하고 있다.

공동체의 규모에 따라서도 차이가 나타난다. 공식적인 자원봉사, 지역 공동체 프로젝트에 동참하기, 일상적인 도움 베풀기(낯선 사람에게 도움 주기 등), 자선사업 기부, 그리고 아마 헌혈까지 대도시보다는 소도시에서 더 자주 일어난다. 나이에 따라서도 차이가 난다. 즉 자원봉사와 헌혈은 일반적으로 거꾸로 된 U자형 생명주기 패턴을 따라 30대 초반 혹은 40대 초반에 절정에 달한다. 자원봉사는 특히 학생을 둔 부모 사이에서 보편적이며, 자원봉사 활동이 집중된 곳은 교회 다음으로 청소년 관련 활동이었다. 반면 자선사업 기부는 가처분 소득의 축적에 따라 연령이 높아질수록 가속화된다. 고용도 자원봉사 활동의 가능성을 높인다. 아마 고용은 노동자를 다양한 사회적 네트워크에 노출시키기 때문에 그럴 것이다. 그러나 자원봉사자들 사이에는 업무에 사용하는 시간과 자원봉사에 사용하는 시간의 타협이 이루어져, 자원봉사 활동 비율은 시간제 근무자

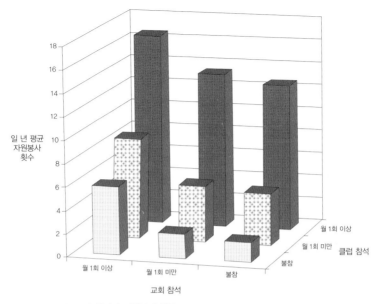

그림 28 _ 클럽 · 교회 참여와 자원봉사 활동

들 사이에서 가장 높다.

하지만 지금까지의 연구들을 통해 보면 시간과 돈의 사용을 예측하게 해주는 가장 일관된 지표로서 재산, 교육, 공동체 크기, 나이, 가족 사항, 고용보다 더 중요한 것은 공동체 생활에의 참여이다. 헌혈이나 자원봉사에 사회적 은둔자가 적극적으로 나서는 경우는 거의 없다. 반면 쉬무저와 마허는 전형적으로 두 활동 모두에서 적극적이다.

1996년 비종교 단체 회원의 73퍼센트와 종교 단체 회원의 55퍼센트는 자신이 자원봉사 활동을 했다고 대답했다. 이에 비해 둘 모두에 가입하지 않은 미국인들 중에는 19퍼센트가 자원봉사를 한 것으로 나타났다. 〈그림 28〉에서 보듯, 교회와 클럽에 모두 규칙적으로 참석하는 미국인은 1년 평균 17회, 교회에도 클럽에도 참석하지 않는 사람들은 1년 평균 1.7회의 자원봉사 활동을 한다. 10배에 달하

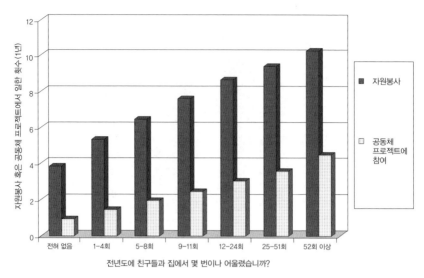

그림 29 _ 일상적인 사회적 유대와 선행

는 수치이다.

비종교적 참여는 종교적 참여보다 더 큰 영향을 미치는 것으로 보인다. '순수하게' 클럽에만 참석하는 사람은 1년 평균 12회, '순수하게' 교회만 다니는 사람은 평균 5회의 자원봉사 활동을 하는 것으로 나타나기 때문이다. 또한 비종교 단체에의 참여는 공동체 프로젝트에의 참여와 밀접하게 연결되어 있는 반면, 종교 단체에의 참여는 그렇지 않다. 종교 단체에서 적극적으로 활동하는 사람들은 교회의 좌석 안내나 병들어 몸져누운 교인의 방문 같은 자원봉사 활동에, 비종교 단체에서 적극 활동하는 사람들은 동네 운동장 청소 같은 공동체 프로젝트에 참여할 가능성이 제일 높다.

일상적인 사회적 유대 역시 자원봉사 활동과 밀접하게 연결되어 있다. 〈그림 29〉에서 보듯, 예컨대 자기 집에서 친구들과 함께 어울리는 미국인은 그 외의 다른 방법으로도 공동체 프로젝트에 참여하고 자원봉사 활동에 나설 가능성이 훨씬 높다. 또한 공동체와 사

제2부 _ 시민적 참여와 사회적 자본의 변화 경향

회적 네트워크에 적극적으로 관여하는 사람들은 자원봉사 활동에 나설 뿐 아니라, 몇 년이 지나도 자원봉사 활동을 **계속할** 가능성이 높은 반면, 사회적으로 고립된 사람들은 완전히 일시적인 기분에서 자원봉사 활동에 참여할 가능성이 높다.

자선 역시 단체의 참여와 밀접하게 연결되어 있다. 1996년 비종교 단체 회원의 87퍼센트, 종교 단체 회원의 76퍼센트가 자선사업 관련 기부금을 낸 반면, 어느 곳에도 속하지 않은 사람들의 경우는 37퍼센트에 그쳤다. 종교 단체의 회원은 자기 1년 가구소득의 1.9퍼센트(802달러)를, 비종교 단체의 회원은 2.3퍼센트(1천 167달러)라는 상당한 액수를, 그 외의 다른 미국인들은 0.4퍼센트(139달러)를 자선사업에 기부했다. 우수리를 떼고 말하면 **단체에 가입한 사람들은 그렇지 않은 경우보다 시간과 돈을 거의 10배 더 너그럽게 사용한다.** 금융 자본보다 사회적 자본이 자선 행위를 예측하게 해주는 더 강력한 지표이다.

모든 종류의 이타심은 사회적 참여와 지역 공동체 참여에 의해 장려된다. 예를 들어 연령, 교육, 성별 등등의 기타 배경 요소들을 통제하면 교회 참석과 클럽 참석이 헌혈의 가장 강력한 예측 지표이다(〈그림 30〉 참조). 공동체 업무에 적극적인 미국인은 집에만 틀어박혀 있는 사람보다 헌혈할 가능성이 2배 더 높다. 천재지변을 겪은 사람에게 정서적 도움 주기 혹은 이웃집에 범죄자가 침입하지 않나 살펴보기 같은 일상적인 도움도 그 사람이 친구나 지인과 맺는 네트워크의 크기와 강한 상관관계를 갖고 있다. 내가 시간, 돈, 헌혈 혹은 사소한 도움조차 줄 가능성이 있는지를 알려면, 여러분은 무엇보다 내가 공동체 생활에 얼마나 적극적인지, 가족·친구·이웃과 얼마나 강한 유대 관계를 맺고 있는지 알 필요가 있다.

사회적 연계는 많은 이유에서 이타적 행동을 고무시킨다. 사람들

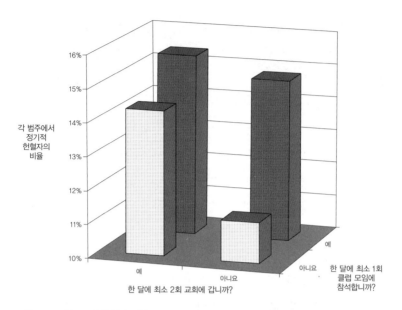

16%

15%

각 범주에서
정기적
헌혈자의
비율

14%

13%

12%

11%

10%

예

아니요

한 달에 최소 2회 교회에 갑니까?

예

아니요

한 달에 최소 1회
클럽 모임에
참석합니까?

그림 30 _ 클럽·교회 참석과 헌혈

이 너그러운 영혼을 타고나서 그럴 수도 있겠지만, 사회적 네트워크에의 참여가 이타적 태도 그 자체보다 자원봉사와 자선 행위의 강력한 예측 지표이다. 기금 모집과 자원봉사를 조직하는 사람들은 잘 알고 있는 사실이지만, 단순하게 기부를 권유 받은 것이 자원봉사와 자선 행위의 강력한 자극제이다. 자원봉사자들에게 어떻게 해서 이 특별한 활동에 관여하게 되었는지 물어보면 제일 흔한 대답은 "누군가 내게 요청해서"라는 것이다. 역으로 잠재적인 헌혈자에게 왜 지금까지 헌혈하지 않았는가 물어보면 제일 흔한 대답은 "아무도 요청하지 않아서"이다.

기금 모집은 전형적으로 친구 모집을 의미한다. 내가 공식적·일상적인 사회적 네트워크와 공동체 네트워크에 많이 관여할수록, 누군가에게 요청 받는 일도 많아질 것이다. 만일 나의 친구 네트워크에 속하는 사람이 요청하면 동의할 가능성이 훨씬 높다. 지역 공동체 단체들은 시간과 돈을 필요로 하는데, 회원들은 그 단체뿐 아니라 다른 사람들을 위해서도 도움이 되는 일을 하고자 참가를 권유한다. 만일 내가 PTA에 가입했다면 기금 모집 야유회에 자원봉사 활동을 맡아달라고 권유 받을 가능성이 무척 높으며, 거기서 만난 누군가는 아마 내게 암 퇴치 걷기 대회를 도와달라고 요청할 것이다. 일단 이런 자원봉사자 명단에 들면 붙박이가 될 가능성이 높다.

자원봉사는 공식적 · 일상적 환경 모두에서 더 많은 자원봉사를 일궈낸다. 공식적 · 일상적 단체에의 참여는 시민사회의 문제에 대처할 수 있는 기술, 그리고 이타심을 일생 동안 간직할 성향을 길러준다. 성인 자원봉사자와 기부자의 특징은 청소년 때부터 시민사회의 문제에 관여해왔다는 점이다. 우리들 중 청소년 단체에 관여했거나 혹은 청소년 시절부터 자원봉사를 했던 사람들은 성인이 되어서도 그 절반이 다시 자선 행위를 할 가능성이 있고, 자원봉사 활동에 나설 가능성은 청소년 시절 이런 단체에 관여하지 않은 사람보다 2배 높다. 마지막으로 세심한 연구들을 보면, (다른 사회적 · 성격적 특성들을 통제하고) 도움을 받은 사람은 다른 사람들을 도울 가능성이 보다 높으며, 따라서 친절을 베푸는 단순한 행위는 물결처럼 파급 효과를 만들어낸다. 즉 기부, 자원봉사, 단체의 가입은 서로를 강화하며 우리의 습관을 형성한다. 토크빌이 지적했듯 '마음의 습관 the habits of the heart'을 만들어내는 것이다.

2. 자선

이런 사실을 배경에 두고, 지난 몇 십 년 동안 자선과 자원봉사의 경향은 어떻게 변해왔는지 살펴보자. 우선 자선부터 살펴보자. 매년 미국의 자선 단체들은 훌륭한 뜻을 가진 일에 모금되어 사용된 기금의 액수가 신기록을 수립했다고 자랑한다. 기록된 관련 자료들을 다 살펴보아도 그 당시의 달러 가격으로 총 기부 액수는 꾸준히 증가해왔다. 인플레이션과 인구 성장에 맞춰 액수를 조정하고 보아도 일반적으로 상승 경향을 나타내고 있으며, 불황기에만 일시적으로 하락했을 뿐이다. 미국인의 관대함을 열렬하게 치켜세우는 연구자에 따르면 1993년 불변 달러 가격으로 계산할 때, 인구 1인당 자선사업 기부액은 1960년 280달러에서 1995년 522달러로 거의 2배 상승했다.

그렇지만 자선사업 기부액의 성장률을 불변 달러로 계산하더라도 그다지 놀랍지 않은 결과가 나온다. 우리의 소득 역시 상승했으며, 그에 따라 우리가 생활에서 지출하는 모든 항목 역시 액수가 늘었기 때문이다. 같은 기간(1960~1995년) 동안 인구당 실질소득은 2배로 늘었다. 동시에 예를 들어 꽃, 씨앗, 화분에 심은 화초 구입 비용은 1인당 거의 3배, 그리고 수선화에서 디즈니랜드, 장난감에서 TV 수리에 이르는 모든 오락 관련 상품 및 서비스를 합친 지출액은 거의 4배 증가했다.

우리가 얼마나 관대하게 자선사업에 기부했는가를 측정하려면, 단순한 기부 액수가 아니라 우리의 소득과 비교하여 어느 정도의 비율을 기부했는지 알 필요가 있다. 내 소득은 4배로 늘었는데도 매주 교회 헌금은 고작 25퍼센트 더 낸다면, 제정신 가진 사람들은 내가 점점 인색해졌다고 말하지 관대해졌다고 하지는 않을 것이다. 사실 '십일조'는 상대적 액수이지 절대치가 아니다.

미국인의 소득 자원과 비교했을 때 자선사업 기부 경향은 우울하다. 개인소득에서 차지하는 비율로 볼 때 1990년대 미국인은 1940년대 이후 그 어느 해와 비교해보아도 적은 몫을 기부했다. 〈그림 31〉

제2부 _ 시민적 참여와 사회적 자본의 변화 경향

그림 31 _ 자선 행위의 성장과 감소, 1929~1998

에 나타난 개인적인 자선 행위의 장기적 경향은 우리가 앞서 살폈던 그 밖의 여러 시민적 참여의 변화 경향을 떠올리게 한다. 20세기의 전반부는 국가 전체에 관대함이 만개하던 시기였다. 1929년에서 1960년 사이 30년 동안 소득 대비對比 개인의 자선사업 기부금 비율은 거의 2배로 증가해왔다. 대공황과 제2차 세계대전으로 인한 일시적 하락 이후, 소득 대비 미국인의 기부금 비율은 급격하고도 꾸준하게 늘어나 1944년과 1960년 사이에는 거의 50퍼센트 상승하였다(이때는 급속한 경제 성장의 시기였기 때문에 실질 가치 면에서 상승률은 훨씬 높았다).

그러나 1961년부터 미국인의 소득에서 자선사업 기부금이 차지하는 비율은 거의 40년 동안 지속적으로 하락하여, 제2차 세계대전 이전과 같아졌다. 전쟁 후의 상승 비율은 전부 사라지고 만 것이다. 생존해 있는 개인들의 기부금은 1964년에는 국민소득의 2.26퍼센트였지만 1998년에는 1.61퍼센트로, 곧 상대적으로 29퍼센트 하락했다. 1960년 미국인은 여가 활동에 2달러 자선에는 1달러의 비율로 지출했지만, 1997년에는 여가 활동에 2달러 자선에는 50센트의 비율로 지출했다.

자선사업 기부의 경향이 바뀌는 시점과 그 방향이 우리가 앞에서 보았던 미국의 공동체 참여와 사회적 연계의 상승·하락과 거의 동시적으로 그리고 같은 모습으로 진행된다는 사실은 상당히 기분 나쁘다. 그런데 자선 행위의 장기적인 상승과 하락 경향은 경기변동과 전혀 관계없다. 대공황의 충격으로 1929년에서 1939년 사이 미국인의 1인당 실질소득은 3퍼센트 떨어졌지만, 자선사업에 기부하는 소득 부분은 25퍼센트 상승했다. 그다음 20년 동안 1인당 실질소득은 74퍼센트 치솟았지만, 소득에서 개인 기부금이 차지하는 부분은 대공황 기간과 똑같은 정도로 늘어났을 뿐이다.

좋은 시절도 나쁜 시절도 겪으면서 미국인의 관대함은 꾸준히 상승했다. 반면 1960년 이후 미국인의 관대함은 꾸준히 줄어들었다. 연방 세법稅法의 일시적 변화에 따라 80년대 중반에 잠깐 상승했을 뿐 60년대와 80년대의 호경기, 70년대와 90년대 초의 불경기 내내 하락세는 멈추지 않았다. 요약하자면 지난 70년 동안 미국인의 관대함은 사회적 자본의 상승 및 하락과 밀접하게 결부되어 있었지 경제의 호황 및 불황과는 별 관계가 없었다.

자선사업에 기꺼이 기부하는 미국인의 관대함은 1960년대 이후 꾸준히 감소했다. 그리고 이 현상은 그동안 자선 활동을 활발하게 펼쳤던 수많은 여러 기부자와 수혜자로 구성된 공동체에 널리 영향을 끼쳐왔다. 어림잡아 말하면 미국에서 모든 자선 행위의 절반이 그 성격상 종교적이기 때문에, 주요 종교에 보낸 기부금, 그리고 비종교적인 자선 활동에 보낸 기부금이 어떤 경향을 보였는지 각각 개

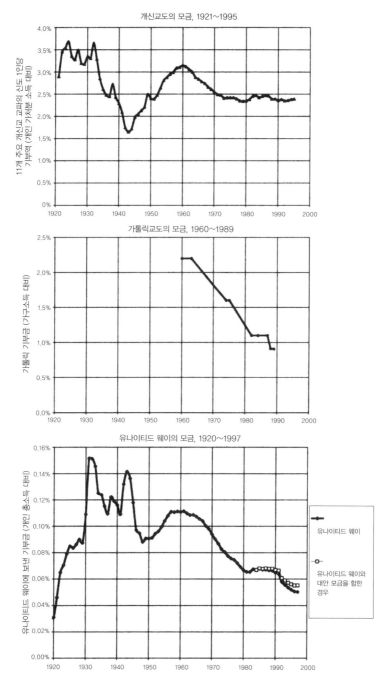

그림 32 _ 개신교도와 가톨릭교도 그리고 유나이트 웨이의 모금 경향, 1920~1990년대

별적으로 살펴봄으로써 보다 자세한 내용을 알 수 있다. 그리고 이 일반적인 경향이 여기서도 예외가 아님을 확인할 수 있다.

〈그림 32〉는 현재 입수할 수 있는 최선의 자료를 토대로 주요 개신교 교파, 가톨릭, '유나이티드 웨이'에서 자선사업 모금의 장기적 경향을 보여준다. 유나이티드 웨이는 미국에서 지역사회에 기반을 두고 가장 광범위한 기금 모집 활동을 펼쳐온 단체이며, 그런 점에서 비종교 단체의 모금 변화 경향을 보여주는 대표 사례이다. 20세기 전반부에는 모금 변동 추세가 이 세 부분에서 저마다 다르게 나타났지만, 제2차 세계대전 후 상승세, 그리고 하락세가 시작한 시점이 1960년이라는 사실, 그 이후 하락의 규모는 분명히 알 수 있다.

개신교는 신도 **1인당 소득** 대비 기부금 비율이 1960년에서 1972년까지는 크게 줄었다가, 1970년대 이후에는 정체 상태를 유지해오고 있다. 다른 한편 우리가 앞에서 보았듯 개신교 교파들의 신도 자체가 이 기간 내내 꾸준히 줄었기 때문에, 개신교도의 국민소득 대비 기부금도 계속 줄어들었다. 이런 의미에서 〈그림 32〉는 개신교의 자선사업 기부금 감소를 실제보다 덜 나타내고 있다. 다른 말로 하자면 최근 많은 사람들이 실제로 그랬듯, 개신교도들이 자신의 교회에 완전히 발을 끊었다면, 그 배교背敎의 재정적 영향은 〈그림 32〉처럼 나타나지 않고, 더 떨어지게 나와야 한다는 뜻이다.

미국에서 교회 재정을 연구하는 뛰어난 학자인 론스발Ronsvalle 부부는 개신교의 기부금 감소는 특정 종파에만 해당하는 것이 아니라고 지적한다. 복음주의 교파의 신도들은 자기 소득의 더 많은 비율을 교회에 기부하지만, 그 감소폭은 주류 개신교 교파의 신도보다 더 크다는 것이다.[2] 보다 심각한 것은 주류 개신교와 복음주의 교회의 신도 모두 '교회 재정'에 내는 기부금보다(1968년 이후 12퍼센트 감소) '선행'(즉 외부에 대한 자선)에 내는 기부금이(1968년 이후 38퍼

제2부 _ 시민적 참여와 사회적 자본의 변화 경향

센트 감소) 더 빠르게 떨어졌다는 사실이다. 즉 파이는 줄어들고 있는데 교회의 내적 운영을 위한 몫은 커졌고, 세상을 구원하는 몫은 더 줄어들었다는 말이다.

가톨릭의 재정에 관해서는 자세한 자료가 별로 없지만, 가톨릭 신도들의 소득 대비 기부금 비율은 개신교도에 비해 더 극적으로 삭감되었다. 1960~1963년과 1988~1989년 사이 59퍼센트나 하락한 것이다. 전국 각지에 수많은 지역 단체를 두고 있는 유나이티드 웨이에 보낸 소득 대비 기부금 비율은 1960년에 비해 절반 이하의 수준을 기록하고 있으며, 20세기 초반 이후 그 유례를 찾을 수 없이 낮은 수준을 유지하고 있다(〈그림 32〉는 1980년대와 90년대에 등장한 적극적인 비영리 단체들의 '대안 모금 운동'도 장기적 하락세를 거의 줄이지 못했음을 보여준다).

이렇게 다양한 곳에서 입수한 증거들은 자선사업 기부에 관해 가장 오래 진행되고 있는 로퍼와 양켈로비치의 사회 조사에서 모든 계층의 미국인이 응답한 자료들을 보아도 확인된다. 〈그림 33〉을 보자. 대공황 이래 최악의 불황의 한가운데 있었던 1980년대 전반기에 전체 미국 성인의 거의 절반이 지난달 자선사업에 기부금을 보냈으며, 절반 이상은 종교 단체에 최소한 '이따금' 기부금을 낸다고 대답했다. 그러나 본인들의 입을 통해 나온 관대함의 이 두 척도는 그다음 20년 동안 꾸준하게 하락했다. 한창 경기가 좋던 1990년대 중반, 미국인 3명 중 겨우 1명이 지난달 자선사업에 기부금을 냈으며, 5명 중 2명 이하가 이따금이나마 종교 단체에 기부했다고

---

2) 론스발 부부에 따르면 1968년과 1995년 사이 가처분 소득 대비 종교 단체 기부금은 '전국 복음주의 연합회'에 가입된 8개 교파의 신도들 중에서는 6.1퍼센트에서 4.1퍼센트로, 주류 개신교의 '전국 기독교 연합회' 소속 8개 교파의 신도들 중에서는 3.3퍼센트에서 2.9퍼센트로 떨어졌다. John and Sylvia Ronsvalle, *The State of Church Giving through 1995*(Champaign, Ill. : empty tomb, 1997), pp. 24~27.

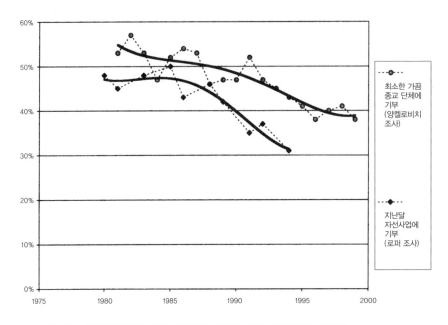

최소한 가끔
종교 단체에
기부
(양켈로비치
조사)

지난달
자선사업에
기부
(로퍼 조사)

그림 33 _ 응답자의 대답에 나타난 자선사업 기부금의 하락, 1980년대와 90년대

대답했다. 즉 기부자 스스로 사회 조사원에게 밝힌 내용은 기부금을 수령한 쪽의 말과 일치한다. 20세기의 마지막 10년은 경제적으로는 크게 풍요로워졌지만 평균적인 미국인의 관대함은 침몰했다.

이 감소는 공동체 제도를 후원하는 미국인의 관대함에 커다란 물질적 의미를 갖고 있다. 1960년대 우리 부모가 했던 만큼 소득 대비 기부금 비율을 20세기 말의 우리가 계속 유지했다면, '유나이티드 웨이'는 좋은 일에 쓸 수 있도록 연간 거의 40억 달러 이상을 더 기부 받았을 것이며, 미국의 종교 단체들은 연간 2백억 달러를 더 기부 받았을 것이고, 전국의 자선사업 기부금 총액은 연간 약 5백억 달러가 뛰어올랐을 것이다. 우리의 실질 개인소득은 우리 부모 세대보다 2배 이상이기 때문에, 여전히 우리들은 절대액에서는 더 많은 액수를 기부하고 있다. 그러나 소득에서 차지하는 상대적 비율로 보면 우리 자신을 위해 쓰는 돈에 비해 남을 위해 지출하는 돈은 한참 못 미친다.

관대함을 측정해주는 각 지표들이 줄어든 이유가 무엇인지 다양한 설명들이 동원되었다. 개신교의 감소 이유는 특히 교회 지도자들 사이에서 '청지기 정신stewardship'을 제대로 강조하지 못했다는 사실과 관련지어왔다. 가톨릭에서의 감소는 교회 교리, 특히 산아제한과 남성 헤게모니 같은 낡은 교리에 대한 불만 탓으로 여겨왔다. '유나이티드 웨이'의 감소는 1992년 섹스와 기부금 착복 스캔들, 그리고 '대안' 모금 운동의 확산에서 오는 경쟁 탓으로 돌렸다.

그러나 1960년 이후 미국에서 기부금 하락이 동시적으로, 그리고 큰 폭으로 하락했다는 사실을 감안해보면, 개별 기부금 모집 단체가 안고 있는 문제점보다는 보다 넓은 사회 변동에 관한 설명 속에서 그 원인을 찾는 것이 적절한 대답으로 보인다. 좋은 명분을 가진 많은 일에 미국인의 관대한 씀씀이가 높이 상승했던 시절이 지나면서, 지난 40년 동안 미국인은 계속 인색해졌다. 그런데 이 현상은 바로 우리가 공동체의 사회생활로부터 이탈했던 그 시점과 정확히 일치한다.

3. 자원봉사

지난 몇 십 년 동안 자원봉사의 경향은 보다 복잡하며, 이 시기 미국의 사회적 자본의 공통된 특징, 즉 한결같은 하락세보다 어떤 측면에서는 더 흥미롭다. 이 수십 년 동안 지역 공동체의 프로젝트에 참여하는 미국인의 수는 계속 줄어들었는데, 이것은 우리가 이미 살펴보았던 공동체 참여의 하락 경향과 일치한다. 1975~1976년

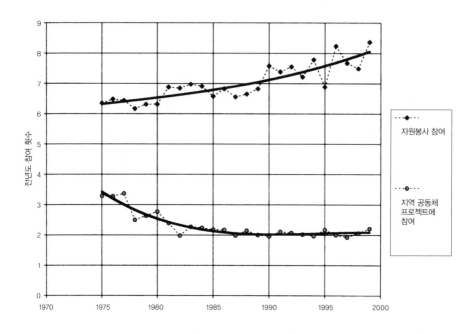

그림 34 _ 자원봉사의 증가, 공동체 프로젝트 참여의 감소, 1975~1999

미국 성인 5명당 2명 이상이 그 전년도에 공동체 프로젝트에 참여해서 일했다고 대답했으나, 1988~1989년 이 수치는 3명당 1명 이하로 떨어졌다(〈그림 34〉는 그러한 프로젝트에 연간 참여 인원이 40퍼센트 이상 하락했음을 보여준다).

그런데 똑같은 사람들이 같은 기간 동안 자원봉사에 참여한 횟수는 꾸준히 **늘었다고** 대답했다. '자원봉사' 횟수가 '지역 공동체 프로젝트 참여'보다 2배에서 3배 더 많다고 말했다는 것은 대부분 사람들이 자원봉사를 지역 봉사활동보다는 개인적 봉사를 제공하는 것으로 이해하고 있음을 시사한다. 자원봉사와 공동체 프로젝트가 그렇게 정반대 방향으로 움직이고 있다는 사실은 일대일식 자원봉사가 나날이 보편화되고 있음을 의미한다. 어떤 경로를 통해 자원봉사를 하건, 평균적인 미국인은 1970년대에는 1년에 6회 조금 넘게

제2부 _ 시민적 참여와 사회적 자본의 변화 경향

자원봉사 활동을 했지만, 1990년대가 되면 이 수치는 거의 8회로 올라간다(〈그림 34〉 참조). 이는 "가난한 사람, 병자, 혹은 노인 돕기를 비롯해 모든 형태의 자선 활동 혹은 사회복지 활동에 참여"한다고 대답한 미국인의 비율이 1977년 26퍼센트에서 1991년 46퍼센트로 꾸준히 증가했다는 갤럽 조사의 보고와 대체로 일치한다.

우리가 앞에서 본 교회와 클럽 참여자의 감소 현상과 결부시키면, 자원봉사 활동의 성장은 수수께끼이다. 20년 전이나 지금이나 자원봉사자의 절대 다수는 종교 단체와 기타 시민단체의 지역 네트워크를 통해 충원된다. 자원봉사 활동이 증가하고 있던 바로 그 시기에 이 인원 충원의 저수지는 빠르게 고갈되어왔다. 자원봉사자를 공급해줄 물줄기는 마르고 있는데 어떻게 자원봉사가 늘어날 수 있을까?

교회와 클럽 회원들로 구성된 자원봉사자의 저수지가 마르자, 자원봉사자를 모집하는 사람들이 통상적인 조직 네트워크 밖으로 활동 범위를 넓혔을 수도 있다. 혹은 끝까지 남아 있는 적극적 회원들 속에 들어가 노력을 더 강화했을 수도 있다. 관련 자료는 대체로 전자의 활동을 했다는 사실을 시사한다. 교회와 클럽 모임에 **모두** 정기적으로 참석하는 사람들(점점 줄어들고 있다) 사이에서 자원봉사 활동의 비율은 1975년과 1999년 사이 절반 이상 늘었지만, 교회에도 클럽에도 **전혀** 참석하지 **않는** 사람들(계속 늘어나고 있다) 사이에서 자원봉사 활동의 비율은 같은 기간 동안 3배 이상 증가했다.

교회와 클럽 참석자들은 지금도 여전히 가장 규칙적으로 자원봉사에 참여하지만, 20년 전과 비교해보면 이러한 단체들이 자원봉사의 통로를 장악하고 있지는 못하다. 낙관적으로 보자면 자원봉사 활동이 전통적인 지역사회 단체의 한계를 넘어 멀리 확산되기 시작했다고 말할 수도 있다. 그러나 자원봉사의 책임감이 단체에 가입

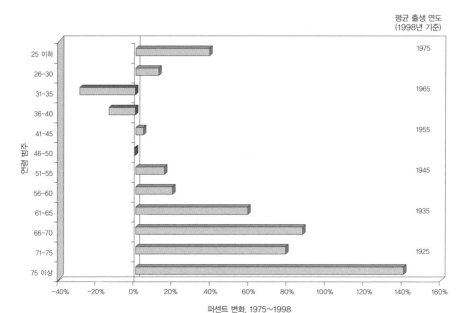

평균 출생 연도
(1998년 기준)

그림 35 _ 연령 범주별로 본 자원봉사 경향의 변화, 1975~1998

하여 조직이라는 잘 짜여진 끈으로 보강되지 않고 개인의 한 가닥
의무감에 의존해 있기 때문에, 그만큼 약하고 빨리 식는다는 덜 낙
관적인 해석도 덧붙이는 편이 좋을 것이다.

저마다 시민으로서의 의무감을 포기하는 시대의 물결을 거슬러
용감하게 항해하는 이 새로운 자원봉사자들은 누구일까? 이 사람들
은 우리에게 친숙한 집단으로 밝혀졌다. 실질적으로 거의 모든 증
가분은 60세 이상에 집중되어 있었던 것이다. 노인들 사이에서 자
원봉사 활동은 20세기 마지막 25년 동안 (1년 평균 6회에서 12회로)
거의 2배 증가해왔다. 동시에 20대의 자원봉사 활동은 (1년 약 3.5회
에서 약 4.5회로) 약간 증가해왔으며, (30세에서 59세의) 그 나머지에
서는 사실상 감소되어왔다. 〈그림 35〉는 지난 25년 동안 다양한 연
령층에서 자원봉사 활동이 어느 정도 줄고 늘었는지 보여준다.

실제로 이 그래프는 연령 그 자체가 미치는 모든 효과는 통제하고, 1998년 각 연령대의 자원봉사 횟수를 1975년 같은 연령대의 자원봉사 횟수와 비교한 것이다. 예를 들어 1998년 20대 초반은 1975년의 자기 또래에 비해 자원봉사 횟수가 39퍼센트 더 많다는 뜻이다. 마찬가지로 1998년 75세 이상은 1975년의 같은 연령대 사람보다 자원봉사 횟수가 140퍼센트 더 많다는 뜻이다. 역으로 1998년 30대 초반은 1975년의 30대보다 자원봉사 횟수가 29퍼센트 **적다**는 뜻이다.

미국의 서로 다른 세대들이 이 기간 동안 각 연령대를 거쳤기 때문에 우리는 세대별로 그 경향을 식별할 수 있다. 20세기의 첫 3분의 1의 시기에 출생한 사람들, 그리고 소위 밀레니엄 세대라고 부르는 그 손자들은 1998년의 경우 1970년대의 동년배들에 비해 **보다 높은** 수준의 자원봉사를 보여주고 있었다(손자 세대는 할아버지 세대에 비해 그리 높지 않다). 그러나 (1990년대에 30대와 40대에 도달한) 베이비붐 세대 막내의 자원봉사는 1975년의 그 연령대 사람들에 비해 실제로 더 **낮다**.

우리가 앞에서 지적했듯 (자원봉사 일반과 달리) 지역 공동체 프로젝트의 참여는 지난 25년 동안 감소해왔다. 이 감소의 기본 패턴은 자원봉사 활동 변화의 기본 패턴과 정확히 일치하는 것으로 드러났다. 〈그림 36〉에 잘 나타나 있듯 공동체 프로젝트의 참여는 모든 연령 범주에서 감소해왔지만, 30대에서 가장 극적이며 65세 이상에서는 그나마 제일 적었다. 다른 말로 하자면 지역 공동체 프로젝트에의 참여는 25년 전보다 지금 훨씬 줄어들었지만, 오랫동안 시민 활동에 충실해왔던 세대의 구성원은 여전히 그러한 프로젝트에 계속 공헌하고 있는 반면, 베이비붐 세대는 25년 전의 동년배보다 훨씬 참여도가 줄었다.

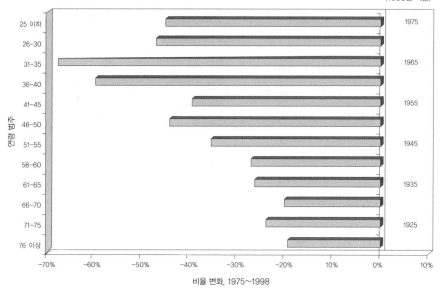

그림 36 _ 연령 범주에 따른 공동체 프로젝트의 참여 경향, 1975~1998

전통적으로 정년퇴직은 시민 활동에서도 물러나는 것을 의미했으며, 역사적으로 보아도 자원봉사는 50세 이후에는 빠르게 줄어든다. 그런데 최근의 노인 세대는 이러한 통상적인 상식을 뒤집어놓았다. 최근 몇 십 년 사이 자원봉사의 붐을 일으킨 사람도, 남들은 손 떼고 있는 지역 공동체의 프로젝트에 계속 참여하고 있는 사람도 바로 이들이다.

다른 한편 육체적인 힘을 요구하는 자원봉사 활동은 최근 어려운 시기를 맞고 있다. 노인들 사이에서 자원봉사의 붐이 일어났다고 하더라도 이 분야에서 젊은 자원봉사자들이 빠져나간 자리를 메울 수는 없기 때문이다. 예를 들어 미국 인구의 40퍼센트 이상이 전원 혹은 대부분 자원봉사자로 구성된 의용소방대에 의해 보호받고 있지만, 전문 소방대원에 대한 의용소방대원의 전국 비율은 1983년과

1997년 사이 4분의 1이 줄었다.[3] 나이 든 사람들을 대체해서 가입하는 젊은이의 수가 계속 줄어들면서 지역 공동체는 전문 소방대원을 고용할 수밖에 없었기 때문이다.

이와 유사하게 성인 인구 1천 명당 헌혈은 1987년 80회에서 1997년 62회로 줄었다. 물론 1980년대에는 헌혈을 통한 에이즈AIDS 감염의 공포가 큰 방해 요인이기는 했지만, 그런 점을 감안하더라도 큰 폭으로 하락한 것이 사실이다. 헌혈 감소의 한 가지 원인은 시민 활동에 오랫동안 참여해온 나이 든 세대의 빈자리를 젊은이들이 메우지 못했기 때문이다. 간단하게 말하자면 청소년의 멘토링mentoring처럼 노인 세대가 할 수 있는 자원봉사에는 참여가 늘어난 반면, 헌혈 혹은 화재 진압처럼 보다 젊은이를 필요로 하는 자원봉사에는 참여가 줄었다.

4. 요약

1970년대보다 90년대에 그렇게 많은 60대 이상의 시민들이 자원봉사 활동에 참여한 이유는 무엇인가? 여러 요소를 들 수 있겠지만, 그중 어느 하나도 이 경향을 완전하게 설명하지는 못하는 것 같다. 시간 일기 연구는 1975년과 1995년 사이 60세 이상에서는 자유시간이 주당 대략 10시간이 더 생겼음을 보여준다. 이것은 부분적으로는 (자발적이든 비자발적이든) 은퇴를 빨리 해서 그렇다. 지난 수십 년 동안 노인들의 건강과 재정의 괄목할 만한 향상은 그들의 앞 세

---

3) 전국소방협회에 따르면 전국의 의용소방대원은 1983년 88만 4천 6백 명에서 1997년 80만 3천 350명으로 줄었고, 직업 소방대원은 22만 6천 6백 명에서 27만 5천 7백 명으로 늘었다. 인구 5만 이하의 대부분 지역사회는 의용소방대에 의해 보호받고 있다.

대보다 더욱 오랜 여생을, 더욱 활동적인 은퇴 생활을 즐길 수 있도록 해주었다.

또한 이 책의 중요 주제 중의 하나가 1910년에서 1940년 사이 출생한 사람들은 그 앞 혹은 뒤의 어느 세대들보다 '오랜 시민 활동 세대long civic generation'를 구성한다는 점이다. 이들은 지금까지 살아오면서 시민으로서 할 일에 보다 많이 참여했던, 즉 투표에도 더 많이 참여하고 각종 단체에도 더 많이 가입하고 서로를 믿는 신뢰성 등등에서도 앞서 있었던 남녀 코호트이다. 20세기 말이 되면서 이 세대는 60세 이상의 코호트를 거의 완전히 차지하게 되었다. 과거 자신의 경력에 충실하게 은퇴 후에도 그들은 뛰어나게 훌륭한 시민으로 계속 남아 있는 것이다.

지금까지의 내용을 요약해보자. 최근 몇 십 년 사이 자원봉사의 증가는 시민적 무관심에 가장 저항하는 하나의 세대에 집중되어 있다. 교회와 단체의 쇠퇴에도 아랑곳하지 않는 자원봉사의 성장은 시민으로서의 책임의식이 견고하고 늘어난 여가와 활기를 누리는 세대 때문이다. 반면 미국 인구의 큰 부분을 이루는 1950년과 1965년 사이에 출생한 베이비붐 세대의 코호트에서는 대조적으로 자원봉사, 특히 공동체 프로젝트에 관련된 자원봉사가 줄어들고 있다. 이런 의미에서 최근 자원봉사의 증가는 사실이지만, 사회적 자본의 광범위한 일반적 하락세를 반증하는 예외는 못 된다. 20세기 말 우리는 자원봉사의 봄이 아니라 초가을을 겪고 있었던 것이다.

또한 개인들끼리 서로 돕는 봉사와 달리 공동체 프로젝트에 관여하는 유형의 자원봉사는 실제로 감소해왔다. 앞의 2장 〈표 1〉에서 우리는 편집자에 편지 보내기 같은 개별적인 시민 행동은 공공회의 참석이나 지역사회 단체에서 일하기 같은 집합적인 시민 행동보다 덜 줄어들었음을 보았다. 이와 유사하게 우리는 아파서 거동을 못

제2부_시민적 참여와 사회적 자본의 변화 경향

하는 사람에게 책 읽어주기 같은 개별적인 선행은 시민적 참여의 전국적 하락에 영향 받지 않았으나, 동네 공원의 새 단장처럼 집단적 노력을 필요로 하는 공동체 프로젝트는 그렇지 못했다는 사실을 지금 발견했다.

자원봉사 활동의 증가는 다른 형태의 시민 참여의 하락을 보충해 주는 자연스러운 평형추라고 해석하는 사람들이 있다. 정부에 환멸을 느낀 보다 젊은 세대들이 자기 스스로 일을 찾아 나서기로 소매를 걷어붙이고 있다는 것이다. 그러나 자원봉사의 새로운 양상은 그러한 낙관적인 가설과 맞지 않는다. 첫째, 자원봉사 활동의 증가는 베이비붐 세대의 나이 들고 시민의식에 충실한 부모 세대에 집중되어 있는 반면, 베이비붐 세대 사이에는 시민적 이탈이 압도적으로 늘어나고 있다.

둘째, 자원봉사는 그 사람이 훌륭한 시민으로서의 자격을 갖추고 정치적 참여도 활발히 하고 있다는 징후의 일부이지 그 대안은 아니다. 자원봉사자들은 그렇지 않은 사람에 비해 정치에 **보다** 관심이 많고 정치 지도자들에 대해 **덜** 냉소적이다. 자원봉사는 그 사람이 어떤 형태로든 정치에 긍정적으로 관여하고 있다는 신호이지 정치 거부의 신호가 아니다. 이것은 젊은 성인들에 대해서도 마찬가지이고, 25년 전이나 21세기로 넘어가는 시점이나 모두 타당한 사실이다. 역으로 정치적 냉소주의자는, 젊은 냉소주의자라고 해도, 자원봉사에 나설 가능성이 **적다.** 20세기의 마지막 몇 십 년 동안 정치적 소외가 크게 높아졌지만, 자원봉사도 늘어났다. 그러나 자원봉사는 정치적 소외의 확대에도 **불구하고** 늘어난 것이지 그것 **때문에** 늘어난 것은 아니다.

이러한 증거는 자원봉사의 미래에 관해 그 어떤 안이한 낙관론도 꺾고 있다. 최근의 성장세는 앞으로 10년 혹은 20년이 지나면 결국

세상을 떠날 세대에 크게 의존해왔기 때문이다. 물론 베이비붐 세대가 2010년 후 은퇴 연령에 도달하여 자원봉사 참여의 수준을 높이게 될 가능성은 있다. 은퇴 이전 그들 자신의 **저조한 참여율**과 비교하면 아마 그렇게 될지도 모른다. 그러나 부모 세대와 비교하면 아마 그렇게 되지 **않을** 것이다. 지금까지 베이비붐 세대 코호트는 부모 세대보다 시민 활동에 계속 덜 참여하는 경향을 보여주었을 뿐 아니라 어떤 면에서는 자식 세대보다도 참여율이 더 적다. 따라서 지난 20년간 자원봉사의 상승 물결이 다음 20년에도 지속될 것이라고 가정하면 위험하다.

나도 역시 그렇지만, 우리는 이렇게 희망할 수 있다. 자원봉사의 새 물결이 밀레니엄 세대에서 용솟음치기 시작한다는 희망 말이다. (〈그림 35〉〈그림 36〉, 그리고 14장에 요약된 증거를 포함하여) 광범위한 증거는 1990년대의 청년 미국인들에게는 그 앞 세대들에서는 찾아볼 수 없었던 자원봉사에 대한 책임감이 나타나고 있음을 시사한다. 이러한 발전이 내가 찾아낸 가장 반가운 신호이다. 특히 이 젊은 자원봉사 정신이 성인이 되어서도 지속되고 개인적 선행을 넘어 사회적 · 정치적 문제와 폭넓게 접합되어 확장되기 시작하면, 미국은 이제 시민적 활력이 새롭게 재생되는 새 시대의 출발점에 설 수 있을 것이다. 그러나 시민으로서의 책임의식과 활동에 투철했던 조부모 세대가 곧 세상을 떠남으로써 생기는 공백, 그리고 오랫동안 시민적 **무관심을** 보여준 부모 세대가 남긴 빈 공간을 메우려면 밀레니엄 세대는 커다란 노력을 기울여야 할 것이다.

제
8
장

호혜성, 정직, 신뢰

당신의 옥수수는 오늘 익었고 내 옥수수는 내일 익을 것이다. 오늘
은 내가 당신을 위해 일하고, 내일은 당신이 나를 도와주면 모두에게
이익이 될 것이다. 나는 당신에 대해 호감이 없으며, 당신도 내게 호
감이 거의 없다는 것을 알고 있다. 따라서 나는 당신의 수지타산을
위해 털끝만큼이라도 수고하지 않을 것이고, 당신의 보답을 기대하며
내 이익을 위해 당신과 함께 일하더라도 나는 내일 당신에게 실망할
것이고, 실없이 당신의 친절을 기대하는 헛수고를 했음을 알게 될 것
이다. 그렇게 되면 나는 당신이 혼자 추수하도록 내버려둘 것이고 당
신도 나와 똑같은 방식으로 행동할 것이다. 계절이 바뀌고 우리 둘은
상호 신뢰와 믿음의 부족으로 인해 수확의 상당 부분을 잃어버릴 것
이다.

—데이비드 흄David Hume, 『인간 본성론』

1. 신뢰와 공동체

사회적 자본의 초석은 포괄적 호혜성generalized reciprocity의 원칙이
다. 그 원칙이란 이렇다. "나는 당장 그 보답으로 무언가 받으리라
는 기대 없이 지금 이 일을 네게 해주겠다. 아마 네게 알리지도 않
고 할지도 모른다. 앞으로 너 혹은 다른 누군가가 그 보답을 해줄
것이라고 확신하면서." 철학자 마이클 테일러Michael Taylor는 『공동체,
무정부, 자유Community, Anarchy, Liberty』에서 이렇게 지적했다.

> 호혜성의 체계 내에서 각 개인의 행동은 단기적 이타주의와 장기적
> 자기 이익이라고 부를 만한 것들이 결합되어 있는 특징을 보인다. 나
> 는 언젠가 당신이 나에게 도움이 될 것이라는 (막연하고 불확실하며
> 계산적이지 않은) 기대감에서 지금 당신을 돕는다. 호혜성은 단기적
> 으로는 이타적인 (박애주의자의 노고를 통해 타인을 이롭게 하는) 일
> 련의 행동들로 구성되어 있지만, 이 행동들이 모두 합쳐지면 모든 참
> 여자를 더 좋아지게 만든다.

포괄적 호혜성의 규범은 문명화된 생활에 지극히 근본적인 요소
이기 때문에 모든 저명한 도덕 규칙에는 '무엇이든지 남에게 대접
을 받고자 하는 대로 너희도 남을 대접하라'는 황금률에 해당하는
조항이 들어 있다. 역으로 이 원칙을 풍자적으로 뒤집어놓은 '사람
들이 네게 하기 전에 네가 먼저 그들에게 하라'는 '자기 중심주의
시대'의 이기심의 전형적 표현이다.

19세기 초 토크빌이 미국을 방문했을 때, 그는 미국인이 어떻게
서로를 이용하려는 유혹에 넘어가지 않고 자기 이웃을 배려하는지
보고 충격을 받았다. 토크빌이 지적했듯 미국인이 인간으로서는 도

저히 불가능한 이상주의적인 무념무사無念無私의 규칙을 지켜서가 아니라 '올바르게 이해된 자기 이익self-interest rightly understood'을 추구하기 때문에 미국 민주주의는 작동했다.

바람에 쓸려 이웃집 마당으로 날아가기 전에 나뭇잎 긁어두기, 주차 미터기에 넣을 10센트 동전을 낯선 사람에게 빌려주기, 친구 집에 도둑이 들지 않나 지켜봐주기, 주일학교 간식거리 교대로 싸가기, 아래층 마약중독자의 어린이 돌보기 등 포괄적 호혜성의 규칙을 지키는 공동체 구성원은 흄의 농부들이 서로 품앗이를 함으로써 전보다 더 좋아지듯이 자신들의 이기심이 보답을 받을 것임을 곧 안다.

잔디 긁어주기 같은 일은 호의에 대한 보답이 즉각 돌아오고 계산은 간단하다. 그러나 방치된 어린이를 주민들이 돌보는 그런 공동체에 살면서 얻게 되는 혜택처럼 보답이 장기적이고 확실하지 않은 경우도 많다. 이런 극단적인 경우에 포괄적 호혜성은 이타심과 구분하기 어렵고, 이기심이라는 이름을 붙이기 어렵다. 그렇지만 토크빌이 '올바르게 이해된 자기 이익'이라고 통찰력 있게 간파한 것은 바로 그런 경우들이다.

상업적 거래처럼 우리 일상생활에도 크고 작은 일에 서로 거래가 있으며, 거기에는 비용이 든다. 우리들이 서로서로 상대방에 대한 경계심을 약간 해소할 수 있다면, 경제학자들이 '거래 비용'이라고 부르는 것이 줄어든다. 경제학자들이 최근에 밝혔듯 다른 조건들이 동일하다면 신뢰성 높은 공동체는 측정할 수 있을 정도로 확실한 경제적 장점을 갖고 있다. 점원에게 거스름돈을 제대로 받았는지 신경 쓰는 일에서부터 자동차 문을 잘 잠그고 왔는지 재차 확인하는 일까지 우리는 일상생활에서 거의 감지할 수 없는 수많은 스트레스를 받으며 살아가고 있다는 사실을 생각해본다면, 신뢰성 높은 공동체에서 평균수명이 늘어난다는 사실을 공중보건 연구자들이 발견했다는 데 수긍이 갈 것이다. 물물교환보다 화폐가 능률적인 이유와 마찬가지로 포괄적 호혜성에 의지하는 사회는 서로를 의심하는 사회보다 능률적이다. 정직과 신뢰는 사회생활에서 생기는 필연적 마찰을 줄여주는 윤활유이다.

'정직이 최선의 방책'이라는 말은 귀에 못이 박히게 들은 상투적 표현이 아니라 현명한 격언임이 판명된다. 단 다른 사람들도 같은 원칙을 준수하는 경우에만 그렇다. 사회적 신뢰는 공동체의 귀중한 자산이다. 단 그것이 지켜진다는 보장이 있는 경우에만 그렇다. 배신하지 않을까 서로 두려워하며 협력하지 않는 것보다는 우리들이 서로에 대해 정직할 때 여러분과 나는 훨씬 더 좋은 이득을 누릴 수 있다. 그러나 불신이 넘쳐나는 시대에는 성인聖人이 되고자 마음먹은 사람들이나 정직함 속에서 행복을 얻을 것이다. **포괄적 호혜성은 공동체의 자산이지만, 공동체 구성원들이 멍청하게 잘 속아 넘어가는 것은 그렇지 않다.** 단순한 믿음이 아니라 신뢰성이 핵심 요소이다.

잘못을 저지르기 쉬운 인간들로 이루어진 사회에서 우리는 다른 사람도 신용을 잘 지킬 것이라고 어떻게 보장할 수 있을까? 법률 체계가 그 강력한 수단이다. 그런데 각자 자기 잔디를 깎을 것인지, 주일학교 간식 당번을 어떻게 정할 것인지 같은 가장 단순한 약속을 정하고 실행하는 데도 법률 자문과 경찰이 필요하다면, 결국 거래 비용이 상승해 서로에게 많은 도움을 주는 협력 행위에서 생기는 이익을 다 갉아먹고 만다. 신뢰 (그리고 마피아) 문제를 연구하는 디에고 감베타Diego Gambetta의 지적대로 "신뢰를 유지하는 데 무력 사용에 높이 의존하는 사회는 다른 수단으로 신뢰가 유지되는 사회보다 비효율적이고 비용도 많이 들며 불쾌하다."

사회과학이 최근에 발견했듯 또 다른 해결책은 우리의 일상적 거

제2부 _ 시민적 참여와 사회적 자본의 변화 경향

래가 진행되는 사회의 짜임새에 있다. 포괄적 호혜성의 효과적 규범을 떠받치는 것은 사회적 교환의 조밀한 네트워크이다. 협력할 의향이 있는 두 사람이 촘촘하게 결합된 공동체의 구성원이라면, 그들은 미래에도 계속 서로 만나게 될 가능성이 높다. 아니면 서로의 소식을 풍문을 통해서라도 들을 것이다. 따라서 그들에게는 일시적인 속임수를 통해 얻는 이익보다는 믿을 만한 사람이라는 평판을 얻는 편이 더 중요하다. 이런 의미에서 정직성은 조밀한 사회적 네트워크에 의해 고양된다.

개인적 경험에 근거한 정직성과 일반적인 공동체 규범에 기반을 둔 정직성, 즉 오랫동안 서로 알고 지내는 사이라 골목 구멍가게 주인을 신뢰하는 것과 지난 주 커피숍에서 처음으로 가볍게 인사를 나눈 어떤 사람을 신뢰하는 것은 중요한 차이가 있다. 보다 넓은 네트워크 속에 둥지를 튼 든든하고 빈번한 인간관계 안에 깊이 자리 잡은 신뢰를 때때로 '두터운 신뢰thick trust'라고 부른다. 반면 커피숍에서 새로 알게 된 사람 같은 '일반적 타자'에 대한 신뢰는 이보다는 엷게 마련이지만, 그것 역시 공유된 사회적 네트워크와 호혜성의 기대라는 배경에 묵시적으로 의존하고 있다.[1]

엷은 신뢰는 두터운 신뢰보다 훨씬 더 유용한데, 우리가 개인적으로 알 수 있는 사람들의 범위를 넘어 신뢰의 반경을 확장하기 때문이다.[2] 그러나 공동체의 사회적 짜임새가 느슨해지면서 개인의 평판을 전달하고 유지하는 효율성이 떨어지고, 그에 따라 정직성의 규범, 포괄적 호혜성, 그리고 엷은 신뢰를 떠받치는 힘도 약해진다.

---

1) '일반적 타자(generalized other)'는 개인적 접촉이나 경험은 그리 많지 않은 사람이나 집단을 가리킨다.
2) '두터운 신뢰'와 '엷은 신뢰'는 연속선의 양끝을 가리킨다. '두터운 신뢰'는 가까운 사람에게만 신뢰를 보내기 때문에 반경이 좁고, '엷은 신뢰'는 사회적 거리가 먼 사람들도 신뢰하기 때문에 그 반경이 넓다.

내가 '엷은 신뢰thin trust'라고 이름 붙인 것을 정치학자 웬디 란Wendy Rahn과 존 트랜슈John Transue는 "사회적 혹은 일반적 신뢰는 대부분의 사람을, 직접 경험해보지 못한 사람조차도 정직하고 신뢰할 만하다고 추정하는 태도로 볼 수 있다"고 지적했다. 이런 의미에서 사회적 신뢰는 다른 여러 형태의 시민적 참여와 사회적 자본과 강하게 결부되어 있다.

다른 조건들이 동일하다면, 자신의 동료를 신뢰하는 사람이 자원봉사도 더 자주 하고, 자선사업에 더 많이 기부하고, 정치 단체와 지역 공동체 단체에 더 자주 참석하고, 배심원도 기꺼이 맡고, 헌혈도 더 자주 하고, 세금 신고서도 더 정직하게 작성하고, 사회적 소수의 생각에 더 관용적 태도를 보이고, 그 외 시민으로서의 선행을 더 많이 한다. 또한 공동체 생활에 더 적극적인 사람일수록 세금 신고서, 보험금 청구, 은행 대출 신청서, 직장 입사 원서 등의 허위 기록을 너그럽게 봐줄(사생활에서조차도) 가능성이 적다. 역으로, 실험 심리학자들은 다른 사람들이 정직하다고 믿는 사람은 거짓말, 속임수, 도둑질할 가능성이 적으며 타인의 권리를 존중할 가능성이 높다는 사실을 밝혀냈다. 그런 의미에서 정직성, 시민적 참여, 사회적 신뢰는 서로를 보완한다.

간단하게 말하자면 타인을 신뢰하는 사람은 다방면에 걸쳐 좋은 시민이며, 공동체 생활에 보다 적극적으로 관여하는 사람은 남을 잘 믿고 그 자신도 신뢰할 만한 인물이다. 역으로 시민 활동에 참여하지 않는 사람은 스스로가 악인들에게 둘러싸여 있다고 믿으며, 정직해야 한다는 의무감에 덜 구속된다. 그렇지만 시민적 참여, 호혜성, 정직성, 사회적 신뢰 사이의 인과관계는 잘 섞은 스파게티처럼 복잡하게 엉켜 있다. 주의 깊은, 때로는 실험을 동반한 연구만이 이 각 요소들의 비중과 상관관계를 결정적으로 파악할 수 있을 것이다. 현재로서는 이들이 서로 연결되어 하나의 증후를 형성한다고 인정할 필요가 있다.

이런 어려움은 있지만, 최근 수십 년 동안 미국의 사회적 자본의 경향에 관한 증상을 테스트하는 방법은 호혜성과 사회적 신뢰가 어떻게 변화해왔는지 살펴보는 것이다. 여기에는 우리가 잘 아는 사람에 대한 두터운 신뢰뿐 아니라 익명의 타인에 대한 엷은 신뢰도 포함된다. 이 장에서 핵심 질문은 이렇다. "우리가 앞에서 찾아냈던 미국의 사회적 자본과 시민적 참여의 변화 경향은 정직성과 사회적 신뢰의 경향에 어떻게 반영되었는가?"

2. 사회적 신뢰

여기서 우리의 주제는 사회적 신뢰이지 정부를 비롯한 그 밖의 사회적 제도에 대한 신뢰가 **아니다**. 타인에 대한 신뢰는 제도와 정치 권위에 대한 신뢰와 논리적으로 다르다. 우리는 이웃을 쉽게 신뢰하는 반면 시 당국은 불신할 수 있다. 그 역도 마찬가지이다. 경험적으로 보면 사회적 신뢰와 정치적 신뢰는 상관관계가 있을 수도 없을 수도 있지만, 이론적으로 이 둘은 별개로 다루어야 한다. 정부에 대한 신뢰는 사회적 신뢰의 원인일 수도 있고 결과일 수도 있지만, 그것은 사회적 신뢰와 **같은 것이 아니다**.

다행히 사회 조사원들은 수십 년 동안 미국인에게 사회적 신뢰와 정직성에 관한 표준적 질문을 계속해오고 있었다. 그런데 불행하게도 응답 자료들은 아무리 해도 지울 수 없는 모호함을 안고 있다. 예를 들어 사회 조사의 가장 흔한 질문은 이렇게 되어 있다. "일반적으로 여러분은 어떻게 말씀하시겠습니까? 대부분의 사람을 신뢰할 수 있다, 아니면 사람을 조심스럽게 대해야 한다." 이 질문은 분명히 일반적 타자에 대한 신뢰성, 즉 엷은 신뢰에 관한 감정을 묻고 있지만, 응답의 의미는 한 가지 점에서 아주 모호하다.

"대부분의 사람을 신뢰할 수 있다"고 대답하는 응답자의 수가 나날이 줄었다면, 다음 셋 중 어느 하나를 의미할 것이다. 1)응답자들은 실제로 요즘은 정직성을 찾기 어렵다는 사실을 정확히 알려주고 있다. 2)다른 사람의 행동은 변하지 않았는데, 우리가 편집증 환자가 되었다. 3)우리의 윤리적 요구와 타인의 행동은 실제로 변하지 않았는데, 아마 언론의 우울한 보도 때문에 타인의 속임수에 관해 보다 많은 정보를 지금 갖고 있다.

이 중에서 무엇이 올바른 뜻인지 찾아내기란 같은 반 아이들이 불공평하게 대한다고 투덜대는 유치원생의 말이 정확히 무슨 뜻인지 알아내는 것만큼이나 어려운 일이다. 그러나 사회적 신뢰의 사회지리학social geography은 정직성과 신뢰에 관한 조사 자료들은 명백히 응답자의 사회적 경험을 정확히 반영한 것으로 해석되어야 한다고 시사한다. 사실상 모든 사회에서 '못 가진 사람'은 '가진 사람'보다 사람을 덜 믿는다. 아마 가진 사람들은 남에게 보다 존중받고 정직한 대접을 받기 때문일 것이다.

미국에서는 백인보다는 흑인이, 재산이 풍족한 사람보다는 쪼들리는 사람들이, 소도시보다는 대도시 주민들이, 범죄의 희생자가 되었거나 이혼 경험이 있는 사람들이 그렇지 않은 사람보다 낮은 사회적 신뢰를 표출한다. 각각의 경우에 이러한 불신의 패턴은 개인의 실제 경험을 반영한 것이지 불신에 대해 서로 다른 심리적 성향을 보인 것이 아니다. 이런 사람들이 조사원들에게 대부분의 사람은 믿을 수 없다고 대답했을 때 그들은 환각에 빠져 있었던 것이 아니라 자신들의 경험을 그대로 알려주었을 뿐이다.

예를 들어 도시의 크기를 보자. 앞의 여러 장에서도 살펴보았듯 자원봉사, 공동체 프로젝트 참여, 자선 사업 기부, 낯선 사람 안내해주기, 병자 돌보기 등 사실상 거의 모든 형태의 이타심은 소도시에서 훨씬 더 보편적이다. 모든 종류의 범죄율은 도시에서 2배 혹은 3배 높다(범죄의 희생자들은 거주지에 관계없이 사회적 신뢰의 감소를 표현하는데, 범죄율 증가는 타인에 대한 신뢰성의 감소를 입증하는 완벽한 최신 자료이다). 손님에게 더 받은 돈을 되돌려줄 가능성은 대도시보다 중소도시의 가게 직원 쪽이 더 높다. 역시 대도시보다는 중소도시 주민이 '잘못 걸려온 전화'에도 친절히 응대해서 도와주는 경향이 있다. 세금 신고서, 구직 신청서, 보험금 청구, 은행 대출 신청 서류의 허위 작성이 묵인되는 것도 대도시에서 3배 더 높은 듯하다. 중소도시의 자동차 정비소는 대도시 정비소에 비해 불필요한 수리를 훨씬 덜 한다.

간단하게 말해 대도시 주민이 표출하는 일반적 타자에 대한 다소 강한 불신은 도시 생활이 주는 독특한 과대망상 탓이 아니라 그 환경 속에서 자신이 겪은 실제 경험과 사회적 규범을 실제로 반영하고 있다. 물론 도시의 느슨한 일상적인 사회적 통제는 '도시의 공기는 사람을 자유롭게 한다'는 중세의 격언처럼 도시를 보다 자유로운 삶의 공간으로 만든다. 엷은 신뢰의 약화는 바로 그 자유를 얻는 데 치른 공정한 대가일 수도 있다. 그렇지만 도시인이 사회적 불신을 표출했을 때, 그들은 자신의 사회적 환경에 대한 어떤 사실을 정확하게 알려주고 있다.[3]

---

3) 포괄적 호혜성에 관한 보고의 정확성을 입증해주는 국제적인 증거가 있다. 『리더스 다이제스트』에서 실시한 실험이다. 현금 50달러, 그리고 주인의 이름과 주소가 적힌 명함을 넣은 지갑 4백 개를 14개 유럽 국가의 도시 길거리에 떨어뜨렸다. 지갑이 그대로 돌아오는 비율은 표준적인 사회적 신뢰도에 관한 해당 국가의 점수와 밀접하게 부합했다(r=.67). 다른 말로 하자면 "대부분의 사람은 신뢰할 수 있다"고 응답한 시

물론 사회적 불신이 순수하게 객관적인 것은 아니다. 여기에는 어느 정도 개인적 냉소, 과대망상, 심지어 자신의 부정직한 성향을 토대로 내린 추측까지도 반영되어 있다. 스스로를 신뢰할 수 없다고 느끼는 사람은 다른 사람도 덜 신뢰한다. 실제로 사회적 신뢰는 나선형의 악순환(혹은 선순환)을 만들어낸다. 즉 다른 사람의 신뢰성에 대한 내 기대감은 나 자신의 신뢰성에 영향을 끼치고, 이것은 다시 다른 사람의 행동에 영향을 끼친다. 그렇지만 우리는 '대부분의 사람은 정직하다'는 대답, '조심스럽게 대해야 한다'는 대답에는 모두 스스로의 경험이 충실하게 농축되어 있다는 보다 단순한 가정에서 출발해야 한다. 또한 우리는 호혜성과 일반적 신뢰처럼 어떤 근본적인 것에 대한 생각은 삶의 초기 단계에서 겪은 개인적 경험과 사회적 관습에 특히 영향을 받는다고 가정하는 것이 타당하다. 그래서 우리는 이 시기를 '형성기'라고 부르지 않는가.

오늘날 대부분의 미국인은 신뢰도가 떨어진 사회에 살고 있다고 믿는다. 이것은 우리 부모 세대보다 높은 수치이다. 〈그림 37〉에서 보듯 1952년의 미국인은 우리 사회가 과거와 마찬가지로 도덕적으로 정직한 것이냐는 문제를 놓고 50 대 50으로 의견이 엇갈렸다. 그러나 거의 40년 동안이나 냉소주의가 확산되면서 미국 사회가 과거보다 정직성과 도덕심이 떨어졌다고 믿는 사람의 차이는 1998년에 오면 3 대 1의 격차로 벌어진다. 그렇지만 이런 변화는 그저 과거의 향수가 유행하고 있음을 입증하는 것일지도 모른다.

또 다른 조사 자료들을 동원하면 '과거의 향수'를 최소한 일정 정도 걸러낼 수 있다. 사회적 신뢰에 대해 우리 앞 세대들은 어떻게

민이 많은 곳에서는 회수율이 높았고, "사람을 조심스럽게 대해야 한다"고 대답한 시민이 많은 곳에서는 회수율이 낮았다. 시민들의 대답은 자기의 경험을 올바르게 반영한 것이다.

　　　　　제2부 _ 시민적 참여와 사회적 자본의 변화 경향

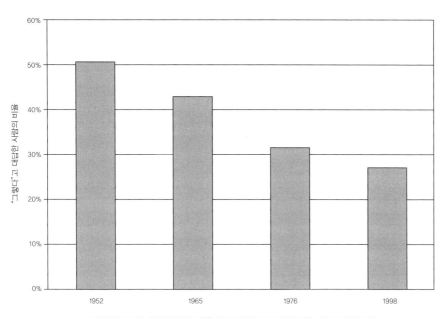

일반적으로 요즘 사람이 예전처럼 착한 삶, 즉 정직하고 도덕적인 삶을 산다고 생각합니까?

그림 37 _ 정직성과 도덕성의 인식 하락, 1952~1998

느끼고 있었을까 하는 현재 우리의 상상이 아니라, 같은 질문을 받고 당시 그 세대가 실제로 응답한 내용과 우리가 오늘날 느끼고 있는 감정을 비교함으로써 가능하다. 현재 가능한 최선의 자료들을 통해 보면 사회적 자본의 여러 다른 척도들이 그렇듯 사회적 신뢰역시 1940년대 중반부터 60년대 중반까지 상승하여 1964년에 정점에 도달했다. 아마 1960년대의 중년 미국인은 그들이 쭉 성장해왔던 시절보다 신뢰성이 더 **높은** 사회에서 살고 있었던 것 같다.

그러나 이 기특한 경향은 1960년대 중반부터 뒤집어져 사회적 신뢰의 장기적 하락세가 시작된다(〈그림 38〉 참조). '대부분의 사람을 신뢰할 수 있다'고 단언하는 사람의 수는 해마다 줄어들고 있다. 사람을 상대할 때 '조심스럽게 대해야 한다'고 주의하는 사람들은 해

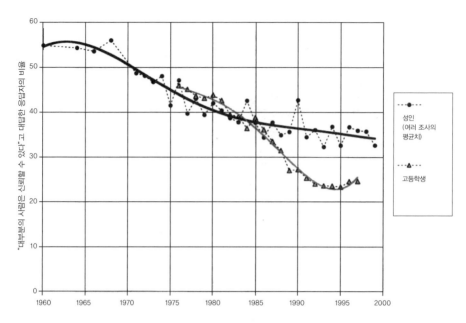

그림 38 _ 40년 동안 신뢰의 감소 : 성인과 10대, 1960~1999

마다 늘어나고 있다. 일반적인 호혜성과 정직성이 중요한 사회적 윤활유라면 오늘날 미국인들은 한 세대 전 우리의 부모와 조부모보다 일상생활에서 더 많은 마찰을 겪고 있다. 〈그림 38〉이 보여주듯이 사회적 신뢰의 하락은 특히 1985년 이후에는 보다 젊은 층에서 훨씬 더 가파르게 진행되고 있다.

1960년대 이후 미국에서 사회적 신뢰의 하락은 대부분, 전부는 아닐지라도, 세대교체의 탓으로 볼 수 있다. 또한 지난 10년 혹은 20년 동안 세대에 따른 인식의 격차는 가속화되는 경향을 나타내왔다. 20세기의 첫 3분의 1에 해당하는 시기에 출생한 미국인의 약 80퍼센트가 1970년대에는 '대부분의 사람은 정직하다'고 믿었으며, 1990년대 후반에도 여전히 그 같은 낙관적인 생각이 거의 줄어들지 않은 채 유지되고 있다(〈그림 39〉 참조). 그러나 이들이 인구에서 차지하

　　　　　　　　　　제2부 _ 시민적 참여와 사회적 자본의 변화 경향

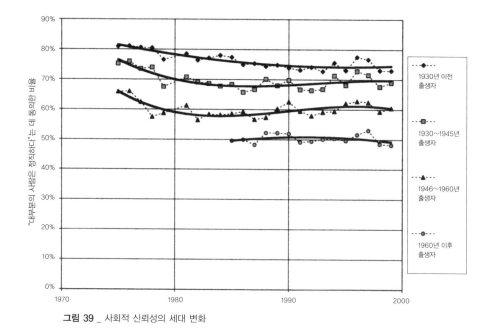

그림 39 _ 사회적 신뢰성의 세대 변화

는 몫은 1975년에는 거의 성인 2명당 1명이었지만, 1998년에는 8명 당 간신히 1명이 되는 정도로 줄어들었다. 또한 1970년대에는 1930년 에서 1945년 사이 출생자 중 약 75퍼센트가 타인의 본질적 정직성 을 신뢰했으며 이 생각은 그 이후에도 거의 변하지 않았다.

(1946년에서 1960년 사이 출생한) 베이비붐 세대도 1970년대에는 '대부분의 사람을 신뢰한다'고 동의했으며 이 또한 90년대 후반이 되어도 바뀌지 않았다. 마지막으로 세대 위계의 제일 아래 있는 부 분, 즉 1960년대 이후 출생한 미국인은 70년대 중반에는 아직 청년 이 못 되었다. 그렇지만 이 코호트가 80년대 중반에 성년기에 진입 하기 시작한 이후 그들 중 약 절반이 '대부분의 사람들은 정직하다' 는 생각을 부정하고 있다. 남을 믿지 못하는 이 젊은 세대는 1999년 이 되면서 성인 인구의 거의 3분의 1을 구성하고 있다.

베이비붐 세대 이후 출생자들이 보여주는 태도를 보다 상세히 검토해보아도 인식의 세대별 격차라는 일반적 모습을 재확인할 수 있을 뿐이다. 1970년대에 출생한 응답자들은 사회적 신뢰에 관한 이 일련의 조사가 시작되었을 때 5세 이하였다. 1998~1999년에 오면 이들은 미국 총 인구의 10퍼센트를 구성할 정도로 빠르게 성장했는데, 그중 40퍼센트만이 '대부분의 사람은 정직하다'는 데 동의했다. 간단히 말해 거의 80퍼센트의 긍정적 대답을 보여준 세대는 20세기 말이 되면서 빠르게 사라지고, 50퍼센트에 채 못 미치는 긍정적 대답을 보여주는 세대들이 그 자리를 메우고 있다. **각 개별 코호트의 신뢰성은 예전과 거의 변화가 없지만** 사회 전체적으로 그 필연적 결과는 사회적 신뢰의 꾸준한 하락이다.

사회적 신뢰의 표출은 아마 성장기의 경험이 크게 작용된 개인적 경험의 반영으로 보아야 한다는 것이 해석상의 기본 가정이었다. 곧 미국 젊은이 사이에서 사회적 불신은 성격적 결함이 아니라 최근 수십 년의 사회상을 비쳐주는 거울로 보아야 한다. 사실상 젊은이들은 자기들이 겪은 바로는 대다수의 사람을 실제로 신뢰할 수 **없다**고 우리에게 이야기하고 있는 것이다. 아마 개인적인 친구에 대한 믿음 같은 두터운 신뢰는 일부 X세대가 믿고 있듯 예나 지금이나 튼튼할 것이다. 그러나 엷은 신뢰, 즉 여러분이 커피숍에서 가볍게 인사를 나눈 사람과 여러분 사이의 느슨한 유대, 미국처럼 복잡한 대규모 사회에서 필수적인 윤활유 구실을 하는 유대 관계는 점점 더 희박해지고 있다.

일반적 신뢰와 포괄적 호혜성의 하락을 보여주는 증거는 사회 조사 자체에 대한 답변 거부 비율에서도 나타난다. 이 비율은 1960년대 이후 2배 이상 늘어났다. 1940년대에서 60년대까지 사회 조사 협조 비율은 약간 증가했을 수도 있다. 이 시기는 사회적 신뢰와 사회적 자본의 여러 다른 지표들이 상승하고 있던 때였지만 사회 조사 협조 비율도 일관되게 상승하지는 않았다. 하지만 1970년대가 되면 응답 비율은 분명 떨어지고 있었다.

사회 조사 응답 비율에 관한 가장 최근의 포괄적인 연구는 그러한 경향을 확인해주는데, 그 이유의 일부는 사회적 연계의 해체에 있는 것으로 보인다. 재미있는 사실은 최근의 응답 거부는 면접 조사와 전화 인터뷰의 경우에 심하게 나타나지 우편 조사에는 해당되지 **않는다**는 점이다. 이 패턴은 사람들이 단순히 질문에 응답하기 싫어서가 아니라 익명의 타인과의 개인적 접촉이 주는 실체를 알 수 없는 어떤 위협 때문인 것으로 보는 것이 좋을 듯하다.

타인에 대한 막연한 불안과 걱정은 전화번호부에 등록되지 않은 번호가 지난 20년 동안 3분의 2 증가했으며, 자기 집 전화에 미리 등록하지 않은 번호에 대한 수신 거부 서비스 이용이 1980년대 말에서 90년대 말까지 3배 이상 증가해온 이유를 설명해줄 수 있을 것이다. 흥미롭게도 수신 거부 서비스의 이용을 예측하게 해주는 지표는 풍요나 도시화가 아니라 청년들이다. 45세 이하는 65세 이상에 비해 수신 거부 서비스를 이용할 가능성이 2배 더 높다. 물론 65세 이상은 사회적 신뢰도가 더 높고 시민 활동 참여율도 더 활발한 사람들이다. 단순하게 기술 발전이 이 모든 변화를 가능하게 해준 것이 아니냐고 대답할지 모르겠지만, 그러한 기술 자체는 분명히 시장에 수요가 생겨서 나온 것이다.

호혜성(그리고 그 가까운 사촌인 정중함)의 쇠퇴를 보여주는 또 다른 신호들도 통계적으로 나타낼 수 있다. 우편물 사회 조사에 응답한 후 자발적으로 보내주는 일 역시 1960년과 1990년 사이 4분의 1 이상 줄었다. 1990년의 경우 반송 비율은 청년, 흑인, 그리고 공동체 제도에 참여하지 않는 사람들 사이에서 가장 높게 나타났는데,

이들이 인구 집단들 중 바로 사회적 신뢰가 가장 낮은 집단이다.

재미있는 사실은 정부로부터의 소외 자체는 사실상 아무런 역할도 하지 않은 것으로 나타난다는 점이다. 실제로도 정부는 신뢰하지 않으나 우리 동료 시민들은 신뢰한다는 사람들은 사회 조사에 계속 협조하는 반면, 정부는 신뢰하지만 '일반적 타자'는 신뢰하지 않는 사람들은 그렇지 않다. 우리 눈에 다른 사람들 역시 공정하게 활동하고 자기 몫을 다한다고 비친다면, 우리도 그렇게 하는 것이다. 그렇게 보이지 않으면 우리 역시 안 하는 것이다. 그리고 '그렇지 않다'고 대답하는 사람들의 수가 나날이 늘어나고 있다.

일반적 타자에 대한 페어플레이가 오늘날 줄어들고 있다면, 그것은 낯선 사람들 사이에서도 나타날 수밖에 없다. 익명의 사람들 사이에서 공중도덕이 잘 지켜지는지 점검할 수 있는 중요한 영역이 바로 운전이며, 여기서도 호혜성의 변화 패턴을 찾아볼 수 있다.

'교통안전을 위한 미국 자동차협회 재단'의 연구에 따르면, '폭력 난폭 운전'이 1990년에서 1996년 사이 50퍼센트 이상 증가했다. '국립 고속도로 교통안전 위원회'의 회장은 연간 2만 8천 명의 사망자가 (그런 이름이 생길 정도로 요즘 아주 흔해진) '난폭 운전' 때문에 생긴다고 추산했다. 탁 트인 고속도로에서 과속은 절대 다수의 미국인들이 오랫동안 눈감아주었지만, 1990년대에는 시내에서의 과속도 별로 문제 삼지 않는다. 1953년 갤럽 조사를 보면 25퍼센트의 미국인이 시속 85마일(약 134킬로미터)로 운전해본 적이 있다고 대답했는데, 1991년의 비슷한 갤럽 조사에서는 49퍼센트의 응답이 나왔다.

나이 든 미국인은 뻔뻔하게 법을 위반할 수 있다는 생각 자체를 안 하는 경향이 훨씬 높다. 1991년 갤럽 조사에서는 30세 이하의 모든 운전자들 중 54퍼센트가 속도 제한보다 시속 10마일 정도 초

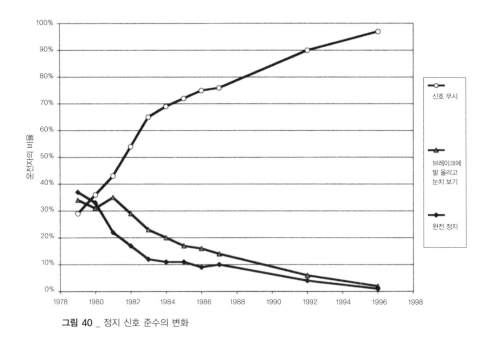

그림 40 _ 정지 신호 준수의 변화

과하는 것은 단속하지 않을 것이라고 추측했는데, 50세 이상 운전자 중 이런 대답을 한 사람은 28퍼센트에 불과했다. 1997년의 경우 사람들이 5년 전보다 더 난폭하게 운전하고 있다는 응답이 도로에서 예의를 지키는 사람들이 늘었다는 응답을 74퍼센트 대 3퍼센트로 압도하였다. 간단히 말해 우리 모두는 다른 운전자들이 요즘 예의가 없다는 사실을 알고 있는데, 따지고 보면 '우리들' 역시 그 다른 운전자 중에 끼어 있다.

고속도로에서 운전 예의가 사라졌다는 농담은 뉴욕 교외 지역의 여러 교차로에 있는 정지 신호 앞에서 운전자의 행동에 대한 장기적 연구로도 확인된다. 〈그림 40〉을 보자. 1979년에는 자동차, 모터사이클 등 모든 종류의 차량 운전자들 중 37퍼센트가 완전 정지를 했으며, 34퍼센트는 브레이크를 밟으며 눈치를 보았고, 29퍼센트는 전혀 정지하지 않았다. 1996년에는 똑같은 교차로에서 97퍼센트의 운전자가 전혀 정지하지 않았다. 엷은 신뢰와 호혜성의 하락을 보여주는 또 다른 자동차 관련 지표인 히치하이킹은 지금은 찾아볼 수가 없으며 통계 자료도 전혀 남아 있지 않다. 그러나 1940년대와 50년대를 살았던 운전자들의 회고에 따르면 심심치 않게 부딪혔던 광경이었음이 틀림없다.

물론 이 각각의 지표에 대해 우리는 하나씩 타당한 이유를 찾을 수 있을지도 모른다. 전화를 이용한 각종 판매 행위의 증가, 난폭 운전자에 대한 언론의 지나친 부각, 치솟는 보험률, 싼 휘발유 가격, 더 많은 자동차, 뉴욕 교외 지역의 인구 구성 변화 등등 여러 이유를 들 수 있을 것이다. 그러나 전체를 놓고 본다면, 부정할 수 없을 정도로 조사 자료에 나타난 엷은 신뢰의 하락이 타인에 대한 우리의 행동에 영향을 끼쳐왔음을 시사한다.

3. 범죄, 소송

정직성과 신뢰성에 대한 하나의 잠재적 척도는 범죄율이다. 〈그림 41〉에서 보듯 미국의 범죄율은 1960년대 중반에 급속히 상승하기 시작했는데 사회적 자본, 사회적 신뢰, 대인對人 신뢰도의 다른 측정치들이 하락하기 시작하던 바로 그때쯤이었다. 어떤 면에서 범죄 자체는 약해진 사회 통제가 밖으로 표출되는 전조라고 할 수 있다. 그러나 다른 한편 범죄율은 청년 인구 비율의 증가, 불법적인 약물(특히 크랙 코카인) 사용의 증가, 상습 범죄자의 감금 비율 등 여러 다른 요소들과 매우 민감하게 반응한다. 1960년 이후 범죄율 상승 원인의 상당 부분을 국가 전반에 걸친 정직성의 하락의 탓으로 보기는 어려울 것이다. 역으로 1990년대 범죄율의 반가운 하락을

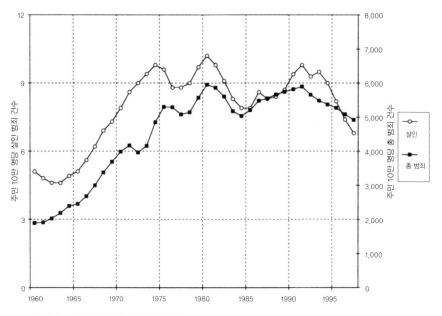

그림 41 _ 미국의 범죄율, 1960~1997

앞으로 미국인의 충실한 법률 준수를 예견해주는 전주곡으로 보는 것 역시 시기상조일 것이다.

우리가 앞에서 보았듯 포괄적 호혜성과 사회적으로 뿌리내린 정직성을 대신하는 하나의 대안이 공식적 계약, 법원, 소송, 판결, 국가에 의한 집행 등을 포괄하는 법의 지배이다. 따라서 엷은 신뢰의 윤활유가 미국 사회에서 증발하고 있다면, 우리는 협조의 토대로서 법에 더 크게 의존하고 있는 현상을 발견할 수 있을지 모른다. 악수만으로는 더 이상 약속을 지키지도 마음이 놓이지도 않으면 아마 공증 계약, 증인 조서, 소환장에 맡기게 될 것이다. 이 가설을 조사하는 한 가지 방법은 법률 시스템에서 국가적 투자의 변화를 검토하는 것이다.

미국에게 20세기는 산업화와 도시주의, 거대 정부와 거대 기업의

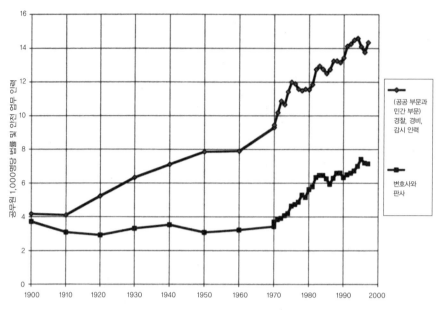

그림 42 _ 1970년 이후 경찰 및 법률 업무의 고용

시대였다. 팽창하는 도시의 무절제와 방종, 현대 상업 거래의 소송 규모, 복지국가 관료들의 협잡에 대한 대중의 공포심을 감안하다면 우리는 미국 경제에서 법률 '거래 비용'의 몫이 20세기 내내 꾸준히 증대해왔음이 틀림없을 것이라고 추측할 수 있다. 그러나 실제로는 〈그림 42〉에서 보듯 경비원, 경찰, 변호사가 미국의 총 노동력에서 차지하는 부분은 20세기 대부분 기간 동안 상대적으로 약간 증가했을 뿐이다.

놀랍게도 인구당 변호사 수는 1900년보다 1970년대에 적었다. 그 동안 미국은 두 차례의 세계대전, 1920년대와 50년대의 엄청난 호경기, 한 번의 대공황, 한 번의 뉴딜, (인구의 60퍼센트가 주민 2천 5백 명 이하의 작은 읍에 사는) 전원 국가에서 (인구의 거의 절반이 대도시에 사는) 거대 도시 국가로의 전환, 가스등과 마차와 잡화점의 경제에서 '제너럴 일렉트릭GE' '제너럴 모터스GM' 'K마트' 등 대기업 경제로의 전환을 겪었다. 그러나 이 경제적·사회적·문화적 혁명들 중 그 어느 것도 미국 경제에서 법률 업무의 비율을 털끝만큼이라도 상승시키지 못했다. 그러나 1970년 이후 인구당 변호사 비율은 갑자기 폭발하여, 그다음 25년 동안 거의 2배로 치솟았고, 그 결과 우리의 국가적 '거래 비용' 항목에 이 부분이 크게 부풀어 올랐다.

1970년 이후 안전과 경비 분야의 고용 인력 증대 속도는 그렇게 놀라울 정도는 아니다. 그렇지만 안전과 경비에 대한 공적·개인적 지출액이 GNP에서 차지하는 몫은 급속히 늘어나 또 하나의 쓸모없는 '거래 비용'으로 자리 잡았다. 인구와 경제 성장을 감안한다고 해도 1970년에 예상되었던 추세보다 1996년의 미국인은 경찰과 경비는 40퍼센트, 변호사와 판사는 150퍼센트 더 보유하고 있다.

더구나 법률 전문직의 거대한 팽창은 모든 전문직의 성장 추세의 일부가 **아니었다.** 1970년 이후 이와 동일한 폭발적 신장세를 보여준 전문직은 하나도 없다. 1970년 이후 법률 전문직은 전문직 전체보다 3배 빨리 성장했다. 1970년까지는 전체 전문직 중에서 법률과 의료 부문이 가장 성장세가 두드러졌으며 둘의 성장률은 거의 비슷했다. 그러나 1970년 이후에는 법률 전문직이 의료 부문보다 2배 빠르게 성장했다.

1970년의 경우 미국에는 의사보다 변호사가 3퍼센트 **적었지만,** 1995년이 되면 변호사가 34퍼센트 **더 많게** 되었다. 20세기의 첫 70년 동안에는 미국 경제가 보다 '기술 집약적'이 됨에 따라 엔지니어에 대한 변호사의 비율은 꾸준히 떨어졌다. 1970년 미국에는 엔지니어 4.5명당 변호사 1명꼴이었다. 그러나 바로 그 시점에서 이 경향은 완전히 역전된다. 1995년이 되면 하이테크 경제에 관한 무성한 논의에도 불구하고 미국에는 엔지니어 2.1명당 1명꼴로 변호사가 있다.

사회 통제와 분쟁 해결에 대한 투자가 우리 사회에서 폭발적으로 증가한 이유는 불분명하다. 공급 측면에서 보자면, 베트남전 징병 유예를 외치는 요란한 함성, 80년대의 인기 TV 드라마 「LA 법정L.A. Law」의 후광, 여성과 유색인종 차별 시정 조치affirmative action 정책의 요구 등이 법과대학원law school 입학생 수의 증가에 영향을 미쳤다고 말하기도 한다. 그런데 보다 당혹스러운 사실은 그렇게 많은 남녀 학생들이 법과대학원에 진학하겠다고 마음먹은 이유가 아니다. 격동으로 점철된 70년이라는 시간을 지나오면서도 일정한 (그리고 훨씬 낮은) 법률 자문의 공급에 만족하면서 살던 우리들이 왜 갑자기 법률 업무에 2배 이상 투자하게 되었느냐 하는 것이다.

수요 측면에서 보면, 1970년 이후 범죄율 상승이 안전과 경비 분야 인력의 증가를 설명하는 중요한 부분임에 틀림없다. 그러나 형사 부문은 변호사의 주요 성장 영역이 아니었다는 사실을 감안하면 범죄 그 자체는 변호사 수요가 2배로 증가하는 데 별 역할을 하지 못했다. 일부에서는 우리가 더 풍요로워지고 사회경제적 복합성이 증대했기 때문에 법률 업무의 수요도 늘었을 뿐이라고 주장한다. 그러면서도 왜 이런 부분이 1970년 이전에는 아무런 영향을 못 미쳤는지 파악하기는 어렵다고 인정한다.

정부 규제의 증가도 그 원인 중의 하나일 수 있겠지만, 복지국가의 탄생과 뉴딜의 조합주의가 1930년대와 40년대에는 아무런 유사 효과를 미치지 못했다는 사실은 놀랍다. 1970년대에 들어 이혼이 급격히 늘어나기 시작했다는 사실도 그 원인 중의 하나인데 이 현상 역시 미국 사회적 자본의 변화와 밀접하게 연결되어 있다. '소송 폭발'이라는 이야기들이 많지만, 주의 깊은 연구는 법원의 소송 사건이 오늘날 일반적으로 폭증하고 있다는 생각에 회의심을 갖게 만든다.

실제로 보면 법률 업무의 수요가 그동안 가장 크게 늘어난 곳은 '예방적 법률 업무'라고 부드럽게 부르는 부문으로 보인다. 미국의 사회와 경제 전반을 통틀어 서류로 남기지 않고서도 상호 이해와 신뢰에 입각하여 약속을 지키던 옛 방식은 이제 더 이상 적절하지도 사려 깊지도 않은 행위로 보인다. 바로 이 경향이 1970년경에 시작한 것이다. 변화가 갑작스럽게 들이닥쳤다는 점, 그리고 그 변화가 70년에 시작되었다는 점은 우리가 지금까지 살펴보았던 사회적 자본의 여러 다른 척도들에 나타난 경향과 기분 나쁠 정도로 비슷하다. 부부, 이웃, 사업 파트너, 장래의 사업 파트너, 부모와 자식, 목사와 교구 신도, 기증자와 수혜자 등 우리 모두는 갑자기 '서류로 작성하기'를 요구하기 시작했다. 법학 교수 마크 갤런터Marc Galanter는 변호사의 역할 확장을 이렇게 요약한다.

　　신체를 순환하는 호르몬의 공급이 줄어들면 이를 보완하기 위해 인공 호르몬의 공급이 필요하듯, 변호사 역시 줄어드는 호혜성, 도덕적 의무, 동료애를 보완할 수 있는 법률적 집행 방법을 고안한다. 〔……〕 변호사는 '인공적 신뢰'를 제공할 수 있는 방법을 고안한다. 〔……〕 변호사는 비인격적인 '냉정한' 신뢰의 생산자인 동시에 구매자이기 때문에, 저렴한 비용으로 문제 해결을 가능하게 해주는 인간적 신뢰라는 경쟁자의 몰락에 따른 최대 수혜자이기도 하다.

　사회적 자본의 하락에 의해 역설적으로 변호사 자신들 사이의 신뢰까지도 훼손되어온 것으로 보인다. 법학 교수 길슨R. J. Gilson과 므누킨Robert Mnookin의 연구를 보면, 사회적 네트워크의 안정성은 하락하고 한탕 위주로 접근하는 변호사들이 증가해옴에 따라, 변호사들은 자신의 정직성에 대한 평판에도 신경을 덜 쓸 뿐 아니라, 이 사실을 누구보다 잘 아는 그들끼리는 동료 변호사를 덜 신뢰하고 협조도 잘 안 한다는 것이다.

우리가 알지 못하는 사이에 서류로 작성하는 데 지출하는 비용은 1970년 이후 꾸준히 늘어났으며, 우리의 분쟁을 예측하고 다루는 변호사를 선임하는 데 쓴 비용 역시 그만큼 늘어났다. 어떤 측면에서 이러한 변화는 우리의 사회적 짜임새에 구멍이 났음을 알려주는 가장 의미 깊은 지표일지도 모른다. 좋은 일에나 나쁜 일에나 우리는 점점 더 공식적 제도에 의존하며, 의존해야 하게끔 강요받고 있다. 전에는 일반적 호혜성에 의해 강화된 비공식적 네트워크, 즉 사회적 자본을 통해 이루어지던 것을 이제는 공식적 제도, 그중에서도 특히 법에 의존해서 달성하고 있다.

소규모 단체, 사회 운동, 인터넷

미국의 모든 단체가 지난 25년 동안 회원을 잃은 것은 아니었으며 모든 사회적 관계가 위축되지는 않았다. 이 장에서 우리는 사회적 자본의 전체적 균형을 평가하기 위해 반드시 중요하게 고려되어야 하는 세 개의 중요한 반대 경향을 살펴보고자 한다.

크기, 개인적 친밀성, 공식성, 비공식성으로 단체들을 분류하면 그 스펙트럼의 한쪽 끝에는 수천만 미국인의 감정적 · 사회적 삶에 중요한 버팀목 역할을 해왔던 '감수성 훈련 그룹encounter group', 독서 모임, 후원 모임, 자조 단체 등을 비롯하여 취미가 비슷하거나 동병상련의 아픔을 앓고 있는 사람들이 만든 무수한 소규모 단체들이 있다.

스펙트럼의 반대쪽에는 20세기의 마지막 3분의 1 동안 미국 전역을 휩쓸었던 일련의 거대한 사회 운동의 흐름이 있다. 그리고 여기에는 흑인 민권 운동에서 시작하여 학생 운동, 평화 운동, 여성 운동, 게이와 레즈비언 운동, 낙태 허용 운동, 낙태에 반대하는 생명권 보호 운동, 동물 권리 보호 운동, 그리고 셀 수 없이 많은 운동으로 이어진 거대한 흐름에서 생겨난 무수한 사회 운동 단체들도 같이 있다.

마지막으로 최근 전자통신, 특히 인터넷의 폭발적 성장은 미국인의 사회적 유대에 어떤 영향을 미쳤는지 검토하지 않을 수 없다(사회 문제 전문가들은 전자통신이라는 말보다는 '컴퓨터 매개 커뮤니케이션 computer mediated communication' 혹은 줄여서 CMC라는 용어를 더 선호한다). 이 새로운 '가상 공동체'가 우리 부모들이 살았던 구식의 물리적 공동체를 대체하고 있는 중이라고 보아도 좋은가? 간단하게 말해 소규모 단체, 사회 운동, 전자통신은 사회적 연계와 시민적 참여의 하락이라는 우리의 판단을 바꿀 정도의 힘을 갖고 있는가?

1. 소규모 단체

소규모 단체 운동의 뛰어난 연구자인 사회학자 로버트 우드나우는 『함께 가기 Sharing the Journey : Support Group and America's New Quest for Community』에서 전체 미국인의 40퍼센트가 스스로 "정기적 모임을 갖고 참여자들에게 후원과 배려를 제공하는 소규모 단체에 현재 관여"하고 있음을 밝혔다고 지적한다. 이 단체들 중 약 절반은 우리가 4장에서 그 쇠퇴 경향을 다루었던 주일학교, 신도 모임, 성경 공부 모임 등을 비롯한 여러 교회 관련 단체들이다. 다른 한편 우드나우와 대화를 나눈 사람의 거의 5퍼센트가 '지체장애 시민 연합'의 지역 지부 혹은 '익명의 알코올 중독자' 같은 자조 단체에 규칙적으로 참가하며, 또 다른 5퍼센트 정도는 독서 토론 모임과 취미 단체에 가입했다고 밝혔다.

우드나우의 조사는 단기적이고 포괄적이지 못하다는 한계는 있지만, 공동체의 개념을 보다 유동적으로 재규정하는 가운데, 사회적 단절을 차단하는 수단으로 소규모 단체 운동을 파악하면서 그것을 미국 사회의 '조용한 혁명'이라는 말로 멋지게 표현했다. 그러한 단체의 회원 5명 중 거의 2명은 회원들 중 누군가 아플 때 다른 회원들이 도움을 주었으며, 5명 중 3명은 단체 밖의 사람들에게까지 도움을 확장해왔고, 5명 중 4명은 회원들에게 단체는 "내가 혼자가 아니라는 느낌을 갖도록 한다"고 대답했다는 것이다. 이러한 소규모 단체들은 분명히 사회적 자본의 중요한 부분을 대표한다. 앞에서 우리는 현재 미국에서 종교적 형태의 사회적 연계성이 갖고 있는 강점과 한계를 검토했다. 그렇다면 종교적 연관이 없는 후원회와 토론회는 어떤 강점과 한계가 있는가?

교육의 확산과 여가 시간의 증대가 맞물려 독서회는 19세기 중반 미국 중산층의 생활에서 중요한 특징으로 등장했다. 예나 지금이나 독서회는 압도적으로 여성에게 인기가 높다. 남북전쟁 이후 70년 동안 참여자들은 지적 '자기계발'에 노력을 기울였으나, 독서회는 또한 자기표현, 돈독한 우정, 그리고 후일 세대가 '의식화'라고 부르는 것들도 장려했다. 이들의 활동 초점은 지적 탐구에서부터 사회·정치 개혁을 북돋는 운동의 일환으로서 지역 공동체 봉사와 시민의식의 향상으로까지 점차 확대되었다.

20세기로 전환될 무렵 한 독서회의 신임 여성 회장은 회원들에게 이렇게 외쳤다. "여러분에게 알려드릴 중요한 소식이 하나 있습니다. 단테는 죽었습니다. 죽은 지 이미 수백 년이나 지났습니다. 이제 우리는 **그의** 연옥을 그만 공부하고 우리 자신에게로 관심사를 돌려야 한다고 생각합니다." 그리고 이런 말이 울려 퍼졌다. "우리는 단테를 읽기보다 직접 행동에 나서야 합니다. 브라우닝Browning의 시를 읽기보다 우리의 존재에 관심을 기울여야 합니다. [……] 너무나 오랫동안 우리는 문학에만 노력을 기울여왔습니다." 이 전환기에 스스로의 활동 영역을 넓혔던 이러한 단체들로부터 1890년대에서 1920년대에 이르는 진보의 시대Progressive Era의 여러 운동들, 즉 여성 참정권 운동을 비롯하여 시민정신에 투철한 여러 주도적 운동들이 탄생하였다.

일상에서 우리가 흔히 접하는 독서회는 엄청난 장수를 누릴 수 있다. 아칸소 주 파이에트빌의 한 독서회는 세대교체가 계속 이루어지면서 35명의 회원이 1926년 이후 한 달에 두 번씩 만나며 지금까지도 남아 있다. 독서회 내부의 진지한 토론을 통해 회원들은 강렬한 개인적, 지적, 가끔씩은 정치적 유대까지도 형성한다. 규칙적 참석자들은 보다 넓은 공동체의 업무에도 적극적으로 관여하게 된다. 단테 강독에서 직접 행동으로 범위가 넓어지는 것이다. 즉 외로운 지적 활동(독서)을 사회적·시민적 활동으로 전환함으로써 토론회는 쉬무저와 마허를 키워내는 비옥한 온상 역할을 한다.

많은 관찰자들은 지금 미국에는 19세기 말과 마찬가지로 독서회가 한창 선풍적 인기를 끌고 있으며, 여러 풀뿌리 단체들 역시 그런 인기를 얻고자 열심히 노력하고 있다고 믿는다. 그러나 불행하게도 이 부푼 기대감을 뒷받침할 만한 증거는 찾기 어렵다. 전체 회원 수는 확실하지 않지만 문학회, 예술회, 토론회에 참여하는 미국인의 숫자는 1960년대나 70년대나 90년대 말이나 거의 비슷한 것으로 보인다. 실제로 그러한 단체의 참여자는 독신 여성과 대학 졸업자 사이에서 가장 높은데, 이 범주에 속하는 미국인의 비율은 30년 혹은 40년 전보다는 지금이 더 높다.

인구 성장까지 감안한다면 오히려 이 단체들의 인기가 활짝 꽃 피우지 못한 채 이어져왔다는 결론이 나온다. 1974년에는 대졸 독신 여성 3명 중 1명이 문학회, 예술회, 연구회, 토론회 등에 가입했지만 1994년에는 4명 중 1명으로 줄어들었다. 이러한 유형의 소규모 단체에 대한 우리의 판단은 양쪽을 모두 고려해야 한다. 즉 그러한 단체들은 시민적 참여와 사회적 자본에는 분명히 공헌하지만, 지난 수십 년 동안 쇠퇴해온 시민 참여를 의미 있게 상쇄할 만큼 그 수가 늘어났다는 증거는 거의 없다.[1]

이와 대조적으로 자조 단체와 후원 단체의 참여는 의문의 여지없이 최근 증가해왔다. 이런 단체들 중 제일 흔한 것은 '12단계 치유법' 단체라고 부르는 각종 중독자들의 치료 모임이다. '익명의 알코올 중독자(1935년 창설)'를 필두로 '익명의 도박 중독자' '익명의 공동 의존증 치료회' 등을 비롯하여 전국적으로 130개 이상의 유사한 중독증 환자 치료 모임이 있다. '익명의 알코올 중독자'는 미국 전체에 약 1백만 회원이 있다고 밝히며, 그 사촌에 해당하는 '알코올 중독자의 가족과 친구를 위한 구제회'는 별도로 40만 회원을 보유하고 있다. 최근에는 특정한 질병을 앓고 있거나 그 밖의 문제를 안고 있는 사람들, 예컨대 근육위축증 환자, 에이즈 환자, 남성 혹은 여성이 혼자 아이를 키우는 가정을 위한 많은 후원 단체들이 늘어나고 있다.

마지막으로 체중 관리 서비스를 제공하는 '제니 크레이그Jenny

---

1) 1967년과 1996년의 조사는 문학, 예술, 연구, 토론 단체의 참여율을 4퍼센트라고 기본적으로 동일하게 계산했다. 로퍼 조사를 토대로 한 나의 분석도 1974년에서 1994년 사이 이러한 단체의 참여율에 의미 있는 변화를 발견하지 못했다. 오히려 교육 수준의 향상과 독신 여성이 늘었다는 사실을 통제하고 보면 의미 있는 하락을 발견했다. 독서 그룹을 위한 전국 프로그램인 '위대한 책(Great Books, 1947년 창설)' 프로그램의 직원에 따르면 1960년대보다 회원 수는 절반으로 줄었다.

Craig'['] '체중 감시자'처럼 상업적으로 조직된 자조 단체와 그 외의 치료 모임들이 있다. 이 모든 단체들의 정확한 회원 수는 입수하기 어렵지만, 최근 실시된 한 전국 조사는 전체 성인의 2퍼센트가 자조 단체 혹은 후원 단체에서 현재 활동하고 있다고 보고했으며, 또 다른 포괄적 연구는 전체 성인의 약 3퍼센트가 **살아 있는 동안** 언젠가 한 번은 이 단체들을 이용한다고 보고했다(어떤 측면에서 보면, 지난 20년 동안 신규 회원과 구회원을 모두 합친 자조 단체의 참여자가 볼링 리그를 탈퇴한 사람에 비해 2 대 1의 비율로 더 많다는 사실을 지적하는 것이 중요하다. 보다 '시민적' 참여를 지향하는 단체들과는 아예 비교하지 않겠다).

자조 단체는 그 참여자에게 가치를 따질 수 없을 정도로 소중한 감정적 후원과 사람들과의 유대감을 제공한다. 우드나우는 이렇게 단언한다. "소규모 단체 운동은 현대 생활이 조직되는 방식에 중요한 요소를 더해주고 있다. 그것은 아주 최근까지도 대부분 조직화되지 않고 개인의 임의적 영역으로 생각되던 사람들 사이의 삶 속으로 공식 단체의 원칙을 확장하고 있다."

일부 전문 의료인들은 이러한 일반인들의 도움과 전문 치료 중 어느 것이 더 우월한지 아직도 논쟁을 펼치고 있지만, 실제로 두 방법은 하나로 결합되고 있다. 캘리포니아의 자조 단체들을 포괄적으로 조사한 한 연구는 60퍼센트 이상이 전문 지식을 갖춘 지도자들을 갖고 있다고 보고했는데, 이것은 자조와 집단 치료 사이의 경계를 지우고 있다. 후원 단체, 특히 그 단체가 제공하는 사람들끼리의 결속은 많은 참여자에게 상당한 건강과 감정적 도움을 준다는 증거들이 계속 늘고 있다.

어떤 면에서 후원 단체들은 조각조각 분해된 사회 속에서 계속 약화되어온 우리의 여러 친밀한 유대 관계를 대신하면서, 보다 전통적인 사회적 네트워크로부터 단절된 사람에게 유대감과 결속력을 불어넣고 있다. 예를 들면 그러한 단체의 참여율은 기혼자보다는 이혼한 독신자들 사이에서 2~4배까지 높다. 자조 단체를 호의적 시각에서 개관한 알프레드 카츠Alfred Katz와 유진 벤더Eugene I. Bender 는 다음과 같은 사실에 주목할 것을 요청한다. "장애인, 가난한 사람, 과거 정신질환자, 혹은 사회적 착취의 대상이나 사회적 인정을 받지 못하는 사람들로 산다는 것은 사회가 이들에게 강제로 부여한 '일탈자'라는 정체성을 끌어안고 사는 것이기도 하다. 〔……〕 우리는 자조 단체를 사회에서 버림받은 이 사람들이 자기 자신과 사회를 재규정하면서 새로운 정체성을 주장하고 또 그러한 정체성을 향해 성장할 수 있는, 준거 집단과의 일체감을 통해 고립감을 극복할 수 있는, 때로는 자신들이 중요하다고 간주하는 사회적 목표와 사회 변화를 지향하며 함께 노력할 수 있도록 해주는 매개 수단으로 본다."

이 단체들의 성장은 과거에는 등한시했던 일련의 문제에 사회적 자본을 적용하여 해결하려는 추세를 반영하고 있다. 동성애자 후원 단체, '지체장애 시민 연합' '비만인 후원 단체' 등은 지금까지 개인 차원에서만 다루던 사회 문제들을 공동체의 공개 토론장으로 끌어들었다. '익명의 알코올 중독자'가 알코올 중독을 사회적·정신적 치료를 필요로 하는 사회 문제로 재규정하는 데 공헌했듯이, 이들 새로운 후원 단체 역시 전에는 개인적 문제로만 생각하던 것들을 공공 영역 안으로 끌어들었다. 따라서 후원 단체들은 다른 방법으로는 사회적 자본에 접근할 수단이 없는 많은 사람에게 여러 가지 중요한 도움을 다방면에서 제공하고 있다.

몇몇 경우 그러한 단체들은 보다 넓은 공공의 목표도 실현하려고 한다. '음주운전을 반대하는 어머니들의 모임' '지체장애 시민 연합' 등의 단체는 이러한 생활 영역으로부터 나타난 최초의 목표와 활동

범위가 그 후 공공 영역으로 어떻게 확대되어왔는지 잘 보여주고 있다. 다른 한편 자조 단체와 후원 단체는 전통적인 시민적 결사체 civic associations와 똑같은 역할을 하지는 않는다. 미국인들이 소속된 22개의 서로 다른 종류의 단체 중 오직 자조 단체의 회원만 그 밖의 다른 형태의 단체들의 가입과 전혀 관련성이 없다. 종교 단체, 청년 단체, 동네 단체, 학교 혹은 일반 봉사 단체, 우애 단체 같은 보다 전통적인 시민적 결사체에 비해 자조 단체들은 투표, 자원봉사, 자선사업 기부, 공동체 문제에의 동참, 이웃과의 교류 같은 규칙적인 공동체 모임의 참여와 그다지 긴밀하게 연결되어 있지 않다. 로버트 우드나우는 이렇게 강조한다.

(이 소규모 단체들이) 창조해낸 공동체는 사람들이 과거에 살았던 공동체와 그 종류가 전혀 다르다. 이 공동체는 개인의 감정 상태에 더 관심을 가지며 보다 유동적이다. 〔……〕 그들이 창조하는 공동체는 쉽게 부서지지 않는다. 그들은 서로를 돕는다. 그들은 자신의 내밀한 문제들을 공유한다. 〔……〕 그러나 또 다른 의미에서 보자면 많은 옹호자의 주장과 달리 소규모 단체들이 공동체를 효과적으로 육성할 것 같지는 않다. 일부 소규모 단체들은 다른 사람들과 함께 있는 가운데 자기 자신의 문제에 집중할 기회를 개인에게 제공할 뿐이다. 회원들을 하나로 묶는 사회적 계약은 이런 식으로 가장 약한 의무만을 내세운다. 시간 있으면 오세요. 기분이 내키면 발언하세요. 모든 사람의 의견을 존중하세요. 절대로 비판하지 마세요. 마음에 들지 않으면 조용히 떠나세요. 〔……〕 우리는 (이 소규모 단체들이) 평생에 걸친 헌신을 필요로 할지 모르는 가족, 이웃, 넓은 공동체와의 따스한 유대감을 실제로 대신해줄 것이라고 상상할 수 있지만, 현실은 그렇지 못하다.[2]

제2부 _ 시민적 참여와 사회적 자본의 변화 경향

2. 사회 운동 단체

(가) 사회 운동의 쇠퇴

소규모 단체와 공적 생활public life의 연계가 때로는 희박하고 찾기도 어려운 반면, 사회 운동과 공적 생활의 연결 관계는 확실하다. 모든 사회 운동은 역사적 근원을 갖고 있지만, 그리고 거의 모든 시대마다 사회 변화를 부르짖는 풀뿌리 단체들이 있었지만, 풀뿌리 사회 변동의 관점에서 보면 20세기의 가장 놀라운 시기는 60년대였다. 흑인 민권 운동의 성공에서 시작하여 대중 동원의 높은 파도가 하나씩 몰아닥치며 뒤로 더 크게 이어졌다. 1964년 버클리 대학의 '자유 발언 운동'에서부터 시카고와 워싱턴으로 이어진 1968년의 대규모 반전 시위, 그 뒤를 이어 수없이 많은 전국 소도시에서 벌어진 70년대의 반전 시위, 1969년 동성애자의 권리를 주장하는 스톤월 인Stonewall Inn 술집의 소요, 70년대 내내 미국 전역의 회의실과 가정에서 벌어진 여성 해방 운동에 관한 분노의 토론, 80년대 낙태 찬성론자와 반대론자의 연이은 대규모 시위가 줄지어 터져 나왔다.

60년대의 사회적 행동주의social activism는 사회 운동에 즉각 동원할 수 있는 시민 행동의 목록을 크게 확장했다. 이 행동들은 이제 시민의 정당한 의견 표출 방법으로 인정받게 되었다. 앨라배마 주의 흑인과 버스에서 시작한 불매 운동은 캘리포니아에서는 농업 노동자들의 포도 불매 운동으로, 이어서 미시간 주 낙태 옹호자의 피자 불매 운동, 플로리다 주에서는 전통적인 가족 가치의 옹호자들이 벌인 놀이공원 이용 거부 운동으로 확산되었다. 한때 많은 지역 공동

---

2) 우드나우는 소규모 단체 중에서도 규모가 큰(회원 20명 이상) 그룹은 보다 넓은 사회적 문제에 주목할 것을 장려하지만, 작은(회원 10명 이하) 그룹은 그렇지 않다고 보고한다.

체 당국자의 분노를 불러일으켰던 저항 행진은 너무 흔한 일이 되어 경찰과 시위대가 같이 어울리게 되었다.

침묵으로 일관했거나 침묵을 강요당했던 좌우 양측의 미국인들은 갑자기 자신감이 치솟으며 공적 생활로 뛰어들었다. 20세기가 저무는 시점에서 보면, 이 사회 운동들이 그동안 미국의 대부분 시민과 지역 공동체에 미친 영향을 과소평가하기란 사실상 불가능하다. 우리의 공적인 영역에서와 마찬가지로 가장 사적인 영역에서도 우리의 행동과 가치는 이 운동들이 남긴 흔적을 안고 있다.

사회 운동과 사회적 자본은 아주 밀접하게 연결되어 있기 때문에 때로는 어느 것이 알이고 어느 것이 닭인지 구분하기 어렵다. 운동을 조직하는 사람에게는 사회적 네트워크가 가장 중요한 자원이다. 역사적으로 독서회는 여성 참정권 운동의 든든한 지주 역할을 해왔다. 스리마일 섬Three Mile Island 원자력 발전소의 방사능 누출 사고 이후 펜실베이니아 주민들의 풀뿌리 저항 운동 참여는 친구 네트워크를 통해 이루어졌지 환경보호 의식 때문이 아니었다. 민권 운동의 절정의 순간이었던 '자유의 여름'에 뛰어든 사람들은 어떤 고귀한 이상이나 자기 이익보다 사회적 유대로 서로 연결되어 있었다. 마찬가지로 최근 개신교 근본주의자들의 보수 단체인 '미국 기독교 연합Christian Coalition'의 저변에는 각 지역 교회 신도들의 유대감이 만들어낸 연대의식이 자리 잡고 있다. 이처럼 사회 운동에는 사회적 자본이 가장 중요하기 때문에, 사회적 자본의 쇠퇴는 사회 운동의 미래에 우울한 전망을 내리지 않을 수 없게 된다.

사회 운동은 새로운 정체성을 형성하고 사회적 네트워크를 확장함으로써 사회적 자본을 **창조**하기도 한다. 기존의 인간적 유대 관계가 '자유의 여름'에 참여하는 자원봉사자를 미시시피 주에 보냈을 뿐 아니라 이 격동의 여름이 달구어낸 열기는 그들에게 평생에 걸친 정체성과 연대의식을 형성하였다. 이 자원봉사자들에 관한 집단적 전기를 쓴 더글라스 매카덤은 "미시시피는 대부분 자원봉사자들에게 커다란 호소력을 갖는 공동체의 비전과 삶의 방식을 접하도록 했다." 그리고 그들은 그 비전을 학생 운동, 평화 운동, 여성 운동, 환경 운동 등을 비롯한 여러 운동 속으로 끌고 나갔다. 또한 "자원봉사자는 앞으로 기꺼이 행동에 나설 마음의 준비를 갖추었을 뿐 아니라, 동료들끼리의 연대 덕택으로 이 신념 위에서 행동을 펼치는 데 구조적으로 보다 유리한 위치를 형성하고 미시시피를 떠났다." 사회학자 케네스 앤드루스Kenneth Andrews가 보여주듯 1960년대 초기 미시시피 주의 민권 운동에서 형성된 공동체의 밑바탕은 그 후 수십 년 동안 각 지역 흑인의 정치적 권리와 힘을 확대시키는 데 영향을 미쳤다.

샌프란시스코의 동성애자 행진, 워싱턴의 국회의사당 앞길을 가득 메우고 기도하는 복음주의자들, 혹은 그보다 일찍 디트로이트 근처 플린트에서 벌어진 자동차 공장 노동자들의 조업 단축 시위 등 비록 이념과 지향이 다르다고 하더라도, 집단 항의 그 자체는 참가자들 사이에 지속적인 연대의식을 창조한다. 역설적이게도 지금은 그 속에 담긴 정치적 의미나 저항의 정신을 빼버린 채 즐겁게 모여 노래 부르는 인기곡들은 본래 치열한 논쟁을 불러일으켰던 사회 운동 속에서 탄생했다. 「오 수잔나Oh! Susanna!」「공화국 찬가Battle Hymn of the Republic」「우리는 승리하리라We Shall Overcome」「저 바람 속에Blowin' in the Wind」 등의 노래들이 바로 그것이다. 집단 항의는 "참여 문화 속에 개인을 단단하게 묶어두며" 그 참여자에게 동질성을 공유하고 강화시키는데, 때로는 이 영향이 그 후손들에게까지 미친다. 즉 풀뿌리 참여와 결합된 사회 운동은 사회적 자본을 실현하는 동시에 새롭게 만들어낸다.

그린피스에서 보수적인 기독교 정치 단체 '도덕적 다수Moral Majority'에 이르기까지 전국적인 '사회 운동 단체'들이 과연 자기 일을 잘 수행하는지는 별개의 문제이다. 1960년대의 사회 운동이 남긴 영향을 호의적으로 평가하는 사회학자 마짓 메이어Margit Mayer 같은 사람조차 그들의 유산은 워싱턴에 본부를 두고 전임full-time·전문·간부가 운영하는 단체로 귀결되는 경우가 많았다고 지적한다. 그리고 이 단체들은 별다른 힘든 수고 없이 재정적으로 자신들을 후원해주는 양심적 지지자들을 발굴하고, "여론에 영향을 미치고 엘리트의 반응과 정책 변화를 이끌어내기 위해 매스 미디어를 능숙하게 다루는 데 집중"하는 "사회 기업인들"이 운영한다는 점에서 공통점을 보인다고 평가하였다. 실제로 사회학자 존 매카시John McCarthy는 전문적인 사회 운동 단체들은 정확하게 "사회적 하부조직의 부족"에 대한 대응책으로서, 곧 "사회 변화를 지지하거나 반대하는 감정은 광범위하게 확산되어 있지만, 이 감정을 동원할 수 있는 하부조직이 막혀 있는" 경우에 등장한다고 주장해왔다.

매카시는 임신중절 합법화 찬성론자와 반대론자들은 모두 여론조사에서 상당한 지지를 모으고 있지만 두 운동은 전혀 달리 조직되어 있다고 지적한다. 반대론자들은 교회에 기반을 둔 수천 개의 풀뿌리 단체에 토대를 두고 있으며, 이러한 기존의 사회적 네트워크를 기반으로 직접 행동을 위한 지지를 효율적으로 동원할 수 있다. 한 가지 사례만 들어보자. 1993년 '전국 생명 권리 보호 위원회'는 전국 7천 개의 지부와 1천 3백만 회원을 보유하고 있다고 밝혔다. 이와 대조적으로 (특히 조직화된 풀뿌리 여성 해방 운동이 1980년대에 쇠퇴하면서) 임신중절 찬성 단체들은 자신을 지지하는 기존의 사회적 하부조직이 없어졌기 때문에 우편물 발송, 전화 광고, 권유, 매스컴 선전을 활용하는 전국적인 선전 단체에 보다 집중적으로 의존할 수밖에 없다.

예컨대 '낙태와 출산의 권리를 옹호하는 전국 행동 연맹'의 회원은 1989년 13만 2천 명에서 1996년에는 거의 50만 명으로 3배 이상 증가했지만, 그다음 2년 동안 19만 명으로 대폭 줄어들었다. 전국 지도부는 그 회원 중에서도 약 3~5퍼센트만이 수표 보내기보다 좀더 노력이 드는 일을 하고 있다고 추산했다. 그처럼 변덕스러운 회원 수의 변동은 단체의 가입이 개인적 네트워크가 아니라 상징적 일체감에 기반을 두고 이루어졌기 때문이다. 사회학자 데브라 민코프Debra Minkoff가 정확하게 지적하듯, "사람과 사람이 마주하는 상호 작용을 확립할 수 있는 기회나 자원이 없는 경우, 고립된 개인들을 연결시킬 수 있도록 동원 가능한 유일한 구조는 그러한 상징적 유대감이 전부일 수도 있다." 하지만 우리는 상징적 연대를 인간적 연대와 혼동해서는 안 된다.

정치 자문 회사들이 때때로 '지상전' 전략과 '공중전' 전략이라고 부르는 이 두 접근법 중 어느 것도 정치적 혹은 도덕적으로 우월하지 않다. 이용 가능한 자원이 서로 다르게 주어져 있기 때문에 상황에 따라 전략 선택이 달라진 것이다. (그 이전의 민권 운동, 그리고 낙태 반대 운동이 동원한) 정치적 지상전은 호혜성의 사회적 네트워크가 이미 조밀하게 갖추어진 '사회적 자본이 풍부한' 환경에 맞는 전략이고, 낙태 찬성 운동의 공중전은 '사회적 자본이 빈약한' 환경에 맞는 전략이다. 후자의 경우 '공중전' 전략을 활용하는 잘 발달된 전국적 사회 운동 단체의 존재는 풀뿌리 참여가 밑바닥에서 이루어지고 있다는 신호가 아니라 그 반대 신호이다.

1960년대(그리고 70년대 초)가 보기 드문 사회적·정치적 동원의 시기였다는 점에는 대부분 동의하고 있다. 이 시기의 역사적 의미는 무엇이었으며 그 다음 시대에는 무엇을 남겼는가? 시민 참여를 향해 나아가는 긴 물결이 절정으로 치솟아 터져 나온 것이 그 시기의 사회 운동들이었는가? 우리가 앞에서 추적했던 여러 형태의 시민 참여와 공동체 운동과 마찬가지로 사회 운동 역시 이 절정기를 지나고는 내리막길을 걸었는가? 그 후 이 저항의 사이클은 쇠퇴하여 사회 운동의 깃발을 여전히 내걸고 있지만 변화를 향한 대규모의 보병 공세가 아니라 방어적인 소규모 공군력을 전개할 뿐인 전문화·관료화된 이익 집단들만 남기고 말았는가? 치열하고 심화된 시민의식이 분출된 그 자랑스러운 시기가 남긴 것은 자동차 범퍼 스티커에 붙은 여러 가지 해방 운동의 구호가 전부인가?

아니면 60년대는 시민적 참여를 견고하고 폭넓게 발전시키며 보다 새롭고 풍요로운 연계성을 확립하여 뒤 세대에 물려주었는가? 즉 '엘리트에 도전하는' 행동이 뿌리를 내리고 서로 다른 여러 명분을 내세운 사람들이 그 운동을 일상에서 지속적으로 전개하는 '운동 사회'를 유산으로 남겼는가? 60년대는 새로운 시대의 탄생을 의미하는가 아니면 한 시대의 절정을 의미하는가?

이 질문에 대한 정확한 대답을 찾기는 대단히 어렵다. 지난 20년 동안 이 분야의 학문적 연구에서 가장 뛰어난 대부분의 업적은 60년대의 추종자들에 의해 이루어졌기 때문에 그런지, 상당수가 참여 확대의 새 시대는 1968년에 서막을 올렸다고 당연히 여기고 있는 듯하다. 물론 특정 운동에 관한 사례 연구들은 운동에 대한 반발, 운동의 쇠퇴, 축소, 심지어는 사회 전반의 침묵을 기술하기도 한다. 예를 들면 대부분의 사회 역사가들은 조직화된 풀뿌리 운동으로서의 민권 운동은 1970년까지 줄어들고 있었으며, 여성 운동은 1982년 남녀 평등 헌법 수정안의 패배와 더불어 쇠퇴하기 시작했다는 데 동의한다. 이와 대조적으로 대부분의 환경 운동 연구는 수백 만 미국인을 시민적 활동으로 끌어들인 그 지속적인 능력에 대해 칭찬을 아끼지 않는다.

(나) 환경 운동

20세기 마지막 40년 동안 미국 환경 운동의 발전은 1960년대 사회 운동의 운명에 유익한 통찰력을 던져준다. '시에라 클럽Sierra Club' '전국 오드본 협회National Audubon Society' 같은 몇몇 중요한 풀뿌리 환경 보존 단체들은 20세기로 막 넘어올 무렵 창설되었으나 현대의 환경보호 운동은 1960년대에 시작하였다. 보도된 바로는 전국적으로 2천만 명이 참여하여 축하를 벌였다는 1970년 4월 22일 '지구의 날Earth Day' 행사를 통해 이 운동은 큰 탄력을 받았다. 그 후 워싱턴에서도 환경보호 운동이 수용되었지만 곧 이어 에너지 위기가 발생하면서 1970년대에는 운동 자체의 회원 증가세가 줄어들었다. 그러나 레이건 행정부의 친기업 정책으로 그동안 환경보호 운동이 이룩한 성과가 사라질 처지가 되자 80년대에는 다시 성장세로 돌아섰다. 한 추산에 따르면 1990년까지 환경 운동 단체는 전국적으로 1만 개 이상에 달했다고 한다.

〈그림 43〉에서 보듯 지난 40년 동안 전국 규모 환경 단체의 회원은 폭발적으로 증가했다. 주요 단체의 회원 수는 1960년에는 12만 5천 명이었으나 1970년에는 1백만, 그리고 1980년에는 2백만으로 2배 증가, 그리고 1990년에는 다시 650만으로 3배 이상 증가했다. 물론 1990년대에는 성장률이 상당히 낮았지만, 양적인 측면에서 이 정도로 놀라운 성장세를 겨룰 만한 단체는 1930년대에서 60년대까지의 PTA 정도가 거의 유일하다. 이 경이적인 성장을 보고 몇몇 열성적인 관찰자들은 '참여 환경주의'라고 말할 정도였다.

'그린피스'는 환경 운동의 발전상을 극명하게 보여주고 있다. 1972년 창립된 그린피스의 회원은 1985년에 80만 명이었으나 1990년

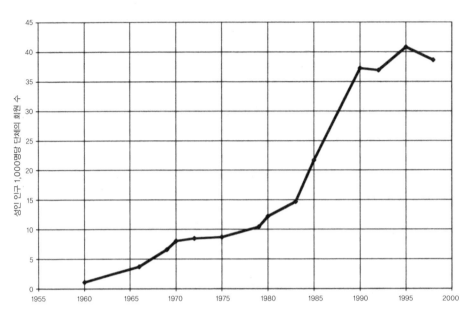

그림 43 _ 전국 규모 환경 단체의 폭발적 성장, 1960~1998

에는 235만 명으로 불과 5년 만에 3배 증가하여, 10년 전에는 자기보다 회원 수가 훨씬 많았던 다른 경쟁 단체들을 앞질러 전국의 환경 단체 중 최대 규모를 자랑하게 되었다. 활동 면에서 가장 가까운 경쟁자인 '전국 야생 동식물 연맹'에 비해 2배 이상의 회원을 보유하고 있을 정도였다. 환경 단체의 이 경이적인 성장은 그 외의 많은 시민운동 단체들이 쇠퇴하고 있었으며 여성 운동조차 이미 시들었던 바로 그 시기에 일어났다. 얼핏 보면 〈그림 43〉은 지난 수십 년 동안 시민 참여의 전반적 하락이 **아니라** 참여의 방향 전환이 이루어졌을 알려주는 강력한 증거이다. 곧 '로터리클럽'이나 '여성 유권자 연맹' 같은 '구식' 단체에서 그린피스와 시에라 클럽 같은 '당대의 문제를 다루는' 단체로 참여의 방향이 바뀌었다는 것이다.

불행히도 이 열광적인 성장세는 우리가 앞에서 '3차tertiary' 단체라는 용어로 불렀던 것, 즉 '회원'이라는 말이 기금 모집을 위한 명예로운 이름에 불과한 단체들이 보유한 우편물 발송 명단의 팽창 때문이다. 그린피스의 가입은 과거 60년대와 70년대 사회 운동의 일부로서 수많은 행진, 집회, 연좌시위 속에 수백 만 학생, 흑인, 게이와 레즈비언, 평화운동가, 낙태 반대자들을 하나로 묶었던 인간적 유대 관계와 시민으로서의 치열한 헌신을 의미하지 않는다(이데올로기적으로 이와 유사한 성격을 갖는 환경 단체는 모두 그렇다). 〈그림 43〉의 획기적인 경향을 만들어낸 핵심적인 기술 혁신은 시민의식의 심화가 아니라 우편물 발송이다.

1965년 '전국 오드본 협회'는 회원 초청장으로 1백만 통의 우편물을 발송했는데, 당시 5만 명 이하의 회원을 보유하던 단체로서는 비정상적으로 높은 수치였다. 그로부터 6년이 지난 1971년 '오드본'의 우편 요금 지출은 2배로 늘었는데, 본부가 2백만 통의 우편물을 발송했던 탓이다. 그때까지는 우편물 발송을 통해 회원이 1년에 거의 25퍼센트 정도 증가했기 때문에 '오드본'의 회원 수는 20만 명 이상으로 급속히 부풀어 올랐다. 이 기법은 다양한 목표를 지향하는 수많은 환경 단체들로 확산되어 1990년까지 그린피스는 해마다 4천 8백만 통의 우편물을 발송하고 있었다.

실제로 미국의 모든 주요 환경 단체들은 회원 보유와 동원의 수단으로서 우편물 발송에 중독되어 있다. 이것은 '산山 사자 보호기금Mountain Lion Foundation' '해우manatee를 살리자' '꿩은 영원하다' 등 '카리스마적' 동물의 보호에 몰두하는 수많은 소규모 환경 단체의 경우에도 마찬가지이다. 실제로 '아이작 월튼 연맹Izaak Walton League' 같은 전국 규모의 몇몇 환경 단체들은 지난 30년 동안 우편물 발송을 통한 회원 확대는 전혀 하지 않았다고 맹세했다. 예를 들면 1960년 '아이작 월튼 연맹'의 회원은 5만 1천 명, '시에라 클럽'은 1만 5천 명이었다. 1990년이 되자 30년 동안 우편물 발송의 성장 호르몬을 복용한 시에라 클럽의 회원은 56만 명으로 늘었지만, '아이작 월튼 연맹'의 회원은 5만 명이었다.

직접 우편물 발송은 다양한 목적에 쓰인다. 환경 단체의 기금 모집 방법을 학문적으로 연구한 뛰어난 전문가 크리스토퍼 보소 Christopher Bosso는 이렇게 말한다. "직접 우편물은 해당 단체와 그 단체가 제시하는 문제에 관해 공중을 교육할 수 있는 상대적으로 저렴하면서도 뛰어난 효능을 가진 수단으로 이용되어왔다. 그것은 또 개인의 참여 비용을 수표만 보내면 될 정도로 낮추었다." 환경 단체도 이 기술을 '싸게' 이용하는지는 우리가 결산을 어떻게 하느냐에 달려 있다.

일반적으로 이들 단체는 예산의 20~30퍼센트를 기금 모집과 여기에 관련된 광고에 할당한다. 역시 일반적으로 회신 비율은 1퍼센트에서 3퍼센트 정도인데, 우편물 발송 명단을 어떻게 선정했느냐에 따라 달라진다. 여기에 회원 가입하면 선물 보내기 혹은 먼저 선물 보내고 회원 가입을 권유하는 마케팅 기법을 적절히 더하면 답장 비율은 2배로 높아질 수 있다. 환경 단체가 그 '회원'에게 돈을 요구하는 횟수는 1년 평균 9회이니까 일단 사인하면 새 '회원'은 단체로부터 줄기차게 편지를 받는다(세상은 공평하다. 자신의 활동, 회원 모집, 기금 기부 등을 소개하는 비영리 단체의 직접 우편물 9통 중 8통은 뜯지도 않은 채 쓰레기통으로 간다).

1년 후 회원의 탈퇴율은 보통 30퍼센트이다. 정치적 부패와 권력 기관 감시를 운동 목표로 내세운 '공동의 대의Common Cause' 같은 몇몇 경우에는 1980년대에 탈퇴율이 50퍼센트를 넘기도 했다. 반면 5년 이상 머무는 회원은 보다 안정된 수입원이다. 어느 환경 운동 전략가의 말대로 "회원으로 끌어들이려면 돈이 든다는 사실을 우리도 잘 압니다. 사람을 끌어들이려면 없어지는 돈도 많다는 사실을 잘 압니다. 그러나 그것은 투자 프로그램입니다."

　(실제로는 '기부자' 혹은 '후원자'라는 명칭이 보다 정확한 용어이겠지만) '회원' 충원에는 엄밀한 과학적 기법이 동원된다. 여러 환경 단체의 회원 관리를 맡고 있는 책임자들의 말을 들어보기로 하자. 한 책임자는 이렇게 말했다. "우리는 해마다 몇 명의 신입 회원을 끌어들여야 하는지 알고 있습니다. 회원 가입의 상당 부분은 우편물을 통해 이루어집니다. 우리도 우편물 발송 건수를 줄이려고 노력하고 있습니다만, 지금으로서는 그것이 신입 회원을 끌어들이는 데 가장 효과적인 방법입니다."

　또 다른 사람은 이렇게 덧붙였다. "우리는 회원의 일정 부분을 잃습니다. 〔……〕 그리고 또 우리가 바라는 일정 부분의 성장률도 있습니다. 우리가 보낸 우편물의 회신율을 토대로 보건대 우리의 회원 수준과 성장률을 유지하려면 그 정도로 많은 양의 우편물을 보내야만 합니다." 세 번째 사람은 사근사근하고 솔직한 태도로 이렇게 적어 보냈다. "우리의 회원은 줄어들고 있지는 않습니다만, 기부자 1인당 모집 비용을 적절한 수준에서 유지하며 신입 회원을 끌어들이는 일은 점점 더 도전적이고 매력적으로 되고 있습니다. 〔……〕 새로운 틈새시장을 찾는 사람이 승리자죠!!!"

　이러한 '회원' 충원 과정에서 예상할 수 있듯 단체에 대한 헌신도는 낮다. (친구와 친척으로부터 회원 가입의 선물을 받은 사람들도 포함해서) 사람이 직접 대면하는 사회적 네트워크를 통해 충원된 회원에 비해 우편물로 권유받아 가입한 회원들은 쉽게 탈퇴하고, 활동에도 별로 참여하지 않으며, 단체에 대한 애착도 약하다. 또한 직접 우편물 회원은 사회적 네트워크를 통해 충원된 회원보다 극단적이고 편협한 정치적 견해를 갖고 있다. 따라서 1985년에서 1990년 사이 회원 수가 3배 증가하여 235만 명에 달했던 그린피스가 **그다음 8년 동**

안 85퍼센트의 회원을 잃었다는 것은 별로 놀라운 일이 아닐 것이다.

이와 대조적으로 지역사회에 기반을 둔 '구식' 단체들을 보자. 우리가 〈그림 8〉에서 살펴보았듯이 이 단체들은 제2차 세계대전 이후 기록적인 회원을 보유했다가 그 후 많은 고통을 겪으며 단체의 규모가 줄어들었지만, 절정기에서부터 20세기 말까지의 **30년 혹은 40년 사이**에 회원의 85퍼센트가 사라진 단체는 **하나도 없다**. 그 이유는 낡은 조직 유형과 새로운 조직 유형의 차이를 이해하는 데 결정적으로 중요하다. 기업인들의 사회봉사 단체 '무스클럽Moose Club' 혹은 유대인 여성 시온주의자 단체 '하다샤Hadassah'의 회원들은 상징적 유대뿐 아니라 사람과의 실제 유대 관계, 즉 사회적 자본에 의해 단체에 가입한다. 재향군인회 '아메리칸 레전American Legion' 지부의 회원들은 애국심이나 미국 보훈처로부터 더 많은 기금을 얻어내려는 로비 활동에 대한 욕망뿐 아니라 동료들 사이의 오랜 인간적 유대감 때문에 남아 있는 것이다. 반면 새로운 단체들이 회원들을 붙잡아두는 힘은 상당히 약하다. 보소가 결론을 내렸듯 우편 주문 단체의 후원자들은 대의명분의 '회원'이라기보다는 '소비자'에 가깝다. "1990년대 그린피스 회원의 급격한 하락은 오늘의 최고 인기 상품은 내일의 떨이품목이 된다는 마케팅의 교훈을 보여주고 있는지도 모른다."

3차 단체에 가입한 사람들은 대부분 스스로를 '회원'으로 간주하지도 않는다. '환경보호기금'의 '회원' 절반 이상이 "제 자신이 회원이라고 실제로 생각하지 않아요. 제가 보내는 돈은 그저 기부금일 뿐이에요"라고 말한다. 상위 5개 환경 단체의 '회원'들에 관한 또 다른 조사를 보면 회원의 평균 가입 기간은 3년 미만이고, 회원의 절반 이상이 그와 비슷한 4개 혹은 그 이상의 단체에 가입했으며, 8퍼센트만이 스스로를 '적극적'이라고 묘사한다는 것이다.

이 모든 것은 결국 회원이 순전히 '수표를 보낸 사람들의 집합'임을 의미한다(여러 단체의 회원들이 크게 겹치는 것은 물론 직접 우편물을 통한 충원 때문이다. 이 단체들이 보유하고 있는 우편물 발송 명단은 동일한데, 모두 이 명단을 토대로 회원을 찾아 나서고 있다). 물론 이들은 훌륭한 명분을 가진 환경보호 운동의 값진 후원자이며 그 터전을 다지는 사람들이지만, 스스로는 그 대의명분에 적극적으로 참여하지는 않는다. 그들은 스스로를 운동의 최전선에 나선 보병으로 간주하지 않는다. 흑백 분리에 항의하면서 1960년 노스캐롤라이나 주 그린스보로의 간이식당에 앉아 있던 흑인 청년들이 보여주던 행동과 정신은 전혀 없다. 물론 우리도 그렇지 못하다.

통신판매 회원들이 보여주는 극히 미약한 헌신은 환경 단체에만 해당되지 않는다. 예컨대 '공동의 대의' 회원 5명 중 단 1명이 기회가 주어지면 단체에서 보다 적극적으로 활동하고 싶다고 대답했을 뿐이다. 전국적으로 총기 규제에 호의적인 분위기에도 불구하고 (혹은 그 때문에) 1977년에서 1996년 사이 '전국 총기협회'의 회원은 3배로 늘었다. 그러나 1년마다 회원의 재등록 비율은 겨우 25퍼센트를 밑돈다.

'전국 낙태 권리 행동연맹'의 '회원' 중 스스로를 회원으로 보는 사람은 겨우 절반 정도이다. 이 단체 회원의 4분의 3은 자기 친구들 중 몇 명이 회원으로 가입했는지도 전혀 모르고, 3분의 2는 친구들에게 가입 권유를 해본 적이 없다. 이 조사를 실시한 사회학자 존 매카시는 이러한 결과는 "'행동연맹'의 회원들이 자기 친구들에게 단체의 회원에 관해 이야기하지 않았다는 점을 강력하게 시사한다"는 결론을 내렸다. 사실 그렇다. 스스로를 선수가 아니라 팬으로 생각한다면 구태여 이야기할 필요가 있겠는가?

그린피스 같은 단체들은 회원들을 대신해서 '대리' 정치 참여를 하고 있다는 식의 해석을 하는 경우도 있다. 그러나 실상을 보면, 단체를 참여 민주주의의 매개 수단으로 간주하는 지도자도 회원도 없다. '지구의 친구들'과 '국제 엠네스티'의 경우, 이 단체들이 '정치적으로 적극적'이어서 가입했다고 대답한 회원은 5명 중 겨우 1명에 불과했다. 단체 가입의 중요한 이유가 정치적 동기는 아니었던 것이다. 3차 단체를 면밀하게 연구한 그랜트 조던Grant Jordan과 윌리엄 맬로니William Maloney는 『저항 사업The Protest Business? Mobilizing Campaign Groups』에서 이렇게 결론 내린다.

통신판매 단체들은 굳이 이름을 붙인다면 저렴한 참여라고 부를 수 있는 정치적 참여를 허용한다. 비교적 경제적으로 넉넉한 잠재적 회원이 진지한 분석을 막 시작하는 데 드는 비용보다 적게, 이 단체들은 '진짜' 참여의 비용(시간과 돈)을 들이지 않고서도 자신이 선호하는 정치적 입장을 표출할 수 있다. 〔……〕 이 단체들의 정치적 입장이 바뀌는 것은 현실 정치를 새롭게 각성해서가 아니라 참여가 가볍게 이루어지는 탓이다.

60년대를 다룬 초기의 연구자들조차 이 시대의 운동이 정말 얼마나 참여적으로 진행되었는지 의문을 제기하였다. 이에 관한 1970년대 초의 고전적 저작 『미국 사회 운동의 경향The Trend of Social Movements in America』에서 사회학자 존 매카시와 메이어 잘드Mayor Zald는 이렇게 강조했다. "역사적으로 사회 운동 단체의 회원들이 수행하던 기능들은 그 후 자선사업 단체, 정부 그 자체, 사회 운동 참여의 기간과 규모에 따라 경력을 평가받는 상근常勤 직원과 유급有給 직원의 손으로 점점 더 넘어가 '사회적 불만의 관료화' '대규모 선전 캠페인'이라는 형태로 바뀌었다." 1990년이 되면 정치학자 로널드 샤이코

Ronald Shaiko는 "두툼한 셔츠를 입고 '총 대신 꽃Flower Power'의 구호를 내건 반기득권 정신의 운동은 사실상 모두 사라졌다. 오늘날 〔······〕 공공의 이익을 지향하는 단체들은 경제학자, 아이비리그 출신 법률가, 경영 고문, 직접 우편물 관리 전문가, 커뮤니케이션 지휘 담당자들을 고용하고 있다"고 지적했다.

일부 비판자들은 이 새로운 3차 단체들이 정치적 배신 혹은 회원 '판매'의 부산물에 불과하고 소수 간부 중심이며 회원들의 요구에 제대로 반응하지 않는다는 이유에서 반대하고 있다. 내 생각은 그렇지 않다. 오히려 정치학자 보소의 설명대로, "사실상 주요 환경 단체들은 스스로 커지고 전문화되지 않으면 소멸할 수밖에 없게 만드는 정치적 환경 속에서 연륜이 깊은 성숙한 단체가 맡아야 할 역할을 하고 있다." 기금 확보를 위한 경쟁 때문에 3차 단체들은 그 지지자들에게 예민하게 반응하지 않을 수 없으며, 후원자를 찾지 못한 단체들은 사라져야 한다.

게다가 전통적인 시민단체들 역시 중요한 과두제적 특징을 갖고 있었다. 민주주의에 가장 충실하게 조직된 단체조차 필연적으로 소수 엘리트의 영향력 아래로 들어가고 만다는 로베르트 미헬스Robert Michels의 그 유명한 '과두제의 철칙'은 적극적인 풀뿌리 회원들이 가입한 독일 사회민주당의 내부 조직을 묘사하기 위해 만든 용어였다. 내 주장은 직접 우편물 단체들이 도덕적으로 나쁘다거나 정치적으로 비효율적이라는 뜻이 아니다. 우리를 위해 정치적으로 활동할 다른 사람을 고용하는 것이 기술적으로는 더 효과적일 수 있다. 그러나 그러한 단체들은 회원들 사이에 연대감을 확보하지도 못하고 정책 형성을 위한 시민적 교섭에 직접 참여하지도 않는다. 물론 '참여 민주주의'를 의미하지도 않는다. 시민권의 대리 행사는 네모난 동그라미라는 말처럼 형용 모순이다.

〈그림 43〉에 그 거대한 회원 성장의 추세가 기록된 12개 정도의 주요 환경 단체들 중 여하튼 하나라도 지역 지부를 갖추고 있는 단체는 둘 혹은 셋에 불과했다. 한 단체의 회원 관리자는 우리가 회원의 활동에 관해 물었을 때 싫증난 듯 이렇게 설명했다. "**회원**이란 지난 2년 동안 최소 1회 돈을 보냈다는 것만을 의미합니다." 주州 단위 지부와 각 지역 지부의 공식적 구조를 갖추고 있는 단체의 경우조차 지부는 거의 이름에 불과할 정도로 위축되어 있었다.

1989년 '시에라 클럽'이 자체적으로 실시한 회원 조사를 보면 회원은 평균적인 미국인보다 정치적으로 훨씬 더 적극적이지만, 13퍼센트만이 '시에라 클럽' 모임에 그동안 단 한 번이라도 참석했다는 것이다. '전국 오드번 협회'는 전국적으로 수백 개의 지부를 갖추고 있다고 주장하지만, 예를 들어 텍사스 주 지부의 임원은 텍사스의 2만 8천 회원들 중 3~4퍼센트만 적극적이라고 추산했다. 다른 말로 하자면 텍사스에서는 인구 1만 5천 명 중 1명 이하의 사람이 지금까지도 가장 건실하게 남아 있는 지부를 갖춘 환경 단체에 적극적으로 참여하고 있다. 이와 대조적으로 **매주 그보다 12배 많은 사람들이** '구식'의 '로터리클럽' 점심 모임에 참석하고 있다.[3]

환경 운동을 세밀하게 조사한 연구자들은 "1970년 이후 환경 운동에 나타난 근본적 변화는 **풀뿌리** 단체의 숫자와 중요성이 급속히 늘었다는 사실"이라고 주장한다. 적어도 표면적으로는 환경 운동에 대한 공공의 지원은 튼튼하게 보였다. 그렇지만 그것도 20세기가

---

3) 우리는 주 혹은 지역 단위의 지부를 둔 전국 규모의 모든 환경 단체의 2개 혹은 3개 주의 대변인에게 회원들 중 재정적 공헌 이상의 일을 하는 비율은 얼마나 되느냐고 물었다. 1.5퍼센트부터 15퍼센트까지 다양하게 추산했는데, 비율을 축소했을 가능성은 적다. '국제 로터리클럽 회원 본부'에 따르면 1998년 텍사스 주에는 2만 7천 208명의 로터리클럽 회원이 있다. 회원들은 모든 주(weekly) 모임에 60퍼센트 이상 출석해야 하는데, 대부분은 1백 퍼센트 참석을 목표로 하고 있다.

막을 내리는 시점에서는 크게 약해졌다. 1990년에는 미국인의 4분의 1이 갤럽 조사에 스스로를 '환경보호론자'로 간주한다고 대답했다. 이 수치는 1990년대 내내 꾸준히 그리고 대규모로 떨어져, 90년대 말에는 자칭 환경보호론자라고 밝힌 사람의 수는 3분의 1이 줄어들어 50퍼센트에 불과하게 되었다. 우리들 중 60퍼센트 이상이 재활용에 각별한 노력을 자주 기울인다고 대답하며, 절반이 지난 5년 이내에 환경 단체에 돈을 기부했다고 밝히고, 30퍼센트는 환경 문제에 대한 청원서에 서명을 했다고 주장하며, 10퍼센트는 친환경보호 단체에 회원으로 있다고 밝히고, 3퍼센트는 환경보호 항의 혹은 시위에 참여한 적이 있다고 주장한다.

그러나 이런 추산이 과장일 수도 있다고 믿을 만한 증거가 있다. 최근 들어 각 지역에는 유독성 폐기물과 토지의 보존 같은 문제에 주력하는 환경 단체들이 많이 늘어나고 있지만, 풀뿌리 환경 운동이 일반적으로 성장했음을 보여주는 신뢰성 있는 증거를 지금까지도 나는 찾을 수 없었다. 주와 지역 수준에서 환경 보존 단체와 환경보호 단체의 경향, 환경보호 행동의 경향에서 내가 발견한 유일한 체계적 증거는 지난 수십 년 동안 회원 수와 적극적 활동이 **감소**했음을 시사한다. 예를 들어 양켈로비치에서 해마다 실시하는 조사에 따르면 "나는 우리의 환경과 천연자원을 보호하기 위해 내 스스로 할 수 있는 일이 무엇인지 관심을 갖고 있다"는 데 동의한 미국인은 1981년에 50퍼센트였다. 이 수치가 오르락내리락하면서 1990~1992년에는 55퍼센트로 증가했지만 그다음부터는 꾸준히 줄어들어 1999년에는 40퍼센트가 되었다. 제일 점잖게 말하자면, 풀뿌리 환경보호 운동이 늘어났다는 주장은 "아직 입증되지 않았다."

(다) 새로운 참여?

'진보적' 사회 운동에 풀뿌리 수준의 참여가 늘어났음을 입증하는 증거가 약하다면, 종교적 보수주의자들 사이에서 풀뿌리 수준의 활력을 보여주는 증거는 훨씬 더 강하다. 1950년대와 60년대의 매카시 선풍, '존 버치 협회John Birch Society' '백인 시민들의 위원회White Citizens' Councils', 1964년 조지 월리스George C. Wallace, Jr의 대통령 선거 운동은 대중에 기반을 둔 보수적, 반공, 인종 차별 운동을 상징하는 사건들이었다. 그러나 이들 각각은 많아야 수만 명 정도의 참여자와 몇몇 열성적인 활동가를 동원했을 뿐이다. 1970년대에는 종교적 근본주의의 파도가 밀어닥치면서 '기독교 우파Christian Right'가 정치 세력으로 등장했으나, 조직의 측면에서 보면 우편물 발송에 주력하는 몇 개의 중앙집중화된 전국 조직이 있었을 뿐이다. 특히 제리 팔웰Jerry Falwell이 이끄는 '도덕적 다수Moral Majority'가 대표적이었다.

그런데 1980년대에는 순수한 풀뿌리 수준에서 여러 보수적인 복음주의 단체들이 등장했다. 격렬한 반낙태 운동을 펼치는 '수술 구조대Operation Rescue', 팻 로버트슨Pat Robertson과 랠프 리드Ralph Reed가 이끄는 개신교 주류파에 속하는 '기독교 연합Christian Coalition', 그 이름만으로는 정치색이 없는 '약속을 지키는 사람들Promise-Keepers' 등이 모두 여기에 속한다. '기독교 연합'과 '약속을 지키는 사람들'은 각자 수백만의 적극적 참여자들을 보유하고 있다고 주장하는데, 20세기 들어 대중에 기반을 둔 그 이전의 그 어떤 보수적 사회 운동보다 규모 면에서 10배 정도 더 크다. 창립된 지 10년이 채 안 되는 이 특수한 단체들의 운명은 불확실하다. 그러나 그들이 (그리고 종교적 기반을 둔 좌우 양쪽의 그 외 소규모 단체들이) 의미하는 것은 훨씬 더 중요하다. 고도로 동기를 부여받은 시민 – 활동가들로 구성된 견실한 기간 요원의 등장이 바로 그것이다.

제2차 세계대전 이후 미국에 일어났던 종교적 붐의 일부로서 개신교 복음주의의 무게 중심은 근본주의를 지향하는 농촌과 사회적 주변부로부터 중산 계급이 거주하는 교외의 지역 공동체로 점차 옮겨갔다. 주류 개신교의 '전국 교회 평의회National Council of Churches'에 해당하는 복음주의자들의 '전국 복음주의 연합National Association for Evangelicals'에 가입한 교파의 신도들은 1940년대에서 70년대까지 3배로 늘었다. 우리가 앞에서 보았듯 복음주의 교회들은 그 후 미국 사회 전반에 나타난 신앙심의 감소에 큰 영향을 받지 않았다. 보다 중요한 것은 전통적으로 정치에 강한 반감을 보이던 근본주의의 태도가 점차 역전되었다는 사실이다.

사회학자 로버트 우드나우가 지적했듯 대부분의 연구들은 1974년 이전까지 복음주의 교파의 신도들은 다른 미국인에 비해 정치 참여를 덜 하는 경향이 있음을 밝혀냈다. 즉 그들은 투표, 정치 단체 가입, 공공 업무 담당자와 정치인에게 편지 보내기도 덜 하는 편이고 종교의 정치 개입에도 호의적 반응을 보이지 않았다. 반면 1974년 이후 대부분 연구는 이들이 그 외 다른 미국인에 비해 정치에 **더** 관여하고 있음을 보여주었다. 이 역사적 변화는 복음주의가 정치 참여에 익숙해 있던 사회 계층 속으로 확장되었다는 데서 그 부분적 이유를 찾을 수 있지만, 동시에 복음주의 자체가 시민적 참여를 지지하는 방향으로 변했기 때문이기도 하다. 공공 영역에 대한 복음주의의 개입을 다룬 가장 최근의 연구에서 크리스천 스미스가 Christian Smith 지적했듯 "미국 사회에 영향을 끼치려고 실제로 노력하고 있는 기독교 전통은 어떤 것인가? 자기가 한 말을 끝까지 실행에 옮기는 사람들이 우리 복음주의자들이다"라는 태도였다.

미국 정치의 사회적 토대에서 나타난 이 중요한 변화는 사회적 자본, 시민적 참여, 사회 운동이 어떻게 서로를 키우는지 설득력 있게 보여준다. 복음주의 교파의 정치적 동원은 부분적으로는 새로운 문제(가족의 가치, 낙태, 성도덕), 새로운 기술(정치 운동을 조직화할 수 있는 텔레비전을 비롯한 여러 수단들), 신세대 정치 기업인의 결과이다. 다른 한편 환경 단체처럼 그 외 새롭게 동원된 단체들과는 달리 복음주의 공동체의 정치화를 위한 견고하고 오래된 조직적 토대가 이미 마련되어 있었다. 복음주의의 새로운 참여정신을 면밀하게 검토한 여러 연구자들이 지적했듯 "신도들은 정치적 동원을 위해 즉시 이용할 수 있는 지역 교회의 그물, 종교적 정보의 통로, 종교 단체의 네트워크 속에 편입되어 있다." 따라서 이 사회 운동은 미국 사회의 최소한 한 부분이 보유하고 있는 사회적 자본에 의존하는 동시에 그것을 더 키우고 있다.

복음주의 활동가 역시 좀더 나이가 많고, 교육 수준이 높으며, 백인이고, 풍요롭다는 점에서는 미국의 다른 활동가와 상당히 유사하다. 그러나 종교가 자신의 삶에서 차지하는 비중이 상당히 높다. 전국적으로 종교적 활동가들을 표본 조사한 자료를 보면, 그들 중 60~70퍼센트가 주 1회 이상 교회에 간다. 그 외의 미국인 중 이 정도로 교회에 가는 사람은 5퍼센트 이하이다. 자신들의 근본주의 선조들이 알았더라면 놀라다 못해 아예 경악을 금치 못했겠지만, 이들은 모든 형태의 시민적·정치적 생활에 평균 미국인보다 3~5배 정도 더 열성적일 정도로 변했다.

1996년 선거에서 다른 미국인에 비해 복음주의자들은 교회에서 친구들과 토론하고 종교적 이익 단체와 접촉한 횟수가 2배 이상으로 보인다. 실제로 이들은 선거 운동에 관해 정당이나 후보자보다는 종교 단체와 접촉했을 가능성이 더 높다. 이러한 접촉을 예측하게 하는 가장 중요한 지표는 인구 구성도 신학이론도 아니라 종교적 공동체에 참여하고 있다는 사실이었다. 그리고 이 종교적 접촉,

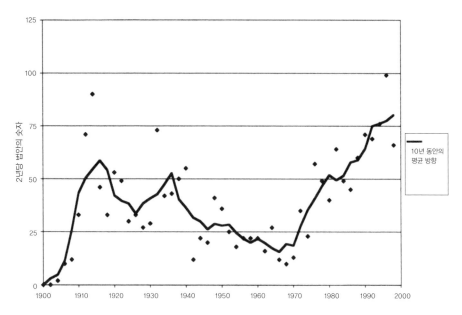

그림 44 _ 주 단위에서 시민의 법안 발의, 1900~1998

특히 교회에서 친구와 나누는 정치 이야기는 투표 참가자와 지지 후보에 명백한 영향을 행사해왔다. 교회 공동체에의 참여와 정치적 동원 사이의 연계는 강력하고 직접적이었다. 종교적 보수주의자들은 지난 25년 동안 가장 크고 가장 잘 조직화되어 있는 풀뿌리 사회 운동을 만들어왔다. 앞에서 우리가 살펴보았던 각종 운동과 단체의 전반적 퇴조와 반대로, 시민적 참여의 분출을 보여주는 가장 확실한 증거는 60년대의 이데올로기적 후계자가 아니라 복음주의 기독교인들 사이에서 찾을 수 있다.

　1960년대 사회 운동에 의해 도입된 '엘리트에 도전하는' 참여 양식이 지금은 정치 이데올로기를 불문하고 널리 보편화되어 있다는 광범위한 가설은 과연 옳은가? 80년대와 90년대에는 시민의 공공 법안 발의와 주민투표가 정치에서 보다 큰 역할을 했기 때문에, 이 기준에서 보면 가설은 옳은 듯 보인다. 실제로 〈그림 44〉에서 보듯

20세기 동안 주州 단위의 법안 발의는 우리가 지금까지 보았던 시민 참여의 모든 변화 경향들과 정반대로 나타난다. 즉 1910년대에서 60년대 후반까지는 **떨어지다가**(대공황 시대에는 예외적으로 **상승**) 20세기의 마지막 3분의 1 기간 동안 급상승했다. 러시아 혁명기에 유행한 정치적 수사를 빌리면 이 법안 발의의 주도권 성장은 '모든 권력을 인민에게' 부여하는 제도가 정착되었다는 뜻이기도 하다.

이념적으로는 파퓰리즘의 배경을 갖고 있기는 하지만, 이 장치를 시민 참여의 광범위한 확산을 보여주는 신뢰할 만한 신호로 볼 수 없다. 첫째, 20세기 들어 미국 전역에서 실시된 주민 법안 발의 중 절반 이상이 캘리포니아, 오리건, 노스다코타, 콜로라도, 애리조나의 다섯 개 주에서 나왔다. 그리고 최근의 증가세는 대부분 캘리포니아에서만 이루어졌기 때문에 주민투표가 모든 부문에서 시민 참여를 측정할 수 있는 반드시 좋은 기준은 아니다. 둘째, 시민 활동가들은 주민의 법안 발의에서 연안沿岸 관리와 공직자의 임기 제한 등의 문제를 강조하지만, 대부분 학자들은 다르게 해석한다. 즉

지난 20년 동안 성공적인 법안 발의는 거의 모두 전문적인 선전·광고회사에 의존하였다. 완전히 기대지는 않았다고 하더라도 최소한 크게 의존한 것이 사실이다. (캘리포니아 선거 운동 기금 위원회에서 실시한) 한 조사는 이렇게 결론 내렸다. "〔……〕 약 1백만 달러 정도 지출할 수만 있으며 그 어떤 개인, 기업 혹은 단체라도 아무 문제나 투표에 붙일 수 있다. 〔……〕 **주 단위의 법안 투표 자격을 부여받았다는 것은 일반적인 시민의 관심사를 재는 척도라기보다는 기금 모집 능력의 테스트이다.**"

어떤 법안을 주민투표에 회부할 것인가를 둘러싸고 일반 시민 사

이에 광범위한 정치적 토론이 촉발될 수도 있지 않겠냐고 추측할지 모르겠다. 하지만 연구 결과는 법안 발의에 서명한 대부분의 사람은 자신이 서명한 내용을 읽지도 않는다는 사실을 보여준다. 선거 운동 기간에는 사람을 현혹시키는 내용이 대부분인 직접 우편물, 라디오와 텔레비전의 짧은 광고 문안이 풀뿌리 활동보다 더 중요하다. 따라서 선거의 승패를 예측하게 해주는 강력한 지표는 선거 비용이며, 주민투표로 회부된 문제에 관한 "유권자의 이해도는 아주 낮은 수준에 머물러 있다"는 조사 결과는 전혀 놀랍지 않다.

매사추세츠, 미시간, 오리건, 캘리포니아 주에서 1976~1982년 실시된 법안 발의를 상세히 연구한 정치학자 베티 지스크Betty Zisk는 이렇게 결론 내렸다. "사법부에 대한 집단 로비를 대체하기는커녕, 법안 발의와 주민투표 선거 운동은 개혁자들이 비난했던 바로 그 집단 활동에 **대안적 통로를 제공**한 것으로 보인다. 〔……〕 직접 참여의 기회는 대다수 유권자에게 자극을 주지 못했던 것으로 보인다." 요약하자면 법안 발의의 증가는 시민 참여가 아니라 재정이 튼튼한 특수 이익 단체들의 힘을 입증하는 데 보다 유용한 척도이다.

매스 미디어를 훤히 꿰뚫고 있는 시위 조직자들이 전국 방송망을 갖춘 텔레비전의 관심을 끄는 방법을 보다 세련되게 구사함에 따라, 1960년대 후반 이후 워싱턴에서 열린 시위와 여러 항의 집회는 규모도 커지고 횟수도 많아졌다. 다른 한편 60년대의 위대한 민권 운동과 베트남 반전 행진을 전후하여 전국적으로 지역 공동체에서도 적극적 참여 정신이 계속 분출되었다. 반면 1990년대에 일어난 '워싱턴 행진'은 공동체를 기반으로 한 행동이 앞으로도 지속될 것인지 아무런 확답도 할 수 없었다. 예를 들어 1997년 10월 4일 50만 명이 워싱턴 국회의사당 앞 도로를 가득 메운, 미국 역사에서 가장 큰 종교적 집회였다고 하는 '믿음으로 채우는Stand in the Gap' 집회를 주최했던 '약속을 지키는 사람들'은 그 후 6개월도 채 되지 않아 실질적으로 붕괴하여 전 직원을 일시 해고했다.

현재 이용할 수 있는 조사 자료는 지난 25년 동안 전국 규모의 항의와 시위 발생률이 약간 증가했음을 시사한다. 로퍼 조사에 따르면 자신이 항의 행진 혹은 연좌시위에 **한 번이라도** 참여한 경험이 있다고 대답한 성인의 비율은 1978년 7퍼센트, 1994년 10퍼센트였다. 다른 조사들도 역시 1970년대, 80년대, 90년대를 지나며 참여율이 약간 상승하는 경향을 보이면서, 항의와 시위의 참여자들을 성인 10명당 1명에서 15명당 1명으로 일관되게 추산했다. 낙태 문제 하나가 이런 모든 활동의 약 3분의 1을 차지하고 있다.

그런데 시위 참여 경험이 있는 사람들의 비율이 상승한 이유는 다른 데 있다. 젊은 세대로부터 새로운 시위자들이 합류해서가 **아니라** 시위에 **불참**하던 60년대 **이전의** 최고령 세대가 사망하고 있기 때문이다. 〈그림 45〉에서 보듯 요즘 20대는 60년대와 70년대의 20대들보다 시위에 **덜** 참여한다. 그런데 60년대 세대 자체가 나이를 먹음에 따라 시위는 중년 이상의 세대에서 **보다 자주** 벌어진다. 지난 수십 년 동안 항의 행진에는 지속적이고 빠르게 흰머리가 내려앉았다.[4]

놀랍게도 항의와 시위는 통상적인 정치의 **대안**이 아니라 보완이

---

4) 〈그림 45〉에 나타난 시위의 노령화를 입증해주면서, 로퍼 조사는 45세 이상의 전체 자칭 시위자의 비율은 1978년 17퍼센트에서 1994년 32퍼센트로 두 배 상승했음을 밝혀냈다. 한편 러셀 달튼(Russell J. Dalton)은 여러 조사 자료를 통해 1974년에서 1995년 사이 다음의 운동에 한 번이라도 참여한 성인의 비율을 이렇게 계산했다. 불매 운동의 경우 16퍼센트에서 19퍼센트로, 합법적 시위는 12퍼센트에서 16퍼센트로, 불법 파업은 2퍼센트에서 4퍼센트로 상승한 반면, 연좌시위의 경우는 2퍼센트로 동일하다는 것이다. 그러나 달튼과 내가 참조한 자료들은 시위에 한 번이라도 참여한 모든 성인의 평균 연령은 1974년 35세에서 1995년 46세로 꾸준히 늘어났음을 보여준다. 이 시기 전체를 통해 전형적인 시위자는 60년대의 베테랑들이었다.

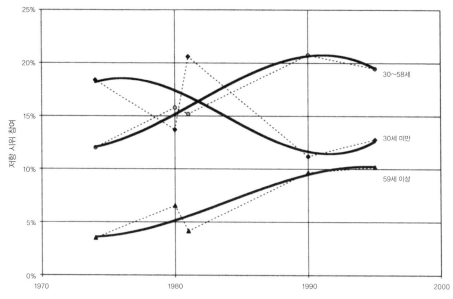

그림 45 _ 저항 시위의 노령화

다. 항의자들은 보다 일상적인 방법에서도 훨씬 더 정치적으로 적극적이기 때문이다. 시위를 비롯한 여러 형태의 시민 불복종에의 참여는 지금은 60년대보다 빈번하지 않으나, 이제는 거기에 참여하지 않는 사람들도 그러한 불복종이 정당하다고 널리 인정해주고 있다. 30년 혹은 40년 전과 달리 요즘은 '운동 유형'의 정치적 행동이 정치 이데올로기의 차이에 관계없이 '표준 행동 절차'로 받아들여지고 있다. 반면 이러한 운동에 실제로 참여한 사람들은 수적으로 적고 점점 고령화되고 있는 인구 부분에 한정되어 있다. 또한 2장에서 보았듯 지역의 공공 집회 참여와 청원서 제출은 지난 10년 혹은 20년 동안 뚝 떨어졌다. '운동 사회' 가설의 주창자인 데이비드 마이어David Meyer와 시드니 태로우Sydney Tarrow도 "시민에게 받아들여지고 실제로 이용되는 고도로 논쟁적인 참여 형태는 20년 전보다 그 규모가 제한된 것으로 보인다"고 결국은 시인한다.

풀뿌리 항의의 쇠퇴를 너무 과장해서는 안 된다. 1990년대는 게이와 레즈비언, 낙태 찬성론자들의 항의와 시위는 크게 활성화된 반면, 지역과 대학의 활동성은 꾸준하게 낮은 수준을 보였다. 풀뿌리 사회 저항은 1960년대나 70년대와 마찬가지로 오늘날도 빈번하게 일어나고 있지만 그러한 저항에 대한 사회적 관용이 높아진 탓에 우리가 제대로 인식하지 못할 수도 있다. 그러나 나는 보다 전통적인 방식의 사회적·정치적 참여의 대규모 하락을 상쇄할 수 있을 정도로 지난 몇 십 년 동안 풀뿌리 사회 운동이 증가해왔다는 증거를 전혀 찾지 못하겠다.

3. 전자통신

(가) 전화

사회적 연계가 더 강해졌음을 보여주는 세 번째 경향으로 다루어야 할 부분은 전자통신이며, 모든 면에서 가장 중요하다. 전화라는 작은 물건은 교훈적인 사례를 들려준다. 20세기 내내 전화 사용은 폭발적으로 늘었다. 〈그림 46a〉에서 보듯 미국 가정의 전화 보급률 역시 낯익은 궤적을 따라 진행되었다. 대공황 시기의 감소를 제외하면 1930년대 이후 꾸준하게 상승했다. 1945년에서 1998년 사이 1인당 같은 지역 통화는 연 304통에서 2천 23통으로 가파르게 상승했으며, 1인당 장거리 통화는 연 13통에서 353통으로 폭발적으로 증가했다. 이 성장의 대부분은 업무와 상업용 통화가 차지하고 있지만, 순수한 사교 목적의 통화 역시 증가했다. 1982년에는 전체 미국 성인의 거의 절반이 사실상 매일 친구나 친척과 (같은 지역 혹은 장거리) 전화로 이야기를 나누었다.

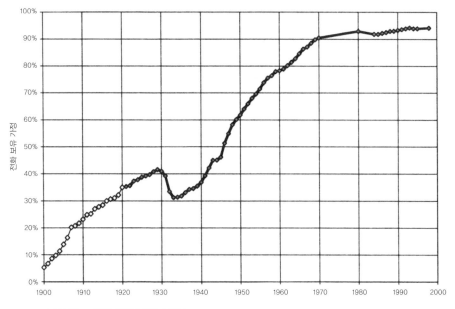

그림 46a _ 미국 가정의 전화 보급률

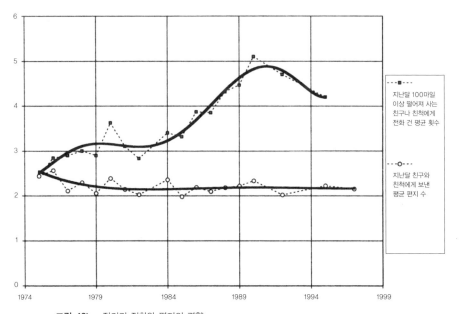

지난달 100마일 이상 떨어져 사는 친구나 친척에게 전화 건 평균 횟수

지난달 친구와 친척에게 보낸 평균 편지 수

그림 46b _ 장거리 전화와 편지의 경향

〈그림 46b〉가 보여주듯 멀리 사는 친구와 친척 사이의 유대 관계는 글로 쓴 편지로부터 입에서 나오는 말로 전환되었다. 1984년 장거리 전화 산업의 인허가 규제 철폐 이후 급속하게 증가하여 1990년대 들어서는 평균치를 유지하고 있다. 급속한 기술 혁신, 특히 90년대 휴대전화의 확산은 언제 어디서라도 전화를 사용할 수 있도록 했다. 1998년 퓨 조사 센터Pew Research Center for the People and the Press는 전체 성인의 3분의 2가 그 전날 친구나 친척에게 '그저 이야기하려고' 전화를 걸었다고 보고했다.

1876년 발명 이후 거의 반세기 동안 분석가, 심지어 전화 회사 자체도 전화의 사회적 의미를 매우 잘못 판단했다. 인터넷이 사회 관계에 미치는 영향을 예측하고자 하는 사람에게는 전화의 사회적 파급 효과를 놀라울 정도로 계속 잘못 예측한 역사적 사건을 되새겨보면 큰 도움이 될 것이다. 본래 알렉산더 그레이엄 벨 자신은 전화가 후일 라디오의 영역이 된 일종의 방송 기능, 즉 '언제든지 음악이 나오는' 기능을 수행할 것이라고 예측했다. 20세기에 들어서도 전화 회사의 중역들은 자신들의 주 고객이 사업가라는 점을 굳게 확신했기 때문에 전화를 통한 '개인적 사교'를 실제로 억제했다. 뛰어난 전화사회학자 클로드 피셔는 "한 세대 혹은 그 이상의 세대 동안, 사람들이 실제로 전화를 이용한 방식과 전화 산업 종사자들이 예측하거나 꼭 그렇게 되어야 한다고 생각한 방식은 전혀 맞지 않았다"고 요약했다.

지금 우리가 전화에 관한 많은 사실을 알고 있으면서도 사회관계에 미친 전화의 영향을 평가하기란 놀라울 정도로 어렵다. 이 분야의 개척자인 솔라 풀Ithiel de Sola Pool은 『전화의 사회적 충격The Social Impact of the Telephone』에서 이렇게 지적했다.

어느 곳을 보아도 전화는 본래의 예측과는 정반대 방향의 결과를 남기는 것 같다. 전화는 의사들의 왕진을 줄여주었다. 그런데 의사들은 처음에 전화 때문에 왕진이 늘어날 것이라고 예상했다. 환자들이 의사를 찾아오기보다는 집으로 부를 것이라고 예측했던 것이다. [……] 전화는 권위 중심의 확산을 가져왔지만, 동시에 중심부가 현장 사무소를 계속 엄격하게 감독할 수 있게 했다. [……] 무슨 가정을 갖고 시작했건 항상 반대 경향도 나타났다.

사회적으로 말하자면 전화는 주는 것도 있고 뺏는 것도 있다. 전화 교환국에서 발생한 화재로 1975년 뉴욕의 로우어 이스트사이드 지역은 예기치 못하게 전화 연결이 3주 동안 끊어졌다. 전화가 불통인 사람들 중 3분의 2는 전화가 없는 동안 고립감을 느꼈다고 대답한 반면 3분의 1은 보다 자주 다른 사람들을 직접 찾아갔다고 대답했다. 즉 전화는 외로움을 줄여주지만 동시에 사람들이 직접 얼굴을 맞대는 사교 활동도 축소시킨다.

많은 연구자들은 전화가 우리의 긴밀한 사회적 네트워크를 물리적 공간의 제약으로부터 해방시키며 '심리적 이웃'을 만들어냈다고 이론화해왔다. 이미 1891년에도 전화 회사의 간부는 기술이 "가까이 살지 않아도 이웃이 되는 시대"를 가져올 것이라고 시사했다. 그러나 전화의 사회적 영향에 관한 1933년 최초의 포괄적 연구는 (매스 미디어와 달리), 전화와 전화의 연결이 멀리 떨어진 사람들과의 유대보다는 기존 지역 내에서의 유대를 더 강화한다는 사실을 보여주었다.

1970년대 중반 전화 회사의 자료를 보면 가정에서 건 모든 전화 통화의 40~50퍼센트가 반경 2마일(약 3킬로미터) 내에 사는 사람들과, 70퍼센트는 반경 5마일(약 8킬로미터) 내의 사람들과 이루어졌다. 또한 집에서 건 모든 전화 통화의 약 20퍼센트는 한 번호에, 약절반은 겨우 다섯 개 중의 한 번호에 걸었다고 한다. 이 자료를 검토한 마틴 메이어Martin Mayer는 "전화 통화의 대부분은 자신이 거주하고 있는 지역의 이웃들과 이루어진다"고 결론 내렸다. 메이어의 보고에 따르면 같은 대도시권에 속하는 새 동네로 이사한 10대 자녀를 둔 가정이 전화를 가장 많이 사용한다. 즉 전화는 이제 공간 때문에 단절된 인간관계를 유지하는 데 사용되고 있다는 것이다. "전화로 새 친구를 사귈 필요는 없다."

따라서 좀 역설적이게도 전화는 기존의 인간적 네트워크를 변화시키거나 바꾸는 것이 아니라 강화하는 효과를 만들어낸다. 20세기의 첫 3분의 2 동안 전화의 보급을 보여주는 〈그림 46a〉와 우리가 앞에서 검토했던 같은 시기 동안 공동체 참여의 변화 경향을 비교하면, 결론은 분명하다. 최소한 이 시기 동안 전통적 방식의 사회적 연계성과 전자통신은 대체재가 아니라 보완재였다. 전화의 사회적 영향을 역사적으로 분석한 클로드 피셔의 연구는 전화가 인간적 커뮤니케이션의 가능성을 크게 확장했지만, "미국인의 생활방식을 근본적으로 변화시키지는 않았다. 오히려 미국인은 자신들이 지금까지 해오던 전형적인 생활방식을 더 일관되게 추구하는 데 전화를 사용했다"는 결론을 내렸다. 그는 『미국인의 전화 걸기American Calling』에서 이렇게 지적한다.

전화가 생활에 도입되면서, 친구나 친척을 방문하는 횟수는 줄었다고 하더라도, 과거에 일상적으로 하던 것보다는 친구 혹은 친척들과 인간적 대화를 나누는 횟수는 늘어났을 것이다. [……] 전체적으로 보면 전화 통화는 전에 비해 보다 많은 사람들과 사회적 대화를 더 많이 하도록 만들었을 것이다. 가족의 집을 찾아 오래 머물거나 긴 시간 동안 이야기를 나누는 일을 아마 전화가 대신했을 것이다. 혹은 혼자서 보냈을 시간을 전화 통화로 대신 메웠을 수도 있을 것이다.

전화는 사생활 중심주의의 확대라는 또 다른 경향을 만들어낸 것으로 보인다. 〔……〕 보다 규모가 크고 공공의 성격을 갖는 공동체와 반대되는 나만의 사회적 세계를 더 중요하게 여기고 여기에 빠져드는 경향 말이다. 〔……〕 전화가 사람들을 전혀 새로운 단체에 참여하여 헌신하도록 했다는 증거는 거의 없다. 〔……〕 1주일에 한 번 만나 긴 시간을 이야기하는 대신 짧지만 자주 이야기를 나누도록 함으로써 전화는 친구 혹은 친척과 더 자주 접촉할 수 있도록 했다. 전화 통화가 새로운 사회적 접촉을 열었다는 신호는 거의 없다.

요약하면 의심의 여지없이 전화는 옛 친구들과의 친근한 일상적 접촉을 수월하게 했으며, 그런 의미에서 6장에서 살펴본 사회적 단절의 일부를 보충해주었다. 다른 한편 전화는 새로운 우정을 만들어내지는 못했으며, 사회적 활동가들의 전형적인 활동 방식을 실질적으로 바꾸어놓지도 못했다. 역사가 대니얼 부어스틴Daniel Boorstin 은 미국인의 사회적 자본에 대한 전화의 놀라울 정도로 평범한 영향을 이렇게 요약한다. "전화는 미국인이 과거에 쭉 해왔던 일을 좀 더 가볍고 노력을 덜 들이고도 할 수 있도록 해준 단순한 생활의 이기利器에 불과하다."

(나) 인터넷

21세기가 문을 열면서 인터넷의 광범위한 확산이라는 새 시대로 접어든 지 불과 몇 년이 지났다. 이 새로운 커뮤니케이션 기술의 사회적 의미를 평가하는 작업은 미국 사회에 미친 전화의 영향을 잘못 판단했던 과거의 오류를 답습하지 않을까 하는 우려를 떨쳐버릴 수 없다. 이 신기술의 확산 속도는 역사상 그 어떤 소비재 기술도 따라올 수 없을 정도이다. 경쟁자는 텔레비전이 유일하다. 시장 침투율 1퍼센트에서 75퍼센트로 성장하는 데 전화가 거의 70년 걸렸던 반면, 인터넷이 그 정도로 성장하는 데는 7년 이하의 시간이 필요할 것이다. 한 사회 조사 단체는 성인 인구의 거의 3분의 2(약 6천 4백만 명)가 1999년 봄 인터넷을 이용했는데, 불과 6개월 전보다 사용자가 1천만 명이 늘었다고 보고했다.

거의 모든 소비재 기술의 혁신과 마찬가지로 인터넷 역시 보다 젊은 세대들을 가장 빠르고 확실하게 사로잡고 있다. 1999년의 한 연구는 젊은 층은 일반적으로 나이 든 세대보다 정치적 정보를 훨씬 덜 찾고 있지만, 그 정보에 접근하는 수단으로서는 인터넷을 더 선호하는 것 같다고 지적했다. 한편 대략 같은 시기에 이미 매달 50만 명 정도의 개인들이 '미국 퇴직자 협회'의 웹 사이트를 방문하고 있다고 한다.

인터넷이 출범한 지 불과 몇 년 만에, 우리가 전통적 방식으로 해오던 사회적 연계와 시민적 참여가 대부분 온라인 상에 복제되었다. 조문객은 웹을 통해 인터넷 장례식에 참석할 수 있다. 《오늘의 장례 Today in Funeral Service》 기자는 AP 통신에게 온라인 장례식은 "일종의 비인간적인 장례식이기는 하지만 그래도 빠지는 것보다는 낫다"고 말했다. 가상의 서약도 이루어진다. 1997년 6월 포털사이트 「미국 온라인American Online」 회사는 수천 쌍이 결혼하는 동안 하객들은 가상의 예식장 좌석에 앉아 '구경'하고 '환호'를 보낼 수 있는 최대 규모의 사이버 결혼식을 개최한다고 날짜를 잡았다.

마침내 야후는 온라인으로 예배를 드릴 수 있는 5백 개 이상의 사이트를 알려주고 있는데 그중에는 정통 유대교 사이트인 「얄레 베야보Yaale Ve'Yavo」도 끼어 있다. 이 사이트는 이메일 예배자들을 예루살렘으로 전송해서 '통곡의 벽'에 이마를 댈 수 있도록 한다. 부활절 예배와 유대교의 유월절 밤 축제, 고통 상담과 암 후원 단체, 자원봉사, 사이버 연애, 셀 수 없이 많은 채팅 그룹, 투표, 로비, 심지어는 2만 3천 명의 '포스터를 들고 행진하는 사람들'이 등록하여 '워싱턴으로의 가상현실 행진'을 꾸민 '에이즈AIDS 행동 위원회'도 있다. 이 모든 것들이 가상의 사회적 자본이며 사이버 공간에서 얼마든지 더 찾을 수 있다.

물론 중요한 문제는 '가상의 사회적 자본'이라는 말 자체가 용어상으로 모순이 아니냐 하는 것이다. 쉽게 답할 수 있는 문제가 아니다. 전화의 사회적 영향에 관한 초기의 매우 잘못된 추측은 인터넷의 영향을 일찍 추측하는 작업 역시 그와 유사한 잘못을 범할 수 있다고 우리에게 경고한다. 사회적 자본과 인터넷 기술 사이의 연관성에 대해 조금이라도 확신을 갖고 말할 수 있는 부분은 거의 없다. 뻔한 말이지만 이렇게 이야기할 수밖에 없다. 인터넷 폭발의 시점을 감안하면, 앞에서 보았던 사회적 연계의 붕괴 원인을 인터넷에서 찾을 수 없다.

투표 참여, 자선사업 기부, 회의 참석, 친구와 친척의 방문 등등은 빌 게이츠가 아직 초등학교에 다니고 있을 때 이미 쇠퇴하기 시작했다. 인터넷 사용자가 미국 성인의 10퍼센트가 된 1996년까지 사회적 연계성과 시민적 참여의 전국적 하락은 최소한 이미 25년 동안 계속 진행되고 있었다. 앞으로 인터넷이 사회적으로 어떤 영향을 끼칠지 모르겠지만, 20세기의 지난 수십 년 동안 사회적 교섭은 물리적 공간에서 사이버 공간으로 그처럼 간단하게 옮겨가지 않았다. 인터넷은 우리가 안고 있는 시민적 문제에 대한 해답의 일부일 수도 있고 문제를 악화시킬 수도 있겠지만, 사이버 혁명이 그 문제의 원인은 아니었다.

우리는 또 인터넷 기술의 초기 사용자들이 다른 어느 누구에 비해 시민으로서 덜 참여하지도 (그렇다고 더 참여하지도) 않았다는 사실도 안다. 1999년까지 (내 연구도 포함해서) 세 개의 독립된 연구들은 인터넷 사용자의 높은 교육 수준을 통제하면, 시민적 참여의 문제에서 그들이 비사용자들과 전혀 구별되지 않는다는 점을 확인했다. 다른 한편 이 연구들은 자기 연구 목적에 맞게 인터넷 사용자들을 선정했을 가능성이 있기 때문에, 연구 결과를 놓고 요란스럽게 떠들기는 하지만 실제로 인터넷의 **영향**에 대해 입증하는 바는 거의 없다.

인터넷 사용과 시민적 참여 사이에 그 어떤 상관관계도 없다는 사실은 인터넷이 세상을 등지고 사는 얼간이들을 매혹하고 그들에게 활기를 불어넣고 있음을 의미할 수도 있다. 그러나 동시에 인터넷이 적극적인 시민 활동가들을 너무 적게 끌어들이면서 그들을 진정시키고 있음을 의미할 수도 있다. 어느 것이 옳은지 모르겠으나 인터넷의 장기적인 사회적 영향을 경험적으로 평가하기란 아직 시기상조이다. 그래서 나는 미국의 시민 생활에 컴퓨터 매개 커뮤니케이션이 갖는 몇몇 **잠재적** 장점과 단점을 여기서 지적하고자 한다. 물론 묵시록적인 '어두운 전망'의 예언자나 유토피아적인 '멋진 새로운 가상 공동체'의 옹호자들이 모두 틀릴 것이라는 점을 미리 인식하면서 말이다. 문제는 이렇다. '가상' 공동체는 '현실' 공동체와 얼마나 다르게 될 것 같은가?

공동체, 친교communion, 커뮤니케이션은 어원상으로나 그 의미에서나 밀접하게 연결되어 있다. 커뮤니케이션은 사회적·감정적 연계의 근본적 전제조건이다. 전자통신 일반, 그중에서도 특히 인터넷은 우리의 의사소통 능력을 실질적으로 증진시킨다. 따라서 장점과 단점을 따져보아도 전자통신과 인터넷은 공동체를, 아마 거대한 규모로 형성하는 효과를 발휘할 것이라고 예측하는 편이 합당하다고 생각된다.

사회적 자본은 네트워크에 관한 것이고, 인터넷은 모든 네트워크의 종착역이다. 컴퓨터 매개 커뮤니케이션 연구자들 중 사회학자 배리 웰먼은 시간과 공간의 제약을 없앰으로써 "컴퓨터로 지탱되는 사회적 네트워크는 강력한 유대, 매개적 유대, 약한 유대를 유지시켜준다"고 지적하면서 이렇게 덧붙인다. "이 유대는 광범위한 토대 위에서 형성된 관계, 그리고 세분화된 관계 속에 정보와 사회적 후원을 제공한다. 〔……〕 컴퓨터로 매개되는 커뮤니케이션은 부분적이지만 인간적인 여러 공동체의 중심부에서 사람들이 활동할 수 있는 다양한 방법들을 빠르게 마련한다. 〔……〕 사람들은 이 속에서 자신과 유대 관계를 갖는 집단들을 자주 그리고 빨리 바꾼다."

전화가 열어놓은 새 시대를 예측하던 19세기의 미래학자들처럼, '가상의 공동체'의 열렬한 지지자들은 컴퓨터 네트워크를 일종의 유토피아적인 공동체주의를 마련하는 토대로 바라본다. 컴퓨터 매개 커뮤니케이션의 장래를 일찍부터 낙관적으로 예측했던 스타 힐츠Starr Roxanne Hiltz와 머레이 터로프Murray Turoff는 이렇게 전망한다. "우리는 같은 관심사를 공유하는 동료, 친구, '나그네'와 방대한 규모의 정보와 사회적·감정적 커뮤니케이션을 주고받는 네트워크 국가가 될 것이다. 〔……〕 우리는 '지구촌'이 될 것이다." 또 인터넷 이론가 마이클 스트레인지러브Michael Strangelove는 다음과 같이 말한다.

인터넷은 기술에 관한 것이 아니다. 정보에 관한 것도 아니다. 그것은 사람들이 서로 이야기를 나누고 이메일을 교환하는 커뮤니케이션에 관한 것이다. 〔……〕 인터넷은 완전히 쌍방향으로 진행되며 검열을 받지 않는 대규모 커뮤니케이션 속의 대규모 참여이다. 모든 공동체가 서 있고 성장하며 번성하는 토대, 기초, 근본적 토양과 뿌리가 커뮤니케이션이다. 인터넷은 커뮤니케이션이 몸에 밴 사람들의 공동체이다.

자칭 "집 안에 앉아 전자공학의 최전선에서 활동하는 사람"이라는 하워드 라인골드Howard Rheingold는 『가상의 공동체Virtual Community』에서 이렇게 주장한다. "내 컴퓨터 스크린을 통해서만 접근할 수 있는 공동체라는 생각은 처음에는 냉정하게 들렸지만, 사람들이 이메일과 컴퓨터 회의에 관해 열정적으로 느낄 수 있다는 사실을 곧 알게 되었다. 나 역시 그들 중의 하나가 되었다. 나는 내 컴퓨터를 통해 만나는 사람들에게 관심과 애정을 갖는다." '전자 프런티어 재단'[5]의 공동 창립자인 존 발로우John Perry Barlow는 기록된 인류의 역사 중에서 컴퓨터 매개 커뮤니케이션의 출현에 비견할 만한 사건은 찾을 수 없다고 말한다. "인류가 불을 손에 넣은 이후 우리는 세상을 근본적으로 바꾸어놓은 기술 혁명의 한가운데에 있다"는 것이다.

인터넷은 물리적으로 멀리 떨어져 있는 사람들 사이에 정보의 전달을 가능하게 하는 강력한 도구이다. 보다 심각한 문제는 그러한 정보의 흐름 자체가 과연 사회적 자본과 진정한 공동체를 키워낼 것인가 하는 데 있다. 물론 정보는 중요하다. 그러나 제록스Xerox가 설립한 '팔로 앨토 연구소Palo Alto Research Center'의 존 브라운John Seeley Brown과 폴 더기드Paul Duguid는 정보 자체가 의미를 가지려면 사회적 맥락이 필요하다고 강조한다. "정보가 잘 흐르도록 보살펴주기만

---

5) Electronic Frontier Foundation. 컴퓨터와 인터넷 영역에서 표현의 자유와 개인의 프라이버시 보호, 정보의 자유로운 유통, 정보 접근성의 확대, 시민의 권리 보호를 위해 1990년 설립된 비영리 단체. 미국 수정헌법 1조, 유엔 인권선언문이 보장하고 있는 의사 표현의 자유를 인터넷에서 관철하겠다는 취지에서 컴퓨터 통신의 규제를 의도하는 모든 법안에 대해 강력한 반대 운동을 펼치고 있다(옮긴이).

하면 모든 것이 제자리를 찾아갈 것이라는 묵시적인 가정을 갖고 정보에만 지나치게 집중하는 태도는 일종의 사회적·도덕적 무지에 불과하다"는 것이다.

가장 잘될 경우, 컴퓨터 매개 커뮤니케이션은 사회적 세계에 대한 우리의 유대를 강화하고 우리의 '지적 자본'을 증대시키는 보다 넓고 효율적인 네트워크를 마련해준다. 정보는 사실상 아무 비용도 치르지 않고 공유될 수 있기 때문이다. 서로 다른 퍼즐 조각을 갖고 있는 사람들은 보다 쉽게 협조할 수 있다. 막 퇴직한 사람들을 대상으로 실시한 어느 전자통신 회사의 실험에서 보듯 달리 개입할 방법이 없는 주변적인 참여자들이 관여할 수 있는 기회를 늘려주면서, 컴퓨터 매개 커뮤니케이션은 기존의 단체와 지역의 한계를 넘어 대규모의 조밀하면서도 유동적인 단체들을 떠받칠 수 있다.

컴퓨터 매개 커뮤니케이션에 기초한 사회적 네트워크는 장소의 공유가 아니라 관심의 공유로 조직될 수 있다. 20세기 말에 오면 BMW 애호가, 새〔鳥〕 관찰자, 백인 지상주의자 등 전혀 공통점이 없는 온갖 종류의 기능적으로 세분화된 네트워크들이 생겨났다. 전화의 사회적 영향에 관한 초기의 예측들을 (아마 무의식적으로) 모방하면서 MIT의 컴퓨터 과학자 마이클 더투조스Michael Dertouzos는 장소의 공유가 아니라 관심의 공유를 기반으로 조직되는 수백만 개의 '가상의 이웃들'을 예상했다. 물론 사이버 공간에는 이미 수천 개의 취미 단체를 비롯한 그 밖의 특수한 관심을 가진 단체들이 모여들고 있다. 그러한 단체에의 참여가 널리 확산되고 오래 지속되면, 그런 예측들은 이 시점에서 보면 옳을 수도 있다.

가상의 공동체는 우리가 살고 있는 현실의 공동체보다 더 평등적일 수도 있다. 적어도 예측할 수 있는 장래에 컴퓨터에 기반을 둔 커뮤니케이션은 자신의 토론 상대자에 관한 정보를 철저하게 생략

할 것이다. 라인골드는 텍스트에 기반을 둔 커뮤니케이션에서는 상대방이 누군지 볼 수 없기 때문에, 접촉에 앞서 그 사람 대해 어떤 선입견을 갖지 못하게 한다고 주장한다. 개처럼 생긴 사이버 항해자를 그린 《뉴요커New Yorker》의 유명한 만화에 붙은 글은 "인터넷에서는 아무도 네가 개라는 사실을 몰라"였다. 따라서 광범위한 사람들이 사이버 공간에 접근한다는 사실을 감안하면 '가상의 공동체'는 인종, 성별, 연령 등의 물리적 요소의 측면에서는 이질적인 부류들이 하나로 모인 곳일 수도 있다. 물론 우리가 뒤에서 보듯 이 공동체는 관심과 가치의 측면에서는 동질적인 사람들의 모임일 수도 있다.

그 사람이 누군지 짐작할 수 있는 사회적 단서social cue의 부재와 익명성은 사회 통제를 차단한다. 그래서 비밀투표가 있는 것이다. 이런 점에서 사이버 공간은 몇몇 측면에서는 보다 민주적으로 보인다(역설적이게도, 최소한 현재의 기술 수준에서는 사람과 사람의 직접 커뮤니케이션보다 사이버 공간의 참여자들이 서로에 관한 정보를 덜 알고 있다는 사실 때문에 컴퓨터 매개 커뮤니케이션의 이러한 장점이 가능한 것이다). 온라인 토론이 직접 대면 회의보다 더 솔직하고 평등하다는 점을 보여주는 연구들은 전부터 있었다. 따라서 컴퓨터 매개 커뮤니케이션은 권위의 수평화를 가져올 수도 있다. 여러 실험들은 직장 네트워크에서도 컴퓨터 매개 커뮤니케이션은 위계질서에 덜 사로잡혀 있으며, 보다 참여가 활발하고 솔직하며, 직위의 차이에 따른 편견이 덜하다는 점을 보여주었다. 예를 들면 여성은 사이버 공간의 토론에서는 발언에 방해를 받는 일이 덜한 것 같다.

사이버 공간에서 진정한 민주주의가 실현된다는 진위가 의심스러운 주장은 세밀한 조사보다는 과장된 희망에 근거하고 있다. 적어도 초기 단계에서 인터넷의 정치 문화는 자유가 넘쳐흘렀으며, 몇

제2부 _ 시민적 참여와 사회적 자본의 변화 경향

몇 측면에서는 로크Locke의 질서 잡힌 상태가 아니라 홉스Hobbes의 자연 상태처럼 온갖 의견이 난무하여 격렬한 논쟁을 벌였다. 인터넷 공동체에 관한 사려 깊은 연구자인 피터 콜록Peter Kolock과 마크 스미스Marc Smith는 이렇게 관찰한다. "의사소통과 상호작용이 쉬워지면서 온라인에는 민주적 제도가 꽃을 피우고 새롭고 활기에 넘친 공론장이 열릴 것이라는 믿음과 희망이 널리 퍼져 있다. 그러나 지금까지 대부분의 온라인 그룹들은 (누군가 조율하지 않으면) 무정부 상태 아니면 (누군가 조율하면) 독재의 구조를 갖고 있다."

인터넷에서 가능한 저비용의 빠르고 광범위한 동원은 거래 비용을 줄여줌으로써 정치 목적을 위한 조직책에게는 장점이 될 수 있다. 특히 비슷한 생각을 가진 시민들이 지리적으로 광범위하게 흩어져 있는 단체에게는 더욱 그렇다. 예를 들어 1997년 노벨 평화상을 수상한 '국제 지뢰 금지운동International Campaign to Ban Landmines'은 본래 조디 윌리엄스Jody Williams라는 여성이 버몬트 주 시골의 자기 집에서 인터넷을 통해 조직한 단체였다. 1995년 마크 본체크Mark Bonchek의 보고에 따르면 "하루 평균 2만 7천 명의 사람이 75개의 메시지를 남기면서 alt.politics.homosexuality 뉴스그룹을 규칙적으로 읽는다. 그 이름이 시사하듯 alt.politics.homosexuality는 정치와 동성애에 관한 문제를 토론하고 정보를 나누는 토론회장이다." 본체크는 이 토론장에 남긴 댓글에는 동성애에 대해 동정적이고 적대적인 입장을 포함하여 놀라울 정도로 다양한 의견들이 펼쳐지고 있음을 발견했다.

다른 한편 컴퓨터 매개 커뮤니케이션은 의견 발언의 문턱을 아주 낮춤으로써 온라인에서 터져 나오는 의견들은 심사숙고한 답이 아니라 청취자들과 잡담이나 주고받는 라디오 대담 프로그램처럼 시끄러운 소음으로 그칠 수도 있다. 미국 노동자의 권익 옹호에 앞장섰던 매리 해리스 존스Mary Harris Jones의 일대기 『마더 존스Mother Jones』의 표지 안쪽에 적어놓은 다음과 같은 광고문을 한번 보자.

여러분이 관심을 갖기만 하면
무언가를 할 수 있습니다…… 쉽게!
www.ifnotnow.com
……1주일에 5분만으로
풀타임 시민 활동가가 되어보세요……
12개 이상의 최고의 사회 운동 단체가
정보를 제공합니다.
여러분은 클릭 한 번으로
경고문을 읽을 수 있고, 편지를 보내고,
응답을 받으며, 결과를 모니터할 수 있습니다.
사회 운동에 필요한 모든 것이 갖추어져 있습니다.
여러분이 여기서 뜻 깊은 시간을 쉽게 가지시기를 원합니다.
여러분의 목소리를 들려주세요!
www.ifnotnow.com
무료 이용권을 지금 신청하세요!

시민으로서의 의견을 쉽게 표출할 수 있는 이러한 지름길이 만일 일반화된다면, 우리가 2장의 〈표 1〉에서 지적한 시민적 불참의 두드러진 특징인 발언과 청취 사이의 불균형을 더 악화시키는 결과가 초래될 수도 있다. 브라운과 더기드는 "president@whitehouse.gov.에 메시지를 보낼 수 있는 능력은 〔……〕 실제로 이루어지는 것보다 훨씬 더 정치에 가까이 접근하여 참여하고 있다는 착각을 심어줄 수 있다"고 지적한다. 수천만의 미국인들이 마우스 클릭 한 번으로 자기 생각을 표현할 수 있다. 그런데 누가 듣기나 하나?

그렇지만 시민적 참여와 연계성에 대한 컴퓨터 매개 커뮤니케이션의 잠재적 이득은 대단하다. 인터넷은 저비용으로, 그리고 여러 면에서 평등한 방식으로 수백만의 동료 시민들, 특히 관심을 공유하지만 시간과 공간은 공유하지 못하는 시민들을 연결할 수 있게 해준다. 실제로 인터넷의 사회적 영향은 사회적 유대의 공간적 제약으로부터의 해방보다는 시간적 제약으로부터의 해방이—어떤 전문가는 그것을 '비동시성의asynchronous 커뮤니케이션'이라고 말한다—더 중요하다고 밝혀질지 모른다.

(다) 인터넷과 공동체의 미래

이러한 사실들을 염두에 두고, 이제는 컴퓨터 매개 커뮤니케이션이 새롭고 개선된 공동체를 일궈낼 것이라는 희망에 도전하는 네 가지 중요한 사항을 다루어야 하겠다. 단순한 문제부터 시작하기로 하자.

첫째, '디지털 격차digital divide'는 사이버 공간에 대한 접근의 불평등성을 가리키는 말이다. 물론 인터넷 초기에 인터넷을 가장 많이 이용하는 사람들은 압도적으로 젊은 층, 교육 수준이 상당히 높은 층, 소득이 높은 백인 남성이었다. 통계청에서 실시한 1997년의 포괄적 연구는 미국 사회에서 인터넷 접속률이 가장 떨어지는 부분은 농촌의 가난한 층, 농촌과 내부 도시의 소수 인종, 젊은 여성 가장의 가정이었다. 게다가 교육, 소득, 인종, 가족 구조에 의한 격차는 좁혀지는 것이 아니라 더 벌어지고 있다. 미디어 전문가 피파 노리스Pippa Norris는 미국과 유럽 모두 인터넷은 과거부터 정치에 참여하지 않던 집단들을 동원하지 **않았으며**(일부 젊은 사람들은 예외이고), 오히려 고소득·고학력·남성에 치우친 기존의 정치 참여 경향을

강화하고 있음을 찾아냈다. 사회학자 매뉴엘 카스텔스Manuel Castells
는 이렇게 강한 어조로 주장한다.

컴퓨터 매개 커뮤니케이션에 대한 접근이 문화적·교육적·경제적
으로 한정되어 있기 때문에, 그리고 앞으로도 오랫동안 그럴 것이기
때문에, 컴퓨터 매개 커뮤니케이션의 가장 중요한 문화적 영향은 한
사회를 문화적으로 지배하는 기존의 사회적 네트워크를 잠재적으로
강화하는 결과를 만들어낼 수도 있다.

없는 사람들에게는 엘리트 네트워크가 점점 더 멀어지고 있기 때
문에 연계형bridging 사회적 자본도 줄어드는 이러한 일종의 사이버
인종 분리의 망령은 생각만 해도 정말 끔찍하다. 그렇기 때문에 여
기에 맞서는 중요한 사실도 꼭 다루어야 한다. 정치적 의지만 있으
면 이 문제는 극복할 수 있다. 인터넷을 21세기의 일종의 공익사업
이라고 본다면, (하드웨어와 소비자 친화적인 소프트웨어 모두) 보조금
을 지급해서 도서관, 공동체 센터, 빨래방, 그리고 개인 주거지에서
도 저렴하게 인터넷에 접근할 수 있는 설비를 마련해주는 것이다.
20세기에 저렴한 전화 서비스 사업에 보조금을 지불한 선례가 있
다. 공동체의 연계성에 대한 인터넷의 이 첫 번째 도전은 심각하기
는 하지만 극복할 수 없는 문제는 아니다.

두 번째 도전은 기술적으로 보다 해결하기 어렵다. 사람이 직접
얼굴을 맞대는 커뮤니케이션에 비해 컴퓨터 매개 커뮤니케이션에서
는 언어로 표출되지 않는non-verbal 정보의 전달이 훨씬 더 적다. MIT
의 더투조스는 정확한 질문을 던진다. "인간관계의 어떤 특징이 미
래의 정보 기반 시설을 통해서도 잘 전달될 것이며, 어떤 특징이 전
달되지 않을 것인가?"

인간은 서로의 비언어적 메시지, 특히 감정 · 협조 · 신뢰감에 대한 비언어적 메시지를 감지하는 데 놀라울 정도로 뛰어나다(거짓말의 비언어적 신호를 포착하는 능력이 인간 진화의 긴 과정에서 생존에 유리한 대단히 중요한 장점을 제공했다는 주장은 타당하게 보인다). 심리학자 앨버트 메라비언Albert Mehrabian은 『침묵의 메시지Silent Message : Implicit Communication of Emotions and Attitudes』에서 "느낌의 영역"에서는 우리의 "얼굴과 목소리의 표현, 자세, 움직임, 제스처"가 핵심적이라고 말한다. 우리의 말이 "그 안에 담긴 메시지와 어긋날 경우에는, 다른 사람들은 우리가 한 말을 믿지 않는다. 그 경우는 거의 전적으로 우리가 하는 행동을 보고 신뢰한다"는 것이다.

지금 그리고 가까운 장래까지 컴퓨터 매개 커뮤니케이션은 가장 가벼운 인간 대 인간의 만남에서도 발생하는 비언어적 커뮤니케이션을 전달하지 못한다. (예를 들면 이메일 등에 담긴 감정)은 넌지시 이런 느낌을 드러내지만, 실제 얼굴에서 표현되는 정보의 가장 희미한 윤곽을 보여줄 뿐이다. 눈과 눈의 접촉, (의도적이며 비의도적인) 제스처, 고개를 끄덕임, 이마의 미묘한 주름, 몸짓 언어, 좌석 배치, 심지어 1천분의 1초 단위로 측정되는 망설임 등 사람들과의 직접 대면에서 거의 아무 생각 없이 우리가 일상적으로 처리하는 이 방대한 정보들 중 그 어느 것도 인터넷에서는 포착되지 않는다.

조직 이론가 니틴 노리아Nitin Nohria와 로버트 에클레스Robert G. Eccles는 사람과 사람의 직접 대면에서 이루어지는 감정과 정보의 피드백의 속도와 깊이는 컴퓨터 매개 커뮤니케이션에서는 도저히 불가능하다고 지적한다.

전자통신으로 매개되는 교섭에 비해, 얼굴과 얼굴을 맞대는 상호작용의 구조는 방해, 교정, 피드백, 학습의 놀라운 능력을 제공한다. 하나의 메시지를 받으면 응답하는 형식으로 상호작용이 순차적으로 이루어지는 전자통신과는 달리, 직접 대면 상호작용은 두 사람이 메시지를 동시에 보내고 받는 것을 가능하게 한다. 방해, 피드백, 교정의 사이클은 직접 대면 상호작용에서는 너무나 빨라서 사실상 동시적으로 이루어진다. 사회학자 어빙 고프먼Erving Goffman이 지적하듯, "발언을 한 사람은 청취자의 반응이 실제로 나타나기도 전에 자기 메시지에 어떻게 반응하는지 알 수 있다. 그리고 다른 반응을 유도하기 위해 어조와 제스처 등을 중간에 바꾼다." 여러 사람들이 직접 얼굴을 맞대고 모인 환경 속에서 상호작용이 이루어질 경우, 참여자들이 동시적으로 진행할 수 있는 '대화'의 수는 다른 미디어가 감히 모방하기도 어렵다.

컴퓨터 매개 커뮤니케이션에서는 참여자들이 서로의 사회적 배경을 모르기 때문에 그들 사이의 협조와 신뢰가 어렵다. 특히 상호작용이 보다 넓은 사회적 환경 속에 기반을 두지 않고 익명으로 이루어질 경우에는 더욱 그렇다. 직접 대면과 컴퓨터 매개 커뮤니케이션을 비교한 실험은 의사소통 수단이 풍부할수록 사람들끼리 더 사교적이고 인간적이며 신뢰감이 생기고 친밀해진다는 사실을 확인한다.
물론 컴퓨터 매개 커뮤니케이션은 직접 대면보다 평등하며, 솔직하고, 과제 지향적이다. 컴퓨터로 매개되는 집단의 참여자들이 광범위한 대안들을 제안하는 경우도 종종 있다. 그렇지만 서로의 사회적 배경을 잘 모르는 데다 사회적 커뮤니케이션 또한 별로 이루어지지 않기 때문에 컴퓨터 매개 집단의 참여자들은 합의에 도달하기 어렵고 서로 친밀감을 느끼기 어렵다는 사실을 발견한다. 그들은 '탈인간화depersonalization'의 감각을 발전시키고 집단의 성취에 대한 만족감이 덜하다. '자신들과 무관한' 사회적 커뮤니케이션에 신경을 쓰지 않아서 그런지 모르겠으나, 컴퓨터에 기반을 둔 집단은 자신들이 공유하는 문제에 대한 지적 이해는 빠르지만, 그 이해를 실행하는 데 필요한 신뢰성과 호혜성의 형성에는 한참 뒤떨어진다.

오해하거나 잘못 말하는 경우가 빈번한 컴퓨터 매개 커뮤니케이션에서는 본뜻과 다른 말을 하거나 속이는 일 역시 흔하게 일어난다. 컴퓨터에 기반을 둔 환경의 참여자들은 사회적 예의를 지키느라 성질을 자제하는 경우가 덜하고 극단적 언어와 독설을 쉽게 퍼붓는다. 사이버 항해자들 사이에서는 이런 행위를 보통 '플래밍flam-ing'이라고 부르는데, 욕설을 퍼붓는 사람들과 주먹다짐을 벌이는 이미지로 커뮤니케이션을 묘사한 기막힌 표현이다. 컴퓨터 매개 커뮤니케이션은 정보를 공유하고 의견을 취합하며 대안을 토론하는 데는 훌륭하지만, 사이버 공간에서 신뢰와 친선을 쌓기란 쉽지 않다. 브라운과 더기드는 "전자상거래건 사회적 교제이건 인터넷에서 이루어지는 상호작용은 그 디지털 암호화처럼 저렴한 비용으로 유지되지는 않을 것이다. 그 상호작용을 포괄하는 사회적이며 기술적인 토대가 확고하게 구축되어야 튼튼하게 유지될 것"이라고 지적한다.

이런 이유에서 노리아와 에클레스는 컴퓨터 매개 커뮤니케이션의 광범위한 사용은 실제로는 사람들끼리의 **보다 빈번한** 직접 접촉을 필요로 할 것이라고 시사한다. "관계를 떠받치는 넓고 깊으며 튼튼한 사회적 토대가 존재해야만 전자 미디어 이용자들은 다른 사람이 자신과 의사소통하려는 내용이 무엇인지 진정으로 이해하게 될 것이다." 버지니아 주 블랙스버그에서 전자 공동체 네트워크의 경험을 보면, "당신이 살고 있는 물리적 공동체를 기반으로 그 위에 직접 전자 공동체를 설치하면, 정중하게 예의를 지켜야 하는 매우 강한 사회적 압력을 만들어낸다. 당신이 만약 인터넷상에서 누군가에게 소리 지르거나 욕설을 퍼부었다면, 우연히 그 사람을 동네 구멍

가게에서 만날 수도 있고, 바로 이웃집 사람이라는 사실이 밝혀질 수도 있다." 곧 사회적 자본은 효과적인 컴퓨터 매개 커뮤니케이션의 **결과**라기보다는 오히려 그 **전제조건**으로 판명될 수도 있다.

이 모든 문제점들은 우리가 현실에서 다루는 실질적이고 분명한 문제보다는 심각성이 덜하지만, 불확실성과 모호함의 상황 속에서는 보다 심각하다. 사람과 사람의 직접 대면이 진행되는 속에 컴퓨터 매개 커뮤니케이션이 뿌리를 내리고 있다면, 곤란한 문제들은 훨씬 줄어든다. 식당에서 여러분의 인터넷 상대방을 만나는 약속은 컴퓨터 매개 커뮤니케이션을 통해 처리되겠지만, 그 사람의 요란한 파티에 관해 새 이웃들과 논쟁하는 것은 그리 쉽지 않을 것이다.

인터넷에서 새 친구들과의 전형적인 상호작용은 사회적으로 뿌리를 내리지 못한 채 컴퓨터상에서만 진행된다. 그런데 미디어 자체 내에서 상대방의 사회적 배경을 알 수 없다는 어려움을 극복하는 데는 바로 그 사회적 뿌리내림이 필수적인 것 같다. 가상 세계에서 익명성과 유동성은 "쉽게 들어오고 쉽게 나가는" "차 타고 가다가 마음 내키면 아무 데나 들르는" 관계를 조장할 수 있다. 사이버 공간의 일부 주민들에게는 바로 이처럼 가볍고 마음 내키는 대로 관계를 맺을 수 있다는 점이 컴퓨터 매개 커뮤니케이션의 매력이지만, 사회적 자본의 창조는 막고 있다. 너무 쉽게 들어오고 나가면 의무감, 신뢰성, 호혜성은 발달되지 않을 것이다.

컴퓨터 매개 커뮤니케이션의 비디오와 오디오 기술 향상은 이런 어려움을 결국 줄여주겠지만 빠른 시일 내에 이루어질 가능성은 없는 것 같다. 화질이 아주 떨어지는 비디오조차 매우 높은 '전송 용량'(의사소통 용량)을 필요로 하기 때문에 최소한 앞으로 10년 혹은 그 이상의 기간 동안에는 저렴하게 널리 이용될 것 같지 않다. 또한 몇몇 실험적 증거들은 탈인간화, 심리적 거리감, 사회적 단서의 취약성 등 컴퓨터 매개 커뮤니케이션의 부정적 효과는 고화질 비디오로 줄어들기는 하지만 사라지지는 않을 것임을 시사한다. 기술 변화의 폭과 속도가 워낙 빨라 사회적 상호작용에 대한 컴퓨터 매개 커뮤니케이션의 영향을 섣불리 예측하기 어렵지만, 사이버 공간에서 공동체 형성을 가로막는 이 두 번째 장애물은 디지털 격차보다 더 어려워 보인다.

세 번째 장애물은 '사이버 분열cyberbalkanization'이라는 말로 부르고 싶다. 인터넷은 우리와 관심사를 정확히 공유하는 사람들과 커뮤니케이션을 제한할 수 있도록 해주었다. 그냥 BMW 소유자가 아니라 BMW 2002 모델, 심지어 그중에서도 터보 엔진이 장착된 1973년 생산 차량 소유자들끼리의 커뮤니케이션 말이다. 그 사람들이 어디에 살고 그 외의 다른 관심 분야에서는 우리와 무슨 차이가 있는지는 관계없다. 이렇게 철저한 특수화는 이 미디어의 큰 매력 중의 하나이지만, 연계형 사회적 자본의 형성을 가로막는 눈에 띄지 않는 위협 중의 하나이다. 인터넷 BMW 동호회에서 포드 자동차의 스포츠카 썬더버드에 관한 논평은 '본 사이트에 적절한 화제가 아니니 삼가시기 바랍니다'라는 경고를 받을 수 있다. 그렇지만 반대로 볼링 팀이나 주일학교 교실의 어느 회원이 일상적인 가벼운 대화의 주제로 꺼내는 내용에 앞으로는 아무 제한을 두지 말자고 주장한다면, 여기저기서 어이없는 웃음이 터져 나올 것이다.

현실 세계의 상호작용은 싫어도 우리를 다양성과 접하도록 만드는 경우가 종종 있지만, 가상 세계는 인구학적 측면이 아니라 관심과 사고방식에서 보다 동질적일 수 있다. 관심을 기반으로 하는 공동체가 장소에 기반을 둔 공동체를 밀어낼 수도 있다. 사이버 공동체의 전망을 사려 깊으면서도 호의적으로 바라보는 커뮤니케이션 전문가 스티븐 도히니-패리나Stephen Doheny-Farina는 이렇게 전망한다.

물리적 공동체 속에서 우리는 많은 점에서 우리와 다른 사람들과 어쩔 수 없이 살아야 한다. 그러나 가상의 공동체는 유토피아적 집단, 즉 공통된 관심사, 교육, 취향, 신념, 숙련도의 공동체를 구축할 수 있는 기회를 마련해준다. 사이버 공간에서는 아무도 살지 않는 땅을 골라 세계를 다시 만들 수 있다.

　사이버 공간에서의 상호작용은 전형적으로 한 가닥으로 이어져 있다. 슈퍼마켓, 교회, 야구장에서 내가 만날 수 있는 이웃들과 달리 19세기 미국 역사에 관한 내 인터넷 모임의 회원은 **바로 그** 주제의 측면에서만 나와 연결되어 있다. 물론 우리는 인터넷 커뮤니케이션이 어떻게 전개될지 확신할 수는 없지만, 만일 가상의 공동체가 현실 세계의 공동체에 비해 한 가닥 끈으로만 연결되어 있음이 판명된다면, 아마 사이버 분열의 가능성은 그만큼 커질 것이다.

　사이버 공동체들이 공간을 초월하여 뭉치면서 거주 지역의 이질성보다는 가상공간의 집약된 동질성이 더 중요하게 대두될 수도 있다. 인터넷 기술은 적외선 천문학자, 와인 애호가, TV 드라마 「스타트렉」 애호가, 백인 지상주의자 등 비슷한 생각과 취미를 가진 소수의 동호인으로 사람들을 세분화시키도록 허용하고 조장한다. '사이트와 관계없는' 메시지를 자동으로 걸러내는 새로운 '필터링' 기술은 문제를 더 악화시킨다. 커뮤니케이션은 늘어나지만 그것이 취향과 관심은 대폭 축소시키면서 우연한 연결의 가능성은 더 줄어들 것이다. 지식과 관심을 나누는 사람들은 늘어나지만, 주제의 폭과 참여자들은 계속 잘게 나누어진다. 이러한 경향은 좁은 의미에서의 생산성은 증진시킬 수 있겠지만, 동시에 사회적 응집력을 축소시킨다.

　다른 한편 우리가 살고 있는 현실 세계의 공동체의 이질성을 낭만적으로 그려서는 안 된다. "유유상종類類相從"이라는 속담은 공동체의 동질성을 향한 경향이 인터넷 훨씬 이전부터 존재했음을 알려 준다. 지금보다도 훨씬 좁은 범위에 초점을 맞춘 무수한 공동체들로 사이버 공간이 계속 분열될 **가능성**이 과연 현실로 나타날 것인가의 문제는 우리 삶의 '가상적' 측면이 우리의 광범위한 사회적 현실과 얼마나 잘 부합할 것인지, 그리고 우리의 근본적 가치를 어디에 둘 것인지에 달려 있을 것이다. 또한 컴퓨터 과학자 폴 레스닉Paul Resnick이 지적했듯, 아마 미래에는 모든 것을 포괄하는 '사이버 공동체'도 물샐 틈 없는 '사이버 게토'도 아닌, 한 사람이 여러 인터넷 그룹에 가입하면서 부분적으로는 서로 겹치는 회원들로 구성된 다양한 '사이버 클럽'이 펼쳐질 것이다. 이런 세계에서는 제각각 집단들을 연결하는 약한 유대감이 여러 공동체들로 엮어진 공동체를 만들어낼 수 있을 것이다.

네 번째 잠재적인 장애물은 아직은 추측 수준이지만 기분은 더 나쁘다. 실제로 인터넷은 더 재미있는 텔레비전이나 전화임이 판명될 것인가? 다른 말로 하자면, 인터넷은 적극적이고 사회적인 커뮤니케이션의 수단이 될 것이 유력한가, 아니면 소극적이고 개인적인 오락의 수단이 될 것이 유력한가? 컴퓨터 매개 커뮤니케이션은 사람과 사람의 직접적인 유대 관계를 '밀어낼 것인가?'

특히 이 부분에 대해서는 아직 무어라 말하기 시기상조이다. 본격적 연구는 아니더라도 한 가지 예비적 연구 결과는 다행스럽게도 인터넷 이용 시간이 텔레비전 시청 시간을 대체할 수 있음을 시사한다. 1999년의 조사는 인터넷 이용자 중 42퍼센트는 TV 시청 시간이 줄었으며, 19퍼센트는 잡지 읽는 시간이 줄었고, 16퍼센트는 신문 읽는 시간이 줄었다고 대답했다고 밝혔다. 반면 인터넷의 집중적 이용은 사회적 고립과 심지어는 우울증을 유발하는 원인이 될 수 있다는 초기의 실험적 연구도 있다. 이렇게 서로 엇갈리는 증거들 속에서 마지막 주의 사항을 던지자면 이렇다. 현재 인터넷의 발전을 좌우하는 상업적 동기는 공동체 참여보다는 결국은 개인적 오락과 상거래를 더 강조할 것으로 보인다. 따라서 보다 공동체 친화적인 기술이 발전하려면 그 동기는 시장 밖에서 올 필요가 있을 것이다.

(라) 잠정적 결론

우리는 낙관적 시나리오와 비관적 시나리오를 모두 검토했다. 그렇다면 전자통신이 사회적 연계성과 시민적 참여에 앞으로 어떤 영향을 끼칠 것이라고 결론내릴 수 있을까? 전화의 역사는 인터넷을 유토피아로 보거나 종말론으로 보는 태도는 모두 잘못일 가능성이 아주 크다는 사실을 일깨워준다. 또한 우리 앞에 놓여진 문제가 컴퓨터 매개 커뮤니케이션과 사람들이 직접 얼굴을 맞대는 상호작용의 대결이라고 보는 것 역시 오류이다. 전화의 역사, 그리고 인터넷 사용에 관한 초기의 자료들은 모두 컴퓨터 매개 커뮤니케이션이 직접 대면 공동체를 **보완**할 뿐이지 **대체**하지는 않을 것으로 판명될 것임을 강하게 시사한다.

학자들의 컴퓨터 매개 커뮤니케이션 이용을 연구한 사회학자 배리 웰먼과 그의 동료들은 다음과 같은 사실을 지적했는데 전화 이용의 역사와 놀랍도록 유사하다.

> 인터넷은 서로 멀리 떨어져 있는 학자들과 유대감을 유지하는 데 기여하지만 물리적 근접성은 여전히 중요하다. 서로 자주 보고 가까이 일하는 학자들이 서로 이메일도 자주 교환한다. 인터넷상에서의 빈번한 접촉은 빈번한 직접 대면의 보완물이지 대체물은 아니다.

이 사실은 컴퓨터 매개 커뮤니케이션의 열렬한 지지자인 MIT의 더투조스가 많은 연구에 근거하여 내린 다음과 같은 예측과 완전히 일치한다. "일부 중요하지 않은 사업 관계와 가벼운 사회적 관계는 순수하게 가상공간을 토대로 확립되고 유지되겠지만 보다 중요한 직업적·사회적 접촉을 결합하고 유지하려면 물리적으로 거리가 가까울 필요가 있을 것이다." "코넬 대학에서 컴퓨터 과학 분야를 연구하는 댄 허튼로처Dan Huttenlocher 교수는 디지털 기술은 이미 형성된 공동체를 유지하는 데 유용하다고 주장한다. 곧 공동체를 새롭게 만드는 데는 효과가 떨어진다는 말이다." 이런 지적대로 컴퓨터 매개 커뮤니케이션의 일차적 영향이 직접 대면 관계의 대체가 아니라 강화라고 한다면, 인터넷 그 자체가 우리의 사회적 자본의 쇠퇴를 거꾸로 돌려놓을 가능성은 적다.

마지막으로 인터넷의 미래는 우리의 의도가 개입되지 않은 외재적인 '기술의 명령'에 의해 결정될 것이라고 가정해서는 안 된다. 가장 중요한 문제는 인터넷이 우리에게 무엇을 할 것인가가 아니라, 우리가 인터넷을 갖고 무엇을 할 것인가에 있다. 사회적 자본에 대한 우리의 투자를 보다 생산적으로 만들려면 컴퓨터 매개 커뮤니케이션의 방대한 잠재력을 어떻게 이용할 수 있는가? 이 전도 유망한 기술을 어떻게 하면 공동체 유대를 두텁게 하는 데 이용할 수 있는가? 사회적 만남, 사회적 피드백, 사회적 단서를 향상시키기 위해 어떻게 기술을 발전시킬 수 있는가? '가상 공동체'라는 공상의 세계가 주는 신기루에 현혹되지 않고, 날로 헐거워지는 우리의 현실 공동체를 향상시키기 위해 이 빠르고 저렴한 커뮤니케이션의 가능성을 어떻게 이용할 수 있는가? 즉 우리가 처한 문제를 해결하는 요소로서 인터넷을 어떻게 이용할 수 있는가?

21세기라는 새 시대가 열리며 컴퓨터 매개 커뮤니케이션 분야에서 가장 흥미진진한 작업의 일부는 이 문제들을 정확히 다루는 것이다. 이 책의 마지막 장에서 나는 이러한 전망의 일부분을 간략하게 언급할 것이다. 지금으로서는 인터넷이 전통적 형태의 사회적 자본의 쇠퇴를 **자동적으로** 메우지는 못할 것이지만 그런 잠재력은 갖고 있다고 결론 내린다. 실제로 컴퓨터 매개 커뮤니케이션이 없으면 우리가 현재 처한 시민 참여의 딜레마의 해결은 상상하기도 어렵다.

4. 요약

소규모 단체, 사회 운동, 전자통신에 관한 증거들은 앞 장에서 살펴본 시민 참여의 증거들에 비해 좀 모호하다. 모든 사항을 검토했듯, 시민 불참 경향에 대한 가장 분명한 예외는 네 가지로 나타났다. 1) 7장에서 다룬 청년 자원봉사의 증가, 2) 전자통신, 특히 인터넷의 성장, 3) 복음주의적 보수주의자들 사이에서 풀뿌리 활동의 활발한 성장, 4) 자조 단체의 증가. 이 다양한 반대 물결은 사회가 동시에 여러 방향으로 전개되고 있음을 일깨워주는 귀중한 사실이다. 내가 하나하나 열거했던 우울한 이야기에 대한 이 예외 사항들은 시민 참여를 부활시킬 믿음직한 잠재력에도 주목할 것을 알려준다.

그러나 아무리 그렇다고 해도, 대부분의 미국인이 20년 혹은 30년 전에 비해 우리의 공동체와 여러 가지 측면에서 덜 연계되어 있다는 현실을 이 예외 현상들이 압도하지는 못한다. 이러한 현실을 개선할 수 있는 가능한 방법을 모색하기 전에, 이 썰물의 기원에 대한 이해가 필요하다. 20세기의 첫 60여 년을 수놓았던 시민정신에 투철한 참여의 흐름이 최근 몇 십 년 사이에 뒤집어진 이유를 무엇으로 설명할 수 있는가? 3부에서는 이 수수께끼를 다루고자 한다.

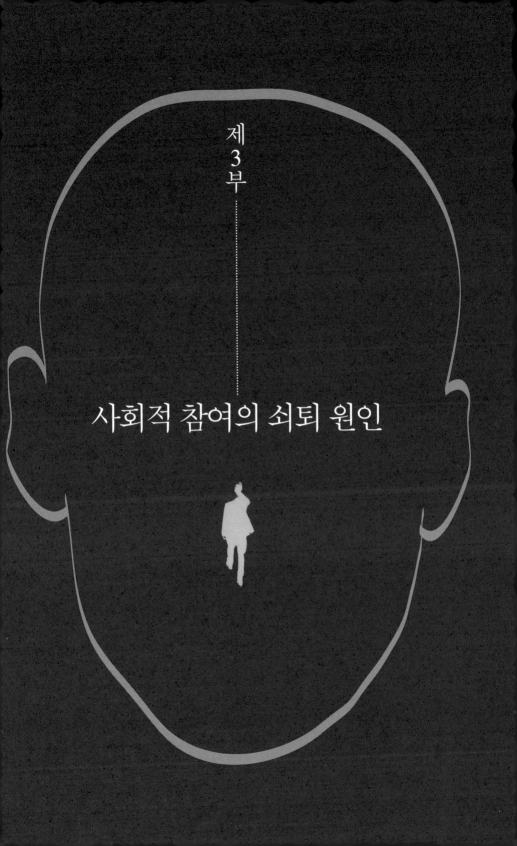

제
3
부

사회적 참여의 쇠퇴 원인

서론

1. 사회적 유대와 시민적 참여의 해체

20세기의 마지막 3분의 1에 해당하는 시기 미국에는 사회적 유대와 시민적 참여에 무언가 중요한 일이 생겼다. 그 이유를 탐구하기에 앞서 우리가 배웠던 사실들을 요약하기로 하자.

20세기의 첫 3분의 2 동안 미국인은 자기 공동체의 사회적·정치적 삶에서 나날이 더욱 적극적인 역할을 맡았다. 교회와 노동조합 사무실, 볼링장과 클럽 사무실, 지역사회 위원회 회의, 포커 테이블, 식탁에 모여 앉아 공동체의 일을 적극 토의하고 참여했다. 해가 갈수록 미국인은 자선 행사에 기부금도 더 많이 냈고, 지역 공동체 프로젝트에 더 자주 뛰어들었으며, (신뢰할 만한 증거를 찾을 수 있는 한에서 보자면) 보다 더 신뢰감을 갖고 상대를 대했다. 그러다가 신비

할 정도로, 그리고 어느 정도는 동시적으로, 이 모든 일에 시큰둥해
지는 현상이 나타나기 시작했다.

아직도 우리는 다른 많은 나라 사람들보다는 시민 활동에 적극
참여하는 편이지만 우리의 가까운 과거와 비교해보면 유대 관계가
해체되어 있다. 우리는 공공 업무에 여전히 관심을 갖고 비판적으
로 지켜본다. 우리는 이래라 저래라 훈수를 두지만 직접 뛰어들지
는 않는다. 겉으로 보면 우리는 여러 단체에 공식 회원으로 가입해
있지만 좀처럼 얼굴을 내밀지 않는다. 우리는 스스로에게 많은 수
고를 요하지 않으면서도 요구를 표현하는 새로운 방법을 개발해왔
다. 투표소이건 회의장이건 우리가 집단적 심의에 참여하는 일은
줄어든 것 같으며, 참여할 경우 실망스러울 정도로 적은 수의 친구
와 이웃이 참석해왔음을 발견한다. 남을 위해 돈을 쓰거나 시간을
할애하는 데도 (고령 인구라는 중요한 예외를 제외하고는) 인색해졌다.
낯선 사람을 아무 의심 없이 바라보는 일도 줄어들었다. 물론 이 모
든 것들은 그 대가를 돌려준다.

모든 사회적 네트워크가 위축되어온 것은 아니었다. 가늘고 한 가
닥으로 연결된 인터넷상의 상호작용이 조밀하고 여러 가닥으로 연
결되어 있으며 다방면으로 활발하게 움직이는 유대 관계를 점차 대
체하고 있다. 우리의 사회적 연계 중 보다 많은 부분이 자기 중심적
이며 1회용의 특수 목적을 지향하고 있다. 사회학자 모리스 재노위
츠Morris Janowitz가 수십 년 전 예견했듯 우리는 자기가 투자한 몫만큼
책임을 지는 '유한 책임 공동체'를 발전시켜왔거나, 혹은 사회학자
클로드 피셔, 로버트 잭슨Robert Jackson과 그 동료들이 보다 듣기 좋
게 '개인적 공동체'라고 묘사한 것을 발전시켜왔다.

오랜 역사를 갖고 지역에 지부를 두면서 다양한 지지자들을 끌어
모아 여러 가지 과제를 추진하던 대규모 단체들은 점점 쇠퇴하고,

그 자리에는 "쉽게 유대 관계를 맺는 동시에 또 그만큼 쉽게 애착심을 끊어버릴 수 있도록 해줌으로써 뿌리 없이 떠도는 우리 삶의 유동성을 반영하고 있는" 단일 목적 지향의 쉬 사라지는 소규모 단체들이 대신하고 있다. 한때는 좋은 사람도 있고 반갑지 않은 사람도 있는 이웃들과 우리를 직접 대면하도록 해주었던 풀뿌리 단체들은 빛을 잃은 반면, 우리의 협소한 이익을 대변하려는 목적에서 설립된 간부 중심의 이익단체들이 어지러울 정도로 늘어나면서 각광을 받게 되었다. 기능에 기반을 둔 사회적 자본이 장소에 기반을 둔 사회적 자본을 밀어내고 있는 중이다. 우리의 공동체를 한때 구성했던 호혜성의 네트워크로부터 우리는 빠져나오고 있다.

『구약성서』의 불길한 예언자들은 자기 공동체의 몰락이 이미 오래전부터 진행되고 있었음을 감지했지만, 청교도가 처음 해변에 발을 내디뎠을 때부터 이러한 사회적 자본의 붕괴가 시작된 것은 아니었다. 생생히 기억하건대 미국 사회의 물결은 오히려 보다 적극적인 사회적·정치적 참여, 보다 여유 있는 마음과 신뢰성, 보다 넓은 사회적 연계성이라는 정반대 방향으로 강하게 흐르고 있었다. 지난 20년 혹은 30년 사이에 나타난 역류 현상을 두고 세부적으로 어떤 평가를 내리건, 그것이 예기치 못하게 모든 부문에 걸쳐 급작스럽게 발생했다는 사실은 흥미를 유발할 만한 수수께끼이다. 미국인의 공동체 삶을 구성하는 바탕이 왜 1960년대와 70년대에 시작해서 80년대와 90년대에 가속화되면서 헝클어지기 시작했는가? 이 바탕을 다시 짤 방법을 고안하기에 앞서 이 신비한 현상을 제대로 알 필요가 있다.

만일 내가 옳다면 이 수수께끼는 미국 민주주의의 미래에 상당한 중요성을 갖고 있다. 이 문제는 고전적인 추리 퍼즐, 즉 수많은 단서가 흩어져 있는 범죄 현장, 그리고 여러 명의 잠재적 용의자가 얽혀 있는 범죄소설과도 같다. 모든 훌륭한 탐정소설이 그렇듯 여기서도 범죄 혐의가 물씬 풍기는 몇몇 악당들은 확실한 알리바이를 갖고 있음이 밝혀지며, 사건이 발생하기 훨씬 이전부터 진행되었던 불길한 조짐에 관한 몇몇 중요한 단서들이 암시된다. 또한 애거사 크리스티의 『오리엔트 특급 열차』에서처럼 이 범죄의 가해자는 여러 명이라는 사실이 밝혀지기 때문에 공범들로부터 주모자를 찾아내는 작업이 계속 필요하다. 마지막으로 나 자신도 이 수수께끼를 아직은 완전히 풀지 못했다고 처음부터 밝혀두고자 한다. 그래서 여러 증거들을 골라내는 수사에 여러분의 도움을 요청한다.

2. 원인을 찾아서

연쇄살인을 해결하려는 형사(혹은 유행성 전염병의 원인을 파악하려는 의사)의 전형적 수사 방법은 희생자들의 공통된 특징을 찾는 것이다. 모두 금발이었는가, 혹은 해산물 애호가였는가, 아니면 왼손잡이? 이와 마찬가지로 사회적 참여의 하락 같은 경향을 다루는 사회과학자들 역시 이 현상이 어디에 집중되었는가를 찾아 나선다. 참여의 하락이 도시 교외 거주자들 사이에 가장 크게 나타난다면, 이를 바탕으로 하나의 설명을 제시할 수 있을 것이다. 반면 예를 들어 직장 여성들 사이에 가장 크다면 또 다른 설명을 제시해야 설득력을 가질 수 있을 것이다. 나 역시 시간과 공간을 가로질러 나타난 시민 참여의 쇠락이 어떤 사회적 특징과 상관관계를 갖고 있는지 조사하는 광범위한 전략을 따르고자 한다. 그러나 먼저 이 전략에는 두 가지 취약점이 있다는 사실을 인식해야 한다.

첫째, 사회 변화에 의해 촉발된 효과는 최초 발생 지점을 훨씬 넘어 파급되는 경우가 종종 있다. 예를 들어 여성이 직장의 유급 노동력으로 합류함에 따라 집에서 친구들끼리의 저녁식사 모임이 줄어들었다고 하자(이런 생각을 뒷받침하는 몇몇 증거를 찾을 수 있다). 그런 변화는 집 밖에서 일하는 여성뿐 아니라 전업주부 사이에서도 파급 효과를 미쳐 모든 초대가 줄어들 수도 있다. 여성의 직장 생활이 저녁식사 모임을 줄어들게 했다고 하더라도(가설상으로), 이 경우 개인 전체에서 둘 사이의 상관관계는 약하게 연결되어 있을 뿐이다.

이와 마찬가지로 장거리 출퇴근과 TV가 우애 단체의 붕괴를 촉발시켰다면, 그 영향은 장거리로 출퇴근하지 않는 사람들과 TV를 보지 않는 사람들 사이에서도 결국은 나타날 것이다. 일단 클럽이 하락세에 접어들기 시작하면, 보통의 경우라면 참석할 사람들도 불참할 것이기 때문이다. 우리는 앞에서 그러한 '동반' 효과의 증거들을 이미 살펴보았다. (편집진에 편지 보내기 같은) **개인적** 활동보다는 (공공회의 참석 같은) **집합적** 활동의 감퇴 속도가 훨씬 빨랐던 것이다. (최초 보균자를 넘어서 널리 확산되는 전염병과도 비슷한) 이런 동반 효과 때문에 불행히도 우리의 수사 전략에서는 누가 범인인지 확실한 결론을 내리기가 어렵다.

둘째, 상습 용의자들을 걸러내는 작업에서 누구를 제일 먼저 용의선상에 올릴지 알 수가 없다. 시민적 불참civic disengagement은 모든 곳에서 똑같이 나타나고 있기 때문이다. 지난 수십 년 동안 클럽 모임, 친구 방문, 위원회 근무, 교회 참석, 관대한 자선 행위, 카드게임, 선거 참여 등 모든 분야에 걸쳐 거의 비슷한 크기로 급격하고 지속적인 하락세가 나타났다. 남자와 여자, 동부·서부·중부, 세입자와 주택 소유자, 흑인 게토와 백인 중산층 거주 교외 지역, 소도시와 거대 도시 지역, 개신교와 가톨릭, 빈곤층과 부유층, 비숙련 노동자와 소규모 자영업자, 최고 경영자, 공화당 지지자, 민주당 지지자, 무소속 지지자, 부모와 자식, 정규직 근로자와 여성 등 어느 부분을 막론하고 하락 경향을 보여주고 있다.

물론 각 범주에 따라 시민 참여의 **수준**은 저마다 다르다. 앞에서 지적했지만 여성들 사이에서는 일상적인 사교 활동이 보다 활발하고, 부유층 사이에서는 시민적인 활동의 참여가 높으며, 흑인들 사이에서는 사회적 신뢰가 낮고, 무소속 지지자들 사이에서는 투표율이 더 낮으며, 소도시에서는 이타정신이 높고, 부모들 사이에서는 교회 참석률이 높게 나타난다. 그러나 시민적 참여civic engagement의 변화 **경향**은 모든 부문에서 매우 유사하다.

예를 들자면 1974년에서 1994년 사이 평균적으로 백인의 18퍼센트, 그리고 흑인의 13퍼센트가 전년도에 지역 업무 관련 공공회의에 참석했다고 대답했는데, 두 인종의 참석률은 이 20년 동안 각각 절반이 줄었다. 1999년 보스턴 광역시보다 버몬트 주의 시골에서 더 많은 사람들이 지역 정치에 참여하고 있었지만, 버몬트 시골 또한 1959년과 비교하면 1999년의 경우 지역 정치에 참여하는 사람의 숫자는 대폭 **줄었다**. 즉 시민적 참여의 **변화**와 관련해서 보자면, 이 반시민적 전염병의 기원에 대해 결정적 단서를 제공해줄 정도로 분명하게 식별될 수 있는 '우범 지대'를 인구 지도에서 찾기란 불가능하다는 말이다.

우리의 조사를 시작할 만한 유력한 장소로 예를 들어 교육을 꼽을 수 있다. 투표에서부터 단체의 회원 가입, 지역위원회의 회장 업무, 저녁식사 모임 주최, 헌혈에 이르기까지 많은 형태의 사회적 참여를 예측할 수 있게 해주는 가장 중요한 지표 중의 하나, 사실상 **가장** 중요한 **단일** 지표는 교육이다. 물론 교육은 친구를 만나거나 식구들과 식사하기 같은 일상적인 사회적 연계와 사교 행위에는 별다른 영향을 끼치지 않는다. 또 교회 관련 단체의 회원 가입과는 정

正의 상관관계를 **나타내지**만 교회 참석 그 자체에는 별로 영향을 끼치지 못한다.

반면 교육은 공공 영역에서 공식적으로 조직된 활동에 참여하는지 여부를 예측하게 해주는 강력한 지표이다. 4년의 추가 교육 기간(즉 대학 교육)은 정치에는 30퍼센트 더 관심을 가지며, 클럽에는 40퍼센트 더 참석하고, 자원봉사 활동에는 45퍼센트 더 참여할 가능성이 있다는 사실과 연결되어 있다. 대학 졸업자들은 지역사회 단체의 간부 혹은 위원회 위원으로서의 봉사활동, 공공회의 참석, 국회에 편지 쓰기, 정치 집회 참석이 2배 이상 더 높은 것 같다. 남성과 여성, 모든 인종, 모든 세대에서 동일한 패턴이 나타난다. 결국 교육이 시민 참여의 가장 강력한 예측 지표라는 뜻이다.

왜 교육이 사회적 연계에 그렇게 방대한 영향을 끼치는가? 부분적으로 교육은 사회 계급과 경제 측면에서 유리한 특권을 누릴 수 있도록 해주는 대리인이다. 그러나 다양한 형태의 시민적 참여를 예측하기 위해 소득, 사회적 지위, 교육을 모두 동원해도 그중에서 일차적 영향력을 행사하는 것은 교육으로 나타난다. 마지막으로, 교육 받은 사람들은 부분적으로는 가정과 학교에서 전수된 자원, 성향, 능숙함 때문에 적어도 지역 공동체에 보다 활발하게 관여하고 있다. 개인, 주州, 지역, (20세기의 첫 3분의 2 기간 동안의) 시간이라는 변수를 망라하여 보다 많은 교육은 보다 활발한 참여를 의미한다.

요즘 미국인이 부모와 조부모보다 교육을 더 많이 받았다는 사실은 널리 인정되고 있으면서도, 이 변화 경향이 성인 인구의 교육 구성을 얼마나 거대하고 빠르게 바꾸어놓았는지는 제대로 평가되지 않고 있다. 1960년에는 미국 성인의 41퍼센트만이 고등학교를 졸업했지만 1998년에는 82퍼센트에 달했다. 1960년에는 미국 성인의 8퍼센트만이 학사학위 소지자였지만 1998년에는 24퍼센트가 되었다. 1972년에서 1998년 사이 전체 성인 중 교육 연한 12년 이하의 비율은 40퍼센트에서 18퍼센트로 절반이 줄었다. 반면 12년 이상의 비율은 28퍼센트에서 50퍼센트로 거의 2배 상승했다. 20세기가 문을 여는 시점에서 교육을 받았던 미국인 세대가(이들 대부분은 고등학교를 마치지 못했다) 고령으로 사라지고, (대부분 대학을 다녔던) 베이비붐 세대와 그 후손들이 그 자리를 대신함에 따라 생긴 현상이다.

따라서 교육은 시민적 참여를 크게 끌어올리며, 교육 수준은 엄청나게 상승해왔다. 불행히도 이 두 개의 명백한 사실은 우리가 풀어야 할 수수께끼를 더 복잡하게 만들 뿐이다. 일이 제대로 되려면 교육의 성장이 시민적 참여를 증대시켜야 했다. 결국 이 첫 번째 수사 작업은 오히려 전보다 더 헷갈리게 만든다. 시민 참여와 사회적 자본의 쇠퇴 뒤에는 어떤 힘들이 숨어 있는지는 모르겠지만, 하여간 그 힘들이 미국 사회의 모든 부문에 영향을 끼쳐왔다. 대학 교육의 혜택을 받은 사람의 경우는 12명의 1명꼴로, 고등학교 과정을 마치지 못한 사람들의 경우는 8명의 1명꼴로, 그리고 그 중간의 모든 사회 계층에서 사회적 자본이 무너져왔다. 20세기의 마지막 3분의 1 기간에 나타난 수수께끼 같은 이탈은 미국 사회의 모든 분야를 괴롭혀왔다.

이 문제에 대해서는 그럴듯한 많은 대답들이 제기되어왔다.

- 바쁘고 시간이 없어서
- 경제적 불황기
- 여성의 유급 노동력으로의 전환, 그리고 맞벌이 가족의 스트레스
- 잦은 이사

제3부 _ 사회적 참여의 쇠퇴 원인

- 교외 지역으로의 주거 이전과 도시 팽창
- 텔레비전, 전자통신의 혁명을 비롯한 여러 기술 변화
- 체인점 · 기업의 지사 · 서비스 분야의 성장, 세계화 같은 미국 경제의 구조와 규모 변화
- 결혼과 가족 유대의 붕괴
- 복지국가의 성장
- 민권 혁명
- (실제로는 대부분 70년대에 발생한) 60년대의 사건들. 여기에 포함되는 사건들은
  - 베트남 전쟁, 워터게이트, 공적 생활에 대한 환멸
  - 권위에 저항하는 문화적 반란(섹스, 약물 등등)

  제아무리 대단한 미스터리 작가들도 대부분은 이렇게 많은 용의자들을 동원하는 데는 주저할 것이다. 자기 소설에 등장하는 탐정이 아무리 정열적이어도 잘 풀어내 꿰맞출 재간이 없다. 나 역시 그 어떤 결정적인 대답을 얻어낼 수 있도록 이 모든 이론들을 능숙하게 다룰 만한 위치에 있지 않다. 그래서 명단을 골라내는 일을 시작해야 한다. (시민적 불참 같은) 하나의 거대한 결과에는 (맞벌이 가정 혹은 물질만능주의 혹은 TV 같은) 하나의 거대한 원인이 있다고 가정하고 싶은 유혹이 마구 밀려오지만, 대개 그런 식의 가정은 오류이다. 우리가 조사하고 있는 것처럼 모든 부문에 걸쳐 광범위하게 나타난 사회적 경향은 아마 원인도 다양할 것이기 때문에, 우리는 그러한 요소들의 상대적 중요성을 평가하는 과제를 수행해야 한다.

  우리의 수수께끼에 대한 답은, 비록 부분적인 답이라고 하더라도 여러 테스트를 거쳐야 한다.

• 제시되는 설명 요소들이 사회적 자본의 쇠퇴와 시민적 불참과 상관관계를 갖고 있는가?

만일 그렇지 않다면, 왜 그 요소를 용의자 명단에 올려야 하는지 이해하기 힘들다. 예컨대 문제의 기간 동안 많은 여성이 유급 노동력으로 합류했다. 그런데 직장에서 일하는 여성이나 전업주부나 모두 지역 공동체의 생활에 덜 참여한다는 사실이 밝혀진다면, 지역 공동체 단체의 쇠락을 맞벌이 가족의 증가 탓으로 돌리기가 더 어려워질 것이다.

• 상관관계는 실제로 존재하는가? 예를 들어 자녀를 둔 부모가 자녀 없는 사람들보다 시민 생활에 더 많이 참여한다면, 이것 역시 중요한 단서가 될 수 있다. 그런데 부모의 자녀 유무와 시민 참여 사이의 상관관계가 맞지 않고, 예컨대 사람이 나이가 들면서 보다 잘 참여하게 된 것뿐이라면, 우리의 용의자 목록에서 출산율 감소 항목을 지워야 할 것이다.

• 제시되는 설명 요소들이 관련된 방향으로 변화하고 있는가? 이사를 자주 다니는 사람들은 공동체에 뿌리를 깊이 내리지 못한다고 한번 가정해보자. 그렇다면 우리의 수수께끼에 중요한 단서가 될 수 있지만, 단 이 기간 동안 주거 이동 자체가 상승했다는 **전제조건이 충족될 때에만** 성립한다(이 장애물을 제거하지 못하면 교육에 대해 그 어떤 비난도 하지 못하도록 만든다).

• 제시된 설명 요소들을 시민 불참의 원인이 아니라 결과로 볼 수도 있지 **않은가?** 예컨대 신문 구독이 개인과 시기를 통틀어 시민 참여와 밀접한 상관관계를 갖고 있다고 해도, 신문 발행 부수의 감소가 혹시 시민 불참의 (원인이 아니라) 결과로 나타난 것은 아닌가 하는 가능성도 고려할 필요가 있을 것이다.

그러한 검토와 비교의 기준을 염두에 두고, 앞으로 다섯 개의 장에서 사회적 자본의 형성과 파괴에 미친 여러 요소의 잠재적 영향들을 다루고자 한다.

시간과 돈의 압박

1. 긴 노동 시간과 바쁜 생활

공동체 업무의 이탈 경향 뒤에 숨어 있는 가장 유력한 용의자는 사회 전체가 바빠졌다는 점이다. 사회적 불참을 설명하는 데 모든 사람이 제일 많이 대는 이유가 이것이다. 직접 참여하지 못한 이유로 미국인이 가장 자주 꼽는 것은 "시간이 별로 없어서"이다. 자원봉사 활동에 나서지 못하는 가장 흔한 이유 역시 "너무 바빠서"이다. 분명히 우리는 한 세대 이전의 미국인에 비해 더 바쁘다고 **느낀** 다. "항상 쫓기는 기분"이라고 대답한 사람들의 비율은 1960년대 중반에서 90년대 중반 사이 절반 이상이나 상승했다.

아울러 "우리는 거의 언제나 열심히 일한다", 자주 "밤늦게까지 남아서 일한다"고 대답한 미국인의 수는 1980년대와 90년대 내내 늘었다. 특히 가장 바쁘다고 느끼는 집단은 (특히 고등교육을 받은) 정규직 근로자, 여성, 25세에서 54세 사이의 남녀, 어린 자녀를 둔 부모, 특히 한 부모 가장이다.[1] 이런 패턴은 별로 놀랍지 않으나 역사적으로 보면 바로 이 집단들이 공동체 생활에 특히 적극적이었다. 복잡하게 생각할 것 없이 범인은 지나친 노동 시간인 것 같다.

이와 연결된 현상이지만 특히 소득 분배의 하위 3분의 2 사이에서 나타난 경제적 압박, 고용 불안, 실질 임금의 하락도 시민적 불참의 잠재적 원인이다. 1970년대에서 90년대 중반까지 미국의 경제 상황은 나날이 불안감이 늘어나고 있었다. 따라서 시간과 돈의 이중 압박이 우리의 시민적 불참을 설명하는 주범이라고 볼 수 있을 것 같다. 그러나 결국에 가서는 우리가 그 어느 때보다 먹고살려고 더 열심히 뛰고 있기 때문에 친구, 이웃, 공공 업무에 시간을 별로 할애하지 못한다는 이 용의자들을 기소 (혹은 무죄로 풀어줄) 충분한 증거를 찾기란 지극히 어려운 것으로 판명난다. 관련 증거들 속에는 그 반대 사실도 나타나기 때문에, 나는 독자에게 이 장의 마지막까지 해석의 최종 판단을 유보해줄 것을 요청한다.

첫째, 전체적으로 볼 때 지금의 미국인이 시민 참여가 절정에 달했던 1960년대의 우리 부모 세대보다 과연 더 열심히 일하고 있는지는 전혀 불확실하다. 경제학자 엘렌 맥그라탄Ellen McGrattan과 리처드 로저슨Richard Rogerson은 "미국에서 1인당 1주일의 시장 노동market work 시간은 제2차 세계대전 이후 대략 일정하게 유지되었다"고 보고했는데, (우리가 보았듯) 시민 참여가 처음에는 팽창했다가 줄어들었던 현상이 바로 이 50년 동안에 나타났다. 전체적으로는 안정성을 유지하고 있다고 하지만 남성에서 여성으로, 나이 든 사람에서

---

1) DDB 조사에서는 전년도에 한 달 최소 1회 "밤늦게까지 일했다"고 대답한 미국인의 비율은 1985년 29퍼센트에서 1999년 38퍼센트로 꾸준히 상승했다.

젊은 사람으로, 유급 노동 인력의 분포에 중요한 변화가 있었다.

남성 전체로는 1950년대에 비해 90년대에는 유급 노동이 몇 시간 줄어들었다. 특히 55세 이상의 남성은 조기 은퇴로(그중 일부는 반강제적인 것이다) 인해 오늘날 더 많은 자유시간을 갖고 있다. 여성이 30년 전에 비해 가정 밖에서 더 많은 시간을 일하는 것은 너무나 분명한 사실이다. 이 문제는 조금 있다가 더 상세히 검토하기로 하자. **노동시장에 진출한 남성과 여성이** 과연 한 세대 전보다 더 많은 시간을 일하고 있는가는 경제학자들 사이에서 열띤 논쟁을 불러일으키는 문제이지만, 노동 시간에는 별로 큰 변화가 없었다고 보는 편이 가장 합리적인 추측일 것이다. 시간 일기의 자료를 보면 집안일과 (요즘은 적게 낳기 때문에) 자녀 양육을 포함하여 노동 시간 이외의 부담은 줄어들었다. 실제로 존 로빈슨John Robinson과 제프리 고드비Geoffrey Godbey는 1965년과 1995년 사이 미국인의 자유시간은 주당 평균 6.2시간 **늘었다고** 보고하는데, 집안일의 감소와 조기 퇴직을 그 주된 이유로 꼽았다.

미국인들이 수십 년 전에 비해 더 많은 시간적 여유를 누린다는 로빈슨과 고드비의 주장은 다른 학자들에게 많은 반박을 받았지만, 그렇다고 우리의 여유 시간이 **줄어들었다는** 증거도 물론 없다. 해리스Harris 조사는 지난 25년 동안 "TV 시청, 스포츠나 취미 활동, 수영이나 스키, 영화 관람, 연극 관람, 음악 공연, 혹은 그 외 다른 형태의 오락, 친구와 어울리기 등등 우리가 여가에 활용할 수 있는 시간"은 주당 19시간에서 20시간으로 거의 일정한 수준을 유지해왔음을 보여주었다(그런데 시간 일기 자료는 자유시간이 실제로는 2배 늘어났음을 시사한다).

여러 증거들이 서로 충돌하고 있기는 하지만, **미국인의 시민적 불참을 설명해줄 수 있는 자유시간의 일반적 감소는 지난 30년 동안 나타나지**

않았다고 결론 내리는 편이 합리적인 듯하다. 오히려 이 기간 동안에 여가 시간이 상당한 정도로 순수하게 늘어났다고도 볼 수 있을 것 같다. 그렇지만 이 용의자를 풀어주기 전에 자유시간의 증대와 감소가 어떻게 분포되었는지 특별히 살펴볼 필요가 있다.

첫째, 새로운 '자유시간'의 상당 부분은 시민 참여로 쉽게 전환될 수 없는 형태로 생겨났다. 그중 일부는 일에 뺏긴 스케줄 속에서 어쩌다가 찾아온 산발적 자유시간이라는 형태로 생겼으며, 일부는 나이 든 사람들에게 강요된 조기 퇴직으로 상당한 규모의 자유시간이 생겨났던 것이었다.

둘째, 노동 시간을 둘러싼 논쟁의 모든 당사자들은 저학력 미국인에게는 자유시간이 늘어났던 반면 대학 졸업 이상의 노동자들에게는 대부분 줄어들었다는 데 동의한다. 고등학교 중퇴자에 비해 대학 졸업자들은 1969년에는 주당 6시간, 1998년에는 13시간 더 일했다. 로빈슨-고드비가 지적하듯 '노동계급'은 노동 시간이 줄고 '유한계급leisure class'은 여가가 줄어들었다.

셋째, 맞벌이 가족이 더 흔해졌는데, 이들은 과거보다 더 많은 시간을 일하고 있다. 1998년의 맞벌이 부부는 1969년보다 주당 평균 14시간 더 일한다. 즉 역사적으로 공동체의 토대에 가장 많은 에너지를 제공해왔던 높은 교육 수준의 중산층 부모라는 사회 부문은 실제로 시간의 구속을 받고 있다. 아마 우리는 자유시간을 공동체 참여에 투여했을 (대부분 보다 젊고, 보다 교육 수준이 높은) 사람으로부터 개인적으로 사용할 가능성이 보다 높은 (대부분 나이 들고, 교육 수준이 낮은) 사람에게로 자유시간이 재분배되고 있음을 보아왔는지도 모른다.

마지막 사항. 공동체 활동에 사용할 충분한 자유시간이 우리 모두에게 생겼다고 하더라도, 내 자유시간과 여러분의 자유시간이 늘 **동**

시에 생길 수는 없기 때문에 스케줄 조정이 점점 더 어려워지게 되었다. 이 해석은 우리가 앞에서 보았던 사실, 즉 **집합적** 형태의 시민 참여가 **개인적** 형태보다 더 **빠르게** 줄어들었다는 사실과 일관성을 갖는다.

그러나 시간의 제약 때문에 시민적 불참이 늘어났다는 이 주장과 잘 들어맞지 않는 두 개의 추가 증거가 있다. 첫째, 교육과 소득 수준이 동일한 사람들 사이에서조차도 과도한 시간 부담이 시민 활동의 감소와 연결되지 **않았다**. 오히려 그와 정반대이다. 즉 유급 노동력에 고용된 사람들이 그렇지 않은 사람보다 시민적·사회적으로 **더욱** 적극적이며, 유급 노동자들 사이에서도 긴 노동 시간은 **보다 활발한** 시민 참여와 연계되는 경우가 종종 있을 뿐 그 반대가 아니다. 곧 시간 압박이 제일 심하다고 보고한 사람들은 공동체 프로젝트 참여, 교회와 클럽 모임 참석, 정치 집회 참석, 친구 방문, 집에서 손님 접대하기 등등을 **더 많이** 하는 것 같다.

일반적인 경제 이론과 달리 실제로는 유급 노동 시간이 긴 사람들이, 또 두 개의 직업을 가진 사람이 한 가지 직업을 가진 사람보다 자원봉사 활동도 더 많이 하는 것 같다는 사실을 보여준 연구도 있다. 참여를 결정짓는 요소들에 관한 포괄적 연구에서 정치학자 시드니 버바와 동료들은 한 사람이 보유하는 자유시간의 양은 그 사람이 시민적으로 적극적 활동을 펼치는 데 아주 약한 영향 혹은 거의 영향을 끼치지 못한다고 주장했다. 일에 온통 시간을 뺏긴 사람들이 다른 사람에 비해 덜 참여하는 사회적 활동으로 유일하게 드러난 부분은 가족과의 저녁식사라는 것이다.

시민 활동과 노동 시간 사이에 **정표의 상관관계**가 있다고는 하지만, 그렇다고 긴 노동 시간이 시민적 참여를 더 활발하게 만드는 **원인**이라는 뜻은 물론 아니다. 어떤 일이 되게 하려면 바쁜 사람에게 그 일을 맡기면 된다는 것을 우리 모두는 알고 있다. 우리들 중 일부가 시간이 없는 한 가지 이유는 바로 공동체의 시민 생활에 참여하기 때문이다. 그렇다고 해도 (예를 들어 더 오래 일하거나 해서) 우리가 더 바빠지면 공동체 생활에도 역시 더 적극적으로 참여할 것이라는 뜻은 절대 아니다. 결국 어느 순간에는 24시간이라는 제약에서 벗어날 수 없기 때문이다. 그러나 다른 한편 관련 자료는 긴 노동 시간이 시민 참여를 **방해**하지 않는다는 사실을 보여준다.

별로 놀라운 사실도 아니지만, 시간 일기 연구는 노동 시간이 긴 사람들은 더 바쁘다고 느끼며 식사, 잠, 독서, 취미 활동에 시간을 더 적게 할애한다는 사실을 보여준다. 다른 부문과 비교하면 그들은 TV 시청 시간이 거의 30퍼센트 정도 적다. 그렇다고 그들이 단체 활동에 시간을 덜 할애하지는 **않는다**. 즉 항상 바쁘게 사는 사람들은 TV 드라마 「ER」을 보는 대신 적십자사 활동에 참여하고, 드라마 「프렌즈」를 보는 대신 친구를 만난다. 13장에서 살펴보겠지만 바쁜 사람들은 공동체 참여에 가장 방해가 되는 한 가지 활동, 즉 TV 시청을 줄이는 경향이 있다.

시간적으로 빡빡한 현재의 우리 삶이 시민 참여의 쇠퇴를 몰고 온 주요 원인이라는 주장을 의심하는 두 번째 이유는 이렇다. 즉 **가장 한가하다고** 느끼는 사람들 사이에서나 **가장 바쁘다고** 느끼는 사람들 사이에서나 실제로 시민 참여는 똑같이 가파르게 감소했다는 사실 때문이다. 시민적 · 사회적 참여의 쇠퇴는 정규직 노동자, 시간제 노동자, 유급 노동력에 고용되지 않은 사람들 사이에서 거의 완벽하게 일치한다. '충분한 시간을' 갖고 있다고 대답한 미국 인구의 3분의 1 중에서조차 지난 20년 동안 교회 참석은 15~20퍼센트, 클럽 참가는 30퍼센트, 친구와 지내기는 35퍼센트 줄었다. 사람들이 공동체 생활에서 이탈하고 있다면, 긴 노동 시간과 빡빡한 스케줄을 유일한 이유로 볼 수는 없다. 물론 이 요소들이 특히 역사적으로 미국에서 단체 활동의 가장 큰 부분을 맡아왔던 사람들에게 영향을 끼쳤다고 볼 수 있지만, 절대로 유일한 원인은 아니다.

2. 경제적 곤란

시간적 압박이 우리가 찾는 주범이 아니라면, 경제적 압박은 어떨까? 이런 추측을 가능하게 하는 여러 중요한 단서들이 있다. 첫째, 20세기의 마지막 25년 동안 경제적 불안감은 분명히 높아졌다. 베트남 전쟁과 전 세계적인 두 차례의 대규모 석유 위기로 인해 촉발된 1970년대 초반의 인플레이션은 50년대와 60년대의 활발한 경제적 번영의 막을 내리도록 했다. 성경의 표현을 빌리자면 살찐 암소를 즐겁게 먹던 20년이 사라지고 비쩍 마른 소를 먹어야 하는 짜증스러운 20년이 시작된 것이다.

1970년대와 80년대 전체에 걸쳐 경제적 불안은 모든 계층, 모든 부문의 미국인에게로 번졌으며 90년대의 경기회복조차 이 20년이 남겨놓은 전반적인 불안감을 지우지 못했다. 40년 만의 가장 심각한 경제 불황이 바닥을 기고 있었던 1975년 초 미국인의 74퍼센트는 "우리의 가구 수입은 거의 모든 중요한 우리의 욕구를 충족시킬 정도로 높다"고 대답했지만, 8년 동안 지속적인 성장세를 이어받고 있던 1999년의 경우 경제적 만족감을 나타내는 이 척도에 동의한 비율은 61퍼센트로 내려앉았다. 1990년대 경제 호황의 한가운데서도 미국인은 30년 전보다 경제적으로 더 걱정스럽고 소심해졌다. 아마 그동안 우리의 물질적 열망이 늘어났기 때문일 것이다.

재정적 불안과 경제적 궁핍이 공식적 · 일상적인 사회 참여에 심각할 정도로 악영향을 끼쳐왔다는 것도 사실이다. 3장에서 보았지만, 20세기의 첫 3분의 2에 해당하는 기간 동안 나타났던 시민 참여와 사회적 연계의 상승 물결에 유일하게 강력한 제동을 건 시기는 대공황이었다. 직장을 얻지 못하면 그 희생자들이 급진화될 것이라는 예측과는 달리, 사회심리학자들은 실업자들이 사회적으로나 정치적으로나 소극적이고 움츠러들게 된다는 사실을 발견했다. 내 경제 상황이 보다 절박해지면 내 관심사는 개인과 가족의 생계로 좁혀진다. 경제적으로 곤궁하다고 느끼는 사람들과 저소득층은 잘 사는 사람에 비해 모든 형태의 사회생활과 공동체 생활에 훨씬 덜 참여한다. 예를 들어 경제 상황에 대한 불안을 얼마나 심각하게 느끼느냐에 따라 사람들을 세 부분으로 나누고, 소득과 교육의 수준은 동일한 사람들을 비교해보자. 이 경우 소득과 교육 수준은 같은데도 불안감이 제일 높은 사람들의 클럽 참여 수준은 불안감이 제일 낮은 사람의 3분의 2 정도이다.

얇아진 지갑 때문에 생긴 자연스러운 현상이겠지만 경제적 불안은 단순히 영화 구경 횟수만 줄일 뿐 아니라 친구 만나는 데 할애하는 시간, 카드게임, 집에서 손님 대접하기, 교회 참석률, 자원봉사 활동 참여, 정치에 대한 관심도 모두 줄여놓는다. 재정적 곤란은 경제적 부담이 별로 없거나 혹은 전혀 없는 사회 활동까지도 가로막는다. 경제적 불안과 정正의 상관관계를 보이는 유일한 여가 활동은 TV 시청이다. 불황기에는 TV 시청이 늘어나는 것이다. 또한 우리가 다양한 형태의 시민적 참여와 사회적 연계를 예측하기 위해 재정적 불안, 소득, 교육을 결합할 경우 소득 그 자체는 중요성이 가장 떨어진다. 다른 말로 하자면 사회 참여를 막는 것은 낮은 소득 그 자체가 아니라 그로 인해 생기는 걱정과 불안이다. 부유한 사람들에게서조차도 경제적 불안의 느낌은 공동체 참여를 떨어뜨린다.

이 증거들은 확실하다. 경제적으로 어려운 시기가 되면 우리의 소득도 줄고, 채무 수준은 올라가며, 직장은 더욱 불안해진다(그리고 업무 부담은 더 과중해질 것이다). 스트레스는 올라가고 시민적 참여는 떨어진다. 사건 해결은 식은 죽 먹기다. 그러나 변호사들 역시 확실한 반대 증거들을 제시한다. 첫째, 다양한 형태의 시민 참여의 감소는 1970년대 경제 불황 이전에 시작한 것으로 보이며, 80년대 중반과 90년대의 경제 호황기에도 감소세는 줄어들지 않고 계속 이어졌다. 경제는 하락과 상승, 상승과 하락을 반복했지만 사회적 자본은 계속 하락세를 걸었다.

둘째, 참여와 유대의 하락은 사실상 빈곤층, 중간 정도의 소득 계층, 부유층 어디에서나 거의 같은 크기로 나타났다. 지난 20년간 경제 불황의 충격을 많이 받은 사람들에게 시민적 불참이 집중되었다는 신호를 찾기는 어렵다. 예컨대 재정 불안의 고통을 **가장 적게 겪은** 미국 인구의 3분의 1 사이에서 클럽 모임 참석은 연 13회에서 6회로, 재정적으로 **가장 고통 받은** 인구들 사이에서는 연 9회에서 4회로 줄었다. 자기 가족은 "분명히 대부분 이웃에 비해 추가 지출 능력이 있다"고 공언한 미국인 18명 중 1명꼴의 행운아들 역시 집에서 손님을 대접하는 횟수는 1975년 연 17회에서 1999년 10회로, 클럽 참석 횟수는 연 13회에서 5회로 줄었다. 경제적 행운은 시민적 참여의 지속성을 보장해주지 못했다.

사회적 자본의 경향에 관한 일부 연구자들은 지난 20년간 이 하락세는 보다 '주변화된' 인구 부문에 집중되어왔다고 주장한다. 반면 다른 연구자들은 자신들의 전통적인 시민적 책무를 내팽개치고 자기 이익 챙기기에 급급한 중상류 계급 엘리트의 책임 이탈을 시민적 불참의 주범으로 비난했다. 엇갈리는 증거들의 균형을 잡아보면 두 주장 모두 틀렸다는 것이 내 생각이다. 모든 사회적 불참의 측정치, 모든 사회경제적 지위의 측정치를 전부 고려해보아도 쇠퇴 경향은 실제로 모든 수준에서 매우 유사하다. 미시적으로 따져보면 이탈은 재정적으로 많은 곤란을 겪은 사람들 사이에서 아주 약간 더 나타나지만, 차이는 미미하고 일관성도 없다. 경제적으로 어려운 사람들이 **더** 빨리 이탈하지 않았다는 사실은 위안거리이지만, 그렇다고 **덜** 빨리 이탈하지도 않았다.

실질소득과 재정적 만족을 통제해도(현실 세계보다는 통계 세계에서 쉽게 할 수 있는 속임수) 시민적 참여와 사회적 유대의 하락을 거의 줄이지 못한다. 재정적 불안의 확산은 교회 참석, 클럽 회원 가입, 집에서 손님 대접 등등의 총 감소 중에서 기껏해야 5~10퍼센트 정도만 설명할 수 있는 것 같다. 객관적인 경제적 풍요도 주관적인 풍요감도 미국인을 시민 불참 바이러스로부터 지켜주는 예방주사는 아니었다. 시간과 돈의 압박은 우리의 미스터리 소설에서 조연 역할은 하고 있지만, 주연 배역을 쉽게 맡길 수는 없다.

3. 여성 취업

여성이 가정으로부터 유급 노동력으로 이동한 현상은 지난 50년 간 발생한 가장 놀라운 사회 변화이다. 가정 밖에서 일하는 여성의 비율은 1950년대에는 3명당 1명 이하였지만 90년대에는 3명당 거의 2명으로 2배 상승했다. 평균적으로 여성들의 유급 노동 시간은 1960년대보다 90년대에 약 1일 1시간 더 늘었다. 하루는 24시간뿐이니까 다른 일을 하는 시간이 그만큼 줄어야 한다. 늘어난 노동 시간의 전부까지는 아니더라도 대부분은 집안 허드렛일과 아이들 양육에 들어가는 시간을 줄임으로써 메웠지만, 줄어든 시간은 공동체

참여에도 영향을 미쳤다고 보는 것이 합당한 듯하다.[2]

우리 어머니들은 대부분 전업주부였으며, 그들 대부분은 사회적 자본의 형성에 많은 투자를 했다. 교회 저녁식사, PTA 회의, 다과회, 친구와 친척의 방문 등 전문가들의 표현을 따르자면 헤아릴 수 없이 많은 무보수 노동을 해온 것이다. 페미니스트 혁명이 아무리 거부감 없이 받아들여지고 오히려 늦은 감이 있다고 여겨졌다 하더라도, 그것이 사회적 연계성에 아무런 영향도 끼치지 못했다고 믿기란 어려운 일이다. 지난 30년 동안 사회적 자본의 쇠퇴를 불러온 주요 원인이 여기에 있는 것일까?

가정 밖에서 직업을 갖는 것은 공동체 참여에 두 개의 서로 반대되는 결과를 갖고 온다. 즉 새로운 유대의 형성과 참여의 **기회를 확대**하는 동시에, 이 기회들을 개발하는 데 이용할 수 있는 **시간은 축소**시킨다.

일반적으로 말해 직장에서 활동적인 사람은 공동체 생활에도 더 잘 참여한다. 가정주부의 역할은 종종 사회와 분리되어 있다. 전업주부와 직장 여성은 서로 참여하는 단체들의 유형이 다르지만(예컨대 주부들은 PTA에는 더 많이 가입하는 반면 전문직 단체에는 덜 가입한다), 전체적으로 직장 여성이 자발적 결사체에 약간 더 가입한다. 20세기 초에는 남자가 시민단체와 전문직 단체에 더 많이 가입했으며 공공 생활에서도 더 적극적인 역할을 맡았지만, 여성들이 유급 노동력으로 노동시장에 진출함에 따라 그러한 성性 차이는 사라져갔다.

정당 관련 활동 혹은 지역 단체의 지도자로서의 봉사활동이 여성보다는 남성 사이에서 급속히 줄어들면서 '공공 참여'의 격차는 지

---

2) 시간 일기 자료에 따라 로빈슨과 고드비는 1965년에서 1995년 사이 모든 여성의 유급 노동 시간은 주당 8시간 증가했으며, 집안일과 자녀 양육은 주당 13시간 줄어, 임의로 처분할 수 있는 자유시간이 주당 5시간 늘었다고 추산했다.

난 70년 동안 계속 좁혀졌다. 여성의 일부는 직업과 관련하여 영향력을 행사할 수 있는 단체에 최근에야 진입했기 때문에 아직 참여도가 높게 유지되고 있다. 1974년에서 1994년 사이 공직에 출마한 남성의 숫자는 약 4분의 1이 줄어들었지만, 같은 기간 동안 여성 후보자의 숫자는 실제로 늘어남으로써 최소한 지역 수준에서는 성의 격차가 크게 좁아졌다. 이와 유사하게 변호사회의 회원 가입은 변호사 수의 증가에 못 미쳤지만, 여성 변호사들이 늘어나면서 상대적으로 보다 많은 여성이 변호사회에서 활동하게 되었다. 이런 의미에서 직업 평등을 향한 여성의 운동은 그들의 시민 참여를 증대시키는 데 이바지해왔다.

한편 나날이 늘어나는 새로운 범주의 여성들에게 가정 밖에서의 직장 생활이 클럽 가입부터 정치적 관심에 이르는 거의 모든 형태의 시민 참여에 긍정적 결과를 가져왔다는 증거가 뚜렷하다. 싱글맘single mom이 바로 그들이다. 돌봐야 할 자식은 있지만 도와줄 배우자는 없는 이 여성들은 직장에서의 연계를 제외하면 사회적으로 고립되는 경우가 종종 있다. 즉 가정 밖의 직업 활동을 통해 여성들은 광범위한 사회적, 그리고 지역 공동체의 네트워크에 접촉할 수 있다. 이 요소가 계속 강한 영향을 끼치는 한에서는, 여성의 유급 노동력으로의 진출은 사회적 자본과 시민 참여의 전국적 하락을 불러일으키지 않았으며 오히려 그 하락세를 줄여왔다고 볼 수도 있다.

다른 한편에서 보자면 여성은 전통적으로 남성보다 사회적 유대 관계에 보다 많은 시간을 투자해왔다. 남성이 보다 많은 단체에 가입하지만, 그 속에서 시간을 더 많이 쓰는 사람은 여성이다. 또 여성은 남성보다 일상적 대화를 비롯한 여러 가지 사교 활동에 더 많은 시간을 할애하며, 종교 활동에도 더 많이 참여한다. 사회적 자본에 대한 여성의 전통적 투자는 상당히 시간 집약적이기 때문에 유급 노동력으로의 이행은 그들의 투자율을 축소시켜왔다.

나이, 교육 수준, 재정 안정도, 결혼 여부, 자녀 유무 등 모든 조건이 똑같은 두 명의 여성을 비교하면, 정규직 여성은 가정에서 손님 대접하기 약 10퍼센트, 클럽과 교회 참석 약 15퍼센트, 일상적인 친구 방문 25퍼센트, 자원봉사 활동은 50퍼센트 이상이 줄어든 것으로 나타난다. 정규직 여성의 남편 역시 아내와 마찬가지로 교회 참석, 자원봉사 활동, 손님 초대 등을 덜 하는 것 같다. 역으로 다른 조건이 동일하다면 정규직 여성(그리고 그 남편)은 비디오, 영화, TV, 쇼핑 등 개인적 휴식에 더 많은 시간을 보낸다. 즉 그냥 잊고 사는 것이다. 부부 모두 스트레스가 심한 직업에서 하루 종일 일하는 경우 그들이 가장 선호하는 여가 활동은 열렬한 시민적 참여가 아니라 휴식이라는 사실은 충분히 이해할 수 있다. 이런 종류의 증거들을 검토하노라면 여성의 유급 노동력으로의 진출이 공동체 참여의 전국적 하락을 가져온 중요한 원인이었다고 충분히 가정할 수 있다.

간단히 말하자면 가정 밖에서의 일, 특히 정규직 직업은 시민적 참여에는 양날의 칼이다. 기회는 더 많이 만들지만 시간은 부족한 것이다. 부분적으로는 이 상반된 경향 때문에, 증거를 면밀히 검토하면 여성 해방이 우리의 시민적 위기의 원인이라는 주장을 입증하기 어렵다. 예를 들면 1965년에서 1985년 사이 시간 일기 자료들은 최근에 나타난 단체 활동의 감소는 여성들 사이에 집중되었지만, 고용된 여성은 단체에 참여하는 데 그 전보다 실제로 시간을 더 많이 투자하고 있는 반면 비고용 여성은 덜 쓰고 있음을 보여준다. 또한 시간 일기 자료들은 1965년 이후 일상적인 사회 활동의 감소는 비고용 여성들 사이에 집중되었음을 시사한다. 실제로 PTA 회원과 클럽 참석의 감소는 '전통적 어머니', 즉 유급 직장에 고용되지 않고 아이를 키우는 기혼 여성들 중에서 가장 크게 나타났다. 이런 자료들은 정규직 고용 여성이 그렇지 않은 여성에 비해 시민 참여의 쇠퇴에 저항하는 역할을 했을 수도 있었음을 시사한다.

그러나 이런 패턴은 적어도 부분적으로는 착각일 수도 있다. 노동 시장에 진입하는 길을 선택한 여성은 집에 머물기를 선택한 여성과 당연히 많은 측면에서 다르기 때문이다. 일부 형태의 공동체 참여 는 직장을 가진 여성 사이에서는 상승하고 주부 사이에서는 하락하 고 있는 것 같다. 그렇지만 자기 공동체에 가장 적극적으로 참여하 고 있던 여성들이 초기에 훨씬 더 많이 노동시장으로 진출했기 때 문에, 가정주부로 남아 있는 여성 사이에서는 시민 참여의 평균 수 준이 낮아지고 직장에 진출한 여성 사이에서는 평균 수준이 높아진 현상이 나타났을 수도 있다. 물론 우리는 여성의 시민적 참여에 직 장이 미친 영향에 관해 전국적인 대규모 통제 실험, 곧 임의적으로 여성을 직장과 가정에 배정하여 시민적 참여의 각 패턴을 비교할 수 있는 실험을 아직 실시한 적이 없다. 따라서 자기 선택self-selection 의 문제, 그리고 여성 고용과 시민적 불참의 인과관계 문제를 해결 하기 어렵다.

4. 시민적 불참과 고용의 관계

우리가 여성의 직장 생활의 두 차원을 동시에 고려한다면, 여성의 시민적 · 사회적 삶에 고용이 미치는 함축적 의미에 관해 보다 날카 로운 통찰력을 얻을 수 있다. 두 차원이란,

> 1. 가정 밖에서의 일에 사용한 시간
> 2. 가정 밖에서의 일을 선택한 동기

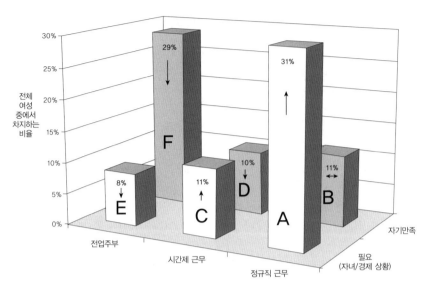

그림 47 _ 미국 여성 중 선택과 필요에 의한 취업 형태, 1978~1999

DDB 조사는 이 두 차원을 동시에 측정할 수 있게 해준다. 첫째, 조사에 참여한 모든 여성에게는 정규직 고용, 시간제 고용, 혹은 전업주부인지 물어보았다. 그런 다음 정규직 혹은 시간제 고용 여성들에게는 일차적으로 개인적 만족을 위해 일하는 것인지 아니면 경제적 필요성 때문에 그런 것인지 물어보았다. 전업주부들에게는 일차적으로 개인적 만족을 위해 가정에 머문 것인지 아니면 아이를 키우기 위해 그런 것인지 물어보았다. 물론 현실 세계에서는 이 모든 동기 외에도 그 밖의 여러 사정들이 복합적으로 결합하여 결정이 내려진다. 그렇지만 서투른 첫 시도로서 이 표준적인 질문은 대체로 자신이 **원하기** 때문에 일하는 (혹은 일하지 않는) 여성과 대체로 **그래야 하기** 때문에 일하는 (혹은 일하지 않는) 여성을 구분시켜준다.

〈그림 47〉은 이 두 차원에 따른 여성들의 분포도를 보여준다. A는 기본적으로 경제적 필요 때문에 정규직에 고용된 여성을 나타낸

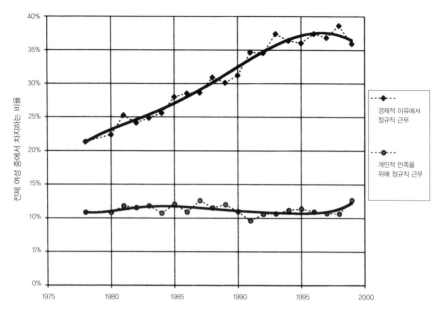

그림 48 _ 경제적 필요 때문에 일해야 하는 여성의 증가, 1978~1999

다. 지난 20년 동안 이들은 전체 여성의 평균 31퍼센트를 차지하게 되었다. 그런데 1978년에는 전체 여성의 21퍼센트에서 1999년에는 36퍼센트로 숫자상으로는 거의 2배로 늘었기 때문에 이 평균은 좀 잘못된 것이다. 각 기둥의 화살표는 상승, 하락 등의 경향을 나타낸 것이다. B는 기본적으로 개인적 만족을 위해 정규직에 고용된 여성을 의미한다. 총 표본 중 11퍼센트에 해당하는데 20년 동안 별로 바뀌지 않았다. 다른 말로 하자면 정규직으로 일하는 모든 여성들 중 일차적으로 경제적 필요 때문에 일하고 있다고 대답한 부분은 3분의 2에서 4분의 3 이상으로 상승했다(〈그림 48〉은 이 경향을 요약한 것이다). 최소한 이 조사 자료를 보면 **지난 20년 동안 미국에서 정규직 고용 여성의 거의 모든 증가는 개인적 만족이 아니라 경제적 압박 탓이다.**

C는 일차적으로 경제적인 이유 때문에 가정 밖에서 시간제로 일

하는 여성을, D는 일차적으로 개인적 만족을 위해 시간제로 근무하는 여성을 나타낸다. 이 두 집단은 모든 여성의 10~11퍼센트를 차지하는데 시간이 지날수록 선택의 중요성에서 경제적 이유가 개인적 만족보다 약간 높아지는 경향을 보인다. E는 전업주부로 집에 머무는 일차적 이유를 육아라고 대답한 어머니를 의미하는데, 1978년 11퍼센트에서 1999년 7퍼센트로 하락하여 지난 20년 동안 전체 여성의 8퍼센트를 차지했다.

마지막으로 F는 개인적 만족을 이유로 가정 밖의 직장에서 일하지 않는 여성을 나타낸다. 지난 20년 동안 이 범주는 1978년 전체 여성의 37퍼센트에서 1999년 23퍼센트로 하락했다. 당연한 이야기이지만 E와 F에 속하는 여성들은 다른 범주의 여성들과 연령대가 다르다. 어쩔 수 없이 E에 속하는 전업주부는 전국 평균보다 열 살이 젊다. 반면 개인적으로 만족해서 전업주부로 남은 F 범주의 여성들 속에는 퇴직 여성이 상당수 포함되어 있으며, 이 범주는 전국 평균에 비해 열 살이 더 많다.

여성의 행동에 직업이 미친 영향을 조사하는 작업에는 한 가지 어려운 문제가 도사리고 있다. 만일 직장에서 일하는 여성이 어떤 측면에서 전업주부들과 다르다는 사실이 밝혀졌다고 하자. 이 경우 그러한 차이는 직장 때문에 생긴 **결과**를 반영한 것일 수도 있고, **자기 선택**을 반영한 것일 수도 있다. 예컨대 만일 직장 여성이 전업주부보다 교회에 덜 참석한다고 하자. 이 경우 직장 여성에게는 교회를 불참해야 할 정도로 중요한 의무가 있거나 혹은 시간이 부족해서 그런 것인가? 아니면 신앙심 깊은 여성들은 가정 밖에서 직장을 가질 가능성이 본래부터 낮아서 그런 것인가? 〈그림 47〉의 **원해서** 일하는 (혹은 일하지 않는) 여성(F, D, B)과 **그래야 하기 때문에** 일하는 (혹은 일하지 않는) 여성(E, C, A)의 구분은 몇몇 유용한 분석적 수단을 제공해준다.

A와 B를 비교하면 정규직으로 일하는 모든 여성을 비교하게 되지만, A는 필요에 의해 일하고 B는 선택에 의해 일하고 있다. 즉 노동 상황은 유사하지만 선호에서는 차이가 나는 여성을 비교하게 된다. 이와 유사하게 A와 F를 비교하면 외관상으로는 가정 밖에서 직장을 갖지 않기로 선택했을 여성이라는 점에서는 같지만, 어쩔 수 없이 직장에 나가야 하는 범주(A)와 만족스럽게 집에 머무는 범주(F)를 비교하게 된다. 즉 선호에서는 유사하지만 노동 상황에서는 차이가 나는 두 범주를 비교하게 되는 것이다.

물론 삶이란 단순한 도표로 포괄될 수 있는 것보다는 훨씬 복잡하다. (대부분 남성이 그렇듯) 대부분 여성은 직장과 가정에 대해 매우 복잡하고 혼합된 감정을 갖고 있으며, '개인적 만족'과 '필요'의 구분은 그 근본 동기를 포착하기에는 너무나 단순하다. 그래서 나는 여성이 현실 세계에서 내려야 하는 복잡한 선택을 〈그림 47〉이 포괄적으로 설명한다고는 말하지 않겠다(사실 그 '선택' 중의 일부는 단어의 완전한 의미 그대로의 선택이 아니다). 그렇지만 시민적 참여에 여성의 직장 진출이 갖는 함축적 의미를 고려하는 현재의 작업에 유용한 도구를 제공해준다.

첫째, 직장과 클럽 참여의 관계를 보자. 정규직 근무 여성이 다른 여성보다 클럽 모임에 덜 참석한다. 〈그림 49〉는 여성의 취업 동기와 고용 형태에 따라 클럽 참여 횟수가 어떻게 달라지는지 상세히 보여준다. 각 범주들의 경우 사각 기둥의 높이는 여성의 상대적인 클럽 모임 참석 횟수를 의미한다(여기에는 어떤 비교 기준이 필요하기 때문에, 우리는 모든 남자들의 평균 클럽 모임 참석 횟수를 그 기준으로 설정하여, 바닥의 검은색으로 표시했다. 물론 이 기준은 임의적인 것이다. 우리의 관심을 직장으로 인한 결과 그 자체에만 집중하기 위해 이 통계 분석

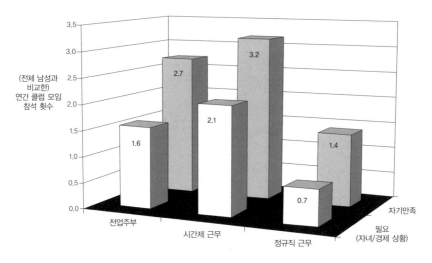

그림 49 _ 고용 형태에 따른 공동체 참여

은 교육, 나이, 공동체 거주 기간, 조사 연도, 결혼 여부, 자녀 유무, 경제적
불안 등 공동체 참여에 영향을 미치는 그 밖의 요소들은 통제하였다).

결국 이 그림에서는 경제적 필요 때문에 정규직으로 근무하는 여
성은 평균적인 남자보다 클럽 모임에 연 0.7회 더 참석한다는 뜻이
다. 스스로 선택해서 전업주부가 된 여성(⟨그림 49⟩에서 뒷줄 제일 왼
쪽)은 평균적인 남자보다 클럽 모임에 연 2.7회 더 참석하고, 어쩔
수 없이 정규직에 근무하는 여성에 비해서는 클럽 모임에 연 평균
2회 더 참석한다(우리는 교육과 경제적 불안을 이미 통제했기 때문에 이
참여 횟수의 차이는 두 집단들 사이의 계급 격차를 반영하지 않는다는 점
을 확신할 수 있다).

⟨그림 49⟩에서는 몇몇 중요한 결론을 끌어낼 수 있다. 첫째 **모든**
범주가 평균적인 남자의 참여 수준을 표시하는 비교 기준(그림의 검
은색 바닥)보다 높다. 정규직 근무, 시간제 근무, 선택에 의한 전업
주부, 혹은 필요에 의한 전업주부 등 어느 범주를 보아도 여성은 평

균적 남성보다 단체 활동에 보다 많은 시간을 투자한다.

둘째, 선택에 의해서건 필요에 의해서건 정규직 근무는 클럽 참석을 상당히 떨어뜨린다(그림에서는 제일 오른쪽의 앞뒤 기둥이 제일 낮다는 사실로 표현된다). 또한 (전업주부, 정규직 근무, 혹은 이 둘의 혼합 등 어떤 경우에서도) 여성의 직업상의 지위가 개인적 선택에 의해 결정되었을 때 필요 때문에 같은 상황에 있는 여성보다 단체의 활동에 더 참여한다(그림에서는 뒷줄의 사각형들이 더 높다는 모습으로 표현된다). 가장 참여도가 떨어지는 범주는 원해서가 아니라 어쩔 수 없어서 정규직으로 일하는 여성들이다. 필요에 의해 정규직으로 근무하는 여성에게서 시민 활동의 참여도가 가장 크게 떨어지는 것이다. 그런데 이 여성 집단은 빠르게 늘어나 현재 제일 큰 규모를 차지하고 있다. 더욱 많은 여성들이 자신의 의지와는 상관없이 가장 강력하게 사회적 연계를 가로막는 이 범주 속으로 들어가고 있다.

마지막으로, 〈그림 49〉에서 사회 활동의 참여가 가장 큰 범주는 시간제 근무 여성, 특히 필요가 아니라 선택에 의해 시간제 근무를 하는 여성이다. 우리는 이 여성들이 가족, 공동체, 그리고 스스로의 경력이라는 서로 충돌하는 의무 사이에서 균형을 잡으려 애쓰고 있으며 **또한** 그렇게 할 수 있는 일정한 능력을 갖고 있다고 추측할 수 있다. 최소한 시민적 참여의 관점에서 보면 시간제 근무가 '중용'인 듯하다.

클럽 참석에 관한 이 중요한 발견은 교회 참석, 집에 손님 초대하기, 친구 방문, 자원봉사 활동을 포함하는 다른 형태의 공식적 · 일상적 참여에도 똑같이 해당하는 것으로 밝혀졌다. 다른 요소가 동일하다면 정규직 근무 여성은 다른 여성들보다 1년에 교회는 4회 덜 참석하고, 집에 손님 초대하기는 1회 혹은 2회, 친구 방문은 3분의 1회, 자원봉사 활동은 4회 적게 한다. 선택에 의해 일하는 여성과 필요에 의해 일하는 여성 모두 정규직 근무는 공동체 참여를 감소시킨다는 사실은 일차적으로 상관관계가 자기 선택의 결과가 아니라는 점을 시사한다. 〈그림 48〉이 보여주듯 20세기의 마지막 20년 동안 여성 고용의 거의 모든 상승은 사실상 선택이 아니라 필요에 의한 것임을 보여준다. 즉 자기 선택은 이 기간 동안 기껏해야 미미한 역할을 했음이 틀림없다.

선택에 의해 일하는 여성은 어쩔 수 없이 일하는 여성보다 클럽과 교회 참석, 친구 만나기, 가정에 손님 초대하기, 자원봉사 활동 등을 더 많이 한다. 〈그림 49〉의 제일 오른쪽 앞뒤 사각형 크기의 차이에서 나타나 있지만, 이 사실은 시민 참여와 직장 사이의 상관관계의 토대를 이루는 자기 선택의 정도를 대략 측정할 수 있게 해준다. 이 증거는 사회적으로 적극적인 여성이 시민정신이 낮은 여성보다 직장을 선택했을 가능성이 다소 높지만, 일 그 자체와 비교하면 자기 선택에 의한 직장 생활은 시민적 참여를 줄이는 결과를 만들어내는 데 별로 영향을 미치지 못했음을 시사한다.

꼭 필요하기 때문에 정규직 직장을 가져야 하는 여성은 클럽 활동 참여와 마찬가지로 친구 방문, 집으로 손님 초대, 자원봉사 활동에도 제일 덜 나서는 것 같다. 시간제 근무, 특히 선택에 의한 시간제 근무 여성은 정규직 여성이나 전업주부보다 자원봉사 활동, 집으로 손님 초대, 친구 방문에 더 적극적이고 많이 한다. 아주 일부의 예외를 제외하고 모든 범주의 여성들은 이 모든 형태의 공동체 활동에 남성보다 더 많이 참여한다.

요약하면 정규직 직장은 여성의 공식적 · 일상적 사회 참여를 가로막는다. 그러나 공동체 참여는 또한 여성의 사회 진출이 어느 정도로 **선택**에 의해 결정되었느냐와 밀접하게 연결되어 있다. 실제로 가장 적극적으로 공동체에 참여하는 여성은 선택에 의해 시간제 근무를 맡은 여성들 사이에서 나타난다(교육, 결혼 여부, 자녀 유무, 경제 상황 등을 포함하여 여성이 처한 환경의 그 외의 특징들은 통제했다는 사실을 다시 기억하기 바란다. 시간제 근무가 시민 참여에 남다른 강점을 가지는 것은 시간제 근무를 선택할 수 있는 여성들이 남달리 특별한 품성을 갖고 있어서가 **아니라는** 뜻이다). 이 놀라운 사실은 **미국에서 공동체 참여를 증대시키는 한 가지 실질적 방법은 만일 원한다면 여성이 (그리고 남성 역시) 시간제 근무를 할 수 있도록 만들어주는 것**이라는 점을 시사한다.

여성의 직장 진출과 시민적 참여에 관한 우리의 결론에 몇 가지 중요한 유보 사항을 덧붙여야 한다.

첫째, 오해를 피하기 위해 직장 여성이 우리의 시민적 불참에 '책임을 져야 한다'는 주장을 나는 분명히 거부한다. 정규직 고용은 다른 활동에 이용할 수 있는 시간을 줄이는 것은 분명하다. 현재 미국 성인의 어머니들은 대부분 유급 노동력의 구성 부분이 아니었지만, 사회적으로 다양한 생산적 활동에 참여했었다. 그 어머니의 딸들이 가정 밖에서의 일에 보다 큰 몫을 맡아왔듯, 그 아들들 역시 그 외의 사회적 책임과 공동체 활동에서 보다 큰 몫을 맡았다고 추측할지도 모른다. 그러나 (우리의 증거가 보여주듯) 그런 일은 아들들에게는 일어나지 않았다. 직업 평등을 향한 여성 운동은 많은 창조적 에너지를 발산시키고 개인의 자율성을 신장시켜왔으며 전체적으로는 미국 사회에 긍정적 효과를 발휘했다. 그러나 그 비용과 이익을 사회적으로 광범위하게 측정하려면, 여성의 새로운 역할로 인한 이득뿐 아니라 사회적·공동체적 활동의 집단적 손실도 포함시켜야 한다.

둘째, 정규직 고용이 모든 형태의 단체 활동을 방해한 것은 아니었다. 앞에서 보았듯 정규직 고용은 보다 공공적 성격을 가진 사회 활동에 여성의 참여를 향상시켜왔다. 또한 많은 전문직 단체와 봉사 단체의 여성 참여 역시 늘어났다. 다른 말로 하자면 여성의 일터가 어느 정도는 가정에서 공공 영역으로 옮아감에 따라 여성의 공동체 참여의 장소에도 변화가 나타났다. 직장 여성의 일부에게는 공동체 생활의 참여 **기회**가 늘었다는 사실이 **시간**의 감소보다 더 중요하게 인식되었으며, 이들은 사회에 널리 퍼진 공동체 이탈의 물결을 거슬러 헤엄쳐 나갔다.

가장 중요한 셋째, 지금 논의한 여성의 유급 노동력으로의 진출 그리고 날로 어려워진 경제 상황은 지난 20년 동안 미국인의 시민적 참여를 기본적으로 줄어들게 한 주요 원인이 될 수 없다. 현재 이용 가능한 증거를 토대로 보면, 실제로 이 두 요소를 합쳐도 시민 참여의 총 축소 부분에서 **10분의 1** 이하의 책임이 있을 뿐이다. 즉 **20세기의 마지막 25년 동안 맞벌이 가정의 등장은 사회적 자본과 시민적 참여의 쇠퇴에 분명히 영향을 미쳤지만 그 역할은 상당히 미미하다.**

이 설명의 제한적 잠재성을 파악하는 한 가지 방법이 있다. 그것은 이 설명으로 가장 영향을 받지 않는 두 개의 사회적 범주, 즉 경제적으로 넉넉해서 정규직에 나서지 않은 미혼 남성과 기혼 여성에게 초점을 맞추는 것이다. 대학 졸업자와 경제적으로 풍요로운 가정주부는 미국 인구 중에서 아주 적은 부분을 구성하지만 그들의 증언은 우리의 사건에 중요하다. 그들은 우리가 여기서 다룬 시민적 불참의 요소, 특히 여성의 노동력 진출이라는 요소로부터 상대적으로 차단되어 있었기 때문이다.

사회적 참여의 **수준**은 다른 여성들보다 경제적으로 넉넉한 가정주부 사이에서 높다. 그들은 친구 방문, 집으로 손님 초대하기, 클럽 모임의 참석 등에 더 많은 시간을 사용한다. 따라서 여성이 '부유한 주부'의 범주로부터 벗어나 다른 사회적 범주로 옮아가는 장기적 움직임은 시민적 참여를 떨어뜨려왔다. 그러나 실제로는 맞벌이 가정의 증가에 아랑곳하지 않았던 부유한 여성, 그리고 대략 동시에 나타난 경제적 어려움의 증가에 가장 영향을 받았던 여성 모두 집에서 손님 대접, 클럽 참여, 공동체 프로젝트 참여, 친구 방문 등은 거의 같은 크기로 하락했다.

사실상 공공회의 혹은 지역 모임 이끌기를 비롯한 다양한 종류의 참여로부터의 이탈은 부유한 주부나 그 외의 인구들에서 거의 같은 규모로 나타났다. 이와 유사하게 클럽 모임 참석, 친구 방문, 공동체 프로젝트 참여, 지역의 지도자로서 봉사, 청원서 서명 등 사회 활동의 감소 역시 대학 졸업자에서나 그 외의 미국인에서나 최소한 같은 규모로 진행되어왔다. 결국 그 어느 것도 지난 수십 년에 걸쳐 미국 전역에 나타난 시민적 불참이 일차적으로 여성의 유급 노동력으로의 진출 탓이라는 가설과 일치하지 않는다.

5. 요약

지금까지의 내용을 요약하자. 현재 입수할 수 있는 자료는 여유 시간의 감소, 경제적 어려움, 그리고 맞벌이 가정과 결부된 압력은 사회적 유대의 감소를 설명하는 데 적은 부분만 차지한다는 사실을 시사한다. 이 압력들은 과거에는 공동체 참여에 큰 몫을 담당했던 계층(특히 교육 수준이 높은 여성)에 집중되었으며, 그런 의미에서 이러한 변화는 그들을 넘어 주변으로 퍼져나가는 동반 효과를 분명히 발휘해왔다. 시민 활동을 조직하고 디너파티를 계획하는 등 여러 가지 일을 하는 데 충분한 여유 시간을 갖고 있는 적극적이면서 교육 수준이 높은 소수의 여성들도 점차 공동체 활동으로부터 멀어져 갔다. 물론 우리들 역시 그랬다.

동시에 증거 자료는 시간 압박, 경제적 어려움, 여성의 유급 노동력으로의 진출 중 그 어느 것도 지난 20년에 걸친 시민적 불참의 **대표적인** 주요 원인은 아니라는 점을 시사한다.[3] 특히 시민적 참여와 사회적 연계는 여성과 남성, 기혼자와 미혼, 직장을 가진 사람이나 안 가진 사람, 경제적으로 고통 받는 사람이나 넉넉한 사람 모두에게서 거의 똑같이 하락해왔다는 사실이 무죄를 선고하는 핵심 이유이다.

---

3) 이 장에서 다룬 여성 취업과 경제적 불안은 단순하게 하나로 합칠 수 없다. 우리가 보았듯이 두 요소 자체가 상호 중첩하기 때문이다. 내가 할 수 있는 최선의 추측은 두 요소를 **모두 고려하면** 사회적 연계의 총 하락에서 약 10분의 1 정도의 책임이 있다는 정도이다.

제3부 _ 사회적 참여의 쇠퇴 원인

잦은 이사와 도시의 팽창

1. 이사

대부분 다른 나라의 시민들과 비교하면 미국인은 항상 유목민과 같은 삶을 살아왔다. 미국인의 거의 5명 중 1명이 매년 이사를 다니고, 그렇게 살다가 또다시 이사를 가는 것 같다. 미국인 5명 중 2명 이상이 앞으로 5년 이내에 이사를 계획하고 있다. 그 결과 다른 나라 국민과 비교해볼 때 미국인은 빨리 천막을 치고 친구를 쉽게 만드는 데 익숙해져 있다. 서부 개척과 이민의 역사로부터 미국인은 이사할 때마다 새로운 공동체 제도에 뿌리 내리고 사는 법을 배워왔다.

그렇지만 사람이나 식물이나 자주 분갈이를 하다 보면 뿌리에 손상을 입는다. 자주 옮겨 다니는 사람은 새로운 뿌리를 내리는 데 시간이 걸린다. 그런 이유에서 거주의 안정성은 시민적 참여와 밀접하게 연결되어 있다. 그 어떤 공동체에서도 최근에 이사 온 사람들은 투표 참여, 시민단체 가입, 친구와 이웃으로 구성된 후원 네트워크의 확보 가능성이 낮다. 앞으로 5년 이내에 이사를 예상하는 사람들은 계속 머물러 살 계획을 갖고 있는 사람들보다 교회 참석, 클럽 모임 참석, 자원봉사 활동, 공동체 프로젝트 참여의 가능성이 낮다. 또한 그 외의 여러 사회경제적 환경을 통제해도 자기 집 소유자는 세 들어 사는 사람보다 훨씬 더 공동체에 뿌리를 깊이 내리고 있다. 자가自家 소유자의 경우 4명 중 1명만이 앞으로 5년 이내에 이사 계획이 있는 반면, 세입자는 3분의 2가 그럴 계획을 갖고 있다. 이렇게 공동체에 깊은 뿌리를 내리고 있기 때문에 자가 소유자는 세입자보다 공동체에 참여할 가능성이 실질적으로 더 높다.

잦은 이사가 공동체 유대감을 떨어뜨리듯, 이사를 가고 오는 비율이 높은 공동체 역시 통합성이 떨어진다. 이사가 많은 공동체는 보다 안정된 공동체에 비해 자기 주민들에게 덜 우호적인 것 같다. 이동성이 높은 공동체에는 범죄율도 높고 학교 운영도 시원치 않다. 그런 공동체에서는 오래 거주하는 사람들조차 이웃들과의 유대감이 약하다. 따라서 이동은 시민적 참여, 그리고 공동체에 기반을 둔 사회적 자본을 손상시킨다.

잦은 이사가 우리의 수수께끼의 원흉이라고 볼 수 있을까? 솔직한 대답은 '아니요'이다. 지난 50년 내내 이사가 늘어나지 않았기 때문에 주거 이동은 시민적 참여의 쇠퇴에 혐의가 전혀 없다. 실제로 인구조사 자료를 보면 지난 50년 동안 장거리 이사와 단거리 이사는 모두 약간 **감소해왔다.**

1950년대에는 미국인의 20퍼센트가 매년 거주지를 바꾸었는데, 그중 7퍼센트는 다른 카운티나 주州로 이사 갔다. 1990년대에는 이

제3부 _ 사회적 참여의 쇠퇴 원인

수치가 각각 16퍼센트와 6퍼센트이다. 바뀐 것이 있다면 오히려 요즘 미국인들은 한 세대 전에 비해 거주지에 더 뿌리박고 산다는 점이다. (시민적 참여가 절정에 가까웠던) 1968년의 경우 평균적인 미국 성인은 같은 장소에서 22년 동안 계속 살고 있었다. 30년 후에도 이 수치는 본질적으로 바뀌지 않은 채 유지되고 있다. 주거 이동에 관한 역사적 자료는 불충분하지만, 20세기가 막을 내리는 지금에 비해 과거에는 주거 이동이 뜸했다는 주장은 설득력을 얻지 못하는 것 같다. 자가 소유 비율도 지난 수십 년 동안 계속 상승해서 1999년에는 67퍼센트라는 역대 최고 수치를 기록했다. 앞으로 5년 이내에 이사할 가능성에 대한 미국인의 기대감은 최소한 지난 25년 동안 일정하게 유지되어왔다. 시간과 돈의 압박을 무죄로 선고하기는 했지만 묘한 여운을 남겨두었던 것과는 달리 이사에 관한 배심원 판결은 확고하다. 거론의 여지가 없는 주장이다.

2. 도시화

그런데 이사 그 자체가 우리의 사회적 자본을 훼손시키지 않았다고 하더라도, 혹시 우리가 사회적 유대를 맺기 어려운 환경으로 이사 가지는 않았는가? 예나 지금이나 연계성은 공동체의 유형에 따라 달라진다. 다른 곳에 사는 미국인에 비해 미국에서 가장 큰 광역권 도시(중심 도시와 그 외곽 도시를 **모두 포함**)의 거주민은 단체의 회원 가입 10~15퍼센트, 클럽 모임 참석 10~15퍼센트, 교회 참석 10~20퍼센트, 지역 단체의 간부나 위원회 위원으로서의 봉사 및 지역 업무에 관한 공공회의 참석은 30~40퍼센트 떨어지는 것으로 드러났다(〈그림 50〉과 〈그림 51〉은 이 차이를 보여준다). 우리가 7장에

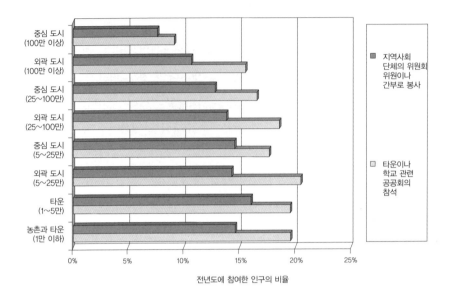

중심 도시
(100만 이상)

외곽 도시
(100만 이상)

중심 도시
(25~100만)

외곽 도시
(25~100만)

중심 도시
(5~25만)

외곽 도시
(5~25만)

타운
(1~5만)

농촌과 타운
(1만 이하)

0%   5%   10%   15%   20%   25%

전년도에 참여한 인구의 비율

- 지역사회
  단체의 위원회
  위원이나
  간부로 봉사

□ 타운이나
  학교 관련
  공공회의
  참석

그림 50 _ 공동체 규모와 사회적 참여

서 보았듯 소규모 도시와 농촌 지역의 거주민들은 다른 미국인보다
이타적이며, 정직하고, 남을 믿는다. 실제로 외곽 도시의 경우도 크
기가 작을수록 사회적 자본의 형성에 훨씬 더 강점이 있다. 일상생
활의 규모가 작고 친밀도가 높을수록 공동체 업무에 참여할 마음이
더 생기고, 불참은 별로 반갑지 않은 일이 된다.

이 패턴이 혹시 잘못된 것은 아닌가? 거대한 광역권 도시에 모여
사는 사람들이 특별하게 시민적 참여를 꺼리는 **성향**이 있어서 그런
것은 아닌가? 이를 살펴보기 위해 연령, 성별, 교육, 인종, 결혼 여
부, 직업상의 지위, 자녀 유무, 경제 상황, 자가 소유 여부, 특정 지
역 등 광범위한 개인적 특성은 통제하고 자료를 다시 살펴보았다.
이 모든 측면에서 동일한 두 사람을 비교했을 경우, 중심 도시에 살
건 외곽 도시에 살건 주요 광역권 도시의 거주민이 공공회의 참석,
공동체 단체 참여, 클럽 모임 참석, 공동체 프로젝트의 참여, 심지

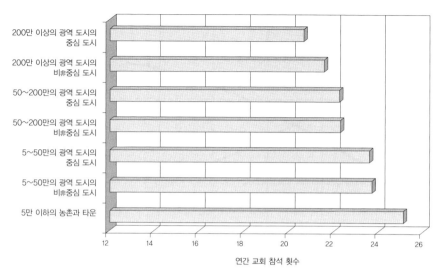

연간 교회 참석 횟수

그림 51 _ 주요 광역권 지역의 교회 참석

어는 친구 방문까지도 상당히 떨어지는 것 같다. 광역권 도시 거주
민은 사람이 유별나서가 아니라 그 거주 지역 때문에 참여를 덜 하
는 것이다.

　우리는 또 보다 사교적인 사람이 작은 타운에 모여 살 가능성은
무시할 수 있다. 현재 거주지를 통제하면 그 사람이 대도시, 교외
지역, 혹은 작은 마을에 살기로 **선택**한 것과 시민적 참여 사이에는
상관관계가 **없다**. 대부분의 사람들은 자기가 선호하는 크기의 장소
에서 살고 있지만, 선호와 현실이 어긋나면 시민 참여를 결정하는
것은 현실이지 선호가 아니다. 곧 광역 대도시에 산다는 것은 여하
튼 시민적 참여와 사회적 자본을 줄여놓는다.

　바로 이러한 환경 속에서 살고 있는 미국인의 수는 나날이 늘고
있다. 〈그림 52〉는 1950년 이후 미국인의 거주지 변화를 추적하고
있다. 여기서는 크게 3개의 범주로 나누었다. 1) 미국 인구 통계청

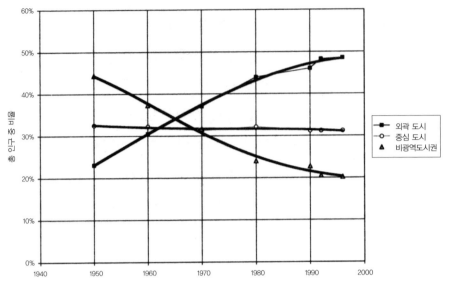

그림 52 _ 미국 외곽 도시의 팽창, 1950~1996

이 규정한 대로 광역권 도시의 밖, 즉 소규모 타운과 농촌 지역 거
주자는 1950년에는 인구의 44퍼센트였지만 1996년에는 20퍼센트
로 뚝 떨어졌다. 2) 광역권 도시의 중심 도시 거주자는 1950년 33퍼
센트에서 1996년 31퍼센트로 약간 줄었다. 3) 광역권 도시에 속하지
만 중심 도시를 벗어난 지역, 즉 외곽 도시의 거주자는 1950년 23퍼
센트에서 1996년 49퍼센트로 2배 이상 상승했다.

  1950년대에는 모든 미국인의 절반 남짓이 광역권 도시 지역에 살
았지만 90년대에 오면 5명 중 약 4명이 여기서 산다. 이 기간 동안
미국인은 시민적 참여에 별로 호의적이지 않아 보이는 지역으로 이
사하고 있었던 것이다. 또한 현재 우리가 구할 수 있는 최고의 자료
에서도 광역권 도시가 교외 지역으로 뻗어나가는 현상이 1990년대
에 완화되었음을 보여주는 증거는 없다. 따라서 20세기의 마지막 3분
의 1 동안 사회적 연계성의 하락은 지속적인 도시화의 탓으로 볼

수 있을 것 같다.

미국의 경우 시골에서 도시로의 이주는 이미 1세기 훨씬 전부터 꾸준히 진행되고 있었는데, 이때도 사회적 멸망을 예견하는 불길한 반도시적 예언자들이 있었다. 1867년 마크 트웨인은 "[뉴욕]은 멋진 사막이다—둥근 지붕을 하고 뾰족한 탑을 올린 고독의 사막, 수백만 자기 인종의 한가운데서 나그네가 외로움을 느끼는 사막"이라고 하면서 이렇게 덧붙였다. "소란스럽게 떠드는 수많은 사람들을 떠밀면서 어디를 보아도 똑같은 끝없는 길을 헤치고 지루하게 매일 몇 마일을 걷는다. 그렇다고 낯익은 얼굴은 하나도 찾을 수 없지만 다음에 보면 전부 그 사람이 그 사람 같은 거리를. [……] 그 자연스러운 결과는 [……] 자신의 개인적 친분이 깃들지 않은 모든 사람과 모든 것에 대한 뉴욕 사람의 차분한 무관심이다." 몇 년 후 사회철학자 헨리 조지Henry George는 미국의 도시화에 대한 비난을 고담 시 너머로 확대했다. "마을이 도시로 성장하는 모든 곳에서 늘어나는 것은 불결함과 비참함, 거기서 생겨나는 악과 범죄뿐이다."

그렇지만 적어도 최근까지 도시화는 우리의 시민 참여에 나쁜 영향을 전혀 끼치지 않았다. 실제로 20세기의 첫 3분의 2 내내 수많은 사람들이 도시로 이주하고 있었으며 그동안에도 시민적 참여는 높았고 계속 높아지고 있었다. 또한 최근에 벌어진 모든 형태의 시민적 참여의 감소는 크고 작은 도시, 교외, 소도시, 농촌 등 사실상 모든 곳에서 똑같이 나타났다. 가장 작은 마을에서부터 가장 큰 대도시에 이르기까지 이 전염병에서 벗어난 곳은 미국에 한 곳도 없다. 따라서 여기에는 단순한 도시화 이상의 그 무엇이 개재되어 있음이 틀림없다.

3. 교외 지역으로의 이주

그렇다면 참여의 이탈은 도시화가 아니라 교외 지역의 주거단지 개발과 연결된 것은 아닐까? 운송수단의 혁명에 의해 자동차로 접근 가능해지면서 교외는 19세기 중엽 이래 미국인의 삶의 한 특징을 이루어오고 있었다. 처음에는 전차가 나중에는 자동차가 수백만 미국인들을 나무 우거진 교외 지역에서 살 수 있도록 해주었다. 제2차 세계대전 이후 자동차의 광범위한 보급, 그리고 정부에서 보조금을 지급한 도로와 주택 건설의 붐이 결합하여 교외로의 이주를 가속화시켰다. 물론 그 경향은 앞 시대부터 이어져왔지만 규모 면에서는 상대가 되지 않았다.

교외 지역이 도시민의 주택 단지가 된다는 것은 직장과 주거지의 거리가 더 멀어짐은 물론 인종과 계급에 의한 주거지 분리가 더 가속화됨을 의미한다. 그러한 분리는 미국의 도시에게는 별로 새로운 현상은 아니었지만 제2차 세계대전 후에는 새로운 성격을 띠게 되었다. 고전적인 미국의 도시에서 이웃들은 동질적인 경향이 있었지만, 교외의 읍·면 단위로 내려가면 이질적이었다. 마치 빅토리아 시대에 유행했던 퀼트crazy-quilt의 패턴처럼 우크라이나 출신 주민들 바로 옆에는 아일랜드 출신이 살고, 유대인 이웃 옆에는 흑인 이웃이 있고, 자신이 시중드는 상류계급의 집 근처에 하인들 집이 있는 식으로 이질적인 사람들이 서로 붙어 살았다. 교외가 도시인을 위한 주택 단지가 되면서 읍·면은 인종과 계급 측면에서 점점 동질화되었다.

제2차 세계대전 후 교외 주택의 확장은 처음에는 시민적 참여에 개척자적 열성을 불어넣었다. 개발업자들이 내세운 선전 문구도 적극적으로 공동체 정신을 강조하였다. 도시 신개발주의자urbanist 윌리엄 화이트William Whyte가 『단체 인간Organization Man』에서 세밀히 연구

제3부 _ 사회적 참여의 쇠퇴 원인

한 시카고 교외 파크 포레스트Park Forest 주택 단지의 1952년 광고문
은 이렇다.

당신은 파크 포레스트의 일원입니다!

우리 동네에 발을 들여놓는 순간 당신은 알게 됩니다.
당신을 환영합니다.
당신은 큰 모임의 일부입니다.
당신은 외로운 대도시 대신
우정이 넘치는 작은 동네에 살 수 있습니다.
당신을 원하는 친구를 사귈 수도 있습니다.
그리고 당신은 그들과 함께 즐거이 살 수 있습니다.
밖으로 나오십시오, 파크 포레스트의 정신을 발견하세요.

이 문구는 단순한 과장이 아니다. 화이트는 파크 포레스트가 "참
여의 온상이었다. 66개의 성인 단체와 주민들은 새로운 회원을 찾
아 지칠 줄 모르고 움직이고 있었으며, 파크 포레스트는 이 나라의
그 어떤 공동체보다 더 많은 시민적 에너지를 발산하고 있다"고 보
고했다. 몇 년 후 사회학자 허버트 갠스Herbert Gans는 교외 지역의
사회생활을 연구하기 위해 뉴저지 주 레비타운으로 실제 이사하여
이 마을 사람들은 "놀라울 정도로 활동적인 참여자"라고 보고했다.
1960년대의 여러 연구에서 나타난 교외 생활의 이미지는 이웃과의
연대 활동에 대단히 적극적으로 참여하는 사람들로 넘치는 공동체
라는 것이었다. 미국은 과거 소규모 촌락 생활의 시민적 품성을 회
복하고 있는 듯 보였다.
그렇지만 교외의 주거 단지화가 계속되면서 교외 자체는 사회학

적 모자이크에 따라 분할되었다. 도시를 떠난 사람들이 자신들의 '생활양식 거주지'를 더욱더 세밀하게 갈라놓음으로써 인종, 계급, 교육, 연령대 등등에 따라 교외 지역이 분할된 것이다. 집합적으로는 이질적인 사람들의 모임이지만 개별적으로는 동질적인 사회학적 특성을 갖춘 사람들의 공동체가 형성되었다. 소위 말하는 도심에서 교외로 탈출한 백인 중산 계급의 거주지는 광역권 도시가 다양하고 이질적인 지역으로 분화되는 움직임이 가장 가시적으로 드러난 사례에 불과하다.

20세기 말이 되자 몇몇 교외 지역은 중상 계급의 동네가 되었지만, 다른 많은 교외 지역은 중간의 중간 계급, 중하 계급, 혹은 노동 계급의 거주지로 나누어졌다. 일부 교외 지역은 백인이 거주하고 다른 지역에는 흑인, 히스패닉, 아시아인들이 각각 거주한다. 몇몇 교외 지역은 어린이에 초점을 맞춘 반면 다른 지역들은 즐거운 독신자들, 혹은 자식들과 떨어져 사는 부유한 부부나 퇴직자들로 주로 구성되어 있다. 똑같은 설계에 공동 편의시설과 미용실을 갖춘 많은 교외 지역은 테마파크를 닮아가게 되었다.

1980년대에는 출입자를 통제하는 경비실을 갖추고 집주인들의 '공동 이익 개발'을 내세운 주택 단지가 번성하기 시작하였고, 각 공동체를 옆 지역과 구분해주던 눈에 보이지 않는 사회학적 장벽은 경비원을 배치한 가시적인 물리적 장벽과 개별 집주인들의 위원회로 보완되었다. 1983년 캘리포니아 주 오렌지카운티의 주택 개발 계획 중 15퍼센트가 '출입 제한 주택 단지gated community'였는데, 이미 5년 사이에 이 부분은 2배로 늘어나 있었다.

이 새로운 교외 거주 지역의 어이없는 동질성도 나름대로 어떤 사회적 연계성, '연계형bridging'은 아니지만 '결속형bonding' 사회적 연계민이리도 고무할 것이라고 예측할 수도 있다. 1990년대의 개발업자도 50년대의 선배들과 마찬가지로 주택이 아니라 공동체를 계속 팔았다. 한 인터넷 광고를 보자. "당신이 자랐던 동네를 기억하십니까? 이웃끼리 서로 알던 곳. 다시 한 번 그곳에서 생활하세요—위틀랜드에 있는 그린필드. 그린필드는 품위 있는 생활을 바라는 가족을 위한 마음의 고향입니다."

그러나 대부분의 자료는 실제로 반대 방향을 가리키고 있다. 표를 부탁하는 정치가와 쿠키를 파는 걸스카우트만 배타적 공동체에서 쫓겨난 것이 아니다. 부유한 거주민 스스로도 자기 영역 안에서조차 시민 참여와 이웃과의 사귐에서 놀라울 정도로 낮은 수준을 보여주고 있다. 미국 전역에 걸친 교외 주택 단지의 지역 공동체 참여를 세밀하게 연구한 정치학자 에릭 올리버Eric Oliver는 공동체의 사회적 동질성이 클수록 정치 참여의 수준이 낮아진다는 사실을 발견했다. "동질적인 정치적 이해관계를 가진 공동체를 만들어냄으로써 교외 주택 단지는 시민을 공공 영역으로 끌어들이고 참석하도록 유도하는 그 지역의 갈등을 축소시킨다"는 것이다.

민족지학자 봄가트너B. P. Baumgartner는 1980년대 뉴저지 외곽에 살면서, 공동체와 함께하지 않을 수 없는 어떤 강박관념이 지배하던 1950년대의 고전적인 교외 지역과 달리 이곳에서는 원자화된 고립감, 자기 억제, '도덕적 최소주의'의 문화를 발견했다. 작은 마을 특유의 유대감을 찾는 대신 이곳의 주민들은 자기 이웃에 대해 거의 묻지 않고 당연히 누군가 자신에게 뭘 물어볼 것이라 기대도 안 하면서 서로 혼자 지낸다는 것이다. 새로운 도시 신개발주의 건축가 안드레스 두어니Andres Duany와 엘리자베스 플래터-지벅Elizabeth Plater-Zyberk은 "교외 지역은 나만의 영역에 틀어박히는 마지막 단계, 아마 그 치명적 완성일 것"이며 "진정한 시민적 삶의 종말을 의미한다"고 주장한다.

이미 60년 훨씬 전에 도시 신개발주의자 루이스 멈포드Lewis Mumford 는 "교외 주택 단지는 자신만의 개인적 삶을 확보하려는 집단적 시도"라고 간파했다. 그러나 이제 교외 생활의 개인화는 점점 공식화되고 비인간화되고 있다. 전통적인 교외의 이웃들이 본질적으로 외향적이었다면, 출입 제한 주택 단지는 본질적으로 내향적이다. 출입 제한 주택 단지를 면밀히 연구한 로버트 랭Robert Lang과 카렌 대니얼슨Karen Danielson은 이렇게 지적한다. "과거에는 교외 주택 거주자들이 이웃에게 책임감 있는 행동을 자극하기 위해 점잖으면서도 귀찮게 자꾸 물어보았다. 예를 들면 그 집 잔디가 너무 길게 자라지 않았는가 하는 식으로. 지금은 주민위원회의 대표자가 자를 들고 와서 정확하게 잔디를 잰 다음 삐뚤삐뚤 자란 놈들을 깎을 것이다. 물론 요금은 내야 한다. 이런 모든 과정은 전통적으로 비공식적이었던 사회적 교섭들을 형식화한다."

미국 교외 지역의 역사에 관한 뛰어난 연구자 케네스 잭슨Kenneth Jackson은 이렇게 결론 내린다.

미국인의 자동차 문화가 초래한 주요 손실은 대부분의 광역권 도시에 만연한 "공동체 의식"의 약화이다. 사회생활이 "개인화"되는 경향, 식구들 사이에서는 자기 이웃에 대해, 그리고 일반적으로 교외 거주자들 사이에서는 중심 도시의 거주자에 대한 배려와 책임감의 축소를 가리켜서 하는 말이다. [⋯⋯] 그러나 그중에서도 정말 중요한 변화는 이제 우리의 삶이 이웃과 공동체를 중심으로 하지 않고 집 안에 집중되는 현상이다. 자동차의 이용이 계속 늘어나면서 앞마당과 길에서 이루어지던 이웃과의 만남은 거의 사라졌고, 한때는 교외 생활의 주요 특징을 이루던 활발한 사회적 교섭은 자취를 감춰왔다. [⋯⋯] 뜨거운 오후의 교외 지역 길거리보다 황량하고 외로운 장소는 별로 찾기 어렵다.

제2차 세계대전 후 초기 전형적인 광역권 도시의 큰 틀은 단일 도심을 중심으로 형성되어 있었다. 사람들은 교외에 살면서도 직장과 거래를 위해서는 중심 도시로 계속 나왔다. 그러나 점차 직장과 상점 역시 교외로 이전하면서 쇼핑몰, 기업의 본사, 사무실, 산업공단으로 구성된 큰 단지가 이곳에 형성되었다. 도시 신개발주의자 조엘 개로우Joel Garrow는 이를 '틈새 도시'라고 부른다. 하나의 중심을 두고 사방으로 뻗어나가는 형태로 구성된 미국 북동부의 교외 지역과는 다르다. 여러 중심을 갖고 불규칙하게 뻗어나간 선벨트 Sunbelt 대도시 주변의 인구 과밀 지역이 대세를 차지하게 되었다.

21세기가 시작하는 지금 하나의 교외 지역에서 또 다른 교외 지역으로의 통근자들은 나날이 늘고 있다. 제3의 교외 지역에 있는 거대 쇼핑몰에서 쇼핑하는 사람 역시 나날이 늘고 있다. 주거, 일터, 상업의 지역 분리 정책은 동네 상점과 식당 같은 만남의 장소를 거주지역으로부터 쫓아냈으며, 이와 동시에 연방정부의 조세 정책은 쇼핑센터 건설 붐을 조장했다.

오늘날의 교외 거주자들은 낯익은 얼굴들이 마주치는 중심가의 잡화상이나 소매상이 아니라 거대하고 비인간적인 몰에서 쇼핑한다. 쇼핑몰은 현재 미국에서 시민에게 개방된 가장 독특한 공간을 구성하지만 소비자의 일차적인 개인적 목적, 즉 구매를 유도하기 위해 세심하게 설계되었다. 몇몇 개발자들의 희망에도 불구하고 쇼핑몰 문화는 외로움을 극복하고 다른 사람과 연대하는 그런 것이 아니라, 이 상점 저 상점으로 나 홀로 돌아다니는 그런 것이다. 물론 다른 사람들과 함께하고는 있지만 그들과 친구나 동료는 아니다. 교외 지역의 쇼핑 경험은 공통의 사회적 네트워크에 뿌리내린 사람들과의 상호작용을 구성하지 못한다.

이제 중심 도시나 혹은 그 밖의 어느 한 장소에서 많은 시간을 보내는 사람들은 실제로 계속 줄어들고 있다. 어떤 캘리포니아 사람의 말을 들어보자. "저는 가든 그로브에 사는데, 직장은 어바인에 있고요, 쇼핑은 산타아나에서 하고, 제가 치료받는 치과는 애너하임에 있어요. 제 남편 직장은 롱비치에 있죠. 한때는 풀러톤에 있는 '여성 유권자 연맹'의 회장을 맡았지요."

4. 장거리 출퇴근

자동차와 교외 생활의 공생 관계를 과장하기는 어렵다. 미국의 가구당 자동차 보유 대수는 1969년에는 1대였으나 1995년에는 가구당 거의 2대가 되었다. 그런데 가구당 평균 가족 수는 이 기간 동안에 줄어들고 있었다. 1973년과 1996년 사이 두 번째 자동차를 '사치'가 아니라 '필수'라고 대답한 미국인의 비율은 20퍼센트에서 37퍼센트로 거의 2배 늘었다. 1990년이 되자 미국에는 운전자보다 자동차가 더 많게 되었다. 이 변화의 많은 부분이 최근에 일어났다. 자동차가 얼마나 많은지 보여주는 지표가 있다. 새로 지은 모든 1가구용 단독주택 중에서 두 대 이상의 주차 공간을 갖춘 집은 1985년만 해도 55퍼센트였지만 1998년에는 79퍼센트였으며 이 비율은 계속 올라가고 있다.

지난 30년간 교외 지역에 주택 단지가 확장되면서 자동차에 대한 우리의 재정적 투자뿐 아니라 시간 투자까지 늘려놓았다. 자동차 이용에 관한 정부 조사를 보면 1969년과 1995년 사이 직장으로의 평균 통근 거리는 26퍼센트, 평균 쇼핑 거리는 29퍼센트 늘었다.

차량을 이용한 가구당 통근 횟수는 이 25년 동안 24퍼센트 늘었지만 쇼핑 횟수는 거의 두 배, 개인적 혹은 가정의 용무 때문에 승용차를 이용한 횟수는 두 배 이상 늘었다. 그리고 차량 탑승 평균 인원이 1977년에는 1.9명에서 1995년에는 1.6명으로 떨어졌으며 출퇴근 운행의 경우 평균 탑승 인원은 1.3명에서 1.15명으로 줄었다는 사실을 보면, 매번 거의 혼자 타고 다닐 가능성이 높다는 말이다(차량 탑승 인원은 1.0 밑으로 내려갈 수 없기 때문에 이 숫자들은 결국 승용차를 이용한 모든 이동에서 동행자가 3분의 1 줄어들었으며 출퇴근 동행자는 50퍼센트 줄었다는 뜻이다).

우리가 공간적으로 우리의 삶을 이런 방식으로 조직하게 됨에 따라 얻게 된 한 가지 필연적 귀결은 집, 직장, 쇼핑으로 이어지는 삼각형의 꼭짓점 사이를 금속 상자에 갇혀 매일 왕복하는 데 상당한 시간을 사용한다는 사실이다. 교통안전국의 개인 교통 이용 실태조사에 따르면 미국 성인은 매일 평균 72분을 자동차 바퀴 위에서 보낸다. 시간 일기 연구에 나타난 자료와 비교하면 요리하거나 식사하는 데 사용하는 시간보다 더 많고, 평균적인 부모가 아이들과 함께 보내는 시간보다 2배 이상 더 많다. 미국에서 전체 차량 운행의 82퍼센트는 자가용이었으며, 전체 차량 운행의 3분의 2는 나 홀로 탑승이었는데, 이 수치는 꾸준히 증가해오고 있다.

출퇴근은 전체 개인적 차량 운행의 4분의 1 이상을 차지하지만, 직장에서 일하는 미국인의 생활 구조에서는 이것이 하루의 가장 중요한 나들이이다(자택 근무자의 수는 증가해왔지만, 그 비율은 아직도 매우 적다. 1997년의 경우 집에서 1주일에 단 **하루**만이라도 일했던 사람들은 노동력의 4퍼센트 이하에 불과했다. 그런데 집에 근거를 둔 노동자 역시 차량 운행 횟수 면에서는 보통 노동자들과 같다. 출퇴근 횟수는 줄었지만 쇼핑몰을 더 자주 찾음으로써 횟수는 같아진다).

지난 20년 혹은 30년 동안 대부분 미국인의 출퇴근 방식은 나 홀로 운행이 압도적으로 높아졌다. 미국인의 자가용 출퇴근 비율은 1960년 61퍼센트에서 1995년 91퍼센트로 높아진 반면 대중교통이나 도보 등 다른 출퇴근 방식은 줄어들었다. 전국적으로 대부분 광역권 도시의 운송에서 대중교통이 차지하는 부분은 상당히 적고 계속 줄어들고 있다. 1995년의 경우 전체 출퇴근의 3.5퍼센트만 대중교통을 이용한 것이었다. 승용차 함께 타기 역시 20년 이상 계속 감소해왔다. 카풀을 이용하는 전체 통근자의 비율은 1970년대 중반 이후 절반으로 줄어들었으며 2000년이 되면 7~8퍼센트에 불과할 것으로 추산된다. 결론은 이렇다. 1980년만 해도 승용차로 출퇴근하는 모든 미국인 중 64퍼센트가 나 홀로 탑승이었지만 90년대 말이 되면서 이 수치는 80~90퍼센트로 올라갔다.[1]

게다가 통근 거리가 길어졌다. 1960년에서 1990년까지 카운티의 경계선을 넘어 출퇴근하는 노동자의 수는 3배 이상 늘었다. 1983년에서 1995년 사이 평균 출퇴근 거리는 37퍼센트 길어졌다. 역설적으로 출퇴근 시간은 14퍼센트만 상승했는데 모든 운송수단을 다 합쳐서 평균 출퇴근 속도가 거의 4분의 1 빨라졌기 때문이다.

비교적 최근에 생긴 세 가지 변화 요인이 출퇴근 시간을 단축시키고 있다. 첫째, 카풀과 대중교통을 이용하던 사람들이 나 홀로 승용차 대열로 합류한 것이다. 사회적으로는 비효율적이지만 노동자 개인에게는 시간이 덜 든다. 둘째, 복잡한 도심을 거치지 않고 교외에서 교외로의 출퇴근이 증가했다. 셋째, 근무 시간의 유연성이 증

---

1) 미국 교통국에서 발간한 『미국의 교통 이용』은 1995년 나 홀로 출퇴근 비율을 80퍼센트로 추산한다. 갤럽은 1998년 12월 이 비율을 90퍼센트로 추산한다. 여러 자료들은 출퇴근에는 편도 20분이 소요되는 것으로 추산하며, 이 시간은 계속 길어지고 있다는 데 의견의 일치를 보이고 있다.

대했다. 반면 모든 곳에서 교통 정체가 벌어지고 있다. 로스앤젤레스, 코푸스 크리스티, 클리블랜드, 프로비던스에 이르는 68개의 도시 지역을 조사한 연구를 보면 운전자 1인당 1년에 교통 정체로 지연되는 시간은 1982년에는 16시간이었지만 1997년에는 45시간으로 꾸준히 늘었다.

결국 우리는 더욱더 많은 시간을 차 안에서 혼자 보내고 있다. 전체적으로는 우리들 중 많은 사람이 이 시간을 조용한 사색의 시간으로 삼고 있는데, 특히 이 운전 붐 시대의 한가운데서 성년이 된 사람들이 그렇다. 1997년의 어느 조사를 보면 전체 운전자의 45퍼센트, 그러니까 18세에서 24세의 운전자 중 61퍼센트, 55세 이상의 운전자 중 36퍼센트가 "운전은 내게 생각하는 시간을 주고 나는 혼자 있는 것을 즐긴다"는 데 동의했다.

그렇지만 자동차와 출퇴근은 공동체 생활에는 확실히 나쁜 영향을 끼친다. 우수리를 떼고 말하자면 **매일 출퇴근 시간이 10분 늘어나면 공동체 업무의 참여는 10퍼센트 떨어진다.** 공공회의 참석, 공동체 위원회의 위원직 역임, 청원서 서명, 교회 예배 참석, 자원봉사 활동 등 모든 면에서 줄어든다. 출퇴근 시간은 교육만큼 시민적 참여에 강력한 영향을 미치는 요소가 아니지만 실제로는 이것이 그 어떤 대부분의 인구학적 요소보다 더 중요하다. 또한 시간 일기 연구는 출퇴근 시간이 일상적인 사회적 상호작용에도 마찬가지로 강한 부정적 영향을 미친다는 사실을 시사한다.

놀라운 사실은 공동체 거주자들 사이에서 출퇴근 시간이 늘어나면서 출퇴근하지 않는 주민들 사이에서도 평균적인 시민 참여율이 떨어진다는 점이다. 실제로 장거리 출퇴근 주민의 시민적 불참은 정규직 노동자로 노동시장에 참여하지 않는 사람이나 퇴직자에게도 같은 크기로 나타난다. 또한 비종교 단체의 참여나 주말의 교회 참석 모두 같은 규모로 감소한다. 다른 말로 하자면 이것이 바로 고전적인 '동반 효과'로 보인다. 한 개인의 행동의 결과가 그 사람을 넘어 다른 사람에게 확산되어 파급 효과를 미치는 것이다. 경제학자의 용어를 빌리자면 출퇴근은 의도하지 않은 부정적 영향, 즉 외부 효과를 갖는다.

교외 주거지 개발이라는 당혹스러운 사실이 우리에게 알려주는 중요한 단서는 자동차 안에서 소비되는 시간 그 자체뿐 아니라 집과 직장의 공간적 분열도 공동체 생활에 악영향을 끼친다는 것이다. 예를 들면 매사추세츠 주 렉싱턴은 지난 50년에 걸쳐 미들섹스 지역의 시골에서 MIT, 하버드, 128번 국도를 따라 형성된 하이테크 산업단지의 교외 주택지로 변모해왔다. 아직도 거주하기에 쾌적한 곳이지만 대부분의 주민이 타운에서 일하던 시절과 비교하면 시민적 자급자족도는 떨어진다. 이제는 대부분의 주민이 매일 출퇴근을 하기 때문에 많은 시민단체들은 어려운 시기에 내몰리게 되었는데, 계속 타운에서 일하는 주민에게조차 영향을 미친 것이다.

또한 직장에 기반을 둔 유대 관계는 이제 거주지에 기반을 둔 유대 관계와 상호 보완이 아니라 경쟁을 벌이고 있다. 만일 여러분의 직장 동료들이 모두 광역도시권에 산다면, 여러분은 이웃과 저녁 시간을 보낼 것인지 **아니면** 동료와 보낼 것인지 선택해야 한다(물론 괴로운 출퇴근에 염증이 생기면 혼자서 그냥 집에 틀어박히는 쪽을 선택할 수도 있다). 즉 도시의 외곽 팽창은 장거리 출퇴근자와 거주지를 떠나지 않는 사람 모두에게 집단적으로 악영향을 끼친다.

물론 교외 거주, 자동차, 이와 연관된 도시 팽창에 이득이 없는 것은 아니다. 미국인은 교외로 이사해서 운전하는 데 더 많은 시간을 쓰기로 **선택**했다. 아마 그곳에서는 마당도 널찍하고 집도 크고 주택 건설이나 쇼핑에 돈도 더 적게 들고 또한 계급과 인종에 따라

자기들끼리 산다는 장점도 있었기 때문일 것이다. 우리가 공동체의 측면에서 지불한 집단적 대가를 상쇄할 정도로 이 모든 것은 가치가 있었을 것이다.

다른 한편 거주지 선택에 관한 DDB 조사 자료는 20세기의 마지막 25년, 즉 급속한 교외 개발의 시기 중에도 교외 생활은 중심 도시 혹은 작은 마을의 거주에 비해 매력이 떨어졌음을 시사하고 있다.[2] 그러나 우리의 개인적 선호도가 어떻든 광역권 도시의 교외 팽창은 최소한 세 가지 이유에서 지난 30년 혹은 40년 동안의 시민적 불참에 중요한 영향을 끼쳐왔던 것으로 보인다.

첫째, 도시의 팽창은 사람들의 시간을 잡아먹는다. 자동차 안에서 혼자 보내는 시간이 많다는 것은 친구와 이웃의 사귐, 모임, 공동체 프로젝트의 참여 등에 시간을 적게 쓴다는 것을 의미한다. 이 점이 도시 팽창과 시민적 불참 사이의 가장 분명한 연결점이지만, 그렇다고 제일 중요한 이유는 아닌 것으로 보인다.

둘째, 도시 팽창은 동질적인 사회적 특징에 따라 사람들의 거주지를 나눔으로써 사회적 격리를 증대시키는데, 사회적 동질성은 계급과 인종의 구분을 넘어 사회적 네트워크를 구축할 수 있는 기회뿐 아니라 시민 참여의 동기도 감소시키는 듯이 보인다. 도시 팽창은 특히 연계형 사회적 자본에 악영향을 끼쳐왔다.

셋째, 가장 포착하기 힘들지만 가장 강력한 원인으로서, 도시 팽창은 공동체의 '범위'가 어디까지인지 모르게 만든다. 출퇴근 시간의 중요성은 직장과 가정과 상점 사이의 거리가 확대되는 것을 보여주는 대리 지표라는 점에 있다. 30년도 더 이전에 (우리가 지금에

---

2) 주민 2백만 명 이상의 광역도시 지역에서 작은 타운보다 대도시에 살겠다고 대체로 혹은 확실하게 동의한 사람의 비율은 1975년 38퍼센트에서 1999년 31퍼센트로 하락했다.

야 알게 된 사실이지만) 시민적 참여가 최고조에 달했던 시절 정치학자 시드니 버바와 노먼 나이Norman Nie는 "윤곽이 뚜렷하고 범위가 분명한" 공동체의 주민들이 지역의 업무에 더 잘 참여할 가능성이 높다고 지적했다.

사실 두 사람은 장거리 출퇴근이 시민적 참여에 강력하게 부정적인 영향을 끼칠 것이라는 점을 발견했다. 그들은 통찰력 있게 "참여를 촉진하는 것으로 보이는 공동체, 즉 소규모의 상대적으로 독립적인 공동체는 더욱더 찾아보기 어렵게 되었다"고 지적했다. 그로부터 30년이 지나면서 우리 일상생활의 이러한 분절화는 공동체 참여를 눈에 보일 정도로 떨어뜨리는 효과를 발휘해왔다.

거대 광역권 도시의 주민들은 교외 지역으로 주거를 이전함으로써 공동체 참여와 관련된 대부분의 척도에 약 20퍼센트 정도의 손실을 입혔다. 지난 30년 동안 더욱 많은 사람이 이 대열에 가세해왔다. 〈그림 52〉에 표시된 미국 인구의 교외 거주 붐과 결합하여, 교외 지역으로의 주거지 확장은 이 책 2부에서 개략적으로 밝힌 모든 시민적 참여 이탈에 10분의 1 이하의 책임이 있다.[3] 시간과 돈의 압박과 마찬가지로 이것은 우리의 전국적인 시민 불참을 설명하는 데 도움을 준다. 그렇지만 그것은 하락의 아주 작은 부분만 설명할 수 있다. 아직 도시 팽창의 손길이 미치지 않은 소규모 타운과 농촌 지역에서도 시민적 불참은 확실하게 눈에 보이기 때문이다. 용의자 검거는 아직 끝나지 않았다.

---

3) 광역 대도시 지역에 사는 인구의 비율은 1970년대 중반 이후 약 10퍼센트 포인트 상승했다. 〈그림 51〉과 〈그림 52〉에서도 감소 폭이 암시되어 있지만, 통근 시간의 영향에 관한 우리의 분석을 토대로 보면 이 지역에서 시민적 참여는 우수리를 떼고 20퍼센트 감소했다. 만일 미국인이 1970년대 중반처럼 주거 형태를 유지하며 살고 있다면, 공동체 참여의 총 수준은 2부에서 지적된 것처럼 20~40퍼센트 하락하지 않고 오히려 약 2퍼센트 높아졌을 것이다. 이 계산은 엄밀하지 않으며 동반 효과를 고려하지 않은 것이다.

기술과 매스 미디어

우리가 지금 보는 것보다 더 넓은 관점에서 20세기의 역사를 다시 쓴다면 커뮤니케이션과 여가 생활에 미친 기술의 충격이 중요한 주제가 될 것임은 거의 확실하다. 20세기가 시작되던 시점에서 커뮤니케이션과 오락 산업은 소규모 출판사와 음악 홀을 거의 벗어나지 못했다. **매스 미디어**라는 용어가 발명된 것은 20세기가 거의 4분의 1을 지나서였다. 20세기가 막을 내리는 지금 대규모 전기통신과 오락 산업의 점진적 합병은 새로운 경제 시대의 기초가 되어왔다.

1세기에 걸친 이 거대한 변화가 미친 결과 중 두 가지가 우리와 특별한 관련성을 갖고 있다. 첫째, 뉴스와 오락은 더욱더 개인화되어왔다. 가장 희귀한 문화와 가장 은밀한 정보를 즐기려고 더 이상 우리의 취향과 시간을 조절할 필요가 없어졌다. 1900년의 음악 애호가들은 고정된 시간에 고정된 프로그램에서 나오는 음악을 들으려고 많은 사람들과 같이 앉아 있어야 했다. 미국인 대다수가 그렇게 살았듯 만일 그 사람이 작은 마을에 살면 음악은 그 지역의 열성적인 아마추어들이 공급했을 가능성이 높다.[1] 2000년의 나는 어디서 살건 내 워크맨 CD로 내가 원하는 시간, 내가 원하는 장소에서 내가 원하는 음악을 들을 수 있다. 1975년만 해도 전국의 미국인이 선택할 수 있는 텔레비전 프로그램은 얼마 되지 않았다. 불과 25년도 채 되지 않아 개인의 선택 목록에는 유선 TV, 위성 TV, 비디오, 인터넷이 가세했다.

둘째, 전자공학 기술은 이 수手공예 오락물을 개인적으로, 완전히 혼자서 소비할 수 있도록 해준다. 미국인의 여가 생활을 앞으로 바꾸어놓게 될 전자공학 발명품의 선두 주자로 등장한 라디오가 1930년대에 오면 새로운 오락 수단으로서 급속히 자리 잡고 있었지만, 20세기 중반까지만 해도 저렴한 가격의 오락은 주로 야구장, 댄스홀, 영화관, 놀이공원 등의 공개적인 환경에서 이용할 수 있었다. 20세기 후반부에 들어오면 텔레비전과 그 후예들이 여가 시간을 우리 가정의 사생활 속으로 옮겨놓았다. 텔레비전 시대의 초기에 시인 T. S. 엘리엇은 "수백만의 사람들이 동시에 똑같은 농담을 들을 수 있도록 해주지만, 그러면서도 고독감을 느끼게 하는 오락 매체"라고 지적했다. 텔레비전에서 보는 통조림 웃음canned laughter의 인위성은 즐거움은 여럿이 함께할 때 늘어난다는 오랜 격언, 그리고 함께 나눔이 이제는 전자공학 기술로 이루어질 수 있다는 신기한 사실을 반영하고 있다. 20세기 전체에 걸쳐 무서운 속도로 진행된 뉴스와 오락의 전자공학 전송은 미국인의 삶의 사실상 모든 측면을 바꾸었다.

---

1) 내가 지금 이 책을 쓰고 있는 버몬트의 거의 모든 작은 마을들은 이 시기에 동네 밴드를 후원했다. 지금은 그렇게 하는 곳이 거의 없다.

표 2 _ 소비재의 보급 속도

발명품	(1%)의 가정 보급 연도	미국 가정의 75% 보급에 걸린 시간(연)
전화	1890	67
자동차	1908	52
진공청소기	1913	48
에어컨	1952	~48
냉장고	1925	23
라디오	1923	14
VCR	1980	12
텔레비전	1948	7

현대 기술을 기준으로 보아도 이 보급 속도는 경이적이다. 〈표 2〉는 20세기 동안 미국 가정에 여러 현대적 설비들이 확산된 속도를 보여준다. 라디오, VCR, 특히 텔레비전 등 전자화된 여흥을 제공하는 물품들이 미국 사회의 모든 수준의 가정에 보급된 속도는 이제는 거의 모든 가정에서 볼 수 있는 다른 물품에 비해 5배에서 10배 빠르다. 이 발명품들은 우리가 일상생활을 보내는 방식을 획기적으로 변화시켰다. 자동차조차 여기에 못 미친다. 13장에서는 과연 이 용의자들이 미국의 사회적 자본의 쇠퇴에 연루되었는지를 조사하려고 한다.

현대는 정보와 오락을 모두 제공하고 점차 그 둘의 경계가 흐려지고 있지만, 시민적 참여의 관점에서는 정보와 오락을 따로 다루는 것이 중요하다.

1. 정보, 뉴스

매스커뮤니케이션과 오락의 첫 번째 수단은 당연히 전자공학이 아니라 인쇄물, 그중에서도 특히 신문이었다. 토크빌은 시민적 참여에 미치는 매스커뮤니케이션의 중요성을 분명히 파악하며 『미국의 민주주의』에서 이렇게 지적했다.

> 견고하고 지속적인 유대 관계로 더 이상 사람들을 묶을 수 없을 때, 유익한 도움을 줄 수 있는 모든 사람들에게 다른 모든 사람과 자신의 노력을 합침으로써 자신의 사적 이익을 도모하라고 설득하지 못하면, 많은 사람의 협력을 얻기 불가능하다. 이것은 신문의 도움이 있어야만 일상적이고 수월하게 이룰 수 있다. 신문만이 수천의 독자들에게 동시에 같은 생각을 불어넣을 수 있다. 〔……〕 따라서 신문이 없으면, 그 어떤 민주적 결사체라고 하더라도 꾸려나가기 무척 힘들다.

거의 두 세기가 지나서도 신문 구독은 시민적 참여의 중요한 지표로 여전히 남아 있다. 신문 구독자는 평균적인 미국인보다 나이가 많고, 교육 수준이 높으며, 자기 공동체에 뿌리를 깊이 내리고 사는 사람들이다. 나이, 교육, 공동체 거주 기간이 미치는 영향을 통제해도 **신문 구독자**가 TV 뉴스 **시청자**보다 세상에 대해 더 많이 알고 참여에도 더 적극적이다. 인구학적 특성은 동일하면서도 신문을 읽지 않는 사람들과 비교하면, 정기적인 신문 구독자들이 단체에 더 가입하고, 클럽과 시민 결사체에도 더 적극적으로 참여하며, 지역 회의에 더 자주 참여하고, 보다 더 규칙적으로 투표하며, 공동체 프로젝트의 참여와 자원봉사 활동 횟수도 많고, 더 자주 친구를 방문하며, 자기 이웃들을 더 신뢰한다. 즉 신문 구독자는 공식적·일상적인 사회 활동을 모두 열심히 하는 사람들, 쉬무저이자 마허인 셈이다.[2]

통제된 실험이 없기 때문에 어느 것이 원인이고 어느 것이 결과인지는 확신할 수 없다. 실험을 동반하지 않은 미디어 관련 모든 연구는 실제로 (일정한 특징을 가진 사람들이 특정 미디어를 찾는) '선택효과selection effect'와 (사람들이 바로 그 미디어에 노출됨으로써 그러한 특징을 발전시키는) '미디어 효과'를 구분하기 어렵다는 점을 지적한다. 우리는 13장에서 이 분석적 문제를 해결하기 위해 계속 골머리를 앓아야 할 것이다. 그렇지만 관련 증거는 신문 구독과 건전한 시민은 함께 간다는 사실을 분명히 지적한다.

따라서 우리는 사회적 자본과 시민적 참여의 대부분 측정치와 함께 신문 구독 역시 최근 수십 년 동안 계속 줄었다는 사실에 전혀 놀라지 않을 것이다. 미국 성인의 평균 공식 교육 연한이 9년이었던 1948년 신문의 1일 발행 부수는 가구당 1.3부였다. 즉 50년 전 **평균적인** 미국 가정은 하루에 1종 **이상의** 신문을 읽었다는 뜻이다. 50년 후 공식 교육 연한은 50퍼센트 상승했지만, 신문 구독이 교육과 높은 상관관계를 갖고 있다는 사실에도 불구하고 신문 구독률은 57퍼센트가 떨어졌다.

신문 구독은 성인 생활의 초기에 확립되어 쭉 지속되는 버릇이다. 만일 우리가 일찍부터 신문을 읽기 시작하면 일반적으로 그 습관이 계속 유지되는 것이다. 지난 반세기 동안 신문 발행 부수의 수직 하락은 본래 신문을 읽던 사람들이 더 이상 읽지 않게 되면서 생긴 현상이 절대 아니다. 사실상 이 모든 하락은 이제는 우리도 친숙해진 세대교체의 패턴 때문이다.

〈그림 53〉에서 보듯 20세기의 첫 3분의 1에 해당하는 시기에 출

---

2) 전국 사회 조사(GSS), DDB 조사, 로퍼 조사의 자료를 토대로 출생 연도, 성별, 교육, 소득, 결혼 여부, 자녀 유무, 직업상의 지위, 도시의 크기, 인종, 자가 소유 여부 등을 통제하여 분석한 바에 따르면, 정기적인 신문 구독자는 이 책에 나온 모든 방식으로 시민 활동에 참여할 가능성이 약 10~20퍼센트 더 높다는 결과가 나온다.

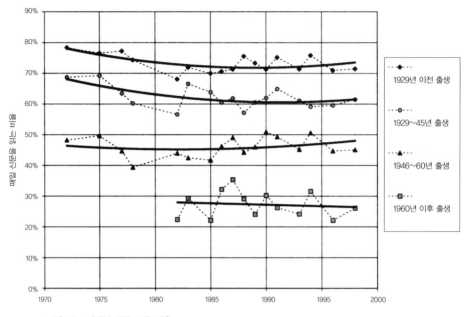

그림 53 _ 세대별 신문 구독 비율

생한 미국인 4명 중 3명은 20세기가 막을 내리는 지금에도 수십 년 전이나 마찬가지로 일간 신문을 읽고 있다. 그들의 베이비붐 세대 자녀 중에는 50퍼센트 이하만 그 전통을 따르고 있지만 X세대의 손자로 내려가면 4명 중 1명으로 대폭 줄어든다. 보다 최근의 코호트들이 나이가 들면서 신문 독자가 되고 있다는 아무런 신호도 없기 때문에, 신문 구독 세대는 점점 사라지고 읽지 않는 세대가 그 자리를 메움에 따라 신문 발행 부수는 계속 떨어지고 있다. 해마다 우리의 발아래서 그 기반이 쓸려 내려가고 있기 때문에 이 하락세를 되돌리기는 쉽지 않을 것이다.

이런 경향을 불러온 이유는 간단하다고 생각할 수 있다. TV. 우리는 요즘 뉴스를 읽지는 않지만 텔레비전으로 본다는 것이다. 그러나 현실은 좀더 복잡하다. 미국인이 인쇄된 종이로부터 빛나는

제3부 _ 사회적 참여의 쇠퇴 원인

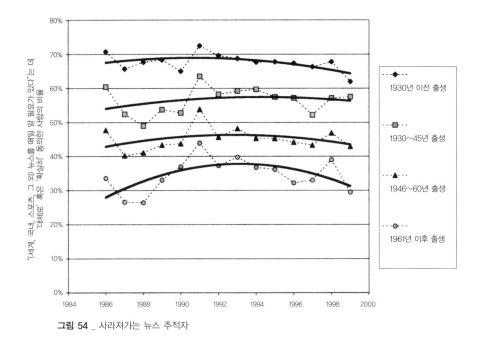

그림 54 _ 사라져가는 뉴스 추적자

스크린으로 뉴스의 소비처를 옮겨서 생긴 단순한 현상이 아니다. 텔레비전으로 뉴스를 보는 미국인이 그렇지 않은 사람보다 신문도 **더** 읽지, **덜** 읽는 것은 아닌 듯하다.[3] 경제학의 용어로 말하자면 TV 뉴스와 신문은 보완재이지 대체재가 아니다. 우리들 중 일부는 적극적인 뉴스 추적자인 반면, 또 다른 일부는 그렇지 않다.

신문 구독뿐 아니라 뉴스 그 자체에 대한 관심 역시 세대가 내려갈수록 가라앉고 있다. 사람들에게 과연 "(세계, 국내, 스포츠 등) 뉴스를 매일 알 필요가 있는가?"라는 질문을 던졌을 때, 〈그림 54〉에

---

3) 1998년 DDB 조사에 따르면 신문에서 뉴스를 읽는 미국인의 절반은 저녁에 TV로도 뉴스를 본다. 반면 신문에서 뉴스를 읽지 않는 사람 중 저녁에 TV로 뉴스를 보는 사람은 4분의 1이었다. 모든 표준적인 인구학적 요소들을 엄밀히 통제해도 이 상관관계는 계속 유지된다.

서 보듯 대답은 그 사람이 언제 출생했느냐에 따라 달라진다. 1930년 이전 출생자 중 3분의 2는 대략 일관되게 '당연히' 혹은 '대개' 그렇다고 대답한다. 그 자녀와 (1960년 이후에 출생한) 손자 세대의 뉴스 관심도는 간신히 그 절반 정도이다. 또한 〈그림 54〉는 보다 젊은 세대도 나이가 들면 뉴스 관심도가 증가하여 부모와 조부모 세대의 수준으로 결국은 올라갈 것이라는 신호를 전혀 보여주지 않는다.

뉴스를 보는 것과 읽는 것은 동일 증후군의 두 요소이기 때문에 TV 뉴스 시청도 시민 참여와 긍정적으로 연결되어 있다는 사실은 전혀 놀랍지 않다. TV 뉴스에 주로 의존하는 사람들은 신문에 주로 의존하는 우리 동료 시민만큼 시민으로서의 활동에 적극적으로 나서지는 않지만, 그래도 뉴스 시청자들이 그 밖의 대부분 미국인보다는 시민적 활동에 적극적이다. (나이, 교육, 성별, 소득 등의 측면에서 일치하는 경우에서도) 전국 방송망 TV 뉴스의 규칙적 시청자들이 그렇지 않은 사람들보다 공동체 프로젝트의 참여에 더 많은 시간을 할애하며, 클럽 모임에도 더 참석하고, 정치에도 훨씬 더 관심을 갖고 지켜본다. 이것은 공영 라디오 방송National Public Radio, 지역 TV 뉴스의 규칙적 시청자의 경우도 마찬가지이다. 신문 구독자들만큼 시민 활동에 특별히 더 적극적이지는 않다고 해도, 텔레비전 뉴스에 관심을 갖고 시청하는 사람이 (그렇지 않은 사람보다) 공공 업무에도 해박하고, 보다 더 규칙적으로 투표하고, 일반적으로 공동체 업무에 더 적극적이다.

〈그림 54〉에서 예측할 수 있듯 불행히도 신문 구독과 마찬가지로 뉴스 시청 역시 하락하고 있다. 몇 년 전부터 전국 TV 방송 뉴스의 시청률 하락 속도가 신문 발행 부수의 하락보다 더 빠르다. 예를 들면 전국 방송의 저녁 뉴스의 규칙적 시청자는 1993년에는 성인의 60퍼센트였지만 1998년에는 38퍼센트로 떨어졌다. 게다가 신문 발

행 부수와 마찬가지로 텔레비전 뉴스 시청의 하락 역시 상당 부분이 세대 차이에 의한 것이다. 건강 관련 광고가 전국 TV 뉴스의 많은 부분을 차지하고 있는 데서 추측할 수 있듯 뉴스 시청자들은 급속히 늙어가고 있다. NBC 뉴스가 실시한 1997년의 연구에 따르면 모든 황금시간대 프로그램의 시청자 평균 나이는 42세였지만 저녁 뉴스 시청자의 평균 나이는 57세였다. 또한 요즘의 뉴스 시청자들은 당장이라도 채널을 돌릴 태세가 되어 있다. 모든 미국인의 절반이 리모컨을 손에 들고 뉴스를 시청한다고 본인 입으로 말한다.

일부 사람들은 인터넷 혹은 뉴스 전문 채널의 성장에 희망을 건다. 그러나 이 새로운 채널의 장기적 효과를 예측하기에는 아직 이르다. 지금까지의 사실을 바탕으로 보면 뉴스 시청이 빨리 회복될 것 같지 않다. 첫째, TV 뉴스의 규칙적 시청자 중 상당수가 신문을 구독하듯, 인터넷 뉴스나 뉴스 전문 케이블 채널에 관심을 갖고 추적하는 사람들은 뉴스 소비의 '만능선수'이다. 예를 들어 CNN 시청자들은 다른 미국인보다 전국 TV 방송국의 뉴스도 2배 더 시청하는 것 같다. 인터넷 뉴스의 열렬한 지지자들조차 "인터넷은 그 외의 여러 전통적인 뉴스 공급원의 보완이지 대체는 아니다"라고 인정한다. 실제로 인터넷 사용은 1990년대의 후반부에 증가했지만 공공 업무에 관심을 갖고 추적하는 데는 상대적으로 중요성이 **떨어지게** 되었다. 간단히 말해 새로운 미디어들은 꾸준히 줄어들고 있는 전통적인 뉴스 시청자들에게 기대고 있지 새로이 넓히지는 못하고 있다.[4]

또한 뉴스 접근에서 신문, 라디오, 텔레비전에 의존하는 사람들과

---

4) 1996~1998년 DDB 조사 자료를 토대로 한 내 분석에 따르면 뉴스를 주로 인터넷에 의존한다고 대답한 사람들은 다른 미국인보다 자원봉사 횟수, 친구와 시간 보내는 횟수, 타인의 신뢰 등에서 모두 떨어질 가능성이 있다.

달리 **주로** 인터넷에 뉴스를 의존할 정도로 기술적으로 능숙한 소수의 미국인은 실제로는 동료 시민에 비해 시민 참여에 **덜** 나서는 것 같다. 물론 그렇다고 인터넷이 사회적 동원을 축소시킨다는 뜻은 아니다. 인터넷 뉴스의 '최초 접속자들early adapters'은 처음부터 사회적 참여에서 물러섰을 가능성도 있다. 그렇지만 전국 TV 방송국 뉴스 시청자와 신문 구독자의 축소로부터 생긴 시민적 참여의 손실을 인터넷과 뉴스 전문 채널이 메워줄 것 같지는 않다.

2. 오락

전자 미디어의 대부분의 에너지, 시간, 창조성은 뉴스가 아니라 오락에 집중된다. 뉴스 시청은 우리들의 시민적 건강에 해롭지 않다. 텔레비전 오락물 시청은 어떨까? 여기서 우리는 텔레비전이 미국인에게 끼친 근본적 영향에 대해서 우선 짚고 넘어가야 한다. 즉 20세기의 그 어느 것도 텔레비전보다 빠른 속도로 우리의 여가에 깊은 영향을 남기지 못했다.

1950년 미국 가정의 겨우 10퍼센트가 텔레비전을 보유했지만 1959년이 되면 보급률은 90퍼센트로 늘어난다. 지금까지 기록된 기술 혁신 중 가장 빠른 보급률을 자랑한다(인터넷의 확산이 TV의 기록을 깰 만한 경쟁자이지만 아마 능가하기는 어려울 것이다). 이 번갯불로부터 뻗어 나온 빛은 그 후 수십 년 동안 거침없이 질주했다. 1960년대에는 가구당 시청 시간이 17~20퍼센트 상승했고, 70년대에는 여기에 추가로 7~8퍼센트 상승했으며, 80년대 초기에서 90년대 후반까지 또 7~8퍼센트가 추가 상승했다.

이 지속적 성장세를 잘 보여주는 자료가 〈그림 55〉에 있는 닐슨

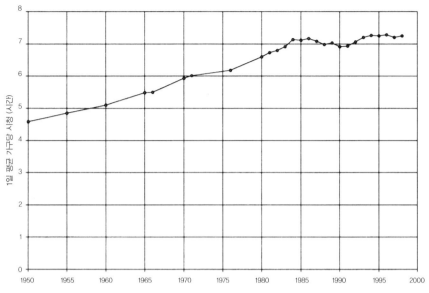

그림 55 _ 텔레비전 시청 시간의 증가, 1950~1998

Nielsen 조사의 가구당 평균 시청 시간 변화표이다. 초기에는 TV 시청이 인구 중 교육 수준이 낮은 층에게 집중되었지만 1970년대는 교육 수준이 보다 높은 층의 시청 시간도 함께 상승 곡선을 그리며 합쳐지기 시작했다. 텔레비전 시청은 나이가 들면서 늘고, 특히 퇴직 후에 늘어나는데, 텔레비전의 도입 이후 각 세대는 보다 늘어난 시청 시간을 출발점으로 삼고 자신의 생명주기를 시작해왔다. 바로 이 세대 차이 때문에 아무것이나 보려고 TV를 켜는 성인, 곧 무슨 특별한 프로그램을 전혀 염두에 두지 않고 그냥 TV를 켜는 성인은 1979년 29퍼센트에서 1980년대 말에는 43퍼센트로 껑충 뛰었다. 1995년이 되면 가구당 평균 시청 시간은 1950년대보다 50퍼센트 이상 더 많았다.

대부분의 연구는 평균적인 미국인의 평균 TV 시청 시간을 하루 약 4시간으로 추산하고 있는데, 전 세계에서 거의 최고 수준에 육박한다. 시간 사용 연구자 존 로빈슨과 제프리 고드비는 미국인의 시간 배분 방법을 파악하는 데 보다 보수적인 시간 일기 처리기법을 사용했다. 그들은 하루 평균 TV 시청 시간을 3시간에 가깝게 추산했지만 주요 활동으로서 TV 시청은 평균적인 미국인의 자유시간의 거의 40퍼센트를 흡수했으며, TV 시청 시간은 1965년 이후 약 3분의 1 늘어났다고 결론 내렸다. 1965년과 1995년 사이 우리의 여가 시간은 주당 6시간이 늘어났다. 그리고 우리는 그렇게 늘어난 6시간의 거의 전체를 TV 시청에 사용하고 있다. 간단히 말해 로빈슨과 고드비의 지적대로 "텔레비전은 여가 시간의 절대 강자, 8백 파운드짜리 고릴라이다."[5]

게다가 텔레비전 수상기를 2대 이상 보유하는 가정이 늘었다. 1990년대 말이 되면 모든 미국 가정의 4분의 3이 2대 이상을 보유하게 됨으로써 식구마다 개인적인 시청을 가능하게 해주었다. 자기 방에 TV를 놓은 6학년생의 비율은 1970년에는 6퍼센트였지만 1999년에는 무려 77퍼센트로 증가했다(8~18세의 어린이 3명 중 2명은 집에서 식사할 때도 TV를 켜놓고 있다고 말한다). 또한 1980년대에 미국 가정에 급속하게 보급된 VCR과 비디오 게임은 또 다른 형태의 '스크린 타임'을 추가시켰다. 마지막으로 1990년대에는 PC와 인터넷이 미국 가정으로 들어가는 정보와 오락의 유형을 눈부시게 확대했다(이 경향의 일부는 〈그림 56〉에 표시되어 있다).

---

5) 이 부분의 자료는 TV를 배경으로 그냥 켜둔 시간은 제외했다. 조지 콤스톡(George Comstock)은 『미국 텔레비전의 발전(*Evolution of American Television*)』(1989)에서 "1980년대 후반 가을 아무 날이나 선정해서 보아도 텔레비전 보유 가정이 평균적으로 켜둔 시간은 약 8시간이었다"고 보고한다. 유로데이타(Eurodata) TV에 따르면 미국은 하루 시청 시간에서 47개국 중 3위인데, 일본과 멕시코만 미국을 앞지르고 있다.

제3부 _ 사회적 참여의 쇠퇴 원인

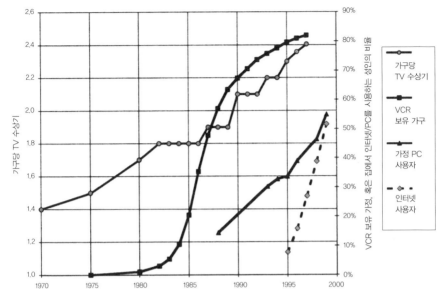

그림 56 _ 미국 가정에 VCR, PC, TV 수상기, 인터넷의 확산, 1970~1999

(그래프 범례)
- 가구당 TV 수상기
- VCR 보유 가구
- 가정 PC 사용자
- 인터넷 사용자

(세로축 좌) 가구당 TV 수상기

(세로축 우) VCR 보유 가정, 혹은 집에서 인터넷/PC를 사용하는 성인의 비율

    텔레비전 혁명이 남긴 가장 중요한 결과를 한 가지 들라고 한다
면 미국인을 집으로 불러들였다는 점이다. 이미 1982년 스크립스-
하워드Scripps-Howard 조사는 가장 인기 있는 여가 활동 10개 중 8개
가 전형적으로 가정에 기반을 둔 활동이라고 보고했다. DDB 조사
를 보면 1975년에서 1999년 사이 사회적·공동체적 참여의 모든
지표가 하강 곡선을 그리는 가운데 유독 하나가 눈에 띄게 올라가
고 있었다. "집에서 조용히 저녁을 보내기"를 선호한다고 말한 미
국인의 수는 꾸준히 상승하고 있었던 것이다. 놀랄 일도 아니지만,
그렇게 말한 사람들은 텔레비전의 오락에 크게 의존하고 있었다.[6]

---

6) 집에서 조용한 저녁을 보내겠다는 비율은 1975년 68퍼센트에서 1999년 77퍼센트로
   올랐다. 여기에 동의한 사람들은 "TV는 나의 주된 오락 수단"이라는 데 동의한 사람
   일 가능성이 높다.

초기에는 이 새로운 미디어의 예찬자들이 나타나 가족의 결속력을 증진시킬 '전자 벽난로'라고까지 텔레비전을 열렬히 환영했지만, 지난 반세기 동안의 경험은 상당히 조심스럽기만 하다.

사회 비평가 제임스 쿤슬러James Kuntsler의 논박도 핵심에서 그다지 벗어나지 않고 있다.

> 미국의 가정은 세 세대 동안이나 TV를 중심으로 돌아가고 있다. 텔레비전은 가족 삶의 중심이며, 가정의 생활은 이에 맞추어 이루어진다. 벽을 넘어 무슨 일이 벌어지건 상관 않으며 세상으로부터는 멀어진다(건설업자의 은어에서는 TV가 있는 방을 '가족 거실'이라고 부른다. 건축가인 내 친구는 이렇게 설명해주었다. "사람들은 식구가 함께 모여 하는 일이 TV 보는 것이라는 사실을 인정하기를 원치 않더군"). 집 안의 기계 봉투는 더 이상 사람들의 삶을 외부와 적극적 방식으로 연결시켜주지 않는다. 오히려 그것은 외부로부터 사람을 차단하여 가두어놓는다. 외부 세계는 텔레비전을 통해 걸러진 추상이 되어간다. 마치 날씨가 에어컨을 통해 걸러진 추상인 것처럼.

시간 일기 연구는 부부가 대화에 사용하는 시간보다 텔레비전 시청에 보내는 시간이 3배 혹은 4배 더 많으며, 집 밖의 공동체 활동에 사용하는 시간보다 6배에서 7배 더 많다는 사실을 보여준다. 게다가 가구당 TV 수상기를 여러 대 보유함에 따라 함께 보는 일조차 드물어졌다. 완전히 혼자서만 텔레비전을 보는 미국인이 날이 갈수록 늘어나고 있다. 어떤 연구에 따르면 모든 미국인의 최소한 절반이 대개 텔레비전을 혼자 보고, 또 다른 연구는 모든 텔레비전 시청의 3분의 1이 혼자 이루어진다고 시사한다. 8~18세의 어린이의 경우는 더 놀랍다. 아이들의 TV 시청 중 5퍼센트 이하가 부모와 함께

하며 3분의 1 이상이 혼자 본다.[7]

텔레비전 시청은 우리 삶에서 선택이 아니라 꾸준히 습관으로 자리 잡고 있다. 로퍼 연구소는 1979년과 1993년 사이 4차례 실시한 조사에서 TV 시청 습관을 엿볼 수 있는 다음의 두 질문을 미국인에게 던졌다.

당신이 TV 수상기를 켰을 때, 보통 먼저 켜놓고 그다음에 당신이 보고 싶은 프로그램을 찾습니까? 아니면 보통 당신이 보고 싶어 하는 특정 프로그램이 방영되고 있는지 알고 싶어서 TV를 켭니까?

어떤 사람들은 실제로 TV를 보고 있지 않으면서도 일종의 배경으로 그냥 켜두기를 좋아합니다. 당신 역시 실제로 시청하지도 않으면서 수상기를 그냥 켜두는 자신의 모습을 발견하는 경우가 자주 있습니까? 아니면 시청하지 않을 때는 끕니까?

교육을 비롯한 그 밖의 여러 인구학적 요소들을 통제한 경우에도 선택적 시청자(즉 특정 프로그램을 볼 때에만 TV를 켜고 시청하지 않을 때는 꺼두는 사람)는 습관적 시청자(즉 무슨 프로그램을 방영하건 관계없이 TV를 켜고 배경으로 그냥 놓아두는 사람)보다 공동체 생활의 참여도가 꽤 높다. 예를 들면 선택적 시청자는 인구학적으로 일치하는 다른 미국인보다 풀뿌리 단체에는 23퍼센트 더 적극적이고, 공공회의에는 33퍼센트 더 참석하는 것 같다. 습관적 시청은 특히 시민적 참여에 나쁜 영향을 끼친다. 실제로 습관적 시청이 시민적 불참에 미치는 영향은 단순히 TV 시청 시간이 늘어남으로써 생기는 영향

---

7) 1996년 (9세에서 17세) 아이의 76퍼센트는 자기 방이 있었다. 그중 59퍼센트는 자기 텔레비전 수상기를 놓고 있었으며, 55퍼센트는 케이블/위성이 연결되어 있었고, 36퍼센트는 비디오 게임을, 39퍼센트는 비디오를 설치하고 있었다.

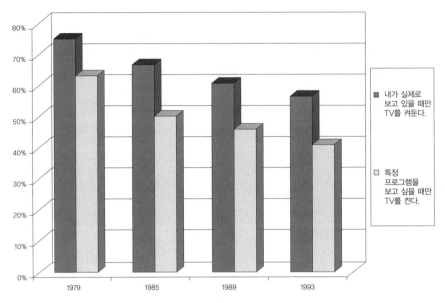

그림 57 _ 습관적 시청과 선택적 시청의 비교

과 크기가 같다.

〈그림 57〉에서 보듯 날이 갈수록 우리들은 무얼 보고 싶어 하는
지 알지도 못하고 TV 수상기를 켜고, 더 이상 보지 않을 때에도 그
냥 배경으로 켜두는 사람으로 변해갔다. 1970년대만 해도 선택적
시청자가 습관적 시청자보다 3 대 2의 비율로 더 많았지만 90년대
에 오면 이 비율은 2 대 3으로 역전된다. 텔레비전이 광범위하게
보급된 지 불과 몇 년이 지난 1962년 영화 「꼭두각시 후보Manchurian
Candidate」의 주인공은 이렇게 말했다. "세상에는 두 종류의 사람이
있지. 방에 들어와서 TV를 켜는 사람, 방에 들어와서 TV를 끄는 사
람." 40년 후 전자에 속하는 사람들은 더욱 흔해졌고 후자의 사람
은 더욱 귀해졌다.

습관적 텔레비전 시청은 보다 젊은 세대 사이에서 널리 퍼져 있
다(여기서 말하는 '보다 젊은' 사람에는 21세기가 되면 40대로 접어드는

제3부_사회적 참여의 쇠퇴 원인

사람도 포함되어 있음을 기억하기 바란다). 젊은 세대 중 교육 수준이 높은 사람조차 자기 앞 세대의 교육 수준이 낮은 사람보다 선택적 시청자가 되지 못하는 것 같다. 1933년 이전에 출생한 (TV와 함께 자라나지 못한) 미국인 중 43퍼센트가 1993년에 선택적 시청자였는데, (모두 TV와 함께 성장한) 1963년 이후 출생자의 경우 선택적 시청자의 비율은 23퍼센트였다. 약 절반 정도 되는 셈이다.

TV 시대 속에서 성장해온 우리들은 앞 세대에 비해 TV를 자연스러운 영원한 친구로 볼 가능성이 훨씬 높다. TV 시청이 어린 시절에 아주 일찍 형성된 습관이 될 경우 우리가 예상할 수 있는 것이 바로 이런 점들이다. 즉 연령대의 차이를 넘어 TV 시청 시간은 같아도 세대마다 TV 이용 방법은 다르다는 것이다. 세대교체가 이루어지면서 미국 전체에 습관적 TV 시청 경향은 더욱 두드러지게 나타날 것이기 때문에 가까운 시일 안에 이 경향이 바뀔 가능성은 별로 없다.

텔레비전 시청 습관에서 세대에 따라 차이가 나는 부분은 습관적 시청만이 아니다. 또 다른 부분은 채널 돌리기이다. 1996년 양켈로비치 모니터 조사를 토대로 작성한 〈그림 58〉을 보자. (베이비붐 세대를 포함한) 젊은 세대는 앞 세대에 비해 한 프로그램을 계속 보기보다는 이 방송 저 방송 돌리면서 '스쳐 지나가기' 혹은 '한 번에 여러 방송 시청'하기를 즐기는 것 같다. 몇몇 학자들은 1950년대의 10대에 비해 90년대의 젊은이들은 친구도 적고, 그 유대 관계도 약한 데다, 보다 유동적임을 밝혔다. 나는 이 불길한 예감을 뒷받침하는 체계적 증거에 대해서는 아는 바가 전혀 없지만, 채널 돌리기와 사회적 관계의 잦은 교체 사이의 연계는 비유 이상의 관계가 있지 않을까 하는 인상을 떨칠 수 없다.

텔레비전이 우리의 삶에 얼마나 파고들었는가는 하루의 다양한

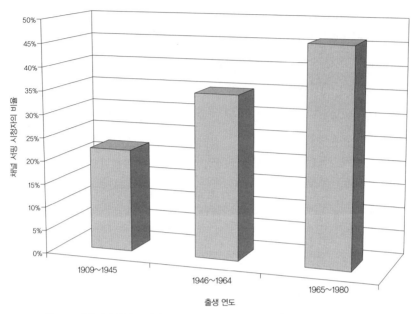

그림 58 _ 채널 서핑의 세대 차이

시간대에서 미국인이 언제 TV를 시청하는지 살펴보면 잘 알 수 있다. 1993년에서 1998년까지 DDB 조사는 아침에 일어나서 저녁에 잘 때까지 하루의 시간대를 10개로 나눈 다음, 사람들에게 이 각각의 시간대에 전날 TV를 시청했는지 안 했는지 응답해달라고 요청했다. 그리고 만약 그 시간대에 시청했다면 주로 정보를 위해서였는지, 아니면 오락을 위해서였는지, 아니면 '그냥 켠 것인지' 알려달라고 부탁했다. 〈그림 59〉는 전국 평균 TV 시청 시간대와 시청 목적을 나타낸 것이다.

전체 성인의 최소 4분의 1이 하루의 10개 시간대 **모두**에서 TV를 시청했다고 응답했다. 일이 끝난 후의 시청은 절반 이상 올라가, 듣기 좋게 '황금시간대'라고 부르는 시간에 시청한 성인들은 86퍼센트로 치솟는다. 많은 가정에서 텔레비전은 그냥 배경으로 켜놓는다.

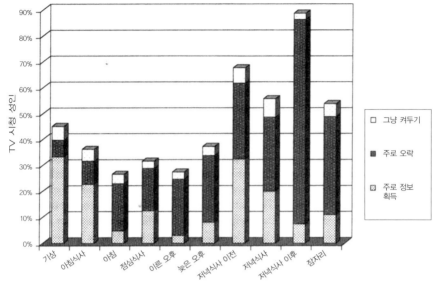

그림 59 _ 미국인의 TV 시청 시간대

듣지 않아도 음악을 틀어두는 것처럼 일종의 시각적 음악인 셈이다. 그러나 〈그림 59〉에서 응답한 시청 패턴을 보면 그런 식으로 아무 생각 없이 이용하는 사람들은 상대적으로 작게 나타난다. 이 평균 치는 직장에서 일하는 미국인과 그렇지 않은 미국인을 모두 합한 것이다. 물론 일하는 사람들의 경우 근무 시간대의 시청 비율은 낮다. 기혼과 미혼, 부모와 자식 등 모든 미국인의 약 절반이 저녁을 먹으면서도 TV를 보고 거의 3분의 1은 아침과 점심식사 중에도 본다고 대답했다.[8] 20세기의 마지막에 오면 텔레비전은 이렇게까지 미국인의 생활 속을 파고 들어온 것이다.

---

8) 1993~1998년 DDB 조사 자료를 근거로 나는 이렇게 분석했다. 어린이를 둔 부부의 경우 저녁식사를 하면서 TV를 시청하는 비율은 39퍼센트, 그 외의 성인들은 55퍼센트였다. 저녁식사 중 TV를 그냥 켜둔다고 대답한 성인이 7퍼센트 더 별도로 있었다. 1990년 10대의 39퍼센트가 저녁식사 중에도 TV를 켜놓는다고 대답했는데 1997년에는 50퍼센트로 높아진다.

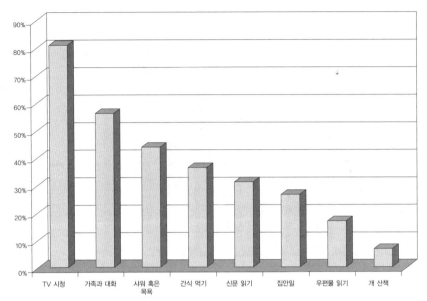

대부분 주중의 저녁식사 후 그리고 잠자기 전 저녁에 당신이 했던 일은 어떤 것입니까?

그림 60 _ 미국인의 저녁 시간

미국인의 삶에서 텔레비전 시청이 얼마나 압도적인 위치를 차지하고 있는지 확인하는 또 다른 방법은 우리가 저녁 시간을 보내는 다른 여러 방법들과 비교해보는 것이다. 〈그림 60〉을 보면 모든 미국인의 81퍼센트가 매일 저녁 TV를 시청하고, 36퍼센트는 간식을 먹으며, 27퍼센트는 집안의 허드렛일을 하고, 7퍼센트는 개를 산책시킨다고 대답했다. 저녁의 TV 시청은 현대 미국인의 삶을 지배하는 몇몇 요소 중의 하나가 된 것이다.

3. TV와 참여

세대마다 시민 참여에서 이탈하던 바로 그 시기에 미국인들이 하루를 보내는 방법에도 큰 변화가 생겼다. 텔레비전 시청은 시민적 참여와 어떤 관계를 갖고 있을까? 상관관계라는 측면에서 보면 대답은 간단하다. 텔레비전 시청을 많이 할수록 모든 형태의 시민 참여와 사회적 참여는 줄어든다. 또한 텔레비전 시청은 빈곤, 고령, 낮은 교육 수준 등 시민 참여를 떨어뜨리는 다른 요소들과도 상관관계를 맺고 있다. 따라서 텔레비전 시청과 사회적 참여 사이의 특수한 연계를 분리하기 위해, 다른 통계상의 요소들은 통제할 필요가 있다. 이런 분석법을 통해 보면, 다른 사정이 동일할 경우, 텔레비전 시청이 하루 1시간 추가될 때마다 시민 활동은 약 10퍼센트씩 줄어든다. 공공회의 참석, 지역의 위원회 활동, 의회에 편지 쓰기 등 대부분의 시민 활동에서 그렇다.

1965년에 비해 미국인이 TV 앞에 앉아 있는 시간이 1995년에는 1시간 더 늘어났다고 하는 시간 일기의 계산이 정확하다면, 이 기간 동안 시민적 참여의 하락에서 전체의 아마 4분의 1 정도를 책임질 수 있을 것이다. 그러나 나는 이 추산에 두 개의 유보 사항을 덧붙여야 한다. 하나는 그 책임을 올릴 것이고, 다른 하나는 줄일 것이다. 한편으로 나는 아직 TV 시청에서 시민적 불참으로 인과관계가 형성되었다는 아무런 증거도 제시하지 않았다. 다른 한편 이 추산은 시민적 참여에 미친 TV의 영향이 시청 시간에서만 나타난 것으로 가정하고 있다. 시청의 성격, 시청자, 시청 프로그램에 관련된 사항은 여기서 배제되어 있다.

(가) 장시간 시청과 단시간 시청

이 중요한 세부 사항을 다루기에 앞서 TV 시청과 시민적 불참을 연결시키는 몇몇 증거를 나타내주는 〈그림 61〉을 보자. 생명주기와 교육의 영향을 배제하기 위해 여기서는 노동 연령 인구에 속하며,

대학 교육을 받은 미국인에게만 관심을 한정하기로 하자(퇴직자나 교육 수준이 낮은 사람처럼 TV를 더 많이 보는 인구 사이에서는 이 패턴이 더 두드러지게 나타난다). 이 집단의 경우 하루 1시간 혹은 그 이하로 TV를 보는 사람들은 하루 3시간 혹은 그 이상 보는 사람들보다 시민활동의 참여도가 절반 정도 높다.

예를 들면 TV를 적게 보는 사람의 39퍼센트가 전년도에 타운이나 학교의 업무에 관한 어떤 공공회의에 참석한 반면, 인구학적으로 같은 특징을 갖고 있지만 TV를 많이 시청하는 사람의 경우는 25퍼센트의 참여율을 보여준다. 단시간 시청자의 28퍼센트가 전년도에 편지를 의회에 보냈지만, 장시간 시청자의 경우는 21퍼센트였다. 단시간 시청자의 29퍼센트가 어떤 지역 단체에서 주도적 역할을 했던 반면, 장시간 시청자의 18퍼센트만이 그런 역할을 맡았다. 단시

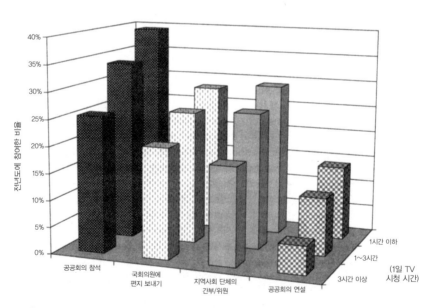

그림 61 _ (대학 졸업, 노동 연령 성인들 중에서) TV 시청 시간과 시민 참여

간 시청자 중 14퍼센트가 전년도에 공공회의에 참석하여 발언했지만, 교육 수준이 똑같으면서도 장시간 시청자의 경우는 5퍼센트에 그쳤다. 거의 3배 차이가 난다.

두 부류의 시청자 사이의 이 차이가 갖는 의미는 교육 수준이 높고 노동 연령에 속하는 미국인이라는 선택된 집단에서조차도 장시간 시청자가 단시간 시청자를 거의 2 대 1의 비율로 압도한다는 사실 때문에 증폭된다. 우리들 대부분이 그렇게 되고 있지만, 텔레비전 시청에 몸을 맡기는 것과 공동체 생활에 대한 헌신은 양립할 수 없다.

우리는 2장에서 회의 참석, 위원회에서의 봉사활동, 정당을 위해 일하기 같은 집합적 형태의 참여가 의회에 편지 보내기, 청원서 서명 같은 개인적 형태의 참여보다 지난 수십 년 동안 훨씬 더 빠른 속도로 감소했음을 살펴보았다. 두 유형의 참여가 모두 정치적으로 중요한 귀결을 가질 수 있지만, 사회적 연계를 육성하고 강화하는 것은 집합적 형태의 참여뿐이다. 텔레비전은 시민적 참여의 두 유형에 모두 나쁜 영향을 끼치는 것으로 드러났지만, 특히 우리가 함께 모여 벌이는 활동에 치명적 영향을 미친다.

(앞에서 그랬듯 인구학적 요소들을 통제하고) 장시간 TV 시청은 의회에 편지 보내기 같은 개인적 활동은 약 10~15퍼센트 감소시키는 반면, 공공회의 참석이나 지역사회 단체에서의 주도적 역할 행사 같은 집합적 활동은 40퍼센트 감소시킨다. 간단히 말해 텔레비전이 우리의 여가 시간을 개인적 오락에 소진시켰듯, 우리의 시민 활동 역시 개인 차원으로 축소시킨 것이다. TV는 개인적인 정치 활동 참여도 줄어들게 했지만, 그보다는 우리와 다른 사람들의 상호 작용을 훨씬 더 감소시켰다.

앞에서 보았듯 정보를 위해 TV를 보는 뉴스 추적자들은 다른 미국인에 비해 시민의식이 투철하다. 그러나 우리들 대부분은 뉴스가 아니라 오락을 위해 텔레비전을 본다. 모든 미국인 중 7퍼센트가 주로 정보를 위해 TV를 본다고 대답하는 반면, 주로 오락을 위해 본다고 대답한 사람은 41퍼센트이다(그 나머지 사람들은 정보와 오락 모두를 위해 시청한다고 대답한다. '정보오락infotainment'이라는 말이 나올 정도로 정보와 오락의 결합은 책이나 라디오 같은 다른 매체와 구분되는 텔레비전만의 독특한 특징이기도 하다). 우리는 이미 뉴스와 공공 업무 관련 프로그램은 그나마 시민적 참여에 긍정적 영향을 끼친다는 사실을 보았다. 그렇다면 오락을 위한 TV 시청은 어떤 영향을 끼칠까?

주요 오락 수단을 텔레비전에 의존하는 현상이 사회 참여에 미치는 영향을 알 수 있는 한 가지 방법은 "텔레비전은 나의 주된 오락 수단이다"라고 대답한 사람, 즉 모든 미국인의 절반에 초점을 맞추는 것이다. 당연한 말이지만 이들은 다른 미국인보다 훨씬 더 TV를 많이 본다. 또한 "내가 바로 그 소파에 앉아 하루 종일 감자 칩이나 먹으며 TV를 보는 사람couch potato"이라고 대부분 동의할 것이다. 텔레비전 오락물에 여가 시간의 대부분을 할애하는 이 사람들은 시민적 참여의 측면에서 미국 인구의 다른 절반과 크게 차이가 난다.

(교육, 세대, 성별, 거주 지역, 동네의 크기, 근무 시간, 결혼, 자녀 유무, 소득, 경제적 걱정, 종교적 믿음의 충실성, 인종, 지리적 이동, 출퇴근 시간, 자가 소유 여부 등등) 사회적 참여를 예측하게 하는 다른 요소들과 결합하면 텔레비전 오락물의 의존은 단순하게 시민적 불참의 의미 있는 한 가지 예측 지표가 아니다. 내가 발견한 **단 하나의 가장 일관된** 예측 지표이다.

TV가 자신의 "주된 오락 수단"이라고 대답한 사람은 자원봉사와 공동체 프로젝트에도 덜 참여하고, 친구들과의 저녁 파티와 클럽 모임에도 덜 참석하며, 친구 방문에도 시간을 덜 쓰고, 집에서 친구

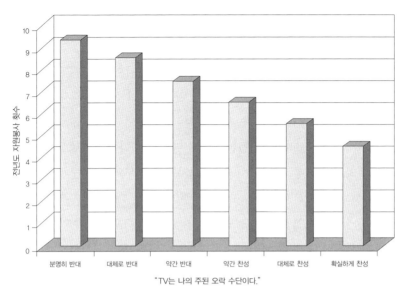

그림 62 _ TV 시청 시간과 자원봉사 활동

나 손님 대접도 덜 하며, 헌혈도 덜 하고, 친구에게 규칙적으로 편지 쓰는 횟수도 적고, 장거리 전화도 덜 하며, 축하 카드나 이메일도 덜 보내고, 교통 체증 도로에서 다른 운전자에게 짜증도 더 낸다. 인구학적으로 같은 특징을 갖고 있으면서도 TV가 자신의 주된 오락 수단이 **아니라고** 대답한 사람들보다 그렇다는 말이다.

　TV 의존은 공동체 생활에의 소극적 참여뿐 아니라 글, 말, 혹은 전자로 된 모든 형태의 사회적 커뮤니케이션의 감소와도 연관되어 있다. 이 간단한 지표는 사회적으로 가장 고립된 미국인과 자기 공동체에 가장 적극적으로 관여하는 미국인을 구분시켜주는 것으로 밝혀지고 있다. 〈그림 62〉에서 〈그림 66〉까지의 그래프는 텔레비전 의존도에 따른 각종 시민 참여의 감소 현상을 보여준다. 텔레비전에 대한 오락 의존보다 시민적 불참 및 사회적 단절과 광범위하게 결부된 지표는 없다. 낮은 교육 수준, 정규직 근무, 교외 지역으로부터의 장거리 출퇴근, 빈곤, 경제적 어려움은 그 정도로 광범위한 영향을 끼치지 못한다.

평균적으로 "텔레비전은 나의 주된 오락 수단"이라는 데 절대 **동의하지 않는** 미국인은 1년에 자원봉사 활동을 9회 한다. 이 사람들을 TV 최소주의자라고 부르자. 반면 TV는 자신들의 주된 오락 활동이라고 확실하게 **동의한** 사람들은 1년에 단 4회 한다. 이 사람들을 TV 최대주의자라고 부르자. TV 최소주의자들은 친구와 친척에게 연 평균 18통의 편지를 보내지만 TV 최대주의자들은 12통을 보낸다. TV 최소주의자들은 연 9회 클럽 모임에 참석하지만 TV 최대주의자들은 5회 참석한다. 최소주의자들은 교회에 연 평균 27회 참석하지만, 최대주의자들은 19회 참석한다. 종교적 믿음의 충실도를 통제하고 보아도, 오락 수단으로서 텔레비전 의존은 실제로 교회 참석에 강력하게 부정적인 영향을 끼칠 것이라고 예측하게 해주는 지표이다. 신앙심이 같은 수준에 있는 사람들 사이에서 TV가 자신의 주된 오락 수단이라고 응답한 사람들은 교회에 훨씬 덜 참석한다.

두 집단의 시민적 참여의 차이는 〈그림 66〉에 나타나 있다. TV 최소주의자는 공동체 프로젝트 참여 횟수가 1년에 3회 더 많고, 다른 운전자에게 손가락질을 해대는 횟수는 절반이다. TV 최대주의자의 경우 이 시민정신의 비율은 정반대로 나타난다. 공동체 프로젝트 참여는 절반이고 무례한 제스처는 두 배이다. 공식적·일상적 사회관계를 쌓는 마허와 쉬무저는 물론이고 단순히 예의를 지키는 사람의 대다수는 TV 최소주의자에 속하는 소수의 미국인들로부터 나오고 있다.

우리는 TV 의존에 저항하는 사람들을 발견할 수 있다. 그러나 여기서도 그 수가 점점 줄어드는 흔적을 포착할 수 있다. 예를 들어 교육 수준이 높고 경제적으로 넉넉한 30대와 40내 초반 북농부

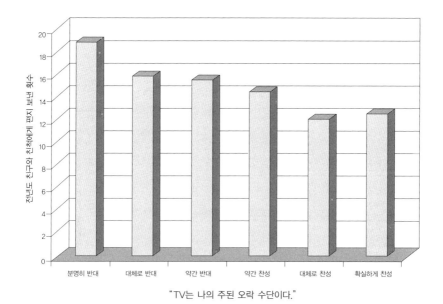

그림 63 _ TV 시청과 일상적 사교 활동

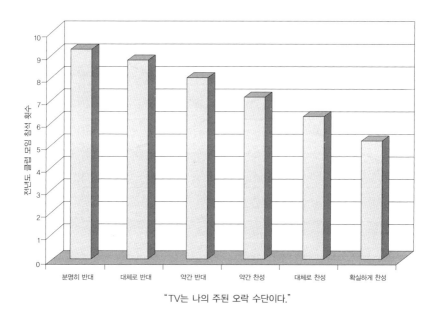

그림 64 _ TV 시청과 클럽 참석

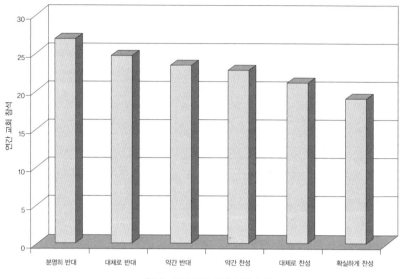

그림 65 _ TV 시청과 교회 참석

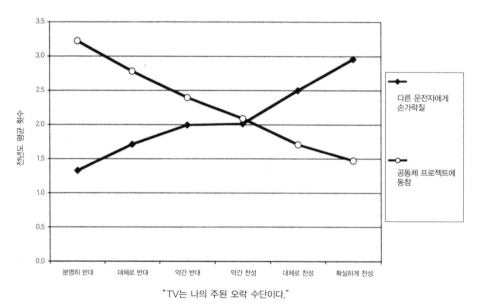

그림 66 _ TV 시청과 예의

Northeast 여성의 경우를 보자. 이 단일의 인구학적 범주는 오락 수단으로서 텔레비전 의존을 반대할 가능성이 미국에서 제일 높다. 그러나 이 선택 집단의 경우에도 4명 중 1명은 텔레비전이 자신의 주된 여가 활동이라고 고백한다. 당연한 사실이지만 TV 중독 여성은 TV에서 벗어난 여성보다 자원봉사 참여 횟수는 62퍼센트, 클럽 모임 참석은 37퍼센트, 교회 예배 참석은 27퍼센트, 저녁식사 모임은 21퍼센트, 집에서 친구나 손님 초대는 20퍼센트 덜 하는 반면, 자기 삶에 대한 불만족은 24퍼센트 더 높다.

텔레비전 시청과 사회적 참여 사이의 이 역逆의 상관관계는 시간 일기와 다른 여러 나라들의 조사에서도 나타난다. 미국이나 외국이나 지나친 TV 시청자들은 (그 외의 인구학적 요소를 통제한 경우에도) 자발적 결사체에 덜 참여하고 다른 사람들을 덜 신뢰하는 것 같다. 미국이나 외국이나 TV 보유와 이용의 확산은 친척, 친구, 이웃과의 접촉 감소와 연계되었다. TV 시청 시간이 많다는 것은 집에 있다는 뜻일 뿐 아니라 실내에 있다는 뜻이기도 하다. 정원이나 거리에서 이웃과 어울리고 다른 사람의 가정을 방문할 시간을 희생하면서 말이다.

사회적 자본에 대한 텔레비전의 충격을 정확하게 요약한 보고문이 있다. 서로 긴밀한 유대 관계를 맺고 전통적인 생활방식에 따라 살아가는 남동부 펜실베이니아의 아미쉬Amish 공동체를 한 민족지학자가 찾아갔다. 그는 이 공동체의 한 사람에게 아미쉬는 어떤 기술적 발명은 받아들이고 어떤 것을 거부할지 어떻게 아느냐고 물어보았다.

우리는 그 변화가 좋은 물결을 몰고 올지 아니면 나쁜 물결을 몰고 올지 거의 언제나 알 수 있습니다. 예를 들면 텔레비전이나 라디오 같은 물건은 우리가 단호하게 원하지 않습니다. 그런 물건들은 서로의 집을 방문하는 우리의 습관을 무너뜨릴 것입니다. 텔레비전이나 라디오가 생기면 다른 사람들과 만나기보다는 집 안에 머물게 되겠죠. 사람들이 서로 가까워지려면 방문하는 습관이 중요합니다. 우리가 이웃을 찾아가지 않거나 그 사람의 생활에서 무슨 일이 생기는지 모른다면 어떻게 이웃을 보살필 수 있겠습니까?

(나) 시청자의 특성

지금까지 우리는 텔레비전 시청, 그리고 특히 오락 수단으로서 텔레비전 의존은 시민의 참여 이탈과 밀접한 상관관계를 보인다는 사실을 발견했다. 그러나 상관관계가 인과관계를 입증하지는 않는다. 다른 설명도 가능하다. 즉 사회적으로 적극적인 사람은 여가 시간의 활용에서 TV 시청에 집착하지 않기로 먼저 정했기 때문에 사회적 참여도가 높다는 설명 말이다. 임의적으로 사람들을 선택해서 장기간 TV에 노출시켰을 때 (혹은 노출시키지 않았을 때) 나타나는 효과를 측정한 실험적 증거는 없기 때문에, 텔레비전 그 자체가 불참의 **원인**이라고 확신할 수는 없다(흔히 말하는 TV의 효과는 오랜 시간에 걸쳐 쌓이기 때문에, 대학에서 사람들을 골라 몇 분 시청하게 하는 그런 방식의 실험으로는 우리가 지금 여기서 이야기하고 있는 깊은 효과가 재현될 가능성이 낮다).

이 결정적 사항을 입증할 만한 정말로 확고한 증거는 입수할 수 없다. 또한 인간을 대상으로 하는 실험의 윤리적 제약 때문에, 우리가 이용할 수 있는 증거가 가까운 시일 안에 나올 것 같지도 않다(TV 시청을 강요당한 피실험자 혹은 시청하지 **못하도록** 강요당한 피실험자들을 대신해서 대중의 격렬한 항의가 터져 나올지는 좀 의문이기는 하다). 다른 한편 여러 종류의 증거들은 이 경우 유죄 선고의 설득력을 보다 높이고 있다. 첫째, 시민적 불참의 전염병은 텔레비전의 광범위한 확산 후 10년이 채 지나지 않아 시작했다. 또한 우리가 14장에서 보다 자세히 보겠지만 그 어떤 코호트에 속하더라도 텔레비전에 일찍 노출될수록 불참의 정도가 나중에 더 커진다. 살면서 항상 텔레비전에 노출되어온 보다 젊은 세대들이 텔레비전의 습관적 시청이 높으며, 습관적 시청은 다시 시민 참여의 감소와 연결된다.

텔레비전 시청과 시민적 불참의 인과 방향에 관한 놀라울 정도로 직접적인 증거가 있다. 텔레비전의 도입 직전과 직후에 공동체 내 시민적 참여의 패턴이 어떻게 변했는지 보여주는 흥미 있는 연구들이 그것이다. 그중에서도 1970년대 캐나다 북부의 고립된 세 공동체를 대상으로 한 연구가 가장 주목할 만하다. TV 수신 상태가 워낙 좋지 않은 환경이라는 단 하나의 이유 때문에 한 마을은 연구가 시작되었을 때 아직 TV가 들어오지 않았다. 연구자들은 여기에 노텔Notel이라는 가명을 붙여주었다.

다음 해에는 캐나다 방송국CBC 단 하나의 채널이 시청 가능해지면서 이 마을에 드디어 TV가 보급되었으며, 연구자들은 이 '치료' 효과를 관찰하였다. 노텔 마을에서 일어난 생활의 변화를 유니텔Unitel과 멀티텔Multitel이라는 다른 두 마을과 비교해본 것이다. 유니텔 마을은 노텔과 다른 측면에서는 아주 비슷했지만, 연구 첫해 이 마을에서는 CBC 채널 단 하나만 시청할 수 있었다가, 그 다음 해에는 미국의 상업 방송 채널 3개가 추가되었다. 멀티텔 마을은 모든 관련 부분에서 다른 두 마을과 비슷했지만 지리적으로 좀더 멀리 떨어져 있다는 점이 다르다. 멀티텔의 주민은 처음부터 4개 채널 전부를 시청할 수 있었다.

캐나다 연구자 태니스 윌리엄스Tannis MacBeth Williams와 그녀의 동료들은 왜 이 3개의 마을이 진정한 실험인지 이렇게 설명했다.

시대에 뒤떨어지게 텔레비전을 시청할 수 없다는 점만 제외하면 〔노텔〕은 여느 마을과 다를 바가 없었다. 도로를 통해 접근할 수 있고, 들어오고 나가는 버스가 매일 운행되고, 그 인종적 구성도 특별한 점이 없었다. 다만 마을이 계곡 깊이 자리 잡고 있어 이 지역의 텔레비전 송신 장치가 대부분 주민에게 제대로 화면을 전달하지 못했을 뿐이다.

또 하나의 중요한 사실은 이 연구가 VCR과 위성 방송 안테나의 광범위한 보급 이전에 실시되었다는 점이다. 다른 말로 하면 산업화된 국가에서 이처럼 완전하게 TV가 없는 공동체는 앞으로 다시 찾아볼 가능성이 절대로 없을 것 같다는 뜻이다. 연구 결과는 텔레비전이 도입됨으로써 노텔 주민들의 공동체 활동 참여가 대폭 줄었음을 보여준다. 연구자들이 간명하게 지적했듯,

노텔에 텔레비전이 들어오기 이전에 장기 연구의 샘플에 해당하는 주민들은 유니텔과 멀티텔의 주민들보다 다양한 클럽 모임과 그 외의 모임에 참석했다. 멀티텔과 유니텔의 주민들과 노텔의 주민들은 특별히 다른 점이 없다. 텔레비전의 도입 이후 노텔에서는 모임의 참석이 크게 줄었지만, 이미 텔레비전이 들어와 있던 유니텔이나 멀티텔에서는 아무 변화도 없었다.

연구자들은 텔레비전이 공동체 활동에 피상적으로 참여하는 사람에게만 영향을 끼쳤는지 아니면 활동에 적극적인 지도급 인물들에게도 영향을 끼쳤는지 조사했다. 그 결론은 이렇다.

텔레비전은 공동체 활동에 피상적으로 참여한 사람뿐 아니라 중심

역할을 하는 사람에게도 분명히 영향을 끼쳤다. 주민들은 텔레비전이 있을 때보다 없을 때 공동체 활동에 적극적으로 참여할 가능성이 높다.

이 연구는 텔레비전이 낮은 공동체 참여의 동반 현상일 뿐 아니라 실제로 그 원인임을 강력하게 시사한다. 텔레비전 도입의 중요한 영향은 모든 연령대에서 사회적·공동체적 활동, 그리고 레크리에이션 활동을 멀리하게 만든 것이다. 텔레비전은 여가 시간을 개인적으로 소비하게 만든다.

이 연구와 비교해서 상대적으로 신뢰도가 떨어지기는 하지만 영국, 남아프리카공화국, 스코틀랜드, 오스트레일리아, 미국에서도 텔레비전의 영향에 관한 연구들이 진행되었다. 또한 어린이의 사회화에 대한 텔레비전의 영향은 30년 이상 뜨거운 논쟁거리였다. 때로는 서로 상반되는 결과가 뒤섞여 있는 여러 자료들로부터 가장 타당한 결론을 내리자면, 지나친 TV 시청은 (실제 폭력은 아닐 수 있다고 해도) 공격성을 증가시키고, 학교 성적을 떨어뜨리며, '심리적 기능이상'과 통계적으로 결부되어 있는 것 같다는 정도이다.

물론 이 결과에서 자기 선택이 어느 정도의 비중을 차지하고, 인과관계가 또 어느 정도인지는 여전히 논쟁거리로 남아 있다. 젊은 사람의 지나친 TV 시청은 나중에 나이가 들어 공공의 문제에 관해 무지하게 되고 냉소주의적이 되며, 정치에 무관심해질 뿐 아니라 무엇보다 학교 성적이 떨어져 좋은 일자리를 구할 수 없으므로 소득 수준 또한 낮아질 수밖에 없다는 사실과 결부된다. 미국인의 사회생활에 미친 텔레비전의 영향은 여러 학문 분야에서 계속 연구해 온 주제이다. 이 문헌들을 광범위하게 검토한 조지 콤스톡George Comstock과 백해정은 『텔레비전과 미국 어린이Television and American

Child』에서 텔레비전의 도입이 가정 밖 사회 활동의 참여도를 축소시
켜왔다고 결론 내렸다. 이 방대한 연구들 중 그 어느 것도 텔레비전
시청이 시민적 불참의 원인이라는 가설을 결정적으로 입증하지는
못했지만, 관련 자료들을 종합할 때 증거는 이 방향을 분명히 가리
키고는 있다.

텔레비전이 시민적 참여를 축소시킨다면, 어떻게 해서 그런 일이
벌어질까? 넓게 보아 세 가지 가능성이 있다.

- 제한된 시간을 놓고 텔레비전과 시민 참여가 서로 경쟁한다.
- 텔레비전은 사회적 참여를 막는 심리적 효과를 갖고 있다.
- 텔레비전 프로그램의 일부 내용이 시민 참여의 동기를 훼손시
  킨다.

이 가설들에 관한 각각의 증거를 살펴보자.

모든 사람에게 하루 24시간만 주어져 있다고 하더라도 대부분 형
태의 사회적 참여와 미디어 참여는 정正의 상관관계를 갖고 있다.
클래식 음악을 많이 듣는 사람은 다른 사람에 비해 시카고 컵스 야
구 경기에 구경 갈 가능성이 높다. 수리공을 부르지 않고 집 주변의
여러 일을 혼자서 해치우는 사람들은 그렇지 않은 사람보다 배구
시합도 더 많이 하고 공공회의에서 발언도 더 많이 할 가능성이 높
다. 인구학적으로 서로 일치하는 집단들 내에서조차 영화관에 많이
가는 사람이 클럽 모임, 저녁식사 모임, 교회 예배, 공공회의에 더
많이 참석하고 헌혈이나 친구 방문도 더 많이 한다. 30년도 훨씬
더 이전에 심리학자 롤프 마이어슨Rolf Meyersohn은 우리의 여가 활동
에서 이런 참여 패턴을 간파하고 간단하게 "많이 할수록 많이 한다
the more, the more"라는 말로 표현했다.

마이어슨이 관찰했듯 텔레비전은 이 일반화에 대표적인 예외이다. 다른 여가 활동에의 참여를 방해하는 듯 보이는 유일한 여가 활동이 텔레비전이라는 것이다. TV 시청은 집 밖에서 벌어지는 거의 모든 사회 활동, 특히 사교적인 모임이나 일상적 대화를 희생시키면서 이루어진다. 시간 일기 연구를 보면 TV 시청 시간이 늘어나면서 크게 피해를 입은 부분은 종교적 참여, 사교적 방문, 쇼핑, 파티, 스포츠, 단체 활동 등이다. 장시간 TV 시청과 정正관계를 갖는 유일한 활동 분야는 잠자기, 휴식, 먹기, 집안일 하기, 라디오 듣기 그리고 취미 활동이었다.

텔레비전 시청자들은 집 안에 묶여 있으며 그들 역시 스스로 그 사실을 인정한다. 장시간 TV 시청자는 "나는 주로 집에 틀어박혀 있다"고 대체로 인정하는 반면, 단시간 시청자는 인정하지 않는다. 정치학자 존 브렘John Brehm과 웬디 란은 하루 **1시간 텔레비전을 덜 보면 5년에서 6년의 교육을 더 받은 효과**에 해당하는 시민 비타민을 복용하는 셈이 될 정도로 TV 시청이 시민적 참여에 큰 영향을 미친다는 사실을 발견했다. TV 시청은 단체 모임 같은 보다 공식적인 활동에 비해 친구들과 어울려 지내기처럼 일정한 체계 없이 이루어지는 활동을 축소시키는 데 훨씬 큰 영향을 미친다고 믿을 만한 이유가 있다. 요약하면 TV 시청 시간이 길수록 사회생활에 쏟는 시간은 더 줄어든다.

(이제야 알게 되었지만) 전국적인 시민 불참이 서서히 그 영향력을 발휘하고 있던 1970년대 로퍼 연구소는 여러 차례 미국인에게 자신의 시간과 에너지를 분배하는 방법이 최근 들어 어떻게 변했는지 물어보았다.

〈그림 67〉에서 보듯, 첫째, 미국인은 집 밖에서 이루어지는 사교와 사회 활동에서 물러나 집을 기반으로 한 활동(특히 TV 시청)으로

다음의 활동 중 전보다 더 많이 하고 있는 것, 전보다 덜 하고 있는 것은 어느 활동입니까?

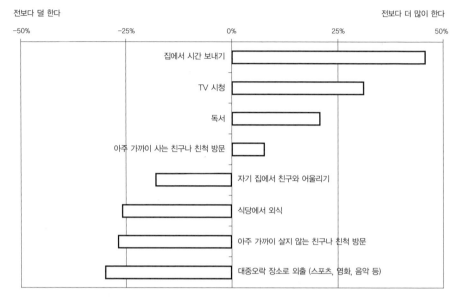

그림 67 _ 집 안에 틀어박히기 시작한 1970년대의 미국인

크게 옮겨갔다. 예를 들면 전체 미국인의 47퍼센트는 과거보다 TV를 더 많이 본다고 대답했는데, 전보다 덜 본다고 대답한 사람은 단지 16퍼센트에 그쳐, 전체적으로는 31퍼센트 증가했다. 역으로 '아주 가까이' 살지 않는 친구나 친척을 방문하는 데 과거보다 더 많은 시간을 사용한다고 대답한 사람은 11퍼센트, 그런 종류의 사교 활동에 시간을 덜 쓴다고 대답한 사람은 38퍼센트에 달해 전체적으로 27퍼센트 줄었다. 가정 밖에서의 활동은 거의 예외 없이 줄어들고 있던 반면 가정에서의 활동(특히 TV 시청)은 늘어나고 있었다.

둘째, 과거보다 TV 시청 시간이 늘었다고 대답한 사람들은 인구학적으로 일치하지만 시청 시간이 줄었다고 대답한 사람보다 공공회의, 지역 단체에서의 봉사, 청원서 서명 등에 참여했을 가능성이 유의미하게 낮다. 이와 대조적으로 전보다 친구와 더 많은 시간을 보낸다고 대답했던 소수는 인구학적으로 동일한 집단과 비교했을 때조차도 시민 생활에 적극적으로 참여했을 가능성이 높다.[9] 이 중요한 연결점에서 텔레비전 시청 시간의 증가와 시민 참여의 감소 사이의 연계는 특히 두드러진다.

(다) TV의 심리적 영향

TV가 시간을 강탈한다면, 그것은 또 무기력과 수동적 태도를 조장한다고도 볼 수 있을 것 같다. 시간 연구자 로버트 쿠비Robert Kubey와 미하이 칙센트미하이Mihaly Csikszentmihalyi는 우리의 시간 사용과 그것이 우리의 심리적 안정에 미치는 영향을 추적하는 데 기발한 방법을 동원했다. 그들은 피실험자들을 설득해서 1주일 동안 하루 종일 삐삐beeper를 갖고 다니게 했다. 그리고 삐삐에 아무 때나 신호를 보낸 후, 피실험자들이 이때 무엇을 하고 있으며, 그 일을 하면서 어떤 감정을 느끼고 있었는지 적어달라고 부탁했다.

두 사람은 텔레비전 시청이 사람을 나른하게 하며, 집중도가 낮은 활동임을 발견했다. 시청자들은 다 본 후에도 수동적이고 정신이 좀 느슨해지는 기분을 느낀다. 오래 시청한 저녁에는 에너지가 덜 들어가는 활동, 아주 굼뜬 활동을 할 가능성이 높은 반면, 짧게 본 저녁에는 똑같은 사람들이 스포츠와 클럽 모임 같은 집 밖에서의 활동에 보다 많은 시간을 사용할 가능성이 높다. 장시간 시청은 많은 자유시간, 외로움, 감정적 불만 등과 결부되어 있다. TV는 특히 자신이 불행하다고 느끼는 사람, 그중에서도 특별히 다른 할 만한

---

9) 1974, 75, 77, 79년의 로퍼 조사를 토대로 한 나의 분석 결과이다. 성별, 연령, 교육, 도시 크기, 결혼 여부, 직업상의 직위 등을 통제하고 전보다 TV를 더 많이 본다고 말한 응답자는 전보다 덜 본다는 응답자보다 공동체 활동에 25~35퍼센트 덜 참여할 가능성이 있다.

일이 없는 사람들을 끌어당긴다.

TV 자체가 이 부정적인 감정의 주 원인이 아닐 수도 있겠지만, TV 시청은 일시적 탈출 외에는 별로 도움이 되지 않는다. 쿠비와 칙센트미하이는 자신들이 발견한 사실을 이렇게 요약한다.

> 장시간 TV 시청자들은 TV와 더 많은 시간을 보내지만 돌아오는 것은 별로 없다는 사실을 발견한다. 물론 〔……〕 특별히 할 일도 없는 외로운 시간에 기분이 가라앉아 있으면 텔레비전을 보게 된다고 해도 〔……〕 요즘같이 화면이 숨 가쁘게 바뀌는 방송을 장시간 시청하게 되면 TV처럼 영상과 소리로 꽉 들어차지 않은 무료한 일상에서는 편협성과 신경과민을 얻을 수 있다. 〔……〕 장시간 TV 시청은 중독성이 있는 듯 보인다. 일부 TV 시청자들은 텔레비전이나 그 비슷한 오락의 규칙적인 자극에 점점 의존하게 되고 외부의 도움 없이는 여가 시간을 제대로 보낼 수 없게 되는 경우가 점점 늘고 있다.

두 사람은 텔레비전 시청의 이 심리적 동반 현상이 많은 문화에서 일반적으로 나타난다고 지적한다. 영국의 사회심리학자 마이클 아길Michael Argyle은 TV가 "활기 없고, 처지고, 나른한"이라는 말로 가장 잘 표현되는 감정 상태를 유도한다는 점을 발견했다. 영국의 연구자 수 보덴Sue Bowden과 애브너 오퍼Avner Offer는 이렇게 보고한다.

> 텔레비전 시청은 제일 값싸고 노력도 제일 덜 들이면서 지루함을 피할 수 있는 방법이다. 텔레비전에 관한 연구들은 모든 가정 내의 활동에서 텔레비전이 가장 낮은 수준의 집중도, 의욕, 주의력, 숙련도를 필요로 한다는 점을 발견한다. 〔……〕 텔레비전 시청 중 활동률은 매우 낮아지며, 이는 긴장 완화로 연결된다. TV 시청 중인 어린이의 경우

신진대사율이 떨어지는 것으로 보이는데, 이는 결국 살찌는 데 일조한다.

쿠비와 칙센트미하이는 텔레비전 시청은 습관화되는 것이 분명하고 약간 중독적일 수 있다고 결론 내린다. TV 안 보기 실험 연구에서는 그 대가로 지불하는 물질적 보상의 액수가 큰 것이 일반적인 현상이다. 텔레비전 시청은 다른 여가 활동, 심지어는 직장 일보다 만족스럽지 못하다고 일관되게 대답하는 시청자들조차도 TV를 끊게 하려면 많은 보상이 필요하다. 1977년 디트로이트 최대의 일간지 《디트로이트 프리 프레스Detroit Free Press》에서는 1개월 동안 텔레비전을 안 본 가족에게 5백 달러의 상금을 내걸었지만, 여기에 자청한 120가족 중 단 5가족만이 성공했다. 보도에 따르면 TV 시청을 끊은 사람들은 지루함, 불안감, 초조함, 우울함을 경험했다고 한다. 한 여성은 "끔찍했죠. 아무 일도 못 했어요. 남편과 저는 그저 잡담이나 나누는 수밖에 없었죠"라고 말했다.

텔레비전의 또 다른 중독에 대해 보덴과 오퍼는 이렇게 결론 내린다.

시청자들은 습관화, 감수성의 둔감, 자극 포만의 경향을 보인다. 〔……〕 1989년의 한 조사자는 "텔레비전 산업에 종사하는 거의 모든 사람들은 시청자의 관심 집중 시간이 점점 더 짧아지고 있으며, 시청자들을 붙들어두기 위해 더욱 속도가 빠르고 자극적인 영상 자료를 내보낼 수 있도록 편집해야 한다고 굳게 믿는다." 〔……〕 소비자들이 새로운 형태의 자극에 익숙해짐에 따라 갈수록 약효가 강한 약이 필요해진다.

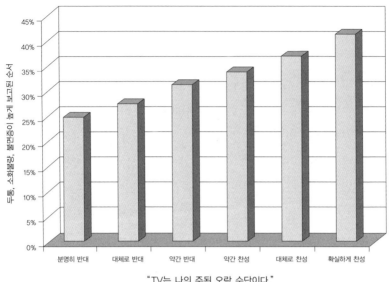

그림 68 _ TV 시청과 불안감

"TV는 나의 주된 오락 수단이다."

시민적 참여와 사회적 자본이라는 우리의 주제와 직접적 관련성은 없지만 오락의 주요 수단으로 텔레비전에 의존한다고 스스로 밝힌 사람들은 놀라울 정도로 광범위한 물리적·정신적 질환과 상관관계를 갖고 있음이 드러난다. DDB 조사는 두통, 소화불량, 불면증을 장시간 TV 시청의 부작용에 포함시키고 있다(무엇보다 이 조사가 제약업계 판매 담당자들에게 도움을 주기 위해 실시된 것이라 이런 증세들이 포함된 것은 그리 놀라운 일은 아니다). 우리는 이 세 증세를 합쳐 '막연한 불안'이라는 항목으로 묶었다. 이 항목에서 높은 점수를 보이는 사람은 두통, 위장병, 불면증에 자주 시달린다는 뜻이다. 〈그림 68〉은 막연한 불안이 오락 수단으로서 텔레비전 의존과 밀접하게 연결되어 있음을 보여준다.

늘 그랬듯 우리는 이 예상치 못한 강력한 상관관계가 잘못일 수도 있지 않을까 검토해야 할 필요가 있다. 애초부터 건강이나 경제 상황이 좋지 않은 사람들이 두통에 많이 시달리며 또 TV를 더 많이 볼 가능성도 있는 것이다. 그러나 (자신이 밝힌 건강 상태, 경제적 불안, 운동 횟수, 흡연, 신앙심의 정도, 다양한 형태의 사회적 유대 관계, 그리고 모든 표준적인 인구학적 특징을 포함하여) 막연한 불안을 잠재적으로 예측할 수 있게 해주는 수십 개의 지표들 중에서 가장 높은 영향을 끼치는 것으로 밝혀진 요소는 네 가지, 즉 신체적 건강, 경제적 불안정, (사회 계급을 대신 나타내주는) 낮은 교육 수준, TV 의존이었다.

놀라운 일도 아니지만 막연한 불안의 가장 강력한 예측 지표는 신체적 건강이었으며, 나머지 셋은 예측력에서 기본적으로 같았다. 다른 말로 하면 TV 의존은 경제적 불안과 계급 박탈과 마찬가지로 한 사람의 건강을 해친다. 실험적 연구가 없기 때문에 우리는 인과 관계의 화살이 어느 방향으로 가는지 확신할 수 없지만, 두통을 앓는 사람들이 TV에서 위안을 찾는 경우가 크게 많은 이유는 명확하지 않다(우리는 여기에 세대 차이가 개입되어 있다는 증거를 다음 장에서 보게 될 것이다). 그러나 인과관계의 선후가 어떻게 되었든 전체 미국인의 절반 이상이 TV가 자신의 주요 오락 수단이라고 말했다는 사실은 참으로 비참한 일이다.

다른 중독성 혹은 강박성 행동과 마찬가지로 텔레비전은 놀라울 정도로 낮은 만족도를 준다. 시간 일기와 '삐삐' 연구는 평균적인 시청자에게 텔레비전은 집안일과 요리 정도의 즐거움을 주는데, 이는 그 외의 모든 여가 활동 심지어는 직장 일 자체보다 만족도가 떨어진다는 뜻이다. 결국 우리 삶에서 TV가 지배하는 이유는 대단한 즐거움을 주어서가 아니라 즐기는 데 비용이 제일 적게 들어서 그렇다. 시간 연구자 존 로빈슨과 제프리 고드비는 이렇게 결론 내린다.

텔레비전이 주는 매력의 대부분은 어디에 가도 있고 즐기는 데 아무런 수고도 요하지 않는다는 데 있다. 〔……〕 활동으로서의 텔레비전 시청은 사전 계획이 전혀 필요 없고, 비용도 거의 공짜이며, 육체적 수고도 전혀 요하지 않고, 좀처럼 놀라거나 충격 받는 일 없이, 자기 집에서 편안히 이루어질 수 있다.

텔레비전 시청이 사회적 연계성과 아주 부정적으로 연계되는 또 다른 이유는 그것이 다른 사람과 일종의 의사擬似 인간적 관계를 제공한다는 점이다. 텔레비전에 출연하는 인물과 우연히 직접 마주치면 누구나 마치 그 사람을 이미 알고 있던 것 같은 느낌을 강하게 받는다. 매일 정겹게 인사하는 아침 방송의 진행자 혹은 인기인들이 나오는 주말 드라마는 우리가 그들을 알고 있으며, 관심을 갖고 있고, 그들의 생활에 같이 끼어 있는 듯한 확신을 갖게 한다. 물론 출연자들은 그러한 감정에 보답한다(혹은 우리가 무의식적으로 그렇게 느낀다).

커뮤니케이션 이론가 조슈아 마이로위츠Joshua Meyrowitz는 전자 미디어가 사회적 유대를 물리적 접촉으로부터 단절시킬 것이라고 지적한다. "특정 장소에서 사람과 사람의 살아 있는 상호작용을 통해 형성된 유대 관계와 경쟁하는 또 하나의 관계를 미디어가 만들어낸다. 사람과 사람의 직접 접촉은 분명히 한층 더 강하고 깊은 관계를 제공하며 보다 '특별'하지만, 그 상대적 크기는 줄어들고 있다." 정치 커뮤니케이션 전문가 로더릭 하트Roderick Hart는 미디어로서의 텔레비전은 사람들을 친근하고, 박식하며, 늘 바쁘고, 중요한 존재로 **느끼도록** 만들면서 허위 동료의식을 창조한다고 주장한다. 그 결과는 일종의 '리모컨 정치'인데, 이 속에서 시청자들은 실제로 **직접** 참여하는 수고 없이 우리의 공동체에 참여하고 있다고 **느낀다**는 것이다. 패스트푸드와 마찬가지로 TV, 특히 TV 오락은 우리의 욕망을 충족시켜주지만 영양 상태에는 아무런 도움이 되지 않는다.

텔레비전은 우리들에게 온갖 개인적·사회적 문제들을 알게 해주지만, 그렇다고 그 문제에 관해 우리들이 무언가 나서도록 만들지는 않는 것 같다. "모든 다른 사람의 문제들이 외견상 똑같이 시급하다면, 많은 사람들이 '제일 중요한 문제'에 관심을 돌리는 것은 놀라운 일이 아니다"라고 마이로위츠는 지적한다. 유사한 의미에서 정치학자 샨토 이옌가Shanto Iyenga는 빈곤 같은 문제를 다룰 때 일반적으로 텔레비전은 그 문제가 사회적 결함이 아니라 개인의 잘못 탓이라는 식으로 보게끔 시청자들을 이끌어, 그들을 돕는 게 우리의 의무라는 생각을 흐리게 만든다는 결과를 실험적으로 보여준 바 있다.

정치학자 앨런 맥브라이드Allan MaBride는 인기 있는 TV 프로그램 대부분의 내용을 주의 깊게 분석한 연구를 통해 "텔레비전 프로그램은 단체에 대한 의무와 사회적·정치적 의무를 약화시키는 생활 방식을 보여주는 이야기와 인물에 집중함으로써 사회적·정치적 자본을 훼손시킨다"는 점을 보여주었다. 오락이 지배적 가치로 군림하는 환경 속에서 텔레비전은 스스로의 직접적이고 개인적인 세계관을 아무 의심도 받지 않고 공급한다. 텔레비전은 문제의 본질보다는 인물에, 장소의 공동체보다는 관심의 공동체에 더 높은 위치를 부여한다. 요약하면, 텔레비전 시청은 미디어 자체가 주는 심리적 영향 때문에 시민적 불참과 강하게 연계되었을 수 있다.

(라) 프로그램과 참여

TV가 전달하는 메시지, 즉 특정 프로그램의 내용 또한 외관상 TV의 반시민적 영향에 책임이 있다는 정도의 결론을 내릴 수 있을 것 같다. DDB 조사는 이 가능성을 검토할 수 있는 자료를 남겨주었다. 사회적 연계성과 시민적 참여에 관한 질문과는 별도로, 이 조사는 응답자가 "보고 싶어서 보는" 특정 프로그램이 무엇인지 알 수 있는 정보를 담고 있다. 이런 증거에서 인과성을 끌어내기란 불가능하지만, 적극적인 참여자에게는 어떤 프로그램이 인기 있고, 또 어떤 것이 제일 소극적 참여자에게 인기 있는지, 그리고 어떤 프로그램이 시민 참여를 가장 적극적으로 이끌어내며, 또 어떤 것이 가장 덜 이끌어내는지 대략 순위를 매길 수 있다.

(항상 그렇듯 연령, 사회 계급 같은 표준적인 인구학적 특징을 통제했을 때) 시민 참여에 좋은 영향을 미치는 프로그램의 꼭대기에는 뉴스와 교육 관련 방송이 있었다. 1990년대 후반 전국 뉴스와 공공 업무 관련 프로그램, PBS(공영방송)의 뉴스 및 기타 프로그램 시청자는 다른 미국인들보다 공동체 생활에 보다 더 참여했다. 부분적으로는 이 시청자들이 다른 유선이나 위성방송의 설치를 기피하는 경향이 있기 때문이다. 참여도가 가장 적은 사람들이 즐겨 보는 프로그램은 액션드라마, 멜로드라마, 소위 리얼리티 TV였다.

(텔레비전 앞에서 보낸 단순한 시간의 양과 별도로) 다양한 유형의 프로그램이 시민적 참여에 미치는 충격을 측정하는 한 가지 방법은 뉴스 프로그램과 낮 방송 TV의 시청 증가가 미치는 영향을 비교하는 것이다. 이 경우는 교육, 소득, 성별, 연령, 인종, 고용 상태, 결혼 여부 등등뿐 아니라 TV 시청에 사용한 총시간도 통제하였다. 〈그림 69〉에서 보듯 뉴스 시청에 더 많은 시간을 할애할수록 공동체 활동에 더 적극적이며, 멜로드라마, 게임쇼, 토크쇼를 많이 볼수록 적극성이 떨어졌다. 다른 말로 하자면 TV 시청에 같은 시간을 사용하는 사람들 사이에서도, 즐겨 보는 프로그램과 공동체 생활에의 적극적 참여도는 밀접한 상관관계를 갖고 있다.

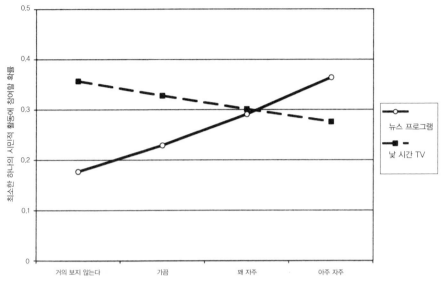

그림 69 _ TV 프로그램의 종류와 시민적 참여(TV 시청 시간은 통제)

PBS의 뉴스 프로그램 시청자와 저질 토크쇼 「제리 스프링어 쇼」
시청자 사이의 확실한 구분은 텔레비전이 모두 반사회적이지는 않
다는 점을 강조한다. 실험 연구들은 사회 관련 프로그램은 이타심
을 고무하는 등 사회적으로 좋은 결과를 가져올 수 있다는 점을 계
속 보여주었다. 또한 케네디 암살, 우주왕복선 첼린저 호의 폭발 사
건, 오클라호마시티 폭탄 테러 등과 같은 사건에서 보듯 텔레비전
(특히 공공 업무 관련 프로그램)은 공통의 경험을 나라 전체에 소통시
켜줌으로써 폭넓은 연대감을 강화할 수 있다. 이 사건들에서 텔레
비전이 우리 가정에 동일한 고통의 이미지를 전달해주었기 때문에
전국적으로 경험이 공유될 수 있었던 것이다. 시민적 기능을 최대
한 발휘할 경우 텔레비전은 사회적 차이를 메우고, 연대감을 배양
하며, 필수적인 시민 정보를 소통시키는 데 강력한 힘을 발휘할 수
있고, 그 힘을 하나로 모으는 장소가 될 수 있다.

그렇지만 이 공유된 경험의 목록에 다이애나 왕비의 죽음, 존 F. 케네디 2세의 비행기 사고, O. J. 심슨의 살인사건 재판도 추가해야 한다. 이 모두는 시민 계몽이 아니라 멜로드라마를 능가하는 선정성만 불러일으켰을 뿐이다. 이 사건들이 불러일으킨 공통된 경험으로 만들어진 유대감은 심리적으로 강한 흡인력을 갖고 있었으며, 실제로 우리 모두가 입증할 수 있다. 그러나 일반적으로 이 경험들은 감정을 행동으로 이어지게 한다는 의미에서의 사회학적 영향은 강하지 않았다. 각 사건은 사람을 사로잡을 정도로 재미있었지만 그 어느 것도 우리가 행동하고 연대하는 방식의 지속적 변화로 이어지지는 못했다.

아동심리학자들은 어린이의 사회적 성장의 아주 초기 단계를 '평행선 놀이parallel play'라고 부른다. 모래상자 놀이통에서 두 명의 어린이가 장난감을 갖고 놀지만 서로 옆에 있는 아이에게는 전혀 신경 쓰지 않고 자기 놀이에만 집중하는 것을 말한다. 어린이는 건강하게 성장하면서 평행선 놀이에서 벗어난다. 그러나 대중 앞에 펼쳐지는 텔레비전의 장관壯觀은 우리를 여전히 그 성장 단계에 묶어 둔다. 동일한 외적 자극이 주어져도 자기 일에만 몰두하는 단계를 좀체 넘어서지 못하는 것이다.

소위 '야생 상태의' 텔레비전은 시민적 불참과 경험적으로 가장 밀접하게 결부된 프로그램들로 대부분 대변된다. 시민 고립과 가장 밀접하게 연결된 바로 그런 유형의 프로그램들이 텔레비전 방송의 방대한 몫을 차지하고 나날이 그 비중이 커지고 있다. 5백 개 채널을 갖춘 케이블 TV의 등장과 방송사의 '표적 마케팅'은 시청자들이 사회적·경제적·정치적 관심사에 따라 계속 분열될 것임을 알려준다. 닐슨 미디어 조사 연구소에 따르면 가구당 평균 수신 채널 수가 1985년에는 19개였으나 1997년에는 49개로 치솟았으며 계속 늘어나고 있다. 공통의 프로그램을 보는 사람들이 점점 줄어들면서 하나의 전국적인 공통의 문화를 창조할 수 있는 텔레비전의 능력은 축소되어왔다.

1950년대 초기에는 전체 미국인의 3분의 1이 시청률 1위 프로그램(「내 사랑 루시」)을 보았다. 60년대 초에도 1위 프로그램(「모두 한가족」)은 전체 미국인의 절반이 보았다. 90년대 중반 최고 인기를 누리던 「ER」과 「사인펠드」는 겨우 3분의 1의 시청률을 보였다. 이 시장 분열의 경향은 선택의 기회를 늘리고 아마 그래서 소비자의 만족도는 높여주겠지만, 한때 TV가 자랑하던 사람들을 한곳에 불러 모으는 역할은 축소시키게 된다.

텔레비전이 갖고 있을 것으로 예상되는 또 다른 영향은 물질적 가치의 조장이다. 예를 들면 미디어 연구자 조지 거브너George Gerbner 와 그 동료들에 따르면, TV를 장시간 시청하는 청소년들은 "많은 돈을 벌 수 있는 기회를 줄 것 같은 높은 직위의 직업을 갖기 원하면서도, 동시에 그 직업이 휴가도 길고 다른 여러 일도 할 수 있을 정도로 상대적으로 편안하기를 원할 가능성이 크다"고 지적한다. 다음 장에서 자세히 살펴보겠지만, 대학 신입생 사이에서 물질주의는 텔레비전에 최대로 노출되었던 기간 동안에 특히 상승했는데, 대학에 다니면서 텔레비전을 많이 보는 학생은 덜 보거나 아예 안 보는 동료 학생에 비해 한층 더 물질적 가치관이 심화된다.

4. 요약

요약하면 전자 커뮤니케이션과 오락의 증가는 20세기의 가장 강력한 사회적 경향 중의 하나이다. 이 혁명은 여러 중요한 측면에서 우리의 영혼을 깨웠고 우리 마음을 각성시켜왔지만, 우리의 여가를 보다 개인 중심적이고 수동적으로 만들어왔다. 우리의 시간과 돈에서 개인적으로 소비되는 물품과 서비스에 사용되는 부분은 나날이 늘고 있는 반면 집합적으로 소비되는 부분은 줄어들고 있다.

우리의 시간에서 무언가(특히 전자 스크린)를 보는 것이 날로 큰 부분을 차지하는 반면 무언가 (특히 다른 사람과 함께) 행동하는 부분은 계속 줄어들고 있기 때문에 앞으로 미국인의 여가 시간은 더욱 더 '시각'의 측면에서 측정될 수 있다. 실제로 전략 마케팅 전문가들은 그렇게 하고 있다. 지난 수십 년 사이에 태어나서 성장해온 세대들에게는 이 시각적 오락에 대한 집중이 특히 일반적인 것으로 보인다. TV, 비디오, 사이버 공간으로 들어가는 컴퓨터의 이용이 나날이 널리 퍼지고 있다. 반면 공동체 활동의 분담은 나날이 줄어들고 있다.

이 경향이 극적으로 표출된 모습은 코네티컷 주 뉴런던의 홀리데이 볼링장이라는 아마 잘 상상이 되지 않을 장소에서 찾을 수 있다. 각 레인의 꼭대기에는 그날 저녁의 TV 프로그램을 보여주는 거대한 텔레비전 스크린이 설치되어 있다. 팀을 짜서 볼링을 하는 회원들은 밤 시간 내내 게임하면서도 그날 있었던 사적인 사건이나 공적인 사건에 대해 서로 활기찬 대화를 더 이상 나누지 않는다. 사람들은 자기 차례를 기다리며 스크린만 말없이 응시한다. 볼링을 함께 칠 때조차 보는 것은 각자 다르다.

이 신기술이 미국인의 세계관에 미친 영향은 젊은 세대들 사이에서 가장 뚜렷하다. 사회비평가 스벤 비커츠Sven Birkerts는 텔레비전이 알려준 역사적 단절을 이렇게 강조한다.

모든 것이 그 전과 달라지는 문턱, 시점, 돌출부가 있다. 부정확하기는 하지만 나는 그 선을 1950년대의 어디쯤에 긋고 싶다. 텔레비전이 미국인의 삶의 구조 속으로 들어오던 때, 우리를 평행 현실이라는 생각에 앞으로 익숙해지도록 만든 때였다. 우리가 사는 하나의 현실, 그리고 우리의 삶에서 벗어나고 싶으면 언제라도 들어갈 수 있는 또 하나의 현실 말이다. 1950년대 중반 이후의 출생자는 새로운 세상의 운반자이다. 이미 사라지고 있는 농촌/소도시/도시로 이루어진 사회 조직으로 세상을 이해하지 말도록 우리를 떠미는 힘이 바로 그들이다. 변화의 운동은 이미 이 방향으로 진행해왔지만 그 모두는 전혀 무의미할 뿐이다.

20세기 말의 미국인은 TV를 보다 오래, 보다 습관적으로, 보다 다양한 시간대와 장소에서, 그리고 혼자 보는 경우가 많다. 특히 시민적 불참과 관련된(뉴스 아닌 오락) 프로그램을 더 많이 보고 있다. 이 경향의 시작은 사회적 연계성의 전국적 하락과 정확히 일치하며, (우리가 다음 장에서 자세히 살펴보겠지만) 특히 참여도가 더 떨어지는 보다 젊은 세대들 사이에서 가장 두드러진다. 또한 시민 생활과 사회생활로부터 탈퇴했을 가능성이 제일 높은 미국인, 즉 친구와 보내는 시간도 더 적고, 공동체 단체의 참여도 떨어지고, 공공업무에 참여할 가능성도 제일 낮아 보이는 사람들이 보여주는 가장 두드러진 특징은 오락 수단으로서 TV 의존도가 높다는 점이다.

이 증거는 강력하지만 단지 추정에 의한 것이다. 임의의 표본을 선택한 실험에서 나온 증거가 아니기 때문에 텔레비전을 비롯한 여러 형태의 전자화된 오락 수단의 인과적 결과에 대해 완전히 결정적인 판단을 내릴 수는 없다. 이 새로운 형태의 오락을 장시간 이용하는 사람들은 확실히 자기 공동체로부터 단절되고, 고립되며, 소극적이기는 하지만 텔레비전이 없어지면 그들이 보다 사교적이 될지 완전하게 확신할 수는 없다. 하지만 그래도 최소한 텔레비전과 그 전자매체 사촌들은 우리가 밝혀왔던 시민 참여의 미스터리에서 기꺼이 공범 역할을 맡고 있다. 그 어느 용의자보다 이들이 주모자일 가능성이 높다.

세대에서 세대로

시민적 불참의 범인을 찾는 우리의 노력은 지금까지 결실은 있었
지만 결론을 내리지는 못했다. 텔레비전, 도시 팽창, 시간과 돈의
압박은 이 문제에 상당한 책임이 있다. 그러나 아주 적은 규모이기
는 하지만 이러한 압박에서 가장 멀리 떨어져 있는 소수의 (계속 줄
어들고 있는) 미국인도 지난 20년 동안 공동체 생활과 사회생활에서
꾸준히 이탈했다. 즉 TV를 별로 안 보고 주요 광역권 대도시 밖에
살면서 부부 모두 직장에서 넉넉히 월급을 받는 풍족한 가정 역시
참여도가 계속 줄었다. 외관상으로는 1950년대의 아름다운 마을처
럼 안락한 동네에서 살고 있는 이 사람들조차 70년대에 비해 90년
대에는 클럽 모임 참석은 절반 정도로 줄었고, 전체적으로 공동체
생활의 불참은 5배 더 많아진 것 같다. 목가적인 버몬트 주의 시민
정신이 충만한 작은 시골 읍조차 1970년대 초와 90년대 후반 사이

마을 회의 참석률은 거의 절반으로 떨어졌다.[1]

우리가 앞에서 지적했듯 미국 사회 구석구석에 이 반시민적 전염병이 번져 영향을 받지 않는 곳은 사실상 거의 없다. 이 전염병은 남자와 여자, 중심 대도시 · 교외 지역 · 작은 읍, 부자와 가난한 사람 그리고 중간 계급, 흑인과 백인을 비롯한 모든 인종 집단, 직장을 갖고 있는 사람과 그렇지 않은 사람, 기혼자와 자유로운 독신자, 북부 · 남부 · 동부와 서부 해안 · 중부 모든 지역과 집단에 영향을 끼쳐왔다.

이 예외 없는 현상에 하나의 중요한 예외는 연령이다. 연령은 교육 다음으로 사실상 모든 형태의 시민적 참여를 예측하게 해주는 지표인데, 시민적 참여의 변화 경향은 모든 연령에서 균일하게 나타나지 **않는다**. 중년, 그리고 그보다 좀더 나이 든 사람들은 젊은 층에 비해 보다 많은 단체 활동에 보다 적극적으로 참여하고 있으며, 교회도 더 자주 나가고, 더 규칙적으로 투표하며, 신문과 TV 뉴스를 더 자주 보고 읽으며, 덜 염세적이면서 더 이타적이고, 정치에 관심이 높고, 공동체 프로젝트에 더 많이 참여하며, 자원봉사 활동 역시 더 많이 한다.

연령에 관련된 그 무엇이 우리의 수수께끼를 풀 열쇠인 것이 분명하다. 그러나 이 단서는 근본적으로 모호하다. 두 개의 전혀 다른 해석을 강화할 수 있기 때문이다. 나이가 다른 사람들은 탄생에서 사망이라는 동일한 생명주기life cycle에서 단지 시간적으로 다른 연령대에 속하고 있어 행동 패턴을 달리하는가? 아니면 서로 다른 세대에 계속 속해 있기 때문에 행동 패턴이 달라지는가? 다시 말해 나

---

1) 버몬트 주에서 평균 인구 1천 명 정도의 타운 약 75개를 표본으로 선정하여 살펴본 결과 1970~1973년 등록 유권자의 26퍼센트가 타운 회의에 참석했으나 1998년에는 약 15퍼센트로 떨어졌다.

이가 들면서 참여를 많이 하게 된 것인가, 아니면 세대 자체가 처음부터 참여에 적극적이어서 나이가 들어도 그 성향이 유지되는 것인가? 나이는 아주 중요한 단서이지만 지문이나 DNA처럼 거의 오류의 여지없이 확실하지는 않기 때문에 주의 깊게 이 증거를 검토할 필요가 있다.

1. 세대와 참여

20세기 말의 60대와 70대 남성은 20대와 30대의 손자보다 시력이 나쁘지만, 젊은 세대보다 군복무를 치른 사람이 훨씬 더 많을 것이다. 이 둘은 연령에 관련된 어떤 패턴을 지시하지만 그 기원에서는 전혀 다르다. 시력 효과는 완전히 나이 때문이다. 나이를 먹으면 거의 모든 사람들의 시력은 떨어진다. 반면 군대 복무의 비율이 다른 것은 세대 차이 때문이다. 1920년대에 출생한 남성의 거의 80퍼센트가 군복무를 했으며, 60년대 출생 남성은 약 10퍼센트 정도이다. 이 차이는 전적으로 각 집단이 18세에 도달했을 때의 국제정세의 차이 때문이다. 시력은 생명주기를 반영하지만, 군복무는 세대를 반영한다. 지금 손자들이 할아버지 나이가 되면 그들의 시력 역시 떨어지겠지만, 할아버지의 군복무 경험을 공유하는 일은 없다.

시간이라는 단일 측면에서 보면 우리는 단순한 연령 차이로 생긴 결과와 세대 차이로 인한 결과를 구분할 수 없지만, 주어진 코호트를 시간에 따라 계속 추적하면 그 둘을 보다 쉽게 구분할 수 있다. 연령 차이로 인한 결과는 개인은 변하지만 전체로서의 사회는 변하지 않는다는 뜻이다. 세대 차이로 인한 결과는 개인은 변하지 않더라도 전체로서의 사회는 변한다는 뜻이다. 21세기의 다음 몇 십 년 안에 미국인의 평균 시력이 나빠질 것이라고 믿을 만한 이유는 없지만, 참전 경험자들을 찾기가 더 어려워질 것이라는 점은 분명하다.

시민적 참여의 모든 항목에서 연령에 관련된 차이가 나타나는 이유가 정말 세대 차이 때문이며, 그래서 사회가 변했기 때문이라고 말할 수 있기 이전에, 과연 이 차이가 정상적인 생명주기 탓은 아닌지 결정할 필요가 있다. 수십 년에 걸친 관련 증거들을 서로 비교하면서, 우리는 각 코호트의 구성원들이 생명의 여러 단계들을 거침에 따라 사회 참여에 어떤 행동 패턴을 보여주는지 추적할 수 있다. 그런데 그 아래 코호트들도 나이가 들어감에 따라 같은 행동 패턴을 되풀이한다면, 우리는 생명주기 패턴을 관찰하는 것이라고 확신할 충분한 이유가 확보되는 셈이다. 만일 그렇지 않으면 연령에 관계된 차이는 그 기원이 세대 차이일 가능성이 높아진다.

사회적 행동에서 생명주기에 따라 패턴이 변하는 원인은 대표적으로 다음 세 요소 중의 하나이다. 가족의 요구(즉 결혼과 자녀 양육), (청소년기에서 노년기로 접어들면서) 에너지의 감소, 직업의 형태(즉 노동력으로의 진출과 퇴직) 이렇게 셋이다. 다양한 형태의 시민 참여가 절정에 도달하는 단계는 나이에 따라 다르다. 스포츠 클럽은 청년의 에너지를 끌어들인다. 친구와 어울리는 시간은 20대 초반에 절정에 달했다가, 결혼하고 아이가 생기면서 줄어들었다가, 퇴직하고 배우자가 사망하며 홀로 되는 60대에 다시 올라간다.

교사-학부모 모임, 소풍, 체육 행사 같은 자녀 관련 활동은 육아에 제일 바쁜 나이(20대와 30대)에 가장 활발하다. 시민단체와 전문직 단체의 회원은 40대와 50대의 남녀 사이에서 최고조에 도달한다. 헌혈은 30대에 최고를 기록하고, 50대 이후에는 급격히 떨어지는 반면 자선단체나 공익사업 기부금은 인생의 후반기에서 올라간

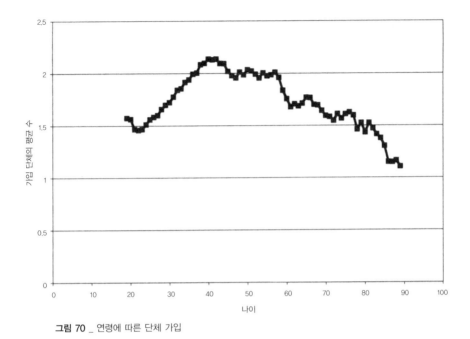

그림 70 _ 연령에 따른 단체 가입

다. (결혼하고 자녀가 출생하며) 교회 참석은 20대에 박차를 가하고, 별 변화 없는 안정 상태를 유지하다가, 노인이 되면 완만하게 다시 올라간다.

　PTA 다과 판매회와 어린이 야구팀 코치 활동에서 알 수 있듯 자원봉사는 30대에 정점에 도달하고 그 이후에는 감소한다. 그렇지만 7장에서 보았듯 은퇴 후에 자원봉사 활동이 다시 활기를 띠는 현상이 최근에 나타났다. 일반적으로 시민적 참여는 성인 초기부터 상승하다가 중년기에는 안정 상태를 유지하며, 그 이후에는 점차 감소하는 〈그림 70〉의 패턴을 전형적으로 따라간다.

　나이에 따라 사회 활동이나 참여의 형태가 달라지는 이 정상적인 현상이 미국에서 각 세대가 보여주는 시민적 참여의 차이를 완전히 설명해준다면, 나이 많은 미국인은 중년의 미국인보다 시민 활동에 훨씬 덜 참여해야 한다. 1950년대와 60년대에 나온 고전적인 사회학 연구들은 정확하게 그런 사실을 지적했다. 그러나 예측과 전혀 달리 90년대에 중년 여성과 남성은 연장자보다 참여도가 훨씬 저조했다.

또한 베이비붐 세대가 정상적인 생명주기를 거치면서 공동체 참여에 가장 활발한 연령에 도달함에 따라 미국에는 시민 참여의 상승 물결이 넘쳐나야 했다. 1970년대와 80년대에는 PTA 회원의 붐이 일어났어야 했고, 교회 참석도 급속히 상승하면서, 90년대에는 거대한 시민 참여가 이루어져야 했다(똑같은 논리를 적용하면 베이비붐 세대가 2010년대에 은퇴하기 시작하면서 자원봉사와 이타심의 붐이 일어날 것을 예측해야 한다). 그러나 과거에 진행되었던 시민적 참여의 패턴은 아직까지 전혀 현실화되지 않았다. 오히려 이 책 전체를 통해 우리가 보았듯 베이비붐 세대와 그 밑의 세대는 선배 세대들이 시민 참여의 상승을 향해 올라간 길을 밟지 않았다.

이 '행동하지 않는' 시민들은 지난 수십 년 동안 미국의 시민 참여가 하락된 데 대한 중요한 단서이다. 나이가 들면서 참여가 더 늘어날 것이라는 예상은 후속 세대의 하락이라는 예기치 못한 경향에 의해 침몰되었음이 틀림없기 때문이다. 꼭 이것만이 유일한 원인은 아니라고 해도, 시민의식에 투철했던 세대들이 훨씬 희박한 세대들로 어쩔 수 없이 교체되었기 때문에, 우리가 보았듯 정치적 관심과 참여, 교회 참석, 공동체 프로젝트 동참, 자선사업 기부, 단체의 참여 등 모든 형태의 시민 참여 관련 활동이 크게 하락해왔다.

우리는 생명주기의 정해진 이정표를 통과하면서 각 세대들의 시민적 참여가 어떻게 변했는지 살펴봄으로써 이 사실을 보다 분명히 파악할 수 있다. 〈표 3〉은 20세기의 마지막 25년 동안 서로 다른 연령 집단들 사이에서 참여 패턴이 어떻게 변했는지 알려준다. 숫자로 꽉

표 3 _ 코호트별 시민 불참

		연령대			
		18~29	30~44	45~59	60+
매일 신문 읽기	1972~75	49%	72%	78%	76%
	1996~98	21%	34%	53%	69%
	상대적 변화	**−57%**	**−52%**	**−31%**	**−10%**
주일 교회 참석	1973~74	36%	43%	47%	48%
	1997~98	25%	32%	37%	47%
	상대적 변화	**−30%**	**−25%**	**−22%**	**−3%**
청원서 서명	1973~74	42%	42%	34%	22%
	1993~94	23%	30%	31%	22%
	상대적 변화	**−46%**	**−27%**	**−8%**	**0%**
노동조합 가입	1973~74	15%	18%	19%	10%
	1993~94	5%	10%	13%	6%
	상대적 변화	**−64%**	**−41%**	**−32%**	**−42%**
공공회의 참석	1973~74	19%	34%	23%	10%
	1993~94	8%	17%	15%	8%
	상대적 변화	**−57%**	**−50%**	**−34%**	**−21%**
국회의원에 편지 보내기	1973~74	13%	19%	19%	14%
	1993~94	7%	12%	14%	12%
	상대적 변화	**−47%**	**−34%**	**−27%**	**−15%**
지역사회 단체의 위원이나 간부	1973~74	13%	21%	17%	10%
	1993~94	6%	10%	10%	8%
	상대적 변화	**−53%**	**−53%**	**−41%**	**−24%**
신문에 편지 보내기	1973~74	6%	6%	5%	4%
	1993~94	3%	5%	5%	4%
	상대적 변화	**−49%**	**−18%**	**−9%**	**−4%**
정당 관련 활동	1973~74	5%	7%	7%	5%
	1993~94	2%	3%	4%	3%
	상대적 변화	**−64%**	**−59%**	**−49%**	**−36%**
공직 보유 혹은 출마	1973~74	0.6%	1.5%	0.9%	0.6%
	1993~94	0.3%	0.8%	0.8%	0.5%
	상대적 변화	**−43%**	**−49%**	**−8%**	**−22%**
다음 12개 항목 중 하나라도 참여	1973~74	56%	61%	54%	37%
	1993~94	31%	42%	42%	33%
	상대적 변화	**−44%**	**−31%**	**−22%**	**−11%**

국회에 편지, 편집진에 편지, 잡지 투고, 연설, 정치 집회 참석, 공공회의 참석, 정당 관련 활동, 지역사회 단체의 간부나 위원으로 봉사, 청원서 서명, 공직 출마, 좋은 정부 만들기 단체에 가입

채워져 있지만 지난 25년 동안 미국에서 진행된 사회 변화를 놀라울 정도로 정확하게 포착하고 있기 때문에 꼼꼼히 살펴볼 가치가 있다.

이 표는 세대별 차이에 초점을 맞추기 위해 생명주기의 차이는 통제하였다. 예컨대 표의 첫 칸은 1970년대의 시작 시점에서 네 개의 서로 다른 연령 집단들의 신문 구독 정도를 나타낸다. 이 시기에 전체 젊은 성인의 절반이 채 못 되는 비율(49퍼센트)이 매일 신문을 읽었으며, 나머지 세 집단에서는 각각 약 4분의 3 정도가 신문을 읽었다. 예를 들면 60세 이상의 인구 중 76퍼센트가 매일 신문을 읽었다.

둘째 칸은 1990년대 중반 같은 연령 집단들의 신문 구독 수준을 각각 표시했다. 별로 오래 지나지 않은 이 시기에 젊은 성인들 중 신문 읽는 사람의 비율은 21퍼센트로 떨어졌는데, 20년 전의 젊은 성인의 수치보다 절반 이하가 줄었다. 57퍼센트의 상대적 하락률을 기록한 것이다. 제일 고령층에서도 신문 읽는 비율은 약간 줄었지만 10퍼센트에 불과했다.

셋째 칸은 신문 구독의 하락률이 나이 든 코호트보다는 젊은 코호트들 사이에서 훨씬 빨리 진행되었음을 보여준다. 1990년대의 60세 이상(즉 1930년대 혹은 그 이전에 출생한) 연령층은 70년대 그 나이 또래와 거의 같은 정도로 신문을 읽는 것 같다. 즉 1970년대에서 90년대 사이 미국에서 신문 구독률의 하락은 보다 젊은 세대들 사이에 대부분 집중되었다. 코호트가 젊을수록 지난 20년 동안 하락세는 더 가파르게 나타났다.

표의 아래쪽으로 쭉 내려가면 이 패턴이 실제로 모든 형태의 시민적 참여에 똑같이 나타난다는 사실을 알 수 있다. 사실상 모든 경우에서 불참은 보다 젊은 코호트들에게 집중되었고 제2차 세계대전 이전에 출생해서 성장한 남녀 사이에서 가장 적다. 60세 이상의 경우 신문 읽기, 청원서 서명, 편집자와 국회에 편지 쓰기 등은 1990년 대에도 70년대와 거의 마찬가지였지만, 가장 젊은 층에서 이 활동들은 70년대 수준에 비해 절반으로 떨어졌다. 제일 고령의 코호트의 경우 교회 참석은 1973~1974년과 1997~1998년 사이 본질적으로 변화가 없었지만, 30대 이하에서는 거의 3분의 1이 줄었다. 모든 연령 집단에서 참여율 하락이 나타난 노동조합 회원과 정당 관련 활동 같은 경우에조차 하락률은 보다 젊은 코호트들 사이에서 더 빠르게 진행되었다.

표의 마지막 세 칸에서 보듯 로퍼 조사에서 측정된 12개의 시민 활동 중 **단 하나라도** 참여한 사람은 60세 이상의 경우는 11퍼센트 하락했지만, 45세에서 59세 사이는 22퍼센트, 30세에서 44세 사이는 31퍼센트, 30세 이하에서는 44퍼센트 하락했다. 1970년대의 수치들을 옆으로 쭉 읽어가면 제일 나이 많은 코호트가 보다 젊은 코호트들에 비해 참여도가 떨어지는 혹 모양의 친숙한 패턴을 볼 수 있다. 그런데 1990년대가 되면 보다 젊은 코호트의 참여가 앞 세대들보다 아주 약간 높아지면서 이 혹이 한결 평평해졌다. 그런데 코호트가 젊을수록 공동체 생활의 불참이 훨씬 높다. 이것은 지난 수십 년 동안 미국에서 시민적 참여의 전반적 하락은 세대 차이에 그 기원을 두고 있다는 강력한 증거이다.

2. 오랜 시민 활동 세대

세대 차이에 관해 물어야 할 핵심 질문은 사람들의 **지금 나이**가 아니라 그들의 **젊은 시절이 언제**였냐이다. 〈그림 71〉은 응답자의 출생 연도에 따라 시민적 참여의 패턴이 어떻게 나타나는지 다양한

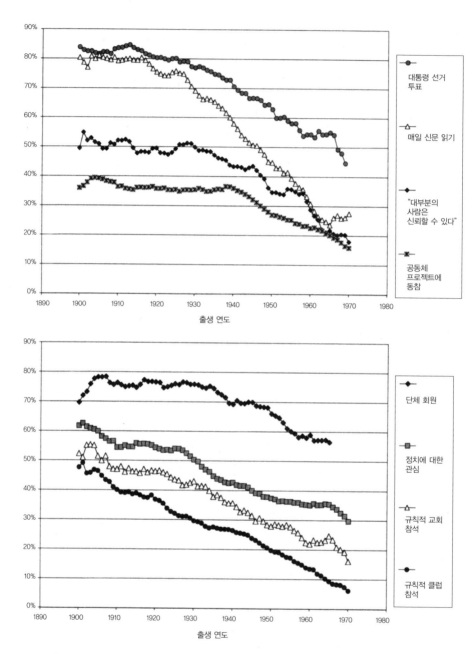

그림 71 _ 시민적 참여의 세대별 경향(교육은 통제)

활동과 연결시켜 보여주고 있다. 〈그림 71〉은 왼쪽에서 오른쪽으로 출생 연도에 따라 미국인을 배열했는데, 제일 왼쪽 20세기의 첫 3분의 1에 해당하는 시기의 출생자에서부터 시작하여 오른쪽으로 갈수록 출생 연도가 늦어져 20세기의 마지막 3분의 1 기간에 출생한 손자 세대까지 이어진다.

각각의 출생 연도 코호트에게 우리는 사회적 자본과 시민적 참여를 측정할 수 있는 일련의 질문을 던졌다. 지난번 대통령 선거에 투표했습니까? 신문은 얼마나 자주 읽습니까? (만일 있다면) 어떤 자발적 결사체에 가입하고 있습니까? 교회에는 얼마나 자주 참석합니까? 작년에 클럽 회의에는 몇 번 참석했습니까? 정치에 관심을 갖고 있습니까? 작년에 공동체 프로젝트에 동참했습니까? 대부분의 사람은 신뢰할 수 있다고 생각하십니까, 아니면 낯선 사람은 매우 조심해야 한다고 생각하십니까?

최고령 세대에서 시작하여 보다 젊은 세대들로 가다 보면, 20세기 시작 무렵의 출생자부터 '포효하는 20년대Roaring Twenties'의 출생자까지는 시민적 참여와 사회적 자본의 수준이 높고 상대적으로 안정되어 있음을 가장 먼저 확인할 수 있다. 그러다가 갑자기 1930년대 출생자부터 공동체 참여가 줄어든 신호를 만난다. 절대적 수치에서 보면 이 세대 역시 여전히 상대적으로 시민 참여가 높지만 앞 세대보다는 참여도가 다소 떨어진다. 그리고 베이비붐 세대와 X세대로 계속 옮겨가면 단체 가입, 신뢰, 투표, 신문 읽기, 교회 참석, 자원봉사, 정치에 대한 관심의 하락 경향은 거의 40년 동안 별 중단 없이 계속되어왔다(교회와 클럽의 참석률이 1930년대에 특별하게 하락한 것이 아니었다. 모든 코호트에 걸쳐 나타난 현상이었다). 〈그림 71〉은 1950년대 이후 성인이 된 각 세대는 바로 그 앞 세대에 비해 공동체 업무의 참여도가 계속 떨어져왔음을 보여준다.

어떤 기준을 동원해도 이러한 세대 간 격차는 대단히 놀라운 일
이다. 교육 수준의 차이를 통제하면, 1920년대 이전 출생 세대의
구성원은 60년대 후반 출생한 손자 세대의 구성원보다 시민단체에
는 거의 2배 더 많이 참여한다(1인당 약 1.9개의 단체와 1인당 약 1.1개
의 단체로 대비된다). 할아버지들은 손자들보다 다른 사람을 2배 더
신뢰할 가능성이 높다(50퍼센트 대 20퍼센트). 그들은 보다 젊은 코
호트보다 투표율에서 거의 2배 앞선다(80~85퍼센트 대 45~50퍼센
트). 할아버지 세대는 정치에 대한 관심에서도 거의 2배이며(55퍼센
트 대 30~35퍼센트), 교회의 규칙적 참석도 거의 2배 더 높을 가능
성이 있다(45퍼센트 대 25퍼센트). 공동체 프로젝트에의 동참도 2배
정도 더 적극적인 것 같다(전년도에 참여한 사람이 할아버지 세대에서
는 35퍼센트, 보다 젊은 세대에서는 15~20퍼센트).

할아버지들은 마지막으로 남은 열렬한 뉴스 애호가들이다. 신문
을 매일 읽는 사람의 비율은 제일 젊은 코호트의 거의 3배이며(75퍼
센트 대 25퍼센트), 텔레비전 뉴스를 제일 많이 시청하는 사람들도
이 세대이다. 이렇게 확실한 생명주기 패턴을 보건대 가장 젊은 세
대가 앞으로 할아버지 세대 수준의 시민적 참여에 도달할 것이라는
기대는 아예 접는 편이 좋다.

이 열쇠를 갖고 판독하자면 〈그림 71〉에서는 오랫동안 시민 활동
에 적극적으로 참여해온 세대, 즉 오랜 시민 활동 세대long civic gener-
ation가 나온다. 그들은 바로 약 1910년에서 1940년 사이에 출생한
집단으로 자기보다 젊은 세대에 비해 공동체 업무에 실질적으로 더
참여하고 타인을 더 신뢰한다. 이 시민적 코호트 중에서도 핵심은
1925년에서 1930년 사이 출생자인데, 이들은 대공황 시기에 초등학
교를 다녔고, 고등학교 시절에 제2차 세계대전을 겪었으며(혹은 전
쟁에 나갔다), 1948년에서 1952년 사이 첫 투표권을 행사했고, 1950년

대에 가정을 꾸렸으며, 20대 후반이 되어서야 텔레비전을 처음 보았다. 전국 규모의 사회 조사가 시작된 이래 이 코호트의 시민 참여도는 특별히 높은 수준을 유지해왔다. 투표, 단체 가입, 신문 읽기, 타인에 대한 신뢰, 시간과 돈의 기부 등 모든 면에서 높았다.

무엇보다도 이 집단은 자녀와 손자에 비해 공식 교육을 훨씬 덜 받았으면서도 시민 참여의 주도적 역할을 해왔다는 점이 중요하다. 1900년에서 1940년 사이 출생한 미국인의 4분의 1만이 고등학교 이상의 학력인데, 이 시기 이후에 출생한 미국인의 경우는 절반 이상이 그 정도의 교육을 받았다. 공식 교육이라는 측면에서 보자면 오랫동안 시민 활동에 적극적으로 참여한 이 세대의 구성원들은 '자수성가' 시민이라고 할 수 있다. 1928년 출생한 저명한 사회학자 찰스 틸리Charles Tilly가 이 세대를 대신해서 말했듯 "우리는 마지막 남은 호인들이다."

이러한 패턴들은 제2차 세계대전 후 성장한 세대와 그 이전에 성장한 세대가 전혀 다른 경험을 갖고 있다는 사실을 암시한다. 제2차 세계대전이 역사적 분기점에 해당하는 셈이다. 그런데 제2차 세계대전 후의 세대들은 그 후 영원히 공동체에 덜 참여하도록 만드는 무슨 반시민적 방사선에라도 노출되었던 것 같다. 도대체 무엇 때문에 그랬는지는 제쳐두고, 1970년대와 80년대에 일어났던 그 무엇이 아니라 제2차 세계대전 후 미국인이 쬔 방사선이 우리의 수수께끼의 핵심인 시민적 불참을 대부분 설명해준다. 그렇다면 그 신비한 방사선의 효과가 나타나는 데 왜 그렇게 오랜 시간이 걸렸는가? 시민적 불참의 근원을 1940년대와 50년대로 거슬러 올라갈 수 있다면, 왜 그 효과는 전국에 걸친 PTA 모임, 프리메이슨 집회, 적십자사, 변호사회, 투표소, 교회, 볼링장에서 60년대, 70년대, 80년대에는 눈에 띄지 않았는가?

세대별 불참의 가시적 효과는 두 가지 중요한 요소 때문에 수십 년 동안 지체되었다. 첫째, 제2차 세계대전 후의 대학 입학 붐은 미국인에게 정치적·사회적 참여의 대하락을 예방하는 일종의 시민 영양주사를 알맞은 때에 놓았다. 대학 입학 붐이 없었으면 광범위한 불참이 이미 그때 나타났을 것이다. 보다 중요한 것은 한 세대의 성장에 따른 효과는 그 세대가 등장한 이후 수십 년이 지나야 나타난다는 점이다. 어떤 한 세대가 성인 인구에서 수적으로 제일 많아지는 데는 오랜 시간이 걸리기 때문이다. (1910년과 1940년 사이에 출생한) 오랜 시민 활동 세대는 1960년까지는 전성기에 도달하지 못했다. 존 F. 케네디와 리처드 닉슨의 대통령 선거가 벌어지던 1960년 이들은 유권자의 3분의 2를 차지했다. 우리가 2부에서 다룬 사회적 자본의 많은 지수index들은 이 세대가 인구의 다수를 차지하게 되었을 때 절정에 도달했다.

1960년대 중반 이후에야 '탈시민' 세대의 상당수가 성인이 되었고, 보다 나이 든 코호트들의 자리를 차지하면서 시민적 참여가 줄어들었다. 빌 클린턴이 대통령에 당선되던 1992년이 되면 오랫동안 시민 참여에 충실했던 이 세대가 유권자에서 차지하는 몫은 1960년과 비교할 때 정확히 절반으로 준다. 역으로 20세기의 마지막 25년에 베이비붐 세대와 X세대(즉 1945년 이후에 출생한 미국인)는 성인 4명 중 1명에서 3명으로 3배 상승했다. 지난 수십 년 동안 시민적 참여의 붕괴를 설명해주는 가장 중요한 단일 변수는 (후속 세대들의 시민 활동 참여도의 차이와 결합된) 바로 이러한 세대의 수학generational math이다.

간단히 말하자면 시민 활동에 예외적으로 충실했던 세대는 사라지고 '탈시민' 코호트가 성인 인구의 대다수를 차지하며 그 자리를 메워나갔던 바로 그 수십 년이 사회적 자본의 전국적 하락을 목격하게 된 세월이었다. 오랫동안 시민정신에 투철했던 이 세대는 전 례 없이 긴 수명을 누리면서 최근 몇 십 년 동안 미국의 사회적 자본에 자기 몫 이상의 공헌을 하고 있지만, 그들도 이제는 하나둘씩 사라지고 있다. 그 세대의 가장 젊은 구성원들조차 20세기 말이 되면서 은퇴기에 접어들었다. 따라서 세대 분석은 시민적 참여의 국가적 하락은 앞으로도 계속될 것 같다는 결론을 거의 필연적으로 내리게 한다.

25년도 훨씬 더 이전, 시민적 불참의 첫 신호가 미국 정치에 나타나기 시작했을 때, 정치학자 솔라 풀은 정말 중요한 문제는 이런 현상이 과연 단순하게 날씨의 일시적 변화를 뜻하는지 아니면 보다 지속적인 기후 변화를 뜻하는지 판단하는 것이라고 관찰했다. 그도 정확히 지적했듯 너무 일러서 당시에는 판단할 수가 없었다. 그가 기후 변화의 최초 신호를 포착했다는 사실이 이제 드러났다.[2]

냉매제 CFC가 오랜 세월 동안 확산되고 나서야 그것이 지구 오존층 파괴의 원인이라는 사실이 과학적으로 입증되었듯, 미국 사회적 자본의 붕괴 또한 그 근본을 흐트러뜨리는 과정이 밑에서 시작된 후 수십 년이 지나서야 비로소 눈에 보이게 된 것이다. 어둠이 내려야 날개를 펴는 미네르바의 부엉이처럼 시민 활동에 오랫동안 헌신적이었던 세대가 사라지고 있을 때에야 우리는 그들이 미국의 공동체 생활에 그동안 얼마나 중요한 존재였는지 알게 되었다.

그들이 사라짐으로써 남긴 결과를 되돌리는 일은 이미 차갑게 식은 욕조의 물을 데우는 것만큼이나 어려울 것이다. 평균 온도를 높이려면 펄펄 끓는 물을 무척 많이 부어야 할 것이다. 앞으로 몇 년

---

2) Ithiel de Sola Pool, "Public Opinion," in *Handbook of Communication*, ed., Ithiel de Sola Pool et al,(Chicago : Rand McNally, 1973).

사이에 미국인이 시민적 참여를 극적으로 끌어올리지 않으면 21세기의 미국인은 20세기 말보다도 더 적은 단체 참여, 신뢰감, 투표, 시간과 돈의 기부를 보게 될 것이다.

이로 인해 빚어진 하나의 중요한 귀결은 시민 활동에 적극적인 미국인이 고령화되고 있다는 점이다. 나이 많은 사람들은 젊은이들에 비해 거의 항상 투표율이 다소 높았다. 본래부터 격차가 있기는 했지만, 선거 참여에서 이 세대 차이는 1960년대부터 90년대 사이에 크게 벌어진다. 실제로 미국에서 시민 생활은 거의 40년 동안 고령화되고 있었다. 나이 많은 세대들은 지금까지도 활력을 유지하고 있지만, 보다 젊은 중년의 집단은 불과 몇 십 년 전 그 나이 때의 사람들에 비해 참여에서 더 빨리 이탈했다는 (혹은 아예 처음부터 참여하지 않았다는) 사실이 그 부분적 원인이다. 1970년대 초반 60세 이상은 지역 단체의 간부와 위원회 위원의 12퍼센트, 공동체의 모든 자원봉사자의 20퍼센트, 클럽 모임 참석의 24퍼센트를 담당했다. 1990년대 중반이 되면 이 수치는 각각 20퍼센트, 35퍼센트, 38퍼센트로 올라갔다. 이 20년 동안 노인들이 성인 인구에서 차지하는 크기는 거의 변하지 않았지만 공동체 생활에 그들의 공헌은 거의 2배로 올라갔다.[3]

시민 생활에서 이 노인 세대의 과대 대표성은 각 코호트마다 시간 배분 방법이 다르다는 사실을 반영하고 있다. 노인 세대가 자기 몫 이상의 시민적 부담을 실제로 지고 있다. 또한 워낙 열심히 활동하고 있기 때문에 논쟁을 불러일으키는 쟁점에서 그들의 목소리가 유달리 크게 들린다. 예를 들어 교육을 지원하기 위해 지방세를 사

---

3) 21~29세와 50세 이상의 대통령 선거 투표율 격차는 1960년대와 70년대에는 16퍼센트였지만, 80년대와 90년대에는 25퍼센트로 올라갔다.

용하려는 문제처럼 젊은 세대와 노인 세대의 이익이 다른 경우, 지금 노인 세대의 견해는 수십 년 전 그 나이 세대의 견해보다 비중과 중요성이 더 크게 부각될 것이라고 생각하는 편이 합당하다.

1970년대 중반의 경우 45세 이상은 마을의 공동 업무와 교육에 관한 지역사회 모임 참가자의 3분의 1을 담당했으며 편집자에게 보낸 전체 편지에서도 그 정도를 차지했지만, 20년 후 공공회의와 독자 투고란에서 이들이 차지하는 몫은 절반이 되었다. 우리는 나이 들어서도 시민 활동에 적극적인 이 세대가 보다 젊은 집단들의 참여 이탈을 대단히 이기적으로 이용한다고 가정할 필요는 없다. 오히려 그 반대가 옳을 것이다.

3. 베이비붐 세대와 X세대

오랜 시민 활동 세대가 우리의 시민적 도덕성을 유지해온 첫 번째로 중요한 행위자라면, 그다음으로 중요한 행위자는 1946년과 1964년 사이에 출생한 베이비붐 세대이다. 새로운 세기가 열리면서 이 방대한 코호트 중 제일 맏이는 50대 중반이 되고, 제일 막내는 30대 중반이 된다. 이 세대는 현재 성인 인구의 3분의 1 이상을 구성하는데, 20년 전에도 같은 비율이었고 앞으로 20년 후에도 거의 그럴 것이다. 이들은 미국 역사에서 교육 수준이 제일 높은 세대이다. 베이비붐 세대는 청년기에는 유례없는 경제적 풍요와 공동체 생활의 활력을 경험했지만 성인이 되어서는 어려운 시절을 겪어왔다. 물론 부모 세대가 대공황 시기에 겪었던 고생에 비하면 약과이지만 말이다.

베이비붐 세대는 살면서 내내 텔레비전에 노출되었던 첫 번째 세대이며, 보다 나이 많은 사람들에 비해 자기가 무엇을 보려고 하는지도 모르면서 TV를 켜고, 보고 있지 않을 때도 그대로 켜둘 가능성이 훨씬 높다. 정치학자 폴 라이트Paul Light는 이렇게 보고한다.

베이비붐 세대가 16세가 될 때까지 그들은 1만 2천 시간에서 1만 5천 시간의 TV 시청을 하며 성장했다. 하루 24시간씩 TV를 보면서 15개월에서 20개월을 고스란히 보냈다는 말이다. 〔……〕 텔레비전이 자기 또래 및 부모와의 접촉을 줄였으며, 현실 세계와 이 세대의 첫 접촉은 TV라는 매체를 통해 이루어졌음은 의심할 여지가 없다.

정치적인 면에서 보면 이 세대는 (대부분이 아직 초등학교 다닐 때 일어난) 민권 운동, 케네디 대통령과 마틴 루터 킹 목사의 암살, 베트남 전쟁의 상처, 워터게이트 등 60년대의 사건에 의해 지울 수 없는 인상을 받았다. 아마 이런 이유에서 이들은 제도를 불신하고, 정치에서 멀어지고, (60년대와 70년대 대학의 참여와 운동 분위기 속에서 성장했음에도 불구하고) 특히 시민 생활에 참여도가 떨어진다. 그들 역시 분명히 그렇게 생각한다. (7장에서 보았고 다시 조금 후에 살펴보겠지만) 이 세대의 자녀에 오면 일부에서 자원봉사의 작은 붐이 일어나기 시작하지만, 참여도는 훨씬 떨어진다. 베이비붐 세대는 교육 수준은 남달리 높지만 부모 세대가 그 나이였을 때에 비해 정치에 대한 지식은 떨어진다.

1960년대 세대가 접했던 사회·정치적 환경과 그들의 행동 방식을 추적한 마이클 카피니Michael Delli Carpini가 지적하듯 "이들은 정치에 관심을 가질 가능성이 적고, 규칙적으로 정치 문제를 살펴보려고 하지 않을 것 같으며, 정치적 의견을 발표할 가능성도 떨어지고, 정치와 관련된 정확한 정보를 갖고 있을 가능성도 낮다." 그들은 다른 세대들보다 투표 참여, 선거 운동 참여, 사회적 봉사나 공헌이 모두 떨어지며, 일반적으로 자신의 시민적 의무를 회피한다. 카피니는 이렇게 결론 내린다.

> 60년대 세대를 그 앞 코호트들과 가장 선명하게 구분한 것은 대안적인 제3의 정치 방향의 전개가 아니라 주류 정치의 거부이다. 〔……〕 요약하자면 자신도 그 일부를 이루고 있는 정치 시스템의 핵심적인 규범과 제도를, 그 앞 세대들에 비해 상대적으로 강하게 거부하는 세대가 바로 그들이다. 이 세대를 특징짓는 가장 확실한 요소는 좋아하지 않는 것 혹은 행동하지 않는 것이지 좋아하는 것 혹은 행동하는 것이 아니다.

그렇지만 베이비붐 세대는 공동체 생활의 여러 측면 중에서 정치에만 불참하는 것이 아니다. 이 세대는 결혼도 늦게 했고 이혼도 빨리 했다. 이들에게 결혼과 부모 되기는 의무가 아니라 선택이 되었다. 이 세대의 96퍼센트는 종교적 전통 속에서 성장했지만 58퍼센트는 그 전통을 버렸으며, 신앙을 버린 3명 중 1명만이 다시 돌아왔다. 직업 생활에서는 관료제 속에서 편치 않고, 자기 회사에 대한 충성심이 떨어지며, 자율성을 강하게 주장한다. 이들이 성장했던 제2차 세계대전 후의 사회는 부모와 두 자녀로 구성된 가정, 크롬 도금이 번쩍번쩍 빛나는 자동차, 조립식 주택, 학생 수가 많은 학교, 최고 인기 TV 프로그램 「내 사랑 루시」로 대표되듯 매우 동질적이었다.

아마 그런 이유 때문인지, 이 세대는 개인주의에 크게 강조점을 두고, 다양성을 인정하며, 전통적인 사회 역할을 거부했다. 방과 후 활동의 참여는 대규모 학교에서 상당히 감소된다는 연구가 보여주듯, 학생 수가 많은 대규모 학교의 한 가지 부작용으로 베이비붐 세대에게는 사회적 학습의 기회가 적었다. 워낙 인구가 많은 자기 세대에 내재하고 있던 경쟁의 압력이 부분적 원인으로 작용하면서 이세대는 기대 수치를 낮춰야 했고 경제적 좌절을 견뎌야 했다.

그들은 살면서 내내 앞 세대들보다 개인의 자유를 더 중시하는 태도를 표명해왔으며 권위, 종교, 애국심에 대한 존중은 덜했다. 1963년과 1974년 고등학교 졸업반을 비교한 자료에서도 베이비붐 세대의 늦둥이들은 누나나 형들과 비교해서도 사람을 덜 신뢰하며, 덜 참여하고, 권위에 대해 더 냉소적이며, 더 자기 중심적이고, 보다 물질주의적이라는 사실이 분명히 나타난다. 일반적으로 베이비붐 세대는 고도로 개인주의적이고, 팀보다는 자기 혼자 하는 것을 더 편하게 여기며, 규칙보다는 개인이 선택한 가치를 더 존중한다.

예를 들면 그들은 부모 세대보다 마약 사용에 도덕적으로 덜 엄격하다. 약물 문제의 책임을 개인보다는 사회에 두는 경향이 있고, 직장의 약물 복용 검사에 응할 가능성이 낮다. 명성에 걸맞게 베이비붐 세대는 처음부터 매우 관대한 세대로 살아왔다. 인종 · 성 · 정치적 소수자에게 보다 너그럽고, 자신의 도덕률을 타인에게 강요하려고 하는 경향은 적다. 이 감탄할 만한 정치적 태도가 어떤 면으로 표출되는지는 22장에서 보다 상세하게 검토하려고 한다.

그 어떤 문제에서도 너그럽고, 냉소적이며, '느긋한' 베이비붐 세대는 나름대로 장점도 있겠지만 집합적인 행동 양식으로서 그들의 태도는 높은 사회적 대가를 치러왔다. 사회 조사 분석가 체릴 러셀 Cheryl Russel은 베이비붐 세대의 특징을 마음에 맞는 팀을 찾아다니는 '자유계약 선수free agents'라고 통찰력 있게 규정했다. 우리가 앞에서 검토했던 사회적 자본과 시민적 참여에 관한 증거는 이 자유계약이 미국 공동체의 활력을 감소시켜왔음을 분명하게 알려준다. 그들에게는 자원봉사, 이타심, 신뢰성, 공동체 생활의 책임 공유 등 모든 면이 줄어든 것이다.

베이비붐 이후의 세대를 뭐라고 불러야 할 것인가는 여전히 논란이 되고 있다. 그 구성원들에게 의도하지 않은 모욕감을 줄 위험이 좀 있기는 하지만 나는 1965년에서 1980년 사이에 출생한 사람들을 'X세대'라고 부르는 일반적 관례를 따르겠다. X세대가 현재 미국 사회의 말썽을 일으켰다는, 특히 물질주의와 개인주의에 집착한다는 비난을 연장자들(특히 베이비붐 세대)로부터 듣는 경우가 종종 있었지만, 내가 이미 제시한 증거는 이 비난은 번지수가 틀렸음을 분명히 보여준다. 미국의 사회적 자본의 붕괴는 X세대가 탄생하기도 전에 시작했기 때문에 X세대가 이와 관련해 욕을 먹어야 할 이유가 전혀 없다. 지금까지 살펴본 내용에서 알 수 있듯, 많은 측면에서 X세대는 제2차 세계대전 직후 시작된 세대 변화의 연속성을 보여주고 있다.

면밀히 검토하면 〈표 3〉은 노동조합 가입, 교회 참석, 청원서 서명, 공공회의 참석에 이르는 거의 모든 형태의 시민적 참여는 20대와 30대의 젊은이, 즉 X세대 사이에서 곤두박질을 거듭했음을 보여준다. X세대는 자유계약 선수로 두 번째 세대이기 때문에 많은 면에서 이 세대는 베이비붐 세대에서 나타났던 개인주의 경향을 가속화시켰다. X세대는 정치를 고도로 개인주의적이고 사람 중심으로 보는 태도를 갖고 있다. 비록 잠깐이지만 정치 활동에 참여한 바 있었던 베이비붐 세대와 달리 X세대는 정치와 연결 관계를 가진 적이 없으며, 공공적이고 집단적인 것보다는 사적이고 개인적인 것을 더 강조한다.

또한 그들은 시각 지향적이며, 하루 종일 인터넷을 검색하고, 텔레비전도 이 방송 저 방송 채널을 돌리는, 쌍방향 미디어 전문가들

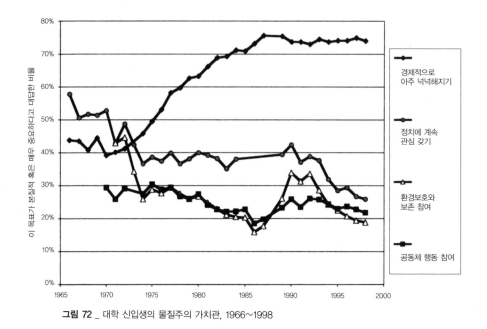

그림 72 _ 대학 신입생의 물질주의 가치관, 1966~1998

이다. 개인적 측면과 국가적 측면 모두에서 이 세대는 불확실성 (특히 1970년대와 80년대의 인플레이션으로 인한 저성장), (이혼 폭증의 후유증으로서) 불안정이라는 환경 속에서 형성되었다. 이들에게는 집단적인 승리의 추억도 없다. 화려한 노르망디 상륙작전도, 히틀러에 대한 승리도, 워싱턴으로의 활기찬 해방 행진도, 인종주의와 전쟁에 대한 승리도, 같은 세대들이 공유할 만한 그 어떤 '위대한 집단적 사건'도 전혀 없다. 충분히 납득할 만한 이유에서 이 코호트는 지극히 내면 지향적이다.

X세대는 그 나이 때의 앞 세대들보다는 더 물질주의적이지만, 중년의 베이비붐 세대가 보여주는 물질주의적 가치관과는 비슷한 것 같다. UCLA 대학에서 해마다 신입생을 대상으로 실시하는 조사는 지난 30년 동안 미국 젊은이들의 가치 변화를 보여주는 유용한 자료 중의 하나이다(〈그림 72〉는 핵심 경향을 나타내고 있다). 베이비붐

세대가 대학에 입학하던 1960년대 말과 70년대 초, 환경을 깨끗이 하는 데 도움을 주며 정치 문제에 계속 관심을 갖고 새로운 사실을 습득하는 것을 매우 중요한 개인적 목표로 꼽은 학생은 45~50퍼센트였으며, "경제적으로 아주 넉넉하게 되고 싶다"는 목표를 꼽은 학생은 약 40퍼센트였다.

X세대의 막내가 대학에 들어간 1998년이 되면 물질주의의 성장이 30년 동안이나 이어지면서 정치와 환경은 각각 26퍼센트와 19퍼센트의 순위로 떨어진 반면 경제적 부유함은 75퍼센트의 순위로 치솟았다. 고등학교 졸업반을 대상으로 매년 전국적으로 실시하는 미시간 대학의 독자적 조사 역시 물질주의 확산의 경향을 확인시켜준다. "돈을 많이 버는 것"이 아주 중요하다고 간주한 학생의 비율은 1976년 46퍼센트였으나 1990년에는 70퍼센트였으며, 1990년대 중반에는 60~65퍼센트로 다시 떨어졌다.

이 가치들은 X세대가 스스로 밝힌 행동과 일치한다. UCLA 대학의 조사에 따르면, 1990년대 고등학생들 사이에서 정치 토론 횟수는 60년대 말에 비해 절반에 불과했다. 학생 선거의 참여율은 60년대 말에는 약 75퍼센트에서 90년대 말 약 20퍼센트로 부모 세대의 전국 선거 투표율보다 훨씬 더 빠르게 수직 낙하했다. '유나이티드 웨이', 여러 시민단체, 암 퇴치 협회 등 자선사업 기부금을 보낼 만한 단체들을 잔뜩 적은 목록을 고등학교 3학년생에게 주었을 때, 최소한 이런 단체들 중 한 곳에는 앞으로 '반드시' 시간과 돈을 기부하겠다고 (혹은 이미 했다고) 대답한 학생의 비율은 70년대 중반과 90년대 중반 사이 약 4분의 1이 줄었다.

그중에서도 가장 불길한 것은 X세대가 20년 전 그 나이 때의 사람들보다 타인에 대한 신뢰도가 훨씬 떨어진다는 점이다. "대부분의 사람은 신뢰할 수 있다"는 데 동의한 고등학교 졸업반 학생들은

(그중 46퍼센트가 동의한) 1976년 베이비붐 세대의 막내와 (23퍼센트만이 동의한) 1995년 X세대의 막내 사이에 정확히 절반이 사라졌다.

이러한 특징들은 X세대가 성인이 되어서도 유지된다. 투표를 하지 않으면 죄의식을 느낀다는 사람이 X세대 성인 중에는 54퍼센트에 불과한 반면 앞 세대들에서는 70퍼센트를 넘는다. 그리고 실제로 X세대는 투표에 훨씬 덜 참여하는데, 특히 지방자치 선거에서 더 심하다. 앞 세대들이 지금의 X세대와 같은 나이였을 때와 비교해보아도, X세대는 정치에 대한 관심도 적고, 최근의 문제에 대해 아는 바도 적다(스캔들, 개인의 신상, 스포츠는 제외). 또한 공공회의 참석, 공동체 프로젝트에 다른 사람들과 동참하기, 교회 참석, 교회나 자선단체 혹은 정치적 명분의 재정적 기부 면에서도 떨어질 가능성이 있다.

X세대가 정치에 대해 특별히 냉소적이거나 정치 지도자에 대해 비판적이지는 **않다**. 이런 특징들은 앞 세대와 공유하는 부분이지만, X세대는 스스로 뭔가에 **별로 관여하지 않으려는** 경향이 있다. 이런 변화가 학생 자신의 잘못인지 아니면 교사, 부모 및 사회 전체의 탓인지는 전혀 별개의 문제이다(나는 교사, 부모, 사회의 탓으로 보고 싶다). 그러나 그 결과는 확실하다. 집합적 행위, 특히 정치적인 집합 행위는 베이비붐 세대보다 X세대에게 훨씬 더 낯설다.

4. 심리적 불안

근래에 출생한 코호트들이 당면해온 독특한 문제를 보여주는 증거는 전혀 예기치 못한 곳에서 나온다. 서로 다른 다양한 방법을 활용하여 공공보건 역학자疫學者들은 우울증의 심화와 자살로 향하는 장기적 경향이 세대별로 다르게 나타난다는 사실을 입증했다. 1940년 이후 출생한 코호트에서 시작해서 그 아래 세대로 쭉 내려가면, 아래 세대일수록 우울증이 일찍 찾아오고 광범위하게 퍼진다는 것이다. 예를 들면 한 연구는 "1955년 이전에 출생한 미국인의 1퍼센트만이 75세가 되어서야 심한 우울증을 앓게 되었다. 1955년 이후 출생자들은 24세가 되면 이미 6퍼센트가 우울증을 앓게 되었다"고 보고한다. 심리학자 마틴 셀리그먼Martin Seligman은 "지난 두 세대 동안 우울증 발병 비율은 약 10배가 상승했다"고 결론 내린다.

불행히도 이와 똑같은 세대별 경향은 20세기 후반부 미국 청소년 사이에 자살의 유행이라는 확실한 사실로서도 나타난다. 15세에서 19세 청소년의 자살률은 1950년과 1995년 사이 4배로 늘었으며, 처음부터 높은 비율을 유지했던 20세에서 24세의 젊은 성인 사이에서는 거의 3배로 늘었다. 전부는 아니더라도 이 증가분의 대부분은 젊은 남성에게 집중되었는데, 자살 시도는 젊은 여성이 더 많이 한다. 청년 자살률의 증가는 미국인의 전반적인 자살 증가의 한 부분에 불과한 것인가? 전혀 반대로 〈그림 73〉이 보여주듯 청소년 자살률의 폭발적 증가는 그 위 집단들 사이에서 자살률의 놀라운 하락과 일치하며 진행되었다.

20세기 전반에는 노인의 자살이 젊은 사람보다 훨씬 더 많았다. 아마 나이가 들면서 신체적으로 쇠약해지고 그동안 좌절감이 쌓이면서 나타난 것으로 보인다. 그러나 20세기 후반에는 나이 든 사람들 사이에서 자살은 점점 더 줄어들고 보다 젊은이에게서 훨씬 더 빈번하게 되었다. 오랫동안 시민 참여에 헌신적이었고 통합성이 높았던 세대가 나이가 들고(노인들 사이에서 전통적으로 높았던 비율을 끌어내리고), 통합성이 약한 베이비붐 세대와 X세대가 인구표에 등장하면서(젊은 사람들 사이에서 전통적으로 낮았던 비율을 올리고) 우리의

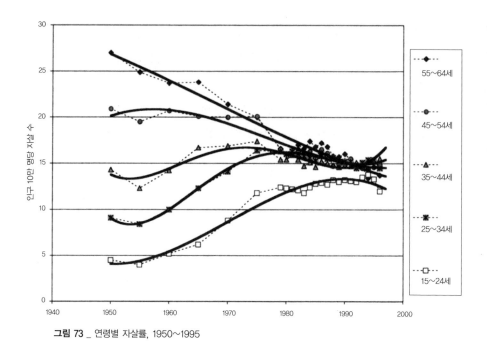

그림 73 _ 연령별 자살률, 1950~1995

예측과 맞아떨어지는 패턴이 나타난 것이다.

20세기가 끝나는 지금 1920년대와 30년대에 출생하여 성장한 미국인은 20세기 중반 그 연령대의 사람들보다 자살률이 약 **절반 정도**인 반면, 70년대와 80년대에 출생하여 성장한 미국인은 20세기 중반 그 연령대의 사람들보다 자살률이 **3배 혹은 4배 더 높은** 것 같다. 사회적 자본의 세대별 차이가 과연 그 원인인지는 제쳐두고, 〈그림 73〉은 1959년 **이후** 성인이 된 미국인의 생활 경험과 1950년 **이전**에 성인이 된 미국인의 생활 경험은 분명히 다르다는 점을 확실하게 보여주고 있다.

나머지 인구에서는 자살률이 떨어지면서도 청소년들 사이에서는 늘어나는 경향은 그동안 대부분의 서구 국가에서도 크게 보아 비슷하게 나타났다. 자살로 이어질 위험이 가장 큰 요소는 우울증이기 때문에 청소년에게 관찰되는 자살률의 증가는 슬프게도 세대별로 차이를 보이는 우울증 증가, 곧 이들에게 우울증이 유독 크게 늘어났다는 사실과 일치하고 있다. 이 분야의 탁월한 연구자는 많은 선진국에서 실시된 수백 개의 연구 결과를 이렇게 요약한다.

지난 50년 동안 심리사회적 혼란은 나이 든 사람들이 아니라 청소년과 젊은 성인들에게 적용되는 현상이라는 점은 놀랍기만 하다. 따라서 그 설명은 젊은 연령 집단들에게 영향을 미치는 사회적·심리적 혹은 생물학적 변화 속에서 찾아야 한다.

자살은 극단적이지만 (다행히도) 정신적 고통의 드문 증상이다. 좀 덜 절박하면서 보다 널리 퍼져 있는 증후는 매년 실시하는 DDB 조사에서 두통, 소화불량, 불면증 항목으로 측정되었다. 우리는 앞에서 이 셋을 합쳐 '불안'이라는 용어를 붙였다. 〈그림 74〉는 1970년대 중반만 해도 이 증후의 빈도가 나이에 따라 크게 다르지 않다는 점을 보여준다. 평균적으로 보면 60대와 70대는 자녀나 손자 세대보다 위장병, 편두통, 잠 못 이루는 밤에 더 시달리지도, 덜 시달리지도 않았던 것 같다.

20년이 지나며, 비록 일시적인 등락은 있지만, 노인들 사이에서 불안의 증후는 사라지는 경향을 보이는 반면 중년과 (특히) 청소년 사이에서 계속 늘어났다. 1975~1976년과 1998~1999년 사이 30세 이하의 성인 중 높은 불안 증후를 나타낸 사람들은 31퍼센트에서 45퍼센트로 뛰어올랐으며, 60세 이상에서 비슷한 정도로 고생하는 사람들은 33퍼센트에서 30퍼센트로 줄었다. 젊은 세대의 불안 증세를 늘어나게 한 책임의 절반 이상은 이들이 지난 25년 동안 직면했던 경제적 불안정과 걱정이 그만큼 늘었다는 데서 찾을 수 있다. 그러

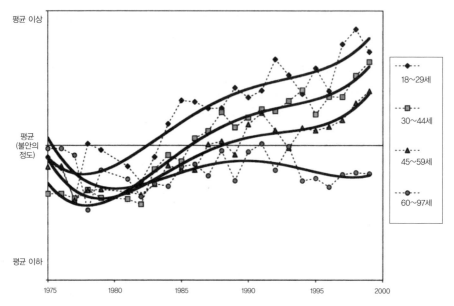

그림 74 _ (두통, 불면증, 소화불량) 불안의 세대 격차

나 경제적으로 풍족한 청년 사이에서도 불안 증세는 계속 늘어나고 있기 때문에, 이런 설명은 청년의 불안 증세가 크게 증가한 이유를 여전히 알려주지 못한다.

같은 기간 동안 (순수한 생명주기 효과 때문에) 55세 이하에서 삶에 대한 전반적 만족도는 하락한 반면 55세 이상의 경우에는 약간 상승했다. 1940년대와 50년대에 실시한 조사를 보면 젊은 사람들이 나이 든 사람들보다 **더 행복**했다. 1975년까지 연령과 행복은 본질적으로 상관관계가 없었다. 그런데 그 이후부터 1999년까지의 자료를 보면 젊은이가 나이 든 사람보다 **더 불행**했다.

요약하자면, 불안 증세와 불행에서도 세대별 격차가 더 커지고 있다는 것이다. 〈그림 73〉과 〈그림 74〉에 기록된 경향은 슬프지만 완벽하게 일치한다. 젊은 사람일수록 20세기의 마지막 10년 동안 더 나쁜 일들을 겪었는데, 이 사실은 그들이 앓고 있는 두통, 소화불량, 불면증, 그리고 인생에 대한 전반적 만족도의 하락, 심지어는 스스로 목숨을 끊을 가능성 속에서 입증되고 있다.

20세기 중반의 젊은 미국인, 곧 우리가 오랜 시민 활동 세대라고 불렀던 그 사람들은 다른 사람들보다 더 행복했고 잘 적응했으며, 생명을 포기할 가능성도 훨씬 적었다. 20세기가 끝나는 시점에서도 (이제 은퇴기에 있는) 이 세대는 심리적·생리적으로 아주 잘 적응하면서 지내고 있다. 반면 20세기의 마지막에서 이 세대의 자녀와 손자, 곧 우리가 베이비붐 세대와 X세대라고 부른 세대들은 그 나이 때의 조부모보다 정신적 고통을 더 받고 있으며 생명을 포기하는 경우도 많아졌다.

미국의 젊은 세대들 사이에서 자살, 우울증, 불안 증세가 늘어나는 이 불길하고 놀라우면서도 확실하게 입증된 경향을 설득력 있게 해석한 이론은 아직 없다. 그러나 한 가지 가능한 설명은 사회적 고립이다. 교육사회학자 바바라 슈나이더Barbara Schneider와 데이비드 스티븐슨David Stevenson은 최근 "하루에 약 3.5시간을 혼자서 보내는 것이 미국의 평균적인 10대의 전형적인 모습이다. 〔······〕 청소년은 가족이나 친구들과 함께 지내기보다는 혼자 있는 시간이 더 많다"고 보고했다.

1950년대의 조사에서 나타난 10대와 비교하면, 90년대의 청소년은 친구들도 보다 적고, 그 관계 또한 긴밀하지 못하며, 유동적이다. 마틴 셀리그먼은 사회 구성원들이 밀접하게 통합된 옛날 방식의 아미쉬 공동체에서는 우울증이 만연하지 않는다는 사실을 지적했다. 그렇지만 주의 깊은 연구들은 그 외의 정신질환의 비율은 미국의 일반적 사회나 그런 공동체에서나 별로 다르지 않다는 점을 밝혀준다. 그는 미국 청년들 사이에서 우울증이 증가한 원인을 '광폭한 개인주의rampant individualism'에서 찾았다. 그는 이 개인주의가 "우리 사회의 보다 광범위하고 전통적인 제도에 대한 우리의 열정과 헌신을 약화시켜온 사건"들과 결부되어 청년들 사이에서 우울증을 확산시켰다고 지적한다.

우리가 보다 광범위한 제도, 즉 종교, 국가, 가족에 의지할 수 있는 한 개인주의가 우울증으로 귀착될 필요는 없다. 만일 여러분이 개인적인 목표들 중 일부에 도달하지 못하더라도, 우리 모두가 그렇게 될 수밖에 없지만, 이 광범위한 제도에 희망을 걸 수 있다. 〔……〕 그러나 보다 폭 넓은 믿음의 완충 장치 없이 혼자 남아 있는 자아에게 무력감과 실패는 너무나 쉽게 절망감과 자포자기로 바뀔 수 있다.

이 경향은 자살이라는 최후의 증상뿐 아니라 경미한 불안이라는 만성 증후까지 포함하고 있다는 사실을 우리의 증거는 보여준다.

사회적 고립은 심각한 우울증을 유발하는 위험 요소로서 확실히 입증되고 있다. 부분적으로는 우울증이 고립의 원인이다(우울증에 걸린 사람은 고립을 택하고, 함께하기에는 유쾌한 사람이 못 된다는 것이 각각 그 원인의 일부로 작용한다). 그러나 고립이 우울증의 원인이라고 믿을 만한 이유도 있다. 모든 증거를 다 모으지는 못했지만 사회적 연계성의 세대별 하락, 그리고 이와 동시적으로 나타난 자살, 우울증, 불안 증세의 세대별 증가 현상이 아무 관계도 없다고 믿기는 어렵다.

보다 젊은 세대들 사이에서 사회적 고립과 시민적 불참의 우울한 현실에 맞서 하나의 중요한 반대 경향이 등장했다. 의심의 여지없이 지난 10년 사이 자원봉사와 공동체 봉사활동이 청소년 사이에서 실질적으로 **증가**해왔다는 사실이다. 1998년 대학 신입생을 대상으로 한 연례조사에서 고등학교 3학년 동안 자원봉사 활동에 나섰던 학생의 비율이 74퍼센트라는 기록을 보였다. 1989년에는 가장 낮은 62퍼센트를 기록했다. 또한 규칙적으로 자원봉사에 나선 학생도 증가하여 전년도에 주당 최소 1시간을 할애한 신입생의 비율은 42퍼센트였는데, 1987년에는 27퍼센트였다. 1990년대 고등학교 학생들의 자원봉사 활동 증가는 매년 실시하는 '미시간 미래 조사 모니터 Monitoring the Future Survey'와 DDB 조사와도 일치한다.

자원봉사 활동의 이렇듯 반갑고 고무적인 증가가 왜 발생했는지는 아직 분명치 않다. 학교를 비롯한 공공기관에서 보다 강력하게 지역 공동체 봉사를 장려했기 때문에 나타났을 수도 있다(졸업 요건을 채우기 위해 마지못해 했던 경우도 어느 정도는 있을 것이다). 그런데 지역 공동체의 여러 종교적·비종교적 단체의 광범위한 시민적 기반이 청소년의 자원봉사 활동을 떠받쳐주지 못한 채 공공기관의 압력에 의해 개인적으로 진행되었을 뿐이라면, 이런 증가 현상이 앞으로도 지속될 것이라는 낙관적 기대를 가질 수 없다. 반면 지난 40년 동안 진행된 세대별 불참의 확대 경향이 마침내 바닥을 쳤다는 낙관적 해석도 가능할 것이다.

요약하자면 세대교체는 우리의 이야기에서 핵심 요소이다. 그러나 모든 형태의 시민적·사회적 불참에 똑같이 강한 영향을 행사해온 것은 **아니다**. 교회 참석, 투표, 정치적 관심, 선거 운동, 단체 회원, 사회적 신뢰의 하락은 거의 전적으로 세대교체 탓이라고 설명할 수 있다. 이 경우에는 개인의 습관은 바뀌지 않고 한 세대와 다른 세대의 차이로 인해 사회 변화가 진행되었다. 반면 카드놀이, 집에서 손님이나 친구들과 어울리기 같은 여러 형태의 일상적인 사교 활동의 감소는 대부분 범사회적 변화, 즉 모든 연령, 모든 세대의 사람들이 이런 활동에서 멀어지는 경향을 보여왔기 때문에 생긴 변화이다. 반면 클럽 모임, 식구 및 친구들과의 저녁식사, 이웃과의 친교, 볼링, 소풍, 친구 방문, 축하 카드 보내기 등의 감소는 범사회적 변화와 세대교체가 복합적으로 결합하면서 생긴 것이다.

다른 말로 하자면 지난 수십 년 동안 모든 연령의 미국인에게 영향을 끼쳤던 한 세트의 힘이 있다. 이 **범사회적** 힘은 카드놀이, 집에서 친구나 손님들과 지내기 같은 개인적 사교 활동에 특히 나쁜 영향을 미쳤다. 이 힘은 사실상 모든 세대의 사람들의 행동에 영향을 끼쳐왔기 때문에, 그 결과로 인한 감소세 역시 단기간 내에 눈에 띌 정도로 상당히 강하게 나타났다. 전자화된 오락의 유혹이 이 경향들을 설명할 수 있을 것 같은데, 텔레비전이 우리 모두의 시간 소비 방식을 바꾸어왔기 때문이다.

두 번째 세트의 힘은 개인의 습관은 바꾸지 않았지만 각 세대에 따라 실질적인 차이를 만들어왔다. 이 **세대별** 힘은 종교적 의무의 준수, 신뢰, 투표, 신문 읽기와 TV 뉴스 시청, 자원봉사 같은 공공적 참여에 특히 강한 영향을 미쳐왔다. 이 힘들은 세대교체를 통해 작동해왔기 때문에 그 결과는 보다 점진적이었고 눈에 띄는 데 시간이 걸렸다. 그렇다고 하더라도 20세기 전반에 출생한 미국인들은 투표, 교회 참석, 자원봉사, 공공 업무의 관심, 타인의 신뢰에서 20세기 후반에 출생한 미국인보다 계속 앞서 있었다.

개인적 사교 활동에 대한 범사회적 영향 **그리고** 공공의 규범에 대한 세대별 효과 **모두**에게 시달려온 활동들이 있다. 클럽 모임, 가족과의 저녁식사, 지역 단체에서의 지도적 활동은 이런 유형의 변화의 가장 확실한 사례이다. 이러한 활동들은 장기적·단기적 변화 양쪽에서 모두 영향을 받아왔기 때문에 모든 활동 중에서 가장 극적인 변화를 나타내고 있다. 클럽 모임은 60퍼센트 감소, 지역 단체의 긴부 혹은 위원회 위원으로서의 봉사는 53퍼센트 하락했고, 각자 따로 식사하는 것이 습관인 가족은 60퍼센트 증가했던 것이다.

　세대별 변화와 시민적 참여의 감소 사이의 연계는 영역마다 다르기 때문에, 이 책 2부에서 조사된 여러 시민 활동의 감소를 설명하는 데 세대별 변화의 역할을 간단하게 하나로 요약하는 것은 잘못이다. 그렇더라도 사회적 자본과 시민적 참여의 종합적 하락의 약 절반은 세대별 변화에 따른 것이라고 개략적으로 요약해도 공정할 것 같다. 그러나 현재 미국에서 시민적 불참은 대부분 세대별 격차에 따른 것이라고 말한다고 해서 우리의 수수께끼가 풀리지는 않는다. 수수께끼의 문제 형식이 달라질 뿐이다. 우리의 ‘나 홀로 볼링’은 1960년대나 70, 80년대가 아니라 40년대와 50년대에서 그 뿌리를 찾을 수 있을 것 같다. 그렇다면 제2차 세계대전 후 성년이 된 미국인을 부모 세대 심지어는 형과 누이와 그토록 달라지도록 영향을 끼쳐온 힘은 무엇인가?

5. 성장 경험의 차이

　피상적으로 그럴듯한 후보를 아무리 많이 대봐야 우리가 미스터리를 다시 규정할 정도로 많은 지식을 얻게 된 이 시점에서는 헛일이다. 예를 들어 가족의 불안정은 철통같은 알리바이를 갖고 있는 듯 보인다. 시민적 참여의 세대별 하락은 결혼생활이 안정을 유지하던 1940년대와 50년대의 어린이에게서 시작했기 때문에, 우리가 지금 결정적 시기라고 규정한 때에는 아무 역할도 하지 않았다. 미국의 이혼율은 실제로 1945년 이후 떨어졌으며, 시민적 참여와 사회적 자본의 급격한 감소를 보여준 코호트들이 성장해 집을 떠난 후 한참 지난 70년대까지 이혼은 급격하게 증가하지 않았다.

1940년대, 50년대, 60년대의 어린이들 사이에서 시민 활동의 하락은 엄마들이 여전히 가정에 있었을 때 일어났기 때문에 '워킹맘' 역시 문제의 재규정으로 혐의를 벗는다. 또한 경제 불황은 평온한 50년대, 번영의 60년대, 불황의 70년대, 활력의 80년대에 성인이 된 사람들에게 똑같은 규모로 영향을 끼쳐왔던 것으로 보이기 때문에, 경제 불황도 풍요도 정부 정책도 시민 참여의 세대별 하락과 쉽게 연결시킬 수 없다.

그보다는 다른 몇 개의 요소들이 혐의가 짙어 보인다. 우리의 수수께끼를 세대 문제의 측면에서 재규정하고 다시 살펴본 결과, 1945년에 절정에 달했던 국가 통합의 시대정신과 전시戰時에 불붙은 애국심이 시민정신을 강화했을 가능성을 제기한다. 외부와의 갈등이 내적 응집력을 증대시킨다는 것은 사회학의 상식이다. 미국 사회학의 개척자 윌리엄 섬너William Graham Sumner는 1906년 외부와의 갈등이 벌어지면 어떤 현상이 나타나는지 이렇게 썼다.

> 우리들, 우리 집단, 내집단in group 그리고 그 외 모든 다른 사람, 타자 집단, 외집단들out-grops 사이에 분화가 생긴다. [……] 우리 집단 안에서 동료의식과 평화는 타자 집단에 대한 적대감 및 전쟁과 서로 상관관계를 이룬다. 외부자와의 전쟁이라는 비상사태는 내부에는 평화를 만들어낸다. [……] 집단에 대한 충성, 집단을 위한 희생, 외부자에 대한 적대와 경멸, 내부에서의 형제애, 외부에 대한 호전성—이 모두는 동일한 상황에서 함께 자라나는 공통의 산물이다.

우리는 3장에서 시민적 결사체의 회원이 20세기의 주요 전쟁들 이후에 크게 증가했다는 점을 보았는데, 정치학자 테다 스카치폴 Theda Skocpol은 이 논의를 미국의 역사 전체로 확대했다. 또 5장에서는 노동조합 회원이 주요 전쟁들이 치러지던 기간에 그리고 끝난 직후에 역사적으로 급속히 증가해왔다는 사실도 보았다. 역사학자 수전 엘리스Susan Ellis와 캐서린 노이에스Katherine Noyes는 미국 자원봉사 활동의 기원을 이해하려면 미국의 전쟁 개입의 역사에 주의를 기울여야 한다고 강조한다. "자원봉사자들은 전쟁으로 이어지는 운동, 전쟁을 이기기 위한 노력의 후원, 전쟁에 반대하는 항의, 전쟁 이후 사회의 재건설에 열심히 활동한다."

남북전쟁 동안(1861~1865) 북부의 여성들은 군인을 위해 붕대, 옷, 텐트를 만들기 위해 '여성 구호회'를 조직했는데, 그 일부가 단결하여 전쟁 중 그리고 전쟁 후 최대의 구호 단체가 된 '미국 보건위원회'를 결성했다. '보건위원회'와 함께 전쟁터에서 간호사로 봉사했던 자신의 경험을 살려 클라라 바튼Clara Barton은 1881년 미국 적십자사를 조직했다.

전쟁은 또한 전시에 공유되는 적대감이 만들어낸 희생정신과 동지애에 호소하는 우애 단체를 결성시키는 강력한 후원자 역할을 한다. 19세기 말과 20세기 초에 최대의 단체가 되는 5개의 조직, 즉 '피티아스의 기사단' '농민공제조합' '엘크 협회' '노동자 연합회' '공화국의 군대'는 1864년과 1868년 사이에 설립되었다. 다소 눈에 덜 뜨일지는 모르겠지만, 이와 유사하게 시민사회에서의 자발적 활동의 급성장은 제1차 세계대전과 결부되어 나타났다.

물론 이와 관련된 가장 뛰어난 사례는 (우리가 2부에서 계속 보았듯) 제2차 세계대전 동안 그리고 그 후의 시민적 활력의 폭발이다. 우리가 그 회원 수의 변화를 역사적으로 살펴보았던 PTA, 여성 유권자 연맹, 미국 기계공학회, 라이온스클럽, 미국 치과협회, 보이스카우트 등 사실상 거의 모든 주요 단체들은 1940년대 중반과 60년대 중반 사이에 '시장 점유율'을 늘렸다. 또한 볼링 리그, 카드놀이,

교회 참석, 자선단체 기부에 이르는 그 외의 공동체 활동 역시 이와 유사하게 제2차 세계대전 이후 큰 상승세를 보였다는 사실도 보았다.

미국 역사에서 그 앞에 치러진 주요 전쟁들과 마찬가지로 제2차 세계대전 역시 미국이 공통의 역경과 적을 맞이하게 되었음을 알려주었다. 전쟁은 미국인 거의 전부의 삶에 직접 파고들었다. 6백만 명의 자원봉사자를 포함하여 1천 6백만 명의 남녀가 군대에서 복무했다. 그들과 직계 가족만으로도 미국 인구의 최소 4분의 1에 해당했다. (오랜 시민 활동 세대 중에서도 핵심으로 나중에 밝혀진 코호트에 해당하는) 1920년대 출생한 남자 중 거의 80퍼센트가 군복무를 했다. 수백만 미국 가정이 남편이나 아들이 전쟁에 나갔다는 표시로 창문에 푸른색 별을 달았으며, 사랑하는 사람을 잃은 표시로 우울한 황금색 별을 달았다. 어떤 젊은이를 전쟁터에 보낼지는 저 멀리 떨어져 있는 연방 관료가 아니라 전국에 걸쳐 있는 수천 개 징병 사무소의 소관이었다.

대중문화 전반은 애국심을 주제로 움직였다. 라디오 쇼에서부터 신문의 만화란, 할리우드에서 브로드웨이를 거쳐 대중음악계까지 모두 민방위, 식품이나 휘발유 배급, 고철과 고무 수집, 전쟁 채권 판매 등 민간인의 공익 봉사를 포함한 애국적 주제가 중심이었다. 역사학자 리처드 린즈먼Richard Lingeman은 "미국 국기는 모든 곳에 게양되어 있었다. 집, 공공건물, 우애 단체의 사무실 앞, 라이온스 클럽, 엘크 협회, 키와니스 클럽, 로터리클럽, 심지어는 이동식 주택의 주차 구역, 주유소, 모텔에까지 게양되었다"고 보고했다. 전쟁은 낯선 사람들 사이에서도 연대감을 강화했다. "식당이나 혹은 다른 장소에서 옆에 앉아 있는 낯선 사람도 기본적인 문제에 대해서는 당신과 똑같은 방식으로 느낀다는 것을 그대로 느끼던 시절이었다.”

　가능하면 정부는 언제나 자발적 협조를 이용하려 했고 조금씩 통제하려고 했다. 특히 세심한 정치적 계산에서 나온 의도였다. 1942년 국회의원 선거 이전에는 휘발유 배급에 반대했던 민주당의 한 당원은 “자발적 협조를 부탁하는 대통령의 호소는 애국적 지지를 얻을 것이다. 〔……〕 그리고 그런 호소는 정치적으로 안전할 것이다”라고 썼다.

　재무부 장관 헨리 모겐소Henry Morgenthau는 채권 판매 캠페인이 “국가에 전쟁 태세를 확립시킬 것”이라는 희망 아래 전쟁 공채를 판매하는 대규모 광고 캠페인을 밀어붙였다. 배트맨은 자기 만화책 표지에서 채권을 팔았으며, 영화배우 베티 그레이블Betty Grable은 채권 판매를 위한 경매 행사에서 나일론 스타킹 한 켤레를 4만 달러에 샀고, 배우 마를렌 디트리히Marlene Dietrich는 지프를 타고 오하이오 주의 16개 도시를 순회하며 판매 촉진 운동에 나섰다. 효과는 그대로 나왔다. 2천 5백만 노동자들은 급여의 일정 부분을 떼어 채권을 구매하겠다는 계획에 서명했는데, 1944년 임금과 채권의 교환 판매는 세금을 제한 후 개인 소득의 7.1퍼센트에 달했다.

　슈퍼스타 빙 크로스비는 폐품 수집 운동에 더 많은 사람의 참여를 독려하는 노래를 특유의 읊조리는 목소리로 불렀다.

　　　쓰레기는 더 이상 쓰레기가 아니에요,
　　　쓰레기로 전쟁을 이길 수 있기 때문이죠.
　　　여러분에게는 쓰레기라고 해도 다 쓸 데가 있죠,
　　　쓰레기는 더 이상 쓰레기가 아니기 때문이죠.
　　　냄비와 프라이팬, 오래된 쓰레기 깡통, 찌그러진 주전자.
　　　미국을 위해 오늘 모으세요.

쓰레기로 전쟁을 이길 수 있기 때문이죠.

정부가 하는 일을 삐딱하게 쳐다보는 우리 시대에는 믿기 어렵겠지만, 그런 호소는 제대로 먹혀들었다. 심각한 고무 부족에 직면하여 1942년 6월 대통령은 국민에게 "낡은 타이어, 낡은 우비, 낡은 고무호스, 고무장화, 욕조 뚜껑, 장갑—여러분이 갖고 있는 물건들 중 고무로 만든 것은 무엇이라도" 모아달라고 부탁했다. 보이스카 우트는 주유소에 늘어서서 운전자들에게 자동차 바닥의 고무 매트를 기증할 것을 상기시켰다. 글자 그대로 수백 만 미국인들이 대통령의 호소에 반응하여 4주가 채 되지 않아 약 40만 톤의 고무 폐품이 수집되었다. 미국(혹은 전쟁터)에 있는 모든 남자, 여자, 어린이 1인당 2.7킬로그램에 해당하는 분량이었다.

자원봉사자들은 특히 전쟁 초기에 떼 지어 몰려왔다. 1942년의 첫 6개월 사이에 민방위대는 120만 명에서 7백만 명으로 늘었으며, 1943년 중반에는 1천 2백만 명이 등록하였다. 완장, 호각, 플래시를 들고 자원봉사자들은 등화관제 감시, 독가스 정화 계획, 응급조치 실시에 나섰다. 1942년 시카고에서는 1만 6천 명의 통반장들이 미식축구장에서 벌어진 대규모 기념행사에 참석하여 충성을 서약했다. 지역 공동체들은 '친목회'를 통해 기금을 모아 항공기 정찰용 관측소를 세웠다. "미주리 주 한니발에서는 시가행진 이후 마을 회의에서 신병 모집 회의를 열었다. 회의가 열린 신병 훈련소 본부에는 4천 명이 빽빽이 들어차 있었는데 나머지 1만 5천 명은 안에 자리가 없어 밖에 있었다"라고 린즈먼은 회상한다. 그러는 사이에 전국적으로 적십자 자원봉사자는 1940년 110만에서 1945년 750만으로 급등하였는데, 이들은 붕대 말기, 사람들을 차에 태워 헌혈 장소로 보내기, 응급 상황 대처 훈련에 나섰다.

청소년들도 여러 가지 방식으로 전쟁 지원 활동에 등록했다. 청소년 봉사대, 고등학생 승리대, 보이스카우트, 걸스카우트, 청소년 적십자, 특히 텃밭 가꾸기Victory Garden 프로그램에서 주도적 역할을 했던 4H 클럽이 있었다. 민간 차원에서 전쟁 지원 활동으로 가장 널리 퍼졌던 텃밭 가꾸기는 한창 절정기에는 거의 2천만 개에 달하는 뒷마당과 빈 땅에 채소를 심어 미국 전체 야채 수확의 40퍼센트를 차지할 정도였다. 청소년의 전쟁 지원 활동이 어느 정도 범위였는지 보여주는 자료로서 린즈먼은 인디애나 주에 사는 개리Gary라는 중학교 2학년 소년의 2년간 활동 목록을 제시한다.

어린 소녀들에게 아기 돌보는 법을 가르치다. 레코드판을 모으다. '전쟁을 후원하는 근로자가 잠자고 있으니 조용히 해주세요'라는 표지를 나누어주다. 생포된 일본 잠수함의 전시회에서 전쟁 우표를 팔다. 시위원회와 함께 통행금지 법에 대해 토론하다. 암시장 반대 서약 카드를 나누어주다. 소방대원과 경찰 보조의 훈련을 받다. 폐지 50만 파운드를 수집하다. 한 달 평균 4만 달러의 전쟁 우표를 팔다. 도시의 모든 가정에 공동 모금회 관련 자료를 돌리다. (음식물 낭비를 막기 위한) 남기지 않고 먹기 캠페인을 후원하다. 전쟁 채권 판매와 깡통 모으기에 참여하다. 군대 도서관용 책을 수집하다.

전시의 시민 자원봉사 활동은 전쟁 이전에 조직되었던 여러 단체들의 네트워크에 의존했던 동시에 전후 시민 활동의 폭발적 성장에 기여하였다. 사회역사가 줄리 시벨Julie Siebel은 전혀 예상치 못했던 하나의 교훈적 사례를 접한 적이 있었다. 제2차 세계대전 이전 '미국 청소년 연맹AJLA'은 전국에 걸쳐 각 지역의 부유한 젊은 여성들을 모아 그 지역사회의 여러 '좋은 일'에 참여하고 자원봉사 활동을 펼치도록 했다는 것이다. 1941년 12월의 진주만 폭격 이전에도 미국 청소년 연맹은 자신들의 기존의 자원봉사자 사무소를 공식적인 민방위 자원봉사 사무국CDVO으로 전환시키려고 (그녀 자신이 청소년 연맹 회원을 지냈던) 대통령 부인 엘리너 루스벨트와 함께 일하고 있었다.

전쟁이 일어나자 AJLA는 정부의 '민간 전쟁 봉사 사무국'의 기능을 실질적으로 떠맡게 되었다. 1943년 말이 되자 전국적으로 4천 3백 개의 CDVO가 설립되었으며, 자원봉사자들은 학교의 점심을 준비하고, 탁아소들을 통합하며, 폐품과 고철 수집 운동을 운영하고, 사회복지 활동들을 조직하고 있었다. 전쟁이 끝난 후 이 자원봉사 사무소들 중 많은 곳이 평화시의 봉사활동 단체로 성공적으로 전환했다. 1947년의 경우 390개의 사무소가 여전히 활동하고 있었으며, 전쟁 이전에 비해 회원 수는 5배가 더 많았다. 이런 사례는 얼마든지 더 들 수 있다는 사실을 고려한다면, 우리가 2부에서 계속 살펴보았던 전후 시민 참여의 거대한 르네상스를 떠받치는 조직 메커니즘을 여기서 볼 수 있다.

여기서 내 의도는 전쟁 기간 중 그러한 노력이 곳곳에서 넘쳐났으며 큰 효과를 거두었다고 낭만적으로 미화하려는 것이 아니다. 그러한 노력들이 만들어낸 단체정신을 미화할 생각은 더더욱 없다. 전쟁이 계속되면서 (특히 성인 자원봉사자의) 에너지는 다른 분야의 지원 활동에 투입했더라면 더 좋았을 것이라는 사실이 점차 분명해졌으며, 이러한 전쟁 지원 활동의 많은 프로그램은 1944년이 되면서 털털거리는 소리를 내며 정지했다. 그렇지만 전쟁 기간의 지원 활동은 사람들이 역경을 공유함으로써 기꺼이 사회적으로 동원될 수 있다는 사실을 입증해주었다.

전쟁이 한 마을에 미친 영향을 연구한 사회학자 로이드 워너Lloyd Warner는 "모든 사람들이 공통의 절박한 과제에 개인적 기분에서가 아니라 서로 협동의 정신 속에서 무언가 도움이 되는 일을 하고 있었기 때문에" 일종의 "무의식적인 행복"의 느낌이 형성되었다고 보고했다. 역사학자 리처드 폴렌버그Richard Polenberg는 "공통의 대의명분을 위한 참여는 동료애와 행복의 감정을 상당히 높이 끌어올린다"고 덧붙인다. 우리의 관심사에서 보다 중요한 사실은 인디애나주의 그 중학교 2학년생들(그리고 그들의 누나와 형들)이 시민 참여에 오랫동안 헌신했던 세대의 믿음직한 구성원이 되었다는 것이 전혀 우연이 아니라는 점이다.

전쟁은 또 다른 방식에서 사회적 결속력을 키워냈다. 시민적·경제적 평등을 강화한 것이다. 야구선수 조 디마지오, 영화배우 클라크 게이블, (뉴욕 증권거래소 회장) 윌리엄 마틴 같은 유명인, 그리고 대통령 프랭클린 루스벨트의 네 아들 모두가 군에 복무했다는 사실은 상징적으로 매우 중요했다. 물론 전투에 직접 참가한 유명인은 상대적으로 아주 적었지만 베트남 전쟁의 경우와 비교하면 교훈을 던져준다. 저학력자, 빈곤층, 흑인들이 주로 참전했던 악명 높은 사회적 불평등은 냉소주의의 광범위한 확산에 직접적으로 공헌했다. 물질적 측면에서 보면, 군수산업에서의 방대한 노동 인구, 노동조합의 조직화, 높은 세금, 배급, 그리고 아마 그 외의 다른 요소들도 합쳐지며 (그 앞에 있었던 대공황의 여파와 어느 정도로 결합하면서) 제2차 세계대전은 미국의 경제사에서 평등 효과를 가장 크게 발휘한 사건이었다. 성인 인구의 상위 1퍼센트가 차지하는 소득의 몫은 1939년에는 31퍼센트였으나 1945년에는 23퍼센트였으며, 상위 5퍼센트가 차지하는 몫은 28퍼센트에서 19퍼센트로 떨어졌다.[4]

전쟁은 사회 변화의 강력한 요소이지만 제2차 세계대전으로 촉진

---

4) 제1차 세계대전 역시 경제적 불평등을 축소시켰지만 그 평준화 효과는 1, 2년 안에

된 모든 사회 변화가 미국의 사회적 자본에 한결같이 좋은 효과를 발휘한 것만은 아니었다. 진주만 폭격으로 촉발된 자기희생과 단결의 분위기는 전쟁 기간에마저도 지속되지 못했다. 예를 들면 물자 부족과 배급은 사재기와 암시장 구매로 이어졌다. 폴렌버그는 이렇게 지적한다. "전쟁이 더 길어질수록 균형추는 공적이고 집단적인 것에서부터 사적이고 개별적인 것을 더 고려하는 쪽으로 기울어졌다. 〔……〕 미국인 5명 중 1명이 설문조사원에게 부족한 물건을 암시장 가격으로 사는 것은 때때로 정당하다고 답했다."

또한 방대한 인구 이동은 가족과 공동체를 해체시켰고 종교, 인종, 계급 긴장을 악화시켰다. 입실란티(미시간 주), 파스카굴라(미시시피 주), 세네카(일리노이 주) 같은 곳에서 대규모의 군수산업 공장이 새롭게 가동되면서 마을 토박이들과 공장 노동자로 새로 이주한 사람들 사이에 갈등이 터졌다. "주택에 사는 작자들은 이동식 주택에 사는 사람들을 기생충 보듯 대한다"는 것이 당시의 전형적인 풍조였다.

인종 갈등이 전쟁으로 더 고조된 경우도 있었다. 가장 뚜렷한 사례는 캘리포니아에 억류된 일본계 미국인이었지만, 반유대주의도 증가했고, 1943년 인종 폭동이 일어나 25명의 흑인과 9명의 백인이 살해당한 디트로이트의 경우도 있었다. 반면 역사적 관점에서 보면 전쟁으로 야기된 사회 변화는 1950년대와 60년대의 흑인 민권 운동에 직접적으로 공헌했다.

모두 사라졌다. 반면 제2차 세계대전 후 부와 소득의 보다 평등한 분배는 1970년대 초반까지도 지속되었으며 심지어는 더 개선되었다.

6. 가치관의 차이

20세기가 막을 내리며 미국인은, 모두가 영웅인 이야기는 없다는 사실을 배웠다(정말 우리는 영웅이란 실제로 존재하지 않는다고 느낄 때가 종종 있다). 그러나 1945년의 미국인 대부분은 전쟁에서 모두 영웅적 역할을 했으며, 그들이 치렀던 끔찍한 집단적 희생—결국 집으로 돌아오지 못한 모든 아들과 딸—은 전쟁의 승리로 어느 정도는 정당함을 입증 받았다고 느꼈다. 1950년대의 한국과 60년대의 베트남에서는 이 느낌이 반복되지 않았다. 여러 전쟁의 참전 용사에 대한 장기적 연구는 베트남 참전 용사는 전쟁이 끝나고 수십 년이 지나도 상대적으로 사회적 고립에서 벗어나지 못했지만, 제2차 세계대전 참전 용사는 사회적으로 보다 잘 적응했음을 시사한다.

1946년 29세의 존 F. 케네디가 하원의원에 출마했을 때 이렇게 연설했다. "전쟁 중에 사람들이 보여준 용기의 대부분은 우리가 서로를 필요로 하고 있음을 깨달았기 때문에 가능했습니다. 내일은 다른 누군가가 자신을 구해줄 것이라는 단순한 믿음 때문에 사람들은 기꺼이 자신의 생명을 던져 다른 사람들의 생명을 구했습니다. [……] 우리는 모두 함께 가야 합니다. [……] 우리가 전쟁 중에 보여주었던 단합을 계속 유지해야 합니다." 연설을 들은 사람들은 틀림없이 고개를 끄덕였을 것이다. 그와 청중들은 오랜 시민 활동 세대를 이미 만들어오고 있었다. 그가 1962년 대통령 취임식에서 "국가가 여러분을 위해 무엇을 할 수 있는가를 묻지 마십시오, 여러분이 국가를 위해 무엇을 할 수 있는가를 먼저 물어보십시오"라고 했을 때 중학교 2학년 개리는 30대에 접어들어 가정을 꾸리고 있었다. 그는 그 말을 진실로 받아들였을 것이다. 하지만 슬프게도 지금 대부분의 미국인은 그렇지 못하다.

우리의 자료 곳곳에서 확인할 수 있는 시민적 참여의 확실한 세대별 차이를 설명할 수 있는 유력한 후보가 드디어 나타났다. 즉 시민으로서의 의무감이 한껏 고양된 시기에 가치관과 시민적 습관이 형성된 남녀 코호트들이 사라지고, 형성기가 다른 코호트들이 그 자리를 대신 차지하면서 생긴 현상이라는 것이다. 상호 보완적으로 보면 이 장에서 제시된 세대별 행동 패턴은 앞 장에서의 내 주장을 보강한다.

오랜 시민 활동 세대는 텔레비전 없이 성장한 미국인의 마지막 코호트이다. 가치와 시민적 습관의 형성기에 어떤 세대가 텔레비전에 노출되는 시간이 많을수록, 성인이 되어서도 시민적 참여는 더 낮아진다. 13장에서 보았듯 60년대, 70년대, 80년대에 성장한 남녀는 30년대, 40년대, 50년대에 출생한 세대보다 텔레비전을 **더 많이** 볼 뿐 아니라 **다른 방식으로** 본다. 그들은 더 습관적으로, 심지어는 아무 생각 없이 텔레비전을 보는데 텔레비전 시청 방식의 차이는 시민 참여도의 차이와 연결된다. 모든 타당한 의구심을 넘어 문제를 명료하게 파악하려면 보다 많은 연구가 필요하기는 하지만, 13장에서 다룬 TV의 영향과 이 장에서 다룬 세대의 효과는 어느 측면에서는 동전의 양면이라고 할 수 있다.

정치학자 웬디 란은 이러한 세대별 차이들은 뒤를 잇는 각 코호트들이 표출하는 가치 속에서 앞으로 50년이 지나도 계속 나타날 것임을 밝혔다(〈그림 75〉를 보라). 아마 이 변화들은 공동체적 가치에서 멀어지고 개인주의와 물질주의적 가치를 향해 가는 대규모의 사회적 추세의 일부분일 것이다. 1975년 무엇을 '좋은 삶'의 요소들로 꼽고 있는지 묻는 로퍼 조사의 질문에 대해 전체 성인의 38퍼센트는 '대단히 많은 돈'을 선택했으며, '사회의 복지에 공헌할 수 있는 직업'을 꼽은 성인들도 똑같이 38퍼센트였다.

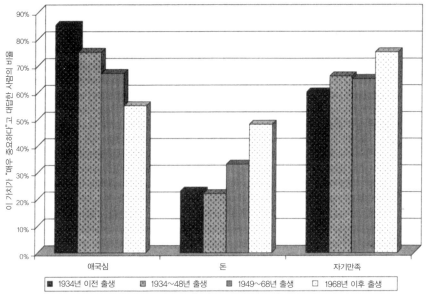

그림 75 _ 세대별 가치관의 차이

똑같은 질문을 3년마다 던졌다. 1996년이 되면서 사회에 공헌하기를 바라는 성인은 32퍼센트로 내려앉았고, 많은 돈을 바라는 성인은 63퍼센트로 껑충 뛰었다. 좋은 삶의 중요한 요소로서 그 비중이 높아진 것들로는 별장(1975년 19퍼센트에서 1996년 43퍼센트), 두 번째 TV 수상기(10퍼센트에서 34퍼센트), 수영장(14퍼센트에서 36퍼센트), 두 번째 차(30퍼센트에서 45퍼센트), 해외여행(30퍼센트에서 44퍼센트), 평균보다 월급을 더 받는 직업(45퍼센트에서 63퍼센트), '진짜 멋있는' 옷(36퍼센트에서 48퍼센트) 등이 포함된다. 이와 대조적으로 행복한 결혼(84퍼센트에서 80퍼센트), 자녀(72퍼센트에서 70퍼센트), '재미있는' 직업(69퍼센트에서 61퍼센트) 등은 모두 하락했다. 〈그림 76〉은 20세기의 마지막 25년 동안 '좋은 삶'에 대한 미국인의 정의가 어떻게 변했는지 요약하였다. 추가 분석이 보여주겠지만 물질주

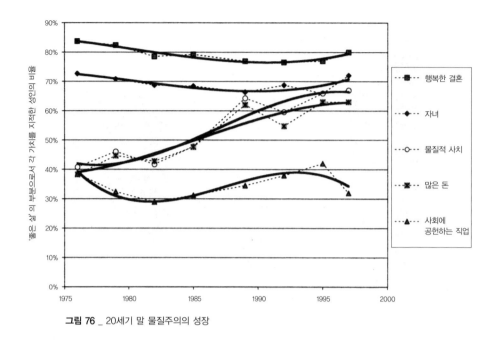

그림 76 _ 20세기 말 물질주의의 성장

의 성장의 상당 부분은 물질적 재화에 관심을 덜 가졌던 코호트가
사라지고 두 번째 TV 수상기와 진짜 멋있는 옷을 더 우선시하는 코
호트들이 그 자리를 메우는 세대교체 탓이다.[5]

'공동체'라는 말은 사람에 따라 의미하는 바가 다르다. 우리는 민
족 공동체, 게이 공동체, IBM 공동체, 가톨릭 공동체, 예일Yale 공동
체, 흑인 공동체, 사이버 공간의 '가상' 공동체, 미술가들이 모여 있
는 보스턴의 자메이카 플레인 공동체 등등을 말한다. 우리 모두는
각각 속했을 수 있는 여러 공동체들 속에서 어떤 소속감을 끌어낸

---

5) 〈그림 76〉에서 '물질적 사치'는 '좋은 삶'의 개념 정의의 일부로서 평균 이상의 월급
을 받는 직업, 수영장, 별장, 진짜 멋있는 옷, 두 번째 TV, 두 번째 자동차의 6개 항
목 중 **최소한 두 개**를 선택한 응답자를 가리킨다. 소득, 교육, 결혼 여부, 성별, 도시
크기를 통제하면 조사 연도와, 출생 연도가 물질주의 가치관의 유의미한 예측 지표
이다. 그렇지만 (세대 차이를 의미하는) 출생 연도가 그중 가장 강한 예측 지표이다.

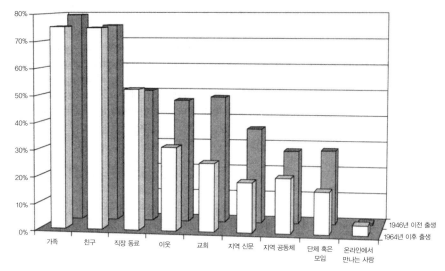

그림 77 _ 공동체의 세대별 의미

다. 대부분의 경우 가장 친밀한 사회적 네트워크, 특히 가족과 친구에게서 가장 강한 소속감을 느낀다. 이 영역을 넘으면 직장, 교회, 이웃, 시민적 생활, 그리고 사회적 자본의 개인적 자산을 구성하는 그 밖의 각종 '약한 유대'가 있다('약한 유대'는 친밀도는 덜하더라도 집합적으로는 대단히 중요할 수 있다는 사실을 명심하라). 그렇다면 공동체 소속감은 세대에 따라 어떤 차이를 보이고 있는가?

20세기가 끝나면서 양켈로비치 연구소는 상당히 많은 미국인들에게 '공동체'가 무엇을 의미하는지에 관해 조사했다. "여러분은 어떤 방식으로 진정한 소속감 혹은 공동체의 느낌을 받게 됩니까?"라는 질문을 던졌다. 〈그림 77〉이 보여주듯 모든 세대에 걸쳐 가족, 친구가 제일 많이 거론되었고 그다음이 (가정 밖에서 일하는 사람의 경우에는) 직장 동료였다(5장에서 다룬 내용에 비추어 보면, 직장 동료가 젊은 세대에게나 앞 세대에게나 같은 정도로 중요하다는 점이 흥미롭다). 이 세 항목에서는 소속감이 세대에 따라 다르게 나타나지 않는다.

좀더 아래로 내려오면 각 세대가 공동체에 뿌리 내린 정도에 따라 크게 달라진다. X세대와 비교하면 1946년 이전 출생자는 이웃, 교회, 지역 공동체, 자신이 속한 여러 단체와 조직에 대한 소속감을 거의 두 배 더 느끼는 것 같다(베이비붐 세대는 모든 경우에서 X세대와 1946년 이전 출생 세대의 중간에 해당한다). 보다 젊은 세대들 사이에서는 이 거주 지역을 기반으로 한 유대감, 종교적 유대감, 단체 소속감이 보다 약하다. 놀랍지도 않겠지만, 전자 매체와의 유대감은 나이 든 세대보다는 X세대에게 더 중요하지만, 보다 젊은 코호트들 사이에서도 공동체의 의식을 불어넣는 기반으로서는 **가족과 친척이 사이버 친구들보다는 20배 더 중요하다.**

20세기 말에 와서 보다 젊은 세대들은 시민 공동체, 즉 거주 지역, 종교, 소속 단체를 기반으로 한 공동체와 유대감을 덜 느끼지만 이 소속감의 상실을 상쇄할 만한 새로운 유대감은 만들어내지 못했다. 가족, 친구, 직장 동료와의 유대감은 나이 든 세대와 공유하고 있지만, 여기를 넘어서면 유대감은 급격히 떨어져 있다. 보다 젊은 코호트들에게도 강력한 유대 관계는 여전히 중요하지만 보다 넓은 공동체와의 유대에 의해 더 이상 강화되고 상호 보완되지 않고 있다.

요약하면 이렇다. 20세기의 마지막 3분의 1 기간 동안 미국에서 시민적 참여의 하락의 대부분은 시민 활동에 유별나게 충실했던 세대가 공동체 생활에 뿌리를 덜 내리고 있는 여러 세대(즉 그들의 자녀와 손자)들로 교체되고 있기 때문이다. 이렇게 뚜렷한 세대의 불연속성을 어떻게 설명할 것인지 고민하는 가운데, 나는 지난 수십 년 동안 시민 참여의 활력은 부분적으로는 사회적 습관과 가치관에 의해 일어났으며, 이 습관과 가치관은 다시 20세기 중반의 세계적 위기에 깊은 영향을 받았다는 결론으로 이끌리게 되었다. 물론 세계대전이 시민의 참여 활성화를 위해 필연적이고 바람직한 수단이라는 뜻은 절대 아니다.

하지만 우리가 '대규모 전쟁'이라고 불렀던 것이 군사적 가치나 생명의 희생을 찬양하지 않으면서도 시민정신에 지속적 영향을 미쳐왔음을 인정해야 하며, 그중 일부는 강력하게 긍정적인 영향을 끼쳐왔다는 것이 나의 주장이다(영화감독 스티븐 스필버그가 「라이언 일병 구하기」에서 인상적으로 표현한 딜레마가 바로 이것이다). 20세기 초반에 출생한 미국인 세대가 전쟁의 공포, 그리고 전쟁이 고취시킨 시민적 덕목을 성찰했을 때, 그들은 '전쟁과 도덕적으로 같은 효과를 발휘하는 것'을 찾아내는 것을 자신의 과제로 삼았다. 이 장에서 다룬 내용이 시민 참여의 회복에 조금이나마 실천적 함의라도 갖고 있다면 바로 그것이다.

무엇이 시민 참여를 죽였는가?─요약

1. 전통적 가족 구조의 해체

지난 수십 년 동안 미국인의 사회적 연계성과 공동체 참여의 붕괴 뒤에 숨어 있는 요소들의 복합성에 관한 우리의 결론을 이제 요약하려고 한다. 그러기에 앞서 먼저 우리는 여러 추가 용의자들에게 유리하거나 불리한 증거를 다시 살펴보아야 한다.

첫째, 지난 수십 년 사이에 미국의 가족 구조는 여러 가지 중요하면서도 잠재적으로 일정한 영향력을 발휘할 정도로 변화해왔다. 시민적 참여의 하락은 어머니, 아버지, 아이들로 구성된 전통적 가족 단위의 붕괴와 일치했다. 여러 가지 이유에서 가족 그 자체는 사회적 자본의 핵심 형태이기 때문에, 그 붕괴는 보다 넓은 공동체 속에서 참여와 신뢰의 축소를 실명하는 부분직 이유가 될 수도 있을 것이다. 증거는 어떤 결과를 보여주는가?

가족 간의 유대가 약해졌음을 보여주는 증거는 확실하다. (1960년 대에서 70년대 중반까지 가속화되었다가 그 후 일정한 수준을 유지하고 있는) 한 세기 동안 죽 이어진 이혼율의 상승, 최근 들어 더욱 늘어난 한 부모 가정에서 분명히 알 수 있다. 그리고 1인 가정은 1950년 이후 2배 이상 많아졌는데 남편과 사별한 후 혼자 사는 여성들의 수가 부쩍 늘었다는 사실도 부분적 원인으로 작용한다. '전국 사회 조사GSS'를 보면 미국의 전체 성인 중 현재 결혼 상태에 있는 사람들의 비율은 1974년 74퍼센트에서 1998년 56퍼센트로 줄었으며, 가정에 자녀를 둔 성인의 비율은 55퍼센트에서 38퍼센트로 떨어졌다. 통계청은 결혼하고 가정에 자녀를 둔 성인, 즉 60년대 TV 드라마에 나왔던 전형적인 미국 가족은 1970년 40퍼센트에서 1997년 26퍼센트로 3분의 1 이상 줄었다고 보고한다.

사교모임에서는 배우자나 자녀를 매개로 모르는 사람들과 만난다는 것은 누구나 다 아는 일이다. 지난 30년 동안 (이혼은 늘어나고 결혼하는 사람과 자녀 수는 줄어든 반면 혼자 사는 사람들은 늘어난) 미국 가족 구조와 가정생활의 변화가 시민적 참여의 하락에 어느 정도의 영향을 끼쳤을까? 놀랍겠지만 그 대답은 "아마 그렇게 대단한 결과는 미치지 못했던 것 같다."

결혼과 자녀는 한 사람이 속한 사회적 네트워크의 종류를 바꾸어 놓는다. 결혼과 자녀는 모두 지역사회 단체와 가정에서 보내는 시간은 증가시키고 친구와의 일상적인 사교 활동에 보내는 시간을 줄인다. 그렇지만 결혼과 자녀로 인해 참여 활동의 실질적 차이가 생길 정도로 충분히 강하게 관련된 부문은 교회 관련 활동과 청소년 관련 활동 단 두 종류이다.

결혼해서 자녀를 둔 미국인은 교회 신도 가입, 교회 출석, 교회 관련 사회 활동을 포함하는 종교적 활동에 참여할 가능성이 훨씬 높다. 곧 설명하듯 어느 것이 원인이고 어느 것이 결과인지는 분명하지 않지만 그 연계는 튼튼하다. 당연한 말이지만 부모들은 (PTA, 걸스카우트, 보이스카우트 등) 학교 단체와 청소년 단체에도 많이 관여하며, '마을이나 **학교** 업무에 관련된 공공회의'에도 역시 더 활발하게 참여할 가능성이 높다. 마지막으로 교회 관련 활동과 청소년 관련 활동은 미국에서 자원봉사가 가장 흔한 두 부문이기 때문에, 같은 나이와 사회적 지위에 속하지만 독신이며 자녀가 없는 사람들보다는 자녀를 둔 사람이 자원봉사 활동에 참여할 가능성이 더 높다.

다른 한편 결혼과 자녀는 다른 유형의 단체에 대한 참여를 북돋우지는 못한다. 그 외의 인구학적 특징들을 통제하면 결혼과 자녀는 스포츠 · 정치 · 문화 단체의 가입과 **역逆**의 상관관계를 보이고 있다. 또 사업 단체와 전문직 단체, 봉사 단체, 인종 단체, 동네 단체, 취미 단체 등의 가입과는 아무 관련도 없다. 기혼자는 인구학적으로 일치하는 독신자보다 클럽 모임에 **덜** 참석한다.

기혼자는 디너파티의 개최와 참석, 자기 집으로 친구나 손님 초대, 지역 단체에서의 적극적 역할은 약간 (아주 약간) 더 많이 할 가능성이 있다. 반면 기혼자는 친구 및 이웃과의 일상적인 사교 활동에는 시간을 할애할 가능성이 **적다**. 기혼자들은 집에서 잘 나가지 않으려는 경향이 있다. 따라서 결혼 비율이 하락함에 따라, 그 중요한 사회적 결과는 사람들의 사회 활동 영역이 가정에서부터 공공의 성격을 띤 부문으로 옮겨가는 것으로 나타나야 했으며, 이 경우 시민적 참여의 전반적 결과에는 변화가 없어야 했다. 그러나 공공의 성격을 띤 부문의 활동은 늘지 않았으며 시민적 참여는 전체적으로 하락했다.

다른 사정이 동일하다면 정치에 대한 관심은 부모보다는 독신자와 자녀가 없는 사람들이 약간 높다. 우리가 보았듯 자녀를 갖는 것은 지역의 참여 활동(리더십, 회의, 자원봉사)을 촉진시키는 데 보다 중요하다. 결혼 그 자체보다 부모가 된다는 것이 공동체 생활의 전주곡으로서 중요하지만, 그 결과는 학교 관련 활동과 청소년 관련 활동을 넘어 다른 부문으로 확산되는 양상을 보이지 않는다.

이혼 그 자체는 종교 단체에의 참여와 역(−)의 관계를 나타내지만 그 외의 공식적·일상적인 형태의 시민 참여와는 (정正이든 역의 관계이든) 관계가 없어 보인다. 인구학적으로 일치하지만 결혼 경력이 전혀 없는 사람과 비교하면, 이혼한 사람은 디너파티를 여는 데는 다소 소극적이지만 자기 집에서 손님이나 친구들과 어울리기, 자원봉사, 클럽 모임, 공동체 프로젝트에 동참하기 등에서는 차이를 보이지 않는다. 청원서 서명과 공공회의 참석에는 오히려 더 적극적이며 국회에 편지 보내기도 더 자주 하는 편이다. 이혼 그 자체는 시민적 불참을 향해 나아가는 일반적 경향에 큰 영향을 끼치지 않은 것으로 보인다.

전통적 가족 단위는 (상당히) 줄어들고 종교적 참여는 (약간) 하락했다면 이 두 요소 사이에는 어떤 연계가 있는 것 같다. 그러나 그러한 연계의 성격은 아주 불명확하다. 전통적 가족의 해체가 종교적 참여를 낮추도록 이끌었을 수도 있고, 종교적 참여의 쇠퇴가 이혼을 비롯한 비전통적인 가족 형태를 보다 쉽게 받아들이도록 이끌었을 수도 있기 때문이다. 다른 말로 하자면 전통적 가족의 해체가 전통적 종교의 쇠퇴에 기여했을 수도 있지만, 그 역도 똑같이 가능하다는 말이다. 그 어떤 경우를 보아도 시민적 참여와 사회적 연계성의 **전반적** 하락이 전통적 가족의 해체 탓이라는 가설과 증거가 일치하지 **않는다**. 오히려 어느 정도는 가족에 대한 의무에서 벗어나 보다 사회적이고 지역 공동체를 위한 활동에 더 많은 시간을 쓸 수 있어야 했다.

지난 30년 혹은 40년의 자료를 다시 검토하면서, 전통적 가족 구조를 통제하고 우리의 조사에 나타난 기혼자와 부모들에게 가중치를 부여하는 통계 처리를 할 수 있다. 이렇게 하면 종교적 참여도는 높게 나올 것이고, 학교 관련 업무와 청소년 단체의 참여율은 확실하게 증가할 것이다. 이 부분에서는 전통적 가족의 해체가 사회 참여를 감소시키는 역할을 했다는 사실이 밝혀질 것이다. 또한 가설적인 통계 작업은 이 두 부문에서 자원봉사의 평균 수준을 약간 증가시킬 것이다(역설적이게도 자원봉사는 그 하락세를 설명할 필요가 없는 몇몇 형태의 시민적 참여 중의 하나이다).

그렇지만 이런 통계 처리 방식으로 가족 구조를 다룬다 해도 (키와니스 클럽에서부터 NAACP, 미국 의사회에 이르는) 비종교적 단체의 회원 가입이나 활동과 관련해서는 사실상 아무런 변화도 나타나지 않을 것이며, 정당 업무나 투표 참여 같은 정치 활동의 감소 폭이 줄어들지도 않을 것이다. 오히려 친구와 이웃과 보내는 시간이 지난 수십 년 동안의 실제 감소 폭보다 더 **줄어들** 것이다. 간단하게 말하자면 청소년 혹은 교회 관련 활동의 감소를 제외하면, 우리가 설명해야 할 사회적 자본과 시민적 참여의 하락 중 어느 것도 전통적 가족 구조의 해체 탓으로 볼 수 **없다**. 전통적인 가족 가치의 붕괴를 걱정하는 중요한 이유가 여럿 있지만 그로 인한 부작용 중의 하나가 시민적 불참이라는 증거는 전혀 찾을 수 없다.

2. 인종

인종 문제는 미국 사회의 근본적 특징이기 때문에 거의 모든 사회 문제가 어떤 방식으로든 인종과 연결되어 있다. 따라서 인종 문제가 지난 30여 년 사이 사회적 자본의 붕괴에 어느 정도 역할을 해왔다는 생각은 직관적으로 그럴듯해 보인다. 실제로 사회적 연계성과 사회적 신뢰의 쇠퇴는 1960년대 민권 혁명의 위대한 승리 직후에 시작되었다. 그 일치 현상은 시민 생활에서 인종 차별의 법적 금지로 인해 백인들이 지역사회 단체로부터 철수함으로써 시민 활동에 일종의 '백인 이탈'이 나타났을 가능성을 시사한다. 사회적 자본의 붕괴에 대한 이와 같은 인종적 해석은 논쟁의 여지가 너무나 커 간단하게 설명할 수 없다. 그럼에도 불구하고 그 기본 특징은 이렇다.

첫째, 단체 회원에서 인종 차이는 크지 않다. 교육과 소득의 차이를 통제하면 적어도 1980년대까지는 흑인이 백인보다 단체에 더 많이 가입했다. 이것은 기본적으로 흑인이 사회적으로 비슷한 위치에 있는 백인보다 종교 단체와 인종 단체에 모두 가입하고, 그 외 다른 유형의 단체에는 같은 정도로 가입했을 가능성이 높기 때문이다. 다른 한편 우리가 8장에서 보았듯 교육, 소득 등의 차이를 감안하더라도 사회적 신뢰에서의 인종적 차이는 실제로 매우 크다. 분명히 사회적 신뢰에서의 이러한 인종적 차이는 집단적 편집증을 반영하는 것이 아니라 여러 세대에 걸친 실제 경험을 반영하고 있다.

둘째, 사회적 자본의 침식은 모든 인종에게 영향을 끼쳐왔다. 이러한 사실은 '백인 이탈'이 시민적 불참의 중요 원인이라는 가설과 일치하지 않는다. 흑인 역시 적어도 백인만큼이나 빠르게 종교 단체와 시민단체를 비롯한 그 외 형태의 사회적 연계로부터 탈퇴해왔기 때문이다. 1970년대와 90년대 사이 시민 활동의 가장 큰 감소는 대학 교육을 받은 흑인들 사이에서 나타났다. 보다 중요한 사실은 **백인들** 사이에서도 시민 불참의 속도는 인종적 편협성이나 인종 차별의 지지도와 상관관계를 갖지 않았다는 점이다. 인종주의자 혹은 인종 차별 지지자라고 밝힌 백인들이 보다 관대한 태도를 갖고 있는 백인들보다 이 시기 동안 공동체 단체로부터 더 빨리 탈퇴하지 않았다. 단체 회원의 감소는 인종 차별을 지지하는 백인, 반대하는 백인, 그리고 흑인들 사이에서 본질적으로 동일하다.

셋째, 시민적 불참이 민권 혁명 이후 흑백이 통합된 공동체로부터 백인의 이탈을 의미한다면, 14장에서 살펴본 세대별 차이와 조화되기 어렵다. 1960년대와 70년대에 비해 미국 사회가 객관적으로 인종 차별적이었으며 주관적으로는 보다 인종주의적이었던 20세기 전반부에 성년이 된 사람들 사이에서는 왜 시민적 불참이 전혀 보이지 않는가? 미국의 시민적 불참이 인종적 편견 탓이라면 가장 완고한 개인과 세대들 사이에서 불참이 특히 두드러지게 나타나야 한다.

인종 차별 관련 증거는 시민적 불참의 문제에 대해 결정적 판단을 내릴 정도로 뚜렷하지는 않으나, 지난 25년 동안 확산된 시민적 불참의 일차적 원인이 인종주의라고 믿는 사람들도 분명한 증거를 제시하지는 못한다. 그렇지만 악의에 찬 인종주의는 미국 사회에 계속 남아 있다. 이에 못지않게 중요한 사실이 있다. 이 증거는 또한 지난 30년의 민권 운동의 성과를 도로 거두어간다고 해도 사회적 자본의 손실을 되돌릴 수 없을 것이라는 점을 시사한다.

3. 복지국가와 거대 정부

사회적 연계성의 쇠퇴 시점은 공교롭게 복지국가의 성장과 거대 정부의 출현과 동시에 일어났다. 이런 상황 증거는 일부 관찰자들에게는 시민적 불참의 중요한 원인, 심지어 아마 **대표적** 원인이 복지국가의 성장과 큰 정부라는 사실을 암시해주었다. 개인의 주도적 노력을 '밀어냄으로써' 국가의 개입이 시민사회를 파괴한다는 것이 그 주장이었다. 이 주장은 내가 여기서 상세히 설명할 수 없을 정도로 큰 주제이지만 한두 마디 덧붙일 필요는 있다.

물론 정부의 일부 정책은 사회적 자본을 파괴하는 악영향을 분명히 미쳐왔다. 예를 들면 1950년대와 60년대의 빈민촌 정화작업은 물리적 자본은 개선시켰지만 기존의 공동체 유대를 해체시킴으로써 사회적 자본은 붕괴시켰다. 정부의 어떤 사회 정책과 과세 정책이 시민정신에 헌신적인 자선사업가의 활동 의욕을 꺾어놓는 경우도 충분히 생각할 수 있다. 그러나 정부의 어떤 정책이 볼링 리그, 가족 식사, 독서회의 쇠퇴를 불러왔는지 알기란 훨씬 어렵다.

이 문제에 대한 한 가지 경험적 접근법은, 큰 정부가 사회적 자본의 왜소화로 이어지는지 보기 위해 미국의 모든 주州정부에서 시민적 참여와 공공 정책 사이의 차이를 검토하는 것이다. 그런데 미국의 주들 사이에서 사회적 자본의 차이는 정부의 크기나 복지 지출의 여러 측정치와 본질적으로 상관관계가 없는 것으로 보인다. 복지 지출이 큰 주의 시민들이나 적은 주의 시민들이나 참여도는 낮았다.

여러 국가의 비교 자료는 이 문제에 대해 시사점을 던져줄 수 있다. 서구의 선진 민주주의 국가 중에서 사회적 신뢰와 단체의 회원 가입은 정부의 크기와, 굳이 관계를 찾자면, 정표의 상관관계를 나타내고 있다. 사회적 자본은 정부 지출 규모가 큰 스칸디나비아 반도의 복지국가에서 가장 높은 것으로 나타난다. 물론 이 단순한 분석은 사회적 연계성이 복지 지출을 촉진시키는지, 아니면 복지국가가 시민적 참여를 육성하는지, 혹은 이 둘 모두 어떤 다른 측정되지 않은 요소의 결과인지 알려주지 못한다. 그 근본적인 인과관계를 알

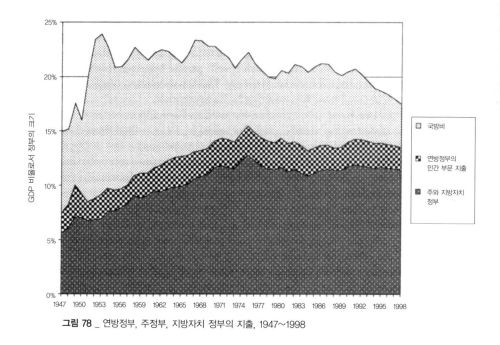

그림 78 _ 연방정부, 주정부, 지방자치 정부의 지출, 1947~1998

아내려면 훨씬 더 철저한 분석이 필요하다. 그러나 앞에서 든 간단한 발견조차 큰 정부가 사회적 자본을 훼손시킨다는 생각과 쉽사리 조화되지는 않는다.

지난 반세기 동안 미국 정부의 규모가 변화된 경향을 조사하면 복지국가 때문에 우리의 사회적 자본이 축소되었다는 가설에 의구심을 증폭시킨다. 〈그림 78〉을 보면 지난 반세기 동안 미국의 경제 규모에 비례하여 정부의 크기에서는 두 가지 사항만 변했을 뿐이다. 1) 일반적으로 국방비는 1951년부터 1998년까지 어느 정도는 꾸준하게 줄어들었다. 2) 주와 지방자치 정부의 지출은 1947년에서 1975년까지 꾸준히 상승했다. 다른 한편 두 가지는 사실상 변하지 않았다. 1) 연방정부의 국내 지출(1940년대와 90년대 말에는 GNP의 평균 2.2퍼센트였으며, 가장 높았던 60년대 중반에는 2.7퍼센트였다). 2)

지난 25년 동안 연방정부 지출 대對 주·지방자치 정부 지출의 상대적 크기.

이 기간 동안 사실상 모든 형태의 사회적 자본은 1947년과 1965년 사이 크게 증가했으며, 1965년과 1998년 사이에는 대폭 줄었다. 따라서 〈그림 78〉은 사회적 자본이나 시민적 참여의 하락 원인을 주·지방자치 정부와 비교한 연방정부의 상대적 크기, 혹은 거대한 연방정부에서 찾는 그 어떤 이론과도 일치하지 않는 것으로 보인다.

4. 거대 기업

큰 정부가 현재 미국에서 시민적 참여 감소의 일차적 원인이 아니라면 거대 기업, 자본주의, 시장은 어떨까? 사려 깊은 사회 비판가들은 자본주의가 사람과 사람 사이의 유대와 사회적 신뢰를 좀먹음으로써 개인의 성공적 삶을 위한 전제조건을 훼손시킬 것을 오래 전부터 우려해왔다. 게오르크 짐멜에서부터 칼 마르크스에 이르는 19세기 사회이론의 거장 중 많은 사람들이 시장자본주의는 우호적 인간관계에 필요한 인간적 온기를 상실하고 인간의 유대를 단순한 상품의 지위로 떨어뜨리는 '차가운 사회'를 만들어왔다고 주장했다. 이 사회적 해체의 일반 이론이 갖는 문제점은 너무 많은 것을 설명한다는 점이다. 미국은 수세기 동안 시장자본주의의 축소판이었지만, 그동안 우리의 사회적 자본과 시민 참여의 규모는 큰 폭으로 올라갔다가 떨어졌다. 상수常數는 변수를 설명할 수 없다.

그러나 또 다른 유형의 경제결정론은 보다 타당할 수도 있다. 점진적이지만 가속화되고 있는 미국 경제 구조의 전국화와 지구화가 그것이다. 지역 은행, 상점, 그 외 지역 기반 기업들이 대규모 다국적 기업으로 대체되는 현실은 사업가들의 입장에서는 시민적 의무의 감소를 의미하는 경우가 종종 있다. 월마트가 모퉁이 상점을 대체하고, '뱅크 오브 아메리카'가 '퍼스트 내셔널 뱅크'를 접수하면서 공동체 생활에 기여해야 할 기업 엘리트의 동기는 줄어들었다. 예를 들면 도시 신개발주의자 찰스 헤잉Charles Heying은 20세기의 마지막 3분의 1 기간 동안 나타난 그와 같은 '기업의 탈지역화'가 애틀랜타 시의 기업가에게서 시민적 리더십을 박탈하는 데 어떻게 작용했는지 보여주었다. 애틀랜타 시 엘리트의 사회적 응집력과 시민적 의무감은 1930년대부터 상승하여 60년대 절정에 달한 후 90년대까지 하락했는데, 이것은 우리가 살펴본 사회적 자본의 그 밖의 측정치들과 같은 궤적을 그리며 변화한 것이다. 헤잉은 시카고, 필라델피아, 데이톤, 슈리브포트 등 다양한 지역에서 유사한 경향이 나타났음을 보여주는 증거를 제시한다. 보스턴에서 가장 큰 부동산 개발업자 중 한 사람은 헤잉에게 그 지역의 주도적 사업가들만의 모임으로 유명한 '볼트Vault'가 사라진 데 대해 불평을 털어놓았다. 헤잉이 "당신이 필요로 할 때 파워 엘리트들은 어디에 있었습니까?" 하고 물었더니, 그는 "그 사람들은 전부 다른 주에 있는 본사에 있죠"라고 대답했다.

　나는 범세계적인 경제적 변화가 미국 전역에 걸친 지역 공동체 생활에 심각한 영향을 미치고 있다는 점은 전혀 의심하지 않는다. 특히 그 지역의 대규모 자선사업 활동과 시민 활동의 경우 기업의 참여가 눈에 띄게 떨어졌을 정도로 그 연결 관계는 가장 직접적이다. 그렇지만 왜 기업의 탈지역화가 교회 참석, 같이 포커 칠 친구 사귀기, 심지어는 대통령 선거의 투표 참여에도 영향을 미쳤는지는 그다지 확실하지 않다. 그렇다고 해도 시민적 불참과 기업 불참의 관계는 탐구할 가치가 있다.

5. 요약

지금까지 시민적 참여와 사회적 자본의 쇠퇴를 불러일으켰던 여러 요소들에 관해 우리가 확인한 사실들을 요약하자.

첫째, 맞벌이 가족이 받는 압박을 포함해서 시간과 돈의 압박은 이 기간 동안 우리의 사회적 참여와 지역사회 참여율의 감소에 상당한 정도로 영향을 끼쳤다. 그렇지만 아무리 높게 보아도 이 요소들은 전체 감소분에서 10퍼센트 정도밖에 책임이 없다는 것이 내 계산이다.

둘째, 교외 지역의 도시화, 장거리 출퇴근, 도시의 팽창 역시 보조 역할을 했다. 이 요소들을 모두 합치면 역시 전체 하락의 10퍼센트를 설명할 수 있다고 보는 것이 타당한 계산법이다.

셋째, 여가 시간을 혼자서 소비하게 만드는 전자화된 오락 수단, 특히 텔레비전의 영향은 상당히 컸다. 이 요소는 전체 하락의 아마 25퍼센트 정도를 설명할 수 있다는 것이 내 대략적 추산이다.

가장 중요한 넷째, 오랫동안 시민 활동에 헌신적이었던 세대가 자녀·손자 세대로 느리지만 불가항력적으로 꾸준히 대체되고 있는 현상, 즉 세대교체가 가장 강력한 요소로 밝혀졌다. 세대교체의 영향은 시민적 참여의 형태에 따라 상당히 다르게 나타난다. 공적인 형태의 참여에서는 크게 나타났고, 개인의 사적인 사교 활동에서는 그 영향이 작았다. 그러나 어림잡아 이 요소는 전체 하락의 약 절반 정도 설명할 수 있을 것 같다는 결론을 14장에서 내린 바 있다.

시민 참여의 변화를 설명하는 데 약간 복잡한 문제는 텔레비전의 장기적 효과와 세대 변화 사이의 중첩 부분이다. 오랫동안 시민 참여에 헌신적이었던 세대long civic generation의 구성원들 중에서도 장시간 TV를 시청하는 사람들에서는 시민 참여가 줄었다는 사실에서 보듯, 텔레비전의 모든 결과가 세대마다 다르게 나타난 것도 아니었으며, 세대교체의 모든 결과가 텔레비전 탓이라고 볼 수도 없기 때문이다(우리는 세대 차이에는 점차 사라지고 있는 제2차 세계대전의 효과 역시 아주 중요하며, '세대 효과' 아래에는 또 다른 요소들이 숨어 있을 수도 있다고 추측한다). 그렇지만 전체 변화의 10~15퍼센트는 세대와 TV의 합동 영향, 간단하게 'TV 세대'라고 부를 만한 부분의 탓이라고 볼 수 있을 것 같다.

각 요소의 개별 효과는 공동체 참여의 형태에 따라 다르게 나타나기 때문에 이 모든 추산에는 약간의 주의 사항이 필요하다. 예를 들면 세대는 교회 참석의 감소를 설명하는 데 보다 중요하지만, 친구 방문의 감소를 설명하는 데는 중요도가 떨어진다. 그렇지만 우리가 지금까지 살펴본 여러 요소들의 상대적 중요성을 개략적으로 나타내면 〈그림 79〉와 같은 모습이 된다. 이 파이 그림에서 빠진 조각은 우리의 현재 지식이 갖고 있는 한계를 정확하게 반영하고 있다. 직장, 도시 팽창, TV, 세대 변화는 우리의 이야기에서 모두 중요한 부분들이지만 아직 전모가 완전하게 밝혀지지는 않은 것이다.

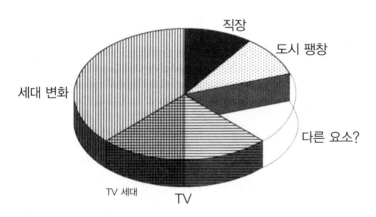

그림 79 _ 시민적 불참의 개략적 설명, 1965~2000

사회적 자본의 기능

크리스틴 A. 고스의 도움을 받음

제
16
장

서론

1. 사회적 자본의 중요성

우리가 생각할 수 있는 거의 모든 척도로 재보아도 사회적 자본은 지난 두 세대에 걸쳐 꾸준히, 때로는 극적으로 무너져 내렸다. 계량적 증거는 너무나 확실하지만, 대부분의 미국인은 도표나 그래프를 안 보고서도 자신의 지역 공동체와 국가에 무언가 좋지 않은 일이 발생해왔음을 알고 있었다. 미국인들은 사회적 연대의 해체가 심각한 수준에 도달했음을 날이 갈수록 본능적으로 느끼게 되었다. 잃어버린 시민사회의 추억을 파는 시장이 새 천년의 문턱에서 블루칩 주식 시장보다 더 뜨겁다는 사실은 우연의 일치가 아닐 것이다. 예컨대 뉴스 진행자 톰 브로코Tom Brokaw는 영웅적인 제2차 세계대전 세대의 남녀가 전쟁 기간 중에 어떻게 헌신했는지를 그린, 지금도 베스트셀러인 책을 출판하여 비평가들의 엇갈린 평을 받았다.

로스앤젤레스에서는 LA 국제공항의 이름을 현실에서는 전쟁 영웅이었고 영화 「스미스 씨 워싱턴에 가다」 「멋진 인생」 등에서는 부패에 타협하지 않는 강직하면서도 가정적인 아버지로 출연했던 지미 스튜어트Jimmy Stewart 공항으로 바꾸자는 운동이 간헐적으로 벌어진다. 20세기 말 미국인의 향수는 지나간 것을 막연히 그리워하는 흔히 보는 회상이 아니다. 시민정신 속에는 보다 많은 가치가 담겨져 있었으며 공동체가 실제로 '움직이고' 있었던 시기를 되찾으려는 시도이다. 책을 사고 공항 이름을 바꾸려는 미국인의 행동은 우리의 깊은 내면에서는 시민적 품성과 사회적 자본이 정말 중요한 문제임을 인식하고 있다고 말하는 듯 보인다.

우리는 옳은 일을 하고 있는가? 사회적 자본은 개인, 공동체, 심지어 국가 전체에 건전한 영향을 끼치는가? 물론이다. 시민적 연계성은 우리를 건강하고, 부유하며, 현명하게 만드는 데 기여한다는 사실을 시사하는 인상적인 연구는 나날이 늘고 있다. 남부 이탈리아의 궁벽한 농촌의 농민이든, 미국 내부 도시의 빈민이든, 하이테크 산업 단지의 부유한 사업가이든 사회적 자본 없는 삶은 쉬운 일이 아니다.

사회적 자본이 개인과 공동체에 유익하다는 사실을 믿으려면 먼저 사회적 자본은 어떻게 그 마법을 발휘하는지 알아야 한다. 높은 수준의 신뢰와 시민 참여는 사회적으로 바람직한 결과를 내기 위해 다양한 메커니즘을 통해 작동한다. 물론 여기서 작용하는 메커니즘(들)은 상황과 의도하는 결과에 따라 달라질 것이다. 그러나 일반적으로 사회적 자본은 사람들의 희망을 현실로 전환시키는 데 기여하는 많은 특징들을 갖고 있다.

첫째, 사회적 자본은 시민에게 집단적 문제들을 보다 쉽게 해결할 수 있도록 해준다. 사회과학자들은 집합 행동collective action의 '딜레마'에 오래전부터 관심을 가져왔다. 그러한 딜레마들은 어디에서나 볼 수 있으며 그 운동 방식은 간단하다. 사람들이 어떤 집단적 문제점을 해결하려고 할 경우, 각자에게 맡겨진 몫을 다하면서 서로 협동한다면 전보다 훨씬 좋은 결과를 얻을 수 있을 것이다. 그러나 다른 사람들이 자기 대신 그 일을 해줄 것이라는 기대를 갖고 자기 책임을 회피한다면, 그리고 그 결과는 같이 나온다면, 애쓰지 않고서도 바라는 결과를 얻었으니 훨씬 좋은 일이 된다. 또한 자신의 판단이 잘못되어 다른 사람들도 모두 책임을 회피해서 일이 제대로 돌아가지 않았다면, 결국 혼자서만 바보처럼 뛰어다니며 아무 결과도 얻지 못할 것에 비하면 훨씬 잘된 일이다. 물론 모두가 다른 사람들이 그 일을 할 것이라고 생각한다면 아무도 참여하지 않을 터이고, 결국 모든 사람이 협력하는 것에 비해 결과는 훨씬 나빠질 것이다.

국민들이 정부를 유지하기 위한 세금을 납부할 때 이런 집합 행동의 딜레마가 나타난다. 또한 가뭄이 오랫동안 계속되는 여름날 잔디에 물주거나 샤워 오래 하기를 삼가는 일에서도 나타난다. 구성원들의 협조를 가로막는 이러한 장애물을 가리키는 용어가 '집합 행동의 문제collective action problems' '죄수의 딜레마prisoner's dilemma' '무임승차 문제the free-rider problem' '공유지의 비극the tragedy of the commons' 등이다. 나는 몇몇 용어만 인용했지만 여기에는 한 가지 공통된 특징이 있다. 즉 집단적으로 바람직한 행동을 구성원들이 지키도록 보장하는 힘을 갖춘 제도적 메커니즘이 있으면 문제가 가장 잘 해결될 수 있다는 것이다. 사회적 규범, 그리고 그 규범을 집행하는 네트워크가 바로 그러한 메커니즘을 제공한다.

둘째, 사회적 자본은 공동체를 부드럽게 움직일 수 있게 해주는 윤활유 역할을 한다. 사람들이 서로 신뢰하고 신뢰받을 만한 곳, 그리고 동료 시민들과 상호작용을 계속 반복할 수밖에 없는 곳에서는, 일상의 사업과 사회적 거래는 훨씬 비용이 덜 든다. 다른 사람들이 자기 몫의 책임을 다하는지 확인하기 위해, 만일 그렇지 않으면 벌칙을 가하기 위해 시간과 돈을 쓸 필요가 없다. 올리버 윌리엄슨 Oliver Williamson 같은 경제학자, 엘리노 오스트롬Elinor Ostrom 같은 정치학자는 어떻게 사회적 자본이 사업과 자치 단위에 유용한 자원과 금융 자본으로 전환되는지 보여준 바 있었다. 노벨 경제학상을 수상한 케네스 애로우Kenneth Arrow는 "모든 거래는 일정한 시간을 갖고 진행되기 때문에 모든 상업적 거래는 자체 내에 신뢰의 요소를 갖고 있다. 세계의 경제적 후진 지역의 상당수는 상호 신뢰의 결여 때문에 발전이 어렵다는 주장도 충분히 가능하다"고 결론 내렸다.[1]

셋째, 사회적 자본은 우리의 운명이 연결된 다양한 방식에 대한 인식의 폭을 넓힘으로써 우리의 처지를 개선한다. 가족, 친구, 같이 볼링 치는 사람 누구라도 좋다. 타인과 적극적이고 신뢰성 있는 연계를 맺고 있는 사람은 사회의 나머지 부분에도 유익한 특징을 발전시키거나 유지한다. 타인과 적극적 관계를 형성하는 사람은 보다 관대하고, 덜 냉소적이며, 다른 사람의 불행에 더 공감한다. 타인과의 연결 관계가 없는 사람은 일상적인 가벼운 대화나 혹은 보다 공식적인 토의 속에서 자기 생각이 옳은지 시험할 수 없다. 그런 기회를 갖지 못하는 사람은 자신의 가장 나쁜 충동에 지배될 가능성이 높다. 1999년 갑자기 늘어난 학교 내의 총격 사건 같은 불특정 다수에 대한 폭력 행위들은 주로 '외톨이'로 지내던 사람에 의해 저질러진 경우가 많았다는 사실은 절대 우연이 아니다.

---

1) Kenneth J. Arrow, "Gifts and Exchanges," *Philosophy and Public Affairs* 1(Summer 1973), p. 357.

사회적 자본을 구성하는 네트워크는 우리의 목표를 손쉽게 달성하게 해주는 유용한 정보를 전달하는 수도관 구실도 한다. 예컨대 우리가 19장에서 보게 되겠지만 많은 미국인은, 아마 우리들 대부분이 다 그렇겠지만, 인간적 연결 관계를 통해 직업을 얻는다. 우리가 만일 그 사회적 자본을 결여하고 있다면, 경제사회학자들이 지적했듯 제아무리 재능과 훈련 '(즉 인간 자본)'이 많아도 우리의 경제적 전망은 심각하게 축소된다. 이와 유사하게 시민적 상호작용을 결여한 공동체는 정보를 공유하기가 어려우며, 따라서 기회를 성취하고 위협에 저항하는 데 사람을 동원하기가 훨씬 어렵다.

사회적 자본은 심리적·생물학적 과정을 통해 개인의 삶을 향상시키는 방향으로도 작용한다. 사회적 자본이 풍부한 삶을 누리는 사람들은 심각한 정신적 상처를 보다 잘 극복하고 질병과도 효과적으로 싸운다는 점을 시사하는 증거들은 산더미처럼 있다. 사회적 자본은 우리가 동네 약국에서 살 수 있는 우울증 치료제, 수면제, 위장약, 비타민 C, 그 밖의 약품의 대체품은 아니지만 치료 보조제의 역할을 한다. 몸이 찌뿌드드할 때 치료법으로 "아스피린 두 알 드세요"보다는 "운동하게 아침에 나 (아니면 그 누구라도) 좀 깨워 줘"라는 것이 실제로도 훨씬 훌륭한 의학적 충고일 것이다.

어떻게 이 메커니즘들이 실제로 작동하는지 분명하게 알려면 사회적 자본의 개념에 맞게 내용을 다듬어놓은 다음의 사례를 보면 좋다. 이 사례는 우리의 주제에 합당하도록 꾸민 것이지만 많은 부모가 처한 현실을 그대로 담고 있다. 조나단이라는 여섯 살짜리 아이를 둔 밥과 로즈메리 스미스 부부는 즐거움도 많지만 골칫거리도 많은 도시 공동체에서 산다. 부부는 원칙적으로 공교육을 지지하며 1학년 아들이 다양한 배경을 가진 아이들과 접촉하기를 원한다. 사실 이것은 공립학교가 제공하는 좋은 기회이다.

그러나 조나단이 다니는 이 지역의 초등학교는 휘청거리고 있다. 교사들의 의욕은 형편없고 담장의 페인트가 벗겨지고 있으며 컴퓨터 장비 구입이나 방과 후 활동을 지원하는 데 사용할 예산도 없다. 이런 환경 속에서 조나단이 잘 자라서 공부를 잘할지 걱정이 된 부모는 선택의 기로에 섰다. 그들은 기꺼이 학비를 지불하고 아이를 사립학교로 전학시킬 수도 있으며, 아니면 그 자리에 머물러서 공립학교를 개선하려고 시도할 수 있다. 무엇을 할까?

스미스 부부가 그냥 머물고 조나단의 학교에서 PTA를 구성한다고 가정하자. 그들이 그렇게 할 수 있으려면 무엇보다 다음 두 가지가 필요하다. 첫째, 교육 문제에 관심을 갖고 PTA에 가입할 가능성이 높은 다른 부모들의 존재, 둘째, 학교의 교육 여건을 개선하는 데 그러한 단체가 효과를 발휘할 가능성. 여기서 사회적 자본이 끼어든다. 스미스 부부가 이웃을 더 많이 알고 신뢰할수록 새로운 PTA에 믿음직한 구성원을 충원하고 계속 보유할 능력도 커진다. 이쪽저쪽으로 중첩되는 연결 관계를 맺고 있는 사람으로 가득한 응집력 있는 이웃들 속에서 개인들은 누가 신뢰할 만한 사람인지 보다 쉽게 배우고, 당면한 문제에 지속적인 관심을 확보할 수 있도록 도덕적으로 더 잘 설득할 수 있다.

스미스 부부가 PTA를 발족시키는 데 성공하여 몇 달 후에는 17명의 부모들을 적극적 회원으로 보유하게 되었다고 가정하자. 이 새로운 제도, 사회적 자본의 새로운 추가 기금은 여기에 가입한 개인 그리고 공동체 전체에는 어떤 효과를 발휘하는가? 우선 PTA 가입은 부모들에게 시민적 업무를 다루는 기술을 쌓게 한다. 지금까지 프로젝트를 계획하거나, 공무원을 만나 설득하고, 회의에서 발언하거나 한 적이 전혀 없는 사람들이 이제는 어쩔 수 없이 그런 일을 맡아야 한다. 더 중요한 것은 PTA가 학교 관계자, 교사, 심지어는 학생들의 헌신과 행동의 규범을 확립하고 집행하는 데 기여한다는 사실이다. 그것은 또한 사람들의 유대 그리고 가족과 교육자 사이의 '일체감'을 심화시키도록 해준다.

보다 개인적 측면에서 보면, PTA 모임은 부모들 사이에 호혜성과 상호 관심의 규범을 확립하거나 강화할 것이 확실하다. 이러한 연결 관계들은 여러 예상치 못한 방식으로 미래에 거의 틀림없이 그 보답을 할 것이다. 밥이 직장을 잃으면 재취업 문제를 알아보는 데 도움을 주거나 혹은 최소한 정신적 후원을 기대할 수 있는 15명의 성인들을 이제 갖게 되는 것이다. 만일 로즈메리가 시에 어린이 의료 시설의 개선을 요구하는 로비 단체를 발족하기로 결정했다면 자신에게 힘을 실어줄 15명의 또 다른 로비스트를 갖게 되는 셈이다. 최소한 이 부부는 금요일 저녁 같이 영화 보러 갈 하나 혹은 두 쌍의 부부를 갖게 될 것이다. 시민적 업무의 숙련, 사회적 후원, 직업상의 접촉, 자원봉사 일꾼, 영화 같이 볼 사람이라는 이 모든 이득은 스미스 부부가 아이의 학교에 컴퓨터를 설치하고 싶어 했기 때문에 생겼다.

공동체의 유대 관계는 단순히 시민 승리의 훈훈한 이야기를 둘러싼 것이 아니다. 우리가 측정할 수 있고 또 많은 연구에서도 입증되었듯, 사회적 자본은 우리의 삶에 눈에 보일 정도의 큰 차이를 만들어낸다. 4부에서는 사회적 자본과 삶의 차이에 관련된 다섯 개의 사례들을 살펴보고자 한다. 그것은 어린이 복지와 교육, 건강하고 생산적인 이웃, 경제적 번영, 건강과 행복, 민주적 시민과 정부의 업무 수행 능력이다. 곧 사회적 자본의 정도에 따라 이 다섯 부문에서 어떤 차이가 나타나는지 살펴보려고 한다. 나는 사회적 자본이 우리를 더 똑똑하고, 건강하고, 부유하게 만들며 정의롭고 안정된 민주주의를 운용할 수 있도록 해준다는 증거를 제시할 것이다.

2. 사회적 자본의 측정 방법

내가 제시하는 대부분의 증거는 여러 분야에서 다른 학자들의 연구 결과에 의존한 것이다. 추가적으로 나는 50개 주州 전체에 걸쳐 사회적 자본과 시민적 참여의 차이를 비교함으로써 분석적 지렛대를 찾으려고 했다. 그러한 비교는 여러 가지 서로 다른 형태로 표현될 수 있기 때문에 현재 미국에서 사회적 자본의 지리적 패턴을 기술하는 것이 유용하다.

각 주의 평균 사회적 자본을 평가하기 위해 〈표 4〉에 요약된 여러 개의 독립적인 항목들을 결합했다. 다양한 연구와 조사들로부터 취합한 자료를 통해 전년도에 그 주에서는 광범위한 일련의 시민적 활동과 정치적 활동에 어느 정도 수준으로 참여했는지 측정했다. 여기에는 단체의 회원, 타운이나 학교 업무에 관련된 공공회의 참석, 지역 사회 단체에 간부나 위원회 위원으로 봉사, 클럽 모임 참석, 자원봉사와 공동체 프로젝트 동참, 집에서 손님이나 친구 대접하기, 친구와 사교 활동, 사회적 신뢰, 투표율, 비영리 단체와 시민 단체의 수 등이 포함되어 있다.

공식적·일상적인 지역 공동체 네트워크와 사회적 신뢰를 표시하는 이 14개의 지표들은 차례차례 상관관계를 계산하여 하나의 기본 차원으로 묶었다. 즉 이 14개 지표들은 공동체에 기반을 둔 사회적 자본의 개별적이면서도 서로 연결된 측면들을 측정한다. 따라서 우리는 그 모두를 하나의 사회적 자본 지수Social Capital Index 속에 결합시켰다. 〈표 4〉는 이 14개의 지표, 그리고 종합 지수와의 상관관계를 보여준다.

상위 서열의 주와 하위 서열의 주가 약 3 대 1의 비율을 보일 정도로 각 주마다 5개의 대표 항목에서 상당한 차이를 나타낸다. 예

표 4 _ 미국 50개 주의 사회적 자본의 측정

포괄적인 사회적 자본 지수의 구성 요소	지수와의 상관관계
공동체의 단체 생활 측정	
전년도에 지역사회 단체의 위원으로 봉사(%)	0.88
전년도에 클럽이나 단체의 간부로 봉사(%)	0.83
인구 1,000명당 시민단체와 사회 단체	0.78
전년도 클럽 모임의 평균 참석자	0.78
단체 회원의 평균 수	0.74
공공 업무의 참여 측정	
1988년, 1992년 대통령 선거 투표율	0.84
전년도 타운 혹은 학교 업무 관련 공공회의 참석(%)	0.77
공동체 자원봉사 활동 측정	
인구 1,000명당 비영리 단체의 수	0.82
전년도 공동체 프로젝트에 동참한 평균 횟수	0.65
전년도 자원봉사 활동에 참여한 평균 횟수	0.66
일상적인 사교 활동의 측정	
"나는 친구들을 방문하는 데 많은 시간을 할애한다"는 데 동의	0.73
전년도에 집에서 손님이나 친구를 대접한 평균 횟수	0.67
사회적 신뢰의 측정	
"대부분의 사람은 신뢰할 수 있다"는 데 동의	0.92
"대부분의 사람은 정직하다"는 데 동의	0.84

를 들면 사회적 신뢰는 가장 낮은 미시시피 주가 17퍼센트인 반면 가장 높은 노스다코타 주는 67퍼센트로 큰 차이를 보인다. 가입한 단체의 수는 1인당 평균으로 루이지애나와 노스캐롤라이나 주가 1.3, 노스다코타가 3.3이었다. 최근의 대통령 선거 투표율은 사우스 캐롤라이나 주가 42퍼센트인 반면, 미네소타 주는 69퍼센트로 큰 차이를 보인다. 인구 1천 명당 비영리 단체의 수는 미시시피 주가 1.2, 버몬트 주가 3.6에 이를 정도로 주에 따라 차이가 크다. 연 평

균 클럽 모임 참석 횟수는 네바다 주가 4회, 노스다코타와 사우스다코타 주는 11회였다. 1년 평균 자원봉사 활동 횟수는 네바다, 미시시피, 루이지애나 주는 5회, 유타 주는 10회였다. 전년도에 타운이나 학교 업무에 관련된 공공회의에 참석했다고 대답한 인구 비율은 조지아 주와 뉴욕 주가 10퍼센트, 뉴햄프셔 주 32퍼센트, 유타 주 29퍼센트, 위스콘신 주 26퍼센트였다.

〈표 4〉에 나타난 상관관계는 한 항목에서 낮으면 다른 항목에서도 낮고, 반대로 한 항목이 높으면 다른 항목도 높다는 사실을 보여주고 있다. 조밀한 단체 네트워크를 갖춘 곳에서는 지역 문제에 관련된 공공회의도 더 자주 열리고, 투표율이 높은 곳에서는 사회적 신뢰 역시 높으며, 지역 클럽이 많은 곳은 보다 많은 비영리 단체들을 후원하는 경향을 보이고 있다. 〈그림 80〉은 미국의 각 주에 걸쳐 사회적 자본과 시민적 참여의 차이를 일기예보 지도처럼 나타낸 것이다.

지리적으로 보면 사회적 자본의 전국적 '기압 분포'는 아주 분명하다. 주요 '고기압' 지대는 미시시피 강과 미주리 강의 상류 위쪽에 집중되어 있는데 캐나다 국경을 따라 동쪽과 서쪽으로 확장된다. 주요 '저기압' 지대는 미시시피 삼각주 지역 위로 집중되어 있으며 남북전쟁 당시 남군에 속했던 지역들을 통해 동심원을 그리며 밖으로 퍼져나간다. 캘리포니아, 뉴저지, 뉴욕, 펜실베이니아 주는 전국 평균 수준을 보인다.

이렇게 서로 차이가 나는 주들에서 삶의 질을 비교함으로써 사회적 자본의 수준이 달라지면 삶에 어떤 결과가 나타나는지, 최소한 예비적으로 알아볼 수 있다. 미네소타와 미시시피 주는 사회적 자본의 수준에서뿐 아니라 여러 가지 면에서 서로 다르기 때문에 우리는 단순한 상관관계로부터 인과관계를 추론하는 데 조심해야 한

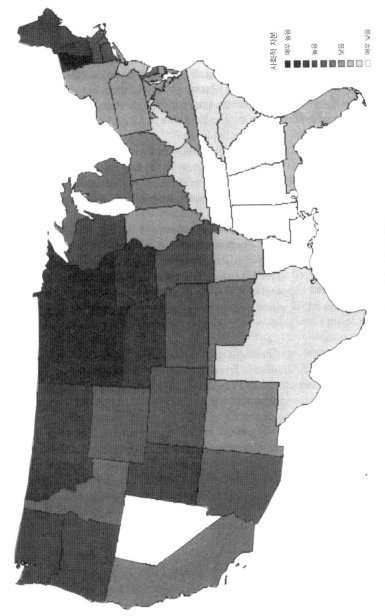

그림 80 _ 미국 주(states)의 사회적 자본

다. 그러나 〈그림 80〉에 나타난 각 주의 대조적 모습은 사회적 자본이 어떤 차이를 만들어내는지 탐구할 수 있는 유용한 실험 자료를 제공한다.

미국의 사회적 자본의 자원을 나타낸 이 지도를 슬쩍 훑어보기만 해도 자연스럽게 "세상에, 도대체 이런 차이가 왜 생겼어?" 하는 질문이 나온다. 이 질문에 상세하게 대답하는 일은 별도의 과제에 속하지만 이 패턴은 깊은 역사적 뿌리를 갖고 있다. 현재 미국의 사회적 자본가의 수호성인에 해당하는 토크빌은 1830년대 미국을 여행하면서 정확하게 똑같은 패턴을 관찰하고, 그 원인을 최소한 부분적으로는 정착의 패턴에서 찾았다.

> 〔뉴잉글랜드 지역에서부터〕 남쪽으로 계속 가면 〔……〕 타운의 생활은 점점 더 활력을 잃고 있음을 발견하게 된다. 타운에는 공직자도 별로 없고 의무와 권리도 적다. 주민들은 타운의 업무에 직접적인 영향력을 행사하지 않는다. 타운 회의는 잘 열리지도 않고 다루는 문제도 몇 가지 안 된다. 이런 이유 때문에 선출된 공직자의 힘은 비교적 크고 유권자의 힘은 작다. 지역사회의 정신은 별로 깨어나지도 않고 강하지도 않다. 〔……〕 서북 지역의 여러 주를 건설한 이민자들은 뉴잉글랜드에서 왔는데, 그들은 옛 고향의 행정적 습관을 새 거주지에 옮겨놓았다.

오랜 기간을 통해 잘 다져진 이주의 경로는 현재 미국의 사회적 자본의 지리적·지역적 패턴을 확립하는 데 기여했다. 사회적 자본의 주州별 차이는 정치역사학자 대니얼 엘라자Daniel Elazar가 밝힌 1950년대의 '주 정치 문화'의 차이와 놀라울 정도로 유사한데, 그는 이 차이의 기원을 19세기의 이민 패턴과 연결시켰다. 1990년대 모든 주에서 사회적 자본의 정도를 예측할 수 있게 해주는 강력한 지표는, 예 컨대, 주의 인구 중에서 스칸디나비아 반도 출신이 얼마나 많은가 하 는 점이다. 이 지역 출신이 많을수록 사회적 자본도 높다는 것이다.[2]

아직도 놀라운 사실은 20세기 말 낮은 사회적 자본과 19세기 전 반부 노예제의 공간적 상관관계이다. 당시 노예제가 특히 심했던 주일수록 시민 참여가 현재 더 낮다.[3] 실제로 노예제는 노예들 사이 에, 그리고 노예와 자유인 사이에 사회적 자본을 무너뜨리려고 **고안 된** 사회 시스템이다. 억압당하는 사람들 사이에 호혜성의 네트워크 가 잘 확립되어 있으면 반역의 위험이 커지며, 노예와 자유인 사이 에 평등주의적 공감대가 형성되면 이 시스템의 정당성 그 자체를 무너뜨리게 된다. 노예 해방 이후에도 남부의 지배 계급은 수평적 인 사회적 네트워크가 형성되지 못하게 막는 데 강한 이해관계를 계속 갖고 있었다. 공동체를 기반으로 한 사회적 자본의 수준이 가 장 낮은 지역은 농장 노예제의 폐지 이후에도 악명 높은 짐 크로우 Jim Crow 법으로 계속 차별 정책을 펼쳤던 곳이라는 사실은 우연한

---

2) Daniel J. Elazar, *American Federalism: A View from the States*(New York : Crowell, 1966). 엘라자는 '주 정치 문화(sate political culture)'를 고안하여 측정했 다. 1980년대와 90년대 주 단위에서 우리가 조사한 사회적 자본의 측정치는 엘라자 의 측정치와 R=.52의 상관관계를 나타냈다. 엘라자의 작업은 1950년대 각 주의 정치 에 대한 관찰에 기초해서 이루어졌다. 그리고 이를 이어받아 계량화한 작업이 이어 졌다. Ira Sharkansky, "The Utility of Elazar's Political Culture," *Polity* 2(1969), pp. 66~83. 이와 관련된 재미있고 중요한 연구가 있다. "모국"과의 마지막 직접 접 촉은 수세대 전에 있었음에도 불구하고 "미국인의 시민적 태도는 그들과 공통의 조 상을 갖고 있는 유럽 국가의 그 당시 시민들의 시민적 태도와 상당한 유사성을 갖고 있다"는 지적이다. Tom W. Rice and Jan L. Feldman, "Civic Culture and Democracy from Europe to America," *Journal of Politics* 59(1997), pp. 1143~ 172.

3) 남북전쟁 당시 남부연맹(Confederate States)에는 노스캐롤라이나, 사우스캐롤라이 나, 테네시, 미시시피, 앨라배마, 조지아, 미주리, 버지니아, 텍사스, 플로리다, 아칸 소 등 모두 11개의 주가 속해 있었다. 이 중에서도 인종 차별이 끝까지 극심했던 곳 은 테네시, 미시시피, 앨라배마 등이다(옮긴이).

현상이 아니다. 불평등과 사회적 연대는 절대로 양립할 수 없다.

이주 패턴과 노예제가 과연 지금과 같은 사회적 자본의 수준 차이를 불러온 유일한 원인인지 밝히려면 내가 여기서 할 수 있는 것보다 더 많은 분야에서의 공동 연구를 필요로 한다. 그러나 사회적 자본의 차이가 현재 각 주의 사회적 환경의 차이를 만들어냈는지, 아니면 과거로부터 내려온 사회적 환경의 차이가 현재의 사회적 자본의 차이를 만들어냈는지 검토하는 문제의 한 측면에 대해서는 역사적 연속성이 관련성을 갖고 있다.

만일 시민적 참여와 사회적 연계성의 지리적 · 지역적 패턴이 일시적이고 변할 수 있는 것이라면, 사회적 자본과 (학업 성과, 공중보건, 혹은 범죄 등) 그 외 사회적 사실들과의 상관관계는 사회적 자본에 **미친** 그러한 요소들의 **영향**을 잘 반영해서 생긴 결과일 수도 있다. 반면 사회적 자본의 지리적 · 지역적 차이가 오랜 전통에서 빚어졌음을 의미한다면, 사회적 자본은 현재 사회적 환경의 단순한 **결과**가 아니라 그 **원인**이라고 보는 것이 옳을 듯하다.

사회적 자본으로부터 얻는 광범위한 개인적 · 집단적 혜택에 관해 내가 4부에서 제시하는 증거는 그 범위에서는 인상적일 수 있지만 모든 분야를 망라하지도 못하며 확증을 내릴 정도로 철저하지도 못하다. 의학, 범죄학, 경제학, 도시사회학, 국가 정책 등의 다양한 분야에서 학자들은 사회적 자본의 귀결과 관련성을 활발하게 탐구하고 있다. 사회적 자본의 힘을 밝히고, 특히 언제 어디서 가장 분명하고 유익한 영향을 주는지 상세히 밝혀줄 대규모 연구가 아직도 필요하다. 나는 여기서 일반화된 명제를 제시하지만 그렇다고 그것이 최종 선언은 못 된다. 그러나 우리가 검토하는 증거들은 지난 수십 년 동안 미국에서 사회적 자본과 시민적 침여의 감소가 사회적으로 대단히 **중요한 의미를 갖고 있음을** 여러 부문에 걸쳐 보여준다. 또한 이 증거들은 오늘의 미국인의 삶에 대단히 중요한 여러 개별 영역의 문제들이 보다 많은 사회적 자본과 시민 참여로 개선될 것임을 강력하게 시사한다.

| 이 책에 표시된 미국의 주 |

4부에는 각 주를 비교한 그림이 많이 나온다. 이 책에서는 우편주소나 일반적인 표기법보다 더 단순화시켜 알래스카와 하와이를 제외한 48개 주를 약어로 표기했다. – 옮긴이

AR(아칸소)	AL(앨라배마)	AZ(애리조나)	CA(캘리포니아)
CO(콜로라도)	CT(코네티컷)	DE(델라웨어)	FL(플로리다)
GA(조지아)	IA(아이오와)	IN(인디애나)	ID(아이다호)
IL(일리노이)	KS(캔자스)	KY(켄터키)	LA(루이지애나)
MS(미시시피)	MT(몬태나)	ME(메인)	MA(매사추세츠)
MI(미시간)	MN(미네소타)	MD(메릴랜드)	MO(미주리)
NE(네브래스카)	NM(뉴멕시코)	NJ(뉴저지)	NC(노스캐롤라이나)
ND(노스다코타)	NH(뉴햄프셔)	NY(뉴욕)	NV(네바다)
OK(오클라호마)	OR(오리건)	OH(오하이오)	PA(펜실베이니아)
RI(로드아일랜드)	SC(사우스캐롤라이나)	SD(사우스다코타)	TN(테네시)
TX(텍사스)	UT(유타)	VA(버지니아)	VT(버몬트)
WI(위스콘신)	WA(워싱턴)	WY(와이오밍)	WV(웨스트버지니아)

교육과 어린이의 발전

어린이의 발전은 사회적 자본에 의해 크게 좌우된다. 최소한 50년 전부터 대단히 많은 연구들이 신뢰, 네트워크, 어린이의 가족·학교·또래집단·공동체 내에서 호혜성의 규범이 어린이에게 주어질 수 있는 다양한 기회와 선택에 광범위한 영향을 미치며, 따라서 어린이의 행동과 발전에도 광범위한 영향을 미친다는 점을 입증해주고 있다. 사회적 자본은 특히 교육 분야에서 여러 긍정적 결과를 얻을 수 있도록 연계되어 있지만, 대부분의 연구는 사회적 자본이 부족한 지역에 살면서 교육 받는 아이들에게 생기는 나쁜 일에 초점을 맞추어왔다. 그 함축적 의미는 분명하다. 사회적 자본은 착한 아이들에게 나쁜 일이 생기지 않도록 막아준다는 것이다.

사회적 자본과 어린이 발전의 강한 연결 관계를 보여주는 한 가지 암시는 우리가 만든 주州별 사회적 자본 지수와 어린이 행복의

표 5 _ 어린이 행복 지수

체중 미달 신생아 출산율

신생아 1,000명당 영아 사망률

어린이 사망률(1~14세 어린이 10만 명당 사망률)

15~19세의 10대 10만 명당 사망률(사고, 살인, 자살)

10대 출산율(15~17세 여성 1,000명당 출산율)

(16~19세) 10대의 고등학교 중퇴 비율

청소년 폭력범죄 구속 비율(10~17세의 청소년 10만 명당 구속 비율)

학교도 다니지 않고 일도 안 하는 10대의 비율(16~19세)

빈곤 상태 어린이 비율

자녀를 키우는 한 부모 가족의 비율

일반적 측정치 사이의 놀라울 정도의 일치 현상이다. 이 어린이 행복 지수Kids Count index는 애니 케이시 재단Annie E. Casey Foundation이 매년 발표하는데, 〈표 5〉는 어린이의 행복을 구성하는 척도들을 요약해놓은 것이다.

1. 사회적 자본과 어린이의 행복

사회적 자본 지수에서 높은 점수를 받은 주, 즉 그 주민이 다른 사람을 신뢰하고, 단체에 가입하며, 자원봉사와 투표에 참여하고, 친구들과 사교 활동을 많이 하는 주에서는 어린이가 잘 자란다. 아기는 건강하게 태어나고, 10대는 학교를 중퇴하거나 임신해서 부모가 되거나, 폭력 범죄에 휘말리거나, 자살이나 살인으로 인해 일찍 목숨을 잃는 일이 적다. 〈그림 81〉을 보면 알 수 있다. 통계적으로 보면 높은 사회적 자본과 어린이의 바람직한 성장의 상관관계는 이 부문의 자료 분석에서 사회과학자들이 발견한 사실들과 거의 완벽하게 일치한다. 노스다코타, 버몬트, 미네소타, 네브래스카, 아이오

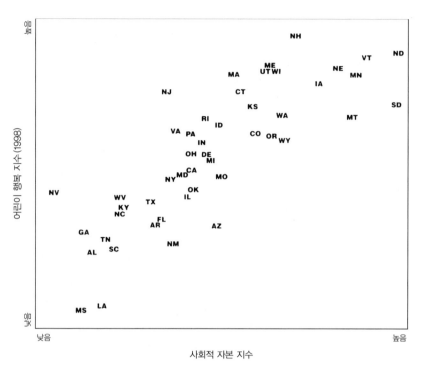

그림 81 _ 사회적 자본과 어린이 행복 지수

와 같은 주들은 건전한 시민정신을 갖춘 성인들과 건강하고 잘 적응하는 어린이들이 살고 있다. 다른 주, 특히 남부의 주들은 성인과 청소년이 모두 심각한 문제에 직면해 있다.

　물론 사회적 자본과 어린이들의 좋은 삶 사이에 상관관계가 있다는 단순한 사실은 사회적 자본이 그러한 결과를 만든 **원인**이라거나, 혹은 역으로 사회적 자본의 결여는 아이들을 인생의 잘못된 길로 접어들게 한다는 의미는 아니다. 사회적 자본 외에 어린이의 행복에 영향을 줄 수 있는 여러 요소들, 즉 부모의 교육 수준, 빈곤율, 가족 구조, 인종 구성 등등은 주마다 다르다. 문제를 더 복잡하게 만드는 것은 사회적 자본 자체가 이 요소들과 결부되어 있다는 점이다. 따라서 교육 수준이 낮은 성인, 저소득의 한 부모 가정이 상당히 많은 주는 시민이 경제적으로 풍요롭고 참여에 필요한 실용적 기술을 갖춘 주에 비해 참여와 시민정신이 활발한 지역사회가 적은 경향이 있다.

어린이의 행복, 사회적 자본, 인구 통계 사이의 이 복잡한 일련의 관계 때문에 우리는 자료에서 잘못된 결론을 끌어내지 않도록 각별히 주의해야 한다. 우리가 여기서 정말 알고 싶은 것은 각 주에서 관찰된 어린이 행복도의 차이가 사회적 자본 그 자체와 직접적으로 연계되어 있는지, 아니면 어린이의 행복과 사회적 자본 모두에 영향을 끼치는 그 외의 다른 어떤 요소들과 직접적으로 연계되어 있는가 하는 사실이다.

다행히 현대의 통계학 기법은 사회적 자본과 어린이의 행복 사이의 특수한 연계를 조사하는 동안 다른 요소들은 통제함으로써 혼란을 가려내줄 수 있도록 해준다. 본질적으로 우리의 분석은 사회경제적 특징, 그리고 인구학적 특징도 중요하지만 사회적 자본 역시 중요하다는 사실을 찾아낸다. 실제로 다양한 어린이 행복 지수 전체에 걸쳐 사회적 자본은 어린이의 삶에 미치는 영향의 폭과 깊이에서 빈곤 다음이었으며, 그 외의 모든 요소들보다 영향력이 컸다. 빈곤은 어린이의 출생률, 사망률, 질병, 학교도 직장도 다니지 않고 무위도식하는 데 특히 강한 영향을 미치는 반면, 지역 공동체 참여는 정확히 반대 결과를 불러온다.

사회적 자본은 어린이가 미숙아로 약하게 태어나거나, 10대가 학교를 중퇴하거나, 길거리에서 돌아다니거나, 어린 나이에 출산하는 일을 막아주는 데 특히 중요하다. 빈곤이나 낮은 사회적 자본에 비해 훨씬 일관성이 없고 약하기는 하지만 각 주의 한 부모 가정의 비율과 인종적 구성도 어린이의 행복에 영향을 끼친다. 빈곤, 사회적 자본, 인구 통계 등을 고려한 후 보면, 일반적으로 성인 인구의 교육 수준은 어린이의 행복에 의미 있을 정도의 독립적 영향을 미치지 못한다. 청소년의 건강한 발달을 보장하는 데는 시민단체, 사회단체를 비롯한 사회적 하부조직이 우리의 예상보다는 훨씬 더 중요하다.

동네 수준 심지어는 개별 가족의 수준에서 가족 생활을 연구한 여러 학자들도 비슷한 결론을 제시해왔다. 공동체 심리학자들은 동네의 응집력이 낮은 곳에서는 아동 학대 비율이 더 높다는 사실을 오래전부터 지적해왔다. 예를 들면 널리 인용되는 두 동네의 연구 조사를 보자. 한 동네는 어린이 학대 비율이 높고 다른 동네는 낮은데, 이 두 공동체를 구분 짓는 주요 요소는 사회적 자본으로 판명되었다. 이 동네들은 소득 수준이 비슷하고, 여성의 직장 진출 비율, 한 부모 가정의 비율도 비슷했다.

그런데도 어린이 학대 비율이 높은 동네에서는 주민들이 이웃에게 도움을 요청하기를 훨씬 꺼렸다. 또 이 지역의 부모들은 자신이 집을 비울 때 아이를 이웃에 부탁하지 않거나, 자기 아이들이 이웃의 다른 아이들과 노는 것을 허용하지 않을 가능성이 훨씬 높다고 보고했다. 아동 학대 비율이 낮은 동네의 어린이들은 학대 위험이 높은 동네의 아이들보다 학교 끝나면 집에 엄마나 아버지가 기다리고 있을 가능성이 3배 더 높았다. 아동 학대 비율이 높은 지역에서는 "가족 자체의 문제는 동네 환경에 의해 개선되기보다는, 환경 때문에 더 나빠지는 것으로 보인다. 그런 환경에서는 이웃의 강력한 후원 체계가 필요하지만, 그것이 작동할 가능성은 가장 낮다"고 연구자들은 결론 내렸다. 비공식적인 사회적 네트워크는 부모가 최악의 상황에 처했을 때 어린이를 보호하는 데 도움을 준다.

위기 상태의 어린이들은 사회적 자본이 없을 경우 특히 취약한 것으로 밝혀졌다. 보다 희망적인 사실은 바로 그 어린이들에게 만일 사회적 연계성이 주어지면, 그것이 주는 긍정적 혜택을 가장 잘 흡수한다는 점이다. 소아과 의사 데스먼드 루니언Desmond Runyan과 그 동료들은 매우 위험한 방치와 학대 상태에 놓여 있다고 판단된 대규모의 미취학 아동들을 추적했다. 수년이 지났어도 이 아이들의 87퍼센트가 여전히 행동 문제와 정서 문제를 앓고 있었다. 그러나 어떤 아이가 성공적으로 그러한 문제들을 극복할 것인지 예측할 수 있는 가장 강력한 지표는 어린이와 그 어머니가 자신들을 따뜻하게 대하는 사회적 네트워크 속에 뿌리를 내리는 것, 자신들을 도와주는 이웃 속에 사는 것, 그리고 교회에 규칙적으로 다니는 것이었다.

루니언과 그 동료들이 결론 내리듯 미취학 연령에서도 "어린이가 부모의 재정적 자본과 인간적 자본으로부터 혜택을 받듯, 부모의 사회적 자본은 〔……〕 그 자녀에게 혜택을 준다. 재정적 자원과 교육적 자원이 별로 없는 사람들에게 사회적 자본은 가장 중요한 것일 수도 있다." 내부 도시inner city에서 상대적으로 높은 수준의 사회적 자본을 갖고 있는 동네에 살고 있는 흑인 청소년은 유대 관계가 헐거운 동네에 사는 흑인 청소년에 비해 훨씬 덜 우울하다는 사실을 밝힌 또 다른 연구도 있다. 이웃의 도움이 주는 이 긍정적 효과는 강한 가족적 유대를 결여한 아이들에게 특히 두드러졌다는 것이다. 도시와 농촌에서도 유사한 결과가 발견되어왔다.

2. 교육

사회적 자본은 인생에서 어린이의 성공적 발전을 위해 중요하다. 우리는 사회적 자본과 학업 성취도의 연계에 관해서도 같은 결론을 내릴 수 있다. 미국 교육의 질은 최근 수십 년 사이 커다란 관심의 대상이 되어왔다. 이 문제에 정통한 많은 관찰자들은 실제로 공교육이 위기를 맞이했다고 믿는다.

그렇지만 모든 주가 다 형편없는 것은 아니다. 어린이의 행복에 관해 우리가 알아낸 사실을 그대로 복사라도 한 듯, 사회적 자본이 높은 주들은 시민 활동이 활발하지 못한 주들보다 눈에 뜨일 정도로 확실히 교육적 성과가 좋다. 사회적 자본 지수는 초등학교, 중학교, 고등학교에서 실시된 표준화된 시험의 점수, 그리고 학교를 중퇴하지 않고 계속 다니는 학생들의 비율과 높은 상관관계를 갖고 있다. 즉 사회적 자본이 높을수록 학생의 성적도 높고 중퇴 비율도 낮다는 말이다(〈그림 82〉 참조). 주의 교육 정책이 성공을 거두는 데 영향을 미칠 수 있는 일군의 요소들을 모두 고려해도 사회적 자본의 유익한 영향은 여전히 유효하다. 그 요소들이란 인종 구성, 경제적 풍요, 경제적 불평등, 성인의 교육 수준, 빈곤율, 교육비 지출액, 교사 월급, 학급 크기, 가족 구조, 종교, 그리고 (공립학교에서 공부 잘하는 학생을 '빼 갈지도' 모르는) 사립학교 부문의 크기 등이다.

놀라운 사실은 아니지만 이 요소들 중 여러 개는 그 주의 시험 성적과 학교 중퇴 비율에 독립적인 영향을 미친다. 그런데 놀랍게도 이 사실을 설명해주는 가장 중요한 단일 요소는 사회적 자본이었다. 실제로 우리의 분석에서 어떤 결과, 특히 SAT 점수의 경우 인종, 빈곤, 성인의 교육 수준이 미친 영향은 간접적일 뿐이었다. 이러한 요소들은 그 주의 사회적 자본의 수준에 영향을 끼치는 것으로 보이며, 빈곤이나 인구학적 특징 그 자체가 아니라 사회적 자본이 시험 점수를 높게 나오게 한다.

예기치 못한 사실은 학생들의 학업 성취를 예측할 수 있는 보다 강한 지표는 주의 **공식적**인 제도화된 사회적 자본의 수준보다 **일상**

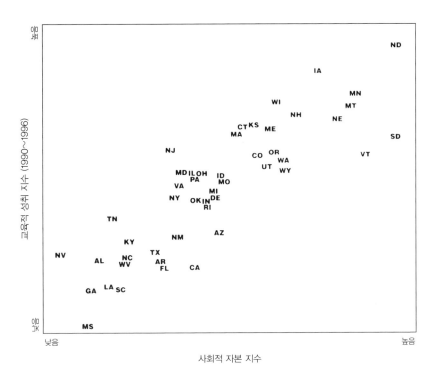

세로축: 교육적 성취 지수 (1990~1996) — 높음 / 낮음

가로축: 사회적 자본 지수 — 낮음 / 높음

그림 82 _ 사회적 자본과 학업 성적

적인 사회적 자본의 수준이라는 점이다. 다른 말로 하자면 주민이 클럽 모임, 교회 참석, 공동체 프로젝트 동참에 할애하는 시간의 양보다는 그 주의 사회적 신뢰의 수준, 그리고 사람들이 (카드게임, 친구 방문 등등에서) 서로 일상적인 유대 관계를 맺는 횟수가 학교 성적과 훨씬 밀접한 상관관계를 맺고 있었다.

물론 공식적 활동이 중요하지 않다는 말이 아니다. 그보다는 사람들이 서로 유대 관계를 맺는 공동체에는 어린이의 교육에 긍정적 영향을 미치는 무언가 특별한 것이 있다는 사실을 이 투박한 증거는 말하고 있다. 이것은 그 사람들이 얼마나 물질적으로 부유한지, 혹은 그 사람들의 인종이나 종교보다도 더 중요하다. 역으로 물질적·문화적으로 앞서 있는 공동체라고 하더라도, 그 공동체의 성인들이 서로 접촉하지 않는다면 자녀 교육에는 형편없다는 말이다. 애석하게도 2부에서 우리가 본 증거들은 미국의 공동체가 날이 갈수록 그렇게 되고 있음을 알려준다.

우리는 특정 사례들을 비교함으로써 사회적 자본의 중요성을 알 수 있다. 동부 해안의 평균 크기의 두 개 주를 보자. (SAT 점수, 학업 성취 시험, 성인의 교육 수준, 도시화 등등에서 전국 41위를 차지한) 노스캐롤라이나 주와 (9위를 차지한) 코네티컷 주다. 두 개의 주에서 차이가 나는 (부와 빈곤, 인종, 성인의 교육 수준, 도시화 등등) 모든 다른 요소들을 통제하고, 노스캐롤라이나가 코네티컷과 비슷한 교육적 성과를 거두기 위해서는, 우리의 통계 분석에 따르면, 노스캐롤라이나 주민은 다음 중 어느 하나라도 하면 된다. 지금보다 대통령 선거의 투표율을 50퍼센트 높인다, 클럽 참석 횟수를 2배 더 높인다, 거주민 1백 명당 비영리 단체의 수를 3배로 늘린다, 혹은 교회를 한 달에 2회 더 참석한다. 이런 일들은 상당히 사람을 위축시키는 과제로 보이며, 또한 많은 지역사회 단체를 필요로 한다. 그리고 그 어떤 경우에도, 예컨대 성인들의 클럽 참석과 학업 성적이 단순하고 직접적이며 기계적으로 연결된다는 의미를 담고 있는 것은 결코 아니다.

다른 한편 이 자료는 학급의 크기를 줄이는 등 전통적인 방법의 교육 개혁만으로는 노스캐롤라이나가 코네티컷의 학업 성취도에 필적하기란 대단히 어렵다는 사실을 시사하고 있다. 주 수준의 학업 성취도에 미치는 학급 크기의 영향은 사회적 자본의 영향과 비교하면 작기 때문에 단순히 학급 크기를 줄임으로써 똑같은 성취도를 달성하기란 사실상 불가능할 것이다. 물론 단 한 발로 목표물들을 모두 명중시키는 마법의 총알은 없기 때문에 교육 수준을 제고시키려면 다방면의 장기적 접근법이 현실에서는 필요하다. 내 주장의 요점은 사회적 자본이 제공하는 잠재적 효과는 보다 전통적인 접근법과 비교하면 놀라울 정도로 크다는 것이다.

왜 주의 사회적 연계성의 밀도가 학생들의 학교생활 및 성적에 그처럼 눈에 띄는 효과를 미치는 것처럼 보이는가? 정직한 대답은 우리도 아직 완전히 확신할 수는 없다는 것이지만, 중요한 실마리는 갖고 있다. 첫째, 일반적으로 공동체 업무에서 시민적 참여가 높은 곳에서는 학부모의 후원 수준이 높은 반면 학생들이 비행을 저지르는 수준은 낮다고 교사들은 보고한다. 학교에 무기를 갖고 오거나, 물리적 폭력에 가담하거나, 학교를 빼먹거나, 일반적으로 교육에 무관심한 학생이 적다는 것이다. 빈곤, 인종 구성, 가족 구조, 교육비 지출, 학급 크기 등의 기타 경제적·사회적·교육적 요소들을 다 고려해도 공동체의 하부조직, 그리고 학교에서 학생과 부모의 참여, 이 둘의 상관관계가 매우 중요하다.

죽음을 부른 학교 총기 난사가 여기저기서 터졌던 1999년의 사건들을 반추해보면, 이 모든 요소들 중에서 학교 폭력의 예측에서 가장 강력한 지표는 양(兩)부모 가정과 공동체에 기반을 둔 사회적 자본이라는 점을 지적할 가치가 있다. 이 조건이 빈곤, 도시화, 부모의 교육 수준 같은 사회적 조건의 중요성을 압도한다. 간단히 말해 사회적 자본의 수준이 높은 주에 사는 부모들은 자녀 교육에 보다 잘 참여하며, 사회적 자본의 수준이 높은 주의 학생들은 시민 참여가 낮은 주의 학생들에 비해 서로 치고 받기보다는 책을 파고들 가능성이 높다.

사회적 자본이 높은 주에서 학생들의 성적이 좋은 두 번째 이유는 그들의 TV 시청 시간이 적다는 사실일 것이다. 〈그림 83〉에서 보듯 어린이의 하루 평균 TV 시청 시간, 그리고 성인의 시민적 참

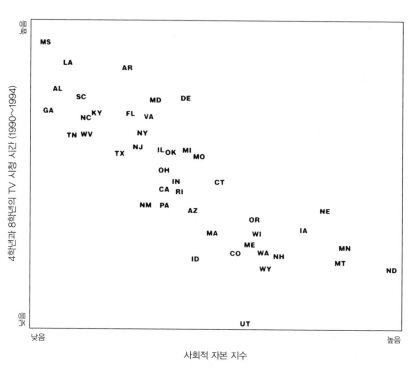

세로축: 4학년과 8학년의 TV 시청 시간 (1990~1994)
세로축 위: 높음
세로축 아래: 낮음

가로축 왼쪽: 낮음
가로축 오른쪽: 높음
가로축: 사회적 자본 지수

그림 83 _ 사회적 자본과 어린이의 TV 시청 시간

여 및 사회적 연계성 사이에는 아주 강한 역의 상관관계가 나타난
다(늘 그랬듯 우리는 여기서도 이 관계가 빈곤이나 인종 등 그 외 다른 요
소들의 반영에 불과한 것이 아닌지 확인하기 위해 검토했다). 성인들 사
이에 사회적 연계성과 시민적 참여가 제한된 곳에 비해 사회 참여
의 공동체 전통이 높은 곳의 어린이들이 여가 시간을 보다 생산적
으로 활용하도록 자연스럽게 유도되는 것으로 보인다.

주와 주의 비교 분석은 공동체 참여가 학생들의 성공에 결정적으
로 중요하다는 결과를 보여준 수십 년 동안의 연구들을 다시 확인
해준다. 이 연구들은 학생의 학업이 학교와 가정의 환경뿐 아니라
학교 안의, 그리고 보다 넓은 공동체 안에서의 사회적 네트워크, 규

범, 신뢰에 의해서도 영향을 받는다는 사실을 발견해왔다. 실제로 PTA는 부모들 사이에, 그리고 부모와 교사들 사이에 사회적 자본을 제도화하고, 이를 통해 학교가 교육적 목표를 보다 잘 성취할 수 있도록 하기 위해 창설되었다.

지난 수십 년 사이 PTA 회원의 감소는 자녀 교육에 관여하지 않는 부모의 수가 늘어났다는 사실을 반영한다. 많은 연구들은 부모와 사회 공동체가 학교와 협조할 때 학생들이 구체적이고 분명한 방식으로 혜택을 얻는다는 결과를 시사하고 있기 때문에 이러한 감소 현상은 창피스러운 일이다.

사회적 자본을 교육에 연계시킨 가장 초기의 연구이면서도 가장 깊은 영향을 준 연구 하나를 살펴보자. 이 연구는 사회적 자본과 그 영향에 관한 연구에 지적 토대를 확립한 시카고 대학의 사회학자 고_故 제임스 콜먼James Coleman이 남긴 것이다. 콜먼은 가톨릭을 비롯한 여러 종교에 기반을 둔 고등학교에서는 중퇴율이 낮다는 사실에 의문을 품었다. 예를 들면 공립 고등학교의 학생들은 가톨릭계 고등학교 학생들보다 중퇴율이 3배 높았고, 가톨릭계에 속하지 않는 사립학교 학생들은 가톨릭계 학교에 비해 2배 이상 높았다. 또한 수학과 언어 능력을 가르치는 데도 가톨릭계 학교들이 보다 능률적이라는 사실도 나타났다.

콜먼은 가톨릭계 학생의 성공 원인이 학생 개인의 특성이 아니라 학교를 둘러싼 사회 구조 때문이라는 가설을 세웠다. 학생들의 부모는 지역 성당의 동료 신도들로서, 그리고 학교 친구들의 부모로서 다중적 관계를 맺고 있었다. 그리고 이 부모 공동체는 학교생활의 위기를 겪고 있는 학생들에게 사회적 자원을 제공하고, 종교 계통 학교로서 추구하는 전반적인 교육 목표를 약화시키려는 외부의 압력으로부터 학교를 막아주었다는 것이다.

간단하게 말해 콜먼은 "청소년을 그들과 가장 가까이에 있는 어른들의 영역 속에 뿌리내리게 하는 과제의 중요성"을 과소평가하지 말라고 우리에게 경고했다. 그 영역 중에서는 "가족이 첫 번째로 가장 중요하고, (종교적 공동체로 인해 얻는 그 모든 유익한 결과들로 입증되듯) 그다음이 아이들을 둘러싸고 있는 성인들의 공동체이다."[1] 불행히도 교회와 가족은 모두 힘과 응집력을 상실해왔기 때문에 가톨릭계 학생들이 혜택을 얻었던 '기능적 공동체들' 역시 무너져오고 있었다.

교육학자 앤 헨더슨Anne Henderson과 낸시 벌라Nancy Berla는 부모가 자녀의 교육에 관여할 때 학교에서 공부를 잘하고, 자녀가 다니는 학교도 더 좋아진다는 사실을 보여주는 수많은 연구들을 요약하고 이렇게 결론 내렸다. "증거는 논쟁의 여지가 없을 정도로 확실하다. 학교가 아이들의 학업을 지원하는 데 가족과 같이 협조하는 곳에서 아이들은 학교뿐 아니라 앞으로의 인생에서 성공하는 경향이 있다. [……] 부모가 가정에서 자녀 교육에 관심을 갖고 동참할 때 아이들은 학교에서 성적이 좋다. 부모가 학교 운영이나 수업에 관심을 갖고 관여할 때 그 자녀의 성적도 더 좋아지고, 그 학교도 더 좋아진다."

지역 공동체에서 학교 수준으로 시각을 좁힌 연구들은 학교 내의 사회적 자본은 학생, 교사, 운영자에게 커다란 혜택을 준다는 사실을 발견해왔다. 작은 학교가 큰 학교보다 우수한 경향이 있다는 점을 보여준 연구들은 최소한 30년 전부터 있었다. 작은 학교는 학생들에게 과외 활동에서 서로 직접 얼굴을 맞대며 참여하고, 학교 클

---

1) James S. Coleman and Thomas Hoffer, *Public and Private High Schools : The Impact of Communities*(New York : Basic Books, 1987).

럽 등에서 책임을 맡을 기회를 더 많이 제공하고 장려하기 때문이라는 것이다.

시카고 지역의 학교와 전국에 걸친 가톨릭계 학교를 여러 해 동안 추적한 대규모의 연구가 있다. 이 연구에서 앤서니 브릭Anthony S. Bryk과 그 동료들은 학생의 인구학적 특징과 교사의 배경에서 나타나는 차이로 설명한 후에도, '공동체의' 사회적 자본과 '관계 신뢰'는 일부 학교에게 대단한 장점을 부여한다고 결론 내렸다. 학업의 공동체로서 가톨릭계 학교는 공립 고등학교와 여러 점에서 차이를 보인다. 가톨릭계 학교는 규모가 작은 편이라 많은 상황에서 학생과 교사 사이에 보다 질 높은 관계를 제공하며, 광범위한 쌍방향의 과외 프로그램에 참여할 기회를 마련하고, 학교의 종교적 사명과 가치에 대해서도 높은 수준의 내부적 합의를 보이고 있다.

브릭과 그 동료들은 '평균적인' 공립학교가 인구학적으로 동등한 특징을 가진 가톨릭계 학교의 '교육 공동체 단체'와 비슷한 네트워크를 갖춘다면, 공립학교는 교사와 운영진의 열의 그리고 학생의 학업 관심도를 의미 있게 향상시킬 것이라고 지적한다. 공립학교에서는 무단결석과 교실 소란도 상당히 줄어들 것이다. 브릭과 그 동료들은 콜먼과 마찬가지로 가톨릭계 학교들은 교사나 학생이 더 우수해서가 아니라 "'사회적 자본'의 한 형태를 구성하는 사회적 관계의 네트워크로부터 혜택을 얻기" 때문에 학업 성취도가 더 앞선다고 결론 내린다. 그리고 이 네트워크와 사회적 자본의 특징은 신뢰로 규정할 수 있다고 지적한다.

일부 비판가들은 자신들의 공립학교 내에서 사회적 자본과 시민 참여를 확립하는 데 이러한 통찰력들을 이용하고 있다. 가장 일찍, 가장 성공적으로, 가장 오래 진행되고 있는 학교 개혁 제안들 중 하나에서 예일 대학 아동심리학자 제임스 코머James Comer는 학교, 부모, 공동체 사이에 효과적인 연계 모델을 발전시켜왔다. 코머는 "자녀가 최상의 교육적 혜택을 누리도록 하는 데 관심을 가진 모든 성인들의 협조와 협력", 그리고 "모든 단계에서 부모의 적극적 참여"를 학교가 지켜야 할 두 가지 지도 원칙으로 제시했다.

코머와 그 동료들은 부모의 참여가 학생의 학업 성취를 위한 가족의 지원과 학교 성적을 향상시킬 수 있음을 발견했다. 단 부모들에게 실질적인 의사결정 책임이 부여되고 자신의 지식과 업무 능력에 맞는 지위에 임명되었을 때에 한해서 그렇다. 이런 요소들이 없는 곳에서는 부모들이 실망하고 불신하게 되며, 결국 공립학교에 필수적인 공동체 기반의 사회적 자본을 훼손시킨다.

1980년대 말 시카고는 혁신적인 교육 개혁안을 발표했는데 그 근본 내용은 모든 의사결정에 부모가 참여한다는 것이었다. 개혁안은 원래 희망했던 대로 실현되지는 않았으나 평가자들은 학교 내에서의 사회적 자본이 좋은 결과를 만들어낼 수 있다고 지금도 인정한다. 교사, 부모, 교장 사이에 높은 수준의 신뢰가 형성되었을 때 학교 운영의 이 핵심 주체들이 학업 향상의 핵심 목표에 보다 책임감을 갖고 헌신한다. 상호 신뢰가 높은 환경에서 교사는 학교에 충실하며, 보다 혁신적인 수업 방식을 모색하고, 부모와 접촉하며, 학생의 발전에 깊은 책임감을 갖는다. 성공적 개혁의 가능성에 영향을 끼치는 그 외의 다른 모든 요소들을 다 고려해보아도 핵심은 여전히 신뢰성이다.

이 연구들이 시사하듯 학교 교육을 향상시키려는 최근의 노력에서 핵심은 부모와 공동체의 참여이다. 개혁 접근법 중에서 가장 논쟁을 불러일으키는 두 방법, 즉 '협약 학교'[2] 그리고 사립학교를 다

2) charter school. 지역의 교육청과 학교가 '협약(charter)'을 맺어 운영되는 공립학교. 학생 수에 비례하는 공적 자금을 지원받으면서도 운영상 매우 큰 폭의 자치권을 행사한다. 협약의 내용은, 한편으로는 학교 자치권을 보장하면서 다른 한편으로는 학업

니는 아이에게 공공 자금의 지원 제도voucher는[3] 저마다 다른 각도에서 해석할 수 있다. 부모에게는 자녀가 학교에서 좋은 성적을 거두도록 '공동체가 마련한' 혜택을 받는 시도로 보일 수 있다. 반면 '선택' 프로그램의 비판자들은 이런 방법은 기존의 교육 불평등을 더 악화시킬 뿐이라고 두려워한다. 지지자들은 자유 시장의 보이지 않는 손에 학교 교육을 맡기면 각 학교들이 결과를 놓고 경쟁하지 않을 수 없기 때문에 모든 사람에게 평등성을 증진시킬 것이라고 주장한다.

어느 편이 옳은지 이야기하기에는 아직 이르지만, 만일 '선택' 프로그램이 실시된다면 그 성공은 시장의 마술보다는 사회적 자본의 마술에 더 크게 달려 있을 것이라고 확신할 만한 증거를 갖고 있다. 어린이들이 보다 작고, 보다 공동체적인 학교에 다니도록 장려하는 학교 개혁안은 학생과 부모가 클럽, 학급 활동, 운영 위원회, 교육 정책 압력단체에 더 적극적으로 참여하는 예기치 못한 결과를 거둘 수도 있다. 이렇게 되면 그러한 교육 개혁은 시민 재참여의 동력이 될 수도 있다. 그러나 참여에 가장 열성적인 부모들이 자기 자녀를 새 학교로 전학시키고, 이들의 적극적 참여로부터 혜택을 보던 다른 아이들에게는 그러한 '긍정적 외부 효과'가 없어진다면, 그 결과는 불평등을 더 악화시킬 수 있다.

동네 혹은 공동체 수준에서의 사회적 자본은 분명히 어린이의 학습에 영향을 미친다. 그러나 가족 **내의** 사회적 자본 또한 어린이의 발전에 강한 영향을 끼친다. 부모가 자녀에게 호혜성의 가치를 심

성취, 안전, 경영상의 책무를 다해야 하는 것으로, 이 협약을 지키지 못하였을 경우 학교는 문을 닫아야 한다. 국가 주도 교육에서 발생되는 획일성의 문제점을 자율성과 학부모 참여로 풀어보려는 시도로 확산되었다(옮긴이).
3) 연방정부의 지원금을 이용하여 저소득 소수 인종 학생이 사립학교(많은 경우 종교계 학교)로 갈 수 있도록 만든 제도(옮긴이).

어주고 친밀한 사회적 유대 관계를 맺고 있는 가족들은 "자신들의 가치에 순응하고 그 가치를 지키는 데 상당히 높은 확신"을 보여준다. 부모의 교육 수준과 소득, 인종, 자녀 수, 지역, 성별 등을 포함해서 학업 성취도에 영향을 끼치는 다른 많은 요소들을 통제해도 같은 결과가 나온다. 즉 자녀와 자녀의 학교에 밀접하게 관여하는 부모를 둔 학생들은 이러한 형태의 사회적 자본을 갖지 못한 학생들보다 학교를 중퇴할 가능성이 낮다. 자녀의 학교에서 마련한 프로그램에 참여하고, 숙제를 도와주며, 학교 밖에서 자녀의 행동을 감시하는 부모의 아이들이 성적도 높고, 수업에도 더 적극적으로 참여하며, 마약과 탈선을 피할 가능성이 훨씬 높다.

볼티모어의 저소득 10대 엄마에 관한 장기적 연구는, 엄마와 자녀 사이에 높은 수준의 감정적 버팀목이 있는 가족, 엄마가 자신을 후원하는 강력한 네트워크를 갖고 있는 가족의 어린이는 고등학교를 졸업하고 교회에 다니며 안정된 직업을 얻을 가능성이 엄청나게 높다는 사실을 보여준다. 다른 말로 하자면 엄마가 충분한 사회적 자본을 갖고 있다면 '위기 상태에 있는' 어린이라도 얼마든지 인생에서 성공할 수 있다는 것이다.

사회적 자본의 유익한 영향은 혜택 받지 못한 공동체나 초·중·고등학교에만 한정되지 않는다. 학업 성적이 뛰어난 많은 교외 학군들이 풍부하게 갖고 있는 것이 바로 사회적 자본이며, 이것이 경제적 자본보다 교육적으로 훨씬 더 중요하다. 역으로 사회적 연계성을 결여하고 있는 공동체는 아무리 경제적으로 풍요로워도 학교가 잘 돌아가지 않는다.

또한 대학 재학 중에도 사회적 자본은 교육에 강한 영향을 미친다. 학생 자신의 열의를 포함하여 대학생이 되기 전 갖고 있던 요소들을 통제한 경우에도 정규 과목 외의 활동과 또래의 사회적 네트워크 참여 여부는 그 학생이 중퇴하지 않고 대학 생활에서 훌륭한 성취를 거둘 수 있음을 예측하게 해주는 강력한 지표이다. 다른 말로 하면 하버드에서나 할렘에서나 사회적 연계성은 교육적 성취를 증진시킨다. 미국의 사회적 자본이 감소함으로써 가장 나쁜 결과를 초래할 가능성이 높은 부문 중의 하나가 우리 아이들이 받는 (학교 안과 학교 밖에서의) 교육의 질이다.

제
18
장

안전하고 유익한 동네

1. 사회적 환경과 범죄

앞에서 보았듯 어린이의 건전한 발전은 그들이 성년이 될 때까지 살았던 사회적 환경에 상당 부분 달려 있다. 높은 수준의 사회적 자본을 갖고 있는 동네는 자녀를 키우기에 좋은 곳이다. 사회적 자본이 높은 지역에서는 공공장소도 더 깨끗하고, 사람들도 더 친근하며, 길거리는 더 안전하다. 신뢰, 사회적 네트워크, 시민 참여는 어떻게 깔끔하고 안전한 동네로 전환되는가?

학자들, 특히 범죄학자들은 오랫동안 이 문제를 고민해왔다. 초기 연구의 대부분은 왜 어떤 동네에서는 낙서, 길거리 범죄, 공공 기물 파괴, 패싸움이 훨씬 많이 일어나는 듯 보이는가에 관심을 기울였다. 주민들이 계속 바뀌는데도 이러한 동네들의 특징은 수십 년 동안이나 그대로 이어졌다. 몇몇 미국의 지도적인 범죄학자들은 1920년대부터 범죄와 청소년 비행의 '생태학적' 이론들을 발전시키기 시작했다. 이 이론들은 개별적으로는 차이가 나지만 잘못된 행동의 원인으로 '사회 해체social disorganization'에 초점을 맞춘다는 점에서는 대체로 공통점을 보였다. 그러한 해체는 특히 주민 이동이 잦고, 이웃끼리 서로 이름을 모르며, 여러 인종 집단들이 불편하게 뒤섞여 있고, 지역사회 단체는 드물며, 불우한 환경의 청소년들이 성인들의 세계와 단절된 자기만의 '하위 문화' 속에 빠져 있는 여러 도시 공동체의 특징이기도 했다.

저명한 범죄학자 로버트 샘슨Robert J. Sampson은 많은 경험적 연구들을 검토한 후 범죄 행위를 조장할 수 있는 빈곤과 기타 요소들을 통제하더라도 다음과 같은 곳, 즉 "(1)주민들 사이에 교제 네트워크가 드물고 익명성이 두드러진다, (2)공공장소의 통제 약화와 아무 지도도 받지 않는 10대의 또래 집단이 많다, (3)단체의 기반이 취약하고 지역 활동에서 사회적 참여가 낮다는 특징을 보이는 지역 공동체들은 범죄와 폭력의 증가라는 위험에 직면한다"고 결론 내렸다. 예컨대 전국 조사를 보면, 그 밖의 사회적·경제적 요소들은 일치하는 동네라고 하더라도, 주민 이동이 잦은 곳에서는 안정된 동네보다 범죄의 희생이 될 위험이 2배 더 높아진다.

도시 생활의 뛰어난 연구자 제인 제이콥스Jane Jacobs는 이제는 고전이 된 그녀의 저작 『미국 대도시의 삶과 죽음The Death and Life of Great American Cities』에서 대답을 제시했다. 안전하고 잘 조직된 도시와 불안전하고 해체된 도시를 구분하는 가장 중요한 요소는 '사회적 자본'이라고 지적했다(그녀도 이 용어의 발명자 중의 한 명이다). 20세기의 도시계획과 재개발 계획을 가차 없이 비판하는 가운데, 그녀는 이웃들 사이에 일상적인 접촉을 최대화하도록 도시가 형성되어 있는 곳에서 거리는 더 안전하고, 아이들도 더 주의 깊게 보살펴지고, 사람들은 자신의 주변 환경에 더 만족스러워 한다고 주장했다.

제이콥스에게는 잡화점 주인, 1층 현관에 사는 가족들, 자기 교구를 걸어 다니는 성직자들과의 규칙적 접촉, 그리고 노점상, 손쉽게 가로지를 수 있는 공원의 존재는 지역 주민들에게 안정감을 주고 책임감을 신장시켰다. "지역 수준에서 그러한 일상적이면서도 공공의 성격을 띠는 접촉이 모두 합쳐지면 사람들에게는 공공적 동질성의 느낌, 공공의 존중과 신뢰의 그물, 개인과 공동체가 필요로 할 때의 자원이 되는 것이다. 이 접촉은 대부분 우연하게 이루어지고, 대부분은 볼일을 보다가 맞닥뜨리게 되며, 어느 누구에 의해서도 강요되지 않지만, 관련된 사람들 사이에서 이 모든 것은 어떤 리듬을 갖고 이루어진다."

이처럼 영향력 있는 여러 연구 결과가 출간된 후 수십 년 동안 다양한 분야의 많은 학자들이 그 기본적인 통찰력을 더욱 정교하게 가다듬어왔다. 그리고 그들이 내린 결론은 제이콥스와 초기의 범죄학자들이 예측했던 방향과 그대로 일치한다. 즉 다른 모든 사정이 동일하다면, 사회적 자본의 수준이 높을수록 범죄 수준은 낮아진다는 것이다.

주 수준에서의 살인 통계 분석은 많은 점을 시사해준다(일반적으로 살인 비율은 범죄 발생을 보여주는 가장 신뢰할 수 있는 지수로 받아들여지고 있다. 같은 사건을 놓고 관할 구역에 따라 해석이 왜곡될 여지가 가장 적기 때문이다). 〈그림 84〉에서 보듯 사회적 자본이 높은 주일수록 그에 비례하여 살인 사건이 적다. 이 반비례 관계는 놀라울 정도이다. 그 어떤 두 개의 사회 현상을 골라도 이 정도로 완벽한 반비례 관계는 찾을 수 없을 정도이다.

물론 사회적 자본이 높은 주에서 왜 살인사건 발생 비율이 낮은지 설명할 수 있는 이유는 많이 있다. 사회적 자본이 풍부한 주들은

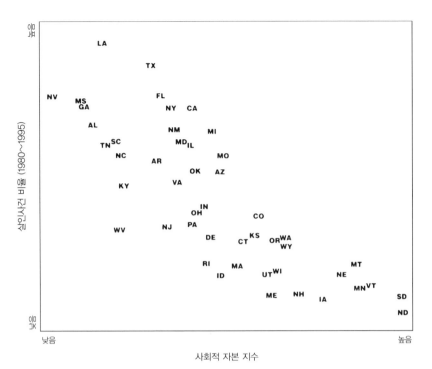

그림 84 _ 폭력적 범죄와 사회적 자본

보통 더 부유하고, 교육 수준이 높으며, 도시적 각박함이 덜하고, 소득 분배에서는 보다 평등한 경향을 보인다. 그러나 이 요소들을 비롯하여 그 외의 요소들까지 고려하여 추가 분석을 해봐도 사회적 자본과 안전한 동네와는 현실적으로 분명한 관계가 있다. 실제로 살인사건의 발생 빈도를 결정짓는 요소로서는 사회적 자본이 빈곤, 도시화, 인종 구성만큼 중요하다.

　1980~1995년 동안 인구당 살인사건 발생 수를 예측하는 데 있어 놀랍게도 사회적 자본이 주의 교육 수준, 한 부모 가정의 비율, 소득 불평등보다 **더 중요하다.** 흥미로운 사실은 주 전체의 범죄에 대한 두려움의 수준을 통제했을 때도 이 상관관계는 여전히 강하다는 점

이다. 이 예상치 못한 사실은 최소한 부분적으로는 인과의 방향이 사회적 자본에서 범죄로 간다는 점을 함축하고 있다. 곧 낮은 사회적 자본이 범죄 발생의 부분적 원인이라는 말이다.

여기서 우리의 이야기는 오래된 역사의 수수께끼와 교차한다. 왜 남부는 다른가? 역사학자들은 살인을 부르는 폭력이 다른 곳보다 남북전쟁 당시 남군에 속했던 주들에서 훨씬 많이 벌어진다는 사실을 1세기 훨씬 이전부터 알고 있었다. 실제로 남북전쟁이 벌어지기 훨씬 전부터 살인사건 비율은 남부에서 대단히 높은 상태를 유지해왔으며 이 차이는 20세기 내내 별로 줄어들지 않고 유지되어왔다. 예를 들면 1980년대와 90년대 남부의 살인사건 발생 비율은 북부의 약 2배였다.

게다가 이러한 지역적 차이는 백인과 흑인 모두에게 나타난다. 남부의 흑인과 백인 모두 살인사건 발생률이 높다. 심리적, 문화적, 사회적, 경제적 심지어는 인종적 해석까지 제기되어왔다. 그러나 우리가 인종, 연령, 경제적 불평등, 도시화, 교육, 빈곤을 비롯하여 살인사건 비율을 예측하게 해주는 그 밖의 널리 확립된 지표들을 통제해도, 지역적 차이는 여전히 유지되고 있다. '남부 기질'에는 치명적 폭력의 높은 잠재적 위험과 연결되어 있는 그 무언가가 있는 것처럼 보인다.

몇몇 관찰자들은 "사회적 · 정치적 · 물리적 환경을 적대적으로 규정하는 남부의 세계관 〔……〕 낯선 사람에 대한 한없는 친절함과 격렬한 적대감의 공존"에 그 책임을 돌렸다. 또 다른 사람들은 이 수수께끼의 열쇠는 19세기의 결투 전통에서 분명하게 나타나는 남부의 독특한 '명예의 문화'라고 제안하면서, 아마 18세기 이 지역의 이민 패턴에서 그 연원을 추적할 수 있을 것이라고 주장한다.

이러한 설명들 대신에 〈그림 84〉는 사회적 자본이 (오히려 그 결여라고 하는 편이 좋겠지만) 사라진 연결 고리일 수 있다는 점을 시사한다. 일단 사회적 자본에서의 차이를 고려하면 이 고색창연한 지역적 차이는 사라진다. 통계에도 잘 나타나 있듯이 남부에 사회적 자본이 결여돼 있음을 감안한다면, 오히려 일반적으로 생각하는 것처럼 남부가 그렇게 폭력적이지 않다. 이 설명은 남부와 북부 사이의 전체적인 차이를 알려줄 뿐 아니라 남부와 북부 **내에서의** 차이도 알려준다. 즉 사회적 자본을 결여한 곳에서는 어디서나 치명적 폭력이 풍토병처럼 자리 잡는 것이다.

2. 사회적 자본과 폭력

사회적 자본과 폭력 사이의 연계를 보다 깊이 파악하려면 지난 수십 년에 걸쳐 DDB 조사에서 제기된 재미있는 질문을 이용할 수 있다. "다음과 같은 말에 동의하십니까 아니면 반대하십니까?"라는 질문 바로 다음에 이런 말을 던졌다. "나는 주먹 싸움을 보통 이상으로 잘한다." 평균적으로 모든 미국인의 38퍼센트가 호전적인 대답을 꼽았다(53퍼센트 대 26퍼센트의 비율로 남자는 여자보다 2배 정도 더 동의하는 것 같은데, 여성들도 천천히 폭력의 격차를 줄여오고 있다. 1970년대 말에는 여성의 20~25퍼센트가 동의했지만 꾸준히 상승하여 90년대 말에는 30퍼센트가 동의하게 되었다).

우리에게 보다 중요한 사실은 여기서도 주에 따라 의미 있는 차이가 나타난다는 점이다. 제일 상위에 속하는 루이지애나, 웨스트버지니아, 뉴멕시코 주의 주민들은 거의 절반이 동의하며, 사우스다코타, 메인, 아이오와, 미네소타 주에서는 3분의 1 이하가 동의한다. 〈그림 85〉가 보여주듯 호전성은 낮은 사회적 자본과 강한 상관관계

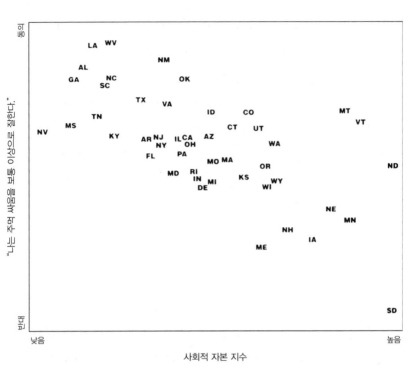

그림 85 _ 호전성과 사회적 자본

를 맺고 있는데, 아마 공동체 유대와 사회적 신뢰의 완화 효과가 없으면 사회질서를 스스로 집행하려는 시스템이 등장해서 그런 것 같다. 여하튼 낮은 수준의 사회적 자본이 특징인 주들의 시민은 싸울 태세가 훨씬 잘되어 있으며(아마 그렇게 하지 않으면 안 되었기 때문일 것이다), 폭력에 기울기 쉽다.

이러한 주별 차이는 지역 수준 혹은 심지어는 도시, 타운 등 행정 단위로 실시하는 국세 조사 수준에서의 범죄율과 청소년 비행 비율을 조사한 일군의 연구들과 대단히 잘 맞아떨어진다. 범죄 발생을 검토하는 외에도 이 연구들은 아동 학대, 학교 중퇴, 10대의 임신, 마약 복용 등 미국의 도시들이 안고 있는 모든 다른 문제에 '이웃

제4부 _ 사회적 자본의 기능

효과neighborhood effect'를 조사하는 가장 세련된 통계 기법을 동원했다. 이 연구들의 공통 가설은 사람의 행동은 자신만의 독자적 특징 뿐 아니라 이웃, 학교, 또래 등 그를 둘러싼 환경의 특징에 따라 달라진다는 것이다.

이 연구들은 아직도 치열한 논쟁을 불러일으키고 있는데, 논쟁의 대부분은 같은 생각을 가진 사람들이 같은 장소에 모여 사는 경향 외에 과연 실제로 무엇을 더 밝혀냈냐는 비판을 둘러싸고 벌어졌다. 비판의 요지는 이렇다. 물론 10대의 학교 중퇴가 같은 동네에서 발견되는 경향이 있는 것은 사실이다. 그렇지만 이 아이들이 학교를 그만두자고 서로에게 영향을 끼치고 있어서 그런 것이 아니다. 그보다는 비슷한 가치관이나 가정교육 습관을 가진 가족들은 서로 가까이 살 때 더 편안하게 느끼기 때문에 특정 지역에서 집중 발생하는 것이다. 가장 정교한 통계 분석도 '유유상종'을 만들어내는 보이지 않는 손을 식별하는 데 곤란을 겪고 있다는 점을 비판자들은 정확하게 지적한다. 보다 중요한 사실은 만일 이웃 효과가 실제로 존재한다고 해도 부모의 훈육과 지도 같은 '가족 효과'에 비해 사소한 것일 수도 있다는 점이다.

나는 이런 반론들을 진지하게 수용한다. 그럼에도 불구하고 다양한 분야에서, 그리고 무수한 연구들이 범죄에 대한 이웃 효과를 발견해왔다는 사실은 그러한 효과가 실제로 존재한다는 점을 설득력 있게 말해주고 있다. 이웃 효과의 규모는 다를 수 있지만, 위험한 짓을 기꺼이 저지르는 아이들에게 에워싸여 있는 아이들은 비행을 저지를 가능성이 높다는 점을 학자들은 얼마든지 입증할 수 있다. 그리고 이러한 현상은 위험한 행동에 빠져드는 개인의 성향 차이를 넘어 나타난다는 것이다.

예를 들면 보스턴의 경우, 또래들이 마약과 범죄에 빠져들고 갱

단원과 사귀는 동네에 사는 아이들은 자신들의 본래 성향과 관계없이 그 자신이 똑같은 일을 저지를 가능성이 상당히 높다. 시카고에서는 화이트칼라 전문직이 많은 동네에 사는 흑인 청소년은 교육 수준이 낮은 주민으로 이루어진 동네의 흑인 청소년에 비해 고등학교 졸업 가능성이 3배 이상 더 높다. 그 외에도 수많은 연구들이 사람은 자신의 선택과 환경에 의해서뿐만 아니라 자기 이웃의 선택과 환경에 의해서도 깊은 자극을 받아 동기를 부여받는다는 사실을 시사한다. 내 운명은, **내가** 공부하고, 약을 멀리하며, 교회에 다니느냐뿐만 아니라 내 이웃이 과연 그런 행동을 하느냐에도 달려 있는 것이다.

현재의 분석 방법으로는 이웃 효과가 어떻게 작용하는지 연구자들이 정확히 밝혀내지 못하고 있지만, 이 과정들을 보다 잘 이해하려는 학문적 노력들이 최근에 계속 나타나고 있다. 연구자들은 사회적 자본, 혹은 그 결여가 퍼즐에서 빠져 있는 큰 조각이라고 믿게 되었다. 한편으로 사회적 자본의 존재, 즉 신뢰 네트워크와 공통의 가치관을 통해 서로 연계된 개인들의 존재는 청소년에게는 긍정적 모범의 역할을 하며 공동체 밖의 멘토mentors, 역할 모델, 교육적 후원자, 취업에 도움이 되는 사람들에게 청소년이 접근할 수 있도록 해준다. 사회적 네트워크는 개인에게 감정적·재정적 도움을 제공할 수도 있고, 공동체 제도에는 정치적 발판과 자원봉사자를 공급해줄 수 있다. 반대로 긍정적 규범, 지역 공동체 단체, 성인들의 일상적인 친구와 친척 네트워크가 없으면 아이들은 제멋대로 행동하게 된다. 청소년들이 당장의 쾌락이나 자기 파괴적인 충동에서 멋대로 행동할 가능성이 가장 높은 환경이 바로 이런 곳이다.

청소년들이 갱이나 동네 '깡패'의 형태로 자신만의 사회적 자본을 만들 가능성이 가장 높은 환경 역시 바로 이런 곳이다. 사회학자 로버트 샘슨이 지적하듯 "사회적 자본의 결여는 사회적으로 해체된 공동체의 일차적 특징들 중의 하나이다." 동네 연계성의 수준 변화에 관해 이용할 수 있는 가장 뛰어난 증거는 대부분의 미국인이 한 세대 전보다 자신들의 이웃과 깊은 관계를 맺지 않고 있음을 시사한다. 이것은 부분적으로는 이웃 네트워크를 오랫동안 굳세게 지켜온 여성들이 어머니 세대에 비해 일하느라고 낮에 집을 비우는 경향이 훨씬 높기 때문이다. 또한 한때는 동네 단체에 자신의 지식과 지혜를 빌려주었던 전문직 남성은 아버지 세대보다 더 오랜 시간을 직장에서 보내고 있다. 2부에서 보았지만 요즘 사람들은 이웃과의 사교나 공동체 프로젝트에 동참하는 경우가 줄어든 것 같다.

실제로 순수한 경제적 요소 외에도 동네의 사회적 자본의 감소, 즉 공동체 감시, 사교, 청소년에 대한 충고와 조언, 단체 결성 등의 쇠퇴는 내부 도시inner city가 겪고 있는 위기의 중요한 하나의 특징이다. 도시 생활을 연구하는 많은 사람들은 미국의 도시에서 직장과 중산 계급 가정이 사라지고 있다는 사실을 지적해왔다. 그들의 이탈은 결국 인간적 자본과 경제적 자본의 증발, 그리고 사회적 자본의 증발로 확대된다는 사실을 의미한다.

미국의 지도적인 도시사회학자 윌리엄 윌슨William Julius Wilson은 이제는 고전이 된 1987년의 저작 『정말 어려운 사람들The Truly Disadvantaged』에서 도시를 빈곤으로 몰고 가는 회오리바람을 이렇게 묘사했다. "기본 가설은 내부 도시에서 고소득 가족의 이주로 인해 게토 문화가 억제되지 않은 채 그대로 이어진다는 것이 아니다. 이 가족들은 이주하고 주민들의 실업 상태는 오래 지속되면서 내부 도시에서 (교회, 상점, 학교, 오락 시설 등) 기본 제도들을 유지하기가 더 힘들어졌다는 것이다. 그리고 기본 제도들이 쇠퇴함에 따라 내부 도시 이웃들의 (여기서는 공동체의 감정, 이웃과의 긍정적 일체감, 일탈 행동에 대한 분명한 규범과 제제 등을 포함하는 것으로 규정된) 사회적 조직 역시 쇠퇴했다."

필라델피아의 내부 도시를 여러 해에 걸쳐 연구한 도시민족지학자ethnographer 엘리야 앤더슨Elijah Anderson 역시 저소득 동네의 '도덕적 응집력'의 지속적 하락을 증명해주고 있다. 그 역시 경제적 자본과 인적 자본의 이탈을 사회적 자본의 감소에 연결시켰다. 흑인 중산 계급의 이주는 "흑인 공동체 내부에서 도덕적·사회적 리더십의 지극히 중요한 기반을 축소시켜왔다"고 그는 결론 내렸다. 그러는 동안에도 앤더슨이 '노인 대빵old head'이라고 불렀던 동네의 나이 들고 영향력 있는 남성과 여성은 계속 남아 있었지만 그 수는 줄어들고 있으며 과거의 도덕적 권위를 상실했다. 남자 '노인 대빵'은 "가족 생활, 교회에 강한 책임감을 갖고 동네에서 주도적 역할을 했다. 그러나 가장 중요한 것은 자신이 보기에 쓸 만한 소년에게 오랜 경험과 일에서 얻은 스스로의 값진 경험을 전달하는, 경륜과 일정한 재산을 갖춘 남자였다."

그러나 정상적인 직업들은 사라지고 불법적인 경제 활동이 돈 벌이가 좋다는 사실이 증명되면서 이 노인은 "역할 모델로서의 위신과 신뢰성을 상실해오고 있다." 한때는 집 앞 현관 계단에 앉아 이웃의 눈과 귀 역할을 해왔던 동네 '엄마들' 역시 "부모의 간섭을 거의 받지 않고 제멋대로 날뛰는 '거리의 아이들'이 마구 늘어나면서 이들에게 계속 압도당하게" 되었다. 이 여성들은 이웃을 위해 공동체의 일에 개입할 수 있는 과거의 비공식적 권위를 이제는 더 이상 누리지 못하고 있다. 앤더슨은 이렇게 결론 내린다. "가족을 지키는 사람과 역할 모델은 사라지거나 그 영향이 줄어들고 실업과 빈곤은 더욱 만연함에 따라 지역 공동체, 특히 어린이들이 범죄, 마약, 가족 해체, 일반화된 퇴폐, 실업 등을 포함하는 여러 가지 사회적 질병에 취약하게 되었다."

　내부 도시에서 거주하며 일하는 사람들은 앤더슨이 묘사한 변화 과정을 잘 알고 있다. 게다가 사회적 자본의 결여가 범죄를 비롯한 여러 사회적 병리 현상으로 귀착되는 현상은 소수 인종과 가난한 동네에서만 벌어지지 않는다. 사회적 자본이 어떻게 건강한 동네를 떠받치는지 앤더슨의 생생한 현장 조사에서 나온 통찰은 그 후 동네와 개인의 자료에 관한 많은 정교한 분석으로 계량화되었다.

　시카고의 동네들에 관한 로버트 샘슨, 스티븐 로든부시Stephen Raudenbush, 펠턴 얼스Felton Earls의 상당히 유명한 연구가 그중에서도 뛰어난 업적의 하나에 속한다. 광범위한 조사와 범죄 자료에 근거하여 이 연구는 왜 어떤 동네는 다른 동네보다 범죄 발생률이 낮은지 그 이유를 두 개의 특징으로 설명했다. 그것은 이웃들 사이에 상호 신뢰와 이타심, 그리고 아이들이 잘못 행동하면 기꺼이 개입하려는 태도였다. 여기서 실제로 어떤 사람이 동네에서 범죄에 희생될 가능성을 예측하게 해주는 지표는 빈곤이나 주민의 잦은 이사보다는 동네의 '집단적 효율성collective efficacy'이었다. 시카고를 다룬 이 연구에서는 지역사회 단체의 참여율, 동네를 기반으로 한 프로그램의 수, 이웃들 사이 혹은 친척과 친구들끼리의 유대감의 정도 같은 사회적 자본 항목들은 별로 큰 차이를 만들어내지 않는 것으로 보였다. 오히려 "폭력의 감소는 주민들 사이의 일상적인 사회적 통제와 응집력이 보다 직접적인 원인으로 보인다"고 결론 내렸다.

　샘슨과 바이런 그로브스W. Byron Groves의 초기 연구는 주민들의 단체 참여와 사회적 유대가 범죄 발생 수준에서 차이를 만들어냈음을 발견했다. 영국의 범죄 자료를 분석한 그들의 연구는 사람들이 친구들과의 밀접한 유대, 그리고 그보다는 좀 느슨하지만 다양한 교제 관계의 유대를 통해 서로 연결되어 있는 지역, 주민들이 지역 위원회와 클럽에 적극적으로 활동하는 곳에서는 강도, 폭행, 빈집털이, 자동차 절도 등등이 적다는 사실을 보여주었다. 이 연구에서 보다 재미있는 것은 일반적으로 동네를 '위험하게 하는 요소'라고 보았던 빈곤이나 잦은 인구 이동 같은 요소들은 대부분 사람들의 생각보다는 범죄 문제에 큰 부분을 차지하지 못할 수도 있다는 발견이었다.

샘슨과 그로브스의 분석은 보다 가난하고 주민 이주가 잦은 지역들은 실질적으로도 노상강도 발생 비율이 높지만, 단순하게 빈곤과 불안정 그 자체 때문은 아니라는 것이다. 그보다는 이런 지역에서 범죄 발생 비율이 높은 이유의 상당 부분은 성인들이 지역 공동체 단체에 참여하지 않고, 10대들을 감독하지 않으며, 친구 네트워크를 통해 서로 연결되지 않기 때문이다. 뉴욕의 12개 동네를 대상으로 한 연구 역시 공동체 단체에의 참여는 청소년 탈선에 미치는 사회경제적 어려움의 영향을 줄이는 데 기여한다는 비슷한 결과를 발견했다. 다른 말로 표현하자면 청소년들은 자신이 가난해서뿐 아니라 성인들의 네트워크와 제도가 붕괴되어왔기 때문에 강도짓과 도둑질을 하는 것이다.

동네가 가족에게 영향을 미칠 수 있듯 가족 역시 동네에 영향을 미칠 수 있다. 경제학자의 용어를 빌리면 사회적 자본은 가정에서 거리로 퍼져나가는 '긍정적 외부 효과'를 갖고 있다. 북부 캘리포니아에서 학자들은 동네에 안정된 가족들이 많으면 청소년의 범법 행위 발생 수준이 낮다는 점을 발견해왔다. 성인들이 청소년의 역할 모델이나 감독자로 기여해서가 아니라 자녀를 정서적으로 안정되고 품행이 바른 아이들로 키우기 때문이다. 따라서 '좋은 가족들'은 다른 가족의 자녀들이 친구로 삼을 수 있는 '착한 또래들'의 수를 늘림으로써 동네 전체를 안전하게 만드는 효과를 물결처럼 퍼뜨린다. 우리가 만일 청소년의 말썽을 전염성 질병으로 본다면, 말하자면 고등학교와 친구 집단들을 통해 확산되는 일종의 행동 전염병으로 본다면, 다른 아이를 감염시킬 수 있는 보균 청소년의 수를 줄이는 예방주사 역할을 안정된 가족이 하는 것이다.

그렇지만 가족을 동네에 통합시키는 것이 항상 좋은 결과를 가져오지는 않는다. 동네의 규범 및 네트워크가 민족지학자 앤더슨이 '점잖은decent 가치'라고 부른 것과 맞지 않으면, 공동체에 뿌리를 내리게 되는 가족들이 본래 갖고 있던 좋은 성품이나 가치와 충돌을 일으킬 수 있다. 북부 캘리포니아의 고등학생들을 다룬 한 연구에 따르면 부모가 자기 자녀의 친구들, 그리고 그 친구들의 부모들을 많이 알고 있으면 자녀들이 학교에 잘 다니고 알코올과 마약을 멀리할 가능성이 크다는 것을 예측할 수 있다.

그러나 '부모들이 부모들을 서로 앎'으로써 생기는 그러한 긍정적 효과는 학교 출석과 약물 복용 문제가 없는 지역에서만 발견되었다. 학생들이 말썽을 많이 일으키는 지역에서는, 부모들이 그 공동체에 사회적으로 통합됨으로써 말썽 많은 또래들이 모여 있는 공동체에서 살면서 생기는 문제를 오히려 악화시켰다. 곧 좋지 않은 이웃들로 이루어진 공동체에의 사회적 통합은 좋은 결과를 가져오지 않을 수 있다는 것이다.

3. 내부 도시와 사회적 자본

내부 도시의 갱은 애석하게도 건설적 제도들이 없는 지역에서 동네에 기반을 둔 사회적 자본을 세우려는 잘못된 시도로도 볼 수 있다. 전문가들은 누가 갱인지 식별하기도 어렵고 그 수를 세기는 더 어렵다는 데 동의하지만, 대부분의 자료는 그 수가 늘고 있음을 시사한다. 몇몇 갱단은 그 유일한 활동이 사업, 특히 마약과 무기 판매 사업에 종사하는 조직적 기업의 형태를 취하고 있다. 그렇지만 다른 갱들은 사람들 사이의 신뢰, 호혜성, 죽을 때까지 지키는 우정의 수평적 유대에 기반을 둔 상부상조 단체에 더 가깝다. 많은 경우 갱 단원들은 주류 공동체에서 묵인되고 그 속에 잘 통합된다.

시카고의 라틴계 갱단을 다룬 뛰어난 연구에서 루스 호로위츠Ruth Horowitz는 갱단 사이에 존재하는 광범위한 사회적 자본을 이렇게 묘사한다.

> 사자파Lions는 거의 10년 동안 내려오고 있는 갱단이다. 이 기간 동안 단원들은 물건, 서비스, 개인적 정보를 개인적 · 집단적으로 계속 교환해오고 있었다. 작은 교환은 끊임없이 이루어지고 있지만 보다 큰 의무를 이행하려면 몇 년이 걸리는 경우도 꽤 있다. 서로 돈을 빌려주거나 모두에게 맥주 한 잔씩 돌리기 같은 일상사는 사회적 관계와 교환의 흐름이 일상적으로 지속되도록 해준다. 그날 돈 있는 사람이 맥주 값을 낸다. 아무 질문도 하지 않고 어떤 계산도 기록하지 않는다. 작은 액수의 돈 꿔주기와 비싸지 않은 밥 사주기도 마찬가지이다. 주도권을 놓고 진행하는 투쟁에서 도와준 사람에게 신세 갚기, 다른 단원들의 이름을 대지 않고 혼자 교도소 가기 등의 보다 심각한 상호 의무는 오랜 기간 동안 지속되는 경우가 종종 있다.

과거 LA 갱 단원이었던 사니카 샤쿠르는 그런 장기적 의무를 거리의 언어로 들려준다. "네가 여기 단원으로 있다가 떠났어. [……] 그리고 성공했어. 그러면 너는 의무를 지게 되는 거야. 이중으로 보상해야 해. 문화적 보상이 있고 [……] 단원 보상이 있어. [……] 그러니까, 문화적 보상은 이런 거야. 만일 돌아오지 않으면 [……]

뭔가 공헌을 하는 거지. 대신에 갱단으로 다시 들어올 수는 없게 되지. 그다음에는 단원으로서의 책임을 져야 하는데 만일 돌아오지 않으면 죽는 수도 있어."

이러한 갱단 생활의 설명에서 묘사된 상호 의무는 사회적 자본의 형태를 의미한다는 점을 강조하지 않을 수 없다. 많은 측면에서 이 호혜성의 규범과 네트워크는 단원들의 이익에 기여한다. 볼링 팀 속에 실현된 사회적 자본이 그 회원들을 돕는 것과 똑같다. 물론 갱의 연대성이 지향하는 목적은 사회적으로 해롭다. 이 사례는 사회적 자본의 외부 효과가 모두 유익하지는 않다는 점을 알려준다.

갱단에 관한 또 다른 연구들은 젊은이가 보다 넓은 사회에 연결될 기회가 별로 없고, 주택 소유자들이 조직한 동네 단체와 우애 단체 등 그 외 '주류' 제도들이 없거나 와해된 곳에서는 동네의 중요한 사회적 제도를 대표한다고 시사해왔다. 갱단은 뒤를 봐주는 정치인들에 의해 정치적 조직화의 행동대원으로 이용되기도 했고, 조직범죄 집단에게는 불법적 사업에 신입 회원으로 이용되어왔고, 지역사회 단체에 의해서는 자원봉사, 돈, 보호의 기반으로서 이용되기도 했다. 마지막 사항이 특히 재미있다.

워싱턴 D. C.의 공공주택 개발에서 사회사업가로 활동하는 여성들에 관한 연구가 있다. 이 여성들은 자신이 조직하고 있던 어린이들의 방과 후 프로그램에 꼭 필요한 돈을 보내주는 중요한 후원자가 바로 마약 밀매 갱들이었음을 알게 되었다. 사회사업가들 중 한 사람이 마약 밀매상들을 초대하여 확실히 자리를 잡게 된 어린이 센터를 둘러보게 했다. 그들은 앞으로 여성들의 활동은 거리에서 생기는 그 어떤 일에도 곤란을 겪지 않고 잘 진행될 것이라는 말로 그녀의 호의에 보답했다.

간단하게 말하자면 비록 거리에서 마약을 팔고 폭력적 전쟁을 벌이지만 갱들 역시 호혜성, 자선사업, 단체의 조직화, 사회적 통제의 네트워크를 제공하는 사회적 자본의 한 형태를 의미한다. 물론 자신만의 독특한, 때로는 파괴적 방식으로 하고 있지만 말이다. 건설적인 사회적 자본과 제도가 사라지게 되면 갱들이 나타나 그 공간을 메우는 것이다.

이 모든 것은 미국의 내부 도시들이 건설적인 형태의 사회적 자본을 결여하고 있다는 뜻은 아니다. 미국의 게토는 보통 생각하는 것보다는 훨씬 다양하다. 대부분의 주민은 직장을 갖고 있으며, 대부분의 가족이 정부 보조에 의존하지도 않으며, 대부분의 10대는 학교에 다닌다. 그리고 특히 미국의 소수 민족 공동체를 연구한 민족지학자들은 '주류' 백인 제도들의 무관심과 경제적 어려움으로 고생하는 사람들을 떠받치는 풍요로운 정신적·감정적 네트워크를 그곳에서 발견한다.

20년도 훨씬 더 이전에 캐롤 스택Carol Stack의 고전적 연구 『모두가 우리의 친척All Our Kin』은 미국 중서부 지역 내부 도시의 흑인 공동체 '플랫Flats'에서 흑인 가족들이 발전시킨 서로를 떠받치는 정교한 후원 네트워크를 미국 백인들에게 소개했다. 스택이 3년 동안 살면서 만난 대부분의 사람은 2세대 북부 사람들이었다. 대부분은 혼자서 자녀를 키우는 여성이고, 대부분은 공공의 도움으로 살아가고 있었다. 스택은 이곳에서 "일상용품과 자원을 교환하고 거래하며 자녀들을 서로 챙겨주는 개인들의 협력 관계"를 무수히 발견했다. 그녀는 "친척이든 아니든 서로의 집안일을 돕고, 일상용품과 서비스를 교환하는 행위가 얼마나 광범위하게 이루어지는지"에 깊은 인상을 받았다.

도시 생활의 연구자들은 도시 빈민들 사이에 존재하는 높은 수준의 불신을 자주 지적하는 데 반해, 스택은 플랫의 주민은 자신들의 교환 네트워크를 유지하는 높은 수준의 신뢰를 갖고 있음이 틀림없다고 되받아쳤다. 필요한 용품을 빌려주거나 자기 아이를 돌봐준 데 대해 곧장 답례를 하는 일은 매우 드물었기 때문이었다. 또한 내부 도시들은 잘 조직된 이타심과 의무의 네트워크가 그 특징을 이룬다고 (아니면 최소한 그 당시에는 그랬다고) 주장했다. 다만 그 네트워크가 눈에 보이지 않는 경우가 종종 있을 뿐 내부 도시는 사회적 해체 상태에 **있지 않다**고 지적했다. 그리고 이 네트워크들은 자기 가족을 넘어 확장된, 사회적으로 구성된, 잘 조직된 '친척 집단'의 형태를 띠고 있는데, 그 사람의 친척, 애인, 식구, 친구, 자기 친구의 가족과 친구들로 구성되어 있다는 것이다.

자기만의 힘으로는 이룰 수 없다는 사실을 알고 있는 도시 빈민들이 자신의 네트워크를 지속적으로 확장하려고 어떤 방법을 동원하는지 스택은 보여주었다. 네트워크 구성원들은 서로에게 아이 돌보기, 임시 피난처, 그 외의 도움을 제공할 수 있다. 그러는 과정에서 네트워크의 구성원들은 자신들이 줄 수 있는 것보다 더 많은 것을 가져가는 사람에게 강한 제재를 부과하면서 서로를 감독했다. 그것은 네트워크가 축소되는 증거였기 때문이었다. 요약하면 플랫은 어렵게 생활하고 있는 도시의 빈민이 사회적 자본이라는 부를 풍부하게 만들어내고 있음을 보여주는 사례였다.

불행히도 보다 최근의 연구들은 내부 도시의 사회적 네트워크들은 1960년대 말 스택이 발견했던 것만큼 그렇게 두텁거나 효과적이지 않다는 사실을 시사한다. 대도시 인근의 교외 주택가, 중부 지방의 작은 마을과 마찬가지로 오늘날의 내부 도시 역시 과거에 비해 사회적 자본은 줄어들었다. 그렇지만 이 호혜성의 시스템이 존속하는 곳에서는 여전히 가난한 사람에게는 중요한 자산으로 활용되고 있는데, 도시 하층 계급에 관한 일반적 설명에는 지금도 이 부분이 간과되는 경우가 너무 많다.

4. 요약

요약하자면 많은 경우 사회적 자본은 어려운 이웃들에게 좋은 도움을 준다. 사회적 자본을 결여하고 있는 곳에서는 빈곤, 성인의 실업, 가족 붕괴로 인한 영향이 증폭되어 어린이와 성인 모두에게 삶이 훨씬 힘들어진다. 우리가 보았듯 사회적 신뢰, 단체의 참여, 이웃의 응집력은 경제적 어려움과 10대의 말썽 사이의 연계를 끊는 데 도움을 줄 수 있다는 예비적이지만 흥미 있는 증거가 있다. 물론 문제는 이렇게 어려운 지역에서 사회적 자본이 결여된 경우가 자주 있으며, 다시 세우기가 어렵다는 점이다.

'이웃 지켜주기neighborhood crime watch' 프로그램을 검토했더니 이 프로그램이 제일 필요 없는 지역에서 성공을 거둘 가능성이 가장 높다는 결과가 나왔다. 곧 주민들의 이주가 많지 않으며 중간 계급들로 이루어진 동네에서 성공을 거둘 가능성이 가장 높다는 것인데, 이곳은 단체의 네트워크와 사회적 신뢰로부터 이미 혜택을 보고 있다. 기존의 사회적 자본이 보다 많은 사회적 자본의 형성을 촉진시키는 '선순환'이 아니라 내부 도시는 '악순환'의 고통을 받는 경우가 너무나 많다. 이곳에서는 낮은 수준의 신뢰와 응집력이 높은 수준의 범죄로 이어지고, 이것이 다시 신뢰와 응집력의 수준을 한층 더 떨어뜨리는 일이 벌어지고 있다. 내부 도시의 문제를 해결하는 데 사회적 자본을 집중하는 전략들은 이 악순환의 '해체'에 도움을 줄 수 있지만, 그 실현에는 많은 노력이 필요하다.

1980년대에 전국의 경찰서가 '공동체 치안'이라는 이름 아래 경찰을 비롯한 법률 집행부서와 공동체 주민들 사이에 업무 협력 관계를 세움으로써 범죄를 막으려는 일종의 '사회적 자본의 응용' 정책을 실행하기 시작했다. 공동체 치안은 최소한 부분적으로는 그 지역의 사회적 자본의 창조와 활성화를 통해 실제로 사회적 무질서와 범죄를 줄인다는 사실을 시사하는 증거가 있다. 소위 '시카고 대안 치안 전략CAPS'이라는 시카고의 지역 공동체의 경험을 평가하면서, 웨슬리 스코갠Wesley Skogan과 수전 하넷Susan Harnett은 "상대적으로 균등한 참여 기회를 제공함으로써 CAPS는 공동체의 모든 부분들에서 보다 광범위한 참여를 이끌어내는 첫 번째 조치를 취했다"고 보고한다.

이와 유사하게 제니 베리엔Jenny Berrien과 크리스토퍼 윈십Christopher Winship은 지역 성직자들이 중개 역할을 맡고 경찰과 주민들 사이에 업무 협력 관계를 실행하고 있는 보스턴 제10지구의 고무적인 결과를 보고한다. 이곳에는 공동체 내부에서 유대와 신뢰, 즉 사회적 자본을 갖고 있는 지역 성직자들이 있었기 때문에 범죄 예방 전략이 효과를 거둘 수 있었다는 것이다. 1990년대 미국 대도시에서 범죄율이 줄어든 한 가지 이유는 주민과 그 지도자들이 (줄어들었건 아니건) 자기 지역의 사회적 자본을 보다 효과적으로 이용하는 방법을 배워왔기 때문일지도 모른다.

이 장에서 우리는 사회적 자본이 안전하고 유익한 이웃을 형성하는 데 기여하며, 그것이 없으면 동네를 발전시키려는 노력이 제 성과를 거두지 못한다는 점을 살펴보았다(물론 사회적 자본은 범죄율에 영향을 끼치는 유일한 요소가 아니기 때문에, 범죄 발생에 관련된 다른 요소들이 변하지 않고 그대로 있을 경우에만 사회적 자본의 감소가 범죄율 상승으로 이어질 것이다). 내가 제시한 증거의 상당 부분은 내부 도시와 그 주민들에 관한 연구들로부터 끌어온 것인데, 이러한 환경이 안고 있는 문제점을 연구하는 데 학자들은 한 세대 이상이나 에너지를 투자해 자료가 풍부하기 때문이다.

사회적 유대가 공동체의 행복에 미치는 영향에 관한 증거를 찾으면서 나는 이 연구들이 풍부한 경험적 증거를 보유하는 동시에 미묘한 해석상의 차이를 보이고 있다는 점을 발견했다. 그렇지만 백인 중간 계급 공동체가 안고 있는 사회적 병리현상과 '교외 주택 지역의 문화'에도 내부 도시 연구에 못지않은 충분한 에너지가 투입된다면, 같은 디트로이트에서도 교외 지역과 중심 도시는 사회적 자본의 축소로 인해 각각 어떤 충격을 받았는지 보다 균형 잡힌 평가를 내리게 될 수 있을 것이다. 동네의 삶에 미친 사회적 자본의 (좋고 나쁜) 영향이 빈곤층 혹은 소수 민족 공동체에만 해당된다고 가정할 이유는 없다.

가난한 공동체에서 사회적 자본의 역할을 강조하는 두 번째 이유는 이렇다. (정의상) 빈곤층은 경제적 자본이 거의 없고 인적 자본(즉 교육)을 획득하는 데도 심각한 장애에 봉착하기 때문에, **사회적 자본**은 그들의 복지에 특히 더 중요하다. 2부와 3부에서 우리는 여러 자료를 통해 사회적 자본과 지역 공동체 참여의 축소는 기본적으로는 디트로이트의 내부 도시와 교외 주거 지역에 똑같은 정도의 영향을 미쳤지만, 그 축소로 인한 **충격**은 내부 도시에서 훨씬 강하게 나타났다는 사실을 분명히 알 수 있었다. 이 지역은 다른 형태의 자본을 보유하지 못했기 때문에 사회적 자본의 축소로 인한 충격을 흡수할 수 없었던 것이다.

20세기가 막을 내리는 시점에 교외 주거 지역과 농촌 공동체의 학교에서 총기 난사 사건이 계속 터져 나온다는 것은 공동체의 붕괴가 보다 환경이 좋은 곳에서도 계속 진행되고 있으며, 경제적 풍요와 교육은 집단적 비극을 막는 데 불충분하다는 사실을 우리에게 일깨워주고 있다.

제4부 _ 사회적 자본의 기능

경제적 번영

1. 사회적 자본과 개인

사회적 자본이 풍부한 지역은 쾌적한 주거 환경을 유지하는 데도 좋을 뿐만 아니라 경제적으로도 앞서 나간다. 신뢰와 사회적 네트워크가 번성하는 곳에서는 개인, 기업, 동네, 심지어는 국가 전체가 번영을 이룬다는 사실을 시사하는 연구들이 늘어가고 있다. 또한 우리가 앞 장에서 보았듯 사회적 자본은 불리한 사회경제적 조건으로 인한 악영향을 완화시키는 데도 도움을 준다.

개인 수준에서 사회적 연계는 그 사람의 삶의 기회에 영향을 미친다. 경제적으로 귀중한 사회적 끈을 갖춘 유복한 가족에서 자란 사람들은 경제 시장에서 성공할 가능성이 더 높다. 그들이 더 부자이고 교육도 더 잘 받게 되기 때문만이 아니라 자신들의 연줄을 이용할 수 있고 또 그럴 것이기 때문이다. 반면 사회적으로 고립된 농촌이나 내부 도시 지역에서 성장한 사람들은 뒤처진다. 재정적·교육적으로 불리한 경향이 있어서만이 아니라 그들의 '손을 끌어줄' 사회적 끈이 상대적으로 빈곤하기 때문이다.[1]

경제학자들은 사회적 끈이 취업, 보너스, 승진, 기타 고용상의 혜택을 누가 얻을 것인지에 영향을 미칠 수 있음을 시사하는 방대한 연구들을 전개해왔다. 사회적 네트워크는 사람에게 이런저런 충고, 취업의 기회, 전략적 정보, 추천서를 제공한다. 구직자에 관한 1970년대의 선구적 연구 『직업 구하기Getting a Job』에서 마크 그래노비터Mark Granovetter는 개인이 직장을 구하는 데는 가까운 친구나 친척보다는 가볍게 알고 지내는 사람들이 더 중요할 수 있다는, 우리의 상식과 어긋나는 사례들을 상세하게 보여주었다. 내 절친한 친구와 친척, 곧 나의 '튼튼한 끈' 역시 내가 아는 사람과 같은 인물을 알고, 내가 들은 것과 같은 정보를 들었을 가능성이 있다. 그저 알고 지내는 사람, 곧 나의 '약한 끈'이 나를 예기치 못한 기회에 연결시켜줄 가능성이 높고, 따라서 그 약한 끈들이 나에게는 실제로 더 가치 있다는 것이다.

그래노비터의 '약한 끈들의 힘'이 발견한 사실은 사회적 신분 이동에 관심을 가진 다른 연구자들에 의해 다른 분야의 연구로 확장되었다. 최근의 연구들은 그러한 '약한 끈'은 주류의 경제적·사회적 제도의 끝자락에 있는 사람들의 행운에 특히 강한 영향을 갖고

---

1) '사회적 자본' 개념을 독자적으로 발명한 여러 사람 중의 한 명인 경제학자 라우리는 이런 사실을 포착했다. 즉 미국 백인이 차지하고 있던 유리한 인간적·재정적 텃밭이 사라진다고 해도, 미국의 주류 제도와의 풍부한 연결, 즉 사회적 자본이 그들에게 유리한 입지를 여전히 제공할 것이라고 지적했다. 그런데 이러한 사회적 자본은 소수 민족 공동체의 중간 계급 구성원들조차 이용할 수 없다는 것이다. Glenn C. Loury, "The Economics of Discrimination : Getting to the Core of the Problem," *Harvard Journal of African American Public Policy* 1(1992), pp. 91~110.

있음을 밝혀주고 있다. 늘 그렇듯 취업 네트워크—혹은 거기서부터의 배제—가 내부 도시 주민의 고용 전망에 과연 실제로 어느 정도의 영향을 미치는지에 관해서는 치열한 논쟁이 오가고 있다. 회의론자들은 고용주의 인종적 편견, 도시의 새로운 직종이 요구하는 학력 조건, 교외 지역의 성장 중심부에 도시 주민이 접근하지 못하고 있는 현실이 취업 네트워크와 동등한 혹은 그보다 더 중요한 장애물이라고 주장해왔다. 그러나 무수한 증거들은 사회적 자본이 취업에 중요하며, 사회적 자본이 이 취업상의 장벽을 극복하는 데 도움을 줄 수 있음을 시사하고 있다.

예를 들어 연구자들은 사회적 네트워크와 제도들이 존재하고 있을 때 실업 상태의 사람들은 그것들을 좋은 목적에 이용한다는 사실을 밝혀왔다. 우리는 그 가장 뚜렷한 사례를 같은 나라 출신들로 구성된 이민자 공동체에서 볼 수 있다. 이곳에서는 고용주가 새로운 노동자들을 충원하고 훈련시키는 일을 자기 직원들에게 맡기고 있다. 이 사회적 자본 접근법은 훈련 속도를 높이고, 직원의 근로 의욕을 증진시키며, 회사에 대한 충성심을 향상시킨다고 평가받는다. 고용 네트워크로서 인종 네트워크를 활용하는 관행은 왜 특정 인종 집단이 특정 서비스와 산업을 영원히 장악하고 있는지 설명해주는, 오랫동안 밝혀지지 않았던 열쇠이다. 뉴욕의 중국인 '봉제 산업'은 그 좋은 예이다.

틈새 경제의 한 연구는 대부분의 인종 집단에서 그러한 인종적 연대에 의한 고용 관행은 실제로 이민자의 임금을 비슷한 숙련도를 갖춘 백인의 수준으로 향상시켜준다는 것을 발견했다. 이민자 네트워크는 또한 기업인에게 곗돈이나 가족으로부터 선물의 형태로 자금을 조달해준다(계는 집단인데, 같은 민족들을 기반으로 한 경우가 많다. 계원들은 정기적으로 돈을 납부하여 공동 기금을 만들고, 각 계원은 순서에 따라 기금의 전부 혹은 일부분을 받아 이용할 수 있다. 이렇게 스스로 돕는 소액 대부는 공식적인 신용 제도가 소액 대출자에게 신용을 제공하기 꺼려하거나 혹은 제공할 수 없는 곳에서는 전 세계 어디서나 나타나는 장치이다). 한국계 미국인 사업가에 관한 연구는 약 70퍼센트가 돈을 빌려 자기 사업을 처음 시작했는데, 그렇게 빌린 사람의 41퍼센트는 가족으로부터, 24퍼센트는 친구로부터 돈을 빌렸다고 밝혔다(제도권 금융에서 빌린 사람은 37퍼센트였다).

사회적 끈이 주는 경제적 이득은 인종 집단에 국한되지 않고 여러 분야로 파급된다. 예를 들면 구직자에 관한 조사는 이들이 직장을 구하는 실마리는 친구와 친척에게서 제일 먼저 찾는다는 점을 보여준다. 한 연구에서는 청년의 85퍼센트가 직장을 찾는 데 개인적 네트워크를 이용하는 것으로 나타났다. 그리고 주 정부의 취업 소개 부서나 신문을 이용한다고 대답한 비율은 54~58퍼센트였다. 로스앤젤레스의 경우 지난 5년 사이 직장을 구했던 백인 여성과 흑인 여성의 3분의 2는 회사에서 알던 누군가의 소개로 현재 혹은 가장 최근의 직장에 취업한 것으로 나타났다. 재미있는 사실은 이들 여성의 대부분에게 가장 직접적 도움을 준 사람들은 그들의 이웃 밖에 살고 있었다.

이런 모든 것들을 감안할 때 다양한 조사에서 밝혀진 자료들은 구직자의 약 절반이 친구나 친척을 통해 직장을 구한다는 사실을 시사한다. 제도화된 사회적 자본의 네트워크가 구직 활동에서 차지하는 중요성을 조사한 연구들도 있다. 예컨대 내부 도시의 흑인 청년이 자기 형편에 맞는 직업을 갖게 될 가능성을 가장 강력하게 예측하게 해주는 지표 중의 하나는 교회에 얼마나 자주 참석하느냐였다. 여기서 청년의 종교적 믿음은 고용에 거의 아무런 영향도 미치지 못했다. 이 사실은 청년의 경제적 성취의 이면에는 신앙의 문제가 아니라 교회에 다님으로써 생긴 사회적 네트워크가 자리 잡고 있다는 점을 시사한다.

사회적 네트워크의 경제적 가치는 가난한 사람에게만 한정되지 않는다. 사회학자 로널드 버트Ronald S. Burt는 기업체 중역의 명함꽂이 속에 구체화되어 있는 사회적 끈과의 연결 관계는 경력 관리의 성패를 좌우하는 데 최소한 그 사람의 근무 경험 및 졸업장만큼이나 중요하다는 사실을 입증했다. 뉴욕 주의 올버니에서 싱가포르, 독일 드레스덴에서 디트로이트에 이르는 수많은 사례 연구들은 사회적 위계의 모든 수준에서, 그리고 경제의 모둔 부문에서 사회적 자본이 승진, 사회적 지위, 경제적 보상을 성취하는 데 튼튼한 자원이라는 점을 밝혀왔다. (교육과 경험)의 인적 자본보다 훨씬 더 중요하다는 것이다. 시카고의 금융계를 연구한 브라이언 우지Brian Uzzi는 "돈을 빌려주는 은행과 사회적으로 친밀한 유대 관계를 맺으며 상업적 거래를 맺는 기업은 낮은 이자율로 대출 받는다"는 사실을 발견했다. 심지어 우리는 물품의 구매와 판매, 특히 주요 구매나 위험을 안고 있는 거래의 경우 우리가 아는 사람들과 거래하기를 택한다. 사회학자 폴 디마지오Paul Dimagio와 휴 라우치Hugh Louch는 "친구나 친척과 거래하는 사람은 낯선 이와 거래하는 사람보다 그 결과에 더 만족감을 느낀다"고 알려주었다.

이러한 연구들은 특히 우리의 네트워크가 충분히 광범위할 경우 잠재적인 경제적 파트너와 연결시켜주고, 고급 정보를 제공하며, 우리에게 보증인이 되기 때문에 사회적 자본이 중요하다는 확실한 증거를 보여준다. 또한 많은 화이트칼라 직종의 경우 고용주가 실제로 채용하는 것은 우리의 연계, 곧 다른 사람과 제도에 대한 접근이다. 간단히 말해 사회적 네트워크는 부정할 수 없는 화폐 가치를 갖고 있다.

2. 사회적 자본의 경제적 명암

도시 생활을 연구하는 뛰어난 학자가 지적했듯 한 가지 문제는 사회적 네트워크를 가장 필요로 하는 바로 그곳에 사회적 네트워크가 없다는 점이다. 예컨대 시카고의 경우 윌리엄 윌슨이 '정말 어려운 사람들'이라고 묘사한 극빈층 흑인은 그래도 그보다 형편이 좋은 흑인보다 파트너나 아주 친한 친구들을 갖고 있을 가능성이 상당히 낮다. 극빈층이 아주 친한 친구나 파트너를 갖고 있다면, 그 파트너/친구 역시 고등학교를 마치거나 안정된 일자리를 갖고 있을 가능성이 상당히 낮다. 그보다는 그래도 덜 가난한 동네에 사는 흑인들의 파트너나 친구와 비교했을 때 그렇다는 말이다. 이 자료는 "극빈 지역의 주민은 사회적 끈도 별로 없지만, 그나마 갖고 있는 경우라도 그들의 파트너, 부모, 형제자매, 친한 친구들의 사회적 지위를 보면 사회적 가치가 낮다. 즉 그들이 보유하고 있는 사회적 자본의 규모는 훨씬 적다"는 사실을 시사한다.

다른 도시들을 연구한 학자들도 비슷한 결론에 도달했다. 뉴욕 브루클린의 가난하고 사회적으로 고립된 동네 레드훅Red Hook을 대상으로 한 연구는 동네 단체와 교회 활동이 축소되었음을 알려준다. 이러한 단체와 활동의 축소는 고용주들이 대부분의 직원을 고용할 때 '입 소문'을 통해 채용하던 그러한 사회적 네트워크의 성장을 가로막아왔다는 것이다. 또한 로스앤젤레스 카운티를 대상으로 한 연구는 가난한 동네에 사는 노동자의 임금이 낮은 이유는 수입이 좋은 직장으로 갈 운송수단이 없어서가 아니라, 우선 좋은 일자리에 관해 자신에게 이야기해줄 수 있는 사람들의 네트워크를 결여하고 있기 때문이라고 알려준다. 이론상으로 보아도 사회적 자본은 경제적으로 아주 유리할 수 있다. 애틀랜타의 사례 연구는 한 사람의 사회적 네트워크에 한 명씩 추가될 때마다 연간 1천 4백 달러의 소득이 늘어난다는 사실을 발견했다.

그러나 네트워크는 소수 인종보다는 백인들에게 경제적으로 더 유리한 경향이 있다. 자기 동네에서 구직 정보를 얻은 흑인들은 동네 밖과의 접촉을 통해 직장을 구한 흑인들보다 수입이 적은 경향을 보인다. 이러한 사실은 가난한 사람들 사이에서는 '연계형bridging' 사회적 자본이 수입에 가장 지대한 영향을 끼치는 요소가 될 수 있음을 시사한다. 지금까지의 연구들을 종합해보면 경제적으로 불리한 지역에 사는 사람들은 이중의 고통을 받고 있는 것으로 보인다. 그들은 유복한 삶을 꾸릴 물질적 자원도 없으며, 자신들의 물질적 자원을 축적할 수 있게 해주는 사회적 자원도 없다.

몇몇 경우에는 사회적 자본이 경제적으로 역효과를 가져올 수 있다. 특정 민족 출신이 장악하고 있는 틈새 경제, 즉 하나의 이민자 집단이 장악하고 있는 소매업, 제조업 혹은 서비스 분야 등에 관한 연구에서 몇몇 학자들은 그들의 탄탄한 신뢰와 유대가 오히려 성장과 기동력을 제한할 수도 있다는 의문을 표시해왔다. 인종과 민족의 든든한 결속력은 자기 기업에 창업 자본과 고객을 제공하지만, 유대의 압력은 '너무 성공'했거나 자기 인종이나 민족에 기반을 둔 눈앞의 시장을 넘어 더 크게 확장하려는 개인과 회사를 끌어내릴 수도 있다는 것이다.

또한 일부 사회학자들은 공동체에서 별로 성공하지 못한 사람들은 보다 잘 나가는 사람들이 심적 부담을 안고 있는 유대 관계와 책임감을 이용한다는 사실들을 지적해왔다. 따라서 급성장한 사업가들은 고생하는 식구와 이웃들로부터 일자리, 돈, 그 외 호의를 베풀어달라는 지나치게 많은 요구에 직면한다. 자기 사업의 완전한 잠재성을 실현하기 위해 사업가들은 자신의 인종 집단이나 동네를 넘어야 할 수도 있고 새로운 고객, 금융 제도, 시민단체 등 보다 넓은 세상과 연계를 맺어야 할 수도 있다. 사회적 자본이 생산적이지 못한 곳이라면 다른 데서 찾을 수밖에 없다.

탄탄한 네트워크는 쉽게 이윤을 거두려는 영업에 의해서도 이용될 수 있다. 예를 들면 암웨이Amway를 비롯한 여러 기업들은 겉으로는 독립적인 사업자들을 이용하여 다른 사람들을 판매망에 끌어들인다. 이 경우 사업자들은 제품의 매매에 친구와 이웃의 도움을 청하게 되는데, 몇몇 사람들은 이런 행위가 좋은 사회적 관계를 규제하는 호혜성과 이타심의 묵시적 규범을 해치는 독약이라고 본다. 그러나 이런 사례를 제외한다면, 대부분의 연구자들은 사회적 자본이 개인을 경제적으로 잘살 수 있도록 하는 데 실제로 기여한다는 점에 동의한다. 현재 유일한 쟁점은 인적 자본 혹은 재정 자본에 비해 사회적 자본이 어느 정도 큰 역할을 하느냐이다.

사회적 자본이 개인들에게 혜택을 줄 수 있음을 인정한다면 동네, 심지어는 나라 전체에도 부의 창조에 기여할 수 있다는 사실은 전혀 놀랍지 않다. 이것은 여러 방식으로 이루어진다. 동네 수준에서 사회적 자본은 주택 소유자에게는 시장성이 높은 자산이다. 피츠버그의 연구는 다른 사정들이 동일한 경우 높은 사회적 자본을 갖춘 동네들이 사회적 자본이 낮은 지역보다 쇠퇴할 가능성이 훨씬 적다는 사실을 밝혀주었다. 주민들이 투표에 적극 참여하고, 동네 단체를 활기차게 운영하며, 동네에 애착심이 더 깊고, 살기 좋은 동네로 아끼는 곳은 다른 사람들이 이사하고 싶어 하며, 따라서 집값이 비교적 높은 수준을 유지한다는 것이다. 주택 가격에 영향을 끼칠 수 있는 여러 요소, 예컨대 시내와의 거리, 인종적 구성, 주민의 사회경제적 지위 같은 요소들을 모두 고려해도 사회적 참여의 긍정적 영향은 유지된다. 교훈은 분명하다. 주택 소유자들이 좋은 이웃으로서 활발히 활동할 때 스스로의 사회적 자본을 예치하고 있는 셈이다.

지역 혹은 지리적 수준에서도 경제적 행위자들 사이의 사회적 자본이 모이면 경제 성장을 이룰 수 있다는 증거들이 나날이 늘고 있다. 더 많은 볼링 리그와 PTA가 자기 지역의 경제를 반드시 번영시키는 원인이라는 뜻은 아니다. 특정한 조건 아래서는 경제적 행위자들 사이의 협조는 자유 시장 경쟁보다 더 훌륭한 성장의 원동력이 될 수 있다는 뜻이다. 두 개의 사례를 보자.

1940년 미시시피 주 투펠로Tupelo는 미국에서 가장 가난한 주에서도 가장 못사는 카운티 중의 하나였다. 이곳에는 발전을 떠받쳐줄 특별한 천연자원도, 큰 대학도, 회사도, 주요 고속도로도 전혀 없었으며, 많은 인구가 모여 사는 중심 도시도 가까이 없었다. 설상가상으로 미국 역사에서 네 번째 최악의 참사로 기록된 토네이도가 1936년에 이 지역을 쑥밭으로 만들었으며, 1937년에는 사업주와 직원들 사이의 깊은 불신감이 빚어낸 파업 이후 그나마 유일하게 남아 있던 번듯한 공장마저 문을 닫았다.

이 지역 출신으로 대학에서 훈련 받은 사회학자 조지 매클린George McLean이 지역 신문사를 운영하려고 고향에 돌아온 것은 이때쯤이었다. 뛰어난 지도력을 발휘해 그는 투펠로와 주변의 리 카운티Lee County는 공동체로 발전하지 않으면 경제적으로 절대 발전하지 못한다고 설득시키면서 지역의 사업가와 시민 지도자들을 단합시켰다. 이 지역의 목화 경제는 이미 전망이 없음을 우려한 매클린은 처음에는 지역의 사업 지도자들과 농부들에게 종우種牛를 구입하는 데 기금을 모을 것을 설득했다. 이 시도는 경제적으로 많은 이득을 거둔 낙농업을 출발시킨 계기가 되었다.

그 결과 지역의 소득은 늘어났고 사업체들은 더욱 번성하였다. 수직적 위계에서 탈피한 사회질서를 만들기 위해 마을의 엘리트들로 구성된 폐쇄적인 상공회의소를 해체하고 모든 사람에게 개방된 공동체 발전기금을 창설하였다. 기금은 지역의 학교를 개선하고, 지역 공동체 단체들을 발족시키며, 의료 시설과 직업 교육 센터를 세우는 일에 착수했다. 동시에 모든 고용인들에게 높은 임금을 지불하고 이 목표를 공유하는 기업만 받아들였다. 공통의 목표를 향한 협력과 그동안 거리가 멀었던 변두리 지역에는 기술 훈련에서부터 지역의 청소 캠페인에 이르는 집단적 자립 행위를 장려하기 위한 농촌 발전 위원회를 설립했다.

그 후 50년 동안 매클린과 그 후계자의 지도 아래 투펠로는 공동체와 경제 발전의 전국적 모델이 되어 수많은 상을 받았으며 이 마을의 성공 사례를 자기 공동체에서 실현해보려는 방문자들의 행렬이 끊이지 않았다. 1983년 이후 리 카운티는 매년 1천 개의 일자리, 수백만 달러의 신규 투자를 끌어 모으고 있으며, 논쟁의 여지는 있지만 미시시피 주에서 최고의 학교 시스템을 갖추고 세계 수준의 병원을 세웠고, 주 평균(때로는 전국 평균)보다 훨씬 낮은 실업률과 빈곤율을 유지하고 있다.

이 공동체의 성공은 시민이 집합적으로 공동의 목표를 추구하지 않으면 개인적으로 이익을 볼 수 없다는 생각에 흔들림 없이 충실했다는 데 기반을 두고 있다. 오늘날 투펠로에서는 공동체 리더십에 참여하지 않고 사회적으로 뛰어난 지위를 누려보겠다는 생각은 아예 하지도 않는 편이 좋다. 투펠로의 주민들은 사회적 자본, 즉 협동과 상호 신뢰의 네트워크에 투자했으며, 누가 보아도 확실한 발전으로 보답 받았다.

약간 다르기는 하지만 캘리포니아 실리콘밸리의 경제 기적의 밑바탕에도 '사회적 자본 접근법'이 자리 잡고 있다. 소규모의 컴퓨터 기업가들이 이끌고, 인적 자원이 풍부한 대학 공동체의 도움을 받은 실리콘밸리는 하이테크 발전과 제조업의 세계적 중심지로 등장했다. 이 성공의 큰 요인은 이 지역에 막 둥지를 튼 회사들 사이에서 발전했던 공식적·일상적 협력의 수평적 네트워크 때문이다. 명목상으로는 서로 경쟁자들이지만 이 회사의 수뇌부들은 문제 해결 기술과 정보를 서로 공유했으며, 더 중요한 것은 일 끝나고 맥주를 마시던 사이였다. 그들은 공동의 산업 협력 단체, 산업 표준 회의를 발전시켰고, 심지어는 '가정 조립 컴퓨터 클럽'이라는 취미 단체까지 만들었다. 20개 이상의 컴퓨터 회사의 수뇌부가 가입하여 누가 더 싼값으로 성능 좋은 컴퓨터를 만드는지 서로 순위를 매기고 즐기는 단체였다.

이직률이 높은 산업이면서도 핵심 구성원들은 다양한 환경에서 서로 지속적 상호작용을 유지해갔다. "오늘의 동료가 내일은 경쟁자나 고객이 될 수도 있다. 오늘의 사장이 내일은 부하가 될 수도 있다"는 생각이었다. 그렇게 해서 걱정이나 불신을 만들기는커녕 "사람들의 지속적 교류와 혼합은 개인적 관계와 네트워크의 가치를 강화하게 되었다." 이 비공식적 네트워크가 확장되어 나중에는 하이테크 산업망의 주변부에 위치한 기업, 즉 지적 소유권과 기업 합병 전문 변호사, 벤처 자본가, 기업이 필요로 하는 물품의 공급업자 등도 포함시켰다. 1990년대 초반 실리콘밸리의 경제 상황이 내리막길을 걷기 시작했을 때, 이 지역 사업가들은 산호세 상공회의소의 후원 아래 그들이 기존에 갖고 있던 사회적 자본을 이용하여 합작투자회사를 세웠다. 그것이 실리콘밸리였다. 이 비영리 네트워크 단체는 세금에서부터 건축 허가, 컴퓨터 정보 이용 교육까지 모든 분야에서 공공 부문과 사기업의 협조 관계를 증진시킨다.

보스턴 외곽의 128번 도로를 따라 형성된 하이테크 산업단지는 미국에서 실리콘밸리와 중요한 경쟁자이지만 그러한 중간 매개의 사회적 자본을 발전시키지 못했다. 오히려 기업 위계질서, 비밀, 자급자족, 자기 영역의 전통적인 규범을 유지했다. 직원들은 일 끝나고 서로 혹은 다른 회사 사람들과 어울리는 일이 거의 없다. 두 하이테크 중심부에 관한 뛰어난 연구에 따르면 실리콘밸리에 비해 성과가 부진한 큰 이유 중의 하나가 128번 국도의 "내 스스로의 힘으로 성공하겠다" 철학 때문이다. "실리콘밸리와 128번 국도의 대조적 경험은 실험과 학습이 개별 기업에 한정된 산업 시스템보다 지역 네트워크 위에 세워진 산업 시스템이 더 탄력적이며 기술적으로 역동적이라는 점을 시사한다." 영국의 위대한 경제학자 알프레드 마셜Alfred Marshall은 정보의 흐름, 상호 학습, 규모의 경제를 가능하게 하는 그 같은 '산업 단지'의 장점을 오래전에 인식하고 있었다. 실리콘밸리 훨씬 이전에도 이 모델은 북부 이탈리아(공예품과 소비재), 미시간 주 서부 지역(가구), 뉴욕 주 로체스터(광학)에서 성공을 거두어왔다.

바로 이런 것들이 날로 경쟁이 치열해지고 있는 글로벌 경제에 맞서는 협동 모델이다. 사회 평론가 프랜시스 후쿠야마Francis Fukuyama는 시민들이 높은 수준의 사회적 신뢰, 즉 높은 사회적 자본을 갖고 있는 경제가 21세기를 지배할 것이라고 주장해왔다. 우리가 우리 직원이나 그 외 시장의 행위자들을 믿을 수 없으면 결국 감시 장비, 보험, 말 잘 듣게 만드는 사회 구조, 법률 서비스를 마련하고 정부 규제를 동원하는 데 돈을 낭비할 수밖에 없다. 역으로 월터 파월Walter Powell과 제인 파운틴Jane Fountain은 특히 급속히 발전하는 분야에서는 호혜성의 규범을 구체화하는 사회적 네트워크, 즉 사회적 자본이 기술 혁신, 상호 학습, 생산성 증가에서 물리적 자본과 인적 자본만큼 중요한 '핵심 인자'라는 점을 밝혀주었다.

3. 요약

사회적 자본과 경제적 성취 사이의 세세한 관계를 어떻게 이해할 것이냐의 문제는 지금도 치열한 논쟁이 오가는 분야이기 때문에 사회적 자본의 효율성을 지나치게 주장하는 일은 시기상조일 수 있다. 또한 사회적 연계성의 네트워크가 정확히 언제 어떻게 경제의 전체 생산성을 향상시키는지 규명하는 문제 역시 아직 해명되지 못한 부분이 많다. 남아프리카공화국, 인도네시아, 러시아, 인도, 부르키나파소 등 광범위한 지역의 조사에 기초하여 한때 우리가 '제3세계'라고 불렀던 지역의 사회적 자본과 경제 발전에 관한 연구가 빠른 속도로 다시 부상하고 있다. 또한 이와 유사하게 미국의 가장 가난한 지역 공동체들로 하여금 사회적 자본에 투자할 수 있도록 하고, 이미 갖고 있는 사회적 자산을 자본화할 수 있는 능력을 개발함으로써, 그 지역의 어려운 사정을 어떻게 개선시킬 수 있을지에 관해서도 풍부한 연구가 진행 중이다.

현재로서는 개인 수준에서의 사회적 네트워크와 경제적 성취 사이의 연결 관계에 대해서는 논란의 여지가 없다. 만일 여러분이 보다 풍부한 사회적 네트워크를 갖는다면 혜택을 볼 것이라는 점은 확신해도 좋다. 그렇지만 이런 사실이 고정된 파이에서 보다 큰 몫을 떼 가는 여러분의 능력을 단순히 반영하는 것인지, 혹은 우리 모두 보다 풍부한 사회적 자본을 갖는다면 파이 전체가 커져서 모두가 더 큰 몫을 얻을 수 있는 것인지는 아직 확실하지 않다. 하지만 지금까지 알려진 결과는 올바른 종류의 사회적 자본은 경제적 효율성을 증진시키며, 따라서 우리의 호혜성 네트워크가 깊어지면 우리 모두가 혜택을 볼 것이고, 만일 위축되면 우리 모두 비싼 대가를 치를 것이라는 생각을 갖기를 권하고 있다.

건강과 행복

1. 사회적 통합과 건강

내가 사회적 자본의 영향을 추적해왔던 모든 영역 중에서 건강과 행복만큼 사회적 연계성의 중요성이 잘 확립된 분야는 없다. 육체적·정신적 건강과 사회적 응집력의 과학적 연구는 19세기 사회학자 에밀 뒤르켕Durkheim의 선구적 저작 『자살론』으로 거슬러 올라갈 수 있다. 자살이라는 자기 파괴는 개인적 비극이기도 하지만, 한 사회에서의 자살은 구성원이 사회에 어느 정도로 통합되었느냐에 따라 예측할 수 있는 사회학적 현상이라는 점을 그는 발견했다. 곧 기혼자에게서, 혹은 밀접하게 결합된 종교적 공동체에서 그리고 국가적 통합의 시기에는 잘 나타나지 않다가 급격한 사회 변화가 사회 구조를 해체할 때 자살이 훨씬 자주 발생한다는 것이었다. 우리의 삶에 가장 심각한 방식으로 영향을 끼치는 중요한 요소는 사회적 연계성이라는 말이다.

최근 수십 년 사이에 공중보건 관련 연구자들은 이러한 통찰력을 육체적 · 정신적 측면뿐 아니라 건강과 관련된 모든 측면으로 확장해왔다. 많은 노력을 투입하여 (캘리포니아 주) 알라메다에서 (미시간 주) 티컴세에 이르기까지 방대한 지역을 꼼꼼하게 연구한 수많은 조사들은 사회적 연계성이 우리의 행복을 결정하는 가장 강력한 요소 중의 하나라는 결론을 확립하였다. 이 결론은 우리가 제기해볼 수 있는 타당한 의심을 압도할 정도로 확실하다. 우리가 공동체에 보다 밀접하게 통합되어 있을수록 감기, 심장마비, 뇌졸중, 암, 우울증에 걸리거나 어떤 형태로든 일찍 사망할 가능성이 줄어든다. 이러한 예방 효과는 가족의 밀접한 유대, 친구 네트워크, 사회적 행사의 참여, 심지어는 종교적 활동을 비롯한 그 외 시민적 활동에 간단히 가입만 해도 나타나는 것으로 확인되었다. 다른 말로 하자면 쉬무저와 마허는 모두 이 뛰어난 건강 혜택을 누린다는 것이다.

많은 과학적 연구를 검토한 후 사회학자 제임스 하우스James House는 사회적 통합과 사회적 후원이 건강에 주는 **긍정적** 영향은 흡연, 비만, 혈압 상승, 운동 부족같이 잘 알려진 의학적 위험 요소가 건강에 끼치는 **악영향**과 그 효과 면에서 막상막하라고 결론 내렸다. 통계적으로 보아도, 미국 공중위생국 국장이 흡연의 위험에 관해 최초로 보고했을 때 제시한 관련 증거만큼이나 사회적 연계성이 건강에 미치는 영향을 보여주는 최근의 증거들 역시 확실하다. 그런데 내가 2부에서 주장했듯이 사회적 단절의 경향이 널리 퍼져 있다면 '나 홀로 볼링'은 미국의 공중보건에 가해지는 가장 심각한 위협 중의 하나를 의미한다.

연구자들은 사회적 자본이 건강에 왜 중요한지 완전하게 확신은 못하고 있지만, 몇 가지 설득력 있는 이론은 갖고 있다. 첫째, 사회적 네트워크는 치료비, 회복기의 간호, 환자 수송 같은 가시적 도움을 제공하는데, 이것은 신체적·심리적 스트레스를 줄이고 안전망을 마련해준다. 만일 여러분이 교회를 규칙적으로 다니는데, 어느 일요일 욕조에서 넘어져 예배를 빼먹으면 누군가 여러분에게 무슨 일이 생겼는지 알아차릴 가능성이 높아진다. 사회적 네트워크는 또한 건강에 필요한 규범을 잘 지키는 데 도움을 줄 수 있다. 사회적으로 고립된 사람들은 흡연, 음주, 과식을 비롯한 건강을 해치는 여러 행동에 빠져들 가능성이 높다. 그리고 사회적 응집력이 높은 공동체들은 최고 수준의 의료 서비스를 확보하기 위한 정치적 활동을 조직할 수 있다.

마지막으로 가장 흥미 있는 사실은 사회적 자본은 질병과 싸우고 스트레스를 완화하는 인간의 면역체계를 향상시키는 생리학적 촉매 장치로서 실제로 기여할 수 있다는 점이다. 현재 진행 중인 연구에 따르면 사회적 고립이, 측정할 수 있을 정도로 확실한 생화학적 영향을 신체에 미친다고 한다. 고립되어왔던 동물은 덜 고립되었던 동물보다 동맥경화 발생률이 훨씬 높으며, 외로움은 사람과 동물 모두에게 면역력을 감퇴시키고 혈압을 상승시킨다. 이 분야의 주도적 연구자 중 한 명인 리사 버크먼Lisa Berkman은 사회적 고립은 "유기체가 빨리 노화되면서 반응하는 만성적 스트레스 상황"이라고 추측했다.

일부 연구는 공동체 수준에서 사회적 연계성과 건강의 강한 상관관계를 증명해왔다. 개인을 각각 자연스러운 환경과 실험 조건 속에 놓고 건강에 영향을 미치는 요소들에 주목한 다른 연구들도 있다. 이 연구들은 개인의 건강에 영향을 끼칠 수 있는 생리학적, 경제적, 제도적, 행동적, 인구학적 요소들의 복합적 효과를 설명하는 데 상당히 조심스러운 태도를 취한다. 그중 많은 연구들은 장기적으로 진행되었다. 생활 방식의 어떤 변화가 건강을 증진 혹은 쇠퇴시키는지 보다 잘 이해하기 위해 몇 년에 걸쳐 사람들을 조사한 것이다. 지난 20년 동안 미국, 스칸디나비아 반도, 일본에서 실시된 이런 종류의 대규모 연구 중 십여 개가 넘는 연구의 결과는 다음과 같다. **다른 특징들은 동일하지만 사회학적으로 단절된 사람들과 가족, 친구, 공동체와 긴밀한 유대를 갖고 있는 사람들을 서로 비교할 때, 전자는 후자에 비해 어떤 원인에서이건 사망할 가능성이 2배에서 5배 높다.**

하버드 보건대학원 연구자들이 실시한 최근의 연구는 미국 전역에 걸쳐 사회적 자본과 육체적 건강 사이의 연결 관계를 훌륭하게 개관했다. 50개 주 전체에서 거의 17만 명의 사람들로부터 얻어낸 자료를 이용하여 연구자들은 다음과 같은 사실을 발견했다. 예상했듯 흑인, 건강보험 미가입자, 과체중, 흡연자, 저소득층, 대학 교육을 받지 못한 사람은 사회경제적으로 보다 유리한 위치에 있는 사람보다 질병에 걸릴 위험이 훨씬 높다.

그런데 연구자들은 건강 쇠약과 낮은 사회적 자본 사이에 놀라울 정도로 강한 상관관계가 있음을 발견했다. 주민 스스로 자기 건강은 그저 그렇거나 나쁘다고 대답할 가능성이 가장 높은 곳은 타인에 대한 불신이 가장 높아 보이는 바로 그 주들이었다. 사회적 자본이 풍부한 주에서 사회적 자본이 매우 낮은 주(즉 신뢰도가 낮고, 자원봉사 단체 회원 가입률도 저조한 주)로 이사 가면 건강이 악화되거나 그저 그런 상태가 될 확률이 약 40~70퍼센트 증가한다. 연구자들이 개별 주민의 위험 요소들을 고려했을 때도 사회적 자본과 개인 건강 사이의 관계는 계속 유지되었다. 자기 건강을 증진시키고 싶은 사람은 사회적 자본이 높은 주로 이사 가면 담배를 끊는 것과 거의 같은 효과를 거둘 것이라고 연구자들은 결론 내렸다.

연구자들의 이와 같은 결론은 우리의 분석으로 보완된다. 우리는 사회적 자본 지수와 포괄적인 공공보건 지수 사이에 강한 정正의 관계가 존재함을, 그리고 각종 원인으로 인한 사망률과 사회적 자본 지수 사이에는 강한 역의 상관관계가 존재함을 발견했다. 곧 사회적 자본 지수가 높을수록 주민들은 더 건강하고, 사회적 자본 지수가 낮으면 각종 원인에 의한 사망률이 높게 나타나는 것이다(공중보건과 건강 관리의 측정은 〈표 6〉을, 공중보건 및 사망과 사회적 자본의 상관관계는 〈그림 86〉을 볼 것).

주 수준에서 우리가 찾은 사실들은 암시적이다. 하지만 공동체의 응집력이 주는 건강 혜택을 보다 결정적으로 입증하는 증거는 개인의 건강을 개인이 보유하고 있는 사회적 자본, 사회적 자원의 함수로 다루는 많은 연구들에서 찾을 수 있다. 이 연구들 중 건강과 사

표 6 _ 주민의 건강과 건강 관리가 가장 좋은 곳

모건-퀸토(Morgan-Quinto)에서 조사한 가장 건강한 주(州) 순위	
1. 모든 신생아 중 체중 미달 신생아 출산 비율(−)	13. AIDS 비율(−)
2. 신생아 출생 중 10대의 출산 비율(−)	14. 성병 비율(−)
3. 태아 검진을 늦게 받거나 전혀 받지 못한 산모의 비율(−)	15. 일차 진료에 접근하지 못하는 인구의 비율(−)
4. 사망률(−)	16. 성인 중 과음, 폭음 인구의 비율(−)
5. 영아 사망률(−)	17. 성인 중 흡연자의 비율(−)
6. 암으로 인한 연령별 사망률(−)	18. 성인 중 과체중 비율(−)
7. 자살로 인한 사망률(−)	19. 지난달 신체 건강이 '좋지 않은' 날의 수(−)
8. 건강보험 미가입 인구의 비율(−)	20. 1,000제곱마일당 시립병원(+)
9. 건강보험 미가입 인구 비율의 변화(−)	21. 인구 10만 명당 시립병원의 병상 수(+)
10. 주州의 총생산 중 건강 관리 지출액의 비율(−)	22. 19~35개월 영아 중 예방접종을 완전히 받는 비율(+)
11. 1인당 건강 지출액(−)	23. 안전벨트 착용 비율(+)
12. 새로운 암이 발생할 추산 비율(−)	

사회적 자본과 공중보건

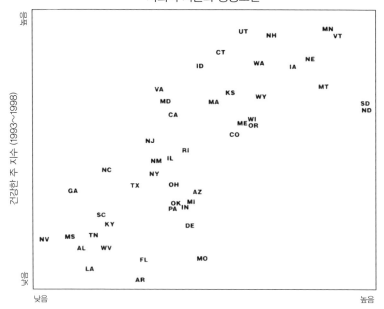

사회적 자본과 사망률

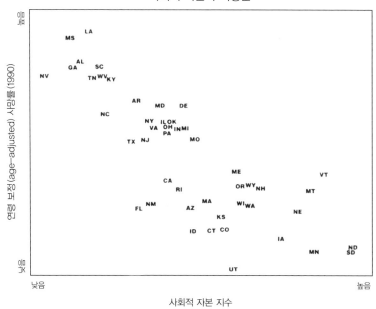

그림 86 _ 사회적 자본과 건강

회적 자본의 연결 관계가 가장 잘 드러난 사례는 펜실베이니아 주 로세토Roseto이다. 이 작은 이탈리아계 미국인 공동체는 거의 50년 동안 심층 연구의 대상이었는데, 1950년대 보건 관계 연구자들이 흡족해하면서도 의문을 품지 않을 수 없는 한 가지 현상이 발견되면서부터였다. 이웃의 타운들과 비교하여 로세토 주민은 심장마비로 죽는 경우가 드물었던 것이다. 그들의 (연령별) 심장마비 발생률은 이웃 지역의 절반 이하였다. 7년 동안 58세 이하의 로세토 주민 중 심장마비 사망자는 한 명도 없었다.

연구자들은 처음에는 식생활, 운동, 체중, 흡연, 유전적 소인素因 등 통상적인 요소에서 그 원인을 찾았다. 그러나 이들 중 그 어느 것도 해답을 제공해주지 못했다. 실제로 로세토 주민은 주변 타운의 주민보다 이런 위험 요소들을 더 많이 보유하고 있는 듯했다. 그 다음에 연구자들은 로세토의 사회적 활력에 주목하기 시작했다. 이곳은 같은 남부 이탈리아의 시골에서 온 이주민들이 19세기에 설립하였다. 지역 지도자들의 노력을 통해 이민자들은 차츰 상조회, 교회, 스포츠 클럽, 노동조합, 신문사, 보이스카우트 분대, 공원, 운동장을 세워나갔다. 또한 주민들은 부의 지나친 과시가 비난받으며 가족의 가치와 훌륭한 행실이 강조되는 잘 짜여진 공동체를 발전시켜왔다. 로세토 주민은 금전적 지원, 정서적 지원을 비롯한 여러 행태의 지원을 얻는 데 서로에게 의지하는 법을 배웠다. 낮에는 현관 계단 앞에 모여 앉아 오고가는 사람들을 지켜보았으며, 밤에는 지역의 각종 사교 클럽으로 모여들었다.

1960년대가 되자 연구자들은 로세토 주민의 건강한 심장에는(당시에는 이 용어를 쓰지 않았지만) 사회적 자본이 열쇠가 아닌가 하는 생각을 갖기 시작했다. 그리고 연구자들은 사회적으로 이동이 잦은 신세대가 잘 짜여진 이탈리아식 사회적 관행을 거부하기 시작하면서 심장마비 발생률이 상승하지 않을까 우려하였다. 우려는 현실로 드러났다. 1980년대가 되자 로세토의 새로운 성인 세대는 인근의 이웃 동네 그리고 인구학적으로 비슷한 타운보다 심장마비 발생률이 높아졌다.

로세토의 이야기는 특별히 생생하고 흥미를 돋우는 사례이지만, 그 외의 수많은 연구들도 역시 사회적 응집력은 조기 사망의 예방뿐 아니라 질병의 예방과 빠른 회복에도 중요하다는 의학 관계 연구자들의 직관을 지지해주었다. 예컨대 캘리포니아를 대상으로 한 장기적 연구는 개인의 건강 상태, 사회경제적 요소, 질병 예방을 위한 건강 관리 여부를 모두 고려한 이후에도, 사회적 끈이 가장 적은 사람들은 심장병, 순환기 장애, (여성에게는) 암으로 사망할 위험이 가장 높다는 사실을 밝혔다. 다른 연구들은 낮은 사망률을 각각 자원봉사 단체의 가입, 교회 활동 참여, 교회 참석, 친구 및 친척과의 전화 통화와 방문과 연결시켰다. 또 일부 연구들은 집에서 파티 열기, 노동조합 회의 참석, 친구 방문, 단체 경기에 참여하기, 단결력이 강한 군대의 전우회 가입 같은 일반적인 사교 활동과 낮은 사망률을 연결시켰다.

이런 연구들은 사회 계급, 인종, 성별, 음주와 흡연, 비만, 운동 부족, (중요하게는) 건강 문제같이 사망률에 영향을 끼칠 수 있는 여러 요소들을 검토해도 사회적 자본과 낮은 사망률의 연결 관계는 그대로 존재하고 있음을 보여주었다. 즉 단순하게 건강하고, 건강에 주의를 기울이며, 부유하다고 오래 사는 경향이 있다는 뜻이 아니다(공교롭게도 이들이 사회 참여에 보다 활발하게 나설 수 있다). 대단히 많은 질병이 사회적 자본의 영향을 받는 것으로 나타났으며, 질병보다 사망이 사회적 자본과 한층 더 밀접한 연결 관계를 갖는다는 연구 결과들은 일반적인 신체 저항력의 아주 근본적인 수준에서 이 효과가 작동한다는 사실을 시사하는 듯하다. 이 연구들은 사회적 참여가 실제로 우리의 수명에 독립적 영향력을 행사한다는 사실을 알려준다.

사회적 네트워크는 여러분이 건강하게 지내도록 도와준다. 보다 다양한 사회적 연계를 맺고 있는 사람들이 감기에 덜 걸린다는 카네기 멜론 대학 연구팀의 조사 결과는 전혀 신기한 일이 아니다. 예를 들어 강한 후원 네트워크를 갖고 있는 뇌졸중 환자는 빈약한 사회적 네트워크를 갖고 있는 환자보다 발병 이후에도 신체 운동 기능이 더 좋으며, 신체적 능력의 회복도 더 빠르다. 사회경제적 지위, 인구학적 특징, 은퇴 기간, 의료보험 제도의 이용 수준 등을 고려한 후에 조사해보아도 클럽, 자원봉사 활동, 지역사회 정치에 참여하는 노인은 그렇지 않은 노인에 비해 자신의 건강 상태가 더 좋다고 생각한다.

이 다양한 연구의 요점은 이렇다. 경험 법칙으로 볼 때 만일 여러분이 아무 단체에도 소속되지 않았지만 이제 어디 가입하려고 결정한다면, 그 다음 해에 사망할 위험을 **절반으로** 줄이는 것이다. 만일 여러분이 담배도 피우고 아무 단체에도 가입하지 않았다면, 통계적으로 보아 담배를 끊든지 아니면 단체에 가입하든지 동전을 던져 결정해야 한다. 이런 사실들은 어느 면에서는 상당히 고무적이다. 체중을 줄이거나, 규칙적인 운동을 하거나, 담배를 끊기보다는 단체에 가입하는 일이 쉬우니까.

그러나 이런 사실들은 우리의 정신을 일깨운다. 우리가 2부에서 보았지만 지난 25년 동안 사회적 참여는 일반적으로 하락해왔다. 〈그림 87〉은 이 기간 동안 의학의 진단과 치료는 놀라울 정도로 발전했으면서도 사람들이 스스로 진단하기에는 건강 상태가 크게 나빠졌음을 증언한다. 물론 예상 수명을 포함하는 여러 객관적 지표

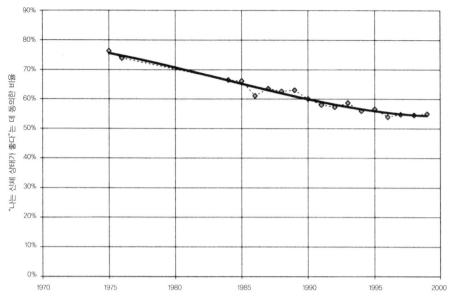

그림 87 _ 건강하다고 느끼지 않는 미국인

에서 보아도 미국인은 그 어느 때보다 건강하지만 이러한 자가 진
단은 우리가 신체적으로 무언가 불편함을 느끼고 있다는 사실을 보
여준다. 이 자가 진단은 다시 사회적 연계성과 밀접하게 연계되어
있는데, 무언가 신체적으로 불편함을 느끼고 있는 미국인들은 바로
사회적 연계가 적은 사람들이라는 뜻이다. 물론 이런 사실은 사회
적 이탈이 늘어남으로써 미국인들이 신체적으로 고통 받고 있다는
점을 **입증**하지는 못한다. 그러나 사회적 자본이 건강에 미치는 효과
에 관한 보다 체계적인 증거와 연관시켜 고려하면, 이런 사실은 사
회적 자본의 붕괴가 질병의 발생에 큰 영향을 미친다는 주장의 또
다른 연결고리이다.

2. 사회적 자본과 정신 건강

14장에서 우리는 사회적 유대가 감소했던 기간에 우울증과 심지어는 자살 역시 증가했다는 놀라운 일치 현상을 살펴보았다. 우리는 또 사회적으로 이탈률이 가장 높은 세대들일수록 일부 공공보건 전문가들이 '제초제'라 부르는 증상, 곧 사회적 뿌리를 상실한 데 따른 상처를 가장 크게 받고 있다는 점에서 이 일치 현상은 세대 문제에 깊은 근원을 두고 있음을 지적했다. 그 어떤 해를 보아도 미국인의 10퍼센트가 깊은 우울증을 앓고 있으며, 우울증은 전체 미국인에게 생기는 모든 질병 중에서 4위를 차지한다.

많은 연구들은 사회적 연계성이 우울증을 막는다는 것을 보여주고 있다. 다른 위험 요소들을 통제하더라도 낮은 수준의 사회적 후원은 우울증을 직접 예측하게 해주며, 높은 수준의 사회적 후원은 증세의 심각성을 완화시키고 회복 속도를 빠르게 한다. 사회적 후원은 일상생활의 스트레스로부터 우리를 막아준다. 서로 직접 대면하는 유대 관계가 지리적으로 멀리 떨어져 있는 끈보다 치료 효과를 더 발휘하는 듯 보인다. 즉 우울증이라는 단일 영역에서조차 우리는 사회적 연계성의 축소에 따른 매우 비싼 대가를 치르고 있다.

헤아릴 수도 없이 많은 연구들이 사회와 심리의 연결 관계를 증명해주었다. 친한 친구, 막역한 지인, 친한 이웃, 서로 돕는 동료 직원들이 있는 사람은 식사와 수면의 문제, 슬픔, 외로움, 자기 비하에 빠져들 가능성이 낮다. 다른 모든 조건들이 동일하다면 기혼자들이 그렇지 않은 사람보다 일관되게 더 행복하다. 이런 사실들은 미국인에게 전혀 놀랍지 않을 것이다. 각종 연구마다 미국인은 스스로 가족, 친구, 혹은 애인과의 좋은 관계가 돈이나 명예보다 훨씬 중요한 행복의 전제조건이라고 밝히고 있기 때문이다. 인생의 만족이 무엇과 상관관계를 갖는가에 대한 50년 동안의 연구에서 밝혀진 가장 공통적인 한 가지 사실은 미국뿐 아니라 전 세계적으로도 행복은 그 사람의 사회적 연계성의 폭과 깊이로 가장 잘 측정된다는 것이다.

　DDB 조사에서 제시한 다음의 질문들을 검토하면 왜 사회적 자본을 따뜻하고 안락한 감정의 생산자로 꼽는지 알 수 있다.

　　"내 현재 생활을 떠나 무언가 전혀 다른 일을 할 수 있으면 얼마나 좋을까."
　　"나는 요즘 내 주변에서 일어나고 있는 일에 매우 만족한다."
　　"내가 인생을 다시 한 번 살 수 있다면, 전혀 다른 일을 하겠다."
　　"나는 과거 그 어느 때보다 지금이 더 행복하다."

　이 질문에 대한 대답들은 상관관계를 서로 강하게 맺고 있기 때문에, 나는 그 모든 것들을 인생의 행복이라는 하나의 지수로 결합시켰다. 이런 의미에서의 행복은 물질적 만족과 상관관계를 갖는다. 일반적으로 말하자면 사람들은 소득 위계가 상승함에 따라 인생의 만족도 역시 증가한다. 교육, 나이, 성별, 결혼 여부, 소득, 시민적 참여를 통제하면, 인생의 만족에 대한 결혼의 한계 '효과'는 소득 위계에서 약 70퍼센타일(percentile, 백분위수) 상승한 것과 같다. 즉 15번째 백분위수에서 85번째 백분위수로 올라가는 것이나 마찬가지이다. 우수리를 떼고 말하면 결혼은 여러분의 연간 소득 4배 상승에 해당하는 '행복 효과'를 준다.

　교육과 만족의 관계는 어떨까? 교육은 수입이 보다 좋은 직장을 통해 행복과 중요한 간접적 연결 관계를 갖고 있다. 그러나 소득을 (그리고 연령, 성별, 결혼…… 등도 함께) 통제하면 교육 자체는 인생의 만족과 어떤 한계 상관관계를 보일까? 우수리를 떼고 말하면 교육 연한의 4년 추가, 예를 들면 대학 졸업은 여러분의 연간 소득 약 2배 상승에 해당하는 '행복 효과'를 갖는다.

금융 자본(소득), 인적 자본(교육), 그리고 한 가지 형태의 사회적 자본(결혼)과 인생의 만족도 사이의 상관관계를 이렇게 개략적으로 평가했다면 이제 우리는 행복과 여러 형태의 사회적 자본의 상관관계에 관한 질문도 던질 수 있다. 정기적인 클럽 참석(월 1회 참여), 규칙적인 자원봉사(월 1회 참여), 집에서 규칙적으로 손님이나 친구 대접하기(월 1회), (예컨대 2주에 한 번) 규칙적인 교회 참석과 행복의 상관관계를 알아보자. 그 차이는 대단히 크다. 규칙적인 클럽 모임 참석, 자원봉사 활동, 손님 대접, 혹은 교회 참석은 대학 졸업 혹은 1년 소득의 2배 증가에 해당하는 행복을 선사한다. 시민적 연계성은 인생 행복의 예측 지표로서 결혼과 경제적 풍요에 버금간다.

한 달에 한 번 클럽에 참석해서 행복해진다면, 매일 클럽 모임에 참여하면 30배 더 행복해지지 않을까? 〈그림 88〉은 경제학자들이 사회적 상호작용의 '한계 생산성 체감의 법칙'이라고 부를 만한 것이 행복에도 적용된다는 점을 보여준다. 자원봉사, 클럽 참석, 집에서 손님 대접의 경우 '전혀 안 한다'와 '한 달에 한 번' 사이에서 사람들은 제일 행복한 것으로 보인다. 클럽 참석을 (혹은 정당 관계 일이나 자원봉사 활동에서도) 3주에 한 번 해도 행복은 거의 늘어나지 않는다. 2주에 한 번 참여해서 횟수가 더 늘어나면, 추가적인 사회관계는 실제로 행복을 떨어뜨리는 것으로 나타난다. 우리의 일상 경험과 일치하는 또 하나의 사례가 아닌가! 반면 교회 참석은 좀 다르다. 최소한 주 단위의 참여 횟수가 늘어나면, 곧 교회에 더 많이 참석할수록 더 즐거워진다는 결과를 보여준다.

물론 이런 통계를 얻는 기본 계산법이 개략적이기 때문에 분석

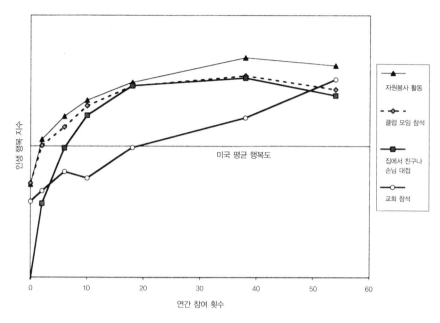

인생 행복 지수

미국 평균 행복도

연간 참여 횟수

자원봉사 활동

클럽 모임 참석

집에서 친구나
손님 대접

교회 참석

그림 88 _ 사회적 연계성과 행복

역시 치밀하지 못하고 의도적으로 대강 처리되었다. 더구나 인과관계의 방향이 여전히 모호하다. 아마 자기 인생에 행복한 사람들은 그렇지 못한 사람보다 결혼, 승진, 학교 졸업, 교회 참석, 클럽 가입, 모임 주최 등의 가능성이 높기 때문에 이런 결과가 나올 수도 있다. 지금 나는 사회적 연계성이 심리적 행복과 깊은 연결 관계를 갖고 있다는 점을 보여주고 싶을 뿐이다. "우리 친구들이 조금만 도와주면 다 헤쳐 나갈 수 있다"고 노래한 비틀스가 옳았다.

그렇지만 이 환상의 4인조가 인기 순위에서 1등을 차지한 60년대 초중반 이후 수십 년 동안 미국 성인 사이에서 인생 만족도는 꾸준히 하락해왔다. 만족도 하락의 약 절반은 경제적 문제와 결부되어 있고 나머지 절반은 사회적 자본의 하락과 관련되어 있다. 즉 결혼율의 하락, 그리고 친구 및 공동체와의 연계의 하락 탓이다. 인구의 모든 부문에서 똑같이 우울한 양상을 보이는 것은 아니다. 조사 자료들은 (20세에서 55세)의 청년과 중년 성인 사이에서 특히 사회적 유대의 하락 폭이 크다는 점을 보여주고 있다. 55세 이상의 세대, 즉 오랜 시민 활동 세대는 한 세대 전 그 나이 때의 사람들보다 실제로 **더 행복하다.**

세대 격차의 일부는 돈 걱정 때문이다. 사회 전체는 경제적으로 번영하고 있을지 모르지만 청년과 중년층 사이에서는 오히려 경제적 불안감이 더 깊어지고 있다. 그러나 세대 격차의 또 다른 일부는 사회적 연계성의 해체 때문이다. 오늘날의 청년과 중년층 성인은 그 앞 세대보다 사귀는 친구도 적고, 교회와 클럽 모임에 덜 참석하는 것 같다. 심리학자 셀리그먼은 현대 사회가 의무와 공통의 목표에 대한 책임감보다는 개인이 자율성을 갖고 주어진 상황을 통제할 수 있다는 믿음을 고취시키기 때문에 우리들 대부분은 축 처져 있다고 주장한다. 이러한 사고방식은 선택과 용기를 통해 우리가 성취할 수 있는 것에 대한 기대감을 높이지만, 인생에 반드시 따라오는 실패를 헤쳐 나갈 준비는 전혀 안 돼 있도록 만든다.

한때는 가족, 교회, 친구 등의 사회적 자본에 기댈 수 있었지만, 이제 이러한 것들은 실패의 충격을 완화시킬 만큼 충분하지도 튼튼하지도 못하다. 여기서 살펴본 증거들은 개인 생활뿐 아니라 집합적 생활에서도 우리가 지난 25년 동안 서로 멀어진 대가를 상당히 치르고 있음을 시사한다.

민주주의

1. 자발적 결사체와 민주주의

영국의 극작가 오스카 와일드는 "사회주의의 골칫거리는 밤 시간
을 너무 많이 뺏는 것"이라 생각했었다고 한다. 적절한 지적이다.
사회주의자들은 거의 매일 밤 회의를 하니까. 그러면 자유민주주의
는 얼마나 많은 밤 시간을 뺏는가? 민주적 자치에는 적극적으로 참
여하는 시민이 필요하다는 생각은 수세기 동안 하나의 상식이었다
(20세기 중반이 되어서야 정치 이론가들은 자기 제품이 가장 좋다고 경쟁
하는 치약들 중에서 하나를 선택하듯, 훌륭한 시민이란 서로 경쟁하는 한
무리의 정치가들 중 한 명을 투표소에서 선택하는 사람일 뿐이라고 주장하
기 시작했다).

이 장에서 나는 두 개의 주장을 검토하려고 한다. 첫째, 미국 민

주주의의 건강에는 우리의 **공공**public 의무를 수행하는 시민이 필요하다는 전통적 주장, 둘째, 우리의 **공공** 제도의 건강은 **사적**인 자발적 결사체에 시민이 광범위하게 참여하는 것, 즉 사회적 자본을 구체화하는 시민 참여의 네트워크에 의해 부분적으로 결정된다는 보다 확대되고 논쟁의 여지가 많은 주장이다.

참여 민주주의의 이상은 미국의 정치철학에서 깊은 뿌리를 내리고 있다. 우리의 민주주의 실험이 아직 걸음마 단계에 있던 시절 토머스 제퍼슨은 풀뿌리 민주주의를 촉진하기 위해 헌법을 개정하자고 제안했다. 1816년의 편지에서 그는 "요청이 있으면 모든 시민들이 직접 참여하고 행동할 수 있을 정도의 카운티를 여러 개의 작은 구역으로 나누어야 한다"고 제안했다. 구역 자치정부에는 학교 운영에서부터 가난한 사람의 구호, 경찰 운영, 군대, 공공 도로 유지에 이르는 모든 일의 책임을 맡길 계획이었다. "모든 시민들이 자기가 사는 곳에서 제일 가까이에 있고 가장 관심이 많은 직책을 맡도록 하고, 정부의 적극적인 일원으로 만들면 자기 나라의 독립, 그리고 그 공화주의적 헌정 질서의 독립에 가장 강한 애착심이 생겨날 것"이라고 제퍼슨은 믿었다.

그로부터 10여 년 후 토크빌이 방문했을 때 미국에는 제퍼슨이 주장했던 구역 자치정부가 존재하지 않았다. 그렇지만 토크빌은 각 지역에서 시민 활동이 국가적인 민주 공동체를 떠받치는 하녀로서 봉사한다는 제퍼슨의 본래 의도와 비슷한 인상을 받았다. 토크빌은 『미국의 민주주의』에서 이렇게 관찰했다. "한 사람을 그 사람만의 울타리에서 끄집어내 국가의 운명에 관심을 갖도록 만들기는 어렵다. 국가의 운명이 자신의 처지에 어떤 영향을 미칠 수 있는지 확실히 이해하지 못하기 때문이다. 그러나 그 사람이 소유한 땅 끝을 가로지르는 도로 건설 계획이 제안되면, 그는 작은 공공의 업무와 자신의 가장 큰 개인적 이익 사이에 연관이 있다는 것을 단번에 알아차릴 것이다. 그리고 누가 보여주지 않아도 스스로 일반 이익과 개인 이익을 하나로 묶는 밀접한 연결 관계를 발견할 것이다."

영국의 정치철학자 존 스튜어트 밀John Stuart Mill은 참여 민주주의가 개인의 성품에 미치는 영향을 높이 평가했다. 밀은 『대의정부론 Considerations on Representative Government』에서 시민들이 공공 업무에 함께 참여하지 않으면 "그 어떤 집합적 이익, 다른 사람들과 함께 실현하는 그 어떤 목적에 대해서도 생각하지 않는다. 자신이 그들과 경쟁한다고만 생각하며 어느 정도는 타인의 이익을 희생시켜서라도 자기 이익만 내세운다. 〔……〕 그에게 이웃은 동료나 협력자가 아니다. 그는 공통의 이익을 위한 그 어떤 공동 작업에도 참여하지 않기 때문에 이웃은 경쟁자일 뿐"이라고 지적했다. 이와 달리 공동 작업에 참여하는 시민들은 "자기 이익이 아니라 여러 사람들의 이익을 중요시하도록 〔……〕 요구 받는다. 서로의 주장이 충돌할 경우에는 자신의 개별적 특수성과는 다른 규칙을 따르도록 요구 받는다. 〔……〕 그는 공중의 한 사람으로 스스로를 느끼게 되며, 공중의 이익이 되는 것은 무엇이든 자신에게도 이익이 된다고 느끼게 된다."

진보의 시대를 대변하는 저명한 철학자 존 듀이는 오늘날에도 고민거리인 수수께끼를 풀려고 애썼다. 기술적으로 진보한 현대 대규모 사회와 민주주의가 요구하는 절박한 과제를 어떻게 조화시킬 것인가 하는 문제였다. "공동체의 삶과 단절된 박애, 자유, 평등은 아무 희망도 없는 추상적 구호일 뿐이다. 〔……〕 민주주의는 집에서 시작해야 하는데, 그 집은 자신을 둘러싸고 있는 이웃 공동체이다." 듀이의 전기를 쓴 작가 로버트 웨스트브룩Robert Westbrook은 "지역의 사람들이 직접 대면하는 결사체에서만 공중the public의 구성원들은 자기 동료와의 대화에 참여할 수 있고, 그러한 대화는 공중의 형성과 조직화에 결정적으로 중요하다"고 덧붙였다.

　그러나 미국의 건국 시조Founding Fathers 중 많은 사람이 자발적 결사체를 좋게 생각하지 않았다. 그들이 국가의 통합성을 유지하기 위해 지역의 정치위원회와 정당에 반대했다는 것은 유명한 사실이다. 또한 그 구성원들이 정치적 안정을 해치는 데 일조할 수도 있는 그 어떤 단체에 대해서도 반대했다. 제임스 매디슨James Madison은 개별 이익 혹은 정념을 중심으로 조직된 단체들을 '파당의 해악mischiefs of faction'이라고 불렀는데, 그 존재는 자유의 이름으로 용인되어야 하지만 그 영향은 통제되어야 한다고 보았다. 오늘날 워싱턴의 로비스트와 특수 이익집단을 비판하는 사람들에게서도 튀어나오는 매디슨의 두려움은 선출된 대표자들이 '파당'에 기울어 소수의 마음에 드는 프로젝트를 위해 전체의 이익을 희생할 수도 있다는 것이었다.

　미국 시민생활의 광범위한 역사를 다룬 책에서 마이클 슈드슨 Michael Schudson은 건국 시조들이 "다원주의적 가치관의 공유와는 거리가 멀었으며, 자신들에게 자연스럽게 따라다니는 합의, 재산, 덕성, 존경의 개념들에 여전히 애착을 갖고 있었다"고 결론 내렸다. 우리가 곧 살펴보겠지만 '파당의 해악'에 관한 건국 시조들의 우려는 사회적 자본과 민주주의를 둘러싼 현재의 논쟁에서도 다시 나타난다.

　민주주의에 관한 현재의 많은 연구자들은 토크빌의 관찰에 동의하면서 '매개mediating' 혹은 '중간intermediary' 단체를 높이 칭찬하여 왔다. 이들은 처음부터 의식적으로 정치적이건 아니면 단지 간접적으로만 정치적이건 관계없이 이 단체들이 생생한 민주주의를 유지하는 데 근본적 역할을 한다고 본다. 우리가 '사회적 자본'이라고 불러왔던 시민사회의 네트워크와 자발적 결사체는 두 가지 방식으로 민주주의에 기여한다. 즉 대규모 정체政體에는 '외적' 효과를 갖고, 참여자 자신들에게는 '내적' 효과를 갖는다.

교회, 전문직 단체, 엘크 클럽, 독서 클럽에 이르는 자발적 결사체들은 외적으로는 개인에게 자신들의 정치적 관심과 정부에 대한 요구를 표현하도록 해주고, 정치 지도자들의 권력 남용으로부터 스스로를 보호할 수 있도록 해준다. 정치적 정보는 사회적 네트워크를 통해 흐르며, 이 네트워크 속에서 공적 생활과 업무가 토론된다.

너무나 자주 인용되는 부분이지만 토크빌은 이 사실을 정확하게 파악했다. "결사체가 어떤 견해를 대변하려면 보다 분명하고 정확한 형태를 취해야 한다. 그 견해는 자기 지지자들을 거느리고 그 대의명분에 그들을 결속시키는 것이다. 또한 그 지지자들은 서로를 알게 되며 그 숫자가 늘어남에 따라 그 열성도 늘어난다. 결사체는 다양한 사람의 에너지를 하나로 모아 분명하게 규정된 목표를 향해 그들을 왕성하게 이끌고 간다."

사람들이 동네 단체, PTA, 정당, 혹은 전국적인 환경 단체 속에 뭉치면, 개별적으로 흩어졌거나 들리지도 않았을 목소리들이 늘어나며 크게 증폭된다. 정치철학자 에이미 거트먼Amy Gutmann은 이렇게 지적한다. "우리의 생각과 가치관을 대변할 수 있고 또 기꺼이 그렇게 하려는 단체에 접근하지 못하면, 우연히 부자이거나 유명 인물이 아닐 경우 우리의 목소리를 다른 많은 사람들이 듣게 하거나 정치 과정에 영향을 미치는 능력은 매우 제한될 수밖에 없다."

시민적 연계가 효과를 거두는 데는 꼭 공식적 제도의 형태가 필요한 것은 아니다. 베를린 장벽 붕괴 이전 동독의 민주화 운동에 관한 연구는 친구 네트워크를 통해 참여자가 충원되었으며, 누가 이 대의명분에 참여할지 결정하는 데는 이데올로기적 헌신, 억압의 공포, 공식적인 조직 형성의 노력보다 이 일상적인 유대가 더 중요하다는 사실을 보여주었다.

자발적 결사체, 그리고 시민적 참여의 보다 덜 공식적인 네트워크는 내적으로는 구성원에게 협력의 습관과 공공정신뿐 아니라 공공 생활public life을 함께하는 데 필요한 실용적 업무 능력을 가르친다. 토크빌은 "사람들이 서로 주고받는 협력 행위에 의해서만 감정과 생각이 새로워지고, 마음은 넓어지며, 이해 능력이 계발된다"고 지적했다. 예방 차원에서 보면 공동체 유대는 고립되고 아무 데도 속하지 않은 사람을 표적으로 삼는 극단주의 집단의 먹이가 되지 않도록 개인을 지켜준다. 지난 40년 동안 정치심리학 분야의 연구들은 "공동체, 직업, 단체와 단절된 사람들은 극단주의를 가장 먼저 그리고 가장 강력하게 지지하는 사람들 중에 속한다"고 시사해왔다.

보다 긍정적으로 자발적 결사체는 사회적·시민적 생활에 필요한 업무와 기술을 배우는 장소, 곧 '민주주의의 학교'이다. 구성원들은 회의 운영, 대중 앞에서 말하기, 편지 쓰기, 프로젝트의 조직, 예의를 갖추고 공공의 문제를 토론하는 방법을 배운다. 프린스 홀Prince Hall 프리메이슨이 흑인의 시민적 능력의 향상에 끼친 영향을 추적한 윌리엄 무라스킨William Muraskin의 책을 보면 이 단체는 훨씬 광범위한 활동을 하고 있었음을 알 수 있다.

제도로서의 프리메이슨은 〔……〕 그 단원들에게 지도자 역할을 고취시키고 훈련시키는 데 관여해왔다. 박애 정신을 통해 단원들은 많은 부르주아적인 사회적 역할을 수행하도록 배워왔는데, 그때까지 단원들은 이런 역할에는 제한적이었거나 혹은 아무런 경험도 없었다. 이 역할들을 가르침으로써 그리고 그 역할을 실행할 수 있는 활동 무대를 장려함으로써, 프리메이슨은 단원들이 갖고 있던 잠재적 리더십이 실질적 결실을 맺을 수 있도록 해왔다.

현재 미국에서 시민적 능력의 배양에 관한 가장 체계적 연구는 자발적 결사체와 교회가 미국 노동계급에게는 시민적 능력을 닦는 최고의 기회를 제공하며, 심지어는 전문직 종사자에게도 시민적 학습의 장소로서는 직장 다음이라는 사실을 시사한다. 종교, 독서, 청년, 우애/봉사 단체 회원의 3분의 2 이상이 회의를 운영하고 자기 의견을 발표하면서 시민적 능력을 닦았다. 특히 교회는 모든 인종의 저소득, 소수자, 어려운 처지의 사람들이 정치 관련 업무 능력을 배우고 정치적 행동으로 충원될 수 있도록 해주는 몇 안 남은 핵심 제도 중의 하나이다.[1] 평등주의적 민주주의에 높은 가치를 두는 사람들이라면 누구라도 이 사실이 주는 함축적 의미에 주의해야 한다. 즉 그러한 제도들이 없었다면 미국 정치의 계급 편향성은 훨씬 더 커졌을 것이다.

자발적 결사체는 시민의 민주적 습관을 가르치는 동시에 핵심적인 공공의 문제를 토론하는 심도 깊은 심의審議의 장소로도 기여한다. 정치 이론가들은 최근 들어 '심의 민주주의deliberative democracy'의 전망과 함정을 새로운 관점에서 접근하였다. 일부 이론가들은 자발적 결사체가 경제적, 인종적, 종교적으로 한 나라의 축소판에 해당할 정도로 다양한 부류의 사람들로 구성되어 있을 때 심의 민주주의가 가장 잘 발휘될 수 있다고 주장한다.

또 다른 이론가들은 동질적인 부류의 사람들로 이루어진 단체라고 해도, 우리의 공적public 상호작용을 더 포괄적으로 만듦으로써 심의 민주주의를 향상시킬 수 있다고 주장한다. 예를 들면 소수 민

---

1) 관련 증거는 개신교 교파들처럼 각 교회의 독립과 자치를 인정하는 원칙에 따라 조직된 교회들은 가톨릭과 복음주의 교회처럼 위계질서에 입각해 조직된 교회보다 교구 신자들에게 시민적 능력과 기술을 형성하는 데 보다 많은 기회를 제공하는 경향이 있다는 점을 보여준다. 개신교에서는 가톨릭보다 시민적 능력과 기술을 사용하는 기회가 3배 더 보고되는 것 같다.

예를 들면 소수 민

족 단체들이 학교 교과 과정에 소수 민족의 이익을 의무적으로 배려하고 인종 차별 금지 규정이 포함되도록 정부 위원회에 강력히 주장할 때, 이 단체들은 사실상 참여자들의 범위를 확대하고 있다는 것이다.

자발적 결사체는 심의의 장소로 기여할 수 있을 뿐 아니라 공적 생활의 적극적 참여 같은 시민적 품성을 배우는 기회를 제공할 수 있다. 고등학교 3학년생들의 재학 중 활동, 그리고 졸업 후 사회 활동을 추적한 조사는 사회 계급, 대학 진학, 자부심과 관계없이 재학 중 자발적 결사체에 참여했던 학생은 그렇지 않은 학생보다 졸업 2년 후 투표, 정치 집회, 공공 문제 토론에 참여할 가능성이 훨씬 더 높았다. 또 다른 시민적 품성은 신뢰성이다. 수많은 연구들은 사람이 상호작용을 되풀이해서 맺으면 배신하거나 속임수를 쓸 가능성이 훨씬 낮아진다는 사실을 시사한다.

사회적 연계성을 통해 획득되는 세 번째 시민적 품성은 호혜성이다. 7장에서 계속 살펴보았듯 (클럽 모임에서부터 교회 소풍, 친구들과의 일상적인 어울림에 이르는) 시민적 참여의 네트워크에 많이 관여할수록 사람들은 일반적 타자를 배려할 가능성, 즉 자원봉사, 헌혈, 자선사업 기부를 할 가능성이 높다. 정치 이론가에게 호혜성은 또 다른 의미를 갖고 있다. 곧 민주적 토론에서 대립하는 양편이 충분한 토론이 이루어진 후, (특히) 앞으로 무엇을 할 것인지에 합의하지 못한 후라고 해도 상호 조정을 할 수 있는 공통의 규칙에 합의하려는 마음의 자세라는 의미를 갖고 있다. 내 동료 시민들과의 규칙적 연계는 내가 그 사람의 입장이 되어 생각해볼 것임을 **보장**하지는 못하다. 그러나 사회적 고립은 내가 절대로 그렇게 하지 않을 것임을 거의 장담한다.

다른 한편 수많은 분별 있는 연구들이 자발적 결사체가 과연 민주주의에 반드시 좋기만 한 것인지에 의문을 제기해왔다. 누가 보아도 어떤 집단은 노골적으로 민주주의에 적대적이다. KKK단은 모든 사람이 가장 즐겨 드는 사례이다. 분별력 있는 이론가들 중 그 누구도 **모든** 집단이 민주주의 가치를 육성하는 데 기여한다고 주장하지는 않았다. 그러나 민주주의의 규범 안에서 활동하는 단체들에 우리의 관심을 한정시켜도, 그러한 결사체 혹은 이익단체들이 정부의 정책 결정을 왜곡한다는 공통된 우려가 나오고 있다.

1960년대 시어도어 로위Theodore Lowi의 『자유주의의 종언*The End of Liberalism*』에서부터 90년대 조너선 라우치Jonathan Rauch의 『민주주의의 동맥경화*Demosclerosis*』에 이르기까지 미국 다원주의의 비판자들은 나날이 전문화되고 있는 로비스트들이 서로 대립되는 탄원을 지속적으로 제기함으로써 선의의 공직자조차 아무 활동도 못하게 만들어왔으며, 비효율적인 정부 프로그램을 없애거나 개선시키려는 노력들을 질식시켜왔다고 주장하고 있다. 이러한 불평은 유해한 '파당들'이 공동체를 희생시키고 자기 이익을 챙길지 모른다는 매디슨의 우려를 생각나게 한다. 다양한 단체 사이의 교섭과 흥정은 최대 다수의 최대 선으로 귀착된다는 다원주의자의 이상과는 반대로 가장 잘 조직된 소수가 최대의 이익을 챙기는 것으로 막을 내린다.

두 번째 우려는 상황 때문에 그랬건 본래부터 천성이 그래서이건 단체를 조직하고 자기 목소리를 들리도록 하는 데 재주가 뛰어난 사람들에게 자발적 결사체로 인한 혜택이 돌아간다는 점이다. 정치적 다원주의 아래서는 자기 이익 공동체 동료들과의 밀접한 관계, 교육 수준, 돈, 사회적 지위를 갖춘 사람들이 가난하고 교육 수준이 낮으며 연결 관계가 희박한 사람들보다 이익을 볼 가능성이 훨씬 더 높다. 우리 식으로 말하자면 사회적 자본은 거래할 밑천을 이미 갖고 있는 사람들에게 혜택을 가장 많이 주며 그들의 이익을 스스로 강화시켜주는 측면이 있다. 거의 모든 연구가 시사하듯 자발적 결사체를 기반으로 하는 다원주의 정치가 계급적으로 편향되어 있는 한에서 다원주의적 민주주의 역시 평등하지는 못할 것이다. 정치학자 샤츠스나이더E. E. Schattschneider는 『반半주권 인민The Semisovereign People : A Realist's View of Democracy in America』(1960)에서 다음과 같은 유명한 말을 남겼다. "다원주의 천국의 결점은 상층 계급의 강한 악센트로 천상의 합창을 부른다는 점이다."

마지막으로 비판자들은 다원주의가 정치적 양극화와 냉소주의를 촉발할 수 있다고 시사해왔다. 정치를 조직화하는 힘으로써 대중 정당의 쇠퇴에 우려를 표시하는 정치학자들은 자기주장을 강하게 내세우는 사람들이 지도자와 적극적 활동가가 되는 경향이 있기 때문에, 시민단체의 정치는 그 본질상 대체로 극단주의 정치라고 주장한다. 로퍼 조사에서 나온 결과를 보면 이데올로기적 극단주의와 시민 참여는 상관관계를 갖고 있음을 시사한다. 그렇지만 이 사실은 현재 우리가 처한 곤경에 전혀 예상치 못한 의미를 갖고 있음이 곧 밝혀질 것이다.

참여와 극단주의가 연계되어 있다면 매우 중요한 몇 개의 반사 효과가 나온다. 무엇보다 이데올로기적으로 동질적인 자발적 결사체들은 오히려 회원들의 기존 견해를 더 강화시키고, 자신들의 완고한 견해에 잠재적으로 성찰의 빛을 비쳐줄 수 있는 대안적 견해로부터 회원들을 차단할 수 있다. 몇몇 경우 그러한 편협성은 편집증과 폐쇄성을 키워낼지도 모른다. 자발적 결사체의 세계가 양극화되어 있으면 서로 받아들일 수 있는 타협을 향한 합리적 심의와 흥정은 거의 불가능하다. 양쪽 모두 '원칙적으로' 양보를 거부하기 때문이다. 또한 정치적 양극화는 정부의 문제 해결 능력에 대한 냉소를 증대시키는 반면 시민 참여가 무언가 다른 결과를 만들어낼 수 있다는 확신을 감소시킬 수 있다.

지금까지 말한 사항은 모두 중요한 문제이다. 자발적 결사체가 언제 어디서나 항상 좋은 것만은 아니다. 그들은 반자유주의적 경향을 강화할 수 있고 반민주주의적 세력들에 의해 남용될 수 있다. 거기에 참여한다고 모든 사람들의 품성이 다 좋아지는 것도 아니다. 예를 들면 자조 단체에 가입하는 사람 중 일부는 그 안에서 애정과 협동을 배우겠지만, 오히려 자기도취가 더 심해지는 사람도 있을 것이다. 정치 이론가 낸시 로젠블룸Nancy Rosenblum의 말대로 "회원들이 단체 생활을 도덕적으로 어떻게 활용할 것인지는 확정된 바가 없다."

2. 직접 참여와 민주주의

자발적 결사체는 미국의 민주주의가 앓고 있는 병의 만병통치약이 아니다. 또한 사회적 자본, 즉 협동의 네트워크, 규범, 신뢰가 없다고 정치가 사라지는 것도 아니다. 그러나 사회적 자본이 없으면 우리는 지금과는 다른 어떤 유형의 정치를 갖게 될 가능성이 높다. 미국 민주주의는 사회적 자본이 특별하게 풍부한 환경 속에서 역사적으로 발전해왔다. 또한 다른 산업 국가들과 비교하여 정책 과정에서의 매우 높은 분권화를 비롯한 미국의 많은 제도와 관행은 그러한 환경에 적응해 발전돼온 것이다. 기후 변화를 겪은 식물이 새로운 환경에 적응해야 하듯, 사회적 자본이 영원히 줄어든다면 우리의 정치적 관행 역시 바뀌어야 할 것이다. 사회적 자본과 시민적 참여가 대폭 줄어든 상황에서 미국 정치 체제는 어떻게 움직일까?

사람들이 직접 만나는 사교 활동도 단체 활동도 없는 정치는 일종의 국민투표 민주주의plebiscitary democracy인 페로 스타일의 전자 타운홀의 형태를 취할지도 모른다.[2] 우리는 여기서 많은 의견들을 들을 수 있겠지만, 살아 숨 쉬는 생명이 없는 목소리들만 뒤엉켜 있을 뿐 시민은 함께 참여하지도 않고 정책 결정자에게 별 다른 지침도 제공하지 못하는 전자 정보의 흐름만 보게 될 것이다. 텔레비전에 기반을 두는 정치는 정치적 행동과 아무 관계도 없다. 드라마 「ER」을 아무리 열심히 봐도 사람을 구하지 못하는 것과 같다. 리모컨으로 심장을 재가동할 수 없듯, 서로 얼굴을 맞대는 직접 참여가 없으면 텔레비전은 공화주의적 시민권에 시동을 걸 수 없다. 시민권은 자리에 앉아 구경이나 하는 스포츠가 아니다.

사회적 자본으로 받쳐주지 못하는 정치는 멀리 떨어져 구경하는 정치에 불과하다. 댈러스나 뉴욕에 있는 스튜디오에서 전화로 연결된 청취자들 사이에서 벌어지는 대화는 신뢰할 수 없다. 이 '참여자들'은 자기와 반대되는 의견들과 의미 있는 접촉을 가질 필요가 절대 없으며, 따라서 이 접촉에서 무언가 배우는 일은 결코 없기 때문이다. 민주적 문제 해결의 관점에서 보면 마약 복용이나 학교 예산을 둘러싸고 공동체 회의에서 벌어지는 그런 종류의 실질적 대화가 훨씬 '현실적'이다. 그러한 직접 대면의 상호작용 없이는, 즉 직접적인 피드백이 없고, 다른 시민들의 엄밀한 평가에 비추어 자기 의견을 점검받지 않으면, 내 의견에 반대하는 그 누구에게라도 금세

---

2) 1992년 빌 클린턴(민주당), 밥 돌(공화당)과 함께 대통령 선거에 출마한 무소속의 로스 페로(Ross Perot)는 TV 인터뷰에서 "매주 국민들과 한 가지 정책 이슈를 놓고 이야기할 수 있는 타운홀을 전자 공간에 만들겠다"고 발표했다. 그는 이런 방법을 통해 국민들에게 상세한 정책 브리핑을 하고, 국민들이 원하는 것을 직접 들을 수 있다고 주장했다. 이런 주장은 전자민주주의의 실현 방법을 둘러싸고 벌어지던 여러 논의 중의 하나였다. 국민들이 대표자에게 위임했던 정책 결정 권한을 다시 찾아, 발달된 전자통신을 이용하여 직접 의견을 표출하고, 정책 결정에 참여하는 국민투표 모형을 실시하겠다는 것이 페로의 주장이었다(옮긴이).

화를 내고 그들을 악마화하기 쉬워진다. 익명성은 심의에 대한 근본적 저주이다.

정치적 심의의 참여가 쇠퇴한다면, 즉 민주적 토론에 참여하는 목소리가 날이 갈수록 줄어든다면, 우리의 정치는 더욱 날카로워지고 균형을 잃을 것이다. 대부분의 사람이 회의에 불참하면, 남아 있는 사람들은 보다 극단적으로 되는 경향이 있다. 결과에만 신경 쓰기 때문이다. 정치학자 모리스 피오리나Morris Fiorina는 자신이 살고 있던 매사추세츠 주 콩코드의 사례를 들려준다. 이 지역에서 자연보호 지역을 넓히려는 제안은 주민들도 널리 동의하여 금세 끝날 것 같았지만, 환경주의의 '진정한 신봉자'라는 극히 소수의 집단에 의해 오랜 시간을 질질 끌면서 많은 비용이 들어가는 논쟁의 수렁에 빠져들게 되었다는 것이다.

로퍼 조사는 피오리나의 경험이 어디서나 나타나는 전형적 사례에 속한다는 사실을 보여준다. 정치적 이데올로기의 양 극단에 있는 미국인이 시민 생활에 더 많이 참여하는 반면 온건 계열에 속하는 미국인은 불참하는 경향이 있다는 것이다. 소득, 교육, 도시의 크기, 지리적 위치, 연령, 성별, 인종, 직업, 결혼 여부, 자녀 유무 등 모든 표준적인 인구학적 특징들을 통제하면 스스로를 '매우' 자유주의자 혹은 '매우' 보수주의자라고 규정한 미국인은 보다 온건한 견해를 가진 동료 시민에 비해 공공회의 참석, 국회에 편지 쓰기, 지역 시민단체 활동, 심지어는 교회 참석도 더 잘할 가능성이 높다. 또한 스스로를 이데올로기적으로 '중도'라고 규정한 사람이 공공회의, 지역 단체, 정당, 정치 집회 등으로부터 훨씬 많이 이탈함에 따라 이데올로기적 '극단주의'와 참여의 이 상관관계는 20세기의 마지막 25년 동안 더 강화되었다.

1990년대의 경우 스스로를 보수주의와 자유주의의 중도라고 규정한 미국인은 70년대보다 공공회의, 지역사회의 시민단체, 정당 참여가 약 **절반**으로 줄어든 것 같다. 자신을 '온건' 자유주의자 혹은 '온건' 보수주의자로 규정한 사람의 참여는 약 **3분의 1**이 줄었다. 자신을 '매우' 자유주의적 혹은 '매우' 보수주의적이라고 규정한 미국인의 참여 가능성은 평균 **5분의 1** 이하의 감소를 보여 가장 작았다. 스스로 '매우' 자유주의적 혹은 보수주의적이라고 규정한 사람 사이에서는 신문사에 독자 투고 보내기, 국회에 편지 보내기, 혹은 자기 의견 발표하기 등이 겨우 2퍼센트 줄었지만, '중도' 자유주의 혹은 보수주의로 규정한 미국인 사이에서는 15퍼센트 줄었으며, 보수주의와 자유주의의 '중도'라고 규정한 사람들 사이에서는 30퍼센트 줄었다.

역설적으로 자신의 정치적 견해를 중도 혹은 온건이라고 규정하는 미국인의 수는 나날이 늘고 있지만, 이데올로기적 스펙트럼에서 보다 극단적인 위치에 서 있는 사람이 회의 참석, 편지 쓰기, 위원회에서의 업무 봉사 등에 차지하는 몫은 날이 갈수록 커지고 있다. 보다 중도적인 목소리들이 침묵을 지켜옴에 따라 미국의 풀뿌리 시민 생활에서는 보다 극단적인 견해들이 점차 우위를 차지하게 되었다. 이런 의미에서 시민적 불참은 건국 시조들이 우려했던 고전적인 '파당' 문제를 악화시키고 있다.

현실적 참여만큼 중요한 부분이 심리적 참여이다. 여기서도 사회적 자본이 열쇠이다. 많은 조사들은 우리의 정치적 토론의 대부분은 저녁식사 자리나 회사의 휴게실 주변에서 격식을 차리지 않은 상태로 이루어진다는 점을 보여준다. 우리는 일상적 대화를 통해 정치에 관해 배운다. 여러분은 자기가 들은 이야기, 자신의 생각, 여러분의 친구가 들었던 이야기, 그 친구들의 생각을 내게 들려준다. 그리고 나는 그 최신 정보를 내 마음의 데이터베이스 속에서 내 생각과 조율하며, 그 문제에 대한 내 입장을 고쳐나간다. 공식적이고 일상적인 시민적 네트워크의 세계 속에서 우리의 생각은 친구와 이웃들과의 상호작용을 통해 형성된다. 사회적 자본은 정치적 정보가 퍼져나가도록 해준다.

그러나 정치학자 캐시 코헨Cathy J. Cohen과 마이클 도슨Michael C. Dawson이 지적했듯 이러한 일상적인 네트워크를 모든 사람들이 이용할 수 있는 것은 아니다. 미국의 내부 도시에서 빈곤한 이웃들과 살고 있는 흑인은 경제적 박탈뿐 아니라 정치적 정보와 기회의 결핍으로부터도 고통 받고 있다. 디트로이트의 극빈 동네를 연구한 코헨과 도슨은 극빈층에 속하지 않는 주민도 보다 넉넉한 동네에 사는 비슷한 처지의 사람에 비해 교회 참석, 자발적 결사체의 가입, 정치 집회 참석, 정치에 관한 대화가 훨씬 낮은 것 같다는 사실을 발견했다.

심각한 빈곤에 시달리는 동네의 주민은 자신들의 정치적 대표자와 단절되었다고 느끼며 정치 참여와 공동체 참여를 아무 소용없는 일로 본다. 부분적으로 이런 태도는 오랫동안 정말 어려운 사람들에 대한 국가적 태만을 주민이 현실적으로 직접 느꼈기 때문에 형성된 것이다. 또한 이 소외된 무관심은 내부 도시의 동네 안에는 시민을 정치적 행위로 동원하는 제도가 없는 경우가 많다는 사실을 반영하고 있다. 다른 말로 하면 사람들은 동원되지 않았기 때문에 참여하지 않으며, 동원되지 않았기 때문에 참여의 과실을 절대 맛볼 수 없는 것이다.

그러나 사람들이 직접 얼굴을 대하는 동원은 효율적인 민주주의에 필요하지 않을지도 모른다. 이런 주장을 내세운 사람들은 미국 퇴직자 협회, 오드본 협회, NAACP처럼 대규모의 전국 회원을 갖춘 단체들이 그 방대하고 지역적으로 흩어진 회원들의 이익을 충분히 대변할 수 있다고 본다. 여러분과 내가 자동차를 고치려면 정비공을 부르고 재산을 관리하려면 투자 전문가를 찾아가듯이, 여유 있는 은퇴 생활이라는 이익을 지키기 위해서는 퇴직자 협회를, 환경보호를 주장하기 위해서는 오드본 협회를, 인종 문제에 공감을 표현하는 데는 NAACP를 찾는 것은 현명한 분업일 뿐이라는 주장이다.

마이클 슈드슨은 "이것은 토크빌 식의 민주주의가 아니다"라고 인정하면서도 이렇게 덧붙인다. "그러나 이 단체들은 시민적 에너지를 매우 효과적으로 사용할 수 있다. 이 단체에 가입하는 시민은 개인적 노력을 훨씬 적게 들이고도 이익은 똑같이 거둘 수 있다. 특히 우리가 정치를 공공 정책의 집합으로 볼 때 그렇다. 시민이 지역 사회의 클럽 오찬에 참여하는 것보다는 시에라 클럽이나 전국 총기 협회의 1년 회원으로 가입하면 정부에 더 만족스러운 영향을 끼칠 수 있을지도 모른다." 일부 지식인들에게 대리인에 의한 시민권 행사는 어느 정도 매력을 갖고 있다.

그러나 우리가 정치와 민주주의를 좁은 이익들의 선전, 각축, 선택의 장으로 단순하게 보기보다는 폭넓은 관점에서 파악한다면 워싱턴을 근거로 활동하면서 간부 직원들이 이끄는 직업화된 선전 단체들에 만족하기 어려울 수 있다. 시민 참여의 능력이 연마되고 서로의 입장을 주고받는 진정한 심의가 벌어지는 곳은 지역의 점심 모임이기 때문이다. 스카치폴은 이렇게 주장한다.

고전적인 시민 생활이 이루어지던 미국에서는 수많은 평범한 남녀들이 서로 접촉하고 영향을 주고받으면서, 자기보다 더 특권적 위치에 있는 사람들과 함께 나란히 단체에 참여하며, 공동체의 업무와 국가의 업무에 영향력을 행사할 수 있었다. 〔……〕 시민 생활이 활발히 이루어지던 옛 미국은 근래에 들어와 전문가들이 지배하는 한 무리의 선전 단체들과 비영리 제도들에 떠밀려 무시되어오고 있다. 이 단체들은 우리가 알던 회원이라는 이름에 걸맞은 사람들을 충원하고 모임을 마련하는 데 거의 애착심이 없다. 그러는 과정에서 시민권을 공유하고 참여를 통해 민주적 변화의 가능성을 추구한다는 이상ideal은 양보되어왔다.

피터 스케리Peter Skerry는 전국적인 회원망을 갖춘 대규모 단체들은 회원의 요구, 제안 등 투입input에 반응하고 여기에 맞춰 행동하는 것이 아니라 본부 간부들에 의해 지배되기 쉽다고 주장해왔다. 사실 이 단체들에서 회원의 투입 기능은 회비로 보내주는 수표에 불과한 경우가 대부분이다. 이런 단체의 간부들은 자신들의 굵직한 후원자, 즉 부유한 개인, 각종 재단, 심지어는 그들에게 간접적으로 기금을 대주는 정부 부서의 요구에 필연적으로 기울어진다. 이 자발적 결사체들의 회원은 전국 각지에 흩어져 있기 때문에, 조직은 자신의 의제를 밀고나가는 데 미디어 전략에 의존하는 경향이 있다. 보다 많은 기부금과 관심을 끌어내기 위한 미디어 전략은 이 단체가 외부의 '적'으로부터 받는 위협을 강조하는 경우가 종종 있고, 그러는 과정에서 정치를 진지한 토론의 장이 아니라 대결과 심각한 사태로 가득 찬 장소로 보도록 만든다.

대규모의 '3차' 단체들이 사람들의 직접적인 정치 참여를 대체할 수 없는 또 다른 이유가 있다. 대부분의 정치적 결정은 워싱턴에서 일어나지 않는다는 사실이다. 따라서 정치적 활동이 보다 효과를 거두기 위해서는 워싱턴의 순환도로 안쪽에 사무실을 둔 이익단체에 회비를 우편으로 보내는 것으로 그쳐서는 안 된다. 예를 들면 경제학자 테임즈 해밀턴Tames T. Hamilton은 (다른 요소들이 미치는 영향은 통제하고) 주민이 자기 집을 소유하고 투표에 참여하는 동네에는 유해 폐기물 공장이 들어설 가능성이 주민이 세 들어 살고 투표하지 않는 동네보다 낮다는 사실을 발견했다. 그는 유해 폐기물 회사가 공장 설립 장소를 결정할 때는 조직화된 저항이 가장 적게 나타날 장소를 찾는다고 결론 내렸다. 이런 식으로 지역 수준에서 시민의 불참은 동네의 힘을 갉아먹는다. 물론 그 역도 사실이다. 힘의 상실과 불참은 동전의 양면이기 때문이다.

3. 정부의 업무 수행 능력

사회적 자본은 정치의 투입 측면뿐 아니라 산출output 측면에도 영향을 끼친다. 시민 참여가 정부의 업무 수행 능력에 미치는 강력한 영향을 가장 잘 보여주는 사례는 미국이 아니라 나와 여러 동료들이 이탈리아의 지방 정부라는 언뜻 난해해 보이는 주제를 놓고 실시한 연구 결과이다.

1970년 이탈리아 국민은 오랫동안 끌어왔던 지방정부 개혁을 위한 헌법 조항을 실행에 옮기는 조치에 동의했다. 본래 정치적으로 독립적이며 경제적으로도 분화된 강한 지방정부를 갖고 있던 이탈리아는 통일 이후 중앙집권 체제를 유지해왔지만, 사회경제적 변화에 발맞추어 시민의 참여와 지역의 요구에 신속하게 반응할 수 있는 지방자치 정부들로 전국을 재편하게 되었던 것이다. 이렇게 해서 새로 생긴 20개의 지방정부들은 그 형태에서는 사실상 동일했지만, 그 정부가 설립된 사회적·경제적·정치적·문화적 환경은 천차만별이었다. 산업화 이전의 농촌 지대부터 탈산업화를 외치는 선진 지역, 아직도 경건한 가톨릭 전통이 유지되는 지역에서부터 열렬한 공산주의 지역, 봉건적 사회관계 속에서 활력을 상실한 지역부터 현대 문명에 열광적인 지역까지, 달라도 그렇게 다를 수가 없었다.

유전학적으로 동일한 씨앗을 서로 다른 구역에 심어 그 각각의 성장을 측정함으로써 식물의 생육을 조사하는 식물학자들처럼, 우리 역시 이렇게 다양한 환경 속에서 이 새로운 제도들이 어떻게 발전하는지 연구함으로써 정부의 업무 수행 능력을 이해하고자 하였다. 우리가 예상했던 대로 몇몇 새로운 정부들은 비효율, 부패, 무기력한 모습을 보이면서 우울한 실패작으로 판명 났다. 그런데 다른 정부들은 공공사업을 효과적으로 운영하고 그 지역 주민을 만족시키면서 혁신적인 보육시설 프로그램과 직업훈련소를 세우고, 투자와 경제 발전을 촉진하며, 환경 기준과 가정 의료에서도 앞장서 나가고 있었다.

정부의 질에서 이렇게 뚜렷한 차이가 생긴 원인을 무엇으로 설명할 수 있을까? 겉으로 보아 누구나 지적할 수 있는 몇몇 대답은 타당성이 없는 것으로 드러났다. 정부 조직은 지역마다 너무 비슷해서 업무 수행의 차이점을 설명해줄 수 없었다. 정당 정치와 이데올로기 역시 별 차이를 만들어내지 못했다. 경제적 풍요와 번영은 직접적인 영향이 전혀 없었다. 사회적 안정성이나 정치적 조화 혹은 인구 이동도 열쇠는 아니었다. 이런 요소들 중 그 어느 것도 우리가 예상했던 좋은 정부와 상관관계가 전혀 없었다. 가장 확실한 예측 지표는 토크빌이 예측했을 법한 그런 것이었다. 투표율, 신문 구독, 합창단과 문학 서클 가입 같은 시민 참여의 강한 전통이 성공적인 지방정부의 증명서였다.

볼로냐 시에 있는 에밀리아-로마냐, 그리고 토스카나 같은 이탈리아 일부 지역은 적극적인 공동체 단체들을 많이 보유하고 있다. 이 지역의 시민들은 후견patronage이 아니라 공공의 문제 때문에 참여한다. 그들은 공정하게 행동하면서 서로를 신뢰하고 법을 준수한다. 이 공동체들의 지도자들은 상대적으로 정직하며 평등 이념을 지지한다. 이 '시민적 공동체들civic communities'은 연대성, 시민 참여, 통합성을 중요시한다. 민주주의는 여기서 작동한다.

다른 한쪽 끝에는 칼라브리아와 시칠리아처럼 '비시민적uncivic' 지역이 있다. 우리는 프랑스어의 '공공심 결여incivisme'라는 말을 빌려서 이 지역을 그렇게 불렀다. 우리가 아는 시민권 개념은 여기서는 성장하지 못한다. 사회 단체, 문화 단체에의 참여는 희박하다. 주민들의 관점에서 보기에 공공 업무는 자신들의 일이 아니라 '보스' '정치가' 등 '힘 있는 사람들i notabili'의 일, 남의 일이다. 거의 모든 사람이 동의하듯 법은 위반하라고 만든 것이지만, 다른 사람들이 법을 지키지 않을까 봐 두려워해서 모든 사람들은 더 엄한 규율을 요구한다. 이렇게 서로 맞물려 있는 악순환에 빠져 거의 모든 사람들이 누군가에게 이용당하고 무력하며 불행하다고 느낀다. 보다 시민적인 공동체에 비해 대의정부가 여기서 능률이 떨어진다는 사실은 놀라운 일이 전혀 아니다.

시민적 공동체의 역사적 뿌리는 놀라울 정도로 깊다. 시민 참여와 사회적 연대의 오랜 전통은 피렌체, 볼로냐, 제노바 등의 지역에서 공동체적 공화국communal republic이 설립된 11세기까지 거의 1천 년을 거슬러 올라갈 수 있다. 오늘날에도 시민적 참여와 성공적인 정부를 누리고 있는 바로 그 공동체들과 정확히 일치한다. 이 시민적 유산의 핵심은 조직화된 호혜성과 시민적 연대의 풍부한 네트워크이다. 중세 공동체의 경우는 길드, 종교적 우애 단체, 그리고 공동체의 자기 방어를 위한 망루 감시 단체tower society 등이었으며, 20세기에 오면 협동조합, 상조회, 동네 단체, 합창단으로 계승된다.

시민적 참여는 정부의 수요 측면과 공급 측면에서 모두 중요하다.

공급 측면에서 보면 시민적 공동체의 시민들은 더 좋은 정부를 기대하며, (부분적으로는 그들 자신의 노력을 통해) 그런 정부를 얻어낸다. 앞의 유해 폐기물 사례에서 보았듯 정책 결정자들이 자신의 정치적 책임을 시민에게 져야 한다고 예측하면, 대중의 저항에 직면하느니 자신들의 최악의 충동을 억제하게 된다. 공급 측면에서 보면 공직자와 시민 모두의 민주주의적 가치, 그리고 시민적 공동체의 사회적 하부구조에 의해 대의정부의 업무 수행이 손쉬워진다. 경제학 용어를 빌리면 사회적 자본은 거래 비용을 줄이고 집합적 행위의 딜레마를 줄여준다.

사람들이 서로를 알고, 합창 연습이나 운동 시합에서 매주 만나 상호작용을 하며, 명예롭게 행동하고 서로를 신뢰하는 곳에서는 앞으로의 협동 작업에 토대가 될 모델과 도덕적 기초를 갖게 된다. 법률의 집행에 큰 비용과 노력을 기울이지 않아도 잘 돌아가는 효과적 정부는 사회적 자본이 있을 때 보다 효과적으로 움직인다. 시민들이 동네에 들어오고 나가는 사람들을 지켜보는 곳에서는 경찰의 사건 해결 비율도 높다. 곤란에 처한 부모에게 이웃과 친척이 사회적 도움의 손길을 내밀 때, 아동 복지 담당 부서는 아이들을 다른 집에 맡기지 않고 가족들과 함께 살도록 하는 '가족 보존family preservation'의 성과를 더 잘 거둔다. 부모들이 학교에서 자원봉사 활동을 하고 아이들이 숙제를 해가도록 책임질 때 공립학교는 더 잘 가르친다. 공동체의 참여가 결여되어 있을 때 관료, 사회복지사, 교사 등 정부 직원의 부담이 그만큼 커지고 성공의 가능성은 그만큼 희박해진다.

미국에서도 시민적 전통은 중요한 듯하다. 16장에서 간략하게 설명한 바 있지만 정치학자 엘라자는 미국의 '정치 문화'에 관한 선구적 연구를 1950년대에 내놓았다. 그는 미국에는 세 개의 정치 문화가 있다고 결론지었다. 남부의 '전통주의적' 문화, 북동부와 서부의 '개인주의적' 문화, 그리고 북동부, 중서부, 태평양 북서부에 집중된 '도덕주의적' 문화가 그것이다.

놀랍게도 엘라자의 정치문화 지도는 〈그림 80〉에 표시된 사회적 자본의 분포와 대단히 비슷하게 보인다. 혁신에 저항하는 엘리트가 정치를 지배하는 경향이 있는 전통주의적 주州들은 사회적 자본이 가장 낮은 곳이기도 하다. 강력한 정당들과 직업 정치인에 의해 정치가 운영되고, 정치의 중심 의제는 경제 발전에 집중되는 경향이 있는 개인주의적 주들은 중간 수준의 사회적 자본을 보여주는 곳이다. '좋은 정부'를 강조하고, 중요한 사회적·정치적 문제에 따라 정치 참여와 집회가 열리며, 사회적 혁신이 높은 평가를 받는 도덕주의적 주들은 비교적 높은 수준의 사회적 자본을 보여주는 곳이다. 엘라자의 연구에서 끌어낸 정치 문화 지수와 우리의 사회적 자본 지수 사이의 상관관계는 놀라울 정도로 크다.

시민적 전통은 또한 미국 주 정부의 성격을 예측할 수 있는가? 여러 연구는 사회적 자본이 풍부한 '도덕주의적' 주들은 공공정책에서 대단히 혁신적이고, 실력 본위의 채용 규칙에 따라 정부 직원을 충원하는 경향을 갖고 있음을 암시하고 있다. 이러한 주에서 정치는 보다 문제 지향적이고, 사회적·교육적 서비스에 초점을 맞추며, 명백히 덜 부패되어 있다. 사회적 자본이 높은 주들은 보다 능률적이고 혁신적인 정부를 유지한다고 시사하는 예비적 연구들도 여럿 있다.

시市 단위에서도 풀뿌리 참여의 수준이 높은 곳은 후견 정치patron-age politics를 차단하고, 연방정부의 지역사회 발전 보조금의 보다 공정한 배분을 확실히 보장한다는 점을 지적한 연구들이 있다. 제도화된 동네 단체들을 갖고 있는 (오리건 주) 포틀랜드, (미네소타 주)

세인트폴 같은 도시는 지역 주민이 원하는 제안을 통과시키는 데 보다 효율적이다. 이러한 도시들은 지역 주민으로부터 시 정부에 대한 높은 수준의 후원과 신뢰를 누리고 있다.

높은 사회적 자본과 정부의 능률적인 업무 수행 사이의 연결 관계는 이런 질문을 제기하지 않을 수 없도록 만든다. 사회적 자본의 쇠퇴와 정부 신뢰의 쇠퇴 사이에도 이와 비슷한 연결 관계가 있는가? 민주주의에 대한 우리의 불만과 시민적 불참 사이에는 어떤 연결 관계가 있는가? 정부 불신과 냉소가 우리의 정치 불참을 만들어낸 원인이라는 생각이 널리 인정받고 있지만, 그 반대 관계도 그 만큼의 설득력이 있는 것 같다. 즉 우리와 우리의 이웃들이 계속 시민 생활에서 이탈함에 따라 정부의 실질적인 업무 수행 능력도 떨어져왔으며, 그래서 우리는 정치에 대한 애착을 잃었다. 만화 주인공 포고Pogo가 말했듯 "우리는 드디어 적을 만났게 되었는데 다름 아닌 우리 자신이다."

사회적 자본은 정부에 여러 방식으로 영향을 끼친다. 우리는 모든 사람이 자기 몫의 세금을 납부할 때 나라가 더 좋아진다는 사실에 모두 동의한다. 자기만 제대로 세금을 납부해서 결과적으로는 고의적 탈세자에게 보조금을 지불하는 꼴을 보고 싶은 사람은 없다. 과세 체계의 정당성은 부분적으로는 우리 모두가 자기 몫을 올바르게 납부한다는 믿음에 달려 있다. 그러나 우리는 국세청이 모든 사람을 조사할 수는 없다는 것도 알고 있다. 따라서 합리적 시민이라면 자기 몫을 제대로 납부하면, 실제로는 명예롭지 못하게 의무를 지키는 사람들에게 보조금을 지불하게 된다고 믿을 충분히 타당한 이유가 있다. 국세청과 과세 체계 일반에 대한 환멸은 이래서 생긴다.

그러나 모든 사람이 똑같이 환멸을 느끼지는 않는다. 시민들이 다른 사람을 기본적으로 정직하게 생각하는 주들에서는 사회적 자본

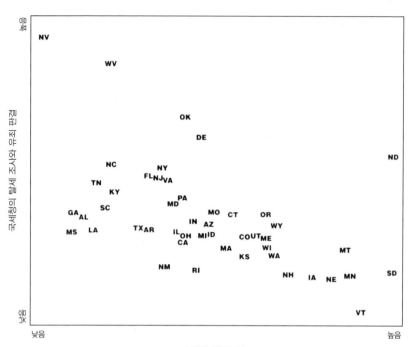

그림 89 _ 충실한 납세와 사회적 자본

이 낮은 주들보다 조세 복종이 높다(〈그림 89〉를 보라). 주들의 사회적 자본, 1인당 소득, 소득 불균형, 인종 구성, 도시주의urbanism, 교육 수준의 차이를 고려할 경우 **조세 복종을 성공적으로 예측하게 하는 유일한 요소는 사회적 자본이다.** 이와 유사하게 다른 사람들은 정직하지 못하다고 믿거나 혹은 정부 불신이 높은 개인 납세자들은 세금 신고를 속일 가능성이 높다는 사실을 발견한 여러 연구들도 있다. 내 몫을 기꺼이 납부하려는 마음가짐은 결정적으로 다른 사람들도 똑같이 그렇게 하고 있다는 내 인식에 달려 있다.

실제로 사회적 자본이 높은 공동체에서 정부는 '우리'이지 '그들'로 인식되지 않는다. 이런 방식으로 사회적 자본은 정부의 정통성을 강화한다. 다른 사람들도 대부분 그렇게 할 것이라고 믿기 때문에 나는 내 세금을 납부하며, 그리고 나는 과세 체계가 기본적으로 올바르게 작동하고 있다고 믿는다. 역으로 주민들 사이에 호혜성의 연대감이 없는 공동체에서는 대부분의 사람이 세금을 속일 것이라고 믿기 때문에 나는 자발적으로 올바르게 세금을 납부해야 할 의무를 느끼지 않을 것이다. 그리고 나는 과세 체계를 '우리'가 아니라 '그들'이 설립한 또 하나의 망가진 정부 프로그램으로 보게 될 것이다.

이런 맥락에서 보면 10년 주기의 사회 조사에서 공동체의 협조 수준이 어느 정도인지 가장 잘 예측할 수 있는 지표는 주민의 시민적 참여의 수준이다. 투표율, 사회적 신뢰 등 사회적 자본의 측정에서 상위를 차지하는 공동체들은 공영방송국에 보내는 기부금에서도 상당한 차이를 나타낸다는 사실은 더욱 놀랍다. 교육, 경제적 풍요, 인종, 소득공제, 공공지출 등 시청자의 선호와 비용에 영향을 끼친다고 말하는 다른 모든 요소들을 통제한 경우에도 기부금 납부에서 의미 있는 차이가 나온다.

교육, 교양, 시사 프로그램을 보내주는 공영방송PBS[3]은 공공선public good의 고전적 사례이다. 내가 기부금을 보내지 않아도 나는 이 방송에서 혜택을 얻으며, 내 기부금 그 자체로 방송이 계속 진행되는 것 같지도 않다. 아무리 공영방송 뉴스의 진행자 짐 레러Jim Lehrer에 매료되어 있다고 해도 합리적이고 자기 이익을 찾는 시청자라면 왜 그 지역의 공영방송국에 수표를 보내야 하는가? 다른 곳은 모르겠지만

---

3) Public Broadcasting Station. 미국 전역 354개의 회원 방송국을 갖고 있는 텔레비전 방송국. 뉴스, 시사 프로그램, 다큐멘터리, 대담 등 공익성 위주의 방송을 보내고 있다. 시민의 기부금이 재정의 큰 몫을 차지하는데 프로그램의 시작과 끝에 보내는 "Viewers Like You"는 시민의 동참을 유도하는 문구이다(옮긴이).

적어도 사회적 자본이 풍부한 공동체의 경우, 시민적 규범이 '자기 이익'의 범위를 넓게 생각하도록 만들고 호혜성에 대한 굳은 신뢰를 갖도록 떠받친다는 데 그 대답이 있는 것 같다. 따라서 우리의 사회적 자본의 재고분이 줄어들면 더욱 많은 사람들이 '무임승차'의 유혹을 받게 될 것이다. 그때에는 '여러분 같은 시청자들의 도움으로 방송이 진행됩니다'라는 공영방송의 호소뿐 아니라 우리의 민주주의를 움직이게 하는 여러 시민적 의무도 무시될 것이다.

이와 비슷한 사례로 연구자들은 군대에서도 부대의 유대성과 신뢰의 연대가 높을 때 훨씬 효율적이며, 강한 사회적 네트워크와 풀뿌리 단체들을 갖춘 지역 공동체는 예기치 못한 위기에 닥쳤을 경우 그러한 시민적 자원을 결여한 공동체보다 더 잘 대응한다는 사실을 밝혔다. 이 모든 경우에서 우리의 집합적 이익은 우리의 직접적인 자기 이익과 위배되는 행동을 요구하며, 우리 이웃들 역시 집합적으로 행동할 것이라고 가정한다.

현대 사회는 무임승차와 기회주의적 행동을 할 수 있는 기회들로 꽉 차 있다. 민주주의는 시민들에게 자기의 모든 것을 버리는 성자가 될 것을 요구하지 않지만, 우리 일상사의 대부분의 경우에서 상당히 오랜 시간 동안 우리들 대부분은 남을 속이려는 유혹을 이겨낼 것이라고 가정한다. 여러 증거들은 사회적 자본은 우리의 보다 훌륭하고 보다 넓은 자아를 강화시킨다는 사실을 더 강하게 시사하고 있다. 우리의 민주적 제도의 운용과 성취는 사회적 자본에 상당히 의존하고 있으며, 그것은 여러 가지 자료를 통해서도 입증되고 있다.

제
22
장

사회적 자본의 어두운 면

　멍청하고, 속 좁으며, 돈 밝히고, 속물근성에 물들어 있으며, 아부 잘하고, 고집불통에 이제 막 중산 계급으로 합류한 사람들은 미국 문학의 단골 소재이다. 1998년의 영화 「플레전트빌Pleasantville」은 계몽되고 인종·성 차별에서 해방된 총천연색의 1990년대와 흑백으로 그린 촌스럽고, 여성 차별적이며, 인종주의적이고, 친파시스트적인, 그리고 (최악인 것은) 따분한 1950년대를 대비시켰다. 이런 풍자적 주제는 전혀 독창적이지 않다. 일찍이 1865년에 헨리 데이비드 소로Henry David Thoreau는 《애틀랜틱 먼슬리Atlantic Monthly》라는 잡지에 이렇게 기고했다. "미국인들은 점점 오드 펠로우Odd Fellow의 회원처럼 전락해, 떼 지어 몰려다니는 감각은 예민하게 발전한 반면 지성은 텅 빈 존재로 알려질지도 모른다."

　미국 최초의 노벨 문학상 수상자 싱클레어 루이스Sinclair Lewis는

『배비트Babbitt』라는 작품을 통해 우리의 언어 목록에 '배비트스럽다 babbittry'는 단어를 추가시켰다. 이 소설의 주인공 조지 배비트George Babbitt는 오하이오 주 제니스의 부동산업자이며 공화당과 자기 도시의 열렬한 지지자이다. 조끼 주머니에 걸려 있는 그의 시곗줄에는

커다란 노란색의 엘크 이빨이 매달려 있었는데, 그가 엘크 협회 Brotherly and Protective Order of Elks의 회원이라는 말 없는 선언이었다. 튀지 않게 멋지게 재단해서 잘 만든 회색 양복 상의의 깃에는 부스터 클럽의 단추가 달려 있었다. 간결하면서도 대단히 예술적으로 만든 단추는 '부스터 회원들이여 나가자Boosters-Pep!'라는 두 단어를 보여주고 있었다. 그 이빨과 단추는 배비트 스스로 무언가 고결하고 중요한 사람이라고 느끼게 만들었다. 그것은 그를 좋은 동료들, 사업 분야에서 멋지고 인간적이며 중요한 사람들과 연결시켜주었다. 그것은 그의 빅토리아 훈장, 레종도뇌르 훈장, 파이베타카파 클럽의 출입 열쇠였다.

그가 속한 클럽과 단체는 자신의 기질에도 잘 맞았다. 제니스에서 행세깨나 하는 사람이라면 수많은 단체의 '지부'와 사업을 밀어주는 오찬 클럽에 하나, 가급적이면 둘 혹은 셋에 가입할 필요가 있다. 제니스에는 상당한 수준의 성실함과 건전한 도덕, 그리고 미국의 헌정질서에 대한 경외심으로 특징지어지는 로터리클럽, 키와니스 클럽, 부스터 클럽을 비롯해 그 외 수많은 비밀결사들이 있었다. 네 가지 이유에서 이 단체에 가입했다. 의당 그렇게 해야 할 일이었으니까. 지부의 형제들은 고객이 되는 경우가 많았기 때문에 사업에도 좋았다. 이탈리아나 독일에서 공을 세운 사람에게 붙여주는 '게하임레트'나 '코멘다토리' 같은 멋진 이름을 가질 수 없는 미국인들이 지부에 들어가면 대령, 판사, 교수 같은 흔한 구분에 듣기만 해도 감동이 용솟음치는 '고결한 기록 율법학자' '대 후고Grand Hoogow' 같은 이름을

덧붙여주었다.

조지 배비트 같은 인물들이 사회적 자본에 먹칠을 한다. 이런 인물들은 시민적 품성의 이면에 어떤 해악이 숨어 있는지 세심하게 탐구하도록 만든다.

1. 사회적 자본과 관용

프랑스 혁명의 깃발에는 자유, 평등, 박애라는 세 가지 이상이 새겨져 있었다. 프랑스 민주주의자들이 의도했던 박애는 내가 '사회적 자본'이라는 용어를 붙여준 것의 또 다른 이름이었다. 이 깃발 위에서 혹은 그 후 철학적 논쟁에서 해결되지 않은 문제는 이 세 개의 가치가 항상 공존하느냐는 것이다. 지난 2백 년 동안 서양의 정치적 논쟁의 대부분은 자유와 평등의 이율배반적 관계를 중심으로 전개되었다. 즉 지나친 자유 혹은 특정 형태의 자유가 너무 지나치면 평등을 침해할 수 있다, 혹은 지나친 평등 혹은 특정 형태의 평등이 너무 지나치면 자유를 침해할 수 있다는 문제였다.

이보다는 덜 친숙하지만 그에 못지않게 대단히 중대한 문제는 세 번째 가치에 해당하는 박애와 자유·평등의 이율배반적 관계이다. 즉 지나친 박애는 자유와 평등에 나쁜 결과를 초래하지 않는가? 좋은 일들이라고 해도 꼭 함께 가는 것은 아니다. 사회적 자본만 외골수로 추구하면 자유와 정의를 받아들일 수 없을 정도로 침해할 수도 있다. 이 장에는 이 어려운 규범적 문제의 일부를 다루고자 한다.

사회적 자본은 자유와 관용과 충돌하는가? 공동체 유대에 맞서는 자유주의의 고전적 반론은 공동체가 자유를 제약하고 편협성을 조장한다는 것이다. 탁월한 통찰력을 갖춘 19세기 영국의 문필가 월터 배젓Walter Bagehot은 공동체의 부드러운 족쇄가 얼마나 억압적인 효과를 발휘할 수 있는지 훌륭하게 묘사했다.

당신은 로마의 네로나 티베리우스 같은 폭군을 말할지 모르겠다. 그러나 진짜 폭군은 당신 옆집에 사는 이웃이라는 폭군이다. 그 사람이 하는 일을 나도 해야 한다는 법보다 혹독한 법이 세상에 어디 있는가? 그 사람처럼 되어야 한다는 필요보다 짜증나는 멍에가 또 어디에 있는가? 당신 집 바로 옆에 사는 사람의 눈보다 효과적으로 당신 집을 염탐하는 독재의 스파이가 또 어디에 있는가? 여론은 사람을 파고드는 힘이며, 자신에게 복종할 것을 강제한다. 여론은 우리에게 다른 사람이 생각하는 대로 생각하고, 다른 사람이 말하는 대로 말하고, 다른 사람의 습관을 따를 것을 요구한다.

1950년대 미국 소도시의 주민은 공동체적 생활에 깊이 참여했지만, 많은 이들에게는 이 사회적 자본의 홍수가 공동체에 대한 순응과 사회적 분열을 강요하는 것으로 보였다. 그 이후 60년대에는 관용과 다양성이 꽃을 피웠는데, 이 현상은 사회적 자본의 하락과 거의 정확히 일치한다. 사려 깊은 사회평론가 마이클 슈드슨과 앨런 월프는 미국인은 해가 갈수록 더 관용적이 되었지만 동시에 서로의 연계와 접촉은 줄어들었다고 지적하였다. 그러고는 이렇게 물었다. "자유의 신장은 공동체의 훼손이라는 비용을 치를 정도로 가치 있는 것인가?"

의심할 바 없이 1990년대의 미국은 50년대 심지어는 70년대의 미국에 비해 훨씬 더 관용적이었다. '전국 사회 조사GSS'의 자료에 의거하여 〈표 7〉은 인종 통합, 남녀 평등, 시민적 자유의 지지 여부

표 7 _ 인종 통합, 남녀 평등, 시민적 자유에 대한 관용의 지수

A. 인종 통합의 관용(백인에게만 해당)

1. 백인은 만일 원한다면 흑인을 동네에서 쫓아낼 권리를 갖고 있으며, 흑인은 그 권리를 존중해야 한다. (동의/반대)
2. 당신은 흑인과 백인의 결혼을 금지하는 법률이 있어야 한다고 생각하는가? (예/아니요)
3. 지난 몇 년 사이에 당신 가족 중의 누가 흑인 친구를 저녁식사에 데리고 온 적이 있었는가? (예/아니요)
4. 일반적인 주택 문제를 놓고 공동체 전체가 참여하는 투표가 있다고 가정하자. 투표에 부칠 두 개의 법률이 있다. 첫 번째 법은 인종을 이유로 흑인에게 집을 팔지 않더라도, 주택 소유자에게는 자기 집을 누구에게 팔 것인지 권리가 인정된다. 두 번째 법은 주택 소유자는 인종 혹은 피부색 때문에 매매를 거부할 수 없도록 규정한다. 당신은 어느 법에 투표하겠는가?
5. 당신의 정당이 흑인을 대통령 후보로 지명한다면, 그 직책에 합당한 능력과 자질을 그가 갖추고 있을 경우 그 후보에게 투표할 것인가? (예/아니요)
6. 당신과 당신의 친구가 흑인은 가입하지 못하도록 규정한 클럽에 소속되어 있다면, 흑인이 가입할 수 있도록 규칙을 바꾸려고 노력하겠는가? (예/아니요)

B. 페미니즘의 관용

1. 여성은 가정을 보살펴야 하고 나라를 다스리는 일은 남자에게 맡겨야 한다. (동의/반대)
2. 가족을 부양할 수 있는 남편이 있는 기혼 여성이 사업이나 직장에서 돈을 버는 데 찬성하는가, 아니면 반대하는가? (찬성/반대)
3. 당신의 정당이 여성을 대통령 후보로 지명한다면, 그 직책에 합당한 능력과 자질을 그녀가 갖추고 있을 경우 그 후보에게 투표할 것인가? (예/아니요)
4. 대부분의 남성은 대부분의 여성보다 정치에 정서적으로 더 적합하다. (동의/반대)
5. 남자가 가정 밖에서 사회 활동을 성취하고 여자는 집과 가족을 돌볼 때, 집안에 관련된 모든 사람에게 더 좋은 결과가 생긴다. (동의/반대)

C. 시민적 자유의 관용

1. 다른 사람들이 보기에는 위험하거나 나쁜 생각을 갖고 있는 사람들은 항상 존재한다. 예를 들어 **교회를 비롯한 모든 종교에 반대하는 사람**이 있다고 하자. 그런 사람이 당신의 공동체에서 교회를 비롯한 모든 종교에 반대하는 연설을 하기 원한다면, 그 사람에게 발언 기회를 허용해야 하는가, 아니면 허용하지 않아야 하는가?
2. 당신 공동체의 어떤 사람이 교회를 비롯한 모든 종교에 반대하여 자신이 썼던 책은 공공 도서관에서 없애야 한다고 제안한다면, 이 책을 치우는 데 동의하는가 혹은 반대하는가?

다음과 같은 생각이나 취향을 갖고 있는 사람들에게도 C의 두 질문을 적용해서 물어보았다.
- 흑인은 유전학적으로 열등하다고 믿는 사람.
- 자신이 공산주의자라고 인정하는 남자.
- 선거를 없애고 군대가 나라를 다스려야 한다고 주장하는 사람.
- 자신이 동성애자라고 인정한 남자.

를 세 가지 광범위한 영역으로 나누어 요약하였다. 시민적 자유는 논쟁적인 견해를 지지하는 저술의 허용, 그리고 그러한 발언을 할 자유라는 두 가지 측면에서 질문을 꾸몄다. 〈그림 90〉은 20세기의 마지막 사반세기 동안 이 세 영역에서 미국인의 생각이 각각 어떻게 변화해왔는지 전반적인 흐름을 보여준다. 〈표 7〉에 요약된 총 21개 질문에 대한 미국인의 태도는 지난 사반세기 동안 보다 관용적인 방향으로 나아갔다. 인종 간 결혼, 일하는 여성, 동성애 등 모든 문제에 걸쳐 더 너그러워졌다.

최근 몇 십 년 사이 사회적 관용은 그 폭과 규모에서 대단히 상승했다. 1956년 미국 백인의 50퍼센트가 백인과 흑인은 별개의 학교를 다녀야 한다고 말했지만, 1995년에는 단지 4퍼센트만이 그렇게 말했다. 1965년에는 백인의 45퍼센트가 만일 옆집에 흑인이 이사 오면 자기가 이사 가겠다고 말했지만, 1997년에는 단 1퍼센트만이

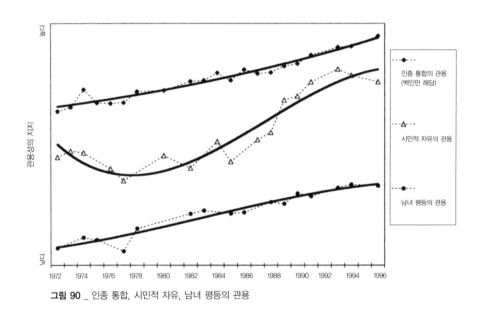

그림 90 _ 인종 통합, 시민적 자유, 남녀 평등의 관용

그렇게 말했다. 1973년에는 (백인 외의) 다른 인종에 속하는 그 어느 누구라도 최근 자기 집에서 저녁을 먹었다고 대답한 백인은 20퍼센트에 지나지 않았다. 1996년이 되면 그렇게 대답한 백인은 42퍼센트로 2배 이상 상승했다. 가까운 1987년만 해도 모든 미국인의 46퍼센트가 인종 간 데이트에 반대했지만 1999년이 되면 그 수치는 23퍼센트로 약 절반이 줄었다. 1963년에는 미국인의 61퍼센트가 인종 간 결혼을 금지하는 법률을 지지했지만, 1998년이 되면 단 11퍼센트만이 지지했다. 대부분 형태의 사회적 자본은 희박해지고 있었지만, 혹은 아마 그것 때문에, 인종 간의 사회적 가교는 더 튼튼해지고 있었다.

1973년 모든 미국인의 거의 절반(45퍼센트)이 동성애 옹호 서적을 지역 공공 도서관에서 없애자는 데 동의했지만, 25년 후 그 수치는 26퍼센트로 떨어졌다. 동성애 교사의 해고를 지지하는 미국인의 비율은 1987년에서 1999년 사이 2명당 1명 이상에서 3명당 1명 이하로 줄었다. 1975년 모든 미국인의 절반은 여전히 '대부분의 남자가 대부분의 여자보다 정치에 정서적으로 더 적합하다' '여성의 자리는 가정이다'라는 주장에 동의했다. 1999년이 되면 4분의 1 이하가 그런 주장에 동의했다. 이 각각의 통계적 경향 뒤에는 인종 차별의 오명과 여성 억압에서 날이 갈수록 해방되고 있는 미국인의 범주가 자리 잡고 있는 것이다.

1960년대 중반에서 90년대 말 사이 미국인들은 대단히 관용적이 되었다. 그런데 이 시기는 (우리가 2부에서 보았듯) 미국인이 시민 생활로부터, 그리고 서로에게서 멀어져가고 있던 시기와 정확히 일치한다. 사회적 자본은 무너지면서 관용은 늘어난 현상이 그저 우연일 수 있을까? 부모 세대보다 여성, 흑인 등에 보다 관용적인 태도를 갖게 된 사람들이 예나 다름없는 구태의연한 클럽에 실망을 느끼고 탈퇴했기 때문에 전통적인 클럽들이 쇠퇴한 것은 아닐까? 여성, 남성, 백인, 흑인 등으로 밀폐된 사회적 구획의 답답하고 가부장적인 영향력으로부터 벗어나 자유로워졌기 **때문에** 우리가 보다 관용적으로 변한 것은 아닐까?

즉 사회적 자본과 편협성 사이에는 일종의 철칙이 있어서, 사회적 자본의 쇠퇴는 관용적 개인주의의 성장에 따른 필연적 부수 현상은 아닐까? 결국에 가면 우리들은 고통스럽고 자의적인 가치의 선택에 직면하지는 않을까? 공동체와 개인 중 어느 하나, 자유와 박애 중 어느 하나를 선택해야 하는, 그러나 둘 모두를 가질 수는 없는 그런 상황에 직면하지는 않을까? 1953년 극작가 아서 밀러Arthur Miller는 자신의 희곡 『크루서블The Crucible』에서 촘촘하게 조직된 세일럼Salem 이라는 공동체에서 일어난 역사적 사건을 극화하였다. 만일 세일럼 같이 잘 짜여진 공동체를 우리가 열망한다면 '마녀들', 즉 공동체에 어울리지 않는 사람들을 멀리하는 것도 당연히 해야 할 일의 일부가 아닐까?[1] '마녀'가 없으면 세일럼 같은 공동체도 있을 수 없다.

이 개념 틀이 정확하다면 자유와 공동체를 모두 배려하는 사람들은 고통스러운 양자택일에 직면하겠지만, 그래도 한줄기 위안은 있는 법이다. 마이클 슈드슨은 "조직, 단체 속에서 연대성의 하락은 분명히 손실이지만 **그 이면에 있는 개인적 자유의 증대는 분명히 이익**"이라고 주장한다. 우리는 더 이상 서로 연계하지 않지만, 최소한 나는 당신을 귀찮게 하지 않고, 당신 역시 나를 귀찮게 하지 않는다.

---

1) 1692년 경건하고 도덕적인 청교도 공동체 생활을 영위하던 매사추세츠 주 세일럼에서는 엄격한 종교적 계율에 갑갑함을 느낀 10대 소녀 몇몇이 숲 속에서 흑인 하녀와 춤을 춘 일을 계기로 마녀 재판에 회부된다. 사건은 일파만파로 확대되어 많은 사람들이 모진 고문 끝에 마녀와 이단으로 처벌 받고 화형에 처해진다. 아서 밀러는 당시 미국을 휩쓸고 있던 매카시즘의 공산주의자 마녀 사냥을 비판하며 이 사건을 『크루서블』이라는 희곡으로 발표하여 무대에 올렸다(옮긴이).

표 8 _ 사회적 자본과 관용 : 4가지 유형의 사회

	낮은 사회적 자본	높은 사회적 자본
높은 관용성	(1) 개인주의적 사회 : 너는 네 일 해라, 나는 내 일 하겠다.	(3) 시민적 공동체 ('마녀' 없는 세일럼)
낮은 관용성	(2) 무정부주의적 사회 : 만인의 만인에 대한 전쟁 상태.	(4) 분파주의적 공동체 내(內)집단 vs. 외집단 ; '마녀' 사냥이 벌어지는 세일럼

그렇다면 연대성은 필연적으로 자유를 희생시키는 것인가? 시민적 불참은 갑갑한 구속으로부터 해방됨으로써 어쩔 수 없이 생기는 결과일 뿐인가? 이 재미있는 해석을 받아들이기 전에 〈표 8〉을 보자. 최소한 개념적으로 관용과 사회적 자본은 극단적 개인주의에서부터 극단적 분파주의sectarianism까지 이어지는 연속선에서 정반대의 양끝을 차지하지는 않는다. 실제로는 논리적으로 가능한 4개의 사회 유형이 있다. 단순하게 '자유 대 공동체'의 대립이라는 해석은 (1)과 (4), 즉 자유는 풍부하지만 공동체는 거의 없는 개인주의적 사회, 그리고 공동체에 큰 비중을 두지만 자유는 거의 없는 사회를 강조한 것이다. 그러나 우리는 다른 두 유형의 사회, 특히 관용과 사회적 자본을 결합한 (3)의 매력적인 사회를 너무 빨리 잊어서는 안 된다. 최소한 어떤 환경 아래서는 공동체와 자유가 양립할 수도 있지 않을까?

보다 희망적인 이러한 해석을 지지하는 첫 번째 증거는 자기 공동체에 보다 잘 참여하는 사람은 집에서 나오지 않는 이웃들보다 일반적으로 더 관대하다는 점이다. 많은 연구들은 사회적 참여와 관용의 상관관계가 있다면, 교육이 미치는 영향을 통제하더라도 역의 상관관계가 아니라 정표의 상관관계를 보여준다는 사실들을 밝혀주었다. 사회적 연계성과 관용의 연결 관계는 특히 성차별과 인종 문제에서 강하게 나타나는데, 사람들이 공동체 단체에 보다 적극적으로 참여할수록 남녀 평등과 인종 통합에 더 개방적인 자세를 보여준다는 것이다.

사회적으로 많은 모임에 관여하는 사람, 그리고 시민 활동의 적극적 참여자들은 관습에 얽매이지 않은 자유로운 행동이나 반대자들에게 사회적 외톨이보다 대체로 더 관용적이다. 이 패턴은 매카시 선풍이 기승을 부리던 1950년대에 발견되었는데 그 후 다른 연구들에 의해 계속 확인되어왔다. 미국 다섯 개 도시에서의 시민 발의에 관한 포괄적 연구도 같은 결과를 보여주었다. 즉 사회경제적 지위에 관계없이 이 발의에 매우 적극적인 참여자들은 논쟁적이고 인기없는 생각을 주장하는 사람의 권리에 대해 불참자들보다 더 관용적인 태도를 보여준다는 사실을 발견했다.

종교적 참여, 특히 근본주의 교회에의 참여는 편협성과 연계된다는 널리 알려진 사실을 제외하면, 지역 공동체 참여와 편협성 사이에 연결 관계가 있다는 추정을 입증해주는 경험적 증거는 지금껏 단 하나도 찾아내지 못했다. 조지 배비트는 교만하고 완고한 사람이었을 수 있다. 그러나 (경험적 증거가 시사하는 바로는) 그가 제니스의 번잡스러운 공동체 생활에 참여하지 **않았더라면** 그의 편협성은 한층 더 심해졌을 것이다.

사회적 자본과 시민적 관용성의 연계는 공동체 수준에서는 훨씬 더 정正관계를 나타낸다. 〈그림 91〉은 사회적 자본이 높은 주의 시민은 사회적 자본이 낮은 주의 시민에 비해 시민적 자유에 보다 관대하며, 남녀 평등과 인종 평등을 훨씬 더 굳게 지지한다. 자유와 박애는 양립 불가능하기는커녕 상호 보완적이며, 이 사실은 우리가 교육, 소득, 도시주의 등의 여러 요소들을 통제한 경우에도 계속 타당하다. 미국에서 가장 관용적인 공동체들은 시민 참여가 가장 활

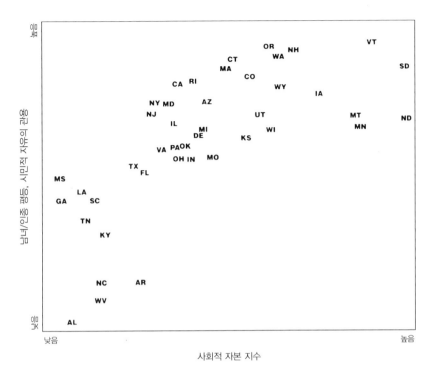

그림 91 _ 사회적 자본과 관용의 공존

발한 곳과 정확하게 일치한다. 반대로 주민들이 나 홀로 볼링을 치
는 공동체들은 미국에서 관용성이 가장 떨어지는 곳이다.

　또한 참여와 관용의 상관관계를 세밀히 조사하면, 지난 30년 동
안 시민적 불참과 관용의 동시적 확대는 단순히 동전의 양면이 아
니다. 지난 수십 년 동안 관용과 시민 불참에 나타났던 변화의 대부
분은 세대교체의 탓으로 볼 수 있다. 즉 사람들이 점점 참여를 않으
면서 관용성은 늘어난 주요 원인은, 참여에 적극적이지만 관용도가
낮은 나이 든 코호트들은 사라지고 그 자리를 보다 관용적이지만
참여도가 떨어지는 새로운 세대들이 점진적으로 대체해왔다는 사실
이다. 그러나 관대한 미국인과 그렇지 않은 미국인을 가르는 세대

구분선은 참여와 불참의 미국인을 가르는 세대 구분선과는 다르다.

지난 수십 년 사이 사회적 관용의 증대는 20세기 전반부에 출생한 덜 관용적인 세대들이 보다 관용적인 베이비붐 세대와 X세대로 교체되어왔다는 사실에서 거의 완벽한 원인을 찾을 수 있다. 대략 1945년 이후의 출생자는 그 이전 출생 세대들보다 예나 지금이나 항상 관용적인 태도를 보여왔다. 그러나 보다 폭넓은 관용성을 생산해온 이 신세대의 엔진은 베이비붐 세대를 넘어 더 크게 확장되지 못한 것으로 보인다. 사회학자 제임스 데이비스James C. Davis는 몇 년 전 **1970년대 혹은 80년대 출생자는 40년대와 50년대에 출생한 부모 세대보다 관용적이지 않다**고 지적했다. 세대의 전환점이 14장에서 내가 지적한 사회적 자본의 경우와는 전혀 다르다. 1920년대 출생자와 40년대 출생자의 시민적 습관은 거의 변하지 않았지만, 40년대 그리고 50년대 출생자조차 70년대와 80년대 출생자에 비해 시민 활동과 참여에 더 적극적이다.

20세기 **전반부**의 그 무엇이 그 이후 이어진 미국인 코호트들을 더 관용적으로 만들었다. 그러나 세대의 이 엔진은 20세기 **후반부**에 태어난 세대들 사이에서는 더 폭넓은 관용을 만들어내지 못했다. X세대의 막내는 베이비붐 세대의 맏이보다 관용적이지 않다. 따라서 세대가 이어지면서 늘어난 관용성은 이미 다 지나갔다. 이와 대조적으로 20세기 후반부 미국에서의 어떤 변화가 시민들의 참여를 줄였다. X세대의 막내는 베이비붐 세대의 맏이보다 훨씬 덜 참여한다. 그 결과 세대가 이어질수록 늘어난 참여의 손실은 지금도 그대로 남아 있다.

1940~1945년 무렵 출생자보다 더 적극적으로 참여하고 높은 관용성을 보여주는 코호트는 미국에 사실상 없다. 그들은 전형적인 자유주의적 공동체주의자들이었다. 그들의 부모도 참여도는 비슷하

게 높았지만 관용성은 떨어졌다. 그들의 자녀는 관용성은 비슷하지만 참여도는 떨어진다. 몇 가지 이유에서 그 코호트는 부모 세대로부터 공동체를 배려하는 마음은 대부분 이어받았지만, 부모의 편협함은 버렸다. 그들은 자녀에게 관용성은 대부분 성공적으로 물려주었지만, 그들 자신이 이어받았던 공동체적 습관을 전달하는 데는 실패했다.

바로 이 자유주의적 공동체주의의 문화적 틀 속에서 민권 운동이 등장했다. 그러나 그 문화적 틀은 이미 사라지기 시작했으며, 21세기로 진입하면서 미국의 시민 참여를 더욱 떨어뜨리고 있지만 관용성은 더 이상 높이지 못하고 있다. 세밀하게 살펴보면 지난 수십 년 사이 관용성의 증대와 시민 참여의 하락이라는 현상을 일으킨 세대의 뿌리는 전혀 별개의 것이다. 공동체 참여가 반드시 관용성의 하락이라는 편협한 결과를 수반한다고 가정할 이유는 전혀 없다. 실제로 미국이라는 나라의 다양한 주와 지역사회를 모두 살펴보면 정확하게 그 반대 결과가 나온다. 즉 사회적 자본과 관용성은 공생 관계이다.

헨리 데이비드 소로, 싱클레어 루이스, 월터 배젓이 완전히 틀린 것은 아니다. 의심할 바 없이 공동체의 연계성은 때로는 억압적이다. 미국의 클럽과 교회들은 우리 이웃과 학교들보다 훨씬 더 인종적으로 격리되어 있다. (연계형 사회적 자본과 달리) 결속형 사회적 자본은 특히 편협한 태도를 만들어낼 가능성이 특히 높다. 정치철학자 에이미 거트먼은 이렇게 말한다.

미국의 많은 결사체들의 활동은 분명히 그리고 직접적으로 자유민주주의를 지지하지만, 다른 단체들은 그렇게 분명하게 혹은 직접적으로 지지하지 않으며, 또 다른 일부 단체들은 자유민주주의에 노골적으로 적대적이며 잠재적으로 파괴적이다. [……] 다른 사정이 동일하다면 결사체의 구성원들이 경제적, 윤리적, 종교적으로 이질적일수록 민주적 시민권의 함양에 도움이 되는 일종의 공적 토론과 심의를 배양하는 능력이 커진다.

공동체를 애지중지하는 사람들은 과거에는 편협성을 불러일으켰으며 그들의 21세기 계승자들은 높은 수준의 관용성을 유지해야 할 필요가 있다. 지금까지 말한 사실들을 종합할 때 미국의 자유에 가장 큰 위협은 참여자가 아니라 불참자로부터 온다. 현재 미국에서 가장 편협한 개인과 지역 공동체들은 가장 연계성이 **높은** 곳이 아니라 가장 **낮은** 곳이다. 시민적 불참이 편협성을 막아주는 유용한 도구라거나, 혹은 관용이 불참의 반가운 부작용이라는 증거는 전혀 없다.

2. 사회적 자본과 평등

사회적 자본은 평등과 충돌하는가? 사려 깊은 급진주의자들은 그렇다고 보면서 오랫동안 이 사실을 두려워해왔다. 사회적 자본, 특히 서로 비슷한 사람들끼리 결속시키는 사회적 자본은 사회적 계층화를 강화하는 경우가 종종 있다. 1950년대의 풍부한 사회적 자본은 인종, 성, 계급의 구분에 따라 형성된 사례가 많았으며, 그만큼 다른 부류의 사람들을 배제하는 경우가 많았다. 일반적으로 말하자면 가진 사람들은 없는 사람들보다 시민적 활동에 훨씬 더 참여한다. 따라서 자발적 결사체의 사회적 · 정치적 힘을 강화하면 계급 격차를 더 넓히는 결과가 생길 수도 있다.

자유주의자와 평등주의자들은 개인의 기회라는 이름으로 (중세의 길드에서부터 동네의 가까운 학교에 이르기까지) 몇몇 형태의 사회적 자본을 공격해오곤 했다. 우리가 정책에 수반되는 간접적인 사회적 비용을 항상 측정해온 것은 아니었지만, 사적 결사체의 힘에 대한 우려는 옳았다. 사회적 불평등은 사회적 자본 안에 뿌리를 내릴 수도 있다. 어떤 집단에게는 유리하게 작용하는 규범과 네트워크는 다른 집단들에게는 방해물이 될 수 있다. 특히 그 규범이 차별적이거나 그 네트워크가 특정 계급에게만 해당된다면 더욱 그렇다. 공동체 생활을 지탱하는 사회적 자본의 중요성을 우리가 인정한다고 해도 그 '공동체'가 어떻게 규정될 것인가의 문제는 여전히 우려의 대상이다. 즉 이 공동체의 구성원으로 들어와 사회적 자본으로부터 혜택을 볼 사람은 누구이며, 그렇지 못하고 밀려날 사람은 누구인지 규정하는 문제를 말한다.

이 논리는 우리가 근본적으로 공동체와 평등 중 어느 하나를 택해야만 한다는 뜻인가? 이 문제의 최근 경향에 관한 경험적 증거는 분명하다. 그렇지 않다는 것이다. **공동체와 평등은 상호 보완하지 상호 배척하지 않는다.** 20세기의 대부분 기간 동안 사회적 자본과 경제적 평등은 서로 같은 방향으로 움직여왔다. 부와 소득의 분배라는 측면에 1950년대와 60년대의 미국은 그 앞의 어느 시대보다 더 평등했다. 2부에서 보았듯 50년대와 60년대는 사회적 연계성과 시민적 참여가 가장 높았던 시기였다. 최고 수준의 평등과 최고 수준의 사회적 자본은 일치했다. 상황적 증거는 이 높은 수준의 평등과 사회적 자본의 열쇠는 제2차 세계대전 시기였음을 알려준다.

반면 20세기의 마지막 3분의 1 기간은 불평등의 확대 **그리고** 사회적 자본의 감소 시기였다. 20세기 말이 될 때까지 미국에서 부자와 가난한 사람의 격차는 거의 30년 동안 계속 늘어나고 있었는데, 최

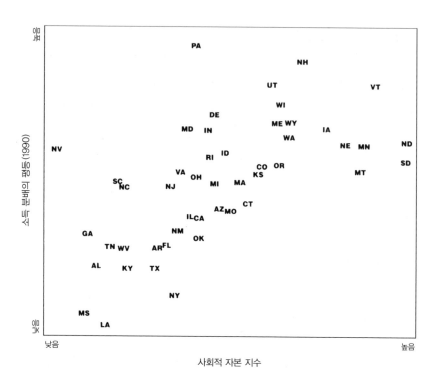

그림 92 _ 사회적 자본과 경제적 평등의 공존

소한 20세기 들어 불평등이 가장 오래 지속적으로 늘어난 시기였다. 그리고 사회적 자본 역시 그 정도로 오랫동안 지속적으로 하락한 최초의 시기이기도 했다. 이렇게 일치하는 한 쌍의 경향은 박애와 평등이 서로 경쟁하는 가치가 아니라 보완적 가치임을 보여주고 있다.

미국의 주 전체에 걸쳐 평등과 사회적 자본을 비교함으로써 같은 결론을 보완할 수 있다. 〈그림 92〉와 〈그림 93〉은 높은 수준의 사회적 자본을 갖추고 있는 미국의 주들은 정확하게 경제적·시민적 평등이 가장 높은 주들이라는 사실을 보여준다. 〈그림 92〉는 사회적 자본이 높은 주에서 소득 역시 더 평등하게 분배되어 있고, 부자와 가난한 사람의 격차는 사회적 자본이 낮은 주에서 특히 크다는

제4부 _ 사회적 자본의 기능

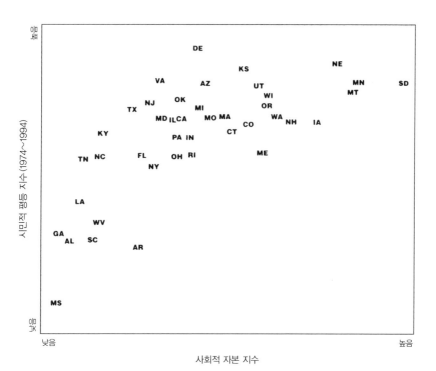

그림 93 _ 사회적 자본과 시민적 평등의 공존

사실을 알려준다. 〈그림 93〉은 사회적 자본이 높은 주에서는 여러 사회 계급의 사람들이 평등하게 공공회의 참석, 지역 사회 단체의 주도적 활동 등에 나설 가능성이 있는 반면, 사회적 자본이 낮은 주에서는 가진 사람들이 시민적 생활을 독점하고 없는 사람들을 배제할 가능성을 보여준다. 즉 시간과 공간을 초월하여 평등과 박애는 강한 **정표의** 상관관계를 갖고 있다.

이 단순한 분석으로는 평등과 박애의 상관관계를 만들어내는 원인을 파악할 수 없다. 여러 가지 설명이 가능하다. 첫째, 사회적 자본은 평등을 이룩하는 데 기여할 수 있다. 역사적으로 보면 사회적 자본은 없는 사람들의 중요한 무기였는데, 이들은 다른 형태의 자본을 갖지 못했다. '단결이여 영원하라'는 인종적 소수자이거나 노동계급처럼 일반적인 정치적 영향력에 접근하지 못하는 사람들에게 자랑스럽고 전략적으로 현명한 구호이다. 따라서 촘촘하게 짜여진 공동체가 보다 평등한 사회적·정치적 장치들을 지탱할 수 있다는 주장은 납득할 만하다. 반면 부와 권력의 커다란 격차는 구성원들의 광범위한 참여, 그리고 넓게 공유된 공동체의 통합을 훼손시킨다. 따라서 인과관계의 화살은 평등에서부터 시민적 참여와 사회적 자본으로 진행한다는 것 역시 타당성이 있어 보인다. 세 번째로는 대규모 (그리고 승리를 거둔) 전쟁 같은 외적 요소들이 사회를 평등하게 만들고 사람들의 유대감을 단련하는 효과를 발휘함으로써 사회적 연계성과 평등을 육성한다는 주장이 있다.

나는 여기서 이 복잡한 역사적 문제들을 판정할 수는 없지만, 관련 증거들은 공동체 참여가 필연적으로 불평등을 확대한다는 주장들과 대단히 모순된다. 그 반대로 우리 시대의 대표적인 두 경향, 즉 평등의 하락과 참여의 축소는 서로 맞물려 강화된다고 생각할 이유가 충분히 있다. 따라서 사회적 자본을 강화하려는 노력은 평등을 증대시키려는 노력과 병행되어야 한다.

박애, 그리고 평등·자유 사이에는 현실적으로 많은 충돌이 일어날 수 있다. 자유와 평등을 희생시키고 박애를 촉진하거나, 혹은 그 반대의 방안을 쉽게 그려볼 수 있다. 그러나 경험적 증거는 박애를 증진시키는 **유일한** 방법은 자유와 평등을 희생시키는 것이라는 단순한 생각과 분명히 어긋난다. 미국 공동체의 붕괴는 그래도 최소한 우리에게 보다 자유롭고 평등주의적인 미국을 가져다주지 않았느냐고 스스로를 위로하는 태도는 잘못된 낙관론이다. 반면 공동체의 재건은 필연적으로 편협성과 불평등으로 귀착될 것이라는 두려움에서 그 노력을 포기하는 태도는 잘못된 비관론이다.

3. 박애와 박애의 충돌

그러나 우리는 박애의 옹호자들에게 던질 수 있는 몇몇 측면에서 가장 깊고 가장 역설적인 비판을 아직 접하지 못했다. 즉 어떤 의미에서 박애는 스스로와 충돌을 일으킨다는 주장이다. 다른 어느 누구 혹은 그 무엇에 **반대할 때** 사회적 자본이 가장 쉽게 창출되는 경우가 종종 있다. 박애는 사회적으로 동질적인 집단들 내부에서 가장 자연스럽게 형성된다. 남부의 전통적인 백인 정체성은 부분적으로는 인종 통합에 대한 저항에서 형성되었고, 반유대주의는 유대인을 단합시키며, 일부 흑인은 인종 통합이 자신들의 인종적 유대를 훼손할지 모른다고 두려워한다. 공동체주의자들이 제기하는 가장 중요한 규범적인 문제는 사회적 분열이다. 사회적 자본과 공동체 유대의 열광적 집착은 보스니아와 코소보 사이에 벌어진 광기에 찬 증오로 반드시 귀착되고 마는가?

이 딜레마를 보여주는 생생한 사례를 찾고자 대서양을 건널 필요는 없다. '미국의 딜레마American dilemma'라고 이름 붙인 고전적인 분석에서 미국 역사의 인종 문제를 예리하게 파헤친 군나르 뮈르달Gunnar Myrdal의 작업이 전형적으로 보여주었기 때문이다. 현재 미국에서 사회적 자본의 바위 주변을 소용돌이치고 있는 윤리적 대립이 구체적으로 드러나는 가장 중요한 문제가 인종이다. 이 문제를 간단하게 요약한다는 것은 아마 무모한 짓이겠지만 그렇다고 회피하면 너무 무책임한 태도일 것이다.

노예제, 그리고 노예 해방 이후 짐 크로우 법은 백인들 중 못사는 사람과 흑인 사이에서 형성될 수도 있었던 유대 관계를 좌절시키는 효과를 만들어냈다. 16장에서 보았듯 오늘날 미국에서 사회적 신뢰를 비롯한 여러 형태의 사회적 자본이 가장 낮은 곳은 노예제와 인종 차별 정책이 역사적으로 가장 뿌리 깊은 지역이다. 부분적으로 민권 운동은 인종적으로 분리된 학교나 동네 등 배타적인 비연계형 nonbridging 사회적 자본을 파괴하려고 의도했다. 보다 근본적인 문제는 무엇을 할 것이냐에 있었다. 어떤 의미에서 이 문제는 20세기가 시작할 때 그랬던 것처럼 21세기가 시작하는 시점에서도 여전히 중요한 국가적 의제로 남아 있다. 손쉬운 대답은 '보다 많은 연계형 사회적 자본', 즉 인종을 넘어 보다 많은 유대와 결속을 갖게 하자는 것이다. 5장에서도 지적했지만 많은 어려움에도 불구하고 직장 내 인종 통합은 지금까지 이 접근법이 가장 성공을 거둔 분야에 속한다.

반면 학교 통합은 연계형 사회적 자본과 결속형 사회적 자본 중 어느 하나를 택해야 하는 훨씬 더 어려운 문제를 제기해왔다. 통학 논쟁은[2] 이 딜레마를 극명하게 보여준다. 논쟁의 양쪽 당사자들은 근본적으로 (비록 그런 용어를 사용하지는 않았지만) 사회적 자본에 관심을 갖고 있었기 때문이다. 이 정책의 지지자들은 인종적으로 통합된 학교를 통해서만 미국은 인종 구분을 초월하는 충분한 사회적 자본, 예컨대 협동의 습관, 친밀함, 연대성, 신뢰, 상호 존중 등을 진정으로 창출할 수 있다고 주장했다. 반대자들은 미국의 대부분 지역에서 동네 학교가 협동의 습관, 우정, 연대성 등 사회적 자본을 쌓는 독특한 장소를 제공한다고 응수했다. 이 논쟁의 제일 큰 비극은 양쪽 모두 옳은 것 같다는 데 있다.

---

2) busing controversy. 1954년 연방대법원 판결로 흑백이 따로 다니는 학교는 사라졌지만 주거지, 소득, 동네의 인종 구성에 따라 학교는 여전히 인종적으로 나누어졌다. 1971년부터 여러 주에서는 원거리 통학을 해서라도 공립학교의 인종적 구성을 다양하게 유지하겠다는 발상 아래 통학버스를 이용하여 학생들을 서로 섞었다. 그러나 장거리 통학의 문제, 낯선 동네로 자녀를 보내는 데 따른 부모의 불만, 인종 통합의 거부감 등이 겹치며 많은 백인들은 자녀를 사립학교와 종교 계통 학교로 전학시켰다. 지금도 일부 남아 있지만 80년대 중반부터 유명무실해졌다(옮긴이).

인종적으로 더욱 다양해지는 미국이 직면하고 있는 핵심 문제를 이렇게 규정해보아도 좋다. 보다 많은 연계형 사회적 자본을 기적처럼 창출할 수 있는 황금의 마술 지팡이를 갖고 있다면 당연히 그것을 휘두르고 싶을 것이다. 그러나 보다 많은 사회적 자본을 창출할 수는 있지만, 단지 결속형 사회적 자본만 만들어낼 수 있는 알루미늄 마술 지팡이만 갖고 있다고 상상해보자. 이 차선의 지팡이는 보다 많은 흑인, 보다 많은 백인을 교회에 가도록 할 수는 있지만 이들을 모두 같은 교회로 가게 하지는 못한다. 보다 많은 히스패닉 계열과 보다 많은 잉글랜드 계열의 사람들을 축구장에 가게 할 수는 있지만 같은 축구장으로 가도록 하지는 못한다. 이런 효과를 만들어내는 마술 지팡이를 써야 할까?

정치학자 에일린 맥도나Eileen MacDonagh는 이 사실을 생생하게 표현했다. "인종에 기초해서 법적으로 갈라놓았지만, 모든 주민이 모든 이웃을 저녁에 초대하는 동네. 반면 인종에 따라 갈라놓지는 않았지만, 주민들 사이에는 사회적 사회 작용이 거의 이루어지지 않는 동네. 어떤 동네가 더 좋을까?" 통학 논쟁의 딜레마가 바로 이것이었다. 만일 이 문제를 무시한다면 미국에서 공동체를 부활시키려는 우리의 노력은 보다 분열된 사회로 귀착되는 결과만을 빚을 수도 있다.

내가 지금까지 제시한 많은 자료들은 사회적 자본이 다양한 수준에서 서로 보완한다는 사실을 시사했다. 즉 친구와 가족과 많이 접촉하는 사람들이 공동체의 활동에도 가장 적극적으로 참여하는 경우가 자주 있다. 그러나 모든 경우에 누이 좋고 매부 좋은 식으로 상황이 전개되는 것은 결코 아니다. **박애 대 박애**의 딜레마는 바로 사회적 자본이 안고 있는 문제점의 한 측면을 극명하게 드러내준다. 몇몇 종류의 결속형 사회적 자본은 연계형 사회적 자본의 형성을 가로막으며, 그 역도 마찬가지이다. 통학 논쟁에서 나타났던 일이 바로 이 문제였다.

이 책의 앞부분에서 나는 연계형 사회적 자본과 결속형 사회적 자본은 효과를 발휘하는 분야가 다르다는 사실을 지적했다. 친한 친구와의 강한 연계는 여러분이 아플 때 닭고기 수프를 약속하지만, 막연히 아는 사람과의 약한 연계는 새로운 직장을 구하는 기회를 만들어줄 가능성이 크다. 집합적 관점에서 보면 우리가 필요로 하는 사회적 자본의 규모는 우리가 직면하는 문제의 규모에 달려 있다. 이 교훈은 내가 지적한 '알루미늄 마술 지팡이'의 딜레마를 다룰 때 우리를 이끄는 원칙이 되어야 한다. 연계형 사회적 자본을 약간 만드는 정책, 그리고 결속형 사회적 자본은 많이 만드는 정책 중에서 우리가 하나를 선택해야 한다면 어떻게 해야 하는가?

어린이들의 성장과 발전에 필요한 자극과 구조를 마련하기 위해서는 결속형 사회적 자본이 최적의 효과를 거둘 수 있을 것 같다. 이 경우는 시민적으로는 아무리 '비도덕적'이어도 약간의 '가족주의'가 효력을 발휘할 것이다. 반면 공립학교의 개선을 위해서는 (동네 학교의 경우처럼) 거주지가 같은 주민들의 공동체이건 혹은 (협약 학교의 경우처럼) 생각이 비슷한 가족들로 이루어진 공동체이건, 공동체 수준에서의 사회적 자본이 필요하다.

또한 어떤 종류의 사회적 안전망으로 기존의 복지 체계를 대체할 것인가 등을 결정하는 문제에는 공공 토론의 수준을 최대한 향상시킬 광범위하면서도 연계 효과가 뛰어난 사회적 자본이 당연히 필요하다. 즉 미국이 직면한 가장 중요한 집합적 문제의 해결에는 가장 창출하기 어려운 바로 그 연계형 사회적 자본이 필요한 것이다. 이 어려움은 이 책의 가장 중요한 문제를 다루는 5부에서도 중요하게 부각될 것이다. 이제 우리는 무엇을 해야 하는가?

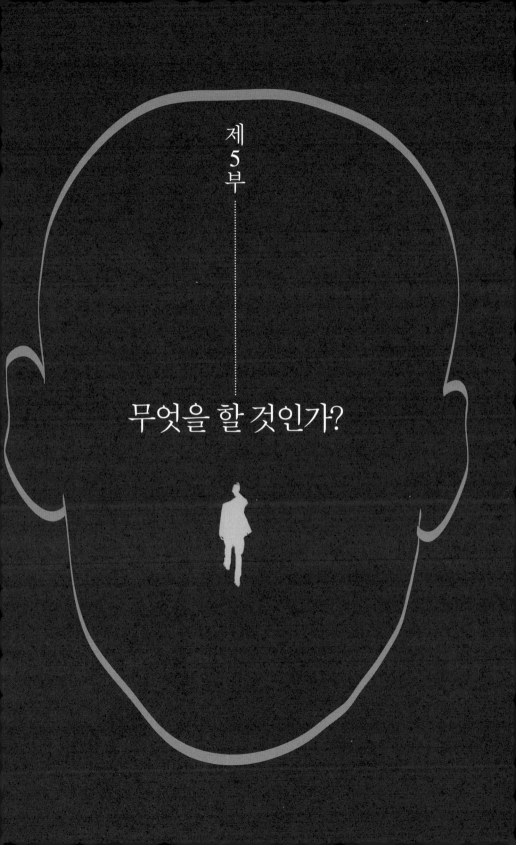

제
5
부

무엇을 할 것인가?

역사의 교훈 : 금박 시대와 진보의 시대

지난 30년 동안 발생한 다양한 사회적 · 경제적 · 기술적 변화는 미국의 사회적 자본의 상당 부분을 무용지물로 만들어왔다. 텔레비전, 맞벌이 가족, 교외 지역으로의 주거 팽창, 세대 변화에 따른 가치관의 차이뿐만 아니라 그 밖의 여러 측면에서도 미국 사회는 변화를 겪어왔다. 이 변화들은 우리가 지금까지 살아오던 방식에 힘을 불어넣어주던 '여성 유권자 연맹' '유나이티드 웨이' '슈라이너스 Shriners', 월례 브리지게임 클럽, 심지어는 친구들과의 일요일 소풍에도 점점 참석자가 줄어들었음을 의미한다. 나날이 늘고 있는 사회적 자본의 적자액은 학업 성적, 안전한 동네, 공평한 세금 납부, 민주주의 정부의 업무 수행 능력, 일상생활의 정직성, 심지어는 우리의 건강과 행복까지도 위협하고 있다.

사회적 자본의 붕괴는 근대성의 불가항력적인 귀결인가? 막을 수 있는 무슨 방법은 없을까? 이런 근본적인 문제에 직면할 때는 역사에서 뭔가 배울 것을 찾을 때가 있다. 이 경우에도 기분 나쁠 정도로 우리와 비슷한 시대에서 예상치 못했던 적절한 교훈, 그리고 많은 점에서 낙관적인 교훈을 찾아낼 수 있다. 그 시대는 미국 역사학자들이 금박 시대Gilded Age와 진보의 시대Progressive Era라고 이름 붙였던 19세기 말과 20세기 초의 수십 년을 말한다.[1] 19세기 말 미국 사회가 직면했던 도전들은 여러 가지 깊은 의미에서 우리가 지금 마주하고 있는 문제들을 미리 보여주고 있었다.

거의 한 세기 전의 미국도 사회적 자본의 상당 부분을 무용지물로 만든 극적인 기술적·경제적·사회적 변화를 똑같이 경험하고 있었다. 남북전쟁 이후 30년 혹은 40년 사이에 산업혁명, 도시화, 이민의 거대한 물결은 미국의 지역 공동체들을 근본적으로 바꾸어놓았다. 수백만 미국인은 시골의 가족과 친구를 남겨놓고 시카고, 밀워키, 피츠버그로 떠났으며, 그보다 더 많은 사람들이 폴란드의 유대인 마을이나 이탈리아 시골 같은 지역 공동체를 떠나 잉글랜드 지방이나 뉴욕의 이스트사이드로 이주해왔다. 19세기 마지막 25년의 미국은 사회적 자본의 결핍으로 인한 전형적 증후군에 시달렸다. 범죄의 물결, 부족한 교육, 빈부 격차의 확대, 도시의 타락, 그 시대의 어떤 사람이 '흥청망청 먹고 마시는 아수라장'이라고 부를 정도의 정치적 부패가 도처에 널려 있었다.[2]

---

1) 이 두 시대의 정확한 연도가 규정된 적은 없다. 대략적으로 본다면 '금박 시대'는 1870~1900년, '진보의 시대'는 1900~1915년에 해당한다. 역사의 경계 설정이 늘 그렇듯 이 구분법 역시 엄격하지 않다. 진보의 시대에 나타난 운동과 사회 발전은 실제로는 그 앞의 시대에 있었던 사회 변화와 역사적 사건에서 이어진 것이며, 금박 시대에 있었던 사회 발전은 그 이후 세대에도 계속 영향력을 미쳤기 때문이다.

2) '금박 시대'는 특히 미국 역사에서 산업혁명이라 부를 정도의 엄청난 발전, 빈부 격차, 정치적 부패, 상층 계급의 무절제함으로 이름 높은 시대였다. 이 용어는 마크 트웨인의 소설 제목에서 따온 것인데 과거 '황금 시대'를 흉내 낸, 겉만 번드르르하고

그러나 이러한 문제들이 막 터져 나오고 있을 무렵부터 이미 미국인들은 해법을 찾기 시작했다. 19세기 말에서 20세기 초로 넘어오는 몇 십 년 사이 미국 사회는 이 위기를 빠르게 감지하였으며, 풀뿌리 수준과 국가 수준에서 용기 있는 지도력이 발휘되면서 사회적 창의성과 정치 개혁이 크게 분출되었다. 실제로 오늘날 미국인의 삶에 자리 잡고 있는 중요한 공동체 제도의 대부분은 미국 역사에서 시민적 혁신이 가장 풍부했던 이 시대에 발명되었거나 쇄신되었다. 진보의 시대가 미국 역사에서 현실을 개혁하려는 시민적 열정이 분출되었던 유일한 사례는 아니고, 이 시대에도 문제점은 있었다. 그러나 (부분적으로는 바로 그 이유 때문에) 이 시대는 우리 시대가 귀담아들어야 할 많은 교훈적인 사례를 담고 있다. 이 장은 우리에게 영감과 빛을 던져주는 이 예외적 시대의 이야기를, 그리고 우리 시대에 교훈을 줄 수 있는 몇몇 이야기를 살펴보고자 한다.

1. 대변혁의 시대

(가) 물질적 진보와 팽창의 시대

19세기의 마지막 3분의 1에 해당하는 기간 동안 기술적·경제적·사회적 변화가 미국인의 삶을 바꾸어놓았다. 약 1870년에서 1900년 사이 미국은 지역사회 중심의 전통적인 농촌 사회에서 근대적이고 도시화된 산업 국가로 급속히 변모하였다. 남북전쟁이 끝나던 1865년의 미국은 토크빌이 방문했던 1830년대와 거의 다를 바 없었다. 여전히 소규모 농업, 작은 타운, 중소기업들이 압도적이었

그 속은 천박하다는 생각이 깔려 있다(옮긴이).

다. 20세기로 접어들 무렵 미국은 이미 도시의 국가가 되었으며, 이제는 대규모 산업 카르텔이 운영하는 공장에서 힘들게 일하는 유럽 농촌 출생의 이민자 혹은 미국 농촌 출신자들이 도시를 채우고 있었다.

이러한 사회 변혁을 일으킨 열쇠 중의 하나는 기술 발전이었다. 1790년에서 1870년까지 80년 동안 미국 특허사무국에 등록된 발명 특허는 11만 8천 건이었다. 10년간 1만 8천 건이 등록된 셈이다. 그다음 40년 동안 특허권은 이 비율의 거의 20배로 늘었다. (수확 기계 같은) 몇몇 새로운 발명품은 농업 생산성을 혁명적으로 증진시켰다. 또 (재봉틀과 통조림 같은) 발명품은 가정생활을 바꾸어놓았다. 그러나 그중에서도 가장 중요한 것은 미국의 산업혁명, 도시화 혁명, 운송 혁명의 토대를 만든 발명품, 즉 증기보일러, 강철, 전기, 전신, 전화, 엘리베이터, 공기 브레이크 등등이었다. 예를 들어 강철 생산은 1870년 7만 7천 톤이었지만 1900년에는 1천 120만 톤으로 뛰어올랐다. 미국의 공장 숫자는 1865년 14만 개에서 1900년 51만 2천 개로 거의 4배 늘었다. 공장의 규모는 더 큰 폭으로 늘었다. 1865년 뉴잉글랜드 지방의 전형적인 제조 공장은 2백에서 3백 명 정도를 고용했지만 1915년 최초의 포드 자동차 공장은 무려 1만 5천 명을 고용했다.

이제는 강철이 나라의 근육을 만들었고, 전기가 신경계통을 바꾸어놓았다. 20세기로 넘어올 즈음 당시의 언론인 마크 설리번Mark Sullivan은 이렇게 썼다.

전기는 전국을 질주하고 있었다. 말 그대로 번개처럼. 전기가 지나갈 길을 마련해주는 전선이 모든 곳으로 뻗어나가고 있었다. 중앙 발전소에서 시작해서, 도시로부터 교외로 달려가는 전기의 장거리 전송 능력이 계속 늘어나면서 이제는 궁벽한 시골까지, 그리고 마을에서 각 농가로 연결되었다. 어디에서나 이 전기가 끝나는 곳은 스위치이다. 스위치만 가볍게 돌리면 사실상 무한대의 물리적 힘을 가두고 있는 저수지 문을 열 수 있다.

철도와 전신은 미국을 3백만 제곱마일에 걸쳐 '섬처럼' 서로 떨어져 고립된 소규모 공동체들의 집합에서부터 하나의 통합된 국가적 경제 단위로 변모시켰다. 1870년에서 1900년 사이 전국의 철도망은 5만 3천 마일에서 19만 3천 마일로 증가했다. 역사학자 숀 캐시먼 Sean Dennis Cashman은 『금박 시대의 미국America in the Gilded Age』에서 이렇게 결론 내렸다. "대륙 횡단 철도망은 농가와 공장, 시골과 타운을 한층 밀접하게 묶었다. 〔……〕 전신과 전화, 전기와 신문은 공공의 지식, 사업의 능률, 정치적 토론을 확대했다."

이 기술 혁명과 더불어 사업 규모의 혁명이 도래했다. 이 시기는 현대적 기업의 씨앗을 뿌리던 때이기도 했다. 기업 조직은 소규모 상인이나 독립적 수공업자 등의 전통적 직업을 10개 중 1개꼴로 없앴지만 동시에 회사 관리인이나 비숙련 산업 노동자 같은 새로운 직업을 창출하였다. 1897년에서 1904년 사이 미국 역사에서 최초의 기업 합병 물결이 월스트리트를 휩쓸고 지나갔는데 스탠더드오일, 제너럴 일렉트릭, 뒤퐁, U.S. 스틸Steel, 아메리칸 토바코, 나비스코 등을 비롯한 수많은 거대 기업들은 이때 태동기를 맞이하였다. 실제로 경제 전체의 규모와 관련해서 보면 19세기 말 기업 합병의 물결은 1990년대의 초대형 합병 이전까지 경쟁자가 없을 정도로 대규모였다.

경제사학자 글렌 포터Glenn Porter는 미국 경제의 구조와 규모에 나타난 극적인 변화를 이렇게 요약한다.

미국 역사에서 처음으로 전체 산업은 그 분야를 지배하는 강력한 개인들의 이름과 동일시되기 시작했다. 철도에는 코넬리우스 밴더빌트, E. H. 해리먼, 제임스 힐, 수확 기계에서는 사이러스 매코믹, 석유의 존 D. 록펠러, 금융의 J. P. 모건, 담배의 제임스 듀크, 식육 가공 도매업에는 구스타부스 스위프트와 필립 아머, 철강의 앤드류 카네기〔……〕 그 사람의 이름이 곧 그 분야의 산업을 의미했다. 운송과 통신의 발달, 그리고 도시의 성장은 백화점, 통신판매업, 체인점이라는 새로운 분야에서도 대규모 판매의 기회를 열어주었다. 몽고메리 워드 & 시어스, 그리고 로벅은 통신판매 회사들 중에서 선두를 달렸으며, A&P와 울워스 같은 도매업자들은 체인점 소매상들에게서 새로운 판로를 찾았다.

물질적으로 측정해도 미국의 생활 수준은 남북전쟁 종전 이후 반세기 동안 실질적으로 상승하였다. 가난한 이민자들이 들어오면서 인구가 증가했음에도 1인당 부는 60퍼센트 정도 증가했고, 1인당 실질 GNP는 133퍼센트 증가했다. 1871년에서 1913년 사이 미국 경제는 1년 평균 4.3퍼센트씩 팽창했다.

이러한 경제 생활의 향상은 사회 계급 전체에게 공평하게 확산되지 않았고 시간이 지나면서 분배 사정이 좋아지지도 않았다. 역사학자 마크 섬너스Mark W. Sumners의 말을 빌리면 부자와 가난한 사람의 격차, 심지어 숙련 노동자와 비숙련 노동자의 격차는 "작업장의 노동 경험, 미국 사회에 대한 만족도, 임금 액수, 자기 삶의 통제" 등 모든 면에서 크게 벌어졌다. 찰스 스포Charles B. Spaur는 1896년 인구의 1퍼센트가 모든 국부의 절반 이상을 소유하고 있는 반면 하위 44퍼센트의 가구는 단 1.2퍼센트만 소유하고 있다고 추산했다. 최근의 경제사학자 제프리 윌리엄슨Jeffrey Williamson과 피터 린더트

Peter Lindert는 경제적 불평등은 이미 남북전쟁 이전의 초기 산업화 기간 동안 급속도로 증가해왔으며, 전쟁 후 매우 높은 수준으로 불규칙하게 계속 상승하면서 제1차 세계대전 직전 가장 커졌을 것이라고 보고한다. 그 후 경제적 평등은 계속 완화되다가 그로부터 한참 지난 20세기의 마지막 십여 년이 되어서야 19세기의 수준으로 벌어졌다. 당시 소득 분배는 갈수록 악화되었지만 미국 노동자의 실질 소득과 생활 수준은 19세기 말과 20세기 초에 대단히 상승하였다.[3]

(공황이라는 이름으로 더 많이 부르는) 몇 차례의 심각한 불황이 경제 발전을 방해했다. 1873~1877년, 그리고 1893~1897년의 불황기에는 실업률이 16퍼센트를 넘었다. 지금까지 미국 역사에서 그 어떤 경제 불황도 1893년에서 1897년의 불황기만큼 깊은 상처를 남기지는 않았다. 다른 한편 이 불황 다음에는 거의 20년 동안 중단 없는 성장기가 왔다. 이 20년의 번영은 그 시대가 당면한 문제, 즉 범죄, 폭력, 질병, 비위생적 도시, 정치적 부패, 심지어 부와 권력의 불평등 증대 같은 문제점을 다룰 수 있는 대규모 사회 혁신을 생각해볼 정도로 충분한 자신감과 능력을 갖춘 사회를 만들어냈을 것이다. 또한 이 경제적 번영은 다양한 부류의 사람들로 구성된 광범위한 진보연합을 탄생시켰는데, 이들은 계획에 입각한 개혁을 통해 사회가 개선될 수 있다는 낙관적 가정 속에 하나로 뭉쳤다.

남북전쟁과 제1차 세계대전 사이의 기간은 급속한 인구 성장과 도시화의 시대이기도 했다. 1870년에서 1900년 사이 미국 인구는 4천만 명에서 7천 6백만 명으로 거의 2배 늘었으며, 도시 인구는 1천

---

3) 경제사학자들은 불평등이 1830년대 혹은 1840년대부터 약 1910년까지 (가장 크게) 확대되었으며, 약 1910년부터 1940년까지는 안정기에 들거나 어느 정도는 하락했다가, 1940년부터 약 1970년까지는 분명히 하락했고, 약 1970년 이후부터는 쭉 확대되었다는 데 동의하는 것으로 보인다. 불평등의 감소는 제1차 세계대전과 제2차 세계대전 무렵에 집중적으로 나타났다.

만 명에서 3천만 명으로 3배 상승했다. 대도시의 숫자는 더 빨리 늘었으며, 해마다 새로운 대도시들이 명단에 이름을 올렸다. 인구 5만 명 이상의 도시는 이 시기 동안 25개에서 78개로 3배 늘었다. 1870년에서 1890년의 불과 20년 사이 보스턴 인구는 79퍼센트 상승하여 거의 45만 명, 샌프란시스코는 거의 2배 늘어 30만 명이 되었다. 1860년만 해도 겨우 마을 수준에 머물러 있었던 시카고는 1910년이 되면 인구 220만 명이 된다. 부푼 꿈을 안고 미국 농촌과 유럽의 촌락을 떠나 초라한 공동주택과 고층 건물이 동시에 넘쳐나는 익명의 도시를 찾아오는 이주자들의 물결은 매년 늘어났다.[4] 이 이주자들은 이제 새로운 공동체 속에서 살게 되었지만, 그것은 과연 **공동체**라는 이름을 붙일 자격이 있는지 많은 사람이 의심할 정도로 낯설고 단절된 환경이었다.

새로운 도시의 거주자 대부분은 새로운 나라를 찾아와 정착한 사람들이었다. 1870년에서 1900년의 30년 사이 거의 1천 2백만 명이 미국으로 이민 왔는데, 이 숫자는 그 이전의 250년 동안 미국 해안에 발을 디딘 사람들보다 더 많았다. 그다음 14년 동안에는 거의 1천 3백만 명에 달하는 또 다른 이민자들이 도착했다. 1870년 미국의 모든 산업 노동자 중 3분의 1이 외국에서 출생한 사람들이었는데 1900년이 되면 절반 이상을 차지했다. 1890년 인구 10만 이상의 도시 20개 중 8개에서는 이민 온 성인의 숫자가 미국 출생 성인보다 실제로 더 많았다.[5]

이민자들은 유럽의 여러 국가는 물론 캐나다와 동아시아에서도

---

4) 이 시기의 통계청에서 '도시'의 정의는 인구 2천 5백 명 이상의 지역이었다. 이 여러 도시의 새 거주자 중 약 절반이 미국 시골에서 왔고, 나머지 절반이 외국 이민자였다.

5) 이민이 쏟아져 들어왔지만 미국 인구 중 외국 출생자의 비율은 1860년 13.2퍼센트에서 1910년 14.5퍼센트로 상승했을 뿐이다. 1997년 그 비율은 9.7퍼센트였다.

제5부 _ 무엇을 할 것인가?

왔다. 1890년까지는 독일, 아일랜드, 프랑스령 캐나다, 영국, 스칸디나비아 국가들이 가장 많았지만 그다음 20년 동안에는 조금 상황이 달라진다. 역사학자 스티븐 다이너Steven Diner는 이렇게 지적한다.

팽창하는 산업 경제에서 일하기 위해 대부분 가톨릭과 유대인으로 이루어진 기록적인 숫자의 이민자들이 남부 유럽과 동부 유럽의 낯선 나라에서부터 미국으로 쏟아져 들어왔다. 영어를 쓰지 않아도 되는 비좁고 조밀한 동네에 사는 경우가 많았던 이 사람들은 그곳에 자신의 고유한 교회, 예배당, 공동체적 제도들을 창조하였다.

1890년이 되자 새 이민자들의 낯선 언어와 습관이 기존 사회와 불협화음을 일으키며 '미국화'와 인종적 정체성에 관한 국가적인 논쟁을 촉발시켰다. 이것은 많은 점에서 요즘의 '다문화주의'와 '영어 전용' 논쟁과 비슷하다. 역사학자 캐시먼은 이런 사례를 들려준다. "1889년과 1890년 일리노이 주와 위스콘신 주가 학교에서는 영어가 교육 전달의 수단이 되어야 한다고 결정하자, 독일과 스칸디나비아 출신으로부터 강한 항의가 터져 나왔다."

아이오와 주 시골에서 왔건 슬로바키아 시골에서 왔건, 시카고에 새로 온 풋내기는 그때까지 자라오면서 경험했던 것과는 너무나 다른 삶을 살면서 여러 가지 위험에 직면해 있었다. 일자리를 찾아 이주해온 그들이었지만 생활은 극도로 불안정했다. 도시 노동자들은 실업자가 되는 경우가 많았다. 공동체에서 제공하는 임시적인 공공부조 프로그램으로 구성된 낡은 '지역사회 중심 구호outdoor relief' 체계는 밀려드는 요구를 감당하지 못하고 마비되었다. 구빈원 등을 중심으로 하는 '시설 중심 구호indoor relief'의 새로운 체계 역시 마찬가지였다. 친구, 가족, 공동체의 전통적인 사회적 안전망은 새로운 도시 노동자들이 살아가야만 하는 도시의 생활 방식과 더 이상 맞지 않았다.

도시에서 보다 수입이 좋은 일자리를 찾을 수 있다는 희망이 없었다면 해가 갈수록 더 밀려오는 도시 이주민의 물결은 중단되었을 것이다. 불평등하게 분배되기는 했지만 경제적 풍요가 퍼져나가면서, 여가와 물질주의를 결합한 새로운 문화가 창조되었다. 1896년에서 1902년 사이 축음기와 영화의 발명은 대중적 여가 생활의 성격이 20세기에 어떻게 바뀔 것인지 미리 알려주는 사건이었다.

1908년에는 이미 뉴욕 시 한 곳에만 '5센트 극장nickelodeon'이라고 부르는 입장료 5센트짜리 조그만 극장들이 6백 개나 난립하고 있었다. 1914년 한 해에는 50만 장의 레코드가 생산되었지만, 1921년에는 무려 1억 장 이상의 레코드를 한 해에 생산했다. 당시 인기 있었던 작가이자 풍자가 핀리 던Finley Peter Dunne은 세태 풍자 에세이를 시카고의 한 신문에 연재하고 있었다. 아일랜드 출신의 미국인 바텐더 미스터 둘리라는 가공의 인물을 통해 미국 사회와 정치를 재치 있게 꼬집은 이 연재물은 물질적 소비에 열광하는 세태를 이미 1897년에 이렇게 풍자했다.

스탠더드 석유 회사의 지점에서 일하며 시골 구석구석까지 뛰어다니는 미국인들이 대서양에서 태평양까지 계속 쏟아져 나오고 있잖아. 노예가 쇠고랑을 벗고 좋아하더니, 다시 오하이오에서 린치를 당하고 반성하는 모습도 무척 많이 봤지. 이런 발명품들도 있더군 [……] 목화 짜는 기계, 아예 칵테일로 만들어 병에 담은 진 사워gin sour, 자전거, 하늘을 나는 기계, 5센트 동전 넣는 슬롯머신, 뉴욕의 리처드 크로커가 만든 정치 기계, 소다수의 분수, 그리고 우리 문명 최고의 마술사 금전등록기도 있었지.

제5부 _ 무엇을 할 것인가?

10년 후 하버드 대학의 철학자 윌리엄 제임스William James는 뉴잉글랜드 출신 사회개혁가의 격양된 어조로 "성공이라는 돼먹지 않은 여신만 숭배하는 데서 생긴 도덕적 무기력, '성공'이라는 말을 돈으로만 해석하는 그 추잡함이 우리의 국가적 병"이라고 개탄하면서 똑같은 경멸감을 표현했다.

반면 금박 시대의 다른 여러 문화적 변화는 보다 진보적 성격을 갖고 있었다. 산업혁명이 진전되면서 중간 계급 여성과 남성에게는 활동 영역의 엄격한 구분이 완화되었다. 여성들은 새로운 공적 역할을 맡고, 투표권을 요구했으며, 고등교육을 받았고, 남자와 나란히 일하고 활동하는 경우가 점점 늘었다. 이런 변화를 일으킨 가장 중요한 요인은 여성 교육의 향상, 그리고 (가사노동 시간을 절약해주는 새로운 설비의 혜택을 누릴 수 있는 중간 계급 여성에게) 여가 시간의 확장이었다. 금박 시대에 여성은 전통적인 '여성에게 맞는 활동 영역'을 깨기 시작했으며, '공동체의 살림'이라는 깃발 아래 많은 여성들이 지역사회 개혁에 합류했고, 일부는 법률과 의학을 포함하여 전문 분야로 진출하면서 진보의 시대의 '새로운 여성'의 토대를 닦았다.

이 시대를 살았던 사람에게 가장 충격적이었던 것은 숨이 멎을 정도로 가속화되었던 변화 그 자체였다. 우리는 지금 우리가 살고 있는 이 시대가 무서운 속도로 변했다고 이야기하는 경우가 종종 있다. 그러나 20세기 말 평균적 미국인이 경험한 변화의 폭과 속도가 아무리 대단하다고 해도 20세기가 시작될 무렵 폴란드 농촌 출신이 겪었던 상황에는 비교할 바가 아니다. 생각해보라. 16세기와 별로 다를 바 없는 농촌에서 살다가 불과 몇 년 사이에 미시간 호수 옆 시카고에서 현대 건축가 루이스 설리번Louis Sullivan이 설계한 전위적인 초고층 건물의 공사장에서 일하고 있는 폴란드 농부가 느꼈을 변화의 폭과 속도를. 미국 출신에게조차 19세기 마지막 몇 십 년 사이의 변화 속도는 대단한 것이었다. 보스턴 출신 언론인이자 작가 헨리 애덤스Henry Adams는 후일 자신의 어린 시절을 이렇게 회고했다. "1854년의 미국 소년은 1900년보다는 서기 1년에 더 가까이 있었다."

(나) 사회 모순

변화의 상당 부분은 좋은 결과를 가져왔으나 나쁜 결과를 몰고 온 변화도 그만큼 많았다. 당시 도시 빈민가의 참상을 고발한 사회 개혁가이자 언론인 링컨 스테픈스Lincoln Steffens와 제이콥 리스Jacob Riis처럼 도시의 열악한 환경에서 시작하자. 금박 시대에 폭발적으로 늘어난 도시들은 산업 노동자들이 거주하는 황무지였다. 습기 차고 사람이 바글바글한 슬럼으로 가득 차 창궐하는 질병, 범죄, 빈곤의 온상이었으며 시의 행정은 부패해 있었다. 1810년에서 1870년 사이 7세 미만의 유아 사망률은 3분의 2가 증가했다.

이미 1860년대 말 뉴욕의 사회 개혁 운동의 선구자 찰스 브레이스Charles L. Brace는 갱단을 이루고 '위험한 계급'으로 전락하고 있는 어린이들에게 주의를 환기시키며 이들을 '거리의 아랍인'이라고 불렀다. 어린이 노동은 급속도로 퍼져나갔다. "1900년에는 15세 이하의 어린이 중 거의 5분의 1이 비농업 직종에서 임금을 받고 있었으며, 계산에 넣지도 않은 셀 수도 없이 많은 어린이들이 농장에서 일하고 있었다."

산업화와 도시화의 혼란에 시달리던 서구의 많은 다른 국가들에서도 그랬듯 20세기로 넘어올 무렵 미국 도시에는 범죄가 급속히 증가했다. 역사학자 숀 캐시먼은 "시카고의 일부 지역은 도쿄와 캘커타의 가장 붐비는 지역보다 세 배나 더 많은 사람이 살고 있었다"

고 지적한다. "동네 전체가 혼잡하고, 불결했으며, 불쾌했다. 거리에는 생선이나 동물의 내장과 똥이 쓰레기나 음식 찌꺼기와 함께 넘쳐났다. 이 대도시에 폐렴, 기관지염, 설사, 폐병이 풍토병처럼 번지고 있었다는 것은 놀랄 일도 아니다. 〔……〕 예를 들면 피츠버그는 인구 1천 명당 1.3명이 장티푸스로 사망했는데 이 수치는 당시 세계 최고였다."

덴마크 출생의 언론인이자 사회개혁가 제이콥 리스의 1890년 저작 『나머지 절반이 사는 법*How the Other Half Lives*』은 19세기 말 미국 도시에 관한 가장 생생한 묘사를 보여준다.

도시 하층민의 공동주택에서는 모든 것이 사악한 힘으로 자라난다. 이곳은 부자와 가난한 사람을 모두 죽음으로 몰고 가는 전염병의 온상이다. 우리의 교도소와 경찰서 유치장을 가득 채우는 빈곤과 범죄의 양성소이다. 해마다 외딴 보호시설과 구빈원으로 4천 명의 인간 낙오자들의 찌꺼기를 떨어내는 곳이다. 그곳에서는 지난 8년 사이 우리들의 자선을 구걸하는 거지가 약 50만 명이 나왔다. 이곳에는 매춘부라는 말이 의미하는 행동을 충실히 수행하는 1만 명의 매춘 여성 상비군이 있다. 무엇보다도 가족 생활을 도덕적으로 돌이킬 수 없도록 망가뜨리는 전염병이 이곳에서 창궐하고 있다.

1899년 시카고에 헐 하우스Hull House라는 복지시설을 설립한 사회봉사가 제인 애덤스Jane Addams는 공공시설의 부재를 이렇게 비판했다.

거리는 표현할 수조차 없이 더럽다. 학교의 숫자는 부족하고, 위생 법령은 집행되지 않으며, 거리의 조명은 어둡고, 골목이나 작은 길은 포장이 아예 안 돼 있거나 형편없었으며, 마구간의 지저분함은 아예 말로 표현조차 불가능하다. 수많은 집들이 하수시설과 연결되지 않고 있다.

이들의 처지에 보다 덜 동정적인 관찰자들은 도시 그 자체를 격렬하게 비난하는 복음주의자 조시아 스트롱Josiah Strong의 설교에 갈채를 보냈다. "최초의 도시는 최초의 살인자에 의해 건설되었으며, 그 이후 범죄와 악과 불행이 그 안에서 곪아왔다."

사람이 넘쳐나는 대도시에서 벌어지던 일들은 특히 새로운 중간 계급 전문 직업인들을 불안하게 했다. 역사학자 돈 커쉬너Don Kirschnner는 "중간 계급의 눈에 도시는 미학적으로 혐오스럽고, 사회적으로 억압적이며, 경제적으로 호황과 불황의 발작을 거듭하고, 문화적으로는 분열되어 있으며, 의학적으로는 죽음을 불러오고, 도덕적으로는 타락해 있고, 정치적으로는 폭발 직전이었다"고 지적한다.

최근의 역사학자들은 진보의 시대 개혁가들이 금박 시대 도시의 타락상을 지나치게 과장했다고 평가해왔다. 예를 들어 존 타이포드 Jon Teiford는 19세기 도시 행정 전문가들이 깨끗한 물, 효율적인 교통망, 도서관 확장 등에서 훌륭하다는 평가를 받을 수 있을 정도로 실질적 업적을 이루었다고 주장한다. 끈끈한 유착과 뒤 봐주기로 악명 높은 머신 정치[6]조차 도시로 온 이주민들에게 특히 정치적 접근

6) machine politics 혹은 political machine. 19세기에서 1950년대 중반까지 미국의 주(州), 도시의 정치계를 좌지우지하던 비공식적인 정치적 조직을 의미한다. 제일 우두머리 보스가 있으며, 보스는 민주당 혹은 공화당 소속으로 전국 수준의 정치나 지방자치 정부에서 일정한 공식 직함을 갖고 있었다. 이들은 그 직함을 이용하여 지방자치 정부의 물품 공급 계약 혹은 공사 입찰을 장악하고, 그 밑의 열성적 추종자들에게 물질적 혜택을 보장하였다. 새로 도시에 들어온 농촌 출신 혹은 이민자들에게 접근하여 일자리도 알선해주고, 어려운 처지에 있는 사람들에게 도움도 베풀어주면서, 선거철이 오면 이들의 표를 동원하는 방법이 가장 일반적이었다. 아직 대중 정당의 역할이 궤도에 오르지 않고 있던 시절 이슈나 이념이 아닌 후원(patronage)에 의해 추종자들을 정치에 동원하여 정치적 부패와 동의어로 사용될 정도였다. 보스 트위드로 이름 높았던 윌리엄 트위드는 무려 2천만 달러에서 4억 달러로 추산되는 돈을 뉴욕 시로부터 빼냈다고 한다(옮긴이).

의 측면에서 유익한 효과를 갖고 있었다는 반론도 있다. 물론 도시 역사학자 로버트 배로우스Robert Barrows가 지적하듯 "머신 정치가 때때로 자선 활동이라는 부산물을 갖고 있다는 사실이 19세기 말 도시 정치의 뇌물, 독직, 공무원의 광범위한 부정에 대한 변명은 못 된다"는 점은 인정하지만 말이다. 당시의 가장 저명한 사회비평가 링컨 스테픈스가 지적했듯 궁극적 책임은 정치가들이 아니라 유권자들 자신에게 있었다. "미국의 잘못된 통치는 미국 국민에 **의한** 잘못된 통치이다."

　도시의 머신 정치는 가난한 이주민들에게는 뒤를 돌봐주는 후견인을, 정당한 사업에는 허가장과 계약서를, 부당한 사업에는 후원을 제공해주었다. 그러는 동안 뒷거래와 부패가 판을 쳤다. 예를 들면 뉴욕의 정계와 사업계를 꽉 쥐고 있던 부패한 머신 정치의 대명사 윌리엄 트위드William Tweed, 일명 보스 트위드는 시에서 사용할 테이블 3개와 의자 40개에 당시로서는 천문학적 액수인 17만 9천 729달러 60센트를 청구해서 받아냈다. 역사학자 스티븐 다이너는 이토록 부패한 정치가 당시 미국 중산 계급에게 어떤 식으로 비쳤는지 『진보의 시대A Very Different Age : Americans of the Progressive Era』에서 다음과 같이 기술했다. 한 세기 지나 우리가 겪고 있는 정치적 소외는 그때에도 큰 차이가 없었다는 사실을 알려주면서.

　　중간 계급 미국인들은 〔……〕 기업 트러스트가 국회의원들을 조종하고, 농부와 노동자들의 반발을 억누르는 데 법원과 연방정부의 권력을 이용하는 모습을 보고 있었다. 미국의 이상에 따르면 정부는 인민의 의지를 대변해야 하지만, 당시의 정부는 특수 이익의 포로에 불과한 것으로 보였다.

사회 상층부를 질투심 섞인 시선으로 바라보는 평균적인 미국인들에게는 록펠러, 모건, 카네기 등 신흥 악덕 자본가들의 손으로 거의 상상할 수조차 없는 부가 빨려 들어가는 광경이 보였다. 20세기에 들어와서도 대부분의 미국인은 여전히 농사를 짓고 살았지만 농부들은 철도회사의 토지 강탈, 은행의 비싼 이자, 농산물 가격 하락으로부터 거의 아무런 보호 장치도 없었다. 새로운 산업 트러스트들은 경쟁을 방해하고 경제력을 정치 권력으로 바꾸었다. 조직화되지 못한 노동자들은 거대 기업들이 정해놓은 임금에 의존하고 있었다. 그들은 노동조합을 결성하려고 계속 시도했지만 20세기로 넘어올 때까지도 이들의 노력은 사용자 측의 폭력으로 좌절되었으며, 정기적으로 되풀이되는 불황 앞에 노동의 시장 파워는 훼손되고 노동자들은 침묵을 지켜야 했다. 그러나 파업의 물결은 그들이 얼마나 분노하고 있었는지 여실히 보여주는 증거였다.

사회 밑바닥을 두렵게 쳐다보던 많은 미국 출생 백인들은 이민자와 흑인을 두려움 섞인 시선으로 바라보았다. 현재 미국에서도 그렇지만 인종 분열은 계급 분할을 강화한다. 『아마게돈에 서서*Standing at Armageddon : The United Sates, 1877~1919*』의 저자 역사학자 넬 페인터Nell I. Painter가 관찰하듯 "중간 계급과 상층 계급은 대부분 개신교, 미국 출생, 영국계의 후손이었던 반면, 노동계급 특히 산업 노동계급은 외국 출생, 가톨릭, 혹은 남부에서는 흑인들로 구성되어 있었다."

19세기의 마지막 몇 년은 방어적 텃세가 등장했다. (이민자들로부터의 저임금 경쟁을 두려워하는) 노동조합, (남부와 동부 유럽으로부터 가톨릭교도와 유대인의 지속적 유입에 적대적인) 개신교 보수주의자, 심지어는 (규제되지 않는 이민은 도시의 문제를 악화시킬 것이라고 걱정하는) 일부 사회개혁가들의 이질적 동맹이 형성되었다. 1887년 아이오와 주 클린턴에서 결성된 미국 토박이들의 '미국 보호협회'라는 단체는 1894년에 무려 250만 명이 (말을 바꾸면 미국 전체 성인의 약 7퍼센트가) 회원이라고 주장했다. 물론 그 이후 급속히 쇠퇴했지만, 외국인이 미국 사회를 '타락'시킨다는 걱정은 '무조건 안 돼' 식의 금주 운동에 불을 붙이는 데 기여했다. 이 운동은 '악'에 맞서야 한다는 미국 출생 개신교의 호전적 태도에 호소했는데, 그들이 보기에 이러한 '악'은 이민자에게 가장 분명하게 나타났다.

미국 역사에서 늘 그래왔듯 그중에서도 가장 악의에 찬 자기 인종 중심주의는 흑인에게 쏟아졌다. 남북전쟁 이후 남부 연방을 해체하고 노예제를 폐지하며 미국을 통합하려는 재건 계획이 1877년에 끝나자, 해방된 흑인에 대한 지역 백인의 통제는 한층 더 폭력적이 되었다. 남부 흑인들에게 "1900년대 초는 정치로부터의 거의 완전한 배제, 사실상 모든 공공 시설과 개인 시설의 법적 격리, 인종 폭동과 린치의 신물 나는 폭발을 가져다주었다"고 역사학자 리처드 매코믹Richard McCormick은 보고한다. 1896년 5월 18일 연방대법원은 악명 높은 플레시 대 퍼거슨Plessy v. Ferguson 사건[7]에서 '분리하되 평등separate but equal'하다는 짐 크로우 법Jim Crow laws을 승인해주었다.

20세기로 접어들자 인종 분리의 얼룩은 기차에서 전차로, 여객선

---

7) 1865년 남북전쟁 이후 미국은 남부의 해방 흑인들에게 시민권을 보장하려는 여러 정책을 펼쳤다. 그런데 1877년 남부연합에 속했던 주들과 타협이 이루어지며 연방군대는 모두 이 지역에서 철수했고, 남부에서는 다시 인종 차별 법안이 등장하였다. 1890년 루이지애나 주에서는 이 법이 백인과 흑인 모두 '평등하게' 적용된다는 논리로 기차에 흑인과 백인의 칸을 분리하는 법안을 통과시켰다. 1892년 인종적으로 8분의 1이 흑인, 8분의 7이 백인이었지만 주법에 따르면 흑인이었던 호머 플레시(Homer Plessy)는 기차의 백인 칸에서 옮기라는 명령을 거부하다가 경찰에 체포된다. 그는 소송을 제기했지만 주대법원에서 패소 판결을 받는다. 이때 주 대법원 판사가 존 퍼거슨(John Ferguson)이었다. 플레시는 다시 연방대법원으로 사건을 끌고 갔지만 패소한다. 연방법원은 흑백 분리가 흑인의 열등성을 전제로 한 것이며 흑인 칸은 시설도 형편없다는 플레시의 주장에 대해, 루이지애나 주의 기차는 흑백칸의 시설에 아무 차이가 없기 때문에 '분리하되 평등'하다는 것이었다. 이 법의 합헌 판정을 시발로 흑인을 겨냥한 남부의 인종 차별법인 '짐 크로우 법'이 확실하게 자리를 잡으며 식당, 학교, 참정권 등 모든 곳으로 확대된다(옮긴이).

에서부터 쇠사슬에 묶인 죄수로, 동물원에서 극장으로, 병원에서 교도소로 확산되었다. 백인의 인종주의적 경계심은 남부에서 중부와 서부로 확산되었다. 1880년대에는 흑인에 대한 린치 행위가 어디서나 흔하게 되었으며 1889년과 1898년 사이에는 최고에 달했다. 이 10년 동안 하루에 한 번은 미국 어디선가 린치가 벌어지고 있었다.

그러는 동안 1890년과 1908년 사이 거의 모든 남부의 주들은 새로운 참정권 제한 규칙을 제정하여 흑인들의 선거권을 박탈했다. 인두세 납부, 문맹 테스트는 물론 할아버지 세대에서 투표권이 있어야 그 자손들에게 투표권을 주겠다는 등 그 외에도 여러 조항이 있었다. 남부 전체를 통틀어 흑인의 선거 참여는 평균 62퍼센트가 줄었다. 노스캐롤라이나에서는 1백 퍼센트, 루이지애나에서는 99퍼센트, 앨라배마에서는 98퍼센트, 플로리다에서는 83퍼센트가 줄었다.

보다 악의적인 인종 분리 정책은 남부에 집중되었지만 북부에서도 많은 시민적 제도들은 노동계급, 흑인, 유대인, 가톨릭을 회원에서 배제했다. 남부의 진보주의자들은 흑인을 정치에서 배제하는 데 열중했던 반면, 서부의 진보주의자들은 아시아인에게 적대적이었다. 동시에 나라 전체에 걸쳐 인종주의 주장은 지적 신뢰성까지 얻었다. 하버드 대학의 교수 너대니얼 셰일러Nathaniel Shaler는 해방된 흑인들이 옛날 그대로 다시 야만인으로 돌아가고 있다고 주장했다. 정치 역사학자 윌슨 맥윌리엄스Wilson C. McWilliams는 "시어도어 루스벨트와 우드로 윌슨의 행정부는 노예제 폐지 이후 미국의 인종 관계가 최악의 상태에 처했던 시기와 일치했다"고 지적한다. 간단히 말하자면 진보의 시대는 배타성과 밀접하게 결합되어 있었다.

(다) 교통·통신의 혁명

19세기 말의 미국인은 지금의 우리와 비슷하게 계급, 인종, 민족으로 분열되어 있었다. 물론 (유대인과 이탈리아인 대신 아시아인과 히스패닉이 인종 차별의 표적으로 바뀜에 따라) 오늘날의 분열상은 상세한 측면에서는 한 세기 전과 많이 다르기는 하지만 말이다. 우리가 처한 사회적 딜레마를 환기시키는 또 다른 사례는 교통과 커뮤니케이션 혁명이 전통적인 공동체의 유대 관계에 미치는 영향에 관한 논쟁이었다. 농촌까지 자유롭게 파고드는 배달과 철도, 통신판매 회사와 (조금 늦게 나타난) 체인점, 그리고 자동차는 지역의 상업을 붕괴시키고 지역을 기반으로 성립된 사회적 연계성을 위협하였다. 당시의 대형 백화점과 통신판매 회사 시어스, 로벅, 몽고메리 워드, A&P, 울워스는 요즘으로 치면 월마트나 아마존닷컴에 해당하는 것이었다. 당시 캔자스의 진보주의자이자 영향력 있는 언론인 윌리엄 화이트는 이렇게 맹비난을 퍼부었다.

> 무제한으로 날뛰는 통신판매 회사는 자기들끼리의 대도시들을 만들어내면서 우리의 작은 마을들을 죽일 것이다. 〔……〕 외지에서 온 부자와 현지에서 나란히 살고 있는 가난한 사람들을 보노라면 인도의 카스트 제도라도 생긴 듯한 기분이 필연적으로 들 것이다. 우정, 이웃과의 친밀함, 우애 혹은 무엇이라고 불러도 좋다. 사람이 서로를 잘 알 때 나타나는 동아리의 정신 바로 그것이 여러 주들의 연합으로 이루어진 이 나라를 하나로 묶는 접착제이다.

이웃 아이오와 주의 한 신문에 게재된 논설에는 이런 글도 있었다. "당신이 사랑하는 사람이 죽어 땅에 묻힐 때 슬픔의 눈물을 흘리고 조사를 낭독할 사람이 누구이겠는가? 동네 단골 가게의 주인일까? 아니면 시카고의 대형 백화점일까?"
새로운 커뮤니케이션 기술은 20세기로 전환할 무렵의 사회철학자들 사이에서 열띤 논쟁을 촉발시켰다. 이 논쟁은 지금 미국에서 벌어지고 있는 인터넷의 영향을 둘러싼 활발한 토론을 놀라울 정도로 충실하게 미리 보여주고 있었다. 새로운 커뮤니케이션 기술은 인간적 교감의 범위를 넓힐 것이라고 열광했던 낙관주의자들이 한쪽에 있었다. 철도, 송전선, 전신으로 새롭게 통합된 사회에서는 이타심이 확장될 것이라는 생각이었다. 언론인 윌리엄 화이트는 커뮤니케이션 분야의 새로운 기술적 발전으로 인해 나라 전체가 한 이웃이 되는 유토피아적 비전을 갖고 있었다.

> 전깃줄, 강철 파이프, 도로에 설치된 간이 철도, 일간 신문, 전화〔……〕 등은 우리 모두를 하나의 통일체로 만들어왔다. 〔……〕 이방인은 이제 전혀 없다. 모든 사람이 서로를 이해하는 일이 가능하다. 〔……〕 진정으로 이런 발전은 정신의 자각을 불러오는 새벽이 아닐 수 없다.

당시의 유명한 진보주의 철학자이며 잡지 《새로운 공화국*New Republic*》의 설립자 허버트 크롤리Herbert Croly는 새로운 커뮤니케이션 미디어는 거리가 아무리 멀리 떨어져 있어도 적극적인 일반 시민들끼리 '만날' 수 있도록 해줄 것이며, 따라서 대표의 필요를 줄이거나 없앨 것이라고 주장했다. 이들의 주장에서 전기와 전화를 인터넷으로 바꾸면 21세기의 시발점에 서 있는 우리에게 대단히 시의적절한 가설로 들린다.

반면 존 듀이와 메리 폴레트Mary P. Follett처럼 보다 조심스러운 사회 관찰자들은 사람이 직접 마주하는 유대 관계에 신기술을 어떻게 접합시킬 것인가의 문제에 관심을 기울였다. 그들 역시 대규모의 새로운 사회를 인정하고 경의를 표했지만, 동시에 이웃들로 이루어진 소규모의 보다 낡은 사회적 네트워크를 신봉했다.

증기기관과 전기에 의해 창조된 위대한 사회는 사회일 수는 있겠지만 공동체는 절대 아니다. 상대적으로 비인격적이며 기계적으로 결합된 인간 행동의 새로운 양식이 공동체를 해체하고 있는 것이 현대 생활의 가장 두드러진 양상이다. 〔……〕 위대한 사회를 발전시킨 기계 시대는 과거의 소규모 공동체들을 침략하고 부분적으로 해체시켰을 뿐 위대한 공동체는 만들지 못했다. (듀이)

하나의 작은 집단을 또 하나의 다른 집단과 결합하는 일을 어디선가 시작하지 않으면 진정한 연대는 결코 이룩되지 않을 것이다. 〔……〕 상상에 대한 호소가 아니라 현실적 협동을 통해서만 〔……〕 가지각색의 이웃 집단들은 건전하고 도덕적이며 당파에 치우치지 않은 도시 생활의 구성 요소가 될 수 있다. 그 경우 이웃 집단의 구성원이라는 사실은 동시에 국가의 한 구성원이자 책임 있는 구성원이 된다는 것을 의미할 것이다. (폴레트)

당시 보스턴에서 전차로 연결되는 새로운 교외 주거 지역 록스베리에서 일하고 있던 폴레트는 "서로를 지탱하고 협동의 정신을 배양하는 공동체 유대 안에서 이루어지는 자유롭고 완전한 공동체 생활을 〔……〕 지금 사람들은 거의 모르고 있다"고 보았다. 『진보의 시대 지식인의 사회사상From the Small Town to the Great Community: The Social Thought of Progressive Intellectuals』의 저자 역사학자 진 퀸트Jean Quandt는 사람들이 서로 얼굴을 마주하는 공동체의 연대를 재창조하려 했던 폴레트를 이렇게 묘사한다.

〔그녀는〕시민적 무관심을 극복하고, 집단들 사이에 상호 이해를 기르며, 교회·노동 단체·사업 단체·청년 단체를 통합하는 지역의 기본 틀을 창출하는 제도로 〔공동체〕센터를 만들고자 하였다. 〔······〕연대성을 창조하는 가장 확실한 길은 여전히 사람들이 얼굴을 맞대는 커뮤니케이션이었는데, 바로 이것이 공동체 센터의 수준에서 시작한다는 것이었다.

진보주의자들은 또한 전문화에 대해, 그리고 구경과 여가 활동을 즐기는 대신 직접 참여를 포기하는 보통 남성과 여성에 대해 걱정했다. 당시 시카고 대학의 교수였던 도시사회학자 로버트 파크Robert Park는 1918년에 이렇게 지적했다. "전에는 정치, 종교, 예술, 운동에 직접 참여하던 우리들이 지금은 대리인들에 의해 대표되고 있다. 전에 우리가 〔······〕공유하던 모든 형태의 공동체 활동과 문화적 활동은 전문가들이 가져갔으며 〔······〕대부분의 사람은 이제 더 이상 행위자가 아니라 구경꾼일 뿐이다."

그로부터 몇 년 후, 진보의 시대의 젊은 지식인 대열에 속해 있던 존 듀이는 시민 참여의 하락 원인이 싸구려 오락에 있다고 보았다. "값싸게 즐길 수 있는 오락거리들이 다양하고 많아졌다는 것이 사람들의 정치적 관심의 이탈을 불러온 큰 원인이다. 사람들은 아직 공중의 구성원으로서 미흡한 상태에 있는데, 오락거리와 직업의 일부담이 너무 많아 효율적인 공중으로 성장할 수 있는 단체의 형성에 많은 생각을 쏟을 수 없다. 〔······〕보다 중요한 사실은 과거에는 상상조차 못할 정도로 싸고 쉽게 오락 수단에 접근할 수 있게 되었다는 점이다."

진보의 시대 (그리고 우리 시대의) 사회개혁자들은 딜레마에 빠져 있었다. 사회복지, 공중보건, 도시 설계, 교육, 동네 단체, 문화적 자선 행위뿐 아니라 심지어 로비 활동에서도 전문적 인력이 '선의의' 자원봉사자들보다 주어진 과제를 더 능률적이고 효과적으로 수행할 수 있었던 경우가 그 시절에도 꽤 있었다. 그러나 자발적 결사체의 일반 회원들의 힘이 상실되면 풀뿌리 시민 참여가 줄어들고 소수 지배를 키우는 현상이 쉽사리 벌어질 수 있었다. 진보주의자들은 전문성과 풀뿌리 민주주의 사이의 선택을 놓고 고심했다. 결국에는 전문성이 승리할 것이었지만 말이다.

(라) 공동체주의의 부활

기술과 전문성을 둘러싼 이 불길한 논쟁을 넘어 19세기가 막을 내릴 즈음의 미국인은 도덕이 쇠퇴하고 공동체가 붕괴되고 있음을 느꼈다. 금박의 시대를 풍미했던 대중적 이데올로기는 사회적 다윈주의social Darwinism였다. 그 옹호자들은 사회적 진보는 적자생존을 필요로 하며 '시장의 자연법칙'에는 정부가 일체 간섭하지 말 것을 주장했다. 그런 식으로 조직된 사회에서는 가장 능력 있는 사람이 성공하고 가장 쓸모없는 사람이 실패할 것이며, 부적격자들을 제거하는 과정이 인위적 방해 없이 진행되면 사회적 진보가 이루어질 것이라는 주장이었다. 몇몇 중요한 측면에서 이 철학은 규제 받지 않는 시장을 숭배하며 요즘 미국에서 다시 한 번 인기를 끌고 있는 자유 지상주의자libertarian들의 선조 격에 해당한다. 그러나 19세기 말이 되면서 사회적 다윈주의의 비판자들이 점차 지적으로 그리고 (더 크게) 정치적으로 우위를 차지하였다. 역사학자 넬 페인터가 지적하듯 "20세기로 전환할 무렵 모든 사람에게 일정 수준의 행복 추구, 생명, 자유의 기회를 보장해주기 위해서는 사회가 민주화될 필요가 있다는 사실을 미국인들은 더욱더 느끼게 되었다."

이 철학적 전환이 일어난 부분적 이유는 도시의 참상을 폭로한 언론인들의 노력 때문이었다. 슬럼가 공동주택의 비참한 상황을 묘사한 제이콥 리스의 『나머지 절반이 살아가는 법』(1890), 도시의 비참한 생활과 정치적 부패를 폭로한 링컨 스테픈스의 『도시의 수치 _Shame of the Cities_』(1904), 1904년 스탠더드 석유 회사의 횡포를 잡지 《맥클루어_McClure's_》에 고발한 아이다 타벨Ida Tarbell, 이민 노동자들의 학대를 그린 소설 『정글_The Jungle_』(1905)의 업튼 싱클레어Upton Sinclair를 비롯한 많은 사람들의 노력이 있었다. 진보의 시대 지식인들은 이러한 개별적인 학대 사례와 비참한 상황을 폭로하는 일보다는, 소규모 마을의 생활이 갖고 있던 공동체적 가치를 되찾으려는 열망을 광범위하게 표출했다. 물론 이러한 태도는 물질주의, 개인주의, 새로운 미국의 '거대함'이 불러일으킨 향수이기도 했다.

미국인들이 한 세기 전에 겪었던 사회 변화의 속도와 규모는 깊은 혼돈을 불러일으켰다. 사회 변화는 사실상 모든 사람에게 영향을 끼쳤으며 전통적 관계를 산산이 부쉈다. 그들은 자기 삶에서 일어나는 사회적 해체의 느낌을 대단히 현대적인 용어로 표현했다. 1914년 월터 리프먼Walter Lippmann은 "우리 존재의 뿌리 그 자체부터 흔들리고 있다"고 기록했다.

> 부모와 자녀, 남편과 아내, 노동자와 고용주, 그 어떤 관계를 막론하고 이상한 방향으로 움직이지 않는 인간관계는 하나도 없다. 우리는 이런 복잡한 문명에 익숙해 있지 않지만, 인간적 접촉과 영원한 권위가 사라졌을 때 어떻게 행동해야 할지는 모른다. 우리를 인도해줄 선례도 없고, 우리가 기댈 수 있는 지혜는 모두 지금보다 단순한 시대에 형성된 것이다. **우리는 스스로를 바꾸는 방법을 알지 못한 채 너무 빨리 환경을 바꾸어놓았다.**

퓰리처상을 받은 인디애나 출신 작가 부스 타킹턴Booth Tarkington은 1915년, 19세기 말 도시화를 동반한 사회 변화를 겪기 전 고향 인디애나폴리스를 이렇게 회상했다.

한 세대도 되지 않았으니까 그리 오래전의 이야기도 아니다. 그곳에는 자동차의 요란한 엔진 소리도 없었고, 어지럽고 냉혹한 도시도 없었다. 대부분 비슷한 처지에서 서로를 잘 이해하고 있던 이웃 같은 사람들이 모여 사는 즐거운 큰 마을에 지나지 않았다. 느긋하고 친절한 곳, 그래서 '내 집 같은' 마을이라고 부르던 그런 곳이었다. [⋯⋯] 두 마리 말이 끄는 마차 혹은 일요일 가족 나들이에 마차를 타고 가다가 옆으로 지나가는 마을 사람들을 보면 올라타라고 하던 그런 시절이었다. 대단한 부자는 아무도 없었다. 아주 가난한 사람도 거의 없었다. 공기는 깨끗했고 살기 좋은 때였다.

도시역사학자 로버트 배로우스는 이런 글에는 과거의 향수가 지나치게 강조되어 있다는 사실을 지적하면서도 "보다 단순한 시대를 그리워하는 타킹턴의 탄식은 그 세대의 독자들이 주저 없이 받아들였을 법한 현실을 또한 반영하고 있었다"는 말을 덧붙였다. 이 시대의 변화를 직접 목격한 사회학자 찰스 쿨리Charles Horton Cooley는 1912년 이렇게 지적했다. "광범위한 접촉의 복잡한 그물이 성장하면서 우리 삶에서 이웃의 친밀함은 붕괴되어왔다. 이 복잡한 그물은 우리 이웃과의 경제적·정신적 공동체를 축소시키면서 [⋯⋯] 같은 공동체에 사는 사람들을 서로 낯선 존재로 만들고 있다." 도시화, 산업화, 이주는 공동체의 친밀성을 무너뜨렸던 것이다.

진보의 시대의 사상가들은 대부분 작은 타운 출신이고, 소규모 타운 생활의 억압적 측면을 인식하고 있었다. 그러나 그들은 또한 사람과 사람의 유대에 뿌리를 두고 있는 공동체의 미덕을 상기시켰다. 윌리엄 화이트는 동네 신문에서 "결혼식 혹은 아기의 출생 기사를 읽으면서 우리는 진정한 민주주의를 키워가는 바로 그 이웃의 친근함을 느꼈다"고 지적했다. 그러한 친근함은 일상적인 상부상조의 사회적 네트워크, 즉 사회적 자본이 일상적인 차원에서 특히 순수한 형태로 표출된 것이었다. 이 시대를 연구한 역사학자 퀸트의 책이 보여주듯, 작은 타운에서는

> 모든 사람이 모든 사람의 일에 신경을 쓰고 있었다. 누군가 아프거나 걱정거리가 생기면 이 소식은 빠르게 퍼져 곧 반응이 나타났다. 제인 애덤스Jane Addams는 동네의 소문은 도움을 필요로 하는 사람이 누군지 계속 알려주었으며, 소문을 들은 '바로 옆에 사는 사람이 좋은 일'을 할 수 있게 해주었다고 기억했다. [……] 친밀감, 그리고 계급 차별 없는 일체감과 더불어, 이 지식인들의 가치를 형성한 작은 타운의 풍토는 공동체의 공공 업무에 모든 사람들의 광범위한 참여를 강조하였다. [……] 그렇게 해서 이들의 마음속에는 가부장적인 의미의 공동체가 아니라 평등주의적인 의미의 공동체에 기초한 정치적 민주주의가 자리 잡고 있었다.

공동체주의를 지향하는 진보의 시대 지식인들은 도시화, 산업화되고 있는 미국에서 과거의 밀접한 공동체적 유대의 붕괴를 비판했다. 작은 타운, 가족, 친구의 연대 관계로 이루어진 탄탄한 유대는 사라지고, 인간관계가 제거된 시장을 통한 비인격적이며 희미한 유대가 그 자리를 대신했다. 그들의 이론은 산업화에 직면하여 전통적 유대 관계가 해체되고 있던 당시 유럽의 사회이론가들이 정식화했던 구분법을 그대로 되풀이하고 있었다. 헨리 메인 경Sir Henry Maine

의 신분과 계약, 퇴니스의 게마인샤프트와 게젤샤프트, 뒤르켕의 기계적 연대와 유기적 연대, 게오르크 짐멜의 타운과 메트로폴리스의 구분은 모두 전통사회와 현대의 특성을 개념화했던 작업인데, 이모든 이론들은 1860년에서 1902년 사이에 나왔다.

최초로 산업화를 시작했던 영국은 자기 이익의 추구와 연대성의 현대적 충돌을 최초로 목격한 곳이기도 하다. 후일 빅토리아 시대의 개혁가가 된 벤자민 디즈레일리Benjamin Disraeli는 이미 1845년 이렇게 썼다.

> 대도시에서 사람들은 돈벌이의 욕망에 의해 하나로 묶여져 있다. 돈을 모으는 데도 그들은 협조가 아니라 고립 상태 속에 있다. 그리고 그 나머지 일에 대해서는 이웃에게 전혀 관심이 없다. 기독교는 우리에게 이웃을 네 몸처럼 사랑하라고 가르쳤다. 현대 사회는 이웃은 없다고 고백한다.

디즈레일리가 당시 영국을 묘사하는 데 동원했던 표현, 곧 사람들의 "관계는 피상적이고, 여론에 의해 부과된 제약은 취약하고, 자기 이웃과의 공통의 대의는 결여되어 있다"는 지적은 미국이라는 새로운 사회 질서에도 잘 들어맞았다.

그러나 이 시대의 사상가들은 과거와 다르기는 하지만 비슷한 가치관을 가진 사회적 유대 관계가 다시 형성될 수 있으리라는 희망을 갖고 있었다. 비록 인간관계가 단절된 인정 없는 사회가 등장하고 있음을 분명히 포착하고 있었지만, 사회적 변화에 대한 그들의 진단은 절망이 아니라 문제 해결의 처방으로 귀착되었다. 역사학자 퀸트가 이 개혁가들의 낙관적 전망을 지적하듯 "소속감, 경험의 유사성, 참여의 윤리는 그 어느 곳보다 소규모 지역 공동체에서 보다 쉽게 유지될 수 있지만, 그렇다고 다른 환경에서 이러한 공동체 의식을 배양하는 작업이 불가능하다고 배제하지는 않았다." 따라서 산업사회라는 낯선 토양에서 공동체를 가꿀 수 있는 새로운 수단의 발견과 형성이 진보의 시대 지식인들에게 중심 과제였다.

진보의 시대 사회개혁가들은 사회적 병폐, 빈곤 등의 문제를 개인의 도덕적 잘못이 아니라 사회적·경제적 원인을 반영하는 현상으로 보기 시작했다. 개인의 노력을 통한 자수성가를 강조하는 개인주의는 새롭고 더 복잡하고 상호의존적인 환경에서는 날이 갈수록 비현실적으로 보였으며, 보다 유기체적인 사회관으로 점차 바뀌었다. 진보의 시대 지식인들도 자기 이익의 중요성을 부정하지는 않았으나 사람은 애정, 명성, 심지어는 이타심 등의 비물질적 가치에 의해서도 움직인다는 사실을 덧붙였다.

금박 시대 동안에는 부자의 '자선'과 이민 인구의 '미국화'가 안락한 중간 계급에게는 사회적 질병의 적절한 해결책으로 보였다. 사회역사학자 폴 보이어Paul Boyer는 이렇게 지적한다. "이 기간 동안 중간 계급은 이주민들이 넘쳐나는 도시와 그 복잡한 문제들을 사실상 포기하고 교외로 빠져나가 끼리끼리 모여 사는 동네에 파묻혀 있었다. 이들은 도시의 정치를 비웃으며 깨끗이 잊고 있었으며, 도시를 형성하고 있던 산업자본주의가 아무 제약도 통제도 받지 않고 제멋대로 나아갈 수 있게 방관했다." 그러나 역사학자 제프리 찰스 Jeffrey A. Charles의 지적대로 "19세기 말이 되자 [······] 자기들끼리의 친목은 중간 계급을 짓누르고 있던 위기의 감정에 적절한 대응책이 못 된다고 보였다. [······] 사회적 구제는 [······] 공동체에 기여하는 [······] 새로운 유형의 실천적인 협동의 노력을 필요로 하였다."

1912년 대통령 선거에서 우드로 윌슨은 그보다 40년 전에 시작하여 미국을 휩쓸어왔던 변화가 유권자들에게는 아마 이런 의미로 이해되었을 것이라 보면서 다음과 같이 연설했다.

우리는 우리 앞에 있던 그 어떤 시대와도 매우 다른 시대를 만나게 되었습니다. 〔……〕 역사가 시작한 이래 어제까지 사람들은 서로 개인으로 연계되어 있었습니다. 〔……〕 미국 전역에서 사람들은 자기가 처한 상황을 전혀 통제하지 못한다고 느끼게 되었습니다. 오늘날 사람들의 일상적 관계는 거대한 비인간적 관심사, 그리고 조직과 대부분 관련되어 있지 다른 개별적 인간들과 관련되어 있지 않습니다. 바로 이런 것이 우리가 처한 새로운 사회적 시대, 인간관계의 새 시대, 인간 드라마의 새로운 무대 환경입니다.

2. 사회적 실천의 시대

(가) 시민 결사체의 폭발

간단히 말해 이 시대는 우리 시대와 매우 비슷했다. 기술 진보와 전례 없는 경제적 번영이 우리에게 행복을 가져줄 것이라는 약속은 넘치고 있지만 보다 통합된 인간적 유대 관계에 대한 그리움도 깊었다. 그때나 지금이나 새로운 양식의 커뮤니케이션은 새로운 형태의 공동체를 약속하는 듯 보였지만, 사려 깊은 사람들은 혹시 그러한 공동체가 오히려 위험하거나 속빈 강정은 아닐까 우려했다. 그때나 지금이나 제어할 수 없을 것 같은 사회적 질병으로 가득 찬 냉혹한 현실에 입각한 비관론, 그리고 바로 직전의 경제 호황이 만들어낸 낙관주의가 서로 싸우고 있었다.

그때나 지금이나 부와 기업의 힘의 새로운 집중 현상은 민주주의의 진정한 의미에 관한 의문을 제기했다. 가난한 소수 민족의 대규모 도시 집중이 사회 정의와 사회적 안정에 관한 근본적 의문을 제기한 것도 마찬가지였다. 안락한 중간 계급은 사회적 유대의 회복이라는 보다 근본적인 요구와 현실 탈출의 매력적인 유혹 사이에서 분열되어 있었다는 사실도 같았다.

그때나 지금이나 새로운 형태의 거래, 재편성된 직장, 주거의 새로운 공간적 조직화는 보다 낡은 형태의 사회적·인간적 유대를 위협하고 있었다. 이민의 물결이 미국의 모습을 바꾸고 우리들 **여럿** 중에서 **하나**, 곧 백인을 위협하는 듯 보였다는 것도 같았다. 그때나 지금이나 물질주의, 정치적 냉소주의, 행동보다는 물러나 구경하려는 성향이 이상주의적 개혁 운동을 좌절시키는 듯 보였다.

무엇보다 그때나 지금이나 사회적 연계의 오랜 끈들이 경제적·사회적 변화에 의해 닳았거나 심지어는 썩고 있었다. 신중한 관찰자들은 과거로부터 내려온 길을 다시는 밟을 수 없을 것임을 이해하고 있었지만, 보다 나은 미래를 향한 길을 분명히 포착한 사람은 거의 없었다.

20세기로 넘어오며 기술의 진보가 탄생시킨 자기만족은 불만으로 바뀌었으며, 불안과 희망의 혼합물은 시민적 창조성, 그리고 조직화된 개혁의 열정을 지폈다. 그 뒤 수십 년 동안은 금박 시대에 뿌린 씨앗으로부터 싹이 터 새로운 사회적 연계성을 형성하며 뻗어가는 다방면의 운동이 크게 번성했다. 그리고 이 운동은 미국 역사에서 가장 강력한 개혁의 시대를 만들어갔다.

복고적인 낭만주의자들은 작고, 단순하며, 목가적인 시대로의 회귀를 깊이 생각했지만, 상당히 실용적인 태도를 갖고 있던 진보의 시대 지식인들은 그러한 호소에 마음이 끌리지 않았다. 그들은 과거의 미덕을 높이 평가했지만 다시 돌아갈 수 없음을 이해하고 있었다. 산업 시대는 많은 결함을 안고 있지만 시민적 진보의 필수적 전제조건인 물질적 풍요를 가능하게 해주었다. 이들에게는 '근대성의 수용 혹은 거부'가 아니라, 우리 전통의 지속적 가치를 확보하기 위해 이 새로운 세계에 어떻게 우리의 행동과 사고의 습관을 적응시키고, 제도를 어떻게 개혁하느냐는 것이 문제였다.

그들의 사고방식은 적극적이었고 낙관적이었지 숙명론적이고 맥이 빠진 그런 것이 아니었다. 진보의 시대 지식인들의 독특한 특징은 사회적 악은 저절로 치유되지 않으며, 시간이 지나면 해결된다는 식으로 수동적으로 기다리는 태도는 무모하다는 확신이었다. 허버트 크롤리의 표현대로 그들은 그냥 놓아두면 미래에는 저절로 해결될 것이라고 믿지 않았다. 우리도 그래야 한다.

19세기의 마지막 몇 년의 모습을 기록한 역사학자 리처드 매코믹의 다음과 같은 글은 21세기로 접어드는 미국인에게 나아갈 길을 알려주고 있는지도 모른다.

어려운 시기의 한가운데서 많은 미국인들은 자신이 처한 상황이 올바른 것인지 의문을 표시했고, 과연 민주주의와 경제적 평등이 산업 사회에서 가능한지 알고자 했다. 희망과 치열한 노력으로 이 문제에 대답하려 했던 많은 남녀는 자기 주변의 문제들을 해결할 수 있는 새로운 방법을 실험하기 시작했다. 수많은 사람들은 자신이 사는 곳의 영세민 거주 지역에 에너지를 쏟았고, 도시 빈민들 속에서 같이 일했다. 새로운 성직자 세대는 설교대를 내려와 성경 말씀만이 아니라 자기 교회를 어려운 사람들의 편에 적극적으로 서게 함으로써 기독교를 내세가 아닌 현세에 의미를 갖도록 만들고자 하였다. 사업가와 전문 직업인들이 자신의 사회적 지위를 초월하여 도시 환경 개선의 다양한 프로그램에 나서고 광범위한 후원을 제공하면서 전국에 걸쳐 도시 개혁 운동은 새로운 국면으로 접어들었다. 여성 클럽도 점점 관심사를 문학 토론에서 사회 문제의 해결과 논의로 전환시켰다. 이러한 중간 계급, 그리고 상층 계급의 노력은 그다음 10년 동안에는 그만큼 대단한 기세를 올리지는 못했지만, 진보의 시대는 1890년대의 불황기 동안 그 씨앗이 뿌려져 있었다.

19세기 마지막 몇 십 년 사이 다시 점화된 미국 시민 생활의 활력이 보여주는 한 가지 두드러진 특징은 단체 형성의 '붐'이며, 자료를 통해서도 입증되고 있다. 각종 클럽에 즐겨 가입하는 미국인의 기질은 남북전쟁이 끝날 무렵으로 거슬러 올라간다.

진보의 시대의 대표적 결사체들 중 '오드 펠로우스Independent Order of Odd Fellows' 같은 몇몇 단체는 19세기의 첫 3분의 1 기간에 창설되었으며, 그 외 많은 단체들은 남북전쟁 그리고 그 직후의 시기에 창립되었다. 우리가 14장에서 보았듯 '피티아스의 기사Knights of Pythias' '농민공제조합Grange' '엘크 협회Benevolent and Protective Order of Elks' '노동자연맹Ancient Order of United Workmen' '공화국의 군대Grand Army of the Republic, GAR'는 모두 1864년과 1868년 사이에 설립되었다. 19세기의 '아메리칸 레전American Legion'이라고 할 수 있는 GAR은 1885년에 30만 명을 훨씬 넘는 회원을 보유하고 있었다.[8]

역사학자들은 이러한 초기의 토대 위에서 시민적 결사체들의 방대한 새로운 구조가 19세기 말과 20세기 초에 설립되었다는 데 동의한다. 사회적 클럽은 미국인의 생활에 새로운 것은 아니었지만,

---

8) GAR은 남북전쟁 당시 북군에 속했던 퇴역 군인들이 조직한 재향군인회를 말하는데 미국 정치에서 최초의 조직화된 이익단체 중의 하나로 꼽힌다. '아메리칸 레전'은 제1차 세계대전 참전 용사들이 조직한 재향군인회인데, 프랑스 파리에 주둔했던 미군 '연대' 출신에서 시작되었기 때문에 이런 이름이 붙었다(옮긴이).

공동체의 역사를 보면 이 시기에 수많은 클럽들이 새로 생겨났음을 알 수 있다. 소위 말하는 클럽 운동이 19세기 말 전국을 휩쓸었는데 대부분 자조와 아마추어리즘을 강조하고 있었다. 1876년 헨리 로버트Henry M. Robert라는 사람은 『의사 진행 절차의 규칙Robert's Rules of Order』이라는 책을 출간했는데, 당시 일정한 규칙도 없이 혼잡스럽게 진행되던 클럽이나 위원회의 모임에 회의 진행 절차를 알려주려는 의도에서였다. 소년 단체 혹은 여성 단체를 설립하는 방법을 알려주는 안내 책자도 등장했다. 대학의 남학생과 여학생 사교 클럽도 1880년대와 90년대에 급속하게 팽창했다.

19세기의 마지막 몇 십 년 사이에 미국인들은 전례를 찾을 수 없을 정도로 다양하고 많은 자발적 결사체들을 설립하거나 가입했다. 새로운 유형의 결사체들이 계속 설립되고, 기존 결사체의 지부가 확산되며, 결사체들이 주 단위로 연합하고 나중에는 전국적 조직이 되는 현상이 1870년대에 시작하여 1910년대까지 이어졌다. 일리노이 주의 피오리아, 세인트루이스, 보스턴, 아이다호 주의 보이시, 켄터키 주의 볼링그린, 뉴욕 주의 배스 등 모든 곳에서 미국인들은 클럽, 교회, 재향군인회, 친목 단체를 조직했다. 대규모의 물산이 집결하는 대도시에서 오지의 작은 마을에 이르기까지 모든 곳에서 자발적 결사체의 수는 당시 급속히 성장하고 있던 인구보다 더 빨리 늘어났다. 친목, 종교, 인종, 노동, 전문직, 시민 등 인구 1인당 결사체의 밀도는 19세기 후반 동안 계속 크게 상승했다. 그러고는 20세기로 접어든 직후 결사체의 밀도는 정체하기 시작했다(〈그림 94〉는 전국에서 표본으로 선정된 26개의 다양한 지역사회에서 인구 1인당 지역사회 단체의 성장세를 보여준다).

새로운 세기의 경계선에 있는 우리들은 20세기 시민사회의 초석이 1870~1900년 세대에 의해 다져졌음을 알 수 있다. 새로운 제도

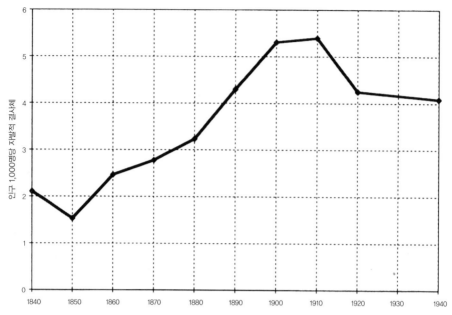

그림 94 _ 미국 26개 지역사회에서 자발적 결사체의 밀도, 1840~1940

들이 발효되던 이 시기는 20세기 초 막을 내렸지만, 금박 시대와 진보의 시대에 설립된 단체들이 회원들을 계속 늘리면서 (우리가 이 책의 앞에서 보았듯) 오랜 충전의 시기가 그 뒤에 계속 이어졌다. 〈그림 94〉는 단체 결성의 추세를 추적하고 있을 뿐 아니라 시민적 창조성과 기업가 정신의 경향까지도 보여준다. 이 시기는 1880년에서 1910년까지 미국에서 지역 신문의 폭발적 성장, 그리고 뒤이어 1920년에서 1940년 사이 약간의 정체기와 정확하게 일치하기 때문이다.

1870년에서 1920년의 기간 동안 클럽의 숫자뿐 아니라 새로 설립된 단체의 범위와 생명력에서도 시민적 창조성은 미국 역사에서 적수를 찾을 수 없을 정도로 최고조에 달했다. 정치학자 테다 스카치폴과 동료들은 미국 역사 200년에서 가장 대규모 회원을 보유한 모든 단체, 즉 성인 남성 혹은 여성 인구의 최소 1퍼센트가 등록한 적

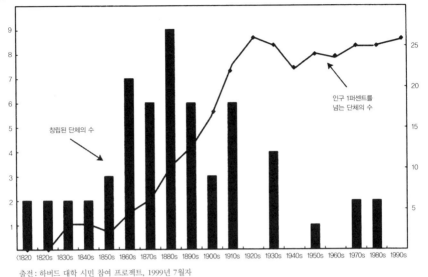

창립된 단체의 수 | 인구 1퍼센트를 넘는 단체의 수

창립된 단체의 수

인구 1퍼센트를
넘는 단체의 수

〈1820 1820s 1830s 1840s 1850s 1860s 1870s 1880s 1890s 1900s 1910s 1920s 1930s 1940s 1950s 1960s 1970s 1980s 1990s

출전 : 하버드 대학 시민 참여 프로젝트, 1999년 7월자

그림 95 _ 대규모 회원 보유 단체의 창립과 누적

이 있는 모든 단체의 절반이 1870년과 1920년 사이에 설립되었음을 보여주었다.[9] 〈그림 95〉에서 보듯 그 정도의 대규모 회원을 보유한 단체의 수는 19세기 말 놀라울 정도로 증가하다가 1920년대에 안정기에 접어들었고, 그 이후 20세기의 나머지 기간 동안 거의 변하지 않았다.

오늘날 미국인의 생활에서 중요한 위치를 차지하고 광범위한 사람들이 참여하는 대부분의 시민적 제도들은 대단한 사회적 창의성이 분출되던 20세기 전환 무렵의 몇 십 년 사이에 설립되었다고 말해도 전혀 과장이 아니다. 〈표 9〉는 이런 일반화의 증거를 보여준

---

9) 그 정도 규모로 컸던 단체 58개 중 29개가 이 시기에 창설되었다. (규모는 조금 줄었다고 해도) 지금도 존재하면서 그 정도 대규모 회원을 보유한 단체 총 43개 중 24개가 1870~1920년에 설립되었다.

다. 적십자에서 NAACP, '콜럼버스의 기사단'에서 '하다샤', 보이스 카우트에서 로터리클럽, 'PTA'에서 '시에라 클럽', '기데온 협회 Gideon Society'에서 '오드본 협회', 미국 변호사회에서 '농민 연맹', '빅 브라더스Big Brothers'에서 '여성 유권자 연맹', 트럭 운전자 노조에서 '캠프파이어 걸즈'에 이르기까지, 오늘날 미국인의 삶에서 중요한 위치를 차지하는 시민적 제도들 중 이 몇 십 년 사이에 창설되지 않은 것을 열거하기 어려울 정도이다.

또한 20세기로 전환할 무렵의 비옥한 시기에 창설된 단체들은 대단히 장수하는 특징을 보여준다. 예를 들면 『엔카르타 2000 세계 연감Encarta 2000 World Almanac』에는 대규모와 소규모, 지부가 있는 것과 없는 것, 종교적 · 전문적 · 사회적 · 정치적 등등 온갖 성격의 총 506개의 전국적인 '협회와 회의'가 수록되어 있다. 그중 1890년에서 1920년까지 30년 사이에 설립된 단체들이 1960년에서 1990년까지 30년 사이에 설립된 단체들의 거의 2배이다.

〈그림 96〉은 총 506개 단체의 설립 연도 분포를 보여준다. 이 분포도에서는 20세기 말 미국 시민사회의 상당 부분은 20세기 시작 무렵에 설립된 단체에 여전히 기초를 두고 있다는 사실이 여실히 드러난다. 오래전에 설립된 단체들이 비교적 젊은 단체들보다 더 많게 나타난 이 연령 분포도는 점차 새로운 단체의 형성이 줄었다는 사실, 혹은 신생 단체들이 단명한다는 사실, 아니면 둘 모두를 의미하고 있다. 다른 말로 하자면 우리 시대의 단체 설립 운동과 비교해볼 때, 20세기 전환기의 활동가들이 단체를 많이 형성했거나 혹은 보다 성공적이었거나, 아니면 둘 모두를 의미한다.

또한 최근의 연감에 등록된 신생 단체들은, 물론 그 자체로 훌륭하지만, '미국 자유민주주의 수호협회People for the American Way' 같은 우편 회원 단체이거나 '투자 운영과 연구회' '국제 모래성 제작자

표 9 _ 사회적 자본의 혁신기, 1870~1920

단체	단체 창립 연도
전국 총기협회	1871
슈라이너스Shriners	1872
하계문화학교Chatauqua Institute	1874
미국 변호사회	1878
(미국) 구세군	1880
미국 적십자	1881
미국 여자 대학생 협회	1881
콜럼버스의 기사단	1882
미국 노동연맹	1886
국제 기계수리공 협회(후일 국제 우주항공 노동자 협회로 변경)	1888
무스 클럽Loyal Order of Moose	1888
여성 선교회(남 침례교)	1888
헐 하우스를 비롯한 구호 단체	1889
여성 클럽 총연맹	1890
광산 노동자 연맹	1890
전기 노동자 국제연맹	1891
국제 항만 노동자 협회	1892
시에라 클럽	1892
전국 유대인 여성 위원회	1893
전국 시민 연맹	1894
미국 볼링 협회	1895
노르웨이의 아들	1895
미국 간호사 협회	1896
미국 자원봉사자 연맹	1896
아일랜드 – 미국 역사회	1897
PTA(최초 명칭은 전국 어머니회)	1897
독수리회Fraternal Order of Eagles	1898
기데온 협회	1899
해외 참전 용사회	1899
전국 소비자 연맹	1899
여성 의류 노동자 국제연맹	1900
4H	1901

루터교 구호회	1902
굿윌 인더스트리Goodwill Industries	1902
전국 농민 연합	1902
빅브라더스	1903
트럭 운전자 노동조합	1903
폴란드의 아들	1903
전국 오드본 협회	1905
로터리클럽	1905
이탈리아의 아들	1905
보이스 클럽Boys Club of America	1906
YWCA	1906
빅시스터즈Big Sisters	1908
NAACP	1909
미국 캠핑 협회	1910
보이스카우트	1910
캠프파이어 걸즈	1910
도시연맹Urban League	1910
걸스카우트	1912
하다샤Hadassah	1912
공동체 기금(후일 유나이티드 웨이스로 개명)	1913
공동체 재단(클리블랜드, 보스턴, LA 등)	1914-15
미국 대학교수 협회	1915
청년 상공인회의Jaycees	1915
키와니스Kiwanis	1915
(제2차) KKK단	1915
여성 국제 볼링 연맹	1916
키비탄Civitan	1917
라이온스클럽	1917
아메리칸 레전American Legion	1919
옵티미스트Optimists	1919
BPWBusiness and Professional Woman	1919
미국 시민 자유 연맹	1920
미국 농민 연맹	1920
여성 유권자 연맹	1920

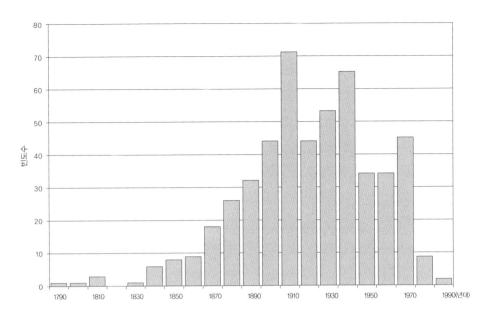

그림 96 _ 지금도 활동하고 있는 자발적 결사체의 창립 연도

협회' '뉴에이지 워커스New Age Walkers' '흡연자의 환경오염에 반대하는 단체GASP'처럼 아주 좁은 범위의 회원을 대상으로 설립되었다가 쉽게 사라지는 단체들이다. 사실 지금까지 약 1백 년을 버텨온 1890년과 1920년 사이에 설립된 단체들은 보이스카우트, '전국 청과물상 협회' '적십자사' '라이온스클럽'처럼 광범위한 사람들을 대상으로 하는 전문적·시민적 혹은 봉사 단체들일 가능성이 높다('뉴에이지 워커스', 혹은 GASP조차 2099년까지 남아 있을 것이라고 생각해볼 수 있을까?).

20세기 전환 무렵 사회적 자본의 투자가 사방에서 분출되었지만 여기에도 문제점은 있었다. 사회적 자본이 등장한 다양한 모습을 먼저 살펴보자. 한 세기 전 미국은 지금보다 성 차별이 심했으며, 대부분의 단체들은 성 차별의 시대에 결성되었다. 따라서 이 시대의 단체 결성 붐이 가장 두드러지게 나타난 분야가 남성의 형제애를 바탕으로 조직된 우애 단체였다는 사실은 놀랍지 않다. 우애 단체에 속하는 프리메이슨은 이미 역사가 아주 오래되었지만, 금박 시대는 새로운 우애 단체들이 대대적으로 창설되며 팽창하기 시작했다. 하우드w. S. Harwood는 1897년 "당신이 만나는 다섯 사람 아니면 여덟 사람 중의 하나는 어떤 우애 단체에 가입해 있을 것"이라고 썼다. 역사학자 데이비드 바이토David Beito는 1910년에 오면 "보수적으로 추산해도 18세 이상 전체 성인 남자의 3분의 1이 우애 단체의 회원이었을 것"이라고 추산한다.

부분적으로 형제애는 급속한 사회 변화 시대의 아노미와 개인주의에 대한 반작용, 그리고 무질서하고 불확실한 세계로부터의 도피처를 의미한다. 우애 단체는 물질적 혜택(예를 들어 생활고나 병들었을 때 도움)뿐 아니라 사회적 연대와 의례儀禮를 마련해주었다. 오늘의 수혜자가 내일의 기부자라는 호혜성의 원칙에 의거한 상부상조가 이 단체들의 핵심적 특징이었다. 바이토의 지적대로 "그들은 가난한 사람들 속에서 사회적 원조와 상부상조의 방대한 네트워크를 성공적으로 창조했다." 프리메이슨, '오드 펠로우스' '피티아스의 기사' '노동자 연맹' '우드맨Modern Woodmen of America' 등 미국에서 가장 큰 우애 단체들은 전국 지부마다 수천 명의 회원을 보유하고 있었다. 바이트는 이렇게 "지리적으로 확장된 구조는 〔……〕 자연재해나 전염병 같은 한 지역의 위기를 수습하는 데 일종의 공동 보장을 가능하게 했다"고 지적한다. 바이토는 『공제회에서 복지국가로From Mutual Aid to the Welfare State: Fraternal Societies and Social Services, 1890~1967』에서 우애 단체의 또 다른 역할을 이렇게 덧붙인다.

단체에 가입하면서 신입회원은 일련의 가치를 최소한 묵시적으로 받아들인다. 우애 단체들은 상부상조, 자립, 사업 교육, 절약, 지도력, 자치, 자기 통제, 훌륭한 도덕적 품성의 향상에 전념했다. 이 가치들은 인종, 성별, 소득 같은 외견상 극복할 수 없는 차이들을 초월한 형제애에 입각한 합의를 반영하였다.

모든 사회적 지위의 남자들이 이 단체에 가입했다. 우애 단체는 중간 계급과 노동계급의 회원을 모두 포괄하고 있었다. 그러나 인종과 성별로 분리되었다는 것이 전형적 특징이었다. 다른 한편 바이토의 연구가 보여주듯 흑인과 여성들도 이와 똑같이 상부상조와 도덕적 향상의 목표에 기여하는 비슷한 많은 단체들을 조직했다. 우리의 가치관에 비추어보면 인종과 성 차별은 우애 단체의 목표와 모순될 수도 있겠지만, 당시 떠오르던 사회적 자본의 형태로서 우애 단체는 중간 계급 백인 남성의 전유물은 절대 아니었다. '콜럼버스의 기사단', 유대인의 '브네이 브리스', (흑인들의 프리메이슨 단체) 프린스 홀 프리메이슨에서 알 수 있듯 많은 여러 인종 집단들도 자신들만의 우애 단체를 조직하고 있었다. 20세기 초가 되면서 우애 단체들은 로터리클럽, 키와니스, 라이온스클럽, 청년 상공인회의 Jaycee 같은 새로운 봉사 단체들의 도전을 받았다. 이 새로운 단체들은 보다 현대적 면모를 갖추고 회원들 사이에 사업상 접촉 기회를 제공하며 보다 외향적인 시민적 활동을 지향하는 특징을 갖고 있었다. 그 때문에 우애정신의 '형제애'를 희생시키는 결과를 가져오기는 했지만 말이다.[10]

여성의 경우 중서부 지방을 중심으로 1873~1874년 풀뿌리 수준

---

10) 바이토는 우애 단체의 한 가지 핵심 기능은 생명, 건강, 사고의 대비였는데, 이 기능들이 1920년대와 30년대부터 민간 보험회사와 정부가 떠맡기 시작함에 따라 우애 단체는 그 존재 이유를 상실했다고 지적해준다.

에서 자발적인 금주 운동이 일어나 전국적인 금주 운동에 다시 활기를 불어넣었으며, '기독교 여성 금주 운동 연합wCTU'의 형성으로 이어졌다. 이 단체는 보다 광범위한 도덕적 · 사회적 개혁을 지향하는 중심 단체로 재빠르게 확장되었다. 그 적극적 지도자 프랜시스 윌러드Frances Willard는 "모든 일에 나서자"는 전국적 정책을 채택했고, WCTU 여성은 교도소 개혁, 청소년 단체 결성, 유치원 설립, 심지어 노동 분야 개혁의 승인에 이르기까지 모든 일에 나섰다.

1890년대에 들어서며 WCTU는 쇠퇴하기 시작했고 1898년 윌러드가 사망하면서 활동 초점을 금주와 주류 제조 금지로 좁혔다. 그러나 9장에서 살펴보았던 많은 개별적인 독서회와 연구회를 모태로 새로운 여성 단체들이 이 과정 속에서 나타나기 시작했다. 지역을 넘어서는 이러한 여성 단체들의 네트워크가 모여 1890년 '여성 클럽 총연맹'을 조직하였다. 이 기간 동안 여성 단체들은 공공 업무에 적극적으로 관여하면서 여성 투표권을 포함한 많은 사회 개혁, 어린이 노동, 여성 고용, 유치원 등의 문제에 관련된 사회 · 정치적 운동에 나섰다.

이민자 단체와 인종 단체는 19세기 말 사회적 자본 형성의 또 다른 측면을 보여준다. 일반적으로 말하자면 이민자들은 사회적 연계의 대부분은 그냥 두고 올 수밖에 없기 때문에 그들이 갖고 있던 사회적 자본의 가치는 크게 손실된다. 따라서 이민자들은 사회적 자본을 보존하려는 노력에 나서는 것이 합리적이다. '옛 고향'의 한 지방에서 이민자들이 줄지어 빠져나와 새로운 정착지에 서로 가까이 모여 사는, 이른바 연쇄 이주chain immigration가 예나 지금이나 일반적인 전략이다. 또한 상부상조를 위한 공제회는 재정적 안정, 동지애, 심지어는 정치적 대표까지 제공하면서 많은 이민자 공동체의 초석 역할을 했다. 중국인 조합 통tong의 한 회원은 이민자에게 사회적 자본의 귀중한 가치를 20세기 초에 이렇게 표현했다. "우리는 낯선 나라에서 나그네이다. 우리에게는 우리나라의 동료들을 통제하고 우리의 우정을 발전시킬 단체(통)가 있어야 한다."

역사학자 로랜드 버소프Rowland Berthoff의 말을 빌리면 "오늘날의 미국인들이 회상할 수 있는 것보다 더 밀접하게 결속된 공동체 생활에 익숙해 있던 이민자들은 미국 생활의 예측할 수 없는 느슨함에 대비하여 자기 지역의 인종 공동체를 하나로 묶기 위해 미국의 자발적 결사체들 중 우애 단체의 틀과 내용을 재빨리 받아들였다." 이 시기 내내 이민자들 중 가장 큰 인종 집단을 구성했던 독일인이 특히 우애 단체를 잘 결성했다.

20세기로 전환할 무렵 이탈리아인, 유대인, 폴란드인, 그 외 남부 유럽과 동유럽인이 미국에 도착하자 그들 역시 공제회, 신용대출 협회, 장례 상조회, 사교 클럽, 스포츠 클럽, 오락 클럽, 모국어 신문, 교회, 예배당을 빠른 속도로 조직했다. 1910년 미국에 있는 전체 폴란드인의 3분의 2는 대략 7천 개에 달하는 폴란드 단체 중 최소 하나에는 가입했으며 유대인, 슬로바키아, 크로아티아 등의 경우도 비슷한 숫자를 나타냈다고 한다. 또한 '브네이 브리스' '콜럼버스의 기사단' 같은 전국적인 우애 단체들은 20세기로 접어들어서도 대규모 회원을 끌어들였다.

해방된 흑인 사이에서도 단체의 결성은 공제회, 장례 상조회, 사회 단체, 우애 단체, 여성 단체를 포함하여 상당히 비슷한 패턴을 따라갔다. 법적 구속에서 풀려나 새롭게 얻은 시민적 자유를 행사할 수 있게 되었지만 심각한 사회적 차별에 직면하고 있던 흑인들은 1870년과 1900년 사이 북부와 남부에서 모두 대단히 많은 단체들을 설립하고 가입했다. 20세기 전환 무렵 필라델피아의 사례를 연구한 고전적 저작 『필라델피아의 흑인Philadelphia Negro』에서 뒤부아

W. E. B. Du Bois는 "노동의 단조로움으로부터 기분 전환, 야망과 비밀 집회의 장소, 시가행렬의 기회, 불행의 대비"를 마련해주는 '오드 펠로우스'와 프리메이슨 같은 흑인 비밀결사의 중요성을 강조하였다.

그런데 이 시기의 수백만 백인들을 그러한 단체들로 끌어들인 것도 사실상 이와 똑같은 혜택이었다. 앞에서 살펴보았지만 미국의 흑인 공동체 내에서 사회적 자본의 형성에는 교회가 대단히 중요한 역할을 했다. 동시에 사회 개혁을 지지하는 백인과 흑인을 하나로 연계하는 단체들도 등장했는데, 그중 가장 중요한 것은 NAACP와 '도시 연맹Urban League'이었다.

(나) 종교 · 노동 · 사회 운동

산업 시대 미국 문화는 어떤 면에서는 보다 세속적으로 변모해가고 있었지만, 종교는 이 시기의 시민적 활력의 소생에 큰 역할을 했다. 나는 여기서 지역 교구와 집회의 헌신적인 활동과는 전혀 별도로, 종교의 사회적 참여를 말하는 것이다. 행진, 브라스 밴드, '할렐루야 아가씨'를 내세워 정통에서 벗어난 대중 선교와 선교의 열정을 하나로 묶은 구세군이 영국에서 미국으로 건너온 것도 1880년대였다. 복음주의적 개신교 운동이었던 구세군은 교회에 다니지 않는 도시 빈민까지 구호의 품 안에 넣었다.

이때는 '사회 복음화Social Gospel'와 '강건한 기독교muscular Christianity'의 시대였다. 사회 복음화 운동은 20세기의 전환 무렵 자유주의적 개신교 신학자와 성직자들이 도시 빈곤 같은 절박한 사회 문제에 자신들의 중간 계급 신도들의 관심을 환기시켰던 운동을 말한다. 사회적 복음주의는 개인주의, 자유방임, 불평등에 반발하고 새로운 사회적 · 지적 환경의 현실에 맞게 종교의 방향을 재설정하려는 노력을 의미한다.

종교역사학자 브룩스 홀리필드E. Brooks Holifield가 '사회적 회중social congregation'이라고 부르는 특징을 많은 교회들이 갖게 된 것은 이때였다. 홀리필드는 교회의 변화를 이렇게 지적한다.

> 19세기 말 수많은 교회들은 예배에만 개방된 공간에서 벗어나 스스로를 수많은 모임의 중심지로 바꿨다. 교회를 주일학교, 콘서트, 여성 모임, 청년 단체, 소녀들 혹은 소년들의 단체, 바느질 서클, 공제회, 주간 초·중·고등학교, 금주회, 육상 클럽, 보이스카우트, 걸스카우트, 그 외 이름 없는 수많은 활동의 공간으로 이용할 수 있게 했다. 〔……〕 당시 이 운동을 선도한 자유주의 신학자 헨리 비처Henry Ward Beecher는 예일 대학의 신학교에서 목회자들에게 자기 교구에서 '소풍을 늘리라'고 충고했다. 그리고 실제로 각양각색의 많은 교회들은 소풍 이외에도 체육관, 교구 주택, 캠프, 야구팀, 군사 훈련 단체로까지 활동을 확장했다. 〔……〕 또한 도시와 농촌 모두에서 교회는 자신들의 교회 유지 이외의 목적에 사용하는 돈의 액수를 점차 늘렸다. 20세기로 넘어올 무렵 개신교 교회들은 선교와 자선 목적에 헌금의 14퍼센트에서 18퍼센트를 냈지만, 1923년이 되면 25퍼센트에서 35퍼센트로 증가했다.

종교적 영감, 자기 계발, 시민 참여는 이 시기에 밀접하게 서로 얽혀 있었다. 뉴욕 북부의 시골에서 감리교 주일학교 교사들의 여름 강습회로 1874년 설립된 '하계 문화 교육학교Chautauqua' 운동은 전국적으로 스터디그룹, 일반인을 위한 학교를 줄줄이 탄생시켰다. 특히 여기서 개최한 순회 텐트 강연에는 사회주의자 유진 뎁스Eugene Debs와 후일 29대 대통령이 된 워렌 하딩Warren Harding 같은 인물들도 정기적으로 연사로 참여했다. 1919년이 되자 한 논평자는

"이 나라에서는 인구 11명당 1명꼴의 남자, 여자, 혹은 어린이가 매년 하계 문화 교육학교나 문화강좌에 참석한다"고 추산했다. 뒤이어 등장한 라디오는 (나중에는 텔레비전이) 보다 매혹적인 오락거리를 제공했지만 풀뿌리 수준에서 계급을 초월한 시민적 토론의 기회는 축소시켰다.

개신교보다 가톨릭이 가난한 사람의 어려운 처지에 훨씬 더 동정적이었다. 노동계급에 유독 가톨릭 신자가 많아서가 아니었다. 항상 그렇듯 교회는 흑인 공동체에서 특별한 역할을 했다. 흑인 교회에 관한 뛰어난 역사학자 이블린 히긴보댐Evelyn Higginbotham은 이렇게 지적한다. "흑인 교회는 학교, 순회도서관, 콘서트, 식당, 보험회사, 직업 훈련, 체육 클럽을 포함하는 다양한 활동이 펼쳐지는 장소로 만들었다. 이 모든 활동은 개별 교회의 신도에 국한되지 않고 훨씬 더 광범위한 사람들에게 만족을 주었다. 교회는 〔……〕 정치 집회, 여성 클럽의 회의, 학교 졸업식도 열었다." 즉 사회 개혁 지향적인 기독교가 이 시기의 많은 사회적 행동에 영감을 불어넣어주는 중심지였다. 1912년 대통령 선거에서 개혁을 목청껏 외치는 후보자로 시어도어 루스벨트가 지명되기 직전, 진보주의자의 집회에 참여한 대표들은 갑자기 일어나 자발적으로 찬송가 「믿는 사람들은 군병 같으니」를 감정에 복받쳐 합창했다.

조직화된 노동 운동이 미국인의 생활에서 중요한 세력이 된 것도 이 시기에 들어와서 생긴 일이다. 모든 유형의 노동자들은 '하나의 거대한 조합'으로 등록해야 한다는 전제 위에 설립된 '노동 기사단 Knights of Labor'은 1880년 2만 8천 100명의 회원에서 6년 후에는 72만 9천 명으로 늘었지만, 1890년에는 10만 명으로 줄었으며 숙련 노동자와 비숙련 노동자 그리고 흑인과 백인의 내부 분열에 직면하여 1894년 붕괴했다. 그 지도직 역할은 곧 '미국 노동 연맹American

Federation of Labor'이 이어받았고, 직종과 산업에 따라 조합이 계속 조직되었다. (1890년) 광산 노동자, (1891년) 전기 노동자, (1892년) 연안 어업 종사자, (1900년) 의류 노동자, (1903년) 트럭 운전자를 비롯하여 속속 노동조합들이 창립되었다. 겨우 (1897~1904년) 7년 사이에 전국의 노동조합 회원은 비농업 노동력의 3.5퍼센트에서 12퍼센트로 거의 4배 상승했다. 이 시기에 들어서면 노동조합의 조직은 보다 생명력을 갖추게 되었으며, 노조 회원은 20세기의 나머지 기간 동안 이 비율 이하로 내려가지 않았다.

역사학자 토머스 코크란Thomas Cochran과 윌리엄 밀러William Miller는 노동조합은 단순히 물질적 조건의 개선을 획득하는 수단이 아니라 조합원의 사회적 삶의 한 부분이었음을 분명히 보여주고 있다. 공저 『기업의 시대Age of Enterprise: A Social History of Industrial America』에서 그들은 이렇게 지적한다.

노동자에 의한 집합적 행위는 임금과 노동시간의 단순한 문제보다 훨씬 복잡한 근원을 갖고 있었다. 〔……〕 노동조합은 다양한 클럽, 우애 단체, 사회 단체 등으로 결집하는 대중 운동의 한 부분이었을 뿐이다. 조합을 조직하고, 사장과 맞서 싸울 대표자들에게 힘을 부여하는 것은 자신의 환경을 통제하는 개인의 힘을 다시 찾으려는 행동과 마찬가지였다. 상호 혜택의 정책은 산업재해와 계절적 실업에도 견딜수 있는 안정감을 불어넣어주었으며, 노조의 친목회, 춤추기 모임, 소풍, 강연은 여가 활동인 동시에 노동자를 격려하는 행사였다.

진보의 시대의 개혁가들은 청소년 계발의 중요성을 인식하고 있었기 때문에, 특히 이 분야에 그들의 단체 결성 에너지를 집중적으로 쏟았다. 비상한 창의력이 분출되던 이 10년이 채 안 되는 기간

(1901~1910년) 동안 그 후 20세기를 지배하게 될 전국적인 청소년 단체들의 대부분이 결성되었다. 보이스카우트와 걸스카우트, 캠프파이어 걸즈, 4H 클럽, 소년 클럽Boys Club과 소녀 클럽Girls Club, 빅브라더스와 빅시스터즈, 그리고 그보다 20년 전부터 급속히 발전했던 여름 캠프 운동이 '미국 캠핑 연합'이라는 단체로 결실을 맺었다.

이 시기에는 또 유치원과 고등학교가 미국의 공교육에서 눈에 띄는 중요한 요소가 되었으며, 미국의 타운과 도시에는 공원과 공공 놀이터를 빼놓을 수 없게 되었다. 1885년 보스턴에서 모래 정원의 창설과 함께 시작하여, 마을마다 공원, 정원, 놀이터를 만들려는 조직화된 운동이 뉴욕, 시카고, 필라델피아, 로스앤젤레스 등으로 퍼져나갔고, 1906년에는 '미국 공공 휴양시설 연합'이 창설되었다. 그러한 공공의 레크리에이션 센터를 만듦으로써 개혁가들은 아이들을 아무도 돌보지 않는 위험한 거리에 방치하기보다는 온 가족과 함께 건전한 여가 활동에 끌어들이고자 했다.

아동 학대 문제의 중요성이 새롭게 인식되면서 '뉴욕 동물 학대 예방협회'를 모델로 1874년 '뉴욕 아동 학대 예방협회'가 창설되었다. 그 후 비슷한 단체들이 도처에서 생기며 1908년에는 55개 지역에서 아동 학대 예방을 위한 단체들이 설립되었다.

간단히 말해 그 시절의 미국인들은 '요즘 애들 하는 짓'을 보면서 그저 한숨을 쉬거나 옛날 촌락의 잃어버린 사회적 통제를 향수에 젖어 바라보지 않았다. 오히려 진보의 시대의 개혁가들은 청소년들에게 건설적인 새로운 길을 밝혀주는 데 지적 · 재정적 · 조직적 노력을 쏟아 부었다. 회원을 끌어들이는 데도 천재적 재능을 발휘했던 새로운 단체들은 영원한 사회적 가치를 캠핑, 스포츠, 놀이의 순수한 재미와 결합시켰다. "스카우트는 믿음직스럽고, 충성스러우며, 남을 돕고, 우정을 베풀며, 예의 바르다"는 선서는 그렇게 해서 나온 것이다.

진보의 시대에서 가장 중요한 사회적 발명 중의 하나는 빅토리아 시대 중엽 영국에서 발생한 사상에 기원을 둔 인보관settlement house이었다.[11] 인보관隣保館은 가난한 이민자들의 '도덕적 향상'을 꾀하고 그들에게 교육의 기회를 주려는 이상주의에 불타던 젊은 중간 계급 남녀를 끌어들였다. 실제로 이들은 도시 빈민촌에 몇 년 동안 살면서 열성적으로 노력했다. 1889년 제인 애덤스가 시카고에 세운 헐 하우스Hull House는 다른 도시들로 빠르게 퍼져나가 이와 비슷한 시설이 1891년에는 6개, 1897년에는 74개, 1910년에는 약 4백 개로 늘었다. 본래 그 일차적 목표는 이민자들에게 시민권 행사에 필요한 지식과 영어를 가르치는 것이었지만, 역사학자 마크 섬너스가 『금박 시대』에서 묘사한 대로 그 활동 범위는 급속히 확장되었다.

인보관의 일꾼들은 토론회를 설립했고 연속 강연회를 마련했으며, 슬럼가의 어머니들에게는 목욕과 위생의 중요성을 가르쳤고, 인력 시장에서 경쟁할 수 있도록 노동 기술을 훈련시켰으며, 일하는 부모들을 위해 유치원과 보육 센터를 운영했다. 헐 하우스의 제일 큰 기숙사에는 곧 화랑이 생겼고, 그 다음에는 커피점, 체육관, 탁아소가 뒤를 이었다.

11) 부유한 사람이 예수의 삶을 본받아 가난한 취약 계층이 사는 곳으로 이주하여 두 집단이 함께 살면서 서로에 대해 배우자는 사회복지 운동. 이민의 폭증으로 주택난, 실업, 생활고의 문제가 심각하게 대두된 미국에서는 주거 조건 개선, 일자리 알선, 직업에 필요한 영어와 기술 훈련, 아동 노동 반대, 부패 추방 등 다방면의 사회 개혁을 통해 빈곤 문제를 해결하고자 했다. 부유한 개인이나 클럽의 기부금으로 재정을 충당했던 이 운동은 활동가의 4분의 3이 주로 고학력 여성이었다. 이들은 이곳에서 빈민들과 몇 년씩 함께 살았고 그 후에도 사회 운동에 주도적으로 나섰다. 시카고의 헐 하우스가 특히 유명한 것은 이곳에서 여성 사회운동가들이 많이 배출되었기 때문이다(옮긴이).

인보관은 도시 빈민의 생활에 귀중한 공헌을 했다. 피츠버그의 킹슬리 하우스 같은 인보관은 수천 명의 어린이와 그 부모들을 위해 여름에는 야외로 나가는 '신선한 공기' 프로그램을 운영했다. 헐 하우스의 클럽은 훗날 미국 최고의 클라리넷 연주자로 성장하는 베니 굿맨Benny Goodman에게 최초의 클라리넷을 주었다. 그런데 역설적이게도 인보관 운동의 가장 의미 깊은 장기적 효과는 봉사의 수혜자가 아니라 봉사 제공자에게 나타났다. 제인 애덤스는 삶의 가혹한 현실과의 직접 접촉이 젊은 대학 졸업자들의 삶에 의미를 부여하기를 희망했었다.

인보관의 경험으로부터 얼마나 많은 분야의 지도자들이 등장했는지 알면 놀라지 않을 수 없다. 플로렌스 켈리와 엘리너 루스벨트[12] 같은 수많은 사회개혁가들뿐 아니라 공공정신에 투철한 미래의 사업계 거물들도 여기서 나왔다. 1922~1944년 제너럴 일렉트릭의 회장을 지낸 제라드 스워프Gerard Swope, 1925~1948년 AT&T 회장을 지낸 월터 기포드Walter Sherman Gifford가 그 사람들이었다. 역사학자 매코믹은 인보관이 그 일꾼들에게 끼친 장기적 영향을 이렇게 요약한다.

남녀 모두에게 인보관은 앞으로의 사회 개혁을 위한 훈련장으로 기

---

12) Florence Kelly(1859~1932). 노동 운동과 정치 개혁 운동에 앞장섰던 여성 운동가. 특히 여성과 어린이의 근로 조건, 근로 시간, 최저 임금의 개선을 위해 노력했으며, 전국 소비자 연맹을 창립하여 회장을 맡았다. 연맹에는 주로 중간 계급 여성이 많이 가입했지만 여성과 어린이의 근로 조건을 제대로 지켜주지 않는 기업에 대해 불매 운동을 벌이며 많은 효과를 거두었다. 특히 어린이의 권리 신장을 위해 노력한 업적은 지금도 높이 평가받고 있다.
Eleanor Roosevelt(1884~1962). 대통령 루스벨트(Franklin D. Roosevelt)의 부인으로 많이 알려져 있지만 그 이전에 어린이, 여성, 노동자, 빈민 등의 생활과 권리의 향상을 위해 노력한 운동가로 유명하다(옮긴이).

여했다. 이곳에서 일했던 사람들이 진보의 시대에 나타난 모든 방면의 사회 개혁 운동을 향해 나아갔다. 도시 빈민의 공동주택 개선, 공원과 공공 놀이터 설립, 어린이 노동의 폐지, 여성 노동자에게 보다 나은 작업 시간과 임금 요구 등 수많은 운동에 나섰다. 〔……〕 자신들이 돕고자 했던 이민 노동자들에게 오히려 이들의 가치관과 활동이 낯설게 보였던 경우도 틀림없이 종종 있었을 것이다. 그러나 인보관운동에 헌신했던 남녀처럼 도시 문제, 산업 문제의 해결책을 마련하려고 그토록 열심히 혹은 그토록 성공적으로 노력했던 미국인은 1900년대 초 그 어디에도 없었다.[13]

사회 운동으로서 진보의 시대의 정신은 광범위하고도 다양하다. 정치철학자 피터 레바인Peter Levine의 지적했듯 "업튼 싱클레어와 에드거 후버, 뒤부아와 태프트Robert Taft, 후버Herbert Hoover[14]와 청년 루스벨트 같은 전혀 상반된 기질과 행적을 보여준 사람들을 모두 매혹시킨 운동이라면 그것이 무엇이든 절대 운동이라고 부를 수 없다"고까지 할 정도였다. 따라서 어떤 형태이건 단순한 해석은 잘못을 범하거나 불완전한 위험을 안고 있다.

그러나 우리의 관점에서 보면 진보의 시대는 금박 시대의 이데올

---

13) Richard McCormick, "Public Life in Industrial America, 1877~1917" in *The New American History*, ed., Eric Foner(Philadelphia : Temple University Press, 1990), p. 109.

14) Upton Sinclair(1878~1968). 퓰리처상을 수상한 작가로 19세기 미국 산업자본주의의 팽창이 빚어내는 사회 모순을 정면에서 다룬 작품으로 유명한데 프롤레타리아 문학 계열에 넣는 평론가도 있다. 실제로 그는 사회주의 계열의 개혁 운동에도 참여한 적이 있었다.

John Edgar Hoover(1895~1972). 30년 이상 FBI 국장을 지냈던 냉전 극우주의자. 조금이라도 '수상하다'는 의심이 들면 대통령이라도 도청할 정도로 무소불위의 권력을 행사했으며, 시민권 운동이나 사회 개혁은 곧 공산주의와 동의어로 인식하던 인물이면서도 사생활에서는 동성애자라는 사실이 들키지 않도록 항상 노심초사했다.

Herbert Clark Hoover(1874~1964). 미국의 제31대 대통령(옮긴이).

로기적 개인주의에 대한 시민적 공동체주의의 반작용을 의미한다. 비록 특수한 정치적 운동 속에서 절정에 도달했지만 본래는 보다 광범위하고 직접적인 사회적 목표를 겨냥하고 시작했다. 공공 위락 시설, 시립 박물관, 유치원, 공원 등을 설립하려는 노력 속에 담겨 있는 근본적 원리의 중요한 부분은 개인주의를 질식시키지 않으면 서 협동의 정신을 강화하려는 것이었다. 그리고 그 노력은 성공을 거두었다.

(1876년에 문을 연) 센트럴 파크의 설계자이며 (1890년에 지정된) 요세미티 국립공원의 책임자였던 프레더릭 올름스테드Frederick Law Olmsted는 사람들의 고독과 의심을 극복하는 수단으로서 공원과 레크리에이션 장소 설립 운동을 추진했다. 이와 유사하게 공공 휴양지 설립 운동의 한 열성적 지지자는 이렇게 외쳤다.

> 공공 휴양지는 실제로 전국 모든 지역에서 상당수가 건설되고 있으며, 어디서나 동일한 사회적 결과를 거둔다. 즉 이러한 시설들은 훌륭한 공동체 정신을 형성하고, 시민의식과 협동 정신을 일깨우며, 개인주의와 고독 대신에 마음으로부터 우러나오는 동료애를 만들어낸다. 공공 휴양시설의 정신이 널리 퍼져나가는 것을 볼 수 있다면 〔……〕 유쾌하고, 여유 있으며, 근면하고, 애국적인 시민들이 더욱 늘어나면서 어마어마한 부가 매장되어 있는 광산의 발견보다 혹은 세계의 모든 교역이 하나의 깃발 아래 합쳐지는 것보다 더 큰 이익이 나라에 생길 것이다.

간단히 말하자면 비록 진보의 시대의 개혁가들이 이 용어를 사용하지는 않지만 이 시대의 중요한 목표는 사회적 자본의 강화였다. **사회적 자본**이라는 용어 자체는 진보의 시대의 교육자 하니판L. J.

Hanifan이 공동체 센터의 가치를 설명하는 가운데 만들었다는 사실을 기억하자.

사람들을 교육시키고 융합시키려는 이 시대의 열정은 유치원 운동에서 활짝 꽃을 피울 수 있었다. 독일의 진보적 교육자들이 고안한 제도를 빌려와 '인정 많은 숙녀' 엘리자베스 피버디Elizabeth P. Peabody가 보스턴에 미국 최초의 유치원을 세웠다. 1870년대 말 이 유치원 운동은 전국적으로 빠르게 퍼져나갔으며, 1908년에는 여성 클럽, 금주 운동 단체, 교회를 비롯한 여러 단체가 운영하는 유치원이 4백 개 이상 생겼다.

아동의 창조성을 북돋우는 획기적인 교육철학이 초창기의 유치원 운동을 이끌던 기본 정신이었다. 유치원의 자발적 조직자들은 이민 아동에게 건전한 교육 환경을 제공하고, 그 부모들의 자녀 양육을 지원한다는 두 가지 목표를 갖고 있었다. 유치원을 중심으로 어머니 클럽, 바느질 클럽 등 여러 가지 새로운 형태의 연계성이 성인들 사이에 형성되었다.

단순한 취학 준비가 아니라 어린이의 창조성 강조, 그리고 많은 자원봉사자들을 포함하여 유치원 운동의 가장 혁신적인 특징의 일부는 유치원이 점차 공교육 시스템 속으로 편입되고 유치원 교사들이 직업으로서 인정받으려 노력함에 따라 사라져버렸다. 그러나 중요한 유산은 남아 있다. 부분적으로는 유치원 운동으로부터 형성된 1897년의 '전국 어머니회The National Congress of Mothers'는 부모와 교사들로 구성된 지역사회의 학교 운영 단체를 조직하려고 계속 힘썼다. 1924년 어머니회는 공식 명칭을 '전국 부모와 교사회National Congress of Parents and Teachers'로 바꾸었으며, 나중에는 다시 PTA로 바꾸었다.

(다) 시민 참여

역사학자 리처드 매코믹이 밝혀주듯 진보의 시대 개혁가들의 접근 방법에서 핵심은 시민적 참여였다.

> 진보주의가 성공을 거둔 큰 요인은 그 독특한 개혁 방법에 있었으며 거의 모든 대의명분을 내세운 지도자들이 이 방법들을 다양하게 응용하였다. 그들의 전형적인 방법은 자발적 결사체의 조직, 문제의 연구, 관련 사실들의 수집, 당시 새롭게 등장한 사회과학 중 그 문제와 관련된 분야의 이론에 따른 사실의 분석에서 시작했다. 이러한 분석으로부터 해결책을 제안하고, 교육과 도덕적 설득의 사회 운동을 통해 그것을 널리 알리며, 자주 있는 일은 아니었지만 만일 그 방법이 효과적으로 보인 경우에는 정부의 어떤 수준에서 공공의 업무로 채택되는 경로를 밟았다.

풀뿌리와 전국 수준에서 사회개혁가들은 새로운 단체를 설립했는데 본래는 비정치적 목적으로 세우는 경우가 종종 있었다. 그 초기의 사례가 금주 운동이었다. 본래 이 운동은 산업화와 도시화에 직면하여 사람들 사이에 '상호 책임감의 응집력 있는 구조'를 창조하려는 의도를 부분적으로 갖고 있었다. 이 운동이 커지면서 후일 정치적 단체로까지 성장한 것이다. 이 새로운 단체들이 기존의 사회적 네트워크, 특히 종교적 네트워크 위에 설립되는 경우를 흔히 볼 수 있었다. 그리고 일상적 혹은 비정치적 단체를 토대로 해서 지역 사회 수준과 국가 수준의 개혁 운동이 시작되었다.

처음에는 독서회, 그리고 다음에는 시민 운동 단체, 나중에는 정치 세력으로 성장한 여성 단체의 경우는 별로 독특한 사례도 아니다. 1890년대 불황기 동안 여성들의 독서회는 사회봉사와 여성의 권리 옹호를 의제로 포함시키며 성장해갔다. 1890년 창설된 '여성 클럽 총연맹GFWC'은 정부에 식품 검사, 보다 엄격한 주택건축법, 보다 안전한 마실 물, 직장 내에서 여성의 보호, 그리고 환자·장애인·어린이·빈민을 위한 공공시설을 요구하는 대규모 운동을 펼쳤다.

'전국 어머니회' 역시 본래는 어린이 양육에 관해 부모에게 교육하려는 목적에서 설립되었다. 그 후 차츰 활동을 확대하여 유아 치료 시설, 소년 법원, 재판을 기다리는 어린이를 위한 보호관찰소, 유치원, 공원을 비롯한 공공 위락시설의 건설에 공적인 지원을 끌어들이는 데까지 이어졌다. 인종 차별에 막혀 GFWC에 가입하지는 못했지만 흑인 여성들도 1896년 '미국 유색인종 여성 단체 전국 연합'을 조직하여 금주 운동을 펼치고 미혼모를 위한 주택, 보육시설, 유치원을 지원했다.

여성 참정권 운동가 레타 도어Rheta Childe Dorr는 "여성이 있어야 할 자리는 가정이다. 그러나 가정이 자기 집의 네 벽 안에 한정되지는 않는다. 가정은 공동체이다"라고 주장했다. (인종은 초월하지 못했지만) 계급은 넘어섰던 여성 참정권 운동은 20세기로 접어들 무렵 페미니스트 단체가 활발하게 결성되던 시대의 흐름이 단지 제일 눈에 띄게 표출된 데 지나지 않는다.

노동운동의 연속적인 물결은 사회적 연대를 위한 운동과 정치 개혁을 위한 운동이 하나로 묶여졌던 또 하나의 사례이다. 19세기 말 노동을 조직하려는 노력은 차 마시면서 회의를 열어서 될 일이 아니었다. 이 시기는 미국 역사에서 계급 갈등이 가장 격렬하게 뿜어져 나오던 때였다. 당시 스탠더드 석유회사의 횡포를 파헤치고 사회 개혁 운동에 앞장섰던 언론인 아이다 타벨은 회고록에서 "1880년대는 피가 튀던 시기"였다고 회상했다.

노동조합은 의제에 사회 개혁과 계급투쟁을 포함하며 활동 범위를 넓히려고 계속 시도했지만, 19세기를 가장 오래 버티며 존속했던 노조들의 일차적 목표는 고용 조건의 향상이었다. 그러나 20세기로 접어들며 노동조합이 분출하듯 결성되면서 1910년에는 국회에 15명의 노동조합주의자를 당선시킴으로써 절정에 도달했다. '사회주의'의 위협이 코앞에 닥쳤다고 느낀 기존의 정치권은 자신의 활동 목표에 노동 개혁을 포함하는 쪽으로 나아갔다. 여기에서도 계급을 초월한 연대가 중요한 역할을 했다. 헐 하우스의 일꾼 플로렌스 켈리가 1899년 창립한 '전국 소비자 연맹'은 여성 노동자에게 제대로 된 노동 조건을 마련해주지 못하는 기업들에 대해 중간 계급 여성 소비자들이 불매 운동을 펼칠 수 있도록 했다.

사회 운동으로서 진보주의는 '하향' 혹은 '상향'으로 단순하게 일반화할 수 없을 만큼 다양한 형태로 전개되었다. 새로운 우애 단체, 시민단체, 개혁 단체들 중에는 전국 본부와 전국적인 지도자들이 회원을 충원하는 방식으로 위에서부터 움직이는 곳도 많았다. 그러나 각 지역에서 자발적으로 이루어진 주도적 노력의 결실로 단체가 결성된 경우도 역시 많았다. 4H 클럽이나 '농민공제조합' 같은 일부 단체들은 사실상 연방정부가 만들었다. 보다 중요한 것은 한 지역에서 다른 지역으로 창의와 솔선수범의 정신이 퍼져 나갔다는 점이다. 정치학자 스카치폴은 "이러한 조직 팽창의 방법은 남북전쟁 이전 미국에서 전국을 누비며 새로운 신도들을 널리 퍼뜨리려고 들불처럼 일어났던 감리교와 침례교 순회목사의 전도 방법을 그대로 연상시켰다"고 지적한다.

시민적 참여의 확대라는 진보의 시대의 신념이 널리 퍼지는 데도 모방과 확산이 이용되었다. 한 지역에서 탄생한 노력은 다른 지역에서도 채택되고 발전되었으며, 또 여기서부터 다른 곳으로 확산되고 발전되었다. 시민정신의 혁신적 노력이 발전하는 한 가지 사례를 추적해보면 이러한 발전과 확산의 과정을 잘 알 수 있다. 부분적으로는 존 듀이 같은 학자들이 헐 하우스에서 했던 강연을 모델로 삼아 위스콘신 대학과 시카고 대학은 대학과 시민 사이의 유대를 강화하기 위해 1890년대 성인들도 수강할 수 있는 강좌를 열었다.

20세기로 접어들자 클리블랜드의 유명한 진보적 시장 톰 존슨Tom Johnson은 시민과 정치 지도자들이 모여 공공 문제를 놓고 스스럼없이 서로의 의견을 주고받을 수 있는 텐트 회의를 고안하여 실천했다. 이 노력을 모델로 삼아 1907년 뉴욕 주 로체스터의 시민단체들은 지역의 문제에 관해 일반 시민이 정기적으로 토론을 벌이는 '만남의 광장social center'을 공립학교에 설립하고 공공 예산을 지원받았다.

그로부터 3년 후 로체스터에는 그러한 회의가 매년 수백 차례 열렸다. 로체스터 지역의 최대 신문 《데모크랫 앤드 크로니클Democrat and Chronicle》에 실린 1910년 3월 20일자 기사를 보자. "만남의 광장과 시민 클럽들에서 이번 주의 프로그램은 다양하다. 사업 여건, 건강, 예술, 사회 단체, 높은 물가, 주류酒類 문제, 동네 문제 등을 놓고 저녁에 토론을 벌일 것이다." 계급과 교육 수준의 차이에도 불구하고 많은 사람들이 이러한 시민적 심의에 참여했다. 1911년 한 옵서버는 이 모임을 간명하게 이렇게 보고했다. "오늘의 주제는 시의 위원회에 관한 것인데, 폴란드 출신 세탁소 여성과 '기독교 여성 금주 운동 연합'의 회장이 세탁소 직원과 대학교수로서의 입장을 놓고 팽팽히 맞섰다." 1916년이 되면 '만남의 광장' (혹은 커뮤니티 센터) 운동은 전국적으로 퍼져나가, 우리가 보았듯 '사회적 자본'이라는 용어를 최초로 사용했던 하니판이 살던 웨스트버지니아 주까지 도달했다.

이런 이야기에서 알 수 있듯 뉴욕, 보스턴 같은 주요 도시가 시민

적 혁신 과정에서 중요한 역할을 했고 지적 중심부였지만, 수많은
창의적 행동이 나타났던 곳은 비교적 정치적 · 경제적 자립성을 갖
춘 전국 각지의 지역 공동체였다. 이곳에서는 새로운 세기에 공동
체의 유대 관계를 새롭게 확립하고자 했던 활동가들이 서로의 좋은
방법을 보고 배우면서 적극적으로 뛰어다니고 있었다. 실제로 19세
기 말 단체 형성의 물결은 세계 각지에서 모여든 사람들로 붐비는
대도시가 아니라 비교적 정치적 · 경제적 자립도를 갖춘 소규모 타
운에서 시작했다. "진보의 시대의 운동은 미국 전체가 같이 경험했
던 유일한 개혁 운동"이라고 결론 내리는 역사학자 리처드 매코믹
과 아서 링크Arthur Link의 지적은 약간 과장일 수도 있지만, 이 운동
의 독특한 성격을 포착하고 있다.

　정치 운동으로서 진보 시대의 개혁 운동은 미국 역사에서 중요하
게 평가받는 대부분의 공공 정책과 제도를 철저히 개혁할 수 있도
록 한 원동력이었다. 여기에 필적할 만한 업적을 거둔 시기는 뉴딜
New Deal이 유일하다. 비밀투표(1888년 켄터키), 주민발의와 주민투표
(1898년 사우스다코타), 대통령 예비선거(1900년 미네소타), 시티 매니
저 시스템(1903년 텍사스 주 갤버스턴),[15] 상원의원 직접선거(1913년),
여성 참정권(1893년 콜로라도, 1920년 미국 헌법 개정), 불과 몇 십 년
사이에 미국 정치 과정의 모든 근본적인 특징들이 주와 지역의 정
치에 도입되고, 그 후 점차 전국적으로 확산되었다. 이러한 기본적
인 정치 개혁과는 전혀 별도로, 이때는 미국 역사에서 지역 행정이

---

15) city manager. 시의회가 정책을 결정하고, 그 집행은 지배인에게 위임하는 제도.
　　지배인은 시의 직원과 자원을 활용하여 시의회에서 결정된 정책을 실행하고 책임을
　　진다. 정책의 결정과 실행을 분리하여, 실행 단계에서는 집행인이 정당 세력의 간섭
　　을 받지 않아 효율적인 업무 처리가 가능하다는 장점이 있으나, 행정의 지도력이 결
　　여된다는 단점을 갖고 있다. 미국 대도시에서는 잘 채택되지 않았는데 1990년대부터
　　일부 대도시에서 실시하고 있다(옮긴이).

가장 일사분란하게 이루어지던 시기이기도 했다.

국가적으로 진보의 시대는 연방준비제도(1913년), 소득세(1913년), 예산국(1921년)을 설립하며 재정과 금융 정책의 제도적 초석을 놓았다. 1906년 식품의약국FDA 설립, 연방 육류검사법 제정은 미국 역사에서 최초의 소비자 보호법안이었으며, 1905년 국유림 그리고 1913년의 국립공원 시스템은 최초의 환경보호 법안이었다. 그리고 1913년의 상무부와 노동부 및 예산회계원 창설, 1903년 독점 방지 규제 강화, 1916년 아동노동법, 철도 부문에서 1916년 시작된 8시간 노동, 1916년 노동자 재해보상, 1910년 통신 산업에 대한 최초의 연방 규제, 1908년 미국 수사국 설립(1935년 FBI로 개명), 1910년 연방 선거자금법, 1913년 50년 만의 최대 규모의 무역 자유화, 1902년 서부의 여러 주에서 연방 수木자원 정책의 토대 마련, 1914년 어머니날 역시 그러한 흐름 속에서 이루어졌다.

진보의 시대 눈사태처럼 터져 나온 개혁가들의 주도적 노력에 영향 받지 않은 공공정책 분야는 거의 없다. 처음에는 주와 지역 공동체에서 실험적 개혁으로 시작했다가, 워싱턴을 향해 큰소리를 치고 나아가면서 힘을 얻는 것이 혁신의 전형적 진행 방식이었다.

모든 개혁이 그 주창자들이 처음 예상했던 대로 성공적이지는 않았으며, 돌이켜 보면 나쁜 영향을 끼친 개혁들도 있었다. 그럼에도 불구하고 전체를 놓고 보면 이 개혁의 물결은 급진적 변화를 막기 위해 세운 미국 헌정 체계 내에서 대단한 업적을 거두었다. 이 업적은 20세기의 첫 10년 동안 중요 정당을 휩쓸고 지나갔던 광범위한 기반을 갖추고, 전국적으로, 풀뿌리 수준에서 벌어진 정치 운동에 기초를 두고 있었다. 그리고 이 정치적 동원은 다시 그 앞의 수십 년 동안 사회적 자본의 형성기에 창조된 에너지와 단체에 의존하고 있었다.

일반적으로 말하자면 이 운동의 물결은 19세기의 마지막 3분의 1 기간에 여가나 자조 등 회원들의 사적 관심사에 일차적인 초점을 두는 (우애 단체와 문화 단체 같은) 단체에서 시작했다. 1890년대와 1900년대에 들어오면 이 단체들(그리고 이 시기에 형성된 보다 새로운 단체들)은 점차 관심사를 공동체의 문제, 궁극적으로는 정치 개혁으로 전환시켰다. 사회적 네트워크를 형성하는 내부 지향적인 초기 단계는 후일 정치적 행동으로 나아가는 외부 지향적 단계를 마련하였다. 일정한 틀에 넣은 역사적 일반화가 모두 그렇지만 이런 해석은 과장의 우려가 있다. '슈라이너스' 같은 단체에도 공공의 성격이 있고, '여성 유권자 연맹' 같은 단체에도 사적인 측면이 있기 때문이다. 그러나 결정적으로 중요한 사실은 **사회적 자본에의 투자는 정치적 동원과 개혁의 대안이 아니라 그 전제조건이라는 것이다.** 그리고 그것은 또한 우리 시대가 배워야 할 핵심 교훈이다.

3. 결론

우리는 진보의 시대를 통째로 미화할 필요는 없다. 이미 역사학자들은 이 운동의 유산을 놓고 지금까지 거의 한 세기 동안 논란을 벌여왔다. 그중에서도 지난 반세기의 대부분 기간 동안 전문 역사학자들 사이에 지지를 얻고 있는 비판은 진보의 시대 개혁가들이 사회 문제 해결에 기술관료적 엘리트주의를 선호하는 성향을 보였다는 점이다. 사회 문제에 '전문적' 혹은 '전문가'의 해결책을 제안하면서 많은 개혁가들은 반정치적 노선을 취했는데, 이것은 의도하지는 않았다고 하더라도 공공 참여를 축소하는 효과를 가져왔다는 비판이다.

실제로 1896년 이후 선거 참여율은 하락하기 시작하여 아직도 만

회하지 못하고 있다. 사실상 중간 계급 전문가들이 지배하는 '위원회'와 '평의회'를 일반적으로 선호하는 개혁가들에게는 도당 정치partisan politics, 특히 부패와 후원 관계가 지배하는 정당의 머신machine은 원수나 마찬가지였다. 개혁가들은 머신에 내재되어 있는 부패와 종속 관계는 잘 알고 있었지만, 그 외에는 아무 수단도 없는 무력한 사람들, 특히 이민자들에게 공공 영역에 접근할 수 있게 해준 머신의 기능에 대해서는 무지했다.

역사학자 필립 에딩턴Philip Ethington은 "(약 1890년대에서 1920년대의) 소위 진보의 시대의 많은 역설들 중에서 아마 가장 슬픈 것은 민주주의를 가장 신봉한 사람들이 민주주의에 가했던 깊고 지속적인 충격"이라고 지적했다. 몇몇 개혁가들이 열렬히 주장했던 심의 민주주의, 즉 우리 스스로 참여해서 머리를 맞대고 문제를 토론하고 결정하는 민주주의가 아니라, 다른 사람들이 미리 만들어서 우리에게 찬반을 묻는 직접 국민투표 민주주의로 귀결되었기 때문이다.

진보의 시대가 사회 개혁, 사회 통제, 사회 혁명 중 무엇을 겨냥했는가를 놓고 역사학자들은 더 큰 논쟁을 벌여왔다. 일부 학자들은 중간 계급 개혁가들이 제멋대로 날뛰는 난폭한 노동계급 이민자들에게 사회적 통제를 행사하려고 자발적 결사체를 형성했다고 주장해왔다. 다른 학자들은 진보의 시대의 지도자들이 중간 계급 출신이라는 점은 인정하면서도, 이민자 공동체와 노동계급 공동체를 강화하고 사회적 불평등을 축소하려고 노력했던 새로운 제도들의 유익한 측면을 강조한다.

또 다른 학자들은 중간 계급 개혁가들이 자신의 노동계급 '의뢰인'의 요구에 의해 자극을 받은 경우가 종종 있었으며, 따라서 이 역동적인 참여의 과정을 하향식 사회 통제로 환원시키는 것은 자신의 삶이 변화하고 있던 그때 그 사람들의 의도와 행동을 무시하는 것이라고 맞서왔다. 그런가 하면 "노동계급의 폭력에 대한 공포가 진보의 시대의 개혁이라고 불러왔던 많은 것을 설명해준다"고 역사학자 넬 페인터는 결론 내렸다.

앞 다투어 결성되던 새로운 단체와 그 정치적 결과를 칭찬하는 학자들조차 지나친 사회 통제, 그리고 개인이 사회에 예속될 잠재적 위험을 자주 지적한다. 진보의 시대가 보여주던 공동체주의적 열정은 너무나 쉽게 위험한 방향으로 확장된다. 제1차 세계대전 중 '전국 도시 연맹National Municipal League' 회장 더들리 폴크Dudley Foulke는 전쟁이 끝난 후 공공 봉사를 위한 징병제를 제안했다.

> 공공복지에는 공동체를 위해 결혼해 아이를 키울 사람들이 필요하다. 좋건 싫건 기꺼이 그렇게 해야 한다. 금지법이 있건 없건 [……] 공공복지는 일부에게는 술을 끊도록 요구하거나, 또 다른 일부에게는 무절제와 도덕적 타락을 불러일으키는 안 좋은 습관을 중단할 것을 요구해야 한다. [……] 방어와 사회적 개선을 위해 도시나 주의 산업을 조직하거나 군대에 복무하려면 훈련 기간이 필요할 수 있다. 이런 일에 호출된 사람들은 자신의 개인적 이익을 기꺼이 희생하고 그 부름에 응해야 한다.

이 미국식 '빅브라더'는 과도한 공동체주의의 위험성을 보여주고 있다.

이보다 훨씬 곤란한 사실은 우리가 앞에서 보았듯 진보의 시대의 공공 의제에는 인종 분리와 사회적 배제가 대단히 중요한 위치를 차지하고 있었다는 점이다. 짐 크로우 법은 1896년 법적으로 인정받았으며, 합법적인 인종 차별에 맞서기 위해 1909년 NAACP가 창설되었고, 1915년에는 필요하다면 불법적인 수단을 동원해서라도 인종 차별을 강행하겠다는 목표를 갖고 제2차 KKK단이 설립되었다.[16] 진보의 시대의 '시민적 혁신'이 모두 진보적이고 유익하지는 않았다. 개혁이 먼저 이루어진 이 시대로부터 현재 미국의 문제를 치유할 수 있는 영감을 찾고자 하는 사람들은 공동체의 강조가 분열과 배제를 심화시킬 수도 있다는 점에 주의해야 한다. 필연적으로 사회적 자본은 동질적인 공동체 내에서 육성하는 것이 더 쉽기 때문에, 사회적 자본의 형성을 강조하면 사회 균형을 연계형 사회적 자본에서 결속형 사회적 자본으로 무심코 옮겨놓을 수도 있다. 바로 이것이 앞 시대에서 배워야 할 가장 유익한 교훈이다.

그러나 그 시대는 보다 긍정적인 여러 교훈들도 아울러 갖고 있다. 약 1880년에서 1910년 사이에 형성된 시민사회의 제도들은 지금껏 거의 1백 년 동안 존속해왔다. 그 30년 사이에 미국 사회의 자발적 시민 참여의 구조는 현대적 형태를 갖게 되었다. 이 책 제2부에서 검토했던 시민적 불참의 경향은 20세기의 마지막 3분의 1 동안 바로 그 구조가 소멸했음을 보여준다. 변화무쌍한 사회적 · 경제적 변화의 세기를 이겨내고 사회에 기여하면서 긴 세월을 존속할 수 있는 일련의 제도를 창조한다는 것은 우리 인간사에서 절대로 작은 업적이 아니다.

어려움과 시행착오를 겪고 잘못을 범하기도 했지만, 진보의 시대의 지도자 그리고 19세기 말 그들의 직계 선조는 사회적 자본 혹은 시민 참여의 결핍이라는 문제를 정확히 진단했다. "옛날 시골 생활이 훨씬 좋았어. 모두 농촌으로 돌아가자"라고 말하고 싶은 마음이 1890년에는 굴뚝같았을 것이다. 그들은 물결을 되돌리려는 유혹을

---

16) 2차 KKK단은 반이민, 반가톨릭, 범죄 반대, 근본주의적 요소를 갖고 있는데 남부가 아니라 중서부 지역에서 가장 강했다.

이겨내고 사회 혁신이라는 어렵지만 보다 확실한 길을 택했다. 마찬가지로 오늘날 시민 참여와 사회적 자본의 결핍을 우려하는 사람들 중에서 "옛날 50년대 생활이 훨씬 좋았어. 모든 여성들은 부엌으로 돌아가시고, 가는 길에 텔레비전 좀 꺼주세요"라고 말하고 싶은 마음이 생길지도 모른다. 사회적 탈구dislocation는 반동적 형태의 향수를 쉽게 낳을 수 있다.

그렇지만 내 주장은 정반대이다. 우리에게는 시민적 창의성의 시대가 절실히 필요하다는 것이 나의 메시지이다. 우리가 지금껏 살아왔던 방식과 어울릴 시민적 삶을 소생시킬 수 있는 새로운 일련의 제도와 통로를 창조할 수 있는 시민적 창의성의 시대 말이다. 지금 우리의 과제는 보이스카우트, 사회복지관, 놀이터를 비롯한 공공 휴양시설 설립 운동, '하다샤' '전국 광산 노동자 연맹', NAACP 등과 같은 역할을 할 수 있는 것을 21세기에 살려내는 일이다.

우리가 앞으로 만들어낼 제도는 진보의 시대의 개혁가들이 한 세기 전에 창조했던 제도들과 전혀 닮지 않을 수도 있을 것이다. 그러나 진보의 시대의 개혁가들 역시 그들이 그리워했던 과거의 소규모 마을의 관습을 그대로 복제하지는 않았다. 사회적 개혁의 성공에는 기꺼이 시행착오를 겪고 그런 다음 우리의 목표를 교정하는 대가를 치러야 한다.

21세기의 문턱에서 과거를 돌아보면 보이스카우트 없는 시절은 상상하기도 어렵다. 그렇지만 남북전쟁 이전 미시시피 강의 모래톱에서 놀던 톰 소여 패거리가 엄숙히 선서하고 베레모와 배지를 착용한 보이스카우트로 20세기에 되살아나리라는 생각은 한 세기 전에는 틀림없이 공상으로 보였을 것이다. 그렇지만 보이스카우트 같은 제도들은 청소년 공동체의 형성에 새롭고 성공적인 광장을 마련해주었다. 마찬가지로 오늘날의 시민적 문제에 대한 해결책의 일부는 처음에는 터무니없어 보일 수도 있지만, 그렇다고 낯익은 전통적 방식에 사로잡혀 우리의 새로운 시민적 창조성을 차단하는 일은 없도록 주의해야 한다. 진보의 시대의 특유한 개혁들은 우리의 시대에 더 이상 적합하지 않지만, 우리는 그 시대의 실용적이고 열정적인 이상주의 그리고 그 업적으로부터 영감을 끌어내야 한다.

사회적 자본가를 위한 실천 의제

1. 문제에 맞서기

히브리의 시인들은 『전도서』에서 "천하에 범사가 기한이 있고 모든 목적이 이룰 때가 있나니"라고 노래했다. 가수 피트 시거Pete Seeger가 포크 음악에 고대의 격언을 가사로 빌려 썼던 1960년대가 미국인에게는 억지로 강요된 단합의 족쇄를 풀 시기였는지 모른다. 그러나 새로운 세기로 접어들면서 공동체의 피륙을 다시 짜기 시작하는 지금 우리에게는 그것도 옛날이야기이다.

탐구의 출발점에서 나는 오늘날 대부분의 미국인은 막연하고 불안한 단절감을 느끼고 있다고 지적했다. 20세기가 막을 내리는 지금 많은 사람들은 새로운 세기로 접어들면서 "우리는 스스로를 바꾸는 방법을 알지 못한 채 너무 빨리 환경을 바꾸어놓았다"고 토로

한 젊은 월터 리프먼과 같은 생각을 하고 있는 듯 보인다. 우리는 여론조사원들에게 보다 시민정신에 투철하며, 보다 신뢰성 있고, 사회 구성원을 보다 집합적으로 배려하는 공동체에 살고 싶다고 이야기한다. 우리의 탐구에서 인용한 자료들은 이러한 그리움이 단순한 향수이거나 '허위의식'이 아니라는 점을 보여준다. 우리의 공동체의 유대가 사라졌다고 본 미국인은 **옳으며**, 이러한 변화에는 매우 실질적인 대가를 치러야 할 것이라고 우려하는 미국인도 **옳다**. 그렇지만 금박 시대에서 진보의 시대로 옮겨간 우리의 선조들과 마찬가지로 우리의 과제는 사회 변화에 마음 아파하는 것이 아니라 그 방향을 유도하는 것이다.

사회적 자본의 창조(혹은 재창조)는 쉬운 과제가 절대 아니다. 전쟁이나 공황 혹은 자연재해처럼 누가 봐도 명백한 국가적 위기라도 있으면 쉬울지도 모르겠지만, 다행이기도 하면서 불행하게도 새로운 세기의 여명에 있는 미국은 사회를 소생시킬 만한 그런 위기에 직면해 있지 않다. 지난 수십 년 동안 공동체의 퇴조는 아무 일 없는 듯 조용히 진행되어왔다. 우리는 그 결과를 우리의 개인적 삶에 생긴 부자연스러운 틈, 그리고 공적인 삶의 공백 속에서 알아차린다. 그러나 그로 인한 가장 심각한 결과는 "이 그림에는 무엇이 빠져 있습니까?" 하고 묻는 오래된 응접실 수수께끼를 연상시킨다.

줄어든 사회적 자본은 이웃과의 모임, 친구와 어울리기, 낯선 사람에 대한 친절, 개인적 재화만 홀로 추구하기보다는 공공 이익을 함께 돌보기 등 우리가 거의 알지도 못한 채 사라져버린 것들 속에 선명하게 나타나 있다. 이 문제의 이름을 붙여주는 일이 문제와 맞서는 첫 단계이다. '환경'이라는 용어가 미국인에게 고요한 봄날의 소리를 듣도록 하고, 베티 프리던이 '아무도 문제라고 생각하지 않는 문제'라고 이름 붙인 그것이 여성에게 자기 삶에서 무엇이 잘못인가를 분명하게 인식하도록 해주었듯 말이다.

물론 우리의 문제에 이름을 붙여주는 작업, 그리고 문제의 차원을 측정하고, 그 기원을 진단하며, 그 함축적 의미를 평가하는 일조차도 보다 거친 과제에 맞서기 위한 예비 작업에 불과하다. 대부분의 여성은 직장 생활을 하고, 시장은 세계화되었으며, 개인과 기업은 장소를 옮겨 다니고, 오락은 전자화되었으며, 기술은 가속적으로 발전하면서 세상을 되돌릴 수 없이 바꾸어놓았고, (다행히) 큰 전쟁은 없는 상황에서 어떻게 하면 우리의 사회적 자본의 축적을 늘릴 수 있을까? 대부분의 사회 문제처럼 이 문제 역시 제도적 측면과 개인적 측면의 두 성격을 갖고 있다. 편리한 시장의 비유법을 이용하자면 우리는 시민 참여를 위한 기회의 **공급**과 그 기회에 대한 **수요**를 모두 살펴볼 필요가 있다.

진보의 시대의 선배들이 그랬던 것처럼 우리 역시 새롭게 다듬어진 시민적 참여를 촉진할 수 있는 새로운 (공적·사적) 제도와 정책을 창조할 필요가 있다. 내가 곧 상세히 설명하겠지만, 미국 생활의 모든 영역에서 지도자와 활동가들은 우리가 물려받은 시민적 제도와 실천의 효율성 쇠퇴에 대응할 수 있는 혁신적 방법을 찾아내야 한다. 동시에 우리는 집합적 행위의 낯익은 역설을 극복해야 하기 때문에, 개인으로서 서로 연계성을 다시 구축하려는 결심을 굳게 가질 필요가 있다. 내가 아무리 활력 넘치는 공동체를 개인적으로 원한다고 해도 나 혼자만으로는 그 목표를 이룰 수 없다. 사실 참석자가 나 혼자인 모임은 모임이 아니며, 나 혼자 회원으로 있는 클럽은 클럽이 아니다. 손 떼고 내 스스로 무언가 성취할 수 있는 개인적 즐거움의 세계로 물러가고 싶은 유혹이 찾아온다. 그러나 내가 그렇게 하면 우리 모두 직면해 있는 똑같은 종류의 문제 해결은 더 어렵게 된다. 개인들의 행동은 공동체의 복원에 충분조건은 아니지만 **필요조건이다.**

결국 우리의 과제는 집합적·개인적인 진취적 노력을 모두 동원하여 21세기에 미국 공동체를 복원하는 것이다. 미국이 당면하고 있는 시민 불참의 문제에 만병통치약은 절대 없다는 사실을 나도 인정한다. 그렇지만 진보의 시대에 있었던 학자와 실천 운동가들 사이의 집중적인 상호 교류를 모델로 삼아 설립된 전국적인 공동 토론의 선두에 있었던 최근 몇 년 동안의 내 경험 때문에, 나는 모두 함께 노력하면 진보의 시대의 우리 선조들처럼 오늘의 미국도 다시 한 번 시민적 창조성을 회복할 수 있다고 낙관한다.

이러한 협의들 중 하버드 대학에서 개최한 '사와로 세미나 : 미국의 시민 참여Saguaro Seminar : Civic Engagement in America'에는[1] 미국의 많은 다양한 지역사회로부터 이론가와 행동가들이 함께 모여 문제를 형성하고 대답을 찾고자 했다. 여기서 계속 진행된 토론들은 지금 내가 제시하는 해결 방안에 유용한 지식을 많은 면에서 제공해주었다. 이 모임의 목적은, 첫째, 우리가 매일 사회적 자본에 투자 혹은 투자하지 않으려고 내리는 수많은 사소한 결정의 집합적 의미를 보다 많은 미국인이 인식하도록 하고, 둘째, 우리의 변화된 삶에 맞는 새로운 방식의 사회적 연계성을 발견하고 창안할 수 있도록 우리 동료 시민의 시민적 상상력에 불을 붙이는 것이다.

우리의 사회적 자본의 기금을 어떻게 갱신할 것인가의 문제는 국가적으로 십여 년 이상의 노력을 필요로 하는 과제이지 어떤 학자

---

1) 미국인들의 개인적 연계, 그리고 공동체 제도와 개인들의 연계를 증진시킬 수 있는 방안을 개발하기 위해 33명이 정기적으로 모이는 세미나이다. 배경, 직업, 거주지가 저마다 다양한 회원들은 이 부분에 상당한 경험을 갖고 있는 실천가와 이론가들이며 행동으로 옮길 수 있는 방안을 모색하는 데 역점을 두고 있다. 이 세미나에 관해 보다 많은 정보는 하버드 대학 John F. Kennedy School of Government의 세미나 담당자 혹은 ksgwww.harvard.edu/saguaro를 방문하면 알 수 있다.

개인이나 연구 집단이 해결할 수 있는 과제가 아니다. 애미타이 에지오니Amitai Etzioni와 윌리엄 갤스턴William Galston 같은 공동체주의적 학자 겸 행동가들이 이 분야에서 오랫동안 노력을 기울여왔다. 이 마지막 장에서 내 의도는 소박하다. 열정적인 사회적 자본가들의 특별한 관심을 받을 자격이 충분한 여섯 개 분야를 간략하게 요약함으로써 우리 앞에 놓여 있는 도전의 핵심 측면을 인식하려는 것이다. 여섯 개의 분야는 청소년과 학교, 작업장, 도시 설계, 종교, 예술과 문화, 정치와 정부이다.[2] 나는 우리들이 함께 보다 창조적이고 튼튼한 그 무엇을 만들 수 있으리라는 희망에서 이 각각의 영역에 내 제안을 제시하며 독자 여러분의 상상력을 자극하려고 한다.

2. 청소년과 학교

아리스토텔레스에서 루소, 윌리엄 제임스, 존 듀이에 이르는 철학자들은 시민의 문제를 논할 때 청소년 교육에서 시작했다. 그들은 민주적 시민이 갖추어야 할 필수적인 품성, 능력, 지식, 습관, 그리고 그것들을 시민에게 주입시키는 방법에 관해 깊이 생각했다. 우리가 현재 처한 곤경을 만들어낸 원인 중 가장 중요한 것 하나만 꼽으라면 세대 변수이다. 세대에 따른 참여의 하락은 거의 모든 형태의 시민 참여에 지금까지도 계속 깊은 영향을 끼치고 있기 때문에 이 출발점은 오늘날의 개혁가들에게 특히 적합하다. 미국인의 사회적 자본의 감소는 요즘 젊은이들에게서 시작되지 않았다. 부모 세대가 시작한 것이다. 그리고 21세기 초에 성인이 될 세대 사이에 시민 참

---

2) 실제로는 매스 미디어와 인터넷을 포함해서 모두 7개 분야를 논하고 있다(옮긴이).

여의 불을 다시 붙이는 것은 모든 세대의 미국인의 의무이다.

그래서 나는 미국의 부모, 교육자, 그리고 누구보다 미국의 젊은 성인들에게 다음과 같은 도전 과제를 제시하고자 한다. **2010년에는 우리 사회의 모든 분야에서 성인이 된 미국인들의 시민 참여의 수준을 할아버지 세대의 그 나이 때 수준에 필적하도록 끌어올리고, 동시에 연계형 사회적 자본은 할아버지 시대보다 실질적으로 더 크게 만들 수 있는 방법들을 찾아보자.** 그런 작업이 성공을 거두었는지 측정할 수 있는 한 가지 분야는 우리가 1960년대의 투표율을 회복할 수 있느냐는 것이다. 그렇지만 우리의 목표는 팀 스포츠, 합창단, 조직화된 이타심, 풀뿌리 사회 운동에 이르는 그 외 여러 가지 보다 실질적이고 세부적인 부문에서도 참여와 심의를 증진시키는 데 두어야 한다.

21세기 초에 이러한 목표를 달성하는 수단, 그리고 우리의 성공을 담당할 새로운 형태의 유대 관계는 20세기 중반의 그것들과는 분명히 다를 것이다. 이런 이유에서 이 목표의 성취에는 베이비붐 세대와 그 앞 세대보다는 X세대와 그 아래 세대의 감수성과 분별력이 더 많이 필요할 것이다. 그렇지만 몇몇 '구식'의 생각들도 이 문제에 타당성을 갖고 있다.

시민 교육을 예로 들어보자. 우리는 일상적인 시민의 기술skill에서 공공 업무와 관행에 관한 지식이 효과적인 참여의 전제조건이라는 사실을 알고 있다. 또 우리는 20세기 말 미국 교육부가 미국의 초등학교와 중고등학교 학생에게 나누어준 '시민 윤리 성적표civics report card'가 실망스러웠음도 알고 있다. 따라서 학교에서 사회 과목 교육의 개선이 우리 전략의 일부가 되어야 한다. 즉 "의회의 법안은 어떻게 법률이 되는가?"를 알아보는 교육에 그치지 않고 "나는 내가 사는 지역 공동체의 공적 생활에 어떻게 하면 효과적으로 참여할 수 있는가?" 묻고 그 방안을 찾는 교육으로 바꾸어야 한다. 예컨대 동네 농구장에 조명 시설 끌어들이기처럼 자기 학생들이 중요하다고 생각하는 공적 변화를 **실현하려고** 그들과 함께 일하는 교사가 사회 과목을 담당한다고 상상해보라.

우리는 또 다른 효과적인 전략도 알고 있다. 공동체 봉사 프로그램은 특히 그 봉사가 의미 있고, 규칙적이며, 학교 교과 과정의 틀 안에 녹아 있을 경우 참여자의 시민적 근육을 실제로 강화한다는 사실을 입증하는 수많은 증거가 있다. 일시적이고 우연적인 봉사는 효과가 거의 없다. 전국적으로 가장 빈번하게 실시된 '공동체 봉사'라고 1997년의 한 연구가 보고한 아이 보기와 허드렛일 하기가 대단한 효과를 거둘 것이라고 상상하기는 어렵다. 다른 한편 (점점 더 많은 증거들은) 잘 설계된 봉사 학습 프로그램은 시민적 지식을 향상시키고, 시민의 능력과 자부심을 증진시키며, 협동과 지도의 기술을 가르친다고 시사하며, (한 가지 연구는) 인종주의를 줄일 수도 있다고 지적한다.[3]

재미있는 사실은 자원봉사 프로그램은 의무적일 때도 잘 움직이는 것 같다는 점이다. 7장에서도 지적했지만 청소년기의 자원봉사 활동은 성인의 자원봉사를 예측하게 해주는 가장 강력한 지표이다. 세대 간의 멘토링mentoring 역시 시민적 참여의 증진에 기여할 수 있다. 성인 자원봉사자들이 웹 사이트 구축이나 글쓰기 같은 구체적인 방과 후 프로젝트를 청소년들과 함께하는 보스턴의 시민학교 프로그램이 대표적 사례이다.

---

3) 여기서 봉사 학습(service learning) 프로그램이란 학습과 결합된 공동체 봉사를 가리킨다. 대부분의 관찰자는 이 방법이 시민적 습관을 주입시키는 데 가장 효과적인 방법이라는 점에 동의한다. 1999년 미국의 6~12학년 학생 중 약 57퍼센트가 어떤 형태로건 공동체 봉사에 참여했는데, 이 수치는 1996년의 49퍼센트에서 상승한 것이었다. 한편 그들 중 절반 조금 더 되는 학생(총 학생의 30퍼센트)이 봉사 학습에 참여했다.

(학교와 연결되었거나 독립적으로 실시되는) 정규 교과목 이외 활동의 참여 역시 나이가 들어서도 시민 참여와 사회 참여를 확대시켜준다고 입증된 또 하나의 수단이다. 고등학교 음악 그룹, 운동 팀, 봉사 단체 등의 참여는 성인 참여를 예측하게 해주는 가장 튼튼한 지표 중의 하나이다. 인구학적으로 일치하는 집단들을 서로 비교해도 같은 결과가 나온다. 시민적 관점에서 보면 정규 교과목 이외의 활동은 절대로 '쓸데없는 일'이 아니다. 그런데도 1980년대와 90년대 사이 이 활동에 대한 예산 지원은 10분의 1 정도로 줄었다. 그처럼 잘못 진행된 일을 되돌리는 작업은 2010년경 청년들의 참여를 다시 활성화하려는 우리의 목표를 향한 좋은 출발점이 될 것이다.

마지막으로 우리는 소규모 학교가 대규모 학교보다 정규 교과목 이외의 활동에 학생들의 적극적인 참여를 더 장려한다는 사실을 알고 있다. 작은 학교에서는 보다 많은 학생들이 트럼본을 연주하고, 축구부에 들어가고, 연극 무대에 설 기회를 갖는다. 소규모 타운과 마찬가지로 소규모 학교에서 학생들은 상호 호혜성을 배우고 집합적 행위에 참여할 기회를 많이 부여받을 것이라고 예측할 수 있다. 따라서 거대 학교의 분산 혹은 '학교 내' 소규모 학교의 설립은 시민적 참여의 바탕을 만들어낼 것이 거의 확실하다.

청소년 사이에 사회적 자본을 확대하려는 우리의 노력은 학교 교육에만 한정되어서는 안 된다. 옛날의 4H 클럽이나 인보관의 역할을 인터넷 시대에는 무엇이 하게 될지 아직은 알 수 없지만, 사회봉사에 관해 가장 우수한 아이디어를 제안한 X세대 혹은 Y세대에게 매년 제인 애덤스 상Jane Addams Award을 수여해야 한다. 우리에게 필요한 것은 몸에는 좋지만 입에는 안 당기는 시민적 브로콜리가 아니라 사회적 가치와 놀이를 천재적으로 결합한 스카우트의 최신 버전이다. 나는 시민적으로 침체했던 20세기의 마지막 10년에 성인이 된 사람들에게 21세기의 처음 10년에 성인이 될 자신의 남동생과 여동생들 사이에 시민 참여의 확대를 끌어낼 수 있는 견고하고 매력적인 방법을 고안할 것을 도전 과제로 제안한다.

3. 사업장

직업의 성격 변화, 그리고 이와 연관되어 나타난 여성의 유급 노동력으로의 이동은 규모와 영향력 면에서 20세기 미국이 겪었던 가장 광범위한 격변 중의 하나이다. 이 작업장의 변화는 그 중요성에서 농업 국가로부터 공장과 사무실의 국가로 탈바꿈한 19세기 말 미국의 대전환과 맞먹는다. 그러나 21세기가 문을 여는 지금에 와서야 미국의 공적·사적 제도, 그리고 작업장 내의 규범과 관행은 이 변화에 겨우 적응하기 시작했다. 우리가 11장에서 보았듯 이 작업장 혁명은 사회적 연계성과 시민적 참여의 거의 동시적인 하락과 관련되어 있다.

따라서 나는 미국의 고용주, 피고용자 자신, 노동 지도자, 공공 관리들에게 다음의 과제를 제안한다. **2010년에는 미국의 작업장이 실질적으로 보다 가족적이고 친근하며 공동체와 조화를 이루도록 보장할 수 있는 방법을 찾도록 하자.** 그래서 미국의 노동자들이 작업장 안과 밖에서 모두 사회적 자본의 기금을 다시 채울 수 있도록 하자.

다행스럽게도 지역 공동체와 가족을 배려하는 작업장의 근무 여건이 고용주와 피고용자 모두에게 이익을 준다는 몇몇 증거들이 있다. 적어도 완전고용의 시기에는 그러한 근무 여건이 회사에 충실한 고급 노동력을 충원하고 보유하는 데 핵심 요소가 된다. 자신의 근무 시간에 어느 정도 유연성이 있다고 응답한 미국 노동자의 비율은 1990년 16퍼센트에서 1997년 30퍼센트로 상승했다는 점은 다행이다.

그렇지만 사회적 자본의 형성을 장려하는 고용 여건 때문에 생긴 혜택, 즉 보다 튼튼한 가족 유대, 보다 능률적인 학교, 안전한 동네, 보다 활기찬 공적 생활 등의 혜택 중 많은 부분이 기업 밖으로 '새나간다.' 기업이 치르는 비용은 그대로이면서도 기업 입장에서 보면 자신과 별 관계도 없는 일에 돈을 쓰는 셈이다. 이런 사실은 자기 직원들의 시민 참여에 드는 비용에 투자를 덜 하게 하려는 유인誘因을 기업에게 제공한다. 반면 공동체 참여와 가족 유대를 방해하는 작업장 근무 여건은 경제학자들이 말하는 '부정적 외부 효과'의 고전적 사례를 만들어낸다. 즉 사회에 일방적인 비용을 부과하는 것이다.

환경오염의 경우 기업의 환경 친화적 행동을 장려하는 방법은 도덕적 설득 외에도 여러 가지가 있다. 특히 세금을 비롯한 기타 재정적 유인은 도덕적 설득을 보강하며 부정적 외부 효과를 막는 적절한 공적 대응책이라는 점이 지금은 널리 인정받고 있다. 이와 유사하게 우리 역시 직원들이 가족과 공동체를 위한 시민 활동에 참여하도록 지원하는 기업에게 포상하는 방법, 그리고 이런 방침에 따라 행동하는 직원들을 장려하는 방법을 다시 생각해볼 필요가 있다.

많은 기업들은 공동체 봉사에 자원한 고용인들에게 자유시간을 제공하는데, 이런 관행이 널리 확산되어야 한다. 그러나 자원봉사는 시민 참여의 한 가지 형태에 불과하다. 1993년 제정된 '출산과 의료 휴가법' 같은 공공정책, 그리고 고용주는 직원의 배심원 업무 참석을 도와야 한다는 법적 요구는 시민적·사회적 연계성의 공공 이익이 고용 계약을 공적으로 정당하게 규제할 수 있음을 보여준다. 그러나 아픈 가족을 돌보는 일이 가족에 대한 유일한 책임은 아니고,

배심원 참여가 시민의 유일한 의무는 아니며, 우리의 노동법은 이 사실을 인정해야 한다.

11장에서 우리는 시간제 근무는 개인적으로나 시민적으로나 유용한 결과를 가져온다는 사실을 분명히 지적했다. 많은 사람에게 시간제 일은 공적 세계와 사적 세계를 조화시키는 최선의 방법이다. 즉 보다 넓은 사회적 네트워크와 접촉할 기회를 늘려주는 동시에 작업장 밖에서도 그러한 기회를 실현할 수 있는 충분한 기회를 준다. 우리는 시간제 노동자가 **정규직**full-time 혹은 **전혀 고용되지 못한 사람들**보다 공동체 활동에 더 잘 참여한다는 사실을 발견했다. 물론 모든 사람이 시간제 근무를 원하지는 않지만 많은 사람들이 그렇게 하고 있다. 그리고 미국의 비영리, 공적, 사적 제도들은 그러한 변화에 맞추어 자신들의 업무를 재구성하는 과제를 이제야 손대기 시작했다. 근무 형태 변화에 따른 새로운 시간의 정치는 21세기 공적 의제의 중요한 자리를 차지해야 한다.

시민적 참여와 사회적 연계성은 직장 밖에서뿐 아니라 안에서도 찾을 수 있다. 따라서 우리의 작업장 의제에는 직업에 기반을 둔 사회적 자본 형성의 새로운 수단이 포함되어야 한다. 특히 이 문제는 연계형 사회적 자본에 각별히 해당되는데, 작업장의 다양성이 날로 늘어간다는 사실은 중요한 자산이면서도 아직 사회적 자본가들에게 완전히 활용되지 못하고 있기 때문이다. 5장에서 보았듯 팀워크의 강조, 사무실 내부의 재배치 등 이러한 방향을 따라 몇몇 고무적인 조치들이 이미 진행되고 있다. 다른 한편 5장에서 논했던 또 다른 변화들, 특히 '비정규' 노동의 확산 등은 직업에 기초를 둔 사회적 자본의 형성 과제를 어렵게 한다. 고용주, 피고용인들 자신, 노동조합, 노동 관계 전문가는 임시직, 시간제 근무자, 독립 계약자가 필요로 하는 사회적 연계를 충족시키는 데 보다 창조적인 노력을 기울여야 한다.

마지막으로 우리는 시민적 생활은 작업장에 해당되지 않는다는 의견에 맞설 필요가 있다. 고용주가 제공하는 시간과 장소가 시민적 토론 그룹과 봉사 클럽에 이용되지 못할 이유가 어디 있는가? 시민의 기본 권리인 커뮤니케이션의 비밀이 직장에서도 잘 보호받지 못할 이유가 어디 있는가?

4. 도시 설계

20세기가 막을 내리면서 미국인은 지난 50년 동안 자신들이 세운 대도시의 주거 지역으로 급속도록 팽창한 교외 지역이 공해, 교통 혼잡, 시간 낭비 등 개인적·경제적으로 엄청난 부담을 초래했다는 사실을 점차 인식하기 시작했다. 12장에서 우리는 대도시의 교외 팽창은 우리 공동체의 사회적 짜임새를 손상시켜왔음을 보았다. 그래서 나는 미국의 도시계획가와 지역 개발 정책 입안자, 택지 개발업자, 공동체 조직자, 주택 구매자들에게 이렇게 제안한다. **2010년의 미국인은 오늘의 우리들보다 출퇴근 시간을 덜 쓰고 이웃과 유대 관계를 맺는 시간은 더 많이 가지도록, 직장과 생활 시설이 보다 통합되고 보행자 친화적인 지역에서 살 수 있도록, 친구와 이웃들과 늘 가볍게 만나 사귈 수 있게 우리의 공동체를 설계하고 공공장소를 마련해주도록 하자.** 믿기 어렵겠지만 이 목표는 단순하게 이렇게 표현될 수 있다. 우리 모두 이름first name만으로도 알고 지내는 친근한 이웃들이 지금보다 더 많아지도록 하자.

'신도시주의new urbanism'의 깃발 아래 행진하는 도시계획가들은 지난 10년 혹은 20년 동안 정확하게 이러한 생각에 따라 많은 창조적인 제안들을 내놓았다. 그러한 제안이 공동체 참여에 미치는 영향을 측정하기보다는, 지금까지는 이 생각을 명료하게 다듬고 더 나아가 실천하는 데 보다 많은 시간과 에너지가 투자되어왔다는 것 또한 분명하다. 주거 시설, 상업 시설, 사무실 등을 한 건물에 수용한 '다용도 지역', 보행자 친화적인 차량 통행 제한 구역, 공적 용도로 이용되는 공간의 더 많은 확보는 누가 보아도 사회적 자본을 확장할 것이라고 인정할 수 있다.

하지만 월트 디즈니 사가 플로리다에 건설한 대규모 주택단지 디즈니 마을 같은 신도시주의적 양식의 공동체에서 전형적으로 보이는 빅토리아 시대나 18세기 미국풍의 세부 장식, 19세기 공공 건축물의 모방이 꼭 그런 효과를 가져올는지는 잘 모르겠다(오하이오 주 이스턴에 건설된 최신 타운에는 기차역을 개조한 듯한 모양으로 만든 타운 센터가 있는데 이 부근에는 기차역이 전혀 없다). 여하튼 지금은 이 희망적인 시도들의 실질적 결과를 엄밀하게 평가하기 시작할 때이다.

현재 진행 중인 신도시주의는 위대한 공동체 생활을 회복하려는 우리의 갈망이 과연 내 집 마당, 대형 할인점, 간편한 주차 같은 생활의 편리함과 개인 공간을 중시하는 욕구를 이겨낼지 살펴볼 수 있는 실험이다. 결국 미국인은 자신들이 필요로 하는 종류의 물리적 공간을 대부분 얻게 될 것이다. 실제로 우리가 보다 친근한 공동체를 원하지 않는다면, 갖지 못할 것이다. 또한 과거에는 고속도로 건설, 주택 담보 이자 공제, 담보 융자를 거부하는 특정 지역의 설정, 공영 임대주택 지역 같은 공공정책이 인종적으로 분리된 교외 주거 지역을 형성한 커다란 요인이었다. 물론 의도적으로 그런 지역을 만들지 않은 경우도 꽤 있었다. 이제는 교외 지역 주거지의 (경제적, 환경적, 사회적) 비용이 분명하게 인식되었기 때문에, 애틀랜타에서 포틀랜드에 이르는 여러 지역에서 했던 것처럼 교외 주거지 팽창을 억제하는 공공정책이 보다 매력적인 대안이 될 것이다.

마지막으로 해리 보이트Harry Boyte, 에르네스토 코르테스Ernesto Cortes, 존 맥나이트John McKnight 같은 혁신적인 공동체 사상가와 조직가들은 어려운 처지에 있는 공동체에서 예상치 못한 자산을 찾아내고 이용하는 일에 많은 노력을 쏟아왔다. 황폐화된 동네의 물리적 재건설을 촉진하기 위해 1970년대에 창설된 '공동체 개발공사'는 지금 사회적 자본에의 투자에 관심을 돌리고 있으며, '지역 사업 후원공사'는 이 부문에서 일정한 성공을 거두어왔다. 나는 우리의 대도시를 갈라놓은 인종적·사회적·지리적 틈을 메우는 네트워크의 창조를 자신들의 좋은 목적에 추가하기를 이 모두에게 요구한다.

5. 종교

신앙에 기초한 공동체는 미국에서 사회적 자본의 대단히 중요한 저수지 역할을 해왔다. 종교의 중요한 공헌이 없었다면 지난 70년 동안 사회적 자본의 붕괴에 어떻게 대처할 수 있었을지 상상하기도 어려울 정도이다. 특히 공공 영역에서 미국인은 '연방의회는 종교의 자유를 금지하는 법을 제정할 수 없다'는 수정헌법 제1조를 종교 전쟁을 치르지 않으면서 세계적으로 유례없이 깊은 신앙심과 종교적 다원주의를 가능하게 한 조항으로 아끼고 있다. 또한 종교는 미국 역사의 모든 단계에서 시민정신의 회복에 중요한 역할을 해왔다는 사실도 부정할 수 없다. 따라서 나는 미국의 성직자, 평신도 지도자, 신학자, 평신도에게 이런 부탁을 하고 싶다. **2010년 미국인이 오늘의 우리들보다 각자의 정신적 공동체에 더 깊이 참여하는 동시에 다른 사람들의 신앙과 행동에는 더 관용적인 새롭고, 다원적이며, 사회적으로 책임지는 [신앙 부흥 운동]에 나서도록 하자.**

미국의 역사에서 종교는 특히 세 가지 극적이고 열정적인 '신앙 부흥'을 통해 사회적 자본의 창조에 기여해왔다. 1730년에서 1760년의 신앙 부흥은 "전국을 돌아다니던 성직자들이 일으킨 〔……〕 대규모의 지속적인 부흥회"가 "폭죽처럼 분출"하던 운동이었다. 1800년에서 1830년의 제2차 신앙 부흥 역시 참여가 용솟음치던 시기였는데, '순회목사'들이 교회가 없는 변경 부락을 차례로 돌면서 새로운 복음을 전하였다. 순회목사들은 기독교로 회심한 사람들을 10명에서 12명 정도의 그룹으로 묶어 정식 교회가 설립될 때까지 서로의 정신적 갈구를 격려하게 했다.

역사학자들은 이 복음 전도자들의 동기, 심지어는 신앙심을 놓고 논쟁을 벌이고 있지만 이 운동은 많은 사람에게 노예제를 거부하며, 선교회와 금주회 등을 설립하고, 가난한 사람에게 관심을 갖도록 영감을 불어넣었다. 그중 가장 두드러진 결과는 (흑인과 백인) 여성, 어린이 공장 노동자, 변경 지대의 거주민 등 공립 초등학교에서 배제된 사람들에게 글을 가르치려는 열망과 신앙 부흥을 결합시킨 주일학교 운동이었다.

23장에서 우리는 19세기 말 사회복음화 운동과 구세군같이 사회 문제와 종교적 참여가 결합된 세 번째 신앙 부흥의 시기를 보았다. 이 시기에는 도시화와 산업화에 혹사된 '최하층 계급'에게 초점을 맞춘 소위 가난한 사람들의 교회가 등장하였다. 십자군은 교리상의 근본주의, (브라스 밴드 행진과 '할렐루야 아가씨'를 동원한) 전례典禮상의 이단, 그리고 빈민 구호, 여성의 종교적 직위 향상, 백인과 흑인을 모두 신도로 받아들이는 진보적 신앙의 흥미 있는 혼합체였다.

21세기의 시작에 서 있는 미국에 또 하나의 신앙 부흥 운동을 일으킬 재료가 있는가? 한 가지만 예로 들겠다. 초대형 교회는 전형적으로 교외에 거주하는 중간 계급 시장을 겨냥하고 있는데, 현대적 마케팅과 연예오락의 테크닉을 결합하여 이들이 종교적 경험에 쉽게 접근할 수 있도록 정교하게 프로그램을 구성한다(처음에는 백인에게 초점을 맞추었지만 초대형 교회는 유색인종을 더욱 많이 끌어들이고 있는 중이다). 그들의 예배는 다른 무엇보다도 워낙 규모가 크기 때문에 비인격적이고 신학적으로 재미없는 듯 보이는 경우가 종종 있지만, 인간적 네트워크를 형성하고 종교와 사교 활동을 혼합한 소규모 그룹(심지어 볼링팀도 있다!)을 조직하는 초대형 교회의 지도자들은 대단한 사회적 자본가들이다. 한편 4장과 9장에서 보았듯 종교적 스펙트럼의 다른 쪽에 서 있는 복음주의와 근본주의 교회들(그리고 유대교와 기타 종교적 전통에서도 복음주의 교파들)은 이 책에서 추적했던 사회적 자본의 일반적 하락을 겪지 않은 가장 주목할 만한 예외 사례 중의 하나이다.

시민적 관점에서 보면 새로운 신앙 부흥은 (만일 일어난다면) 그저 좋기만 한 일은 아닐 것이다. 4장과 22장에서 지적했듯 전도하는 종교들은 연계형 사회적 자본보다 결속형 사회적 자본을 더 잘 창조하며, 그중에서도 특히 불신자에 대한 관용은 근본주의와 결부된 미덕이 아니다. 새로운 신앙 부흥은, 우리의 법체계에서는 안 그럴지 몰라도, 우리의 문화에서는 교회와 국가의 헌법적 분리에 문제를 제기할지도 모른다. 종교 단체가 실시하는 사회복지 사업에 공공 예산을 지원한다는 복지 개혁의 '자선 선택' 조항을 둘러싼 논쟁이 이미 잘 보여주고 있다. 반면 초교파 빈곤 퇴치 연합인 '부흥으로의 부르심Call to Renewal' 같은 운동에서 우리는 교파를 초월하여 사회 문제에 적극 참여하려는 신앙심의 신호를 읽을 수 있다. 또한 종교로 한정할 수는 없지만 인보관과 '하계 문화강습회Chautauqua' 같이 금박 시대와 진보의 시대에 이루어진 몇몇 사회적 혁신 운동들도 21세기에 되살려낼 수 있을 것이다.

6. 매스 미디어와 인터넷

전자 매스 미디어, 특히 인터넷만큼 우리 사회적 자본의 미래에 영향력을 행사할 부문은 미국 사회에 없을 것이다. 우리가 지난 30년 동안의 잘못된 경향을 조금이나마 근본적인 방식으로 되돌리려 하다면, 전자공학을 기반으로 한 오락과 전자통신 산업은 문제의 큰 부분이 아니라 해답의 큰 부분이 되어야 한다. 나는 미국의 미디어 거물, 언론인, 인터넷 거물, 그리고 여러분과 (나 같은) 시청자들에게 다음과 같이 제안한다. **2010년에는 미국인이 반짝이는 스크린 앞에 혼자 맥없이 앉아 보내는 여가 시간을 줄이고, 우리 동료 시민들과의 적극적 연계에 더 많은 시간을 사용할 수 있는 방법을 강구하자. 우리의 공동체 참여를 방해하는 것이 아니라 강화하는 새로운 형태의 전자공학 오락과 전자통신을 키워내자.**

'시민적 저널리즘'에 관해 최근 상당한 관심이 고조되고 있다. 일반 시민 생활과 관련된 의제를 발굴하고 다양한 해결책을 모색하면서 공론장을 마련하려는 이 노력은 우리의 전략에 맞는 하나의 해결 방안이 될 수도 있다. 단 그것을 진정한 풀뿌리 참여의 대체물이 아니라 그러한 참여를 격려하는 자극제로 받아들여야 한다. 나는 13장에서 텔레비전의 막강한 힘은 시민 참여를 방해하기도 하지만 장려할 수도 있음을 지적했다. 미국의 오락 산업을 지배하는 재능이 넘치는 사람들에게 시청자들을 소파에서 일어나 공동체로 가도록 하는 새로운 형태의 오락을 만들 것을 요구하자.

9장에서 인터넷은 사람들이 직접 대면하는 현실의 공동체를 없애고 그 자리에 모조품 '가상의 공동체'를 만들어놓는 경우에도, 현실의 공동체를 강화하는 데도 모두 이용될 수 있음을 살펴보았다. 나는 인터넷을 사회적 자본 친화적으로 만들고 미국에서 공동체의 재건설에 청년 컴퓨터 전문가들의 기술을 사용하도록 장려하는 '공동체 정보 단체'를 설립하자는 미시간 대학 컴퓨터 과학자 폴 레스닉 Paul Resnick의 요청에 소프트웨어 설계자와 커뮤니케이션 공학자들이 주의를 기울일 것을 제안한다.

9장에서 나는 사회적 자본을 형성하기 위해 컴퓨터 매개 커뮤니케이션을 사용할 때 나타나는 여러 가지 중요한 장애물을 지적하였다. 그런 장애물 중의 일부, 예를 들면 디지털 접근의 격차는 공공 정책으로 다룰 수 있고(반드시 그렇게 해야 한다), 또 컴퓨터에만 의존하는 단선적單線的 사회관계와 커뮤니케이션의 익명성 같은 문제는 기술 발전으로 해결할 수도 있을 것이다. 다른 한편 컴퓨터 매개 커뮤니케이션은 지금까지 생각해보지도 못한 새로운 형태의 민주적 심의와 공동체 건설의 기회를 열어준다. 지역사회의 문제를 놓고 도시 전체의 시민들이 참여하는 광범위한 토론, 지역 역사의 합동 조사, 원반던지기 최종 승자를 가리는 토너먼트 시합 같은 것들을 얼마든지 생각해볼 수 있다.

컴퓨터 통신망이 잘 깔려 있는 공동체를 대상으로 이제 막 시작한 연구들은 아직 시험적이기는 하지만 희망적인 결과를 내놓았다. 즉 컴퓨터에 기반을 둔 지역 커뮤니케이션에 쉽게 접근하는 주민들은 그 새로운 도구를 자기 이웃과 직접 만나 유대 관계를 강화하는 데 사용하고, 그들 중 일부는 공동체 생활에 더욱 적극적으로 참여한다는, 우리 사회적 자본가들이 원하는 바로 그런 결과를 알려주었다. 컴퓨터가 사람과 사람의 직접 대면을 대신하는 것이 아니라 강화시켜준다는 결론이다. 또 집에 틀어박혀 있는 나이 든 시민들을 위한 컴퓨터 교육 후원 단체들은 노인들을 찾아가는 어떤 규칙적 방문의 (대체가 아니라) 유용한 보완이 될 수도 있다. 내가 보기에 핵심은 장소에 기반을 둔, 사람과 사람의, 지속적인 사회적 네트워크를 대신하지 않고 강화할 수 있는 방법을 인터넷 기술에서 찾아내는 것이다.

7. 문화와 예술

사회적 자본의 건설은 우리에게 자신의 사회적·정치적·직업적 정체성을 넘어 스스로와 여러 면에서 다른 사람들과 연계를 맺을 것을 요구한다. 단체 경기가 사회적 자본 형성의 중요한 장소가 되는 것은 바로 이 때문이다. 이런 관계의 형성에서 똑같이 중요하면서도 별로 검토되지 않은 분야가 예술 및 문화 활동이다. (함께 볼링 치기도 그렇지만) 함께 노래하기에는 이데올로기의 공유나 사회적 혹은 인종적 기원의 동질성이 필요 없다. 무엇보다도 이런 이유에서 나는 미국의 예술가, 문화적 제도의 지도자와 기금 제공자, 그리고 일반 미국인들에게 이런 제안을 하려고 한다.

2010년에는 보다 많은 미국인이 춤 경연 대회, 노래자랑, 동네 연극, 랩 페스티벌에 이르는 문화 활동에 (단순히 소비하거나 '감상'하는 데 그치지 않고) 직접 참여할 수 있도록 해주는 방법을 찾자. 다양한 동료 시민 집단들을 불러 모으는 원동력으로서 예술을 이용할 수 있는 새로운 방법을 발견하도록 하자.

미국의 공동체 재건설에 얼마나 유익한 영향을 끼칠 수 있느냐를 넘어 예술은 그 자체로서 중요하다. 단순히 사회적 목적이 아니라 예술적 목표가 분명히 중요하다. 그렇다면 예술은 우리의 인습적인 사회적 장애물을 넘는 데도 특히 유용하다. 또한 순수하게 예술적인 목표를 지향하는 문화 활동의 귀중한 부산물로 사회적 자본이 형성되는 경우도 종종 있다.

유명한 현대무용단 리즈 레만Liz Lerman의 '댄스 익스체인지Dance Exchange'는 (뉴햄프셔 주) 포츠머스에 시민을 대상으로 한 무용 교실을 열었다. 이 지역을 먹여 살리던 조선소가 폐쇄된 뒤 지역 공동체의 유대는 한동안 어색한 상태를 유지하고 있었는데, 무용 교실은 실업 상태에 있는 조선소 노동자와 화이트칼라 전문직을 하나로 묶어 공동체의 결속이라는 믿겨지지 않는 성과를 이루어냈다. '로드 사이드 연극단Roadside Theater Company'은 애팔래치아의 쇠락해가는 타운에서 다양한 주민들을 끌어들여 지역의 역사와 음악을 연극으로 다듬어 공연하면서 공동체의 신뢰감을 회복하고 자신들의 전통을 찬양하는 기회를 마련했다.

보스턴에 있는 '국립 흑인 예술가 박물관'은 (아이티, 자메이카, 브라질, 미국 출생 등) 다양한 흑인 집단을 하나로 모아 20피트(약 6미터)짜리 물고기 동상을 제작한 후 뉴잉글랜드 해양 수족관까지 행진하는 행사를 벌였다. 워싱턴 D.C.에서는 랩으로 엮는 시, 힙합, 즉흥시와 힙합poetry slam의 독특한 결합인 사이퍼링ciphering을 이용하는 토니 블랙맨Toni Blackman의 '프리스타일 유니언Freestyle Union'이 필리핀계 브레이크 댄서에서 낙태 금지법을 주장하는 기독교인까지 온갖 계층의 사람들을 끌어당기고 있다.

볼티모어 미술관은 '프리스타일 목요일'이라는 프로그램을 마련하여 지역 합창단을 비롯한 여러 공연을 초청하며 주민들에게 미술관을 공연 장소로 이용하도록 열심히 권하고 있다. 시카고의 '화랑 37'은 부자와 가난한 집, 교외와 내부 도시 거주자, 흑인, 백인, 라틴계를 가리지 않고 이제 막 재능이 싹트기 시작하는 다양한 청소년 예술가들이 중견 예술가들에게서 배울 수 있는 실습 기회를 제공해주고 있다. 이런 기회를 통해 멘토 역할을 맡은 예술가, 실습생 예술가, 참관인들 사이에 사회적 연계가 쌓이고 있다. 북부 캘리포니아의 매톨 밸리에서는 데이비드 심슨David Simpson이 벌목공과 환경주의자들 사이에 다리를 놓는 데 그 지역의 시립 극장을 활용하였다. 이러한 활동 중에는 훌륭한 예술적 성과를 거둔 것도 많지만, 그들 모두는 훌륭한 연계형 사회적 자본을 만들어냈다. 어떤 점에서는 이것이 가장 인상적인 업적이다.

8. 정치와 정부

우리는 미국의 사회적 자본의 현황에 관한 탐구 여정을 정치와 정부에서 시작했다. 미국에서 공동체 유대를 회복하는 데 나만큼 관심을 갖고 있는 독자들에게 내 제안을 마무리할 곳도 여기다. 이제는 사람이 전혀 모이지 않고 텅 빈 경우가 종종 생기는 우리 민주주의의 공적 광장만큼 신뢰, 연계성, 시민 참여를 회복할 필요가 있는 곳은 어디에도 없다. 그래서 나는 미국의 정부 관리, 정치 자문가, 정치가, (누구보다도) 내 동료 시민들에게 이런 제안을 하겠다.

2010년에는 공직 후보 출마, 공공회의 참석, 위원회 위원으로서의 봉사, 선거 운동 참여, 심지어는 투표 등 우리 공동체의 공적 생활에 더 많은 미국인들이 참여하도록 보장하는 방법을 찾아내자. 지난 30년 혹은 40년 동안 입었던 사회적 자본의 총 손실을 10년 사이에 만회할 수 있다는 희망은 무모하게 들릴지도 모른다. 그러나 미국 민주주의는 부분적인 회복에서조차 유익한 결과를 틀림없이 느낄 것이다.

선거 운동 개혁(특히 선거 자금 개혁)은 우리의 연방·주·지방 선거에서 금융 자본의 중요성은 줄이는 동시에 사회적 자본의 중요성은 늘리는 데 목표를 두어야 한다. 돈보다는 시간이 인구 전체에 보다 평등하게 분배되어 있다. 따라서 수표 액수를 기준으로 삼는 참여보다는 시간을 기준으로 삼는 참여를 더 중요시하는 방법은 미국 정치에서 날로 확대되는 불평등을 되돌릴 수 있을 것이다. 정부 권위체들은 결정권을 보다 작은 부서, 지방 정부의 관할로 분산해야 한다. 물론 그러한 분권화가 평등과 재분배에 미치는 잠재적인 부정적 영향을 인식하고 상쇄하는 작업이 동반되어야 한다.

사회적 자본이 가져올 효과에 경계하는 자유주의자들은 정부 권위의 하향 이전을 보다 기꺼이 받아들여야 하고, 온정적인 보수주의자들도 넉넉한 공동체에서 불우한 공동체로 자원의 이전을 보다 기꺼이 받아들여야 한다. 둘 모두 똑같은 정도의 열의를 기울여야 한다. 정부 자원과 권위의 동네 위원회로의 분권화는 미니아폴리스, 포틀랜드, 시애틀 등의 도시에서 각자 음식을 조금씩 마련해오는 저녁식사 파티, 공동 정원, 벼룩시장의 형태로 새로운 사회적 자본을 창조하며 효과를 거두어왔다. 물론 도시의 분열을 가져올 정도로 연계형 사회적 자본과 결속형 사회적 자본의 균형이 지나치게 기울지 않도록 세심하게 계획을 짜야 한다.

어떤 정파에게 설득력을 가지건 정책 설계자들은 사회적 자본을 보다 중요하게 여겨야 한다. 새로운 자본을 추가할 기회를 찾을 때 조차도 사회적 자본의 기존 재고에 미치는 충격은 최소화하도록 방안을 마련해야 한다. 새로운 정책 프로그램에는 '사회적 자본 영향 평가 보고서'를 만들면 어떨까? 환경 영향 평가 보고서보다는 덜 관료적이고 형식에 덜 구애받으면서도, 정책이 초래할 예기치 못한 결과에 관심을 촉구하는 데는 똑같이 효과적인 그런 보고서 말이다.

예를 들어보자. 인디애나 주 인디애나폴리스의 내부 도시에서 지난 50년 사이 사회적 자본에 생긴 가장 큰 손해는 전혀 예기치 못한 정책의 결과였다. 1960년대 초 65번 고속도로가 이 지역을 관통하면서 쪼개진 두 동네는 네트워크가 완전히 붕괴되었다. 25년 이상이 지나서야 前前 시장 스티븐 골드스미스Stephen Goldsmith가 교회, 지방정부, 공동체 단체들이 모여 도시의 문제를 토론하고 범죄 예방을 위한 방안을 논의하는 '앞 마당 모임Front-Porch Alliance'을 설립했다. 이 제도는 인디애나폴리스가 상실한 공동체 제도의 일부를 복원하려 했던 가치 있는 작업이었지만, 골드스미스 자신은 충격을 먼저 피했으면 더 좋았을 것이라는 말을 남긴 최초의 인물이었을 것이다.

나는 여기서 사회적 자본이 창조되어야 할 모든 부분을 지나칠 정도로 간단하게 다루었다. 그런데 이 문제에 사회적 자본가들이 피해야 할 몇 가지 잘못된 논의가 있다. 그런 토론 중의 하나가 "상향이냐 하향이냐" 하는 문제이다. 미국의 공동체를 복원하는 데 국가 제도와 지방자치 제도의 역할은 상호보완적일 필요가 있다. 어느 하나만으로는 문제를 해결할 수 없다.

또 다른 잘못된 토론은 정부 그 자체가 문제이냐 아니면 해결책이냐는 것이다. (15장에서 내가 다룬) 역사적 기록들로부터 판단하자면 정확한 답은 둘 모두 될 수 있다는 것이다. 미국 역사에서 사회적 자본에 가장 창조적인 투자가 이루어진 사례 중 많은 부분은 연방정부 파견 농업 고문, 4H 클럽, 지역의 전문대학community college, 소아마비 구제 모금 운동처럼 정부 정책의 직접적 결과이다. 내가 이 책에서 추적한 사회적 자본의 축소에서 정부는 그 책임의 일정 부분을 질 수는 있겠지만, 그렇다고 정부가 유일한 해답일 수는 없으며, 정부 없이는 내가 2010년의 과제로 제시한 문제를 해결할 수도 없다.

우리가 피해야 할 잘못된 토론 중 마지막 것은 미국에서 신뢰와 공동체 유대를 회복하는 데 필요한 것이 개인의 변화인가 아니면 제도의 변화인가 하는 문제이다. 여기서도 솔직한 대답은 역시 '둘

다'이다. 미국의 주요 공적·사적인 시민적 제도는 모두 설립된 지
한 세기가 지나 다소 시대에 뒤떨어졌으며, 보다 적극적인 참여를
불러일으킬 수 있는 방향으로 개선될 필요가 있다.

내가 제도 개혁을 위해 제시한 특정한 제안들이 과연 설득력이
있는가 하는 문제는 중요하지 않다. 정말 중요한 문제는 어떻게 하
면 우리의 제도를 보다 사회적 자본 친화적으로 만들 수 있는가의
문제를 놓고 국가적 토론을 개최할 수 있는 가능성이다. 그렇지만
결국 여러분과 나 그리고 우리 동료 시민들이 친구와 이웃들과 다
시 연계 관계를 맺으려고 마음먹지 않는 한 아무리 제도 개혁이 되
어도 효과가 없다는 사실, 아니 아예 제도 개혁은 이루어지지 않는
다는 점이다. 한 세기 전 '소풍을 많이 가라'는 성직자 헨리 비처Henry
Ward Beecher의 충고는 오늘날에도 그렇게 우스꽝스럽게만 보이지 않
는다. 역설적이지만 우리는 그런 일이, 그렇게 되기는 하겠지만, 미
국에게 좋을 것이기 때문이 아니라 우리 스스로에게 좋을 것이기
때문에 해야 한다.

 한 사회는 도덕적으로 건강하고 시민의 참여가 활발하며 건전한 시민정신으로 뒷받침되었을 때 가장 바람직한 상태에 있다고 할 수 있다. 그러나 현실에서 그런 사회를 찾기란 대단히 어려운 일이다. 동서양을 막론하고 수많은 정치사상가, 정치학자, 사회운동가들이 건강한 사회를 만들고자 노력했지만 들려오는 소리는 "도덕적으로 타락했다" "날이 갈수록 각박해진다" "정치적 냉소와 무관심이 팽배하다" "범죄율이 늘었다" "이웃과의 유대가 단절되었다"는 등 비관적이고 우울한 진단뿐이다. 이런 사태를 만든 원인은 무엇일까?

 근대화나 산업화로 인한 사회적 유대의 해체, 개인의 고립화, 공동체의 붕괴 등이 아마 그 단골 메뉴로 꼽힐 것이다. 그런데 정치는 산업화 이전에도 이미 오랫동안 존재해왔고 공자나 플라톤 시대에도 공동체의 해체와 도덕성의 쇠퇴를 개탄하고 그 해결책을 제시하고자 했다. 또한 산업화를 통한 근대화는 유럽 선발국의 경우 이미 역사가 2백 년을 헤아리고 있다는 점을 감안한다면 그들이 어떻게나마 공동체를 이루고 생활하고 있다는 사실 자체가 신기할 지경이다. 우리가 일상적으로 흔히 하는 비교, 그러니까 유럽·미국·일본 등 소위 산업화 '선진국'과 주로 견주면서 우리의 상황이나 제도가 그들보다 못하다는 자탄이나 자괴감에 빠지는 경우가 잦다는 일을 생각해보면 일방적으로 산업화 혹은 근대화에 그 탓을 돌릴 수는 없다.

그렇다면 사회 변화의 와중에서도 한 사회의 건강을 유지하고 시민의 활발한 참여와 품성을 북돋우는 요소를 찾아내고, 탈산업화의 시대에서도 한 사회의 지배적 규범으로 육성하는 일이 올바른 해결 방안일 것이다. 이러한 작업이 중요한 이유는 날로 복잡해지는 정치·사회·경제 앞에 일반 시민들은 심도 깊은 지식을 갖추기 어렵고, 소위 '전문가' 집단이 전면에 나서며 시민의 통제와 감시 기능은 점점 약해지며, 이것은 다시 시민에게 정치적 소외와 염증을 불러일으킴으로써 정치적 무관심과 사회적 불참 그리고 공동체 유대의 약화로 이어지는 악순환이 벌어지기 때문이다. 다시 말해 시민의 정치적 이탈, 사회적 불참, 사적 영역으로의 후퇴를 막고 다시 공론의 장으로 끌어내 사회적 신뢰성을 향상시키는 기본 요소가 무엇이고, 그것이 왜 지금은 제대로 작동하지 못하며, 현재의 상황에서 어떤 방식으로 부활 혹은 재형성할 수 있는지 모색하는 작업이 필요하다.

이 문제의식은 우리의 경우도 예외는 아니다. 1987년 민주화 이후 다양한 시민단체들이 결성되고 지방자치가 실시되며 참여의 기회와 폭이 대폭 확대됨으로써 시민사회가 '뒤늦게' 분출되었지만 IMF 경제위기와 최근의 경제 불황 앞에서 '먹고 살기 바쁜' 나머지 다른 일에는 신경조차 못쓰고 있다. 심지어는 '독재자라도 좋으니 경제발전만 시켜주면 좋다'는 주장까지 나오고, 그러는 사이 돈을 앞세운 개발의 논리는 온 나라를 공사판으로 만들며 '경제발전과 법질서의 준수'라는 명분에서 힘없고 가진 것 없는 사람들을 죽음으로 몰아넣고 있다. 그동안 애써 조금이라도 마련한 진보적 사회 발전의 대안은 철저하게 외면당하고 있는 것이다. 이러한 사태를 막고 사회를 보다 건전한 방향으로 돌려놓으며 정치를 비롯한 각종 현안에 시민의 참여를 북돋울 수 있는 방법을 강구하는 일은 우리에게 더 시급한 일이 아닐 수 없다.

이 책은 이러한 문제의식에 입각하여 미국의 사례를 분석함으로써 그와 비슷한 상황에 있는 여러 나라에 일정한 시사점을 던져줄 수 있는 Robert Putnam, *Bowling Alone: The Collapse and Revival of American Community*(N.Y. : Simon & Schuster, 2000)를 번역한 것이다. 이 책의 모태가 된 글은 저자가 1995년 『민주주의 저널 Journal of Democracy』에 발표한 「나 홀로 볼링Bowling Alone」이라는 제목의 논문이었다. 미국 사회의 시민적 참여가 떨어지고 지역사회의 공동체적 일체감이 쇠퇴하고 있다는 내용의 글은 출간과 동시에 격렬한 논쟁을 불러일으켰다. 저자 자신은 당시 클린턴 대통령과 만나고 공영방송PBS에도 출연하는 계기가 되었지만 자료의 처리 방법, 동원된 자료의 신뢰성, 결론에 대한 반박 논의 등이 끊이지 않았다. 그 후 자신의 주장을 뒷받침하는 자료를 보강하고, 그 통계적 처리 기법을 다듬고, 논지를 보완하면서 단행본으로 출시한 것이 이 책이다.

'나 홀로 볼링'은 사람들이 서로 팀에 가입하여 어울려 치는 볼링이 아니라 말 그대로 혼자서 치는, 곧 사회적 유대와 결속이 해체되고 개인주의적 고립이 나날이 증가하는 미국 사회의 모습을 표현한 제목이다. "볼링을 치는 사람은 더욱 늘고 있지만 리그 볼링에 가입하는 사람은 줄어드는" 현상, 바로 이것이 퍼트넘이 보는 미국의 문제이다.

사실 퍼트넘 이전에도 미국의 학자, 언론, 정치가들은 이구동성으로 정치의 무관심 증대, 참여의 쇠퇴, 정치적 소외와 염증의 확산,

공동체의 해체를 지적했다. 그리고 민주주의에서부터 개인의 건강에 이르기까지 미국 사회의 모든 부분이 문제점을 갖고 있다는 사실에도 동의했다. 이것은 어찌 보면 수수께끼와도 같은 현상이었다. 참여의 비용은 줄고, 교육 수준은 향상했으며 기타 사회경제적 지표도 좋아졌는데도 실제 참여, 그리고 건강이나 삶의 주관적 만족도는 하락하고 청소년의 자살률은 늘어난 것이다. 퍼트넘은 이 문제를 '사회적 자본social capital'이라는 개념을 통해 일종의 문화론적으로 접근하고 있다. 곧 주로 산업화, 사회경제적 변수 등 거시적이고 객관적인 지표를 통한 접근법 대신 생활양식, 주관적 인식, 정치적 지향, 가치관 등이 객관적·물질적 조건만큼, 아니 그보다도 더 중요하다는 생각이다. 궁극적으로 그는 "미국은 도덕적, 문화적으로 올바른 길을 가고 있는가?"라는 질문을 던지고 있다.

사회적 자본이란 "개인들 사이의 연계, 그리고 이로부터 발생하는 사회적 네트워크, 호혜성과 신뢰의 규범"을 가리키는 용어이다. 이것은 과거 정치사상가들이 시민적 품성civic virtue이라고 부르던 것과 밀접한 관련을 갖고 있는데, 시민적 품성은 호혜적 사회관계의 촘촘한 네트워크 속에 자리 잡고 있을 때 가장 강력한 힘을 발휘한다는 사실이다. 곧 사회 구성원들이 힘을 합쳐 공동의 목표를 효율적으로 추구할 수 있도록 해주는 사회적 조직의 특성이라고 보아도 좋다. 그리고 개인으로서 시민의 품성이 아무리 뛰어나도 서로 고립되어 있다면 공동체에 미치는 효과는 미미하다는 생각을 그 바탕에 깔고 있다. 핵심은 상호 신뢰, 사회적 연계망, 호혜성의 규범, 협력적 네트워크이다.

사회적 자본의 개념은 퍼트넘도 지적하듯 1916년 리다 하니판Lyda J. Hanifan이 처음 고안했으며 그 후 여러 학자들이 독자적으로 재발견해오다가 사회학자 제임스 콜먼James S. Coleman이 교육과 사회 환경의 밀접한 관련성을 부각시키는 데 이 개념을 동원하며 널리 알려지게 되었다.

　퍼트넘이 보기에 미국은 선거, 시민단체, 전문직 단체, 노동조합, 소규모의 취미 단체, 지역 공동체, 종교 단체 등의 공식적 부분의 활동뿐 아니라 친구 만나기, 이웃의 방문 등 개인의 일상적인 사교 활동에 이르기까지 모든 면의 참여가 떨어졌다. 특히 각종 시민단체와 전문적 단체의 회원 감소는 놀라움을 금치 못할 정도이다. 그런데 여기에는 일정한 패턴이 있다. 대략 1910년대부터 꾸준히 상승, 대공황 시기에 침체 혹은 하락, 제2차 세계대전을 전후한 상승세, 1965년 정도까지 급상승하여 최고치를 기록하다가 그 수준에서 정체한 후 70년대 초중반부터 하락세를 거듭한다는 것이다. 이 하락세는 시간이 지날수록 가속이 붙어 80년대와 90년대는 최악을 기록하여 결국 제2차 세계대전 이후의 증가폭은 모조리 사라졌다. 그 결과 미국인은 이제 선거에도 무관심하고 지역사회의 학교 운영회의나 공공 업무 관련 회의는 물론 교회에도 잘 참여하지 않게 되었으며 심지어 타인에 대한 믿음, 정직성과 상호 신뢰, 그리고 개인의 일상적인 사교까지 줄어들어 사회적 자본이 크게 감소하였다. 그 결과로 나타난 현상이 사회적 유대의 해체를 상징적으로 보여주는 '나 홀로 볼링'이다.

　퍼트넘은 이러한 경향이 각 부문에 걸쳐 구체적으로 어떻게 나타났는지 2부에서 추적하고 있다. 정치 참여, 시민단체, 종교적 참여, 직장, 공동체 참여 등 공식적인 부문부터 일상적인 어울림, 호혜성·정직성·신뢰 등 주관적인 태도에 이르기까지 하나씩 검토한다. 여기에는 예외적으로 활발하게 움직이는 듯 보이는 소규모의 각종 단체, 환경 단체를 중심으로 하는 시민운동, 새롭게 떠오르고 있는 인터넷 기반의 각종 활동도 포함되어 있다. 그는 이 모든 항목에서 자신이 발견한 패턴이 관찰된다는 사실을 확인하고 미국의 사회적 자본이 감소했음을 지적하는 한편 인터넷의 미래에 대해서는 우려와 희망이 섞인 전망을 내놓고 있다. 논의의 핵심은 객관적인 지표의 하락이 아니라 그로 인해 나타난 호혜성, 신뢰, 네트워크, 연계, 공동체의 가치관이라는 사회적 자본의 감소이다. 여기서 그가 발견한 패턴이 각 부분에서 공통으로 나타난다는 사실이 흥미롭기는 하지만 기존의 많은 문헌들도 이미 지적했던 사항이다.

3부는 왜 사회적 자본의 하락 현상이 나타나게 되었는지 기존의 해석과 비교하며 자신의 이론을 펼쳐나간다. 시간과 경제적 압박, 잦은 이사와 도시의 외곽 팽창, 텔레비전을 비롯한 기술과 매스 미디어 등 기존의 여러 학자들이 지적했던 요소들을 마치 탐정소설의 주인공이 '용의자'를 색출하듯 하나씩 파헤쳐나간다. 여기서 퍼트넘은 각 변수들이 일상적 사교 행위의 축소와 시민적 불참에 어떤 상관관계를 갖고 있는지 점검한다. 2부와 3부에서 한 가지 특이한 점은 그동안 학자들이 잘 사용하지 않던 로퍼Roper의 사회·정치적 경향 조사와 전국 사회 조사, DDB 니덤Needham 생활 스타일 조사, 양켈로비치 조사Yankelovich Partners survey, 시간 일기 등을 동원한다는 것이다. 그 결과 맞벌이 부부 등 경제적 요소는 10퍼센트, 도시의 팽창으로 인한 장거리 출퇴근은 10퍼센트, 텔레비전은 25퍼센트 정도 시민적 불참에 책임을 갖는다고 지적한다. 그리고 가장 중요한 요소로 세대 변화 혹은 세대교체를 꼽는다.

퍼트넘에 따르면 사회 변화를 측정하는 데는 동일 특성을 지닌 인구 집단, 즉 '코호트cohort 내'의 변화와 '코호트 사이'의 변화를 구분해야 한다. 현재 미국이 당면한 시민적 불참의 가장 큰 원인은 1910년대와 40년대 사이에 출생하여 제2차 세계대전을 겪은 (혹은 참전한) 세대들이 고령으로 인해 사라졌다는 점이다. 1960년대에 인구의 중심으로 성장하여 각종 부분에 적극적으로 참여하여 시민사회의 활력을 불어넣었던 이 '오랜 시민 활동 세대long civic generation'는 사망하고 그 뒤를 이은 베이비붐 세대(1945~1964년 출생)와 X세대(1965~1980년 출생)는 보다 관용적이기는 하지만 개인주의와 물질주의적 가치관이 우위를 보이며 참여를 회피함에 따라 미국의 공동체는 "속이 텅 비었다"는 것이다. 느리지만 한번 시작되면 되돌릴 수 없는 코호트 사이의 변화가 바로 그 주원인이라는 지적이다.

무엇이 이 세대를, 시민으로서의 공식적인 활동은 물론 개인적인 사교에 이르기까지 그토록 헌신하게 만들었는가? 말을 바꾸자면 무엇이 이들의 사회적 자본을 풍부하게 만들었는가? 퍼트넘은 이 세대의 역사적 경험, 즉 제2차 세계대전이라는 집단적 기억 혹은 세대의 성장 경험을 가장 중요한 요소로 지적한다. 이 시기를 겪으며 형성된 공동체의 유대감, 타인에 대한 배려, 호혜성과 신뢰, 활발한 참여, 고통을 나누고 슬픔을 같이하는 공감대가 바로 사회적 자본에 해당하는 것이다. 이 부분은 구성원의 주관적 경험, 가치관, 인식 등에 초점을 맞추는 문화적 접근법과도 일치한다.

4부는 사회적 자본을 증대시켜야 할 필요가 어디 있느냐는 물음에 대한 답변이다. 곧 사회적 자본이 우리의 공적·일상적 삶에서 어떤 중요성을 갖고 있느냐는 의문이다. 퍼트넘은 교육과 어린이의 복지, 안전하고 생산적인 이웃, 경제발전, 건강과 행복, 정부의 업무 수행 능력과 민주주의라는 항목으로 나누어 사회적 자본이 높을수록 이 모든 면에서 높은 성과를 나타낸다고 대답한다. 그의 분석은 정치 참여, 공동체 참여, 시민단체와 종교 단체, 정부의 업무 능력 등 공식적 영역과 개인의 일상적인 영역, 그리고 건강이나 행복 등 생활의 영역을 사회적 자본이라는 개념으로 묶어 서로 연결시키는 데서 빛을 발한다. 사회적 자본은 시민의 사회적 참여를 북돋우는 요소일 뿐 아니라 삶의 모든 영역에서 우리를 더 건강하고 행복하게 만드는 핵심이라는 논지는 상당한 설득력을 갖고 있다. 미국 48개 주(알래스카와 하와이 제외)의 사회적 자본 지수와 각 지표의 상관관계를 보여줌으로써 남부의 낮은 사회적 자본이 인종 차별의 유산임을 설득력 있게 묘사하고 있는 점 역시 돋보인다.

5부는 사회적 자본의 소생 방안이다. 그는 현재의 미국과 거의 같은 문제를 놓고 고민하던 금박 시대와 진보의 시대의 미국을 반추함으로써 시사점을 찾으려고 한다. 그 시절 미국도 공동체의 해체, 급속한 산업화, 경제적 불평등, 도시화, 범죄, 인종 등의 문제로 홍역을 치르고 있었지만 시민의 광범위한 참여 의지를 일깨우고 각종 사회 운동으로 그 열기를 끌어들임으로써 새로운 환경에서 공동체를 다시 형성하는 데서 해결 방안을 찾았다는 것이다. 미국인은 이 역사적 교훈에서 사회적 자본을 늘리고 시민의 적극적 공동체 참여를 이끌어낼 수 있는 자세와 방안을 배워야 한다는 결론을 내린다. 그리고 21세기 미국에서 그 구체적 방법을 하나씩 지적하며 논의를 맺는다. 정부, 시민, 기업, 성직자, 시민단체 등 모든 부분이 시민적 자본의 증대라는 목표를 향해 함께 나아가야 21세기 미국은 건강해질 수 있다는 메시지이다.

그렇다면 사회적 자본은 만병통치약인가? 퍼트넘은 사회적 자본을 결속형bonding과 연계형bridging으로 구분한다. 전자는 나와 같은 특성을 지닌 사람들, 예컨대 학연·혁연·지연 등으로 묶인 사람들 사이에서 형성되는 것으로 내부 지향적이며 네트워크의 배타적 정체성과 동질성을 강화하는 경향을 갖고 있다. 여기에 속하는 사람들에게만 혜택을 주는 네트워크가 형성되는 것이다. 후자는 외부 지향적이며 다양한 사회적 계층을 망라하는 사람들 사이에서 정체성과 호혜성의 네트워크를 만들어내는데, 공동의 대의명분을 가진 운동에 참여한 경우가 그 전형적인 사례이다. 퍼트넘의 비유를 인용하자면 전자는 사회적 접착제, 후자는 사회적 윤활유의 역할을 한다. 물론 이 둘은 깔끔하게 분류되는 것은 아니며 '정도의 차이'에 불과하고 모두 긍정적인 사회적 효과를 발휘하지만, 현대 사회에서 중요한 것은 연계형 사회적 자본이다. 곧 폐쇄성을 벗어나 보다 많은 사람들이 서로 호혜성의 네트워크를 형성할 수 있는 사회적 자본을 늘려야 한다는 것이다.

이러한 주장에 대해 많은 비판들이 제기되었다. 특히 자료 처리 방법에 관한 비판이 많았다. 퍼트넘은 여기서 변수와 변수의 상관관계correlation를 지적한다. 예를 들면 소득이 높을수록 영화관을 많이 찾는다고 하자. 이럴 때는 정(+)의 상관관계가 성립된다. 만일 소득이 높을수록 영화관을 덜 찾는다면 역(−)의 상관관계가 성립된다. 그러나 상관관계는 서로 관계를 맺고 있다는 말이지 인과관계는 아니다. 곧 높은 소득이 영화관을 찾게 하는 원인은 아니다. 본문에서 퍼트넘 자신도 밝히고 있지만 그가 사회적 자본의 감소 원인으로 지목한 각 항목과의 관계는 상관관계이지 인과관계는 아니다. 따라서 이 문제에 대한 그의 답변은 불만족스럽다고 평가해야 한다.

둘째는, 통계처리 방식이다. 퍼트넘은 경험적 접근법을 취하고 있지만 엄밀한 방법을 동원하여 세밀하게 처리하지 않는다. 또한 자신이 동원한 자료와 다른 통계자료들이 반대 방향을 가리키는 경우도 있다. 그 결과 분석 방법의 정밀함이 결여되어 있고 상반되는 해석에 그만큼 취약하다는 약점을 안고 있다. 특히 워싱턴에 본부를 둔 우편물 발송 단체들을 '3차 단체'로 분류하며 그 영향력을 낮게 평가하고 있는데, 많은 비판자들은 시민이 공공 정책에 대한 영향력을 행사하기 위해 유익하게 이용할 수 있는 단체를 지나치게 과

소평가했다고 반박한다. 아울러 퍼트넘이 시민사회의 쇠퇴기라고 지적한 1965년에서 1995년 사이 시민사회는 여성, 게이와 레즈비언 운동, 흑인의 기회 증진, 소비자 운동, 공공 의료, 환경 운동, 풀뿌리 운동에서 괄목할 만한 신장을 보였음을 통계자료를 통해 반박하고 있다. 또한 미국인은 자신들이 속한 결사체의 운영을 전문가에게 맡겼지만 그 결사체들이 포괄하지 못하는 영역에서 자원봉사 활동을 펼침으로써 시민사회의 활력은 여전히 유지되고 있다는 비판도 만만치 않았다.

셋째, 미국의 사회적 자본을 감소시키고 시민사회의 약화를 불러온 원인에 대한 평가이다. 퍼트넘은 각 요소에 일정한 책임 몫을 할당하였지만 연구자들에 따라 그 상대적 비중이나 중요성에 대해 의견이 다르다. 예를 들면 TV가 시민사회 쇠퇴의 주원인은 아니다, 인터넷의 공동체 형성 효과를 낮게 평가했다, 여성은 직장 진출로 인해 전문직 단체와 직장 관련 단체에 에너지를 쏟았기 때문에 지역사회 수준에서의 참여 하락은 상쇄되었다는 식의 비판들을 말한다.

넷째, 문화적 접근법 일반이 안고 있는 문제점으로 사회경제적 요인 혹은 구조적 요인을 경시했다는 비판이다. 퍼트넘은 세대교체를 가장 중요한 원인으로 꼽았지만 정부와 기업의 파워엘리트가 결탁하여 시민의 공익을 희생시키며 자신들의 단기적인 이득을 극대화함에 따라 공동체 역시 미래가 아닌 현재의 물질적 가치를 중심으로 자신의 이익을 실현하려 한다는 것이다. 주로 진보주의자들이 제기하는 이러한 비판은 시민사회의 쇠퇴는 일차적으로 시장의 과잉에 그 원인이 있다고 반박한다. 무제한 자유경쟁의 시장에서 높은 배당금과 주식 가격 유지를 위해 기업은 단기 이익 극대화에 전력을 기울이고, 그렇게 실적을 올리는 기업들의 최고경영자는 천문학적 액수의 급료를 챙긴다.

이 와중에서 일부 기업은 분식회계 같은 장부 조작에 나서고 법률가와 전문가를 동원해 탈세도 마다하지 않으며, 혹시 적발되면 교묘한 법 해석으로 빠져나온다. 실제로 1990년대 미국의 신경제를 이끌었던 엔론Enron, 월드컴Worldcom, 글로벌 클로징Global Closing 등의 기업은 분식회계, 내부자 거래, 탈세의 문제를 여실히 보여주었다. 거대 기업이 고용하는 로비스트들은 사회적 파이를 키운다는 명목 아래 각종 정책을 이끌어내지만 이 모든 것은 시민의 이익을 희생하면서 이루어진다. 각종 세금 감면 법안은 중산층을 위한다고 하면서도 실제로 그 혜택은 부유층에게 돌아간다. 게다가 이제 기업은 예전처럼 지역 공동체에 뿌리를 내리고 지역의 여러 단체들을 후원하는 대신 언제든지 인수합병에 나서고 비용 계산에 따라 본거지를 옮길 태세가 되어 있으며, 실제로 그렇게 하고 있다.

시장의 과잉은 사회경제적 불평등을 심화시키고 보통 시민의 경제적 불안감은 커져만 간다. 시민은 과거처럼 자발적 결사체를 비롯한 지역 공동체의 활동에 나설 여유가 사라졌고 실업의 위협 앞에 장시간 근무도 감수한다. '투잡족'이라는 말에서 보듯 시간제 근무 직장을 여럿 가져야 하지만 구조조정 바람에 떠밀린 고용불안은 조금도 줄어들지 않는다. '지위 경쟁'을 위해 자식에게는 보다 좋은 교육 환경을 마련하고자 그래도 '괜찮은' 공립학교에 보내려 애쓰지만 그것도 쉬운 일이 아니다. 지역의 재산세와 공립학교의 질이 긴밀하게 연결되어 있기 때문에 빚을 내 비싼 주택으로 옮겨야 한다. 이런 상황에서 일반 시민 역시 공동체에 대한 봉사나 시민사회의 참여보다는 부부가 함께 돈벌이에 매달려야 하고 자신의 이익을 단기간에 극대화하려는 행동에 나섬으로써 공동체 규범의 해체가 뒤따르는 것인데, 퍼트넘은 사회경제적 조건과 구조적 변수를 무시하고 이를 세대 변수로만 파악하는 오류를 범하고 있다는 반론이다.

다섯째, 시민사회를 다시 활성화시키고 사회적 자본을 증대시키기 위해 무엇을 할 것인가에 관한 논쟁이다. 이것은 미국 자유주의의 본질에 관한 해묵은 논쟁과 관련이 있다. 자유주의를 기반으로 하고 있는 미국에서는 개인이 다양한 구속이나 장애에서 벗어나면 자신의 이익이 무엇인지를 가장 잘 판단하고, 타인의 자유를 방해하지 않는 경우라면 자신이 적합하다고 생각하는 대로 살 자유를 지녀야 한다고 믿는다. 국가는 공정한 심판자의 역할을 맡으면 족하고 시장의 자유경쟁 원칙에 맡겨두면 비록 단기적으로는 고통스럽지만 장기적으로는 최선의 질서가 이룩될 것이라고 주장한다. 물론 산업혁명을 겪으며 극심한 사회적 불평등에 직면하여 국가가 모든 사람에게 평등한 삶의 기회를 향유하도록 보장하고 인민을 빈곤, 무지, 질병에서 구해야 한다는 복지 자유주의의 흐름이 지배적으로 나타지만 국가의 개입을 최소화하고 개인의 선택과 경쟁을 강조한다는 기본 논점은 여전히 유지되고 있다.

이들은 시민사회의 쇠퇴 원인을 거대 복지국가에서 찾고 있다. 복지국가는 과거 가족, 교회, 자발적 결사체들이 맡고 있는 기능을 복지 관료의 손으로 옮겼으며, 관료화된 복지 프로그램은 정부에 모든 것을 의존하게 함으로써 종교 단체, 자선 단체, 시민단체 등이 맡고 있던 역할을 빼앗았다. 이런 상황에서 시민사회는 자기 할 일이 사라졌고 그 자발성, 창의성, 온정주의는 질식되었다는 것이다. 따라서 비효율적이며 억압적인 국가의 역할을 축소하고 시장 기능에 맡김으로써 시민사회의 활력을 되찾자는 주장이다.

반면 다른 한쪽에서는 자유주의 사회는 합리적이며 관용적이고 공동선에 헌신하는 시민에게 달려 있고, 좋은 정부는 이런 바람직한 특성들을 계발하고 발휘하도록 사람들을 격려해야 한다고 주장한다. 자유주의에서 인격과 시민적 품성에 대한 고려가 박탈되고 개인의 권리와 이익을 보호하는 데 지나친 관심을 쏟으면 공동선과 공동체의 가치는 무시된다는 것이다. 그리고 공동체 내의 규범과 덕이 상실됨으로써 사회 문제를 야기하기 때문에 공동체의 선을 증진하기 위한 개인의 책임에 더 많은 강조점을 두고 사회의 공유된 가치와 질서를 유지하는 데 관심을 쏟아야 한다고 주장한다. 공동체의 중요성을 부각시키고 평등을 이룩하는 데 국가의 역할을 강조하는 이러한 논점은 1992년 빌 클린턴이 대통령 선거 당시 성공적으로 이용하기도 했다.

이러한 대립 구도에서 퍼트넘은 양자의 절충 입장에 서 있다. 곧 공동체의 가치가 자유주의를 해치지 않고 오히려 더욱 발전시킬 수 있으며 공동체성의 함양이 개인의 발전과 자유의 신장에 필요하다는 것이다. 일차적으로 자발적 결사체의 필요성과 장점을 적극 인정한다. 자발적 결사체는 외적으로는 개인에게 스스로의 정치적 관심사와 정부에 대한 요구를 표현하도록 해주고 정치가들의 권력 남용으로부터 스스로를 보호할 수 있도록 해준다. 또한 이름 없는 다수의 다양한 에너지를 모아 시민적 연계를 형성하고 핵심적인 공공의 문제를 토론하는 심도 깊은 심의審議의 장소로도 기여한다. 그런 점에서 자발적 결사체들은 민주주의의 학교인 동시에 사회적 네트워크를 형성할 수 있는 귀중한 자원이다.

동시에 퍼트넘은 참여 민주주의의 전통에서 시민의 활발한 직접 참여가 공동체의 건강과 활력에 기본이라는 입장을 취한다. 자발적 결사체가 있다 하더라도 시민이 그곳에 직접 참여하고 회원들과 상호 신뢰의 유대를 맺음으로써 시민 참여의 능력을 배양해야 한다. 시민이 참여하여 서로의 입장을 주고받는 진정한 심의 과정에 나서지 못한다면 민주주의의 발전은 기대할 수 없다. 이 과정을 통해 시민은 자신과 다른 의견을 이행함으로써 사회적 관용과 이해의 폭도 넓힐 수 있는 것이다. 워싱턴에 본부를 둔 단체에 회비 납비로 자신의 할 일은 다 했다고 자위하면서 TV나 보는 '대리 참여'는 네모난 동그라미라는 말처럼 형용 모순이라는 주장이다.

그러나 이러한 단체들의 혜택이 골고루 돌아가지 않는다는 점이 문제이다. 일정한 교육 수준, 돈, 사회적 지위를 갖춘 사람들이 훨씬 더 단체를 조직하고 그로 인한 이익을 챙긴다. 곧 이미 사회적 자본이 잘 갖추어 있는 집단들에게 가장 혜택을 주는 것은 물론, 그러한 사람들로 구성된 결사체들의 영향력이 크게 부각됨으로써 기존의 계급 편향성을 강화하는 결과를 초래한다는 것이다. 이렇게 되면 자발적 결사체의 세계가 양극화될 우려가 있으며, 대립하는 의견들이 타협될 가능성은 그만큼 줄어든다. 바로 그렇기 때문에 시민들이 다양한 단체에 더욱 적극적으로 참여하여 폭넓은 사회적 유대의 네트워크를 형성함으로써 '연계형' 사회적 자본을 늘려야 한다.

퍼트넘은 자발적 결사체를 비롯한 각종 단체, 지역 공동체의 프로젝트, 전국 수준의 운동에 될 수 있으면 많이 참여함으로써 시민으로서의 품성을 배우고 관용과 타협의 미덕을 기르자고 주장한다. 게다가 경험적 자료를 보면 사회적 자본과 경제적 평등은 서로 같은 방향으로 움직인다. 곧 공동체와 평등은 상호 보완한다는 것이다. 사회적 자본이 낮은 곳에서는 가진 사람들이 시민적 생활을 독점하고 없는 사람들을 배제할 가능성이 있기 때문에 공동체의 재건은 사회적 편협성과 불평등의 개선에도 꼭 필요하다는 주장을 펼치고 있다.

퍼트넘의 책에는 사실 새롭고 충격적인 내용은 없다. 단체 회원의 급격한 감소, 각종 참여의 하락, 신뢰성과 정직성에 대한 인식의 하락, 사회적 신뢰와 건강·행복의 관계 등 거의 대부분은 기존의 연구들도 지적해왔다. 또한 그 안에는 일정한 한계를 품고 있다. 그러나 이 모든 요소들을 사회적 자본이라는 개념을 통해 하나로 연결하고 공식적·일상적 영역을 포괄하는 삶의 모든 부분으로 확장하여 그 중요성을 설득력 있게 부각한 점은 쉽사리 따라갈 수 없는 대목이다. 또한 우리가 살고 있는 사회는 각 영역들이 서로 연결되어 있으며 구성원들의 주관적 인식과 가치관이 바뀜에 따라 사회 전체에 그 영향이 어떻게 나타나는지 생생하게 보여준 점은 모든 비평가들이 인정하는 탁월한 장점이기도 하다. 찬반 양쪽을 떠나 미국이라는 공동체에 관심을 갖고 있는 독자라면 누구나 꼭 읽어야 할 책이라는 점에 대해서는 모두 의견이 일치하고 있다.

이 책은 미국 독자를 대상으로 미국 사회를 분석하고 있다. 냉정하게 말하자면 우리가 미국에 대해 이 정도로 꼭 상세하게 알 필요는 없다. 미국은 많은 장점을 갖고 있으며 보다 좋은 사회를 만들기 위해 배워야 할 부분이 있지만, 우리가 꼭 미국식을 따라야 할 필요는 없고 가능하지도 않다. 한국과 미국은 21세기라는 동시대를 살고 있으면서도 정치·경제·문화·사회적으로 모든 측면에서 주어진 조건이 다른 만큼 각자의 문제의식도 다르다.

이 책을 읽는 이유는 우리의 문제를 돌아보기 위해서이다. 미국은 우리보다 일찍 근대화에 접어들어 산업사회의 발전 단계에서 앞서 있는 만큼 장차 우리가 겪게 될 여러 문제들을 미리 알려주는 역할을 한다. 우리는 미국의 사례를 통해 앞으로 그와 같은 시행착오를 피할 수 있는 방법을 모색하며, 지금 우리가 당면한 여러 문제의 해결에 도움이 되는 실마리를 찾을 수 있다. 그렇다고 사회적 자본의 개념을 한국에 응용하여 우리에게는 종친회, 동창회, 향약 등의 사회적 자본이 과거부터 풍부하게 있었으며 사회적 유대와 신뢰성이 매우 높았다는 식의 주장은 삼가야 하지만 말이다.

우리는 퍼트넘의 책을 통해 한국과 미국의 차이를 인식하고, 우리가 오히려 미국보다 앞서 있는 부분(예를 들면 인터넷의 정치 참여, 촛불시위 등)을 찾아내 우리의 사례를 세계적 표준으로 설정하거나, 혹은 그들의 방법으로는 접근할 수 없는 우리의 독특한 문제 상황과 해결책을 발견하려는 태도가 필요하다. 다른 나라를 연구하는 것은 결국 내가 속한 나라를 보다 잘 이해하고 그 바람직한 발전 방향을 모색하기 위해서이다. 독자들은 각자 비판적인 안목을 갖고 이 책을 읽어주기를 바란다.

이 책은 '본문'만 완역했다. 책은 본문 외에 부록appendix이 세 개 더 있다. 부록 1은 '사회 변화의 측정Measuring Social Change'으로 저자가 어떤 기준에 의해 자료를 선정했고, 각 자료의 특성과 장단점, 자료의 통계적 처리 방법, 신뢰성의 문제를 하나씩 점검했다. 저자가 동원한 자료, 즉 'DDB 니덤 생활 스타일 조사' 자료, '로퍼 사회조사' '시간 일기' 등은 정치학이나 사회학에서 잘 이용되지 않았기 때문에 그 상세한 설명이 필요했던 것으로 보인다. 부록 2는 이 책에서 인용한 그림과 도표의 출전Sources for Figures and Tables이다. 본문에는 96개의 그림(그래프), 9개의 도표가 수록되어 있는데 각각 어떤 자료를 이용해 작성했는지 그 출전을 밝혀놓았다. 부록 3은 '시민단체와 전문 단체의 성장과 쇠퇴The Rise and Fall of Civic and Professional Associations'편으로 본문에서 소개된 40개의 중요 시민단체와 전문직 단체의 회원 가입률을 하나씩 도표로 작성하였다.

이 세 개의 부록은 물론 중요하기는 하지만 그 쓰임새는 대개 전문가들에게 한정되고 자신의 주장을 뒷받침하는 보조 자료로서의 신뢰성을 확보하려는 의도에서 동원되었기 때문에, 구태여 우리가 그 세세한 내용을 알 필요는 없다고 판단해서 제외했다.

다음은 저자의 주notes 부분이다. 사실 주는 자기 논지를 뒷받침하는 보조 증거를 제시하고 자료의 출전을 밝히는 동시에, 자신과 상반되는 해석을 내린 기존의 문헌에 대한 비판적 검토를 담고 있기 때문에 상당히 중요한 부분이다. 하지만 관련 전문가들이나 논쟁의 당사자가 아닌 경우라면 번거롭고 장황하며 큰 분량만 차지하는 대신 쓰임새가 의외로 적은 것도 사실이다. 저자 역시 자신의 주장에 '회의적'인 독자들이 아니라면 본문만 읽어갈 것을 1장에서 밝히고 있다. 대신 저자의 논지 전개에 꼭 필요한 보조 자료, 그리고 흥미 있는 사실을 담고 있는 부분은 선별해서 수록했다. 물론 주를 전부 수록해서 책이 지나치게 커지는 일을 방지하고 싶은 마음이 더 컸다. 대신 한국 독자들의 이해를 돕기 위해 필요한 곳에 옮긴이 주를 달아두었다.

그리고 책 맨 뒤에는 '뒷이야기The Story behind This Book'가 붙어 있다. 흥미 있는 제목과는 달리 자신이 책을 쓰는 과정에서 조언, 평론, 재정적 도움을 준 수많은 학자, 재단, 연구기관, 학생의 이름이 족히 1백 명은 넘게 나열된 '감사의 글'이다. 별다른 의미가 없다고 생각되어 제외했다.

마지막으로 용어의 번역을 몇 개 밝혀두고자 한다. 이 책에서 사용하는 '시민적 참여civic engagement'라는 용어는 정치학에서 통상 사용하는 참여participation 개념보다 훨씬 넓다. 후자가 주로 투표, 정당 활동, 시민 활동, 시민운동 등 정치적 성격을 가진 참여를 가리킨다면, 전자는 모든 공식적·일상적 활동을 포괄하는 보다 폭넓은 개념이라 '시민적 참여'라는 말로 사용했다. 공동체community는 미국 공동체, 예술 공동체 등 보다 넓은 의미로 사용되는 경우도 있고 지역 사회를 뜻하는 경우도 있다. 후자의 경우는 문맥에 따라 지역 공동체 혹은 지역사회 등으로 우리말에 잘 어울리도록 번역했다. 그리고 우리말로 구분하기가 미묘하지만 'social connectedness'는 '사회적 연계성'으로 'social connection'은 '사회적 연계'로 번역했다. 아울러 오랜 시민 활동 세대long civic generation는 문맥에 따라 '시민 활동에 오랫동안 헌신적이었던 세대' 등의 용어를 쓰기도 했다. 그 외 미국의 지명, 인명은 한글 맞춤법 외래어표기법에 따라 표기했지만 부득이한 경우 원어 발음에 가깝게 표기하거나 관례적으로 굳어진 표기에 따른 경우도 있다. 또한 각종 단체의 경우는 번역이 가능한 경우에는 바꾸었지만(미국 의사회, 미국 변호사회 등) 많은 경우 그대로 사용하기도 했다. 더불어 기존에 확립된 학문 용어인 경우에는 다소 어감이 어색해도 가급적이면 관례를 따르고자 했다.

2009년 2월 옮긴이 정승현

찾아보기

615, 618, 626, 628, 630, 632, 634~
35, 651~ 53, 655~56, 658, 660,
662~69, 672
짐 크로우 법Jim Crow laws 43, 485,
599, 621, 666
집합 행동collective action의 딜레마
475

지은이 **로버트 D. 퍼트넘**

1941년 미국 오하이오에서 태어나 스와스모어 대학교를 졸업하고 풀브라이트 장학생으로 영국 옥스퍼드 대학교에서 수학한 뒤 예일 대학교에서 석사·박사 학위를 받았다. 미시간 대학교를 거쳐 1979년 하버드 대학교에 부임했다. 현재 하버드 대학교 케네디 행정대학원 교수로 재직하며 공공 정책 분야를 담당하고 있다. 케네디 행정대학원 원장, 미국 정치학회 회장을 역임했다. 미국학술원과 영국학술원의 회원이기도 하다. 2006년에는 정치학자에게 주어지는 최고의 영예로 알려진 쉬테Skytte 상을 수상했다.

국가 간 협상이 합의에 이르는 과정을 국제 정치와 국내 정치의 상호작용을 통해 해석한 '양면 게임 이론'의 주창자로 유명하다(1988년의 논문 "Diplomacy and Domestic Politics : The Logic of Two-Level Games").

1995년 『민주주의 저널Journal of Democracy』에 「나 홀로 볼링 : 미국의 쇠퇴하는 사회적 자본Bowling Alone : America's Declining Social Capital」을 기고하여 학계는 물론 미국 사회 전체에 큰 반향을 불러일으켰다. 당시 대통령 빌 클린턴이 면담을 요청했을 정도였다. 2000년에 원래의 논문에 방대한 자료를 첨가해 출간한 책이 본서로 베스트셀러가 되기도 했다.

이 밖에도 *The Beliefs of Politicians*(1973), *Comparative Study of Political Elites*(1976), *Bureaucrats and Politicians in Western Democracies*(1981), *Making Democracy Work*(1993), *Democracies in Flux*(2002), *Better Together*(2003) 등 다수의 저서가 있고, 이 가운데 여러 저서가 17개국 언어로 번역됐다.

빌 클린턴, 조지 부시 미국 대통령, 토니 블레어 영국 수상, 버티 아헨 아일랜드 총리 등 국제적 리더들의 정책 자문으로 활약한 바 있다. 학자, 시민사회 지도자, 언론인, 정치가들과 함께 미국 사회의 공동체 문화 회복을 위한 토론과 연대를 목표로 활동하는 '사와로 세미나Saguaro Seminar'를 조직해 운영하고 있다. 사와로 세미나의 33명의 회원 가운데 한 사람이 신임 미국 대통령 버락 오바마다.

그에 대해 더 자세히 알고 싶으면 www.bowlingalone.com과 www.bettertogether.org를 방문하면 된다.

옮긴이 **정승현**

서강대학교 정치외교학과를 졸업하고 같은 대학원에서 석사·박사 학위를 받았다. 현재 서강대학교 사회과학연구소 연구교수로 재직 중이며, 한국 근대 정치사상과 민주화에 관련된 문제를 중심으로 연구하고 있다. 논문으로 「한국 진보 진영의 사회민주주의 논쟁」 「민주주의론을 통해 본 한국 급진사상의 문제점」 「민주화를 중심으로 본 한국 현대 정치사상의 흐름과 변화」(공저) 등이 있고, 옮긴 책으로 『청년 맑스의 철학』 『마인드』 『현대 정치사상의 파노라마』(공역) 등이 있다.

나 홀로
볼링

사회적
커뮤니티의
붕괴와 소생

초판 1쇄 발행 2009년 3월 6일
개정판 1쇄 발행 2016년 9월 10일
───── 6쇄 발행 2025년 1월 15일

지 은 이 로버트 D. 퍼트넘
옮 긴 이 정승현

펴 낸 이 최용범
펴 낸 곳 페이퍼로드
출판등록 제2024-000031호(2002년 8월 7일)
        서울시 관악구 보라매로 5가길 7 1309호
Tel (02)326-0328 | Fax (02)335-0334
이메일 book@paperroad.net
블로그 blog.naver.com/paperroad
홈페이지 http://paperroad.net
페이스북 www.facebook.com/paperroad

I S B N 979-11-86256-39-8 03330